紧密城区基坑隧道开挖支护力学特性

芮勇勤　袁健玮　孔位学　编著

东北大学出版社

·沈　阳·

© 芮勇勤 袁健玮 孔位学 2024

图书在版编目（CIP）数据

紧密城区基坑隧道开挖支护力学特性 / 芮勇勤，袁
健玮，孔位学编著. -- 沈阳：东北大学出版社，2024.
7. -- ISBN 978-7-5517-3614-5

Ⅰ. U455.7

中国国家版本馆CIP数据核字第20242M9J83号

内 容 摘 要

《紧密城区基坑隧道开挖支护力学特性》针对特大紧密城市交通管网的密集交叉，线路要经过复杂的地形环境，总结出下穿紧密城区隧道工程将会最大限度地降低对城市空间割裂，同时汇总得出下穿入地工程涉及路基路面的设计改造、下穿河流、下穿桥梁桩基、下穿城市地下管线、下穿建筑物的变形控制、基坑工作井开挖支护等一系列施工风险，针对穿越紧密城区隧道工程易出现的结构破坏的高风险点，开展紧密城区工程力学特性研究，精确预测变形及应力变化趋势。《紧密城区基坑隧道开挖支护力学特性》围绕北京东六环紧密城市道桥隧工程力学特性研究，针对东六环下穿隧道项目穿越城市副中心城区特殊地理位置下路堤路堑改造、下穿河流、下穿建筑、下穿雨水隧道、下穿车站建筑、河流改移、基坑工作井的有限元数值模型，得到开挖和运营过程的力学特性，确定最不利工况出现的位置和原因，对比不同设计方案来判断何种措施更有效提升工程安全性，减少施工中存在的风险因素，为类似工程的安全性提供参考。结合东六环改造方案和优化措施，在方案比选及数值模拟的基础上，确定了道桥隧工程的改造思路，充分发挥桥梁、隧道、道路各自的优缺点，为类似城市发展区提供一些新的思路和参考意义。

出 版 者：东北大学出版社
　　　　　地址：沈阳市和平区文化路三号巷11号
　　　　　邮编：110819
　　　　　电话：024-83683655（总编室）
　　　　　　　　024-83687331（营销部）
　　　　　网址：http://press.neu.edu.cn
印 刷 者：辽宁一诺广告印务有限公司
发 行 者：东北大学出版社
幅面尺寸：185 mm × 260 mm
印　　张：24.75
字　　数：587 千字
出版时间：2024 年 7 月第 1 版
印刷时间：2024 年 7 月第 1 次印刷
责任编辑：潘佳宁
责任校对：杨　坤
封面设计：潘正一
责任出版：初　茗

ISBN 978-7-5517-3614-5　　　　　　　　　　　　定价：98.00元

前言

　　《紧密城区基坑隧道开挖支护力学特性》针对特大紧密城市交通管网的密集交叉，线路要经过复杂的地形环境，需要考虑到城市道路及铁路工程对城市中心区的交叉分割和穿越，以填方路基、高架桥、立交桥和下穿隧道等形式为主，多数会阻隔城区间的交流，基于智慧城市建设理念，对港珠澳桥岛隧工程、深圳—中山通道工程、大连湾跨海大桥及隧道工程、上海南隧道及北桥工程、杭州湾跨海大桥工程、福建平潭海底隧道工程、青函海底隧道工程、英法海底隧道工程、孟加拉国海底隧道工程等国内外重点道桥隧工程研究，总结出下穿紧密城区隧道工程将会最大限度地降低对城市空间的割裂，同时汇总得出下穿入地工程涉及路基路面的设计改造、下穿河流、下穿桥梁桩基、下穿城市地下管线、下穿建筑物的变形控制、基坑工作井开挖支护等一系列施工风险，针对穿越紧密城区隧道工程易出现的结构破坏的高风险点，开展紧密城区工程力学特性研究，精确预测变形及应力变化趋势，确保工程施工建设过程中结构的稳定性，预测施工影响因素，进行防护加强措施，避免由开挖引起的地表沉陷、不均匀沉降、开裂、渗漏、结构破坏等事故的发生。

　　以北京东六环下穿紧密城区改造工程为研究对象，综合考虑城市间的连接道路、桥梁、隧道的优缺点，提出符合北京现状的下穿设计方案，对下穿隧道明挖段路堤路堑工程采取PTC加固方案前后对比和PHC、PTC、PVD加固多方案比选确定路基方案的可行性，对比不同设计方案来判断何种措施更有效提升工程安全。模拟不同埋深隧道，根据其变形网格，揭示盾构隧道随埋深变化的变形趋势，分析单圈和双圈冻结管冻结方案在不同地层及渗流速度下的冻结效果，针对下穿运潮减河段的隧道断面进行有限元分析，给出隧道开挖对桥梁桩基及雨水管涵变形的影响趋势，根据等值线云图给出断面中存在的风险点，基于变形规律提出相应的预防措施，建立基坑开挖支护及隧道开挖的三维数值模型，明确基坑主体施工过程中支护结构的变形与应力演化规律，揭示安全风险管控位置，对穿越副中心站施工过程引起地层及建筑变形及应力变化趋势分析，更精准确定隧道穿越过程中应重点监测的开挖段和结构强化点位，预防隧道施工可能引起的结构损伤破坏。该方案将充分利用现有城市空间，结合实际情况开展方案设计，提前预测工程施工存在的风险，使得紧密城区改造工程不仅提高施工

1

安全性，又可通过合理的预防措施降低工程造价，得出最具性价比城市一体化设计改造方案。

围绕东六环紧密城市道桥隧工程力学特性研究，针对东六环下穿隧道项目穿越城市副中心城区特殊地理位置下路堤路堑改造、下穿河流、下穿建筑、下穿雨水隧道、下穿车站建筑、河流改移、基坑工作井的有限元数值模型，得到开挖和运营过程的力学特性，确定最不利工况出现的位置和原因，对比不同设计方案来判断何种措施更有效提升工程安全性，减少施工中存在的风险因素，为类似工程的安全性提供参考。结合东六环改造方案和优化措施，在方案比选及数值模拟的基础上，确定了道桥隧工程的改造思路，充分发挥桥梁、隧道、道路各自的优缺点，为类似城市发展区提供一些新的思路和参考意义。

《紧密城区基坑隧道开挖支护力学特性》主要分为10章：对比港珠澳桥岛隧工程、深中通道工程、孟加拉国卡纳普里河下穿隧道工程、大连湾桥隧工程、上海南隧北桥工程、杭州湾跨海大桥工程、福建平潭海底隧道工程、青函海底隧道工程和英法海底隧道工程等重点工程的设计参数，总结得出现阶段的跨海工程更倾向采用桥梁+隧道结合的设计方案，大跨度跨海跨江隧道更倾向选用沉管方案，更利于降低施工成本，适应软弱地层条件，需考虑到水流的影响，应缩短施工周期，减小对航运的干扰，减小土方工程量，提出如埋床法预制基础、水中推出式最终接头、深水DCM复合基础等高效施工工法，加快工程进度，避免出现不均匀沉降、施工错缝过大等病害的产生，受实际通航需求、地质条件等因素影响确定堰筑法、钻爆法、沉管法、盾构法等施工工法而确定隧道设计方案。下穿工程涉及对原有路基路面进行改造，分填方路基与挖方路基两部分，涉及路基拼宽和路桥（涵）路基过渡，填方根据高度采用一级边坡或多级边坡，两侧设路肩或路堤，挖方路基设U槽挡墙，控制挖方高度，拼宽路基按规定坡率清理补强，铺设土工格栅，过渡路基采用粗颗粒砂石填筑，控制填料压实度。盾构隧道明挖、盾构段均要控制纵坡坡率，降低基坑深度，控制隧道覆土以充分延伸盾构区间，联络通道选用冻结法加固、矿山法开挖在渗透性强的砂性地层完成施工，基坑围护结构方案选择地下连续墙阻隔水流渗透，并预先设计减压疏干井降低水位。为避免与现状河流区位冲突，对河道整体向西改移，控制河堤沉降。穿越城市副中心城区，需考虑隧道开挖时对建筑的影响，避免土体过大扰动。根据路堤路堑的有限元模型，对比车辆荷载作用下路堤和路堑PTC加固前后沉降差值分别为2.59 mm和1.45 mm，得出桩基加固对路堤加固效果要优于对路堑的加固效果，采用PHC、PTC、PVD、未加固方案沉降量分别为21.21 mm、21.22 mm、26.37 mm、24.18 mm，加固效果PHC与PTC加固效果相近，PHC略微优于PTC加固处理，显著优于PVD加固方案及未加固情况，结果表明，路堤更应考虑加固措施，优先选用PHC桩基处理。取隧道埋深分别为46.4 m、53.7 m、59.0 m，结果表明，隧道随埋深的增加变形逐渐呈拱形分布，地表最大沉降分别为 3.05 mm、1.20 mm 和 0.41 mm，对地表的影响也随之减小，隧道最大变形分别为 117.0 mm、81.18 mm、93.64 mm，应适当控制隧道埋深，对比不同桥梁在隧道开挖过程中桩基的变形情况，隧道埋深在 53.7 m 时对周围地层的影响小于埋深 46.4 m 和 59.0 m，同时东侧桥梁桩基距离隧道最小间距为 23.3 m 小于西侧 27.8 m 的最小间距，故东侧桥桩的侧向位移更大，桥梁变形主要与隧道开挖面与桩基距离和隧道埋深有关。对比雨水隧洞加固前后的变形，得出雨水隧洞将增大隧道变形和地层沉降量，隧道穿越过程中应施加防护减少隧道变形，如隧道周围地层加固、增强盾构注浆压力等。砂土层受流速影响较大，渗流速度增大 3~4 倍，而黏土层渗流场变化不明显，冻结法涉及土层性质将影响最终冻结效果。在相同流速作用下，河床内的渗流场受渗流场的影响更大，选用双圈冻结管方案其温度场外扩并不明显，热交换效率更高，交圈时间更短，双圈冻结管方案冻结效果更好。提高初始渗流速度，在河床和河岸同时采用双圈冻结管方案，高水头条件下冻结管产生的冻土帷幕有效厚度降低，施工时应慎重选择冻结方式。河流改移后隧道穿越东侧河岸，受河流影响开挖对西侧河岸影响不大，东侧堤坝易产生不均匀沉降从而导致结构开裂，为确保隧道安全施工，应在施工中监测东岸河堤沉降，保证改移后河道的稳定性。副中心交通枢纽地下车站的设计方案，更利于交通线路间的联通，释放上部城市空间，出发点和东六环下穿隧道相同，疏解紧密城区人口聚集，避免其对城市功能区的分割，隧道下穿受车站结构的影响，西线产生的沉降要显著高于东线，西侧产生的地层沉降要显著高于东侧，开挖至建筑下方时隧道的稳定性要比贯通时更差，在高层建筑与地下结构交界处位移发生突变，南侧高层建筑交界处地层沉降从 20.54 mm 突变至 53.63 mm，北侧中高层建筑交界处的沉降差值达 29.36 mm，受高层建筑影响产生不均匀沉降和偏移，掘进开挖过程中，应实时监控建筑结构边界区的变形和应力变化情况，及时施加加固措施。

在本书完成之际，首先感谢同行的指导重视与大力支持，感谢项目组同事所做的工作，要感谢前辈们一如既往的关心与爱护，你们的殷切希望正是我们编写本书的动力源泉。由于编著者水平和时间的限制，书中难免存在一些错误，敬请广大读者批评指正。也请您在发现错误后及时反馈给我们，以便再版时进行更新与修正！再次感谢广大读者。

编著者

2024 年 1 月

目录

第1章　紧密城区道桥隧工程 ···1

1.1　研究背景 ···1

1.2　研究目的 ···7

1.3　研究意义 ···8

1.4　国内外相关文献 ···10

1.5　依托工程 ··16

1.6　主要研究内容 ···18

1.7　研究技术路线 ···19

第2章　国内外研究现状 ··20

2.1　下穿道桥隧工程风险与评价方法研究现状 ··············20

2.2　下穿道桥隧工程施工中的风险控制技术对策 ···········24

2.3　下穿既有道桥隧和水下工程的影响研究现状 ···········28

2.4　改建道路桥梁下穿工程安全监测与控制研究现状 ······35

2.5　下穿道桥隧和水下工程变形数值模拟分析 ·············37

2.6　基于5G通信的道桥隧工程智能施工研究现状 ··········45

2.7　国内外隧道施工风险控制方法 ···························46

2.8　深基坑开挖施工关键技术 ·································50

2.9　研究面临的主要问题与启示 ·····························53

第3章　国内外下穿越紧密城区工程设计 ·····················54

3.1　基坑隧道工程设计理念 ···································54

3.2　港珠澳桥岛隧工程 ···65

3.3　深中通道工程 ···73

3.4　孟加拉国卡纳普里河下穿隧道工程 ·····················82

3.5　大连湾桥隧工程 ··83

1

3.6　上海南隧北桥工程 ……………………………………… 84

3.7　杭州湾跨海大桥工程 …………………………………… 85

3.8　福建平潭海底隧道工程 ………………………………… 86

3.9　青函海底隧道工程 ……………………………………… 87

3.10　英法海底隧道工程 …………………………………… 87

第4章　地下水渗流 ……………………………………………… 91

4.1　地下水渗流基本特征 …………………………………… 92

4.2　地下水渗流控制方程 …………………………………… 94

4.3　地下水渗流有限元公式 ………………………………… 100

4.4　地下水渗流边界条件 …………………………………… 104

4.5　地下水渗流水力模型 …………………………………… 106

第5章　软土硬化HS与小应变硬化HSS模型 ………………… 110

5.1　弹塑性相关理论 ………………………………………… 110

5.2　本构模型种类及其特点 ………………………………… 112

5.3　本构模型种类选用局限性 ……………………………… 114

5.4　基于塑性理论的Mohr-Coulomb（MC）模型 ………… 116

5.5　基于塑性理论的MC、HS及MCC本构模型比较 ……… 123

5.6　软土硬化HS与小应变硬化HSS模型特性 …………… 124

5.7　土体硬化HS模型与改进 ……………………………… 136

5.8　基于土体硬化HS的小应变土体硬化HSS模型 ……… 146

5.9　小应变土体硬化HSS模型刚度的重要性 …………… 152

5.10　一维状态的小应变土体硬化HSS模型特点 ………… 154

5.11　三维状态小应变土体硬化HSS模型特点 …………… 155

第6章　岩体Hoek-Brown破坏准则与软化模型 …………… 157

6.1　Hoek-Brown破坏准则 ………………………………… 157

6.2　Hoek-Brown模型与Mohr-Coulomb模型 …………… 163

6.3　Hoek-Brown模型中的参数 …………………………… 166

6.4　Hoek-Brown Softening软化模型 …………………… 170

6.5　Hoek-Brown Softening软化模型应变局部化建模分析 … 176

6.6　Hoek-Brown Softening软化模型隧道开挖模拟 …… 180

第7章　基坑变形破坏与稳定性研究 ································· 184

　7.1　基坑施工变形破坏 ·· 184

　7.2　基坑施工事故类型 ·· 185

　7.3　基坑施工安全风险评估分析方法 ······························ 188

　7.4　基坑施工紧邻建（构）筑物影响 ······························ 189

　7.5　基坑施工紧邻建（构）筑物变形预测方法 ······················ 190

　7.6　深基坑开挖支护变形机理研究 ································ 191

　7.7　基坑桩板锚支护结构几何及有限元模型构建 ···················· 194

　7.8　国内外主要屈服条件 ·· 196

　7.9　应力表述的屈服安全系数 ···································· 202

　7.10　应变表述的屈服条件 ······································ 205

　7.11　破坏条件 ·· 209

　7.12　求解岩土类材料极限拉应变方法 ······························ 227

　7.13　应变屈服安全系数与破坏安全系数 ··························· 229

第8章　基坑桩锚墙结构施工设计 ································· 234

　8.1　基坑围护系统 ··· 234

　8.2　基坑桩锚连续墙围护系统结构 ································ 235

　8.3　基坑支护桩墙设计 ··· 240

　8.4　基坑支护系统设计 ··· 247

　8.5　基坑土层锚杆设计 ··· 251

　8.6　地下水的类型及性质 ·· 255

　8.7　地下建筑工程降水方法 ······································ 257

　8.8　地下建筑工程防水 ··· 257

第9章　北京东六环下穿紧密城区工程力学特性 ····················· 261

　9.1　北京东六环下穿紧密城区隧道工程 ···························· 261

　9.2　路基路面工程改造与力学特性分析 ···························· 263

　9.3　隧道工程设计与力学特性分析 ································ 284

　9.4　隧道联络通道设计与力学特性分析 ···························· 300

　9.5　下穿河流隧道改移工程设计与力学特性分析 ···················· 309

　9.6　隧道下穿减河桥梁工程设计与力学特性分析 ···················· 314

　9.7　中间工作井隧道工程设计与力学特性分析 ······················ 334

第10章　北京东六环下穿北京城市副中心站力学特性·············346

　　10.1　东六环下穿北京城市副中心站隧道建筑工程方案　·············346

　　10.2　东六环下穿北京城市副中心站隧道建筑工程建模　·············353

　　10.3　东六环下穿北京城市副中心站隧道施工力学特性分析　·············359

　　10.4　东六环下穿北京城市副中心站隧道施工建筑变形分析　·············370

参考文献·············377

第1章　紧密城区道桥隧工程

伴随人口的激增和城市化建设的发展，城区规模不断扩大，交通拥堵问题已成为制约城市现代化发展的瓶颈。国内外各大城市都在积极建设道桥隧工程，因此，开展道桥隧工程的施工方案及其工程力学特性研究对解决城市交通问题和完善城市交通网络具有重大意义。

1.1　研究背景

随着世界各国城市建设规模的不断扩大，结合新的城市战略定位，城市中心区与副中心区、城市与城市间的有机联系不断增强，多元化的城市空间格局逐渐形成，城市空间呈现分散化、无中心化、去局域化等特征，城市之间的连接也从过去的一维连接（地上道路）转变为三维连接（地上道路、地下空间、桥梁连接），施工方案也从单一的道路工程，转变为紧密城区中道路、桥梁、隧道等多种工况相结合，因此，基于现代化趋势对道桥隧工程存在的问题展开研究。

本项目中扩建改造后的北京东六环将为公路和市政路网提供更好的交通连接功能，项目南起京哈高速以南，北至潞苑北大街以北，采用高速公路标准设计，线路长度16 km，全程设计时速为80 km，全线包括特长隧道1条（双线盾构隧道的长度为9.16 km），连通立交桥4座，独立立交桥3座，拓宽桥梁4座、小型桥梁1座和通道桥梁4座，加宽涵洞10座，新建涵洞2座，桥梁和隧道占全线59.29%，工程计划设置2处管理区，另拟建收费站6座。整个改造项目分为直接加宽部分和入地改造部分，京津公路南起点至南侧的路线设计为直接加宽路段，采用双向加宽的形式，由目前的双向四车道改为双向六车道。从京津高速公路南至潞苑二街北的路线，采用转化为地面的形式。结合沿线管道情况、当前六环运行情况等因素，隧道段一般布置在当前六环西侧绿化带内，经过京津高速公路北侧，道路向西侧偏转，下穿现六环路西侧的绿化带，并设置盾构工作井，另一个盾构井的位置设置在京榆旧线北侧，随后线路向东侧偏移，相交于原六环路线。另一个直接加宽路段位于潞苑二街北至终点潞苑北大街以北，方案与南侧一致。路线平面控制点为：超高压燃气管线、航油管线、石油管线等。路线竖向控制点为：玉带河、北运河、减河河底高程及冲刷深度的要求；现状地铁六号线、京秦铁路、通三铁路的竖向要求；规划地铁线、京唐城际铁路、城际铁路联络线的竖向通行要求等（见图1.1）。

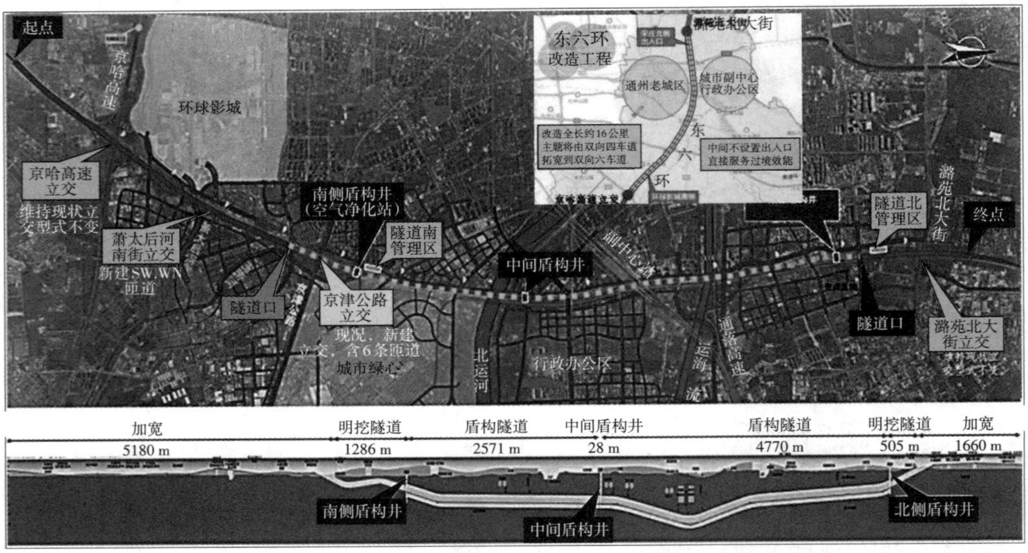

图1.1 北京东六环改造路线平纵面图

港珠澳桥岛隧工程连接香港—珠海—澳门等沿线城市区，采用桥梁和隧道结合的设计，其中伶仃西航道与铜鼓航道段选用下穿沉管隧道建设，全长约6.75 km，隧道宽度2 m × 14.25 m，净高5.1 m，隧道两端连接有人造岛屿，按双向六车道高速公路标准施工路面，设计时速为100 km，桥梁段长22.9 km，宽度33.1 m。道路周围的桥梁、涵通车辆荷载的等级为公路–Ⅰ级，需按照香港《公路和铁路结构设计手册》中规定的活载施行。该桥的设计使用寿命为120年。抗震设防标准：地震基本烈度为7度（见图1.2）。

港珠澳大桥的主体部分与桥头管理区和口岸连通，并在桥头设定立交桥，满足区域交通中转要求，桥头缓冲区作为收费设施，统筹安排交通工程和配套设施。桥梁整体跨径布置的目的是尽可能降低水阻比，适当增加非通航桥梁的跨径，在经济性和水阻性之间取得平衡。

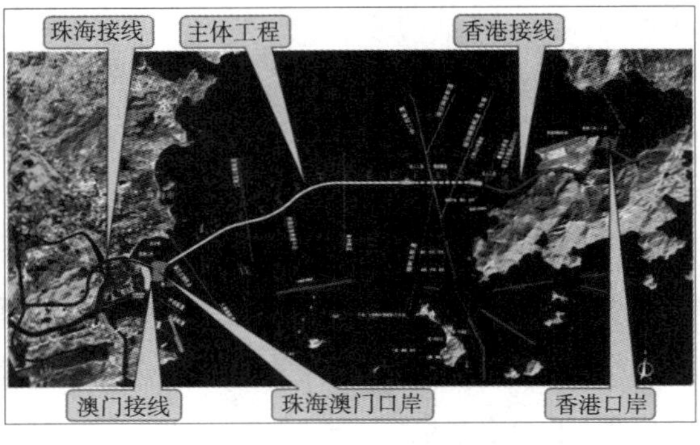

图1.2 港珠澳大桥总平面图

深中通道是集合桥梁、人工岛、隧道、水下互通于一体的国家级跨海建设工程，其中隧道段的长度约6.8 km，沉管隧道段约5 km，结构由钢壳混凝土组成，每段由32节管节和1个最终接头组成，结构形式在国内属于首次大规模应用，是世界上最宽的海底沉管隧道。

杭州湾跨海大桥全长36 km，建设标准为双向六车道，时速为100 km，投资金额达到107亿元，设计使用寿命为100年，大桥南北两侧各设置一道通航孔，嘉兴一侧通航桥主跨结构形式为双塔双索面钢箱梁斜拉桥，主跨长448 m，通航标准为3.5万t，宁波侧通航桥结构形式为单塔单索面钢箱梁斜拉桥，主跨长318 m，通航标准为3000 t，引桥结构为30～80 m范围的预应力混凝土连续箱梁结构，分北、中、南3部分，入海段长度为32 km。两岸的连接线工程长度为84.4 km，投资金额为52亿元，北部连接工程线路长29.1 km，投资额为17.8亿元，南部连接工程线路长55.3 km，投资额为34.3亿元。大桥+连接线工程项目总投资达到140亿元，项目建设全周期为43个月（见图1.3）。

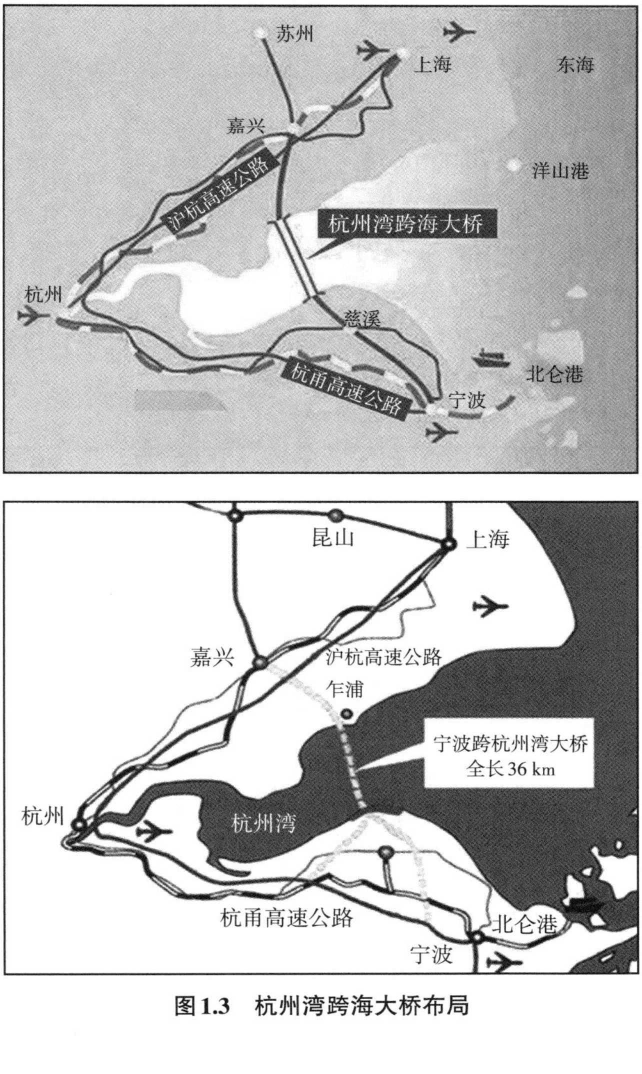

图1.3　杭州湾跨海大桥布局

大连湾海底沉管隧道工程是我国东北区域首条跨海沉管隧道项目，应用沉管法施工，是国内首个采用PPP模式建设投资的跨海隧道工程，投资金额达到115亿元，于2017年3月底开工建设。项目南侧与中山区主干线人民路相连，北侧至规划的梭鱼湾20号路，涉及海底沉管隧道、陆地段下穿隧道和接线道路等设计方案，其中沉管段线路长5.1 km，按双向6车道标准建设，设计使用年限为100年，全线由18节180 m长标准管节组成，单节重量可达6万t（见图1.4）。

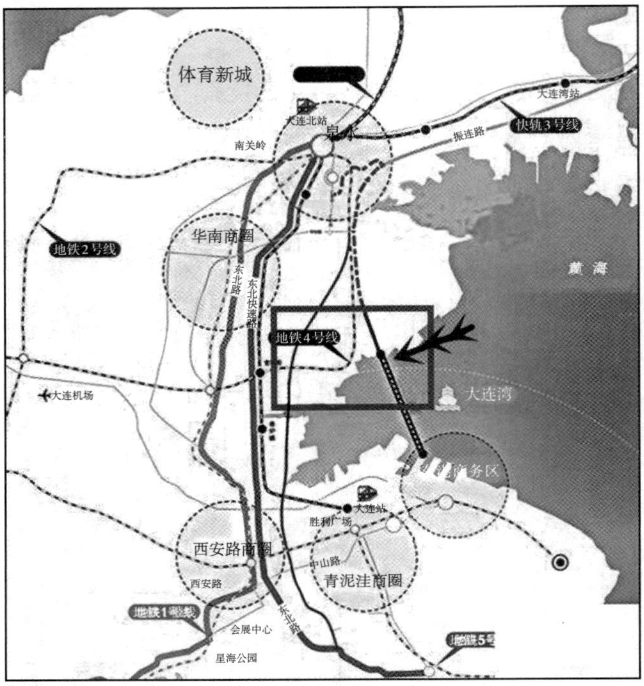

图1.4　大连湾桥隧布局

卡纳普里河将孟加拉国最大的港口城市吉大港市城区分割为两部分，西岸为主城区和港口，东岸是城市重工业区，原有的两座桥梁已难以满足城区间快速增加的交通运输需求，因此该国第一条水下隧道开展建设，下穿工程穿越卡纳普里河，设计线路全长9266 m，接线路段长5104 m，占总路线的55.1%，有16处涵洞、7处交叉路口，并在两岸各设置一座收费站，桥梁段长846 m，包含一座桥梁，占总路线的9.1%，隧道段长3315 m（取右线长度），占线路总长的35.8%，其中盾构区间为2450 m，明挖区间为865 m，共包括西岸敞开段200 m和明挖暗埋段195 m，东岸暗挖段230 m和敞开段190 m，东、西岸盾构工作井长度为25 m。

东京都市圈区域面积约为2187 km²，城市区总人口可达1316万人，其中城市核心的23个区域总面积有623 km²，人口已经超过975万人。为了解决单一中心带来的城市问题，东京采取了以交通为导向的多中心网络发展战略。通过1958年、1982年和1987

年的三轮东京都建设规划，沿山手线先后设置了7个副中心区，其功能类型呈现出明显的专门化和专业化趋势，前期建设的副中心以功能相对综合的传统商业办公为主，而后期规划的副中心功能区往往更突出专业性，凸显副中心区在疏解特大城市功能中的重要性（见图1.5）。

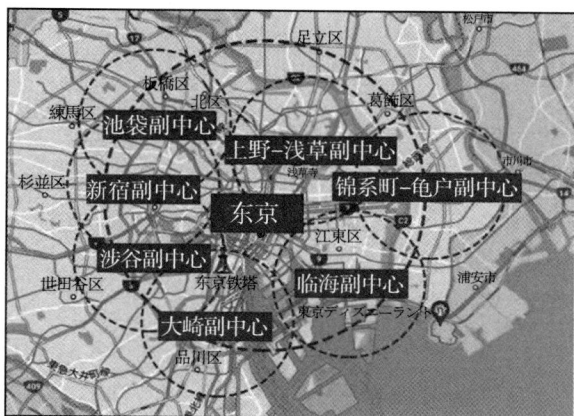

图1.5 日本东京的多中心城市布局

综上所述，在自然环境、经济与政策三方面影响下，城市的空间、功能和文脉不断叠合并演化发展，人们对于城区的建设的认知也在不断完善，城市新城区与老城区、城市与城市间的融合交会往往伴随着众多冲突，其冲突经常以如下方面呈现：道路横向阻挡。随着城区的快速发展，规划的相交线路不断增多，交通线路无论是上交或下穿都会造成路基填筑、大规模引桥等，导致区段分割，影响人群交通出行。分割竖向功能区。高路基公路由于其线性的工程特性，在平坦地区形成类似城墙一样的屏障，考虑到相交道路不断增多，部分线路会考虑采用挖方路基，虽然此类路基改造形式考虑横向道路的相交问题，即使远期增加线路也可有较好的工程条件与现有道路相连，但该类空间形态也存在一定的割裂作用，其对城市运行和规划管线等地下工程设施形成了阻隔。这样会导致交通运输效率的低下，造成城市发展的割裂，引发城市文化交流的断层，功能设施无法形成良好的衔接，破坏智慧城市的完整性。完善、系统的智慧城市有助于提升城市的活力，其体现在各类交通路网串联，建立紧密城区的骨架，为城区间输送血液，但是连通线路对城市的整体构造既有连接又有割裂的效果，由于其断面相对较宽、占地面积大等，分离了各区域的交流，因此在特大城市区的建设过程中，需要考虑道路和铁路的立体交叉与穿越，以高填方路基路堑、下穿隧道、高架桥梁、立交桥等形式为主，因此会影响沿线两侧城区的联络性。路堑型路基方案竖向占据了地下5 m内的空间，对沿线交叉的重力流管线造成严重影响，视觉上形成类似人工河流的分割，国内外相关改造工程案例见表1.1。

表1.1 国内外相关改造工程案例

城市	建成年代	项目名称	改造对象	原形态	入地长度	改造方案
纽约	2008年	高线公园	铁路	高架桥	—	废除交通功能改为公园
费城	规划	瑞丁高架	铁路	高架桥	—	
巴塞罗那	2016年	Sant高架公园	铁路	高架桥	—	
广州	规划	人民路高架	道路	高架桥	—	
首尔	2015年	空中花园	道路	高架桥	—	
波士顿	2006年	大开挖	道路	高架桥	5.6 km	公路改地下道路或加盖，地面改公园或休闲广场
马德里	2007年	M30隧道	道路	路基	15 km	
巴黎	2011年	城市景观环路	道路	路基	0.9 km	
达拉斯	2014年	Kldye Warren公园	道路	路基	0.2 km	
波哥大	2016年	Bicentenario公园	道路	路基	0.2 km	
特拉维夫	规划	Ayalon公路加盖	道路	路基	未定	
丹佛	规划	70号公路改造	道路	路基	0.2 km	

　　针对原有路堤路堑中存在影响智慧城市扩展的核心问题，城市工程规划建设过程中应有意识地对公路两侧的城市空间进行预留设计，如公路高架桥一般预设地方交通联系通道，以减小对城市功能分区的割裂，同时区分过境道路与区域交通，降低二者的干扰。高架桥梁将原有城市空间的整体功能拆分，在道路两侧形成功能区阻断，道路的车辆造成噪声污染和环境污染，进而影响道路两侧的土地功能，使原有城区原有功能、空间和城区被分割。受城区高架道路匝道穿行的影响，道路两侧沿线相交线路和出入口功能区设置受到一定限制，与传统的高路堤道路相比，高架桥梁在相交节点的设计更复杂，占地面积也更大，而立交节点大规模用地也会割裂城区。考虑到城市景观层面的影响，应考虑到辅路的净空设置问题，一般高架桥的桥面高度约为10 m，桥面过低一方面影响到城市内视线的通透，另一方面高耸的桥梁结构容易给人造成压迫感。

　　在世界城市化的十字路口，城市的发展进程受技术革命浪潮的影响，5G、大数据、物联网、云计算、数字孪生等高新技术的出现，推动人类社会进入互联互通的智慧时代，城市发展逐渐由单中心演化为多中心（见图1.6和表1.2），在北京城市副中心、港珠澳区域、深中、嘉宁、吉大港、巴黎、东京周边等特大城市，出现众多交通改造工程贯通城区，基于优化城市线路的目的，形成以职能划分具体功能分区的现代化城市理念，因此，有必要进行北京东六环下穿紧密城区副中心道桥隧工程力学特性研究。

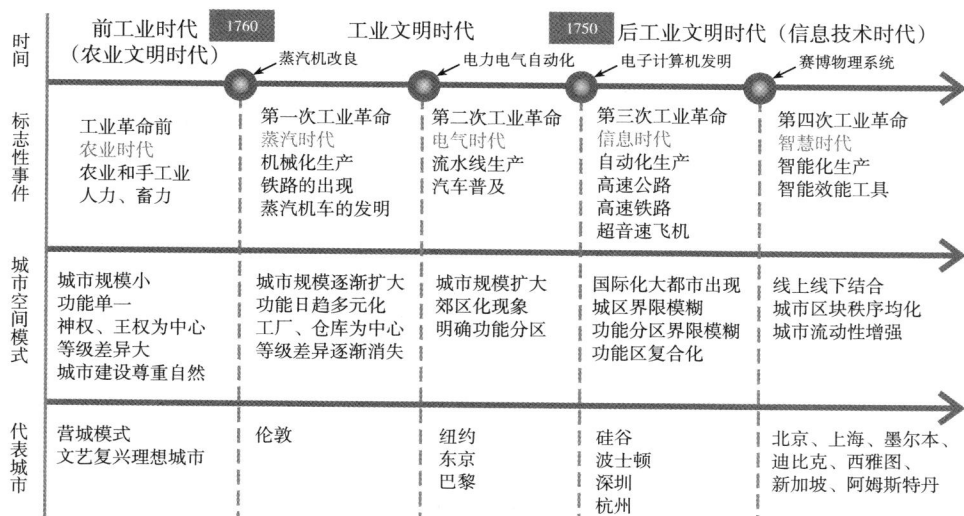

图1.6　技术革命及其影响下的城市生活及空间演变

表1.2　技术革命影响下不同时期的城市时空特征

项目	前工业时代	工业文化时代	后工业文化时代
数量及规模	规模小，数量少	规模与数量猛增	扩散与聚集并存
城市格局	单一且稳定	流动性增强	高度流动性和拼贴性
城市区块	点状结构	同心圆式单中心结构	网格化多中心结构
规划方式	政治、宗教主导	功能主导	多元化
生活方式	闭塞、城乡分离	半开放、农村依附城市	开放、全球化
时间及空间	几乎不受技术影响	开始出现时空压缩趋势	时空压缩

1.2　研究目的

　　本书依据紧密城区道桥隧方案设计、施工方法、分布位置以及开挖和埋置深度所遇到工程力学特性分析的问题展开分析，而紧密城区改造工程不仅局限于项目建设的经济性与合理性，更要考虑整个城区各项功能的相容性，提出针对城市一体化发展的改造需求，通过对紧密城区城市功能的融合，得出道桥隧改造工程研究目的如下。

　　（1）功能调整。在城市建设区内逐步剥离过境货运交通功能。过境货运功能将调整到周边公路，城市公路主要服务过境和区域客运出行。对过境货车进行分流，可以提高紧密城区区间道路运行的安全性和稳定性，提升司机的安全感。从城市发展的角度来看，货运车辆的分流提升了交通运输效率，强化了复杂城区的各个功能分区。

（2）形态调整。适当调整路基形式，以设置高架桥和地下通道的形式通过城市。现在的城市发展，从纵向上分析，主要是向高空发展、地下发展，所以从纵向上看，以过境功能为主的道路纵向空间中，地面部分应留给城市，故采用地上桥梁或地下隧道的形式穿过城市空间。而地下道路形态是目前一种完全融入城市一体化的公路建设形态，地面空间可作为城市公园或其他公共空间，使原有道路的两侧连通开来，联系更加紧密。

（3）景观提升。由于高架桥的改造成本较高，且存在城区分流作用，因此建议进行下穿隧道改造。可以结合道路两侧建筑的形态、建筑的高度、建筑的大小，将隧道融入城市的立体景观系统，增强视觉的透明感，同时改造后的地面空间可以进行多种形式的利用。采取细部设计的方法，兼顾绿化景观、文化展示和停车设施的使用，丰富空间层次感。

（4）城市化智慧化。改革开放以来，我国经济快速发展，在国内外特大城市各城区间开展了大量的桥岛隧重点工程的建设，有助于疏通拥挤的城市交通运输。

（5）安全性。各类桥岛隧工程面对隧道下穿河流、临近桥梁桩基、深基坑工作井的开挖、隧道穿越地铁火车站等施工项目以及各异的水文地质条件时，有必要在施工前选取合理的施工方案并验算其工程力学特性，保证施工期道路、桥梁、隧道及基坑等结构的稳定性，预测施工影响因素，进行各种防护措施的施工，避免由开挖引起的地表沉陷、不均匀沉降、开裂、渗漏、结构破坏等事故的发生。

1.3 研究意义

随着城市建筑物的增多，交通管网越来越密集，工程线路要经过的地形越来越复杂，对既有桥梁、道路交叉的影响越来越严重，工程建设的风险也越来越高。针对紧密城区道桥隧工程建设过程中存在的问题，充分利用现有城市空间，同时降低施工成本，提高工程性价比，需要综合考虑城市间的连接道路、桥梁、隧道的优缺点，结合实际情况开展方案设计。

（1）2017年，北京市人民政府发布了《北京城市总体规划（2016—2035年）》，2018年，中共北京市委、北京市人民政府发布了《北京城市副中心控制性详细规划（2016年—2035年）》。改造工程旨在形成北京未来的城市空间结构，即主城（中心城市）、副中心（北京城市副中心）、多区域（门头沟、房山等周边10个区域）。其中，城市副中心重点建设世界一流的和谐宜居城市示范区、新型城镇化示范区、京津冀区域协调发展示范区等三个示范区。打造绿色城市、森林城市、海绵城市、智慧城市四大类。空间格局呈现一轴多集群结构，一轴指沿六环的创新发展轴。

（2）六环功能定位调整。针对城市副中心总体规划解读显示，六环现状部分功能与规划意图存在一些冲突和矛盾。因此，为适应副中心城市功能的需要，六环路将分流部分功能。在六环路目前承担的功能中，考虑调整其连接北京西北至东南的货物运输通道的功能，保留了连接昌平、顺义、通州、亦庄、大兴、房山、门头沟七大新城区的功能，远期随着首都环线高速的建成，过境货运线路将转移到张涿高速、廊涿高速和唐廊高速。

（3）六环路空间形态调整除了对六环路功能进行调整外，由于现状六环路空间形态的特殊性而产生的城市分割，也需要进行工程形态改造，考虑将六环路经过的副中心主要核心路段改为地下道路，地面恢复为景观和步行空间，增加两侧城市的连接，建设智慧城市。

（4）结合两岸各功能区拼接需求、当前六环路形态、隧道工程投资、运行安全、施工影响等因素，进行综合分析。地下长通道方案可用于绿新、行政区域+副中心站、宋庄的城市缝合，将6条主干道自东向西连接到地面。同时，方案设计要注意对隧道运行安全和施工的影响。六环地下道路改造的建设应尽量减少对现有六环交通运行的影响。现有六环路东西两侧有约100 m宽的绿化带，施工时应尽量减少对现有六环交通的影响，施工方法可考虑采用明挖施工或盾构施工，将原有道路改建为景观公园，承接整个城市功能区。

（5）从功能调整、形态调整和景观改善三个方面对改造项目进行评价。在功能上，将过境货运与全国路网功能分离，仅保留"连接昌平、顺义、通州、亦庄、大兴、房山、门头沟7个新城"的功能。功能调整后，六环交通构成以客运为主，减少了货运车辆对其他车辆安全的影响，提升了驾驶员的安全感。在形式上，通过地下道路的改造，完全消除了原有的高路基路段，视觉上消除了原有高路基的"墙"效应，增加了透气性。取消原有道路两侧的分割，连接更加紧密。景观上，通过对旧六环路地面设施的改造，地面约300 m宽范围内将形成副中心内带状景观公园，公园内将设置慢行系统、海绵城市、智慧城市设施、文化健身设施。不仅大大改变了原来六环内外的空间、生活、文化的割裂，由于地面景观公园的建设，还将吸引部分居民来此健身游玩，城市被该公园再一次紧密地缝合在一起，六环下穿后建设的创新发展轴将实现由"空间价值"到复合的"活力价值"的转变。以城市活力和交往为目标，使发展内涵不断丰富，城市表情不断丰富。其创造的经济价值、社会价值、环境价值都非常可观。经济价值方面，六环下穿及景观公园建成后，紧邻六环两侧的土地价值得到提升，可进行用地性质的调整升级。社会价值方面，公园内不仅要设置景观绿化内容，还将增加部分市民活动空间。通过举行定期与不定期的主题活动，来提升高线公园的城市活力。在环境价值上，六环入地后可将原有六环的路面、坡度、桥梁、侧沟等公路设施改造为景观绿化，在城市副中心中部形成带状的城市绿肺。

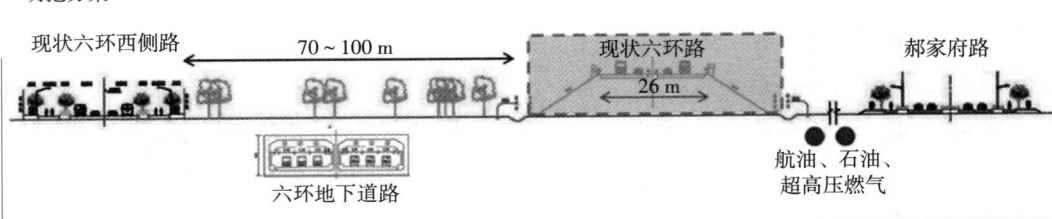

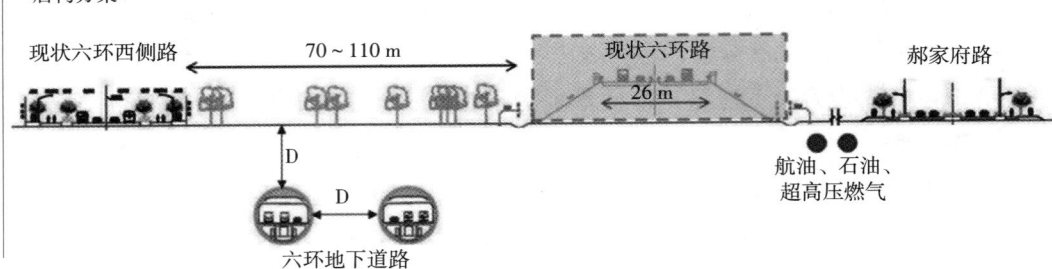

图1.7　六环路改造方案线位布置图

（6）此外，结合对高速公路堤坝、沟渠、桥梁等的分析，阐述了高速公路对城市的影响，提出基于智慧城市视角的高速公路改造思路，即功能、形态调整和景观提升。

六环路改造方案线位布置图如图1.7所示。

综上所述，本书针对上述问题，在智慧城市理念的指导下，研究了全球多个城市的道路改造方案，包括港珠澳桥岛隧工程、深圳中港通道工程、大连湾跨海大桥及隧道工程、上海南隧道及北桥工程、杭州湾跨海大桥工程、福建平潭海底隧道工程、青函海底隧道工程、英法海底隧道工程、孟加拉国海底隧道工程等工程方案及实施效果。在理论研究和案例分析的基础上，结合北京城市副中心中六环建设对城市分割的影响，研究了改造方案和预期效果，确定了局部断面并提出地面和景观提升的改造思路。一些不适合城市发展的功能被剥离。随着未来城市化进程的推进，原有高速公路对城市的分割越来越明显，改造项目也会越来越多。本书可以为类似城市发展区或同类型道路的交通问题提供一些新的思路和参考设计方案。

1.4　国内外相关文献

近年来，随着智慧城市建设的快速发展，桥岛道桥隧工程将特大城市周围各城区相串联，面对工程所包含的道路、桥梁、隧道及基坑等结构设计施工中存在的风险及对周围环境的影响，该类特大工程在世界各国相关的研究还不多，针对此问题对下穿紧密城区道桥隧工程中相关的国内外研究发展动态及分析机理与方法进行综述，为研究工作的开展奠定理论基础。

1.4.1　隧道施工引发地层变形规律

国内外学者对盾构隧道引起地层变形规律在理论公式及数值模拟方面开展了大量研究，姜忻良等提出一种有效计算土体地层沉降的方法，得出土体沉降槽宽度的变化规律。魏纲考虑 R、h、ψ 等参数，提出新的 i 计算公式，避免了由于参数范围过大而出现的错误。张忠苗等提出求解地层损失沉降和长期沉降的方法，并与理论公式较好地拟合。陈春来等结合双线盾构隧道施工先后对结构产生的影响，修正原有 Peck 公式，叠加先后隧道施工引起的土体沉降，得出总的三维土体沉降。

$$S(x) = S_{\max} \exp\left[\frac{-x^2}{2i^2}\right] \tag{1.1}$$

$$S_{\max} = \frac{V_{\text{loss}}}{i\sqrt{2\pi}} = \frac{\pi R^2 \eta}{i\sqrt{2\pi}} \tag{1.2}$$

$$V_{\text{loss}} = \pi R^2 \eta \tag{1.3}$$

式中：x ——距隧道轴线横向水平距离；

$\quad S(x)$ —— x 位置处的地面沉降量；

$\quad\quad i$ ——地面沉降槽宽度系数；

$\quad V_{\text{loss}}$ ——单位长度土体损失量；

$\quad\quad R$ ——隧道开挖半径；

$\quad\quad \eta$ ——土体损失率，对于黏土通常为 $0.5\% \sim 2.5\%$。

$$i = KR\left(\frac{Z}{2R}\right)^n \tag{1.4}$$

式中：K，n ——与土体性质和施工因素有关的系数。

Peck[8] 提出了地面沉降槽预测经验公式，得出土体沉降的正态分布曲线，间距通常比较近，其影响往往互相叠加，考虑到最终的地表沉降，假设叠加原理仍然适用。

$$S(X) = S_{\max} \exp\left(-\frac{X^2}{2i^2}\right) \tag{1.5}$$

$$S_{\max} = \frac{\pi r^2 \eta}{\sqrt{2\pi}\, i} \tag{1.6}$$

$$i = \frac{z}{\sqrt{2\pi} \tan\left(45° - \dfrac{\phi}{2}\right)} \tag{1.7}$$

式中， $S(X)$ ——横向地面沉降量；

X ——横向某点距离隧道轴线的水平距离；

S_{max} ——隧道轴线上方的最大沉降量；

r ——开挖隧道的外半径；

i ——地面沉降槽宽度系数；

η ——土体损失率。

刘波等依据双圆叠加原理可得修正公式与分布趋势（见图1.11）：

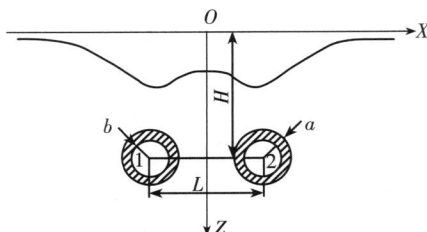

图1.8　双孔平行隧道断面及地表沉降图

$$S(X) = S_{max} \exp\left[-\frac{(X + 0.5L)^2}{2i^2}\right] + S_{max} \exp\left[-\frac{(X - 0.5L)^2}{2i^2}\right] \tag{1.8}$$

式中， $S(X)$ ——双线隧道横断面与双线隧道轴中心线距离 X 处的沉降量；

L ——双线隧道之间的中心距离。

Jin等模拟对两个穿越隧道的结构不同间距垂直排列的构型进行连续分析确定各方面的最不利情况。Ngoc-Anh Do等着重讨论隧道内部的结构力和周围地面位移场的发展，预测新隧道施工对既有隧道的影响。喻军等结合顶管阻力、机头压力、土体阻力，模拟地表沉降，优化施工参数，降低了对土体的扰动。郝小红等发现土体竖向沉降范围和纵向位移变形规律。叶友林等研究了不同参数诱发的地层变形规律，得出土拱的形成与深浅埋隧道的关系。张凯等结合Peck公式分析得出不同顶管开挖引起地面沉降的规律。卢健等引入并验证了最大沉降量比改进双线隧道开挖的地表沉降计算公式。宋艺结合单洞双线暗挖隧道下穿桥隧结构的沉降曲线，对比Peck公式的计算结果，为提出合理的施工控制方案提供了参考。李自力等模拟不同注浆压力及注浆量对隧道变形、挡土墙变形及内力和地表沉降的影响。高永涛等结合盾构下穿河流施工工艺，探究注浆参数引起的地表位移变化，预测下穿河流隧道施工引起的地表位移。Moosavi等分析施工所产生的位移和应力动态响应，找出了施工过程中地面运动的规律。Michael等运用数值模拟技术建立机械化开挖盾构模型，得出对地表变形和衬砌内力的影响因素。Comodromos等模拟TBM-EPB工法分析影响地面沉降的参数，对工作面支撑变化的敏感性、施加到转向间隙浆液和尾部间隙灌浆的压力得出评估。Hasanipanah 等提出了优化的人工神经网络（ANN）混合模型预测最大表面沉降。Rahim 等根据双隧道的配置结合隧道和周围土壤的位移、内力选定合理的隧道间距和施工工序。Sina Shivaei 进行了灌浆层的排水边界条件、地下水位位置以及双隧道开挖之间的纵向间隔参数变化的对比，研究双隧道施工与地下水之间的相互作用机制。Chen 研究多孔隧道对地表沉降的相互作用以及多孔隧道盾构机尾空封闭灌浆引起的横向地表沉降剖面的预测方法。Guo 等基于 Verruijt 和 Booker 的解析解，结合地层等效刚度原理和近岸表层水体的分布与作用，推导出双隧单线盾构隧道下穿近岸水体引起的地层沉降计算公式。Gima 等用 Plaxis FE 代码和 3 个土壤本构模型研究对隧道开挖引起沉降槽形状改变的因素。Ding 等基于现场监测数据，对比了 3 种不同地基的结构变形情况。Ding 等证实软木分布的曲线特征、偏斜分布的曲线特征和正态分布的曲线特征在一定范围内反映地表位移是合理的。

1.4.2 隧道下穿对邻近桩基的影响

周鑫等针对隧道单、双线开挖过程建立三维模型，总结出双线开挖产生的叠加效果。刘秋常等比较了 3 种加固方案对桩基产生的隔离效果。陈发东模拟盾构施工的 4 个阶段，研究隧道开挖对桩基变形的影响机理及周围土体变形破坏演化特征。胡锡鹏等得出了桩变形和桩轴力的影响因素。张学钢等模拟哈尔滨地铁 1 号线哈尔滨南站与农科院站之间的隧道开挖，找出关键控制区和施工工序。刘子龙分析了桩与隧道中心水平距离、桩径、桩长等影响因素，并分析了隧道开挖引起的桩侧位移和桩弯矩的变化特征。项敬辉等总结出地基中承台—群桩—土—隧道四者间的作用特征。黄钟晖等通过改变桩的参数，分析不同桩土刚度比的附加位移和内力的影响。李文举等结合应力释放系数法和桩基位移内力法模拟隧道施工的 4 个阶段。刘夏临等提出了桥梁加固的方案，对比得出最佳控制方案。饶靖鹏等比较桥墩沉降、横向位移和地表沉降的实测和模拟结果，证明数值模拟的可靠性。尚艳亮等监测隧道施工并比较分析了其对桩体位置移动、桩体轴向力、转动力矩的影响。李兆平等以桥基与隧道开挖影响破裂面的位置和水平距离为依据，根据不同的风险等级给出保护对策。陶连金等对不同施工方法的适用性、工法的主要影响因素、变形分配与内力转换、沉降机理及抗震分析等不足提出优化方案。孙毅对比了相同条件下不同防护措施的加固效果。

1.4.3 隧道下穿对建（构）筑物的影响

刘卫晴利用三维有限元建立模型，分析盾构隧道下穿既有普铁路基施工过程中路基的沉降规律，确保下穿过程中既有结构物的安全。马相峰等基于"跳孔、分段、多次、中低压"的钢花管注浆方式，采用实测与数值模拟结合，探究盾构下穿砂卵石地层对既有路基产生的变形规律，验证地层注浆加固可有效减少路基沉降。张良结合对既有铁路隧道的附加位移、应力、轨道平稳性的影响，得出上方公路工程施工对既有隧道的安全范围影响，可以选择满足安全需要的高铁隧道衬砌提供可靠的参考依据。孙克国等根据连霍高速公路扩建工程三段采用的梁板式防护方案，基于岩壁围度和地基退化，使用强度减法验证高速公路扩建工程最大开挖和超载运营两种状态下的安全性。王晓星等采用机械法和爆破法模拟路基开挖对既有相邻隧道支护结构的影响，得出爆破施工振动对隧道衬砌结构的影响大于机械开挖，但机械开挖的进度较慢，为保证道路施工的安全稳定，提出了机械穿插爆破综合开挖方法。程巧建通过监测深层变位孔、地表沉降点，获得岩层变形规律和盾构合理推进参数，模拟盾构施工过程，实时调整盾构掘进参数，减少周边围岩扰动，确保线路的安全运营。傅立磊针对新建超浅埋大断面隧道下穿路基施工过程中路基与洞室的变形问题与影响因素开展研究，分析不同工况下的变形规律并给出合理的优化建议，还提出了适用的控制标准。罗敬炬利用对掘进面压力、注浆压力、注浆层厚度等施工参数的优化控制，编制出可精确预测盾构隧道下穿施工沉降的BP神经网络。张锦等分析了国内外学者的风险评价理论和方法，构建了川藏铁路桥梁隧道工程在川藏铁路建设中的安全风险评价指标体系，并基于模糊综合评价法的风险评价模型对川藏铁路桥梁隧道工程进行了风险评价验证，预测桥梁隧道工程施工安全风险水平。娄国充基于道路的不同功用性和安全性，提出了下穿高速公路工程引起公路、铁路的最大允许沉降值和沉降速率控制标准，依据工程实测数据验证其合理性和适用性。龚波根据隧道开挖过程中爆破振动波传递与衰减的规律，预测爆破震动对上方公路结构产生的影响，进行了施工安全风险评估并给出合理的减震措施。张旭等依据北京地铁6号线朝阳门站至东大桥站区间隧道下穿既有地铁车站，得出密贴下穿施工引起既有地铁车站结构沉降规律和安全评价。

1.4.4 路堤路堑稳定性研究

谢大伟等对PHC管桩的3部分结构进行了加固机理研究。顾红伟等对比2种不同处理措施的处理效果和成本。陈龙探讨了土工格栅加宽公路路基的合理铺设层数。陈泽松等指出了路堤填筑下垫层与承台基础下垫层布置的区别。何玉琼等得出CFG桩加固可有效减少沉降量与塑性区，提高地基承载力。谢虎通过对比加筋层数与软土地基稳定性、位移和应力的关系，得出了最合理的土工格栅铺设层数。谭国湖验证了路基分层填筑时软土路基固结沉降变形规律。鲁洪强等得出预应力管桩、土工格栅对软土路堤路堑差异沉降和总沉降的改善效果。崔雅峰总结了PHC管桩在软土地基中的应用。肖文辉等结合单桩静载现场试验验证了PHC管桩网结构的加固效果。夏晋华等通过研究得到了合理的路基铺设竖向排水间距和管桩施工顺序。陈小庭等的研究采取了4种不同的褥垫层布置方案。陈泽松通过研究利用桩土相对位移的原型观测试验提出了桩土相对位移的控制方法。管学其在分析桥梁隧道软土地基承重时提出了技术性准备与实施方案。杨东生依据软土地层施工的道路工程提出了处理对策。

1.4.5 深基坑变形及稳定性研究

贾曾潘等分析得出深基坑施工过程中土体沉降和支护系统变形的特点。李晓春证明了连续墙在控制地表沉降方面的优势。张嘉威总结了壁柱后内力分布及地下连续墙节点的影响。赵何明分析了砂砾地层基坑开挖的变形影响范围及邻近结构的稳定性。王江荣等研究了不同施工条件下深基坑水平变形、基坑底隆起、基坑边沉降、支护结构内力及支护轴力的变化规律。杨波等推导出墙范围内连墙水平位移变化规律，支撑地表土体受影响区域和架设沉降控制效果。王琳等分析了地铁车站开挖引起的围护结构和土体的位移和变形。谢乐等预测不同围护形式对基坑土体侧向位移及周边地表沉降的影响。陈昆等得出了2种不同参数下支护结构和周围土体的变形特性。诸以惇等基于连续墙分步施工分析其位移和内力变化规律。孙海霞等模拟了基坑降水条件下开挖和支护体系的变形规律。王凌等应用HSS本构叠加求得基坑开挖与盾构掘进共同作用下土体的变形规律。俞建霖等探讨了砂性土基坑周围土体受扰动的范围。胡建林等比较不同参考应力下摩尔–库仑模型预测位移变化规律的准确性。丰土根等研究了悬挂式地下连续墙墙体深层水平位移和墙体弯矩变化规律。

1.4.6 冻结法施工与THM耦合研究现状

潘旭东基于冻结管方案土工试验、理论分析、数值计算和现场实测数据，得出其流热耦合变化规律。郑立夫总结传统冻结壁设计理念，得出地表冻胀与融沉变形的相应关系。高娟等针对THM耦合理论验证了冻结法优良的止水性与抵抗变形能力。刘政用热力顺序耦合分析了地层冻胀变形规律。林亮焱等运用COMSOL Multiphysics软件得出地下水渗流对冻结区的影响范围，确定了最优冻结壁厚调整措施。杨凡[93]确立了渗流流速、冻结管与井筒距离与温度场的关系。Wang等针对渗流作用对单管冻结法温度场产生的空间效应进行了研究。Pimentel等依托德国菲尔特地铁冻结工程，用FREEZE有限元代码反演软土层在渗流作用下，冻结区的发展过程。Marwan等提出了群蚁算法耦合分析土体水热模型确定了冻结管施工方案。黄哲峰取不同含水率砂土试样，基于多孔介质传热和达西定律建立热流耦合模型，得出冻结与解冻期的温度—渗流发展关系。王乐潇选取软土强渗透性地层，得出不同渗流条件与冻结区的温度场发展规律。

陈盈盈等以瞬态分析现有冻结改善方案，选取了合理渗流改善方法进行研究。白天麒等研究了不同冻结条件对不同形状冻结单管与双管多场耦合模型的温度场、冻结壁厚与交圈时间的影响效果。Li 等基于砂坝结构，分析了渗流作用下冻结法温度场变化规律。Huang 等建立了下山单纯形算法结合冰水相变转换关系，确立了耦合模型。Alzoubi 等提出 FoD 概念以保证冻结法施工的温度恒定，降低了温度变化。Zueter[104] 等研究了冻结管构造，并设置了空气隔层区间。

1.4.7　基于智能通信的道桥隧工程施工研究现状

吕福瑞融合可视化分析、通信定位等新兴技术，提供了一种新的施工模式。卢玉韬等探讨了 BIM 技术与无人机等辅助桥梁检测手段相结合的应用可行性。邓铭江的研究将超特长隧洞 TBM 集群施工风险管控技术应用于北疆供水二期工程。苏洁等以信息化手段实现既有桥梁在全过程中的安全性。李凌宜等应用冷开挖智能施工技术模拟了隧道下穿桥梁施工过程。Lee 等采用多尺寸铝杆混合物和近景摄影测量技术识别出钻孔隧道的行为。崔卫伟探究了裂缝控制、钢筋锈蚀处理及隧道科学支护、工程给排水等技术优化方案。张建卫针对云南地势复杂和多发地质灾难的特点提出了控制技术措施。

李伟在基坑项目中应用了三轴水泥土搅拌桩技术并提出改进措施。袁大军等通过研究形成了基于智慧信息技术下的安全控制理论体系。张小波通过研究提出了高速公路桥隧工程施工安全总体风险评估机制。刘化超应用智能技术检验公路桥隧工程安全风险。李灿的研究应用了试验检测方案、商品混凝土质量检测、主要材料的检测等智能技术。张俊平开展了通用性 HTTP 的道桥隧检测技术研究。唐涛应用测量控制方法提升了道路运载能力。

1.5　依托工程

本书主要依托于北京市东六环下穿工程。对建设沿线涉及的河流、道路、桥梁、隧道及车站等结构，基于设计方案对隧道开挖过程中引起的水土流失、地层扰动等引起的不均匀沉降、开裂和破坏等风险，对工程中涉及的风险源进行风险评估。项目西临京北运河岸，东临东六环，地处北京城市副中心"一带一轴"空间结构交会处。东六环张采路北段至潞苑二街北段 9.2 km 的地面改造路段，将成为中国最长的地下公路隧道，现有的东六环地上主干道将建成高线绿地公园，改造成慢行交通系统。然而，东六环的地下空间环境复杂，控制因素众多，地下钻探有许多困难需要克服，盾构隧道段要下穿副中心站综合交通枢纽、京津公路、通三铁路、滨河路、北运河、广渠路、地铁 6 号线、京秦铁路、通胡路、减河、通燕高速、京榆旧线等重要交通线路，包含下穿道路、地下结构、桥梁、河道等众多风险源。

改造工程与京哈高速公路交叉口的立交类型保持不变，并在京津高速公路交叉口废除现状新建立交，与潞苑北大街交叉口保持立交类型不变。随着该工程的建设，将对玉带河进行改造，经盾构施工临时改造的玉带河改移长度为 196 m，在京津立交影响范围河道全长 2.61 km。通燕高速公路与六环的现状是双喇叭互通。随着六环入地，将改造为通燕高速公路与六环西侧路之间的单喇叭立交，改移道路总长约 430 m。新建管理区 2 处、京津互通收费站 6 处，施工期间将设置 3 座盾构井，使用 2 台泥水平衡盾构机进行盾构施工，交通、绿化、照明、消防等配套工程同步开展。项目方案主要工程数量表见表 1.3。

表 1.3　项目方案主要工程数量表

序号	指标名称		规模、数量
1	路线总长		16 km
2	隧道长度		全线共设主线隧道 2 座（左、右线），全长 9160 m，计入两端 U 形槽后总长 9500 m；京津公路立交处设匝道隧道；连接南、北两侧盾构井的救援通道 2 座
3	路基宽度		33.5 m（不含隧道段；京哈—京津立交间含辅助车道，路基 49.5 m）
4	土石方工程		项目挖方量约 612.63 万 m³，填方量约为 197.56 万 m³，弃方量约 415.06 万 m³
5	桥梁		加宽桥 9 座，新建桥 2 处，拆除桥 7 处
6	互通式立交		4 处，分别为京哈高速立交、萧太后河南街立交、京津公路立交与潞苑北大街立交。其中，萧太后河南街立交新建 SW、WN 匝道；京津公路立交废除现况，新建 E1～E6 匝道，立交区京津公路加宽改造 1.075 km，六环西侧路联通段接南侧段 640 m，接北侧段 200 m
7	河道改移		盾构施工玉带河临时改移河道 196 m；京津立交影响范围内玉带河河道改移 2.61 km
8	道路改移		通燕高速与六环路双喇叭立交改造为通燕高速与六环西侧路单喇叭立交，改移道路约 430 m
9	管理区		2 处（南管理区 1.06 hm²，北管理区 1.25 hm²）
10	盾构工作井		3 处，运营期为隧道设备用房设置区
11	配电室		21 座（总配电室 2 座，分配电室 19 座）
12	排水泵站		10 座
13	匝道收费站		新建 6 处（京津公路立交）
14	环保工程	空气净化站	2 处
		声屏障	2848 m

◥◢ 1.6 主要研究内容

本书以北京市东六环改造项目为依托工程，对下穿河流隧道掘进、基坑开挖、路面拓宽施工过程进行理论分析和数值模拟，综合港珠澳桥岛隧工程和深中通道工程的施工方案，总结下穿隧道、深基坑工作井、道路改建过程地层的沉降变形规律，同时分析了隧道施工参数、基坑开挖方式、隔离桩控制等方案对变形的影响。主要内容包括以下几方面。

① 依据北京市东六环下穿隧道工程背景，阅读国内外道桥隧工程相关文献。根据已查阅的文献，基于理论分析、数值模拟归纳了隧道下穿、基坑开挖、道路路基加固和河流改移等风险点的力学特性及变形趋势。

② 归纳分析国内外道桥隧工程施工关键技术与创新方案。以港珠澳桥岛隧、深中通道、英法海底隧道等重大工程中的技术创新以及采取的施工方案为依据，分析依托工程中施工工法的选用原理及变形控制方案。

③ 隧道施工影响下的地层变形分析。对双线盾构隧道开挖影响下的地层变形特征进行分析，然后基于理论公式与数值模拟研究隧道下穿河流时，不同埋深对隧道变形的影响，以及地表沉降伴随盾构开挖的变化规律。

④ 隧道下穿产生的地层变形及对邻近桩基的影响。对不同方向地层的变形进行分析，推导出在不同施工条件下桩基、雨水管涵的变形规律和应力变化，然后分别计算单、双线隧道开挖下不同位置桩基的受力特征，最后根据数值计算结果选择合理参数给出合理的防护措施，减小对桩基的影响。

⑤ 隧道下穿副中心车站产生的地层变形及对既有建筑结构和隧道的影响。分析不同建筑结构在隧道开挖过程中对土体的扰动，对比不同建筑下盾构隧道及地层的稳定性，并通过实时监测数据，优化施工工法，给出下穿双线盾构隧道的变形控制标准。

⑥ 联络通道冻结法施工方案比选及处治措施力学特性分析。采取单、双圈冻结管方案对矿山法开挖土体进行处理，将三维问题简化为二维模拟，对比不同方案下产生的位移及应力变化情况，分析其THM耦合特性，预防施工中可能出现的病害。

⑦ 深基坑工作井开挖支护稳定性分析。参照孟加拉卡纳普里河下穿工程和北京东六环改造工程基坑开挖的尺寸、深度、地质水文条件、支护体系等参数，对基坑开挖及支护的施工过程产生的位移变形、内力变化进行分步模拟，得出支护体系的位移和变形规律。

◥◤ 1.7　研究技术路线

（1）拟采取的研究方法。收集实体建模资料。建立二、三维模型；利用数值模拟软件（如 SolidWorks、Plaxis 等有限元软件）对依托工程进行建模。分析路堤路堑改造力学特性、盾构隧道工程力学特性、盾构隧道联络通道力学特性、盾构隧道河流改道力学特性、隧道下穿减河桥隧洞力学特性、盾构隧道中间工作井力学特性、下穿副中心站隧道施工力学特性和下穿副中心站隧道施工建筑力学特性，总结出结论，形成书面材料。

（2）技术路线。本书选取典型道桥隧工程为研究对象，通过现场勘察与室内外试验，初步评价道桥隧工程的安全施工风险。并根据前期已经完成的现场调研监测结果，分析下穿隧道施工、运营时的变形及应力变化验证设计标准，进行地震作用下的地震动力响应分析，分析下穿隧道工程的稳定性。为类似的长期服役的道桥隧工程的安全性评价提供借鉴和参考。研究技术路线框图见图 1.9。

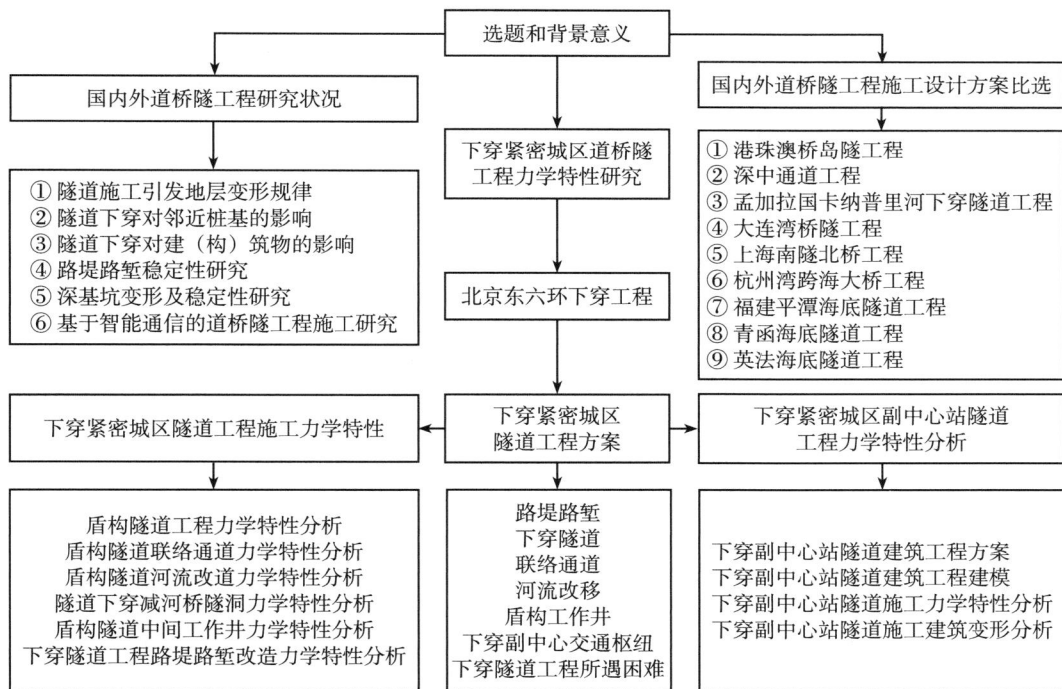

图 1.9　研究技术路线框图

第2章 国内外研究现状

针对北京市东六环下穿北京城区副中心道桥隧工程，根据所阅国内外相关文献资料，开展国内外研究现状、发展动态归纳总结，提炼本研究面临的主要问题，揭示本研究启示，为北京市东六环下穿北京城区副中心道桥隧工程力学特性研究奠定基础。

2.1 下穿道桥隧工程风险与评价方法研究现状

隧道工程建设风险有多样性、多层次性等特点，时间跨度大，动态变化大，管理难度大。其中，对第三方既有设施产生影响的风险是城市隧道工程风险的重要组成部分。由于缺乏科学风险评估工具和科学的风险管理体系，在现有城市隧道建设过程中，安全事故时有发生。随着城市建筑物越来越多，地下管网越来越密集，工程建设风险等级也越来越高，也越来越引起人们的重视。在隧道施工过程中，影响邻近建筑物的因素众多，致灾机制复杂，对其进行预测预报和定量风险评估非常困难。

翟强等用耦合主观权重法G1法和客观权重法CRITIC法确定综合权重，基于集对分析理论，构建各指标分级标准的联系度隶属函数，得出各样本的最大加权联系度，确定安全风险等级，再采用蒙特卡洛法确定盾构隧道下穿桥梁工程的关键因素。最后基于SPA法确定盾构隧道施工邻近桥梁安全评价模型。

林大涌等针对传统层次分析法的不足，引入三角模糊数理论优化风险因素权重计算过程，分别构建定量与定性的隶属度函数，通过多级模糊综合运算确定盾构下穿运营铁路施工总体风险水平，凭借盾构下穿运营铁路典型风险源进行辨识分析，建立一套基于层次分析法的风险评估模型，然后依照三角模糊数理论计算风险因素权重，应用模糊变换原理与最大隶属度原则建立施工风险模糊综合评价方法。

王飞针对新建桥梁施工对近距离既有隧道的影响进行安全风险评估，依托青海省扎麻隆至倒淌河公路改扩建工程，运用Midas-GTS有限元软件分析桥梁施工对既有隧道的影响，并对设计与施工进行安全风险评估后给出合理方案。

张锦剖析了国内外学者关于风险评估研究的理论与方法，针对川藏铁路施工建设中的桥梁工程和隧道工程，构建了川藏铁路桥梁与隧道工程的安全风险评价指标体系，基于模糊综合评价法的风险评估模型对川藏铁路桥梁和隧道工程进行风险评价，构造BP神经网络模型验证风险评估结果，预测出桥梁和隧道工程的施工安全风险等级。窦巍根据《公路桥梁和隧道工程设计安全风险评估指南（试行）》中提供的方法，针对大跨径连续刚构桥安全风险评估，按照结构分析、风险源辨识、风险估测、评估结果的流程，对宜宾至昭通高速公路彝良至昭通段的高墩大跨连续刚构桥——牛街特大桥进行安全风险评估，并针对主要风险源提出应对措施。

李学华等针对公路隧道施工安全风险的评价与管理进行了深入研究，对施工安全风险做出可靠的预测与评估，总结隧道工程的风险源和风险事件，构建了风险评价指标体系，并提出运用层次分析法与模糊综合评价法确定隧道施工安全风险等级，以及公路隧道施工安全管理制度和风险管理措施。

马小锋等以嘉鱼长江公路大桥为例对跨越长江的千米级斜拉桥进行施工安全专项风险评估研究，结合国内外部分类似桥梁工程事故调查与桥址地域特性，将火灾和血吸虫等传染疾病等致险因子纳入，完善了《公路桥梁和隧道工程施工安全风险评估指南》的风险源普查清单，采用LEC法识别风险源，最后依据指标体系法和矩阵法量化估测重大风险源（见图2.1）。

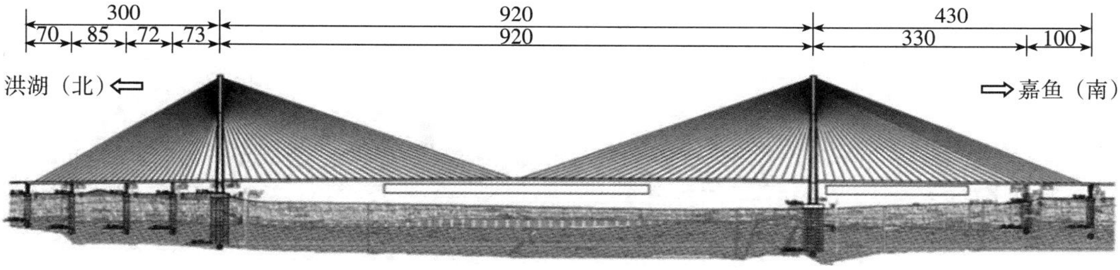

图2.1 嘉鱼长江公路大桥主桥桥型布置（尺寸单位：m）

陈洁金基于故障树分析理论，建造"广佛立交变形破坏"故障树模型，通过计算得到了顶事件的模糊发生概率和底事件的3种重要度，依次对隧道施工引起上覆桥梁变形破坏的风险事件进行定性和定量分析，根据重要度进行分析找到降低风险的措施。最后综合考虑"广佛立交变形破坏"风险事件的模糊发生概率和事故后果的模糊严重程度，得出事件的风险等级。工程实例论证了该方法的准确性和有效性（见图2.2）。

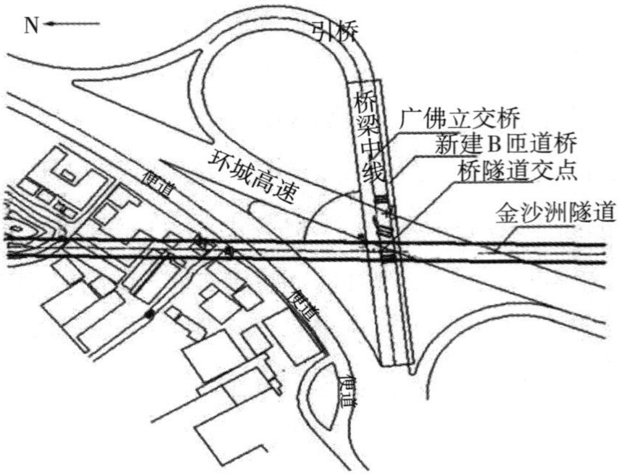

图2.2　金沙洲隧道与广佛立交桥平面关系图

　　Sturk 等针对大型地下工程往往包含复杂的系列事件和复杂的技术系统，并伴随着巨大的不确定性，讨论了一个对地下决策问题有用的决策过程，描述了一些可用的决策和风险分析的方法，实际应用于斯德哥尔摩环形公路隧道。

　　Kampmann 等运用风险评估技术为哥本哈根地铁工程提出了包括40多种灾害的10种风险类型，并建立了具体的分类体系。

　　Burland 等给出了对环境有影响的评估方法和程序，并将该研究成果应用于伦敦Jubilee线路延伸工程中。

　　温森等为不减少变形引起的TBM卡机事故，预先评价变形引起的TBM风险事故，在单元风险研究的基础上研究综合风险计算及评价准则，采用概率理论推导变形引起的TBM风险事故的综合风险概率的计算模型，近似计算出5类后果等级事故发生的概率，建立变形综合风险评价准则。

　　侯艳娟等以厦门机场路一期工程在浅埋、大跨及复杂地质工程条件下穿越地表密集建筑物群工程为基础，对暗挖隧道穿越的63栋建筑物的查勘结果进行详细分类，引入模糊数学综合评判方法，总结出主要作用因素建立选取不同权重的隶属函数，用模糊语言对地表建筑物的安全风险进行分析评估。

　　王景春等借鉴风险分析的方法，辨识出海底隧道施工过程中的危险源，以岩体工程分类法作为建立模型的基础，综合应用国内外岩体力学研究和测试的成果，依据影响隧道施工安全的因素及权重，导出具有针对性的危险性评价指数，据此将海底隧道的施工分为6个安全等级，建立针对海底隧道施工安全的分级体系。

　　Hideo 等始创模糊故障树的研究，将模糊概率替代基本事件的精确概率，并根据模糊数学的扩展原理对顶事件的模糊概率进行研究，模糊数之间的乘积采用近似计算。

　　Singe 为克服传统的故障树和可靠性分析没有危险概率值偏差图像的缺点，将基本出口的相对频率视为模糊数，主要采用L-R型模糊数来描述，并定义了L-R型模糊数运算法则，给出了利用算子构造可能性故障树的方法。

Alireza等则提出了一种模糊故障树分析的新方法，先将基本事件的隶属函数离散化，得到每一个基本事件可能性分布的若干区间，然后利用扩展原理定义的max和min算子进行区间运算得到顶事件的可能性分布。

Sawyer将底事件发生概率视为模糊数，应用模糊算法于故障树分析中，运用区间上的截集运算模糊数，以顶事件的概率和相应的系统可靠性为模糊数，提出了一种用于机械系统可靠性分析的模糊故障树方法。

赵江涛等为控制盾构隧道施工对周围桥梁的扰动程度，建立盾构隧道穿越既有桥梁精细化施工控制体系。根据大量的工程实践和众多学者的研究结果，将盾构施工影响邻近桥梁的风险因素主要分为地质水文条件、盾构施工参数、隧道工程条件、桥梁自身条件和组织管理5类风险，即1级指标，并根据此5类风险进一步细化指标，最终构建盾构隧道邻近桥梁施工风险指标体系。

郑扬等采用FLAC 3D数值模拟软件与现场施工监测相结合的方法，以隧道工程条件作为盾构隧道下穿桥梁工程的重要风险源，参考隧道埋深、断面尺寸和路线选型等设计中存在的影响盾构的适应性因素，综合考虑在安全风险评价工作中桥梁所处的位置，通过三维地质力学模型，总结出TBM隧道施工对既有桥梁结构的受力特征和变形规律。

贾少春采用有限元计算方法，从地表沉降、桥梁桩基位移、内力变化等方面研究盾构下穿黄河施工时，对银滩黄河大桥桩基的影响，进而构建盾构隧道邻近桥梁施工风险评价体系，分析总结盾构隧道施工对邻近桥梁影响因素。

张天奇等提出基于因子分析和可拓理论方法的桥梁桥墩稳定性评价模型，从岩层变形量、墩身坚固性和隧道影响三个方面，选取影响桥墩稳定性的10个因子作为评价指标，结合葵坝隧道下穿盐坝高速路桥的12个实际桥墩工程，运用因子分析法的原理构造指标的综合评价函数，确定重点排查治理的指标和排序，判断隧道下穿桥墩的综合稳定性等级。

吴贤国等基于物元理论和证据理论对邻近建筑进行评价，为盾构隧道施工邻近桥梁的安全风险管理提供可靠依据，并针对盾构隧道施工邻近桥梁安全评价受地质条件、水文条件、盾构施工参数和组织管理等多方面的因素的影响和约束，对盾构隧道施工邻近桥梁进行安全风险评价，并建立了一套系统的评价指标体系和评价方法。

隧道工程作为基础设施中的生命线工程，对隧道施工安全风险管理进行系统性的研究，对施工过程中的安全风险作出可靠预测具有重要意义。我国交通运输部于2010年颁布了《公路桥梁和隧道工程设计安全风险评估指南》，并在2011年发布了《公路桥梁和隧道工程施工安全风险评估指南》，相关学者对隧道施工安全风险管理也做了大量研究，这都有助于减少隧道施工过程中的安全事故，然而，由于对实际施工过程中管理机制的单一性缺乏系统性的研究，新的重大安全事故仍无法避免。决策的科学化、施工的精细化和管理的规范化是保证隧道施工安全管理的重要因素。

2.2 下穿道桥隧工程施工中的风险控制技术对策

邓铭江将超特长隧洞TBM集群施工风险管控技术应用于北疆供水二期工程，其中的超前应用的岩机信息感知、地质预报技术和融合的智能掘进技术、监测预警与现代信息技术，有效提高了安全掘进效率，成为推动超特长隧洞施工风险管控迈上新台阶的重要措施。

苏洁等基于地铁隧道穿越既有桥梁安全风险评估及控制，建立了既有桥梁安全风险评估及控制体系，提出地铁施工过程中既有桥梁施工的控制指标及控制标准，将其应用于北京地铁6号线穿越花园桥工程的施工，采用注浆加固及主动顶升等措施，以信息化手段实现既有桥梁在施工全过程中的安全性，以实现既有桥梁在隧道施工过程中的安全运营（见图2.3）。

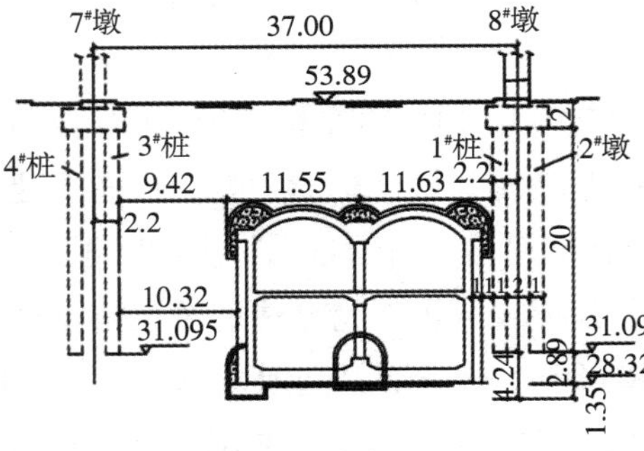

图2.3 新建车站与既有桥梁位置关系图（尺寸单位：m）

李凌宜等对山地城市暗挖隧道近距离下穿桥梁施工技术进行研究。针对贵阳典型的山镇复杂环境下地铁下穿既有建筑物的施工难题，应用冷开挖施工方案，模拟区间隧道左、右线先行2种下穿既有桥梁方案的施工过程并对比分析（见图2.4），结果表明：隧道拱顶距离桩基底部越近时桩基受到的扰动越大，采取先行开挖距离桩基底部较远的隧道时沉降相对较小，最终确定了左线先行的技术方案，可减少隧道开挖对周边环境的扰动，保证既有立交桥运营安全。

Lee等在实验室二维模型试验中，采用多尺寸铝杆混合物和近景摄影测量技术识别钻孔隧道的行为，通过数值模拟从整体上研究桩-土-隧道三者之间的作用特征，分析隧道施工对邻近桩基位移及内力的影响。

李兆平等探讨了北京地铁工程邻近桥梁施工风险等级划分应考虑的因素和风险等

级划分方法，以桥基与地铁工程开挖影响破裂面的位置关系和桥基与地铁工程的水平距离为依据，综合考虑桥梁现状质量，确定邻近桥梁的施工风险等级，根据不同的风险等级给出邻近桥梁基础的加固保护对策。

陶连金等围绕工程特点、施工工法及沉降控制关键技术、变形内力影响规律和抗震分析等因素，针对国内密贴下穿工程中存在的空白点和薄弱点，总结现有研究在不同施工方法的适用性、工法的主要影响因素、施工步序的变形分配与受力转换、施工的沉降机理及抗震分析等方面的不足，给出控制沉降与内力的影响因素及加固措施。

孙毅基于铁路隧道近接施工条件下桥桩变形控制技术的研究，分析了新建城市铁路隧道基本建设特征与近接施工条件下既有桥桩基变形模式，依托京张高铁清华园隧道工程并结合实测数据，比较了相同条件下钻孔灌注桩防护、门型墩防护、复合锚杆桩防护以及断面预注浆加固防护方法的地表变形与既有桥桩变位结果，分析对铁路隧道近接桥桩的变形影响，为应用合理防护措施提供参考（见图2.5）。

（a）左线

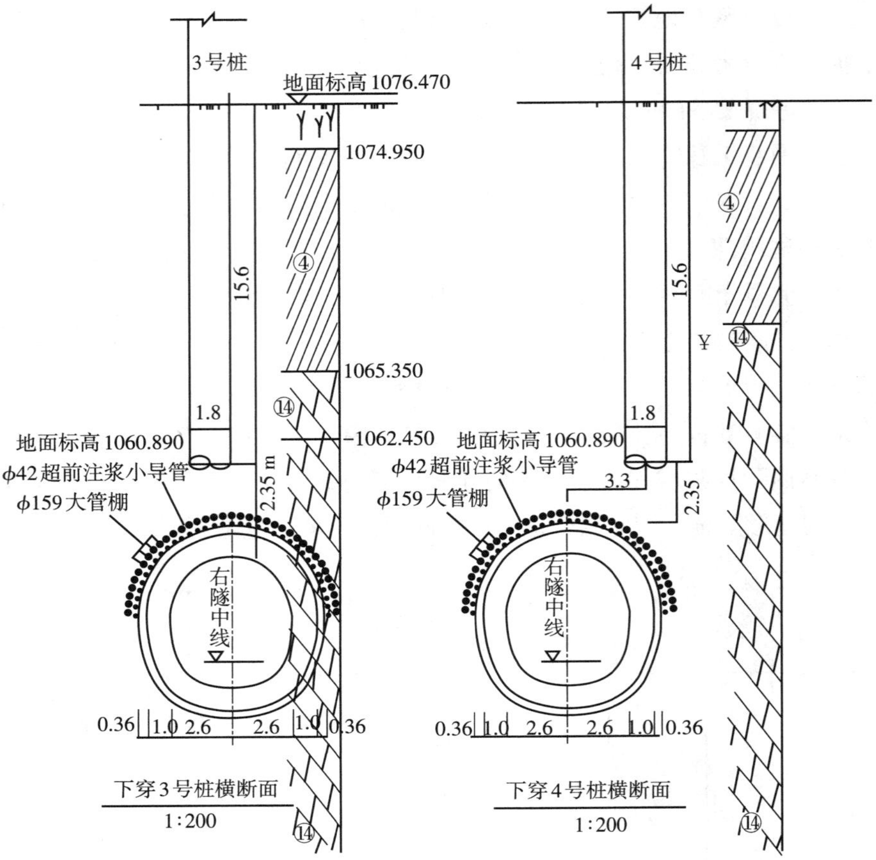

（b）右线

图2.4 左、右线隧道下穿桥桩横断面（单位：m）

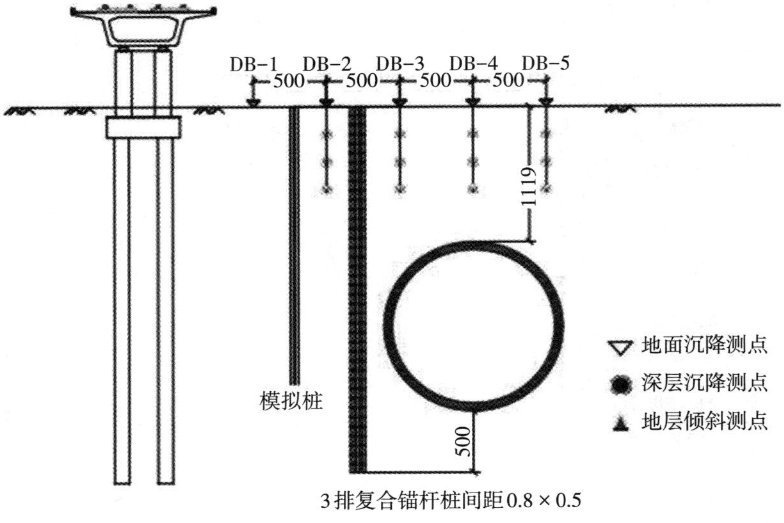

（a）DK17＋885断面监测点

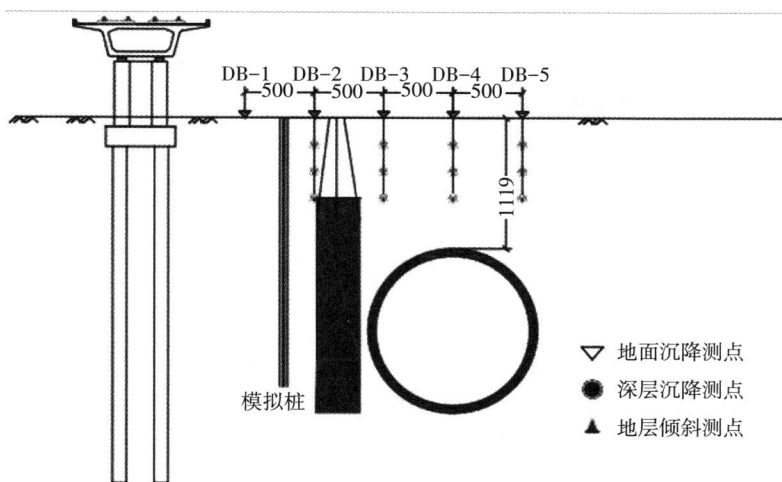

（b）DK17＋835断面监测点

图2.5　DK17+885与DK17+835断面监测点防护试验段剖面图

崔卫伟对道路、桥梁、隧道工程施工中的难点展开分析，探究了应用于其中的施工技术，如控制裂缝问题的技术、钢筋锈蚀处理技术及隧道工程的科学支护、工程给排水技术等，以期能有效地突破施工难点，推动各项施工作业保质保量完成，在整体上提高施工水平与成效。

褚英奎结合道路桥梁隧道工程的施工技术，以道路桥梁隧道工程施工过程中存在的施工问题为切入点，根据实际情况分析影响因素并制定解决措施，促进道路桥梁隧道工程的可持续发展。

温奇锐等针对道路桥梁隧道工程施工中的难点，结合地质条件、水文条件、结构环境等多种因素的影响，采取有针对性的解决对策以确保施工质量，为我国道路工程建设提供有效保障。

张建卫依据云南道路桥梁隧道工程施工中的难点，以其地势复杂和多发地质灾害的特点，研究云南的道路桥梁隧道工程，提出解决道路桥梁隧道工程存在问题的对策。

李伟在基坑隧道工程中应用三轴水泥土搅拌桩施工技术，提高基坑开挖过程中的止水效果，评价施工过程中的技术要领、管理办法，基于道路桥梁隧道工程施工难点问题，提出改进措施。

管学其以桥梁隧道软土地基为例，对市政道路桥梁隧道软土地基处理对策进行分析，其相比于其他公用交通道路，所需负荷的运载量较大，因此在考虑其交通枢纽承重时，为保持坚固性与稳定性，针对性地提出技术性的准备与实施方案。

杨东生依据软土地基施工的市政道路桥梁隧道，提出科学有效提升道路桥梁隧道工程质量的处理对策，并对相应软土地基处理对策应用于市政道路桥梁隧道做出简单分析。

2.3　下穿既有道桥隧和水下工程的影响研究现状

　　贾少春依据兰州轨道交通1号线迎门滩—马滩区间盾构隧道近距离穿越银滩黄河大桥对桥梁桩基的影响，利用有限元计算方法动态模拟盾构下穿黄河的施工工程，总结出地表沉降、桥梁桩基位移、内力变化等因素的影响规律。

　　张坚以地铁车站开挖时近距离穿越桥梁桩基为背景，动态模拟PBA法车站穿越桩基的施工过程，总结桩基水平位移、竖向位移以及地表沉降的变化和分布规律，对比分析不同注浆强度工况的加固效果，提出对桥桩进行地面预注浆的加固方案。（见图2.6、图2.7）

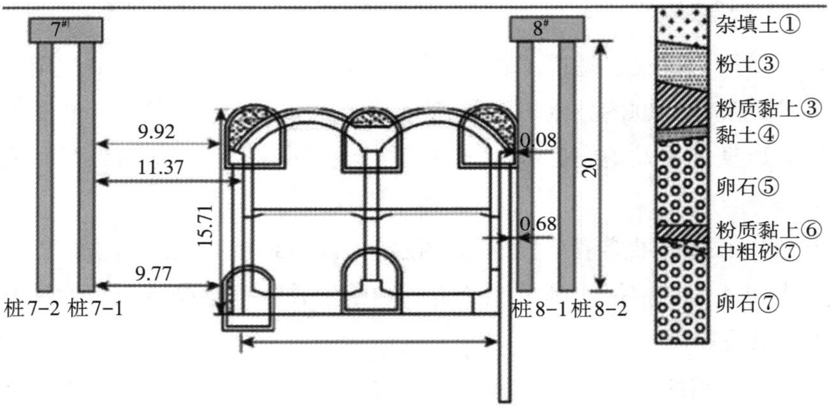

图2.6　地铁站横断面与地质断面图（单位：m）

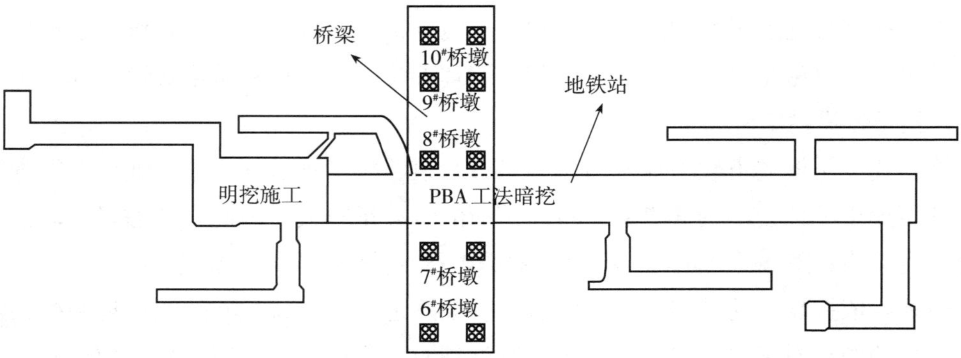

图2.7　花园桥地铁站与花园桥平面位置关系

丁勇春等基于 FLAC 3D 建立考虑土体、基坑围护结构及桥梁桩基相互作用的三维整体计算模型，采用修正剑桥模型描述土体的变形特性，根据实际工况划分不同的施工步骤，研究软土地区下穿城市高架桥梁并紧邻其下部桩基的地铁车站深基坑的变形及其对桥梁桩基的影响。

付黎龙等建立三维模型对地铁穿越地裂缝施工对既有桥梁进行模拟分析，并现场监测数据与数值模拟结果对比，结合现场监测数据与数值模拟结果，探讨西安地铁穿越地裂缝施工对桥梁的影响。

何海健等借助有限元 Ansys 程序，分析地铁施工中影响桥桩沉降的不确定因素，得出桩基之间的最大差异沉降与桩身所在地层的弹性模量以及桩底持力层的关系，以解决地铁工程施工使邻近桥桩发生沉降影响桥梁正常使用的问题。

郑扬结合地铁 TBM 隧道下穿市政桥梁工程，利用 FLAC 3D 数值模拟结合现场施工监测数据，研究双线 TBM 隧道施工对既有桥梁结构的受力特征，针对 TBM 不同角度下穿既有结构对既有结构产生的扰动问题，揭示出 TBM 隧道下穿市政桥梁施工变形的规律。

王占生等针对盾构施工对周围建筑物的安全影响进行了评估，对盾构施工掘进过程中对邻近既有结构的影响程度进行了预测，提出隔断法、土体加固法等措施减小盾构通过建筑物时造成的影响。

许爱峻以北京地铁 10 号线莲花桥下穿既有桥梁为例，采用 FLAC 3D 软件数值模拟施工过程，采用以双排导管+控制注浆为主的沉降控制技术，数值模拟动态指导结合现场实测，探讨了 PBA 工法暗挖车站施工对下穿立交桥安全的影响。

Wu 等以黄土地区第一条浅埋隧道穿越既有铁路车站为例，分析了 4 种不同开挖方法对既有结构变形的影响，得出步长越小，空间越大，上半段核心土保持在 50% 左右最有利于控制轨道沉降的结论。

袁伟等基于天津地铁 2 号线东南角—建国道站区间的实际地质情况，运用有限元模拟软件建立三维数值模型，研究盾构下穿和侧穿两种工况对地表沉降的影响，对比实际控制点的沉降监测数据，验证有限元模型的可靠性，得出盾构侧穿将导致原有隧道周围土体向上隆起，减小地表的沉降。

裴学斌等以重庆地铁 4 号线下穿渝怀铁路隧道为工程背景，基于有限差分程序 FLAC 3D 建立了三维数值计算模型，分析对应的力场和位移场，研究应力、位移云图和位移变化曲线，得出新旧隧道相互影响的结果。

孙鹤明等以重庆轨道环线区间隧道下穿既有结构为背景，对复合地层双线 TBM 隧道施工影响下围岩及既有结构的沉降变形规律进行了深入的研究，得出右线开挖引起的建筑物沉降远大于左线引起的沉降，TBM 施工对建筑物桩基的变形受力影响与其距隧道中线距离密切相关。

郖建国依托洛阳轨道交通1号线盾构隧道下穿东北联络线特大桥工程，总结对比工程中应用的控制铁路桥梁结构物变形的加固防护措施，针对不同防护措施下盾构下穿施工对既有桥梁结构物的影响，得出一套确保既有铁路桥梁运营安全的施工方案。

夏炜洋等基于地铁穿越河流，地下水对盾构隧道产生的影响和高水压下掘进隧道会改变既有结构内力分布的原因，采用三维数值模拟方法，针对考虑耦合效应和只考虑水压力的两种工况，分析管片衬砌的内力分布规律，探究得出盾构下穿桥梁结构时对管片结构内力的影响。

郑熹光以北京地铁10号线所穿桥梁为主要工程背景，利用有限元分析方法来模拟不同工程地质条件、桩基形式、桩与隧道位置关系、隧道施工控制条件下隧道开挖穿越桩基础对桩体位移和受力特性的影响，探究产生的位移大小与产生内力重分布的规律。

赖金星以天津7号线左右双线近距离穿越中石油立交桥匝道的大规模群桩基础的复杂工程为依托，建立三维数值模型对盾构穿越群桩基础的过程进行动态模拟，总结盾构掘进的各个阶段对邻近桩基的位移以及地层沉降的影响，得出提高盾构近距离穿越立交桥群桩基础施工安全性的方案。（见图2.8）

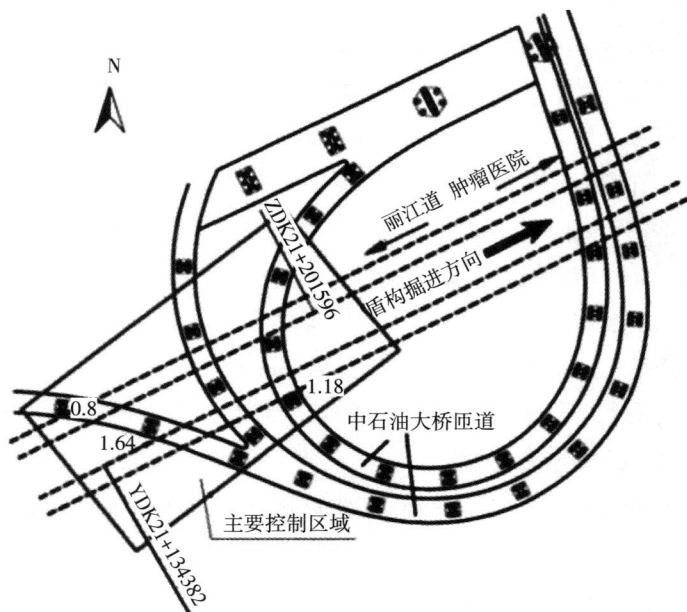

（a）群桩基础与盾构位置关系

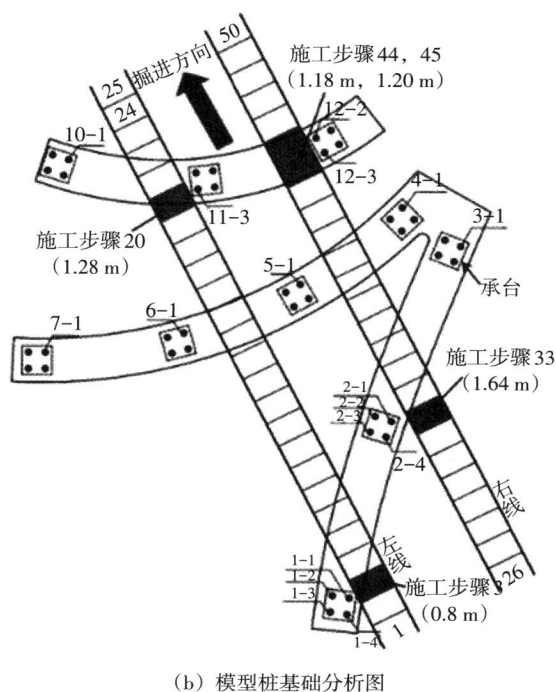

（b）模型桩基础分析图

图2.8　群桩基础与盾构位置关系及模型桩基础分布图

马辉以下穿高速公路桥梁的隧道工程为背景，保证高速公路桥梁结构处于正常状态，依据近距离基坑开挖对既有桥梁桩基的影响因素，提出地梁+压密注浆钢管桩的基坑支护方案，沿桥梁桩基四周近距离施作矩形闭合超前垂直压密注浆钢管桩的加固隔离。

孙杰针对青岛地铁1号线地铁隧道下穿市北区人民路立交桥工程，结合弹塑性数值计算分析方法，构建TBM隧道斜交下穿城市立交桥三维力学计算模型，模拟地铁隧道下穿既有市政桥梁的施工过程，得出TBM隧道斜交下穿城市立交桥施工过程中隧道拱顶和既有桥梁桩基的沉降规律。

许爱峻应用双排导管+控制注浆为主的沉降控制技术，数值模拟动态指导施工，结合现场实测数据，探讨PBA工法暗挖车站施工对下穿立交桥安全的影响，验证桥台基础及变形缝差异沉降处于安全允许控制值。

Farrell等针对离心机模型和博洛尼亚的现场研究，对隧道开挖引起的建筑物响应进行观测，确定土-结构相互作用的机理，通过对比两个研究中的建筑物沉降和水平位移剖面，结合绿地地面运动，量化土壤结构相互作用，确定土-结构相互作用的机理。

房雅楠以北京地铁17号线盾构区间段地铁隧道工程为例，依据数值计算模型总结不同加固方案，进而总结盾构隧道下穿既有铁路框构桥引起的该区段地表变形规律以及对既有桥梁的影响因素，以此提出一套合理的盾构下穿施工指导方案。

王敬宾依托青岛地铁TBM隧道下穿人民路立交桥工程，基于现场实际施工条件、地质参数以及桥隧位置关系建立有限元模型，利用FLAC 3D软件模拟TBM下穿既有桥梁施工过程，得出地铁隧道下穿既有桥梁的应力–应变规律。

傅雅莉以南昌市轨道交通1号线彭家桥站—师大南路站盾构区间下穿彭家桥为背景，采用数值分析方法，分析盾构隧道施工时的地层沉降、桥梁结构变形规律及桥梁墩台基础的沉降深度，预测盾构隧道掘进施工对既有桥梁的影响，为施工措施的采用提供理论依据。

孙雪兵针对武汉地铁3号线盾构隧道下穿既有铁路桥梁工程，基于有限元软件Ansys对盾构施工全过程的模拟分析，总结出不同桩隧净距时盾构施工对铁路桥梁结构变形沉降及地表沉降的影响规律。（见图2.9）

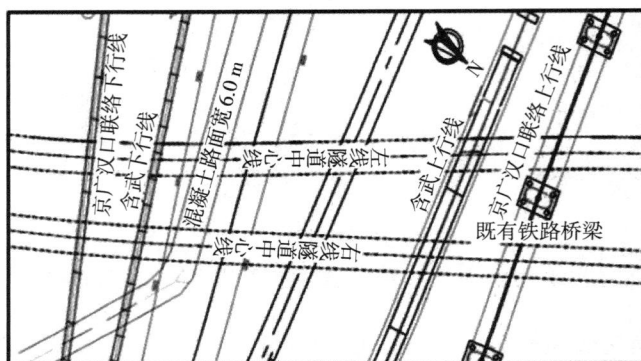

（a）平面关系

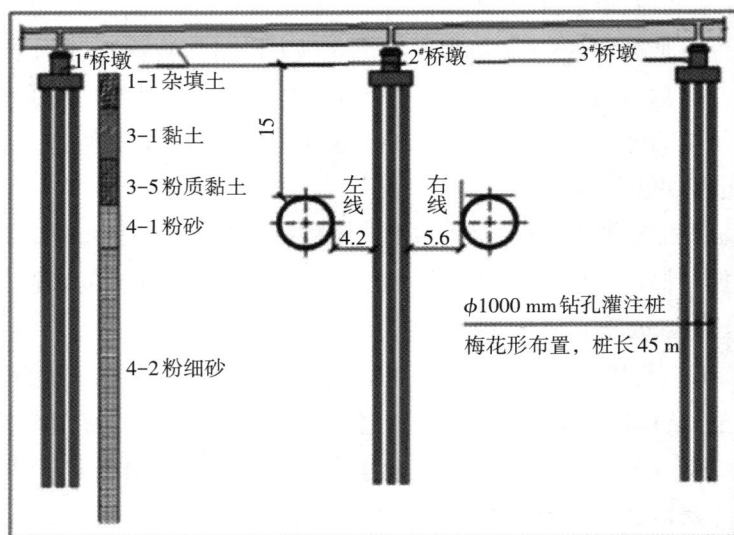

（b）立面关系

图2.9 地铁隧道与既有铁路桥梁平面与立面关系(单位：m)

李旺旺等为研究盾构侧穿桥梁时对桥梁沉降变形的影响，依托北京昌平二期工程盾构侧穿桥梁工程，汇总桥桩和地表沉降变化数据，结合盾构推进土压和注浆量，得出盾构侧穿桥梁时对桥梁沉降变形造成的影响。

朱逢斌等采用Mohr-Coulomb弹塑性屈服准则，建立三维有限元数值模型，研究软土地区盾构隧道开挖对邻近桩基的影响规律，对比分析离心试验结果，验证应用数值模拟研究盾构隧道开挖对邻近桩基影响的可靠性。

花杰以某桥梁桩基邻近隧道施工为依据，运用有限元软件Plaxis建立三维模型，分析采取隔离桩加固前后隧道开挖对邻近桩基变形影响变化规律，得出了隧道施工时对邻近桥梁桩基的合理的加固措施（见图2.10）。

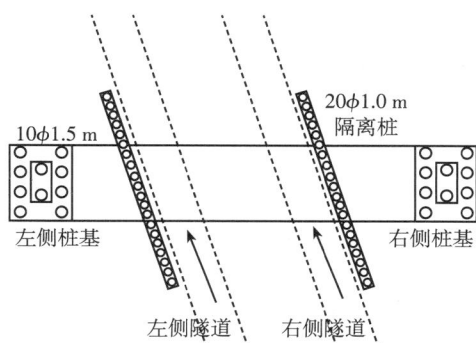

图2.10　隧道与桩基位置示意图

许桂生等基于Abaqus软件建立桥-隧三维数值计算模型，对城市公路隧道近接桥梁桩基段施工进行模拟，得到大跨浅埋暗挖公路隧道施工对地层的影响规律，进而研究高压旋喷桩加固措施对桥梁桩基变形的作用效果。

赖金星等依托西安大雁塔工程，运用Midas软件建立三维有限元模型模拟盾构施工过程，在无隔离桩和有隔离桩的情况下，总结出大雁塔保护区边界点和地铁隧道施工区域正上方的沉降及X、Y方向上的应力变化规律，进而总结出地铁施工对古建筑及其周围环境的影响因素，提出一种对既有建筑的加固措施。

刘会林等以浅埋暗挖地铁区间隧道下穿既有建筑物工程（见图2.11、图2.12）为研究背景，采取数值模拟与现场监测数据结合的方

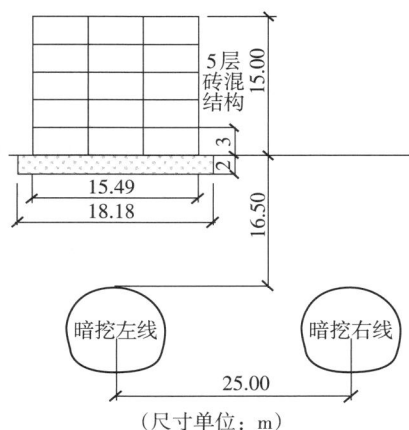

图2.11　地铁隧道与地面建筑物位置剖面图

式，总结了暗挖地铁隧道下穿既有建筑物沉降变化规律，并应用CRD工法控制施工引起的地表和建筑物沉降变形。

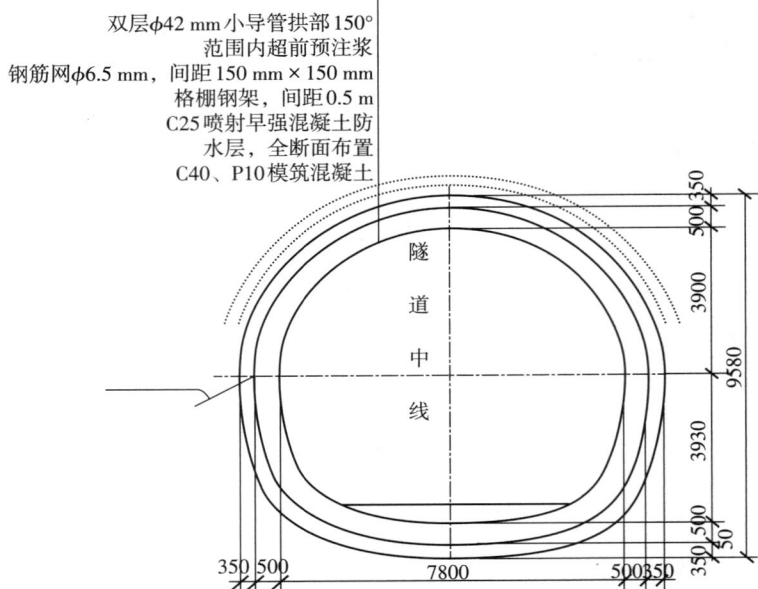

图2.12 地铁隧道支护结构断面图（尺寸单位：m）

王海龙依托雷家坡立交隧道工程出洞段，通过Miads-GTS有限元数值分析，研究隧道穿越既有挡墙出洞时对邻近不同距离桥梁桩基的稳定性，提出注浆加固的保护措施，解决了城市隧道出洞段施工对邻近桩基影响的问题。

汪珂等结合西安地铁4号线区间隧道下穿和平门古城墙工程（见图2.13），通过三维有限元模型模拟不同工况的盾构掘进施工，依据现场实测数据得出地铁下穿古城墙过程中城墙结构变形及地表沉降槽的变化特征，给出一种预加固措施并分析处置效果。

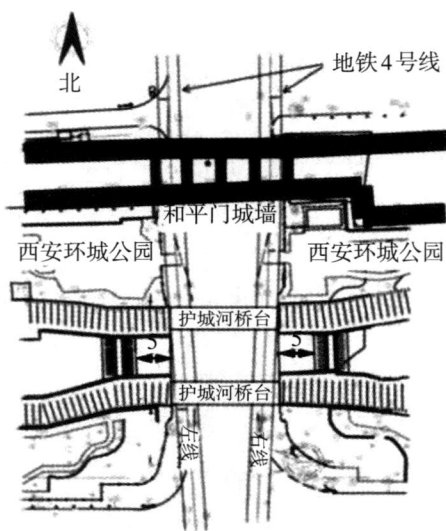

图2.13 和平门城墙及门洞与盾构隧道平面位置关系

王文斌等以西安地铁2号线钟楼段为背景，采用有限元模型分析了有隔离桩、无隔离桩和考虑接触隔离桩3种盾构掘进情况下，地面点的沉降变化情况以及盾构施工对钟楼的影响程度。

尹训强等将海底隧道建设工程隧道北岸岸边段作为研究背景，基于Ansys软件建立沉管隧道—土体—桩基—沉箱三维模型，管节接头采用COMBIN39单元模拟止水带和剪力杆，采用非线性F-D曲线描述其物理力学性能，运用无厚度接触单元模拟桩-土间的接触效应，在外边界设置黏弹性人工边界以反映远场地基辐射效应，给出桩-土相互作用的海底隧道岸边段结构抗震的加固措施。

2.4 改建道路桥梁下穿工程安全监测与控制研究现状

袁大军等以超高水压越江海长大盾构隧道工程安全为出发点，依托国家"973"计划项目"高水压越江海长大盾构隧道工程安全的基础研究"，针对超高水压条件下的越江海长大盾构隧道设计、施工以及运营等面临的技术问题，围绕多相平衡控制理论、高水压盾构隧道结构特性与防水性能动态演化机理3个关键科学问题和高水压渗流条件下盾构隧道静动荷载作用及其响应分析理论、高水压下盾构掘进"机—土"动态作用开展研究，分析了高水压水土与结构静动相互作用机理、盾构掘进中的动静力学机理、隧道结构特性及防水性能动态演化机理等核心问题，最终形成高水压越江海长大盾构隧道工程安全控制理论体系（工程安全的可行性解答见图2.14）。

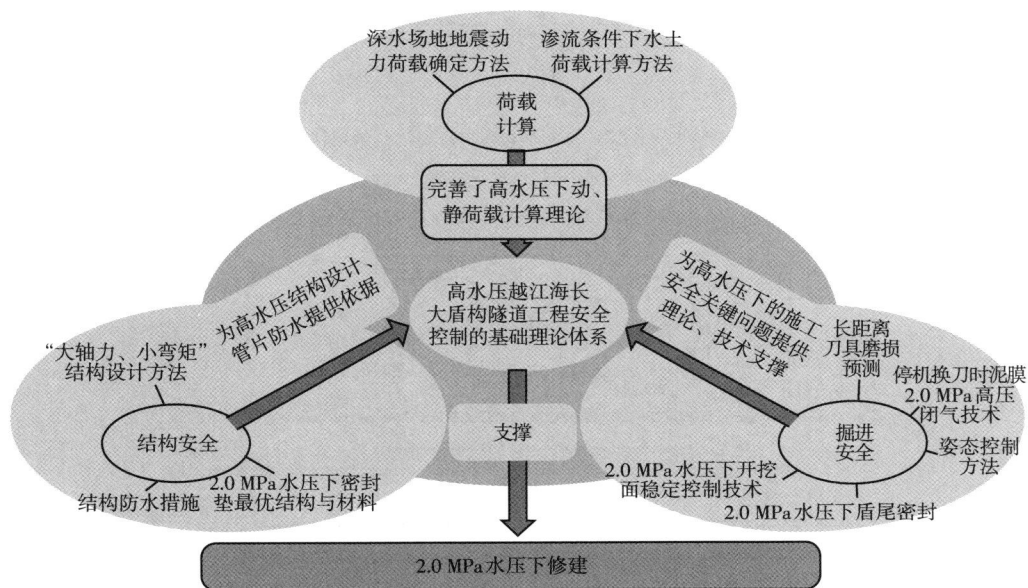

图2.14 超高水压越江海长大盾构隧道工程安全的可行性解答

张旭等依据北京地铁6号线朝阳门站至东大桥站区间隧道下穿既有地铁车站施工结构沉降控制案例（见图2.15、图2.16），分析得出密贴下穿施工引起既有地铁车站结构沉降规律与安全性评价，并得出结论：首先沉降控制的重点为下穿段两沉降缝间的既有地铁车站结构，在施工时初支背后回填注浆能够减小一部分既有地铁车站结构沉降，其次控制既有地铁车站结构沉降的关键措施是千斤顶顶升，最后为确保下穿施工期间既有地铁车站的结构安全，依据现场监测数据及时调整千斤顶顶升力并加强注浆质量。

（a）工程地质剖面图

（b）监测点现场布置

图2.15　工程地质剖面图与既有地铁结构监测点现场布置（尺寸单位：m）

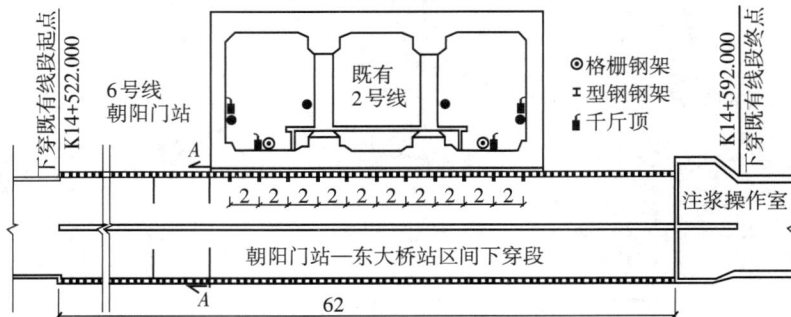

（a）既有地铁车站的横断面图

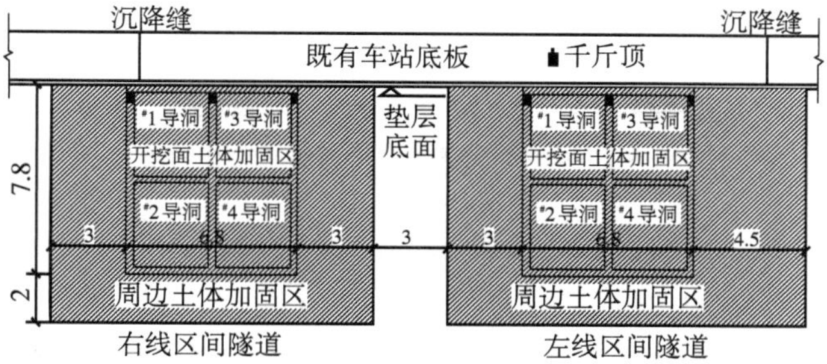

（b）既有地铁车站的断面图（尺寸单位：m）

图2.16 既有地铁车站的横断面图和断面图

张小波提出通过高速公路桥梁与隧道工程施工安全总体风险评估与控制，降低高速公路安全事故发生率，分析高速公路桥梁与隧道风险评估方法，并针对施工过程中遇到的地形地貌、地质条件进行施工总体安全风险评估。

刘化超依据广连五标A3分部项目，从公路桥梁隧道存在质量问题入手，针对桥梁施工中产生裂缝、钢筋腐蚀与隧道施工中产生衬砌开裂、隧道渗水等问题，开展了隧道挖掘质量和内部施工检测，检验了工程中的质量问题和安全风险。

李灿依据公路工程项目第二标段隧道段对公路隧道试验检测技术进行探讨，主要研究了编制试验检测方案、商品混凝土质量检测、主要材料的检测、试验检测项目与方法，将检验结果提交并审批后，在项目中进行合理应用。

张俊平基于传统检测技术在后期维护的完善性上缺乏处理各项数据的技术，开展了通用性HTTP的道路桥梁隧道检测技术研究，首先通过封装数据建立相应的安全系数，以HTTP协议为依据，构建道路桥梁隧道检测系统。其次遵照HTTP协议处理大的数据包和小的数据包，保证施工质量符合国家规定，实现通用性HTTP下道路桥梁隧道检测技术的设计。

唐涛基于长大桥梁和隧道工程建设的关键性环节及提升道路运载能力方面，展开了长大桥梁与隧道的测量控制研究，介绍了测量控制方法，包含选择测量要素和站点以及测量时机方面的内容，对误差控制、施工安全和运行稳定性做出高要求，据此提出保证测量控制质量的策略。

2.5 下穿道桥隧和水下工程变形数值模拟分析

张文正基于盾构下穿站房基础变形进行数值分析，模拟土体注浆和未注浆工况下盾构下穿北京地铁13号线望京西站站房基础的过程，得出土体在注浆情况下既有结构的变形明显减小（见图2.17）。结合Ansys有限元分析软件计算结果与现场监测结果进行比较，验证了有限元分析软件的正确性。

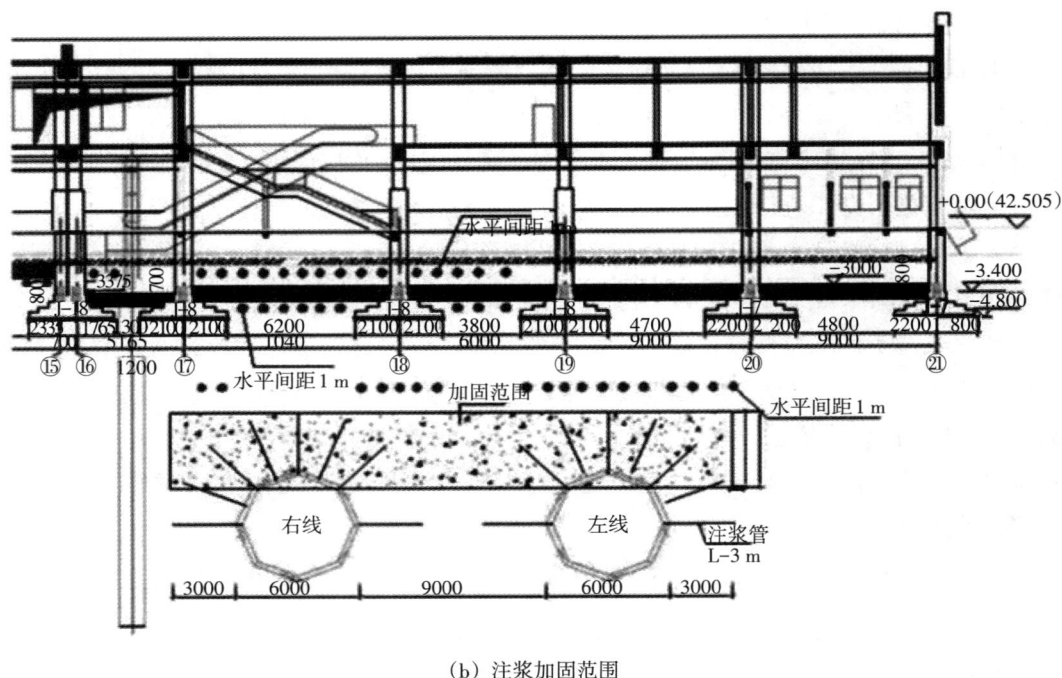

（a）站房基础纵断面图

（b）注浆加固范围

图2.17 站房基础纵断面图与注浆加固范围（尺寸单位：mm）

肖子琦等基于单双线盾构隧道下穿对油罐群变形的影响，采用三维精细化有限元建模分析，重点研究施工期隧道穿越、运营期隧道内发生火灾及地震工况下地面油罐群的沉降情况，并对比分析采用单管双层盾构与双管单层盾构隧道建设方案产生的影响。

Li 等利用三维有限元模型分析了双线盾构隧道间的相互作用。

张忠苗等通过对杭州钱塘江隧道泥水盾构施工过程的研究，探讨泥水盾构施工引起的地面固结沉降的原因，运用Peck公式较好地拟合监测数据，提出划分地层损失沉降和固结沉降的方法，总结盾构施工引起扰动土体固结沉降的机理、影响因素及控制措施。

吴廷尧等依托实际工程背景，研究剪切效应的隧道下穿对既有建筑物条形基础的变形规律，首先将条形基础简化为考虑剪切效应的Timoshenko梁，其次将盾构上方建筑物条形基础位置处的位移分布施加到既有条形基础上，建立考虑隧道剪切效应的控制微分方程，最后通过有限差分法求解得到条形基础的内力与位移的数值解，对比数值模拟分析结果和欧拉-伯努利梁理论结果，得到不同类型盾构机的最佳掘进参数。

黄文君等依托福州市轨道交通1号线下穿福州火车站铁路工程，对双线盾构隧道进行分步施工模拟，研究路基加固与否的沉降变形，以及盾构土舱压力、盾尾注浆量和注浆压力对路基沉降的影响，揭示主要施工参数对路基沉降的影响规律。

徐希磊依托天津地铁3号线解放桥站—天津站站盾构区间穿越国铁天津站工程，探讨不同建（构）筑物在盾构穿越下的变形特征，对比不同的施工参数及施工方案，得出不同加固方案和盾构参数对普速车场轨道沉降的变化趋势，提出合理控制的建议与方法。

柴雨芳探究宁芜货运专线隧道段工程项目，基于数值模拟的研究手段，分析了静载、动载下隧道下穿高铁施工时路基、地层等沉降变形规律，得出结论：路基、地表、拱顶竖向位移响应随着隧道开挖的深入逐渐增强，在隧道贯通处达到最大，是列车通过时隧道施工的最不利位置。

Lambrughi等使用FLAC 3D建立了土压平衡盾构施工开挖的三维模型，提出了一种能够模拟TBM土压平衡作用下隧道开挖施工全过程的机械化开挖三维数值模型，分析开挖施工及土性参数对地表沉降的影响，为验证所提出的三维数值模型的性能，进行了一系列25类C类预测。

Zhang等使用PFC 2D建立隧道开挖模型，分析了隧道开挖面土压力及隧道覆土厚度对地表沉降的影响，得出当支撑压力略大于场地初始水平应力时，对减少地表沉降和变形有利的结论。

廖少明等认为盾构推进时其背部易拖带或存留黏聚力较大的黏土，这种背土效应将造成盾构在掘进过程中其上方土体发生隆起而盾尾后方土体出现大量突沉。

宋天田等采用理论分析与计算的方法，重点对同步注浆的注浆压力和注浆量进行分析和研究，获得在3个主要影响因素下注浆压力的确定方法，注浆量与注浆填充率、推进速度的关系，及注浆压力与注浆量的量化方法。

胡众针对合肥地铁1号线盾构下穿南一环隧道工程存在的安全风险，模拟分析了盾构推进过程中下穿隧道结构以及在建隧道应力-应变分布规律，得出结论：根据模拟结果提出的施工防护措施有效，沉降实测值均在预警值以下，模拟结果与实测沉降值规律基本一致。

Ghabboussi 等通过对纽约某下水道隧道穿越既有地铁隧道工程进行有限元分析，评估下水道隧道施工对地铁隧道衬砌的受力情况，对比二维和三维有限单元法在双孔地铁隧道上方近距离修建与地铁隧道轴线垂直相交的污水管道对已建隧道的影响。

李倩倩等分析暗挖隧道下穿盾构隧道工程实例，通过地表沉降监测断面及既有盾构隧道变形实测数据的统计，总结新建隧道与既有结构的相互影响规律，获得地层及既有结构的变形特性。

王剑晨等将经验参数修正公式与 Peck 公式相结合，为北京地区受新建隧道下穿施工影响的既有隧道变形提供了一个简便、快捷的预测方法，并通过工程实例验证了预测方法的有效性。

朱正国等从公路纵坡、横坡、平整度及工程结构稳定等实际需求出发，以平整度要求控制施工路面不均匀沉降，考虑路基高度、隧道尺寸、埋深、地质和施工方法等影响因素，数值模拟单双线铁路隧道下穿公路得出路面沉降规律，总结沉降槽宽度系数和最大沉降量的预测模型，制定出铁路隧道下穿公路引起的路面沉降控制基准。

杨贵永等以下穿佛开高速桥的佛山市地铁 2 号线莲塘站—张槎站区间隧道工程为背景，研究佛山地区地铁区间隧道下穿施工对佛开高速桥的影响，对区间隧道下穿佛开高速桥运用 Midas GTS 有限元软件完成有限元分析，得出区间隧道下穿佛开高速桥施工过程中桥梁变形规律，总结出区间隧道侧穿桥桩施工过程中桥桩受力变形特征。佛开高速桥与区间隧道位置关系图见图 2.18。

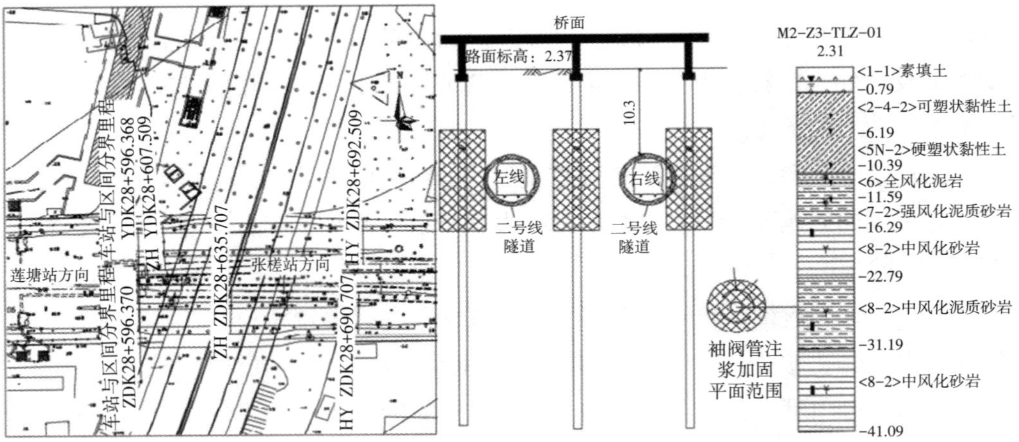

图 2.18　佛开高速桥与区间隧道位置关系图（单位：m）

韩文君等依托常州市地铁 1 号线工程，结合有限元软件数值计算模型和实测数据，模拟粉砂地层盾构隧道下穿城市快速路隧道，汇总工程实测数据，总结富水地层盾构下穿城市快速路隧道影响规律。

何小龙等根据厦门第二西通道 A3 标段上跨地铁 1 号线明挖基坑隧道工程，结合监测数据对不同开挖工序下的隧道结构的竖向与水平位移，构建基坑支护体系与土体的三维有限元模型，对比结构竖向位移的模拟结果，总结基坑开挖过程对地铁区间隧道的变形影响规律。

张治国等针对三维有限元建模复杂及计算耗时的缺点，依据基坑开挖引起的坑底和四周坑壁土体同时卸荷产生的影响，研究不同隧道埋深、距离基坑开挖现场远近、不同地基土质和不同隧道外径等因素产生的纵向变形规律，提出了基坑开挖对邻近地铁隧道纵向变形影响的两阶段分析方法。

曹顺结合工程实际，针对基坑开挖时既有地铁隧道的变形情况以及列车动荷载对基坑围护结构的影响进行研究，采用Midas-GTS通用有限软件模拟全过程基坑的开挖施工，研究下穿基坑的既有地铁隧道变形的原因及控制其变形的措施，分析得出列车移动荷载对上部基坑稳定性的影响规律。

高广运等采用三维快速拉格朗日法模拟软土地区深基坑的分步开挖和支护过程，考虑连续墙和土体的接触滑移作用，依据隧道与基坑的不同位置关系，分析基坑分步开挖对邻近地铁隧道变形的影响以及隧道对基坑连续墙变形和墙后地表位移的影响。

唐鹏军结合西安地区某邻近地铁出入口深基坑隧道工程，综合实际场地的水文地质和工程地质条件，优化原有的支护方案后，进行施工过程三维动态模拟和地铁出入口的安全评价，结果满足既有地铁出入口变形控制要求，且符合规范对支护形式的限制。

邹伟彪等借助有限元方法与现场自动监测，研究基坑开挖对邻近已建隧道的影响，运用数值模型对实际施工工况展开模拟分析，依据施工过程中开挖卸荷对地铁隧道的影响，结合现场实测数据与有限元分析结果，反映出基坑开挖对隧道上的纵向沉降与横向变形规律。

陈思明等针对上部及侧方位基坑开挖对邻近既有地铁隧道安全运营的影响，模拟分析深圳地铁11号线基坑及其风道基坑临近-上跨既有1号线区间隧道的施工关键保护区域，通过风道基坑施工中下卧隧道的变形及受力计算，获得既有隧道结构在基坑施工过程中的受力特征和变形规律，确定施工中采取的针对性保护措施。

赵志强等利用纵向刚度等效和横向刚度等效原则构建出模拟区间盾构隧道的三维等效连续化模型，采用三次多项式曲线进行拟合分析，总结基坑开挖各工况下隧道的纵向变形曲率的变化，利用解析推导建立纵向弯矩和管片接头环缝张开量之间的关系，提出了一种数值方法与解析方法相结合的新方式。

丁毅等结合西安地铁2号线周边某基坑隧道工程，结合场地的水文地质和工程地质条件，动态模拟施工过程并进行现场监测，对比数值模拟结果及监测数据，表明运用Plaxis软件能有效地模拟基坑开挖过程中的土体变形，总结超长、超大基坑开挖对邻近地铁结构的影响，并介绍了控制变形影响所采取的工程措施。

雷裕霜结合厦门第二西通道石鼓山立交上跨地铁段基坑隧道工程实例，通过理论分析和数值模拟的手段，系统分析基坑开挖卸荷对下卧地铁隧道变形的影响，为上跨地铁隧道的基坑隧道工程保证自身施工安全，合理地预测基坑开挖卸荷的隧道变形参数提供参照依据。

周丁恒等以风险保护措施为基础，依托暗挖隧道同时下穿铁路桥梁和隧道工程，分析不加固和加固方案下隧道、铁路桥竖向位移和横向位移极值随施工变化的特征，总结加固后京包铁路桥承台和桥桩差异沉降控制效果，解决暗挖隧道同时下穿多个建(构)筑物风险控制问题（见图2.19）。

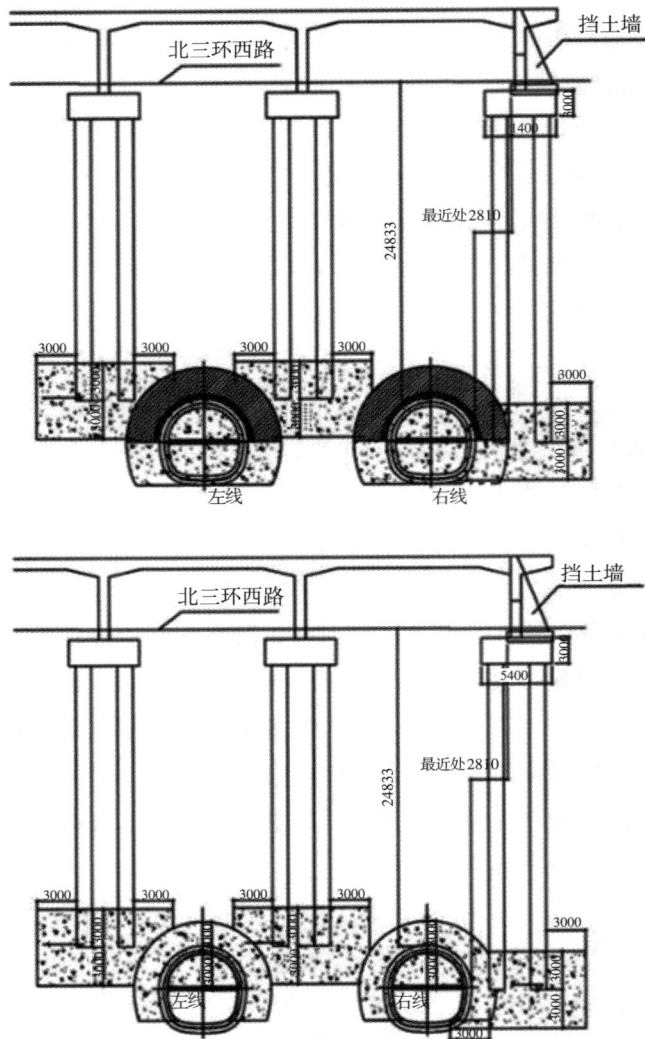

图2.19 地铁暗挖区间隧道下穿京包铁路桥横断面图(单位:mm)

马伟斌等基于地铁工程对运营铁路桥的影响，对土层与结构的变形进行数值仿真计算，探讨得出隧道衬砌结构的变形规律，总结出隧道施工对铁路桥、公路路面与轨道结构的影响因素，指出地铁隧道穿越铁路桥过程中潜在的风险，评价了铁路桥结构风险及安全性。

袁竹等根据重庆轨道交通1号线区间隧道下穿既有小龙坎铁路隧道的实际情况，采用数值模拟和现场监测结合的方法，对既有铁路隧道受下穿区间暗挖隧道近接施工影响进行研究。

王剑晨搜集北京地区实际工程数据，根据既有隧道变形特点对既有隧道实测变形进行拟合，提出经验参数的修正公式并与Peck公式相结合，通过一个简便、快捷的预测方法，总结出北京地区浅埋暗挖法下穿施工既有隧道的变形特点。

韩伟等使用全过程分阶段风险控制措施，对地铁下穿隧道的盾构施工过程建立数值仿真模型，并分析其对建筑物和地表沉降的影响，验证数值模拟的可靠性，提供了控制盾构近接施工区既有建筑物的沉降变形的方案。

闫立来以某隧道下穿河堤工程为背景，对比现场实测数据与模拟数值结果，按照单因素控制变量的方法，总结出隧道掘进压力、填土的压缩模量、注浆水平以及围岩的应力释放比对地表沉降的影响因素与变化规律。

程学武等以某地铁下穿河堤为例，分析了沉降发生的原因及采取的相应的工程治理措施，并采用有限元软件Plaxis对地层加固前后区间隧道穿越施工工况进行模拟，研究结果表明：通过注浆加固可以提高盾构隧道覆土范围土体工程力学性能，还能有效减低整个地层的位移及盾构管片弯矩数值。

张达栋等针对黄土地层中盾构施工引起的地表沉降问题，通过理论分析和数值模拟提出了盾构隧道地表沉降预测解析方法，研究了等代层模量与土舱压力对地表沉降槽宽度和最大沉降量的影响。

冯慧君等依托地铁某盾构区间隧道掘进工程，基于FLAC 3D软件建立隧道掘进过程的有限元模型，通过数值模拟分析盾构土仓压力、同步注浆量和出渣量等因素对地表最大沉降量的影响，依据现场监测数据验证数值模拟结果，从隧道开挖变形、地表沉降的角度分析先挖线路对后挖线路变形特征的影响，从而验证双线隧道盾构施工导致地表沉降的叠加效应。

许文浪等依据不同施工阶段下盾构施工引起的地表及既有通道的沉降，分析加固前后既有通道底部的沉降值，验证加固措施的有效性，最后对比数值计算结果与现场监测数据，得出盾构施工引起的主要沉降范围和沉降规律。

张碧文依托广州地铁9号线下穿武广高铁项目，应用新兴的MJS工法及三维数值模拟分析整个施工过程，得出MJS预加固可有效控制盾构施工引起的地层沉降的结论，并提出了确保高铁安全运营的应对措施。

陈海丰等以苏州地铁2号线盾构下穿某高速铁路工程为例，采用理论分析和三维数值仿真，系统地阐述分析软弱地层条件下盾构穿越高铁所存在的风险，并研究提出"分区注浆+板桩隔离"的新型保护体系及沉降控制标准。

叶至盛依托成都地铁4号线二期东延线万年场站—东三环站应用矿山法施工区间下穿即将运营的成绵乐城际高速铁路（无砟轨道）工程，研究了地铁区间下穿高铁无砟轨道方案，验证了地铁区间下穿未运营的高铁无砟轨道线路的可行性，并综合评估了地铁下穿施工对高铁的影响。

杨波以近距离盾构下穿既有地下通道工程（见图2.20、图2.21）为依托，采用三维数值分析软件，总结盾构掘进对地下通道的变形影响因素，提出了一种有效的信息化施工控制措施，根据实际监测数据及时优化调整盾构机的掘进参数，控制地层损失率，同时加强同步注浆与二次注浆的管理。

图2.20　龙城大道下穿立交地下通道

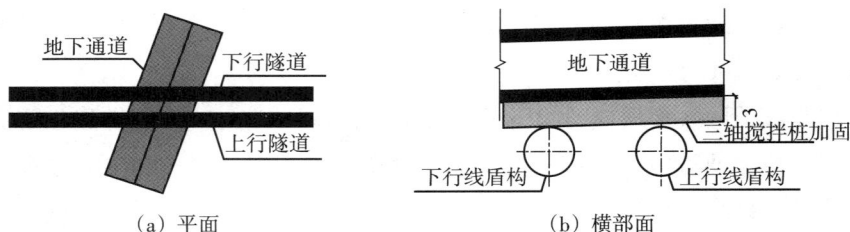

（a）平面　　　　　　　　　（b）横部面

图2.21　盾构隧道下穿地下通道位置关系（尺寸单位：m）

陈宇结合京沈客专朝阳隧道下穿既有锦赤铁路桥梁工程，采用FLAC 3D数值分析软件分析隧道施工过程中引起的地表沉降变形、桥墩位移影响因素，总结新建隧道矿山法开挖对既有桥梁变形和位移的影响因素，提出一种确保隧道既有线施工安全运营的工程措施。

丁智等以有限元模拟的方法，针对软土地质分别改变两隧道净距与角度进行计算，得到不同工况下既有地铁变形和衬砌内力变化规律及近接分区范围，进而研究新建盾构隧道近接施工对既有地铁变形和衬砌内力的影响，从而提出软土地区近接分区的影响范围。

方勇等应用有限元分析软件Ansys模拟平行盾构隧道施工，模拟中考虑了盾构机与管片衬砌的相互作用、管片衬砌结构的横观各向同性性质，探究了既有地铁变形和衬砌内力变化规律，发现新隧道的修建将使既有隧道受到"侧向加载"效应的影响。

廖少明等利用上海地铁某区间隧道上下夹穿运营地铁的工程实例，比较分析先上后下和先下后上两种不同穿越次序引起的地铁隧道变形及地层扰动影响，总结出复杂变化可能导致的风险，最后根据现场实测制定出变形控制措施。

房名等运用变刚度等效法模拟注浆材料的硬化，采取等效均布注浆压力来模拟盾尾同步注浆，分析不同的盾构顶进力、盾尾注浆、千斤顶推力等施工参数下对既有地铁沉降的影响，得出了隧道变形以纵向沉降为主且为正态分布的结论。

2.6　基于5G通信的道桥隧工程智能施工研究现状

吕福瑞通过5G通信在道路、桥梁、隧道工程施工中的应用分析，整合视觉分析、通信定位等新兴科技，并通过道路、桥梁、隧道工程施工中的实践，以解决工程中出现的工作环境危险、施工难度大等问题，提供了一种全新的施工模式。

卢玉韬等基于BIM的无人机桥梁检测实施方案研究，分析了现阶段我国传统桥梁检测方法的诸多问题后，探讨了桥梁检测结合BIM技术与无人机等辅助手段后的应用可行性，提高了未来桥梁检测的工作效率和技术水平，桥梁实景模型见图2.22。

图2.22　桥梁实景模型

2.7 国内外隧道施工风险控制方法

工程实例：2003年7月，上海地铁轨道交通4号线在越江隧道区间用于连接上下行线的安全联络通道的施工作业面内，由于人为原因，造成大量的江水和流沙涌入，进而引起隧道主体结构部分损坏及周边地区地面不均匀沉降，造成3栋建筑物严重倾斜，黄浦江防汛墙局部坍塌并引起管涌，直接经济损失1.5亿元左右；2005年11月，北京地铁10号线北土城站主体基坑四周全部坍塌，塌方面积达400 m²，造成多条地下管线弯曲、断裂，其后续的基坑加固和恢复工作用时半年，耽误了隧道主体施工日期；2007年3月，北京地铁10号线苏州街车站东南出入口，由于对施工区域内的土质情况缺乏了解，当施工断面发生局部塌方时，未引起足够重视，接着发生的第二次塌方，塌方面积达20 m²，邻近居民楼和交通干线受到严重威胁；2007年5月28日，位于南京市水西门大街和纪念馆东路交叉口的地铁2号线茶亭站西基坑东端土体发生滑坡，滑坡土体造成2根钢支撑移位，2人失踪；2007年12月16日，在南京地铁2号线汉中门至上海路施工区间的左线隧道上方，发生路面塌陷，出现深约10 m的大坑，塌陷面积约50 m²，由于隧道上部出现不明空洞，充满水和泥，水和泥突然涌入隧道导致坍塌事故发生；2008年11月，杭州地铁1号线萧山区风情大道地铁施工工地发生大面积地面坍塌事故，导致地铁区间上方的风情大道形成了一个长75 m、宽21 m、深15.5 m的深坑，附近河流决堤，导致数十辆汽车陷入深坑，数十名地铁施工人员被埋；2009年7月19日，位于宝安西乡的深圳地铁1号线续建7标宝体站至坪洲站区间暗挖段地表下沉，造成施工单位活动板房下陷，2名工人躲避不及坠落其中，其中一名工人获救受伤入院，另一名工人失踪；2011年3月10日，正常施工的大连地铁试验线交通大学门前3号竖井横通道施工掌子面顶部突然出现涌水、涌泥、卵石坍塌现象，人行道塌陷，现场失踪1人，坍塌位置是卵石层的富含区，土石方坍塌量约200 m²，距地面大概17 m。

下穿隧道施工中控制灾害发生的措施有两个方面：一方面是对隧道施工工法的优化，通过不同的施工工序，改变施工中地层隧道的受力特征；另一方面是采取安全控制措施，改变施工环境，保证开挖的稳定性。

2.7.1 施工工法

（1）无临时支撑的施工方法。台阶法：将结构断面分成两步开挖，具有上下断面两个工作面，适用于地层差的隧道，优点是灵活多变，适用性强（台阶法施工实景见图2.23）。全断面法：为按隧道开挖面设计，一次开挖到位的施工方法（见图2.24），工序少，施工简单，作业空间大，便于大型机械化作业，施工效率高，可一次成形，对围岩的扰动次数少，适用于围岩类型较好的条件。

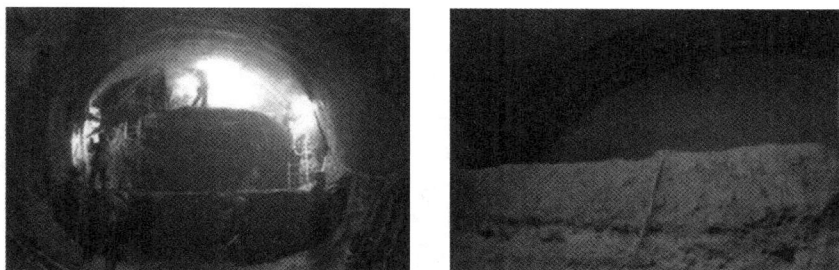

图2.23　台阶法施工实景

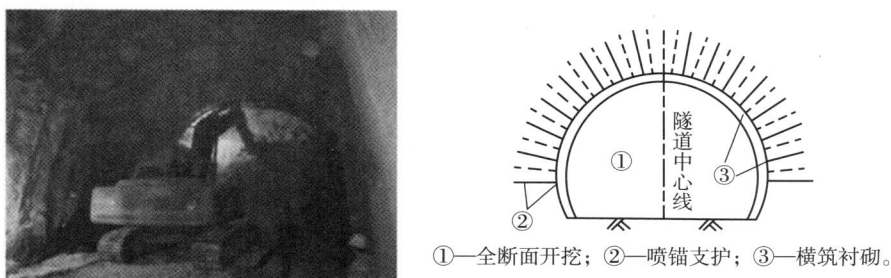

①—全断面开挖；②—喷锚支护；③—横筑衬砌。

图2.24　全断面法施工实景及示意图

（2）施加临时支撑的施工方法。CD法：适用于土层和不稳定岩体的施工，以台阶法为基础，将隧道从中间分为4个部分，使上、下台阶左右各分成两个部分，每一个部分开挖并支护后形成独立的闭合单元。CRD法：能有效控制地表沉降，工法施工工序复杂，隔墙拆除困难，成本较高，进度较慢，一般在第四纪地层中修建大断面结构物，且地表下沉要求严格时才使用。单侧壁导坑正台阶法：先开挖隧道的一侧导坑，并进行初期支护，再分部开挖剩余部分的施工方法，工序较少，施工简单，适用于中等或较好的围岩，跨度约为5~10 m。双侧壁导坑法（眼镜工法）：先开挖隧道两侧的导洞，并进行初期支护，再分部开挖剩余部分的施工方法，在施工环境较差的地区适用性良好，在施工大跨度隧道时，能够控制地表下沉，安全性高，适用于较差的Ⅳ、Ⅴ级围岩条件下的浅埋暗挖大跨度隧道。洞桩法（PBA法）：在导洞内先行施作围护边桩、桩顶纵梁、拱顶，构成桩、梁、拱支撑框架体系，然后在其保护下施工内部结构，最终形成由外层初期支护和内层二次衬砌组合而成的永久承载体系，有效克服了地质条件的限制，应用范围广.在洞桩法支护体系的保护下，隧道施工安全性好，施工效率高，适用于超大直径的隧道和地下车站。中洞法：先开挖中间部分，在中洞内施作梁、柱结构进行支护，再开挖两侧部分的施工方法，其稳定性、安全性高，不受围岩条件限制，应用范围广，适用于超大直径的隧道和地下车站（各施工实景图见图

2.25～图2.27）。

图2.25　CRD法施工实景

图2.26　双侧壁导坑法施工实景

图2.27　洞桩法与中洞法施工实景

2.7.2　控制措施

常见的控制措施中超前预加固包括以下方面。

（1）超前锚杆。超前锚杆打设于隧道拱顶，方向与隧道开挖方向成一定的角度，以锚固前方沿岩土，形成长度较短的"拱棚"来进行围岩支护（见图2.28），以保证拱顶围岩的稳定性。适用于砂质土层且在裂隙发育较高的围岩，弱膨胀性、流变性较小的地层，断层破碎带，浅埋无明显偏压地层。其特点为整体柔性较大、刚度较小，应用于围岩应力不太大、地下水较少的地质情况。

（2）管棚支护。主要利用带注浆孔的钢管，沿着隧道开挖方向在拱顶利用机械钻进打设，从而形成"拱棚"（见图 2.29），用来支护开挖面前方的围岩。钢管的直径与长度根据工程条件进行选择，一般为 60~170 mm，支护长度可达 10~100 m，适用于断层、节理密集带、软弱破碎围岩等。其整体刚度较大，对围岩变形的限制能力较强，但是需要外扩工作间。

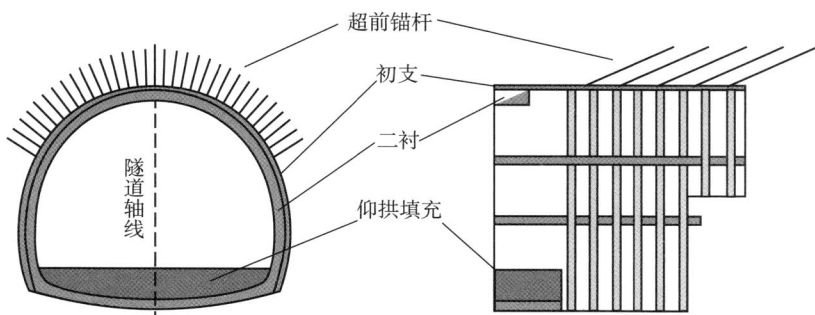

图 2.28　超前锚杆示意图

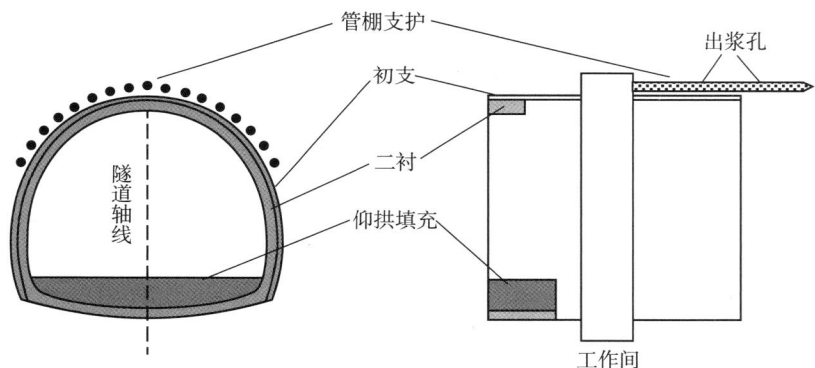

图 2.29　管棚支护示意图

（3）管幕支护。与管棚支护类似，管幕支护是利用大直径钢管顶入围岩，从而形成"拱棚"结构，比管棚支护具有更高的刚度与安全性，在下穿复杂地质环境或重要地面设施时具有较好的控制作用，适用于淤泥、富含水等极差地质条件，应用于海底隧道工程、下穿变形要求高的重要设施等工程。

（4）小导管注浆。一般在隧道拱顶打入小导管，并压注水泥或水泥-水玻璃浆液等，在拱顶以上形成加固层，以达到加固隧道前方围岩的作用（见图 2.30）。小导管一般选用长 2~6 m、直径 32~60 mm 的短钢管，其特点为浆液与岩块或颗粒胶结为整体起加固作用，填塞裂隙起堵水作用，加固距离较短，效果一般。

（5）深孔注浆。与小导管注浆类似，但其一般采用长导管进行注浆，形成的加固层的厚度为 3~5 m，长度为 20~30 m（见图 2.31）。但与小导管注浆比，由于其一次加固距离较长，因此效果相对较好，适用于含水、长距离断层破碎带和软弱地层。因其加固距离长、作用范围大，所以加固、止水效果较好。

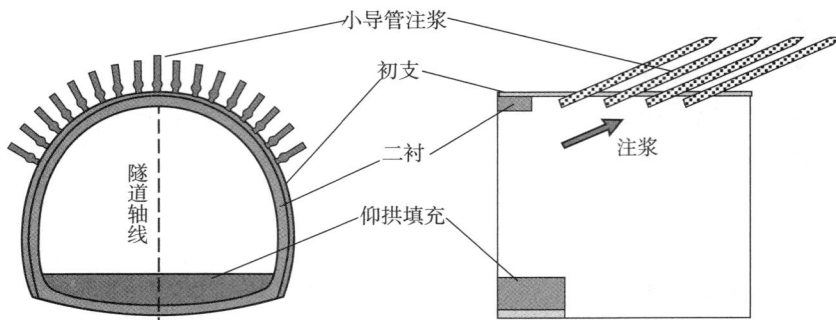

图2.30　小导管注浆示意图

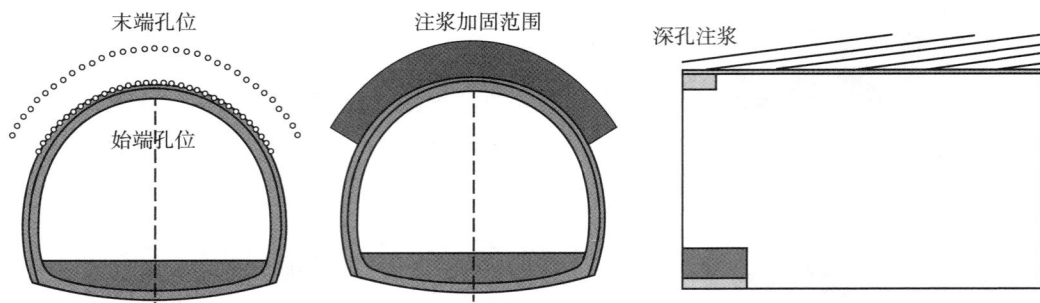

图2.31　深孔注浆示意图

2.8　深基坑开挖施工关键技术

城市工程建设中，基坑施工建设是众多施工企业常常会遇到的任务，而较深的基坑施工往往是众多施工企业比较头疼的一个问题（见图2.32）。

图2.32　深基坑施工实景

（1）施工工序。表层卸土→第一道支撑处沟槽开挖→第一道支撑安装（全部）→土方开挖→第二道支撑处沟槽开挖→第二道支撑安装→土方开挖（第二道支撑和土方开挖交替进行）→盲沟施工→垫层施工。

（2）土方开挖施工技术措施。废水处理站基坑土方开挖采用机械分层分段开挖，边开挖边支撑，分段距离不大于8.0 m，主要分为三层开挖。

第一步：第一层为表面卸土至-2.6 m，并于东西两侧铺设15 m长坡道，坡道面层满铺路基箱作为挖掘机和车辆的进出通道。

第二步：人工配合机械开挖第一道支撑沟槽，在支撑部位已开沟槽回填碎石，并在挖机挖土部位及车辆碾压部位铺设路基箱，保护沟槽内支撑。

第三步：第一道支撑安装并施加预应力（1200 kN），并在安装完毕支撑沟槽内回填碎石。

第四步：第一道支撑安装完毕后，由3~4台挖掘机从基坑中部分别向东西两侧开挖，当东西方向土方开挖6.0～8.0 m宽时（深度约为-5.0 m），2~3台挖掘机进入已挖深部位，进行第二、三层土方开挖，其作用为协助站立于-2.3 m标高的第二层挖掘机将土方挖运出并开展第三层土方开挖，开展第二层土方挖土时，在-5.3 m处设置2.5～4.0 m宽挖土转驳平台，将第二层土方开挖至-7.6 m，并由人工配合挖掘机开始进行第二道支撑沟槽开挖。

第五步：第二道支撑安装完毕并施加预应力（2000 kN）后，沟槽内回填碎石，并在挖掘机行走站立的部位铺设路基箱保护支撑。

第六步：-7.8 m标高（支撑中心标高）的支撑安装完毕，并且在支撑上铺设碎石和路基箱后，即可在其上部搁置挖掘机进行第三层土方的开挖，在-10.0 m标高设置2.5～4.0 m宽挖土转驳平台，第三层土方开挖至-12.0 m左右。在开挖第三层土方的时候，由2台小型挖掘机（0.4 m挖掘机）进入第三层基坑，辅助开挖和土方平整及日后的碎石垫层铺设。

第七步：第三层土方开挖可与第二层土方开挖同时进行，但必须确保第二道支撑已安装完毕（包括：施加预应力和填碎石、路基箱保护支撑等工作均已完成）。

第八步：第三层土方开挖施工的挖掘机，由于坑内土方高差较大，在进入时需要使用吊车吊入。

第九步：在土方开挖进行到最后阶段时，坑内仅留置3台小型挖机配合长臂反铲将第三层剩余土方开挖运出。土方开挖完毕，将第二层挖掘机和第三层挖掘机用吊车吊出，吊车吨位为150 t。

（3）土方开挖技术质量要求。土方开挖过程中挖土机械不得碰撞SMW工法桩、水平支撑和钢格构柱，以防碰坏基坑围护系统，造成坍塌事故。在开挖到基坑底标高时不得碰撞工程桩，以免给今后的基础施工带来不必要的困难。第一、二道支撑安装前开挖的支撑沟槽，应严格控制槽底标高，槽底标高超深大于100 mm时应先回填碎石至支撑底标高后再行安装支撑，防止支撑下部出现空隙。各层土方开挖应按照要求放坡挖土，根据工程自然地基状况，挖掘机挖土放坡不得小于1（高）：1.5~3（宽），需视基坑土质而定。

土方开挖和外运的过程中，在SMW工法围护桩外侧不得堆放土方和重物，基坑内挖出的土方应及时外运。土方开挖应紧随支撑安装进程，随支撑随挖土，不允许出现先挖土后安装支撑的情况发生。在土方开挖过程中遇到高桩，需由人工挖出并清理桩身，并及时通知小应变测试单位开展工程桩小应变测试。之后开展截桩工作，截桩高度为土方开挖过程中桩身每露出土方面500 mm截桩一次，截出断桩由挖掘机逐级驳运出基坑，截桩工作需紧密配合土方开挖施工。支撑安装和预应力的加设应做好详细记录，并及时和挖土单位进行进度交底，挖土单位应严格按照支撑安装单位的进度交底进行土方开挖，支撑未加设预应力的部位不得开挖。挖到设计标高经"三检"后，立即请地质勘察单位、设计院等进行验槽确认，如遇杂填土或成分复杂、结构均匀性差的土层时，应会同各方确定处理，之后应立刻进行垫层施工，以避免土体隆起、泡水和土体扰动。由于施工属高难度、超深度的施工工程，设计要求为基坑底土方开挖后8小时内完成混凝土垫层施工，全面封闭垫层下土体。因此，需要各工种相互配合按每8 m分段浇筑完成垫层混凝土施工。

（4）基坑排水。土方开挖后，底板下视情况采用盲沟排水；盲沟为300 mm×300 mm，内填充碎石，盲沟排水坡度采用3‰，每间隔10 m设置一条盲沟，在基坑周围设置明排水沟及集水井，用500 mm×500 mm×800 mm深砖砌筑。并在基坑顶部设置明沟截水，以防地表水流入基坑内，排水沟为500 mm×500 mm，与主排水相连。基坑上边缘设置3 m通道，外侧开挖排水沟（600 mm×500 mm深）四周环通。且每隔30 m设集水坑（1000 mm×1000 mm×1000 mm深），坑内设潜水泵将水抽出，排向总排水沟，流入河道。

（5）排水沟通道、护坡做法。排水沟采用C20混凝土，厚100 mm。通道宽度3 m，路基采用300 mm厚道渣、200 mm厚C20混凝土铺设，与排水沟联结。护坡采用100 mm厚C20混凝土，配筋φ8@200 mm双向设置。基坑安全通道因工程基坑面积大、深度较深，在处理站基坑内设置5座之字形爬梯作为施工及安全通道，钢管安全栏杆高度为1.2 m，基坑四周和道路四周各设一道。

（6）基坑安全监护。在土方开挖及基础施工过程中，必须派专职监测人员和安全监督人员在基坑顶部进行巡视监护，主要观测周围土体、围护桩体、支撑及周围环境，如发现异常情况，立即鸣哨通知坑底施工人员及时撤离到安全区域。

基坑开挖工况见图2.33、图2.34。

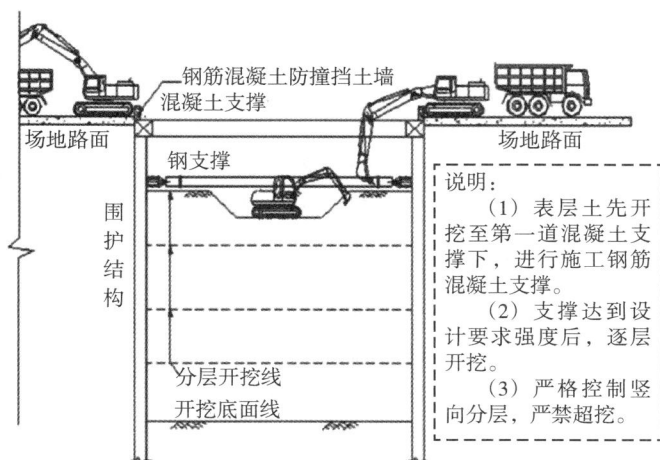

图 2.33　基坑开挖工况一

图 2.34　基坑开挖工况二

2.9　研究面临的主要问题与启示

随着城市下穿隧道的发展，工程将考虑施工步序、施工的沉降机理等因素对结构造成的综合影响，总结隧道下穿既有结构引起的该区段地表变形规律以及对结构的影响因素，以此提出合理的下穿施工指导方案与防护措施。

近年来我国工程行业在各个方面的技术发展与创新包括：勘测与地质预报、设计方面、施工方面、防灾救灾与通风照明、风险控制与运营管理等方面。施工技术方面的技术发展与创新包括：浅埋暗挖技术，盾构、TBM 装备与施工技术，盾构始发，沉管隧道技术等。伴随着 5G 通信的广泛应用，结合现有的施工技术，工程中出现的问题将会被更早监测，应提出更为高效的管控措施推进整体设计施工进度。

第3章 国内外下穿越紧密城区工程设计

在城市化和地下空间工程发展过程中，大量的基坑隧道工程集中在城市繁华市区，周围往往存在有建筑物、地下管线、既有隧道等，环境条件复杂，使得这些基坑隧道工程不仅要保证基坑围护安全，而且要严格控制由基坑开挖引起的周围土体变形，以保证周围建（构）筑物的安全和正常使用。随着对位移要求越来越严格，基坑开挖设计正在由传统的稳定性控制设计向变形控制设计方向发展。基坑隧道工程中不确定性因素较多，人们对坚持信息化施工的认识不断提高。坚持信息化施工可以及时排除隐患，减少工程失效概率，确保工程安全、顺利地进行。坚持信息化施工首先要做好基坑监测工作，目前基坑监测技术已经从原来的单一参数人工现场监测，发展为现在的多参数远程监测。在基坑施工过程中，根据监测结果，及时正确评判出当前基坑的安全状况，然后根据分析结果，采取相应的工程措施，指导继续施工。

3.1 基坑隧道工程设计理念

近年来，我国深大基坑不断出现，随着基坑开挖深度和规模的增大，特别是在工程地质条件、水文地质条件、越冬冻胀融沉、周围环境条件复杂地区，基坑工程的难度大大增加。基坑隧道工程水平在我国有了不小的提高，但也有不少失败的案例，轻则造成邻近建筑物、地铁等开裂、倾斜，道路沉陷、开裂，地下管线错位，重则造成邻近建筑物倒塌和人员伤亡，不但延误工期，而且对人民生命和财产造成极大危害，社会影响极坏。因此，必须认真分析失败案例的原因，总结经验教训，提高基坑隧道工程设计施工的水平。

3.1.1 基坑围护体系的作用

基坑围护体系要创造基坑隧道工程土方开挖和地下结构工程施工的作业条件，要求基坑围护体系起到"挡土"和使地下结构施工在无水条件下作业的作用。基坑隧道工程主方开挖一般要求"干燥"作业，这需要将基坑区地下水位降至基坑底以下0.5～1.0 m。在交通和建筑工程中，基坑隧道工程土方开挖通过浇筑混凝土底板封底，创造地下结构"干燥"作业条件。为了在基坑开挖和地下结构施工过程中，保证基坑相邻建（构）筑物和地下工程的安全及正常使用，要求基坑围护体系能限制周围土体的变形，使其不会对相邻建（构）筑物和地下工程产生危害。

基坑围护体系的要求可以分为以下四个方面。

① 要保证基坑四周边坡的稳定性，满足使地下结构工程施工有足够的空间要求。

② 要保证基坑隧道工程施工作业面在地下水位以上进行，基坑围护体系通过降水、止水、排水等措施，对地下水进行合理控制，保证基坑隧道工程地下结构施工作业面在地下水位以上，同时保证基坑隧道工程周围地下水位的变化不会影响基坑四周相邻建（构）筑物和地下工程的安全及正常使用。

③ 要保证基坑四周相邻建（构）筑物和地下工程在基坑工程施工期间不受损害。这要求在围护体系施工、土方开挖及地下施工过程中控制变形，使基坑周围地面沉降和水平位移控制在容许范围以内。

④ 要保证基坑四周和地面越冬冻胀融沉变形。控制越冬冻胀变形，防止围护体系应力"突增"，发生基坑片帮崩塌；控制冬春冻融沉降变形，防止围护体系应力"疲软"，发生基坑土体固结大变形沉降。

3.1.2　基坑围护体系的要求

对基坑隧道工程围护体系四个方面的具体要求，应视工程具体情况确定。

① 保证基坑围护体系稳定，满足地下结构工程施工空间要求。

② 保证基坑隧道工程施工作业面在地下水位以上进行，同时保证基坑隧道工程周围地下水位的变化不会影响基坑四周相邻建（构）筑物和地下工程的安全及正常使用。

③ 保证视周围建（构）筑物及地下工程的位置、承受变形的能力、重要性及被损害可能发生的后果确定其具体要求。具体问题具体分析，首先分析确定应控制的变形量，然后按变形控制要求决定是按稳定控制设计还是按变形控制设计。在围护体系施工、土方开挖及地下室施工过程中控制变形，使基坑周围地面沉降和水平位移控制在容许范围以内。

④ 保证基坑四周和地面越冬冻胀融沉变形控制，采取防护措施，既要防止越冬冻胀变形应力"突增"，又要防止围护体系冬春冻融沉降变形应力"疲软"，使基坑周围地面沉降和水平位移控制在容许范围以内，保证基坑围护体系稳定。

若部分或全部基坑围护体系需要作为地下主体结构的一部分，实行"两墙合一"，则基坑围护结构还应满足作为地下主体结构一部分的要求。基坑围护结构是临时结构，地下主体结构是永久性结构，两者的要求是不一样的。"两墙合一"后，围护结构要按永久性结构的要求进行处理，主要是提高强度、变形、防渗、防冻融等方面的要求，以及耐久性的要求。

3.1.3　基坑岩土工程特点

基坑岩土是一种多相体，一般由固相、液相和气相三相组成。土体中的三相有时很难区分，土中水的存在形态很复杂。以黏性土中的水为例，土中水有自由水、弱结合水、强结合水、结晶水、冰晶等不同形态。黏性土中这些不同形态的水很难严格区分和定量测定，而且随着条件的变化，土中不同形态的水之间可以相互转化。土中固相一般为无机物，但有的还含有有机质。土中有机质的种类、成分和含量对土的工程性质也有较大影响。土的形态各异，有的呈散粒状，有的呈连续固体状，也有的呈流塑状。有干土、饱和状态的土、非饱和状态的土、冻融状态的土，而且处于不同状态的土因周围环境条件的变化，相互之间还可以发生转化。例如，当荷载、渗流、排水条件、温度等环境条件发生变化时，干土、饱和状态的土和非饱和状态的土、冻融状态的土可以相互转化。天然地基中的土体具有结构性，其强弱与土的矿物成分、形成历史、应力历史和环境条件等因素有较大关系，造成土体的性状十分复杂。

基坑岩土体的强度特性、变形特性、渗透特性、冻融特性需要通过试验测定。在进行室内试验时，原状土样的代表性、取样和制样过程中对土样的扰动、室内试验边界条件与现场边界条件不同等客观因素，会使测定的土性指标与地基中土体的实际性状产生差异，而且这种差异难以定量估计。在原位测试中，现场测点的代表性、埋设测试元件过程中对土体的扰动以及测试方法的可靠性等因素所带来的误差也难以定量估计。

各类土体的应力应变关系都很复杂，而且相互之间差异也很大。同一土体的应力应变关系与土体中的应力水平、边界排水条件、应力路径等都有关系。大部分土的应力应变关系曲线基本上不存在线性弹性阶段。土体的应力应变关系与线弹性体、弹塑性体、黏弹塑性体等都有很大的差距。土体的结构性强弱对土的应力应变关系也有很大影响。

3.1.4　基坑围护结构及适用范围

基坑围护体系往往包括两部分：挡土体系和地下水控制体系。基坑围护结构一般要承受土压力和水压力，起到挡土和挡水的作用。一般情况下，围护结构和止水帷幕共同形成地下水控制体系，但尚有其他两种情况：一种是止水帷幕自成地下水控制体系，另一种是围护结构本身也起到止水帷幕作用，可形成地下水控制体系，如水泥土重力式挡墙和地下连续墙等。可见，基坑围护结构主要可以分为下述几类。

（1）放坡开挖及简易支护：①放坡开挖；②放坡开挖为主，坡脚辅以短桩、隔板及其他简易支护；③放坡开挖为主，辅以喷锚网加固支护等。

（2）加固边坡土体形成自立式围护结构：①水泥土重力式围护结构；②加筋水泥土重力式围护结构；③土钉墙围护；④复合土钉墙围护；⑤冻结法围护等。

（3）挡墙式围护结构：①悬臂式挡墙式围护结构；②内撑式挡墙式围护结构；③拉锚式挡墙式围护结构；④内撑与拉锚相结合挡墙式围护结构等形式。

挡墙式围护结构中常用挡墙有钢筋混凝土排桩式挡墙、钢筋混凝土地下连续墙、型钢水泥土地下连续墙、钢板墙等。

（4）其他形式围护结构：①门架式围护结构；②重力式门架围护结构；③拱式组合型围护结构；④沉井围护结构等。

3.1.5　基坑内外地下水控制

在进行地下水控制体系设计之前应详细掌握工程水文地质条件，掌握地基中各层土体的渗透性、地下水分布情况，若有承压水层应掌握其水位、流量和补给情况。通过对土层成因、地貌单元的调查，掌握地基中地下水分布特性。详细掌握工程水文地质条件是合理进行基坑隧道工程地下水控制的基础。控制地下水主要有两种思路：止水和降水。有时也可以采用止水和降水相结合的方式。在控制地下水时采用止水还是降水需要综合分析，有条件降水的就尽量不用止水，一定要采用止水措施时要尽量降低基坑内外的水头差。施工形成完全不透水的止水帷幕成本较高，再且较难做到。特别当止水帷幕两侧水位差较大时，止水帷幕的止水效果往往难以保证。基坑内外高水头差可能造成止水帷幕局部渗水、漏水，处理不当往往会酿成大事故。止水帷幕两侧保持较低的水头差，就可以减小渗水、漏水发生的可能性，也有利于在发生局部渗水、漏水现象后进行堵漏补救。当基坑深度在 18 m 以上，地下水又比较丰富时，可通过坑外降水措施使基坑内外的水头差尽量降低。

当基坑较深时，经常会遇到承压水，使地下水控制问题更加复杂。控制承压水有两种思路：止水帷幕隔断和抽水降压。具体采用止水帷幕隔断和还是抽水降压需要综合分析确定。在分析中应综合考虑承压水层的特性，如土层特性、承压水头、水量及补给情况，还应考虑承压水层上覆的不透水土层的厚度及特性，分析止水帷幕隔断的可能性和抽水降压可能产生的环境效应。在季冬冻土地区，要充分重视冻融对基坑围护体系稳定的影响。越冬基坑围护体系既要稳定，又要防止冻融后发生失稳。

3.1.6 基坑围护体系设计施工监测主要工作

（1）根据场地工程水文地质条件、工程用选红线图和基坑周围环境状况、地下结构施工图等资料，对技术可行的基坑围护方案进行比选，选用合理的基坑围护方案，包括围护结构形式和地下水控制体系、防冻措施。

（2）围护结构强度和变形设计计算、地下水控制体系的设计计算、基坑围护体系的稳定和变形计算。

（3）基坑隧道工程施工环境效应的评估。

（4）基坑挖土施工组织要求。

（5）基坑隧道工程监测要求，并提出相关的报警值。

（6）应急措施的要求。

3.1.7 基坑隧道工程事故警示

基坑隧道工程事故可以分为两大类：一是围护体系失稳产生破坏，二是围护体系变形过大，致使周围地下工程、建（构）筑物等产生破坏。若基坑周围没有地下工程、建（构）筑物等，围护体系变形大一点应该是允许的，单纯的大变形不是事故，但一定要重视。因为随着围护体系变形的发展，围护体系中的结构内力将不断重分布。因此，一定要保证围护体系在发生较大变形时围护体系是安全的。例如，大家共识深大基坑的坍塌事故就是由于超挖等原因引起的，导致地连墙靠近开挖面附近向内变形较大，形变诱导上下几道支撑的内力产生重分布，有的增大，有的减小，其中最上一道支撑轴力可能产生拉应力。不合理的钢管支撑发生了破坏，进而导致地连墙产生大位移而折断，酿成失稳破坏的事故。

可见，引发基坑隧道工程事故的原因可以分为两大类：一是来自土，二是来自水。前一类工程事故的原因主要是低估了作用在围护体系上的土压力或高估了土的抗剪强度。后一类工程事故的原因是未能控制好地下水。至于哪一类是主要原因，主要取决于工程水文地质条件。以东北城区为例，按其工程水文地质条件可分为两大类：深厚软黏土地基和砂性土地基。深厚软黏土地基中发生的基坑隧道工程事故主要是前一类工程事故，而砂性土地基中发生的工程事故主要是后一类工程事故。

引发基坑隧道工程事故的原因也可以分为五类：计算模式不合理、未能有效控制地下水、未能有效考虑冻胀、采用的围护形式超过适用范围、设计施工不当。

3.1.8 新型基坑围护体系和围护新技术发展

在基坑隧道工程基础理论研究中既要重视相关领域的基础理论研究，更要重视学科交叉的基础理论研究。一些领域的基础理论研究应给予重视，如冻土压力理论，特别是冻融土压力与变形的关系，以及冻土压力、水压力与土的工程性质之间的关系；地基、围护结构共同作用分析理论；基坑隧道工程围护体系优化设计理论；按变形控制设计理论；基坑隧道工程施工环境效应及与对策研究有关的基础理论等。加强基坑隧道工程相关的基础理论研究，有助于不断提高基坑隧道工程的理论和技术水平。可见，我国基坑隧道工程的发展促进了一批有中国特色的新型基坑围护体系和围护新技术的出现，如多种形式的复合土钉围护体系、多种组合型围护结构等。我国不少基坑围护新技术处于国际领先地位，引领着基坑隧道工程的发展。近些年，许多新技术在基坑隧道工程中得到应用，如TRD技术、锚索回收技术、浆囊袋技术等。未来基坑隧道工程的建设还会催生新的围护体系和新技术的发展。如何根据工程建设的实际需要发展新型基坑围护体系和围护新技术，将是基坑隧道工程围护技术的重要发展方向。

3.1.9 桥梁工程设计理念

伴随经济和社会的高速发展，为了突破海峡、海湾、河流的交通约束，跨海大桥、海底隧道、海底管道等前所未有的新型交通方式逐渐呈现在世人面前。本书分析了国内外代表性工程的设计方案，展望了道桥隧工程的发展趋势，为智慧城市建设项目提供了参考。

改革开放以来，中国的经济建设有了飞跃式的发展，各类连接城区的公路、隧道及桥梁工程陆续修建，设计建造理念也发生了翻天覆地的变化，人们对于道桥隧工程的建设施工要求也在不断提高。

在隧道下穿既有桥梁时，隧道、土体、桩基和桥梁上部结构共同作用，且隧道开挖造成周围土体应力被释放，从而引起桩土间的相互作用，土体产生的变化将通过桩基传至上部结构，同时上部结构承受荷载作用导致隧道产生变形，进而相互影响，降低施工安全性（见图3.1）。

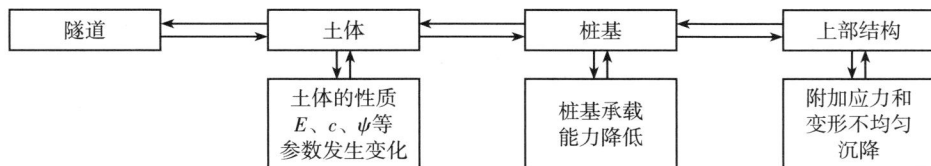

图3.1 桩土作用机理

桥梁安全性、耐久性的理念。桥梁的结构功能明确，有较强的实用价值和社会属性，其安全性和耐久性直接影响到社会经济和人类切身安全，具有十分重要的意义。我国要求建筑结构和公路工程结构可靠性设计的统一标准（GB/T50153—2008和GB/T50283—1999）：普通房屋和结构设计的基准期为50年，桥梁结构为100年，其标准已与国际基本一致。

设计研究理念。传统的结构理论、材料力学不能解决问题，简单的安全系数不能保证结构的安全（桥梁损伤破坏实例见图3.2）。引进损伤力学的概念，不追求材料和结构没有瑕疵，而是采用IIW（国际焊接学会）提倡的"Fitness for Purpose"的新理念。

图3.2　桥梁损伤破坏实例

3.1.10　隧道工程设计理念

城际地下交通连接网多采用双线平行盾构隧道的形式来提高实际应用效果，但该施工方法对地层扰动的探索尚不充分，多因素多变量影响双线隧道开挖过程中地表的变形规律，决定最终的设计方案。河道隧道施工方法宜首选钻爆法和浅埋开挖法，其次是盾构法、掘进机法，在软土区可采用沉管法，严禁在岩石中使用沉管法或者实行水下爆破方案。隧道则应该紧密相连，而不是相互连通。环形开挖预留核心土体，喷设混凝土封闭开挖面，超前锚杆式支护，超前小管道支护，围绕小管道超前注浆支护，上台阶临时立拱，后续注浆加固，水平旋喷超前支护，洞内真空泵降水，洞内超前下沉排水，洞外深井泵降水，地面高压旋喷加固，冻结前注浆法。

双线隧道的近距离界定基于隧道下穿施工，沉降槽的形式伴随两隧道轴线间距的变化而改变，地表沉降整体沉降槽的形状由V向W发生转变，魏纲借助有限元模型求解相对水平距离 $C = L/(h+R)$，判定双线隧道是否近接，得出 C 与 L、h、R 的相关性。陈春来等取固定的沉降槽宽度系数 i，得出 C 与 L 的相对关系。综上结合枚举法，运用修正公式证实各参数变化致使 C 的改变对判定双线隧道远近的影响。

3.1.11　软土路基设计理念

在软土地区路堤的施工方案中，应考虑地基的固结期，不能破坏软土基础的硬壳层。路堤压实宽度不应小于设计值，坡度应满足设计要求。填筑过程中，路堤中心线地面沉降率每天昼夜不超过 10～15 mm，坡脚水平位移率每天昼夜不超过 5 mm（地面沉降变化示意图见图 3.3）。路堤与桥台接缝、路堤与桩坡预压土应同时充填滚压，填料应选用透水性材料。路基处理方案如下。

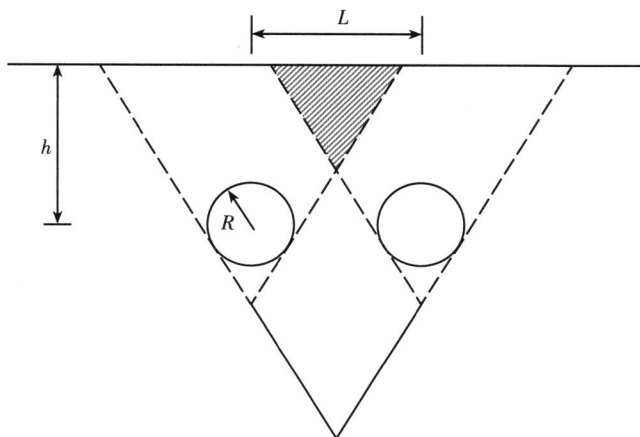

图 3.3　地面沉降变化示意图

（1）堆载预压法。在施工前采用超过设计荷载的填充荷载，促进地基提前固结沉降，以提高地基强度，减少施工后的沉降，如果施工时间充裕，可以单独使用，如果工期不充裕，也可以与其他方法结合使用。

（2）真空预压法。先在待加固的软土地基中设置砂井或塑料排水板，然后在地面上铺设砂垫层，在砂垫层上覆盖一层气密密封膜，将其与大气隔离。气密密封膜中的空气通过嵌入在砂垫中的吸入管排出，并由真空装置抽吸，使用的设备和施工工艺都比较简单，不需要大量的大型设备，便于大面积施工。

（3）反压护道法。在道路主路堤两侧，填筑一定宽度和高度的护栏，以达到路堤的稳定，主要是起到防滑平衡作用，使防滑弯矩能够克服滑动弯矩，但开挖土方量大，占地面积大。

（4）搅拌桩法。水泥土搅拌桩是处理软土地基的一种胶结方法，以水泥或石灰等材料为固化剂的主要成分，通过深层搅拌机械在地基深处将软土地基与固化剂（料浆或粉料）强行搅拌，利用固化剂与软土地基之间产生的一系列物理化学反应，将软土地基固结成具有完整性的地基。

（5）换填垫层法。当软土层厚度不是很大时，路基面以下处理范围内的软土层可开挖，代之以强度较强的土或其他稳定无侵蚀的材料（一般为透气性较好的砾石）。

（6）强夯法。对于孔隙较大、含水量在一定范围内的软黏性土层，可采用重锤压实或振动压实。

（7）加筋路基法。对于沉降较小的路堤，适当采用土工布填充物填充高路堤，限制了软基和路基的侧向位移，增加了侧向约束，降低了应力水平，加强了路基刚度和稳定性，改善了路基的水平和横向排水，使荷载分布均匀。

（8）化学加固法。通过在软土地基中加入水泥或其他化学材料，与土发生化学反应，吸收并挤压土中水分和空气，形成具有高承载能力的复合地基。适用于砂土、粉砂、粉质黏土、黏土及一般人工填料，也可以用于裂隙岩体的处理和既有结构基础的加固。

3.1.12　深基坑设计理念

软土地区深基坑的支护类型随着地层的变化而不同，主要分为加固和支挡两种类型，包括地下连续墙支护、钢板桩支护、土钉墙支护、深层水泥搅拌桩支护、高压旋喷桩支护，根据现场条件选择合理支护方式，才能提高工程整体的质量。软土地层土层类型与一般参数见表3.1。

表3.1　软土地层土层类型与一般参数

土层类型	土层状态	重度/(kN·m⁻³)	黏聚力/kPa	内摩擦角/(°)	黏结强度/kPa
素填土	松散	18	10	8	15
粉质黏土	可塑	19～20	20～22	10～12	40
淤泥	流塑	16～16.5	7	2.7～5	10
中砂	稍密	19.5	0	30	50

（1）地下连续墙支护。适用于挖掘深度10 m以上的基坑，强度高，防水性强，能承受复杂的地质条件。

（2）钢板桩支护。适用于开挖深度7 m以上的基坑，断面主要有Z形、U形和直腹三种类型，最经济，但噪声大。

（3）土钉墙支护。复合表面层是有效利用土体、钢网和钢筋形成的，可与土方开挖交替施工，适用范围广，但不适用于对周边建筑物土体沉降和位移控制要求较高的工程。

（4）深层水泥搅拌桩支护。适用于结构强度高、抗渗性好的粉质黏土和干砂层，可替代地下连续墙。

（5）高压旋喷桩支护。通过高压旋喷的方式，将水泥浆与土体融合，形成排桩，达到加固土体的效果，具有占地面积小、噪声小等优点，但易对环境造成污染。城市工程建设中基坑开挖施工，是众多施工企业常会遇到的任务，而深基坑施工往往是众多施工企业比较头疼的一个问题。

基坑开挖变形模式。当原土压力从内侧移开时，墙体外侧承受主动土压力，而位于坑底的墙体内侧承受全部或部分被动土压力。由于开挖总是在前面，而支护在后面，因此在开挖过程中，支护安装之前，周围的胸墙总是有先期变形。挡土墙的位移对墙内主动压力区和被动压力区土体产生形变，墙外主动压力使土体水平向基坑移动。基坑变形包括支护结构的变形、基坑底部的隆起和基坑周围地层的运动。基坑开挖支护过程中，支护结构会产生侧向位移和竖向位移，这主要是由基坑开挖引起的土体回弹、基坑降水、基坑侧荷载以及支护延迟导致的挡土墙变形引起的，影响基坑施工的稳定性，增加了地下结构施工的难度。主要变形形式如图 3.4 所示。

图 3.4 基坑变形示意图

基坑分部施工中由于支护结构的水平位移，桩、墙施工的开槽钻孔，坑边地面的堆载以及土方挖运，往往会造成周围地表产生沉降变形，引起地面开裂与塌陷。如图3.5 所示，随着开挖的进行，围护结构由"悬臂式"变化为"抛物线式"，沉降形式从"三角形"转变为"凹槽"，如图 3.6 所示。

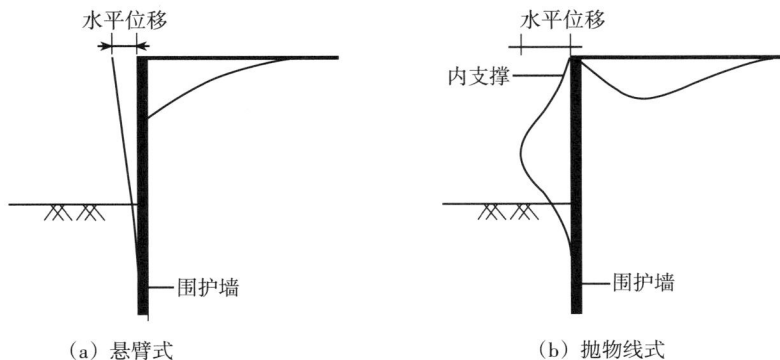

（a）悬臂式　　　　　　　　　　　（b）抛物线式

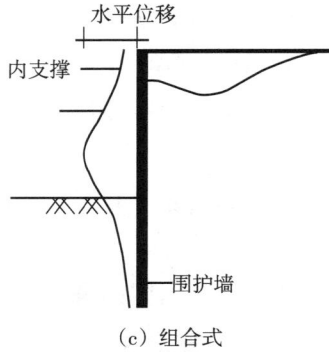

（c）组合式

图3.5　支护结构水平变形形式图

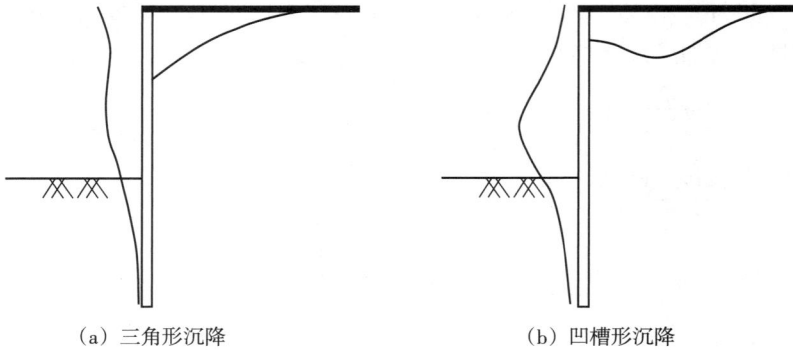

（a）三角形沉降　　　　　　　　　（b）凹槽形沉降

图3.6　基坑周边地表沉降

随着基坑开挖，坑底土体的承载力不足，地面超载及土体回弹等原因，导致应力平衡遭到破坏，基坑底部产生隆起变形，造成土体沉降变形，破坏内支撑结构，引发预制桩体上浮，其变形过程从初始的弹性变形逐步演化为塑性变形，如图3.7所示。

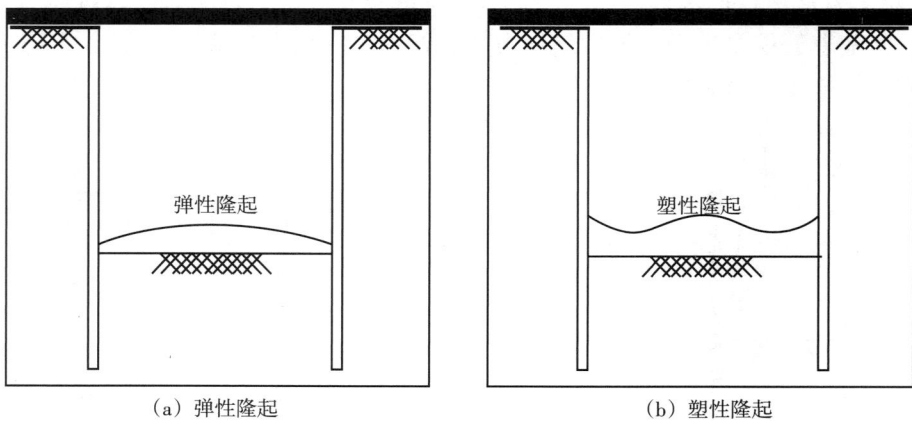

（a）弹性隆起　　　　　　　　　（b）塑性隆起

图3.7　基坑底部隆起变形

3.2 港珠澳桥岛隧工程

港珠澳桥岛隧工程主体为连接澳门、珠海到香港的50多千米路线，作为世界上最具挑战性的工程之一，建设的重难点包括隧道结构设计、隧道基础设计、隧道管节的浮运沉放、隧道安全、耐久性等。港珠澳大桥桥岛隧工程桥梁分布图见图3.8。

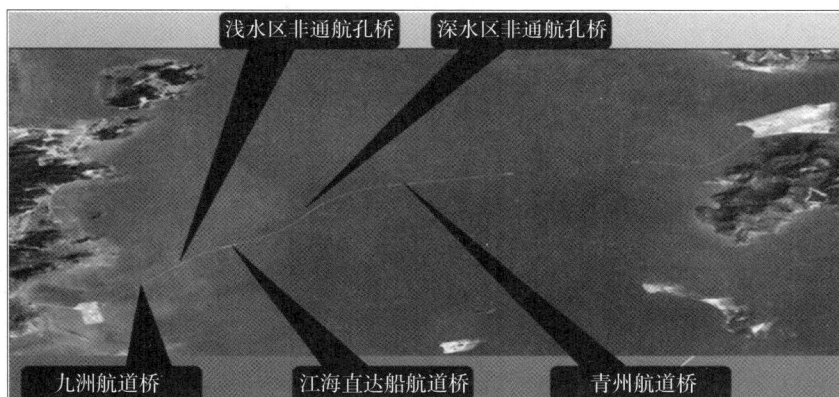

图3.8　港珠澳桥岛隧工程桥梁分布图

3.2.1 港珠澳桥岛隧工程设计方案

港珠澳桥岛隧工程连接线桥隧改造，是通过海上两座人工岛实现的。这条6 km长的沉管隧道是世界上已建或在建的最长的混凝土沉管隧道，可保证30万 t 油轮满载航行，项目存在跨越地层地质条件差、隧道断面跨度大、海上施工条件恶劣及软弱地层上填海形成的人工岛和隧道下穿复杂过渡段等设计亟须考虑的问题。

（1）港珠澳桥岛隧工程设计方案如下。

①青州航道桥。"中国结"双塔空间双索平面钢箱梁斜拉桥，跨径布置为110 + 126 + 458 + 126 + 110 = 930 m。主梁采用带悬臂臂翼缘板的整体钢箱梁。双索面扇形布置；塔采用 H 形混凝土塔，上梁采用"中国结"造型。基础采用钢管复合嵌岩桩。塔上设置垂直支撑、纵向阻尼装置和横向抗风支座，附近设置风障。青州航道桥立面图及主梁结构示意图见图3.9、图3.10。

图3.9 青州航道桥立面图

图3.10 青州航道桥主梁结构示意图

② 江海直达船航道桥。三塔单柱中央索平面钢箱梁斜拉桥，跨距布置为129 + 258 + 258 + 129 = 774 m。主梁采用带悬臂翼缘板的整体钢箱梁，中心双索面呈竖琴式布置，塔身采用单柱混凝土塔，基础采用钢管组合嵌岩桩。横向阻尼装置设置在塔的两侧和两个过渡墩的顶部。塔上设有纵向阻尼装置，附近设置了防风屏障。江海直达船航道桥立面图见图3.11。

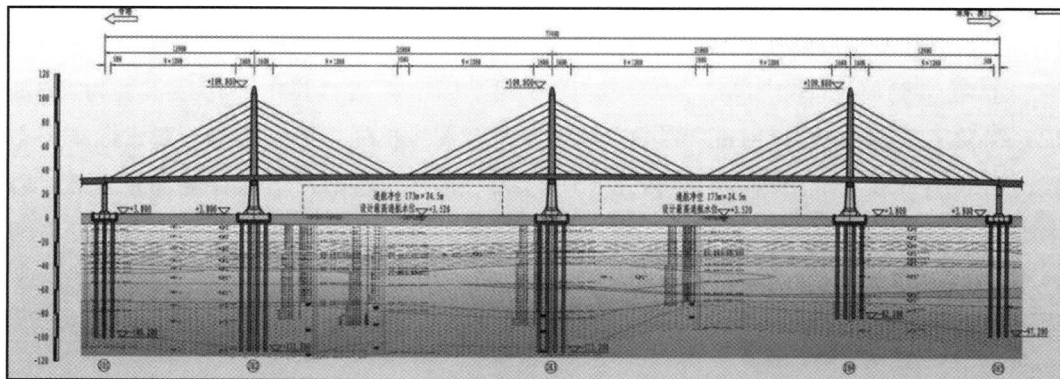

图3.11 江海直达船航道桥立面图

③ 九洲航道桥。跨距布置为 85.0 + 127.5 + 268.0 + 127.5 + 85.0 = 693 m，为双塔一柱钢箱梁斜拉桥。调整桥梁跨度布局，以满足澳门机场的高度限制要求。主梁采用带悬臂翼缘板的整体钢箱梁，单索面呈竖琴式布置。电缆塔采用"帆形"钢塔，基础采用钢管复合嵌岩桩。在塔附近设置了防风屏障及纵向阻尼装置，提高抗震性能。

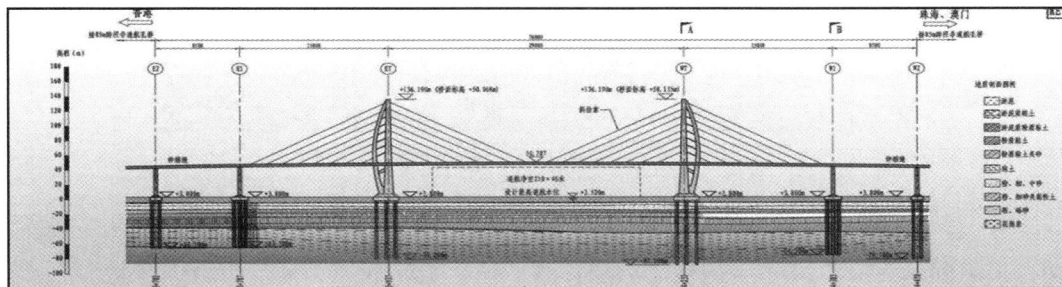

图 3.12　九洲航道桥立面图

④ 深水区非通航孔桥。110 m 等跨度单箱两室全钢箱梁（技术设计），标准环节：110 m 等跨度一环六孔，跨 Y13-1 气田管线桥梁处跨度 110 + 150 + 110 = 370 m，主梁：单箱两室全长等梁高钢箱梁，全宽 33.1 m，梁高 4.5 m。钢管复合桩基础，承台与墩台预制安装，承台埋于海底，如图 3.13 所示。

图 3.13　深水区非通航孔桥

⑤ 浅水区非通航孔桥。85 m 等跨组合梁方案（技术设计），标准节点：6 孔 1 联，主梁：单箱单室分幅组合梁，全宽 33.1 m，梁高 4.3 m。整体墩台、钢管复合桩基础，承台及墩台预制安装，承台埋于海底。

图3.14 浅水区非通航孔桥

⑥ 东、西人工岛结合部非通航孔桥。西人工岛结合部采用预应力混凝土双幅分离刚构，采用264 m、44 m等长跨布置，三跨连跨。箱梁连续加宽，桥面平均宽度约20 m，为常规高变宽预应力混凝土梁桥。重点是处理抗浪力和防腐耐久性问题。东人工岛结合部全长390 m，跨桥布置为2×(3×7.5)+3×35 m，三跨一联，结构外形与香港方一致，东人工岛结合部与桥型支座截面图见图3.15。

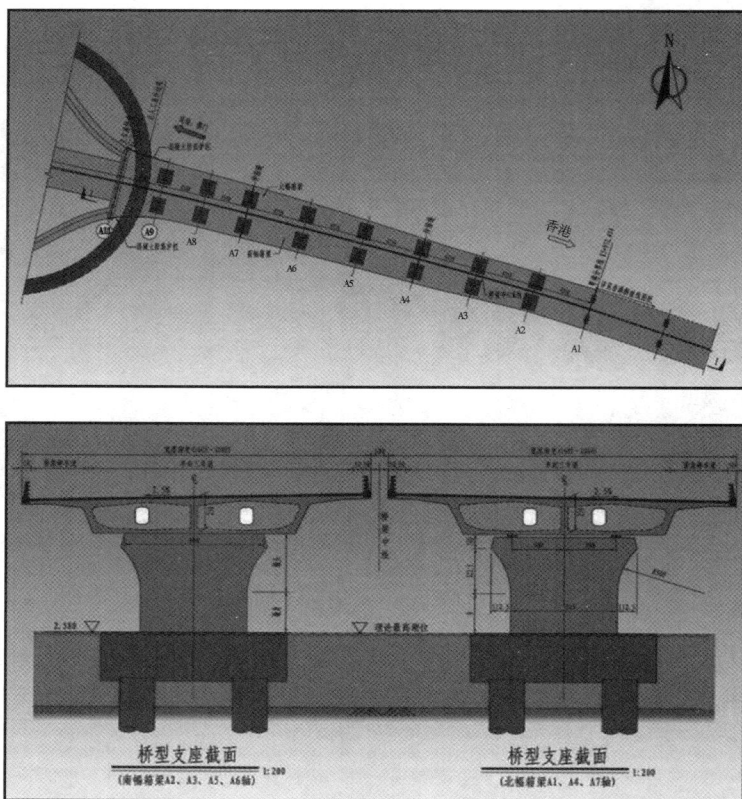

图3.15 东人工岛结合部与桥型支座截面图

（2）港珠澳大桥桥岛隧工程隧道设计方案。

两岛之间的沉管段长5664 m，东西人工岛目前的埋没段长均为163 m，开敞段长各为398 m，5500 m大半径圆曲线延伸至隧道纵断面，排水纵坡最小值为0.3%，在两条主航道之间为W形断面，隧道管节顶板最低标高−30.18 m。纵向通风和重点排烟通道通风。采用两孔和管廊结合的截面，两侧有行车道孔，中间管廊上层为专用排烟通道，中层为横向安全通道，下层为电缆沟和海底泵房。在中间隔墙上每隔90 m设置一个逃生安全门。隧道工程平面图、纵断面图、横断面图如图3.16至图3.18所示

图3.16　隧道工程平面图

图3.17　隧道工程纵断面图

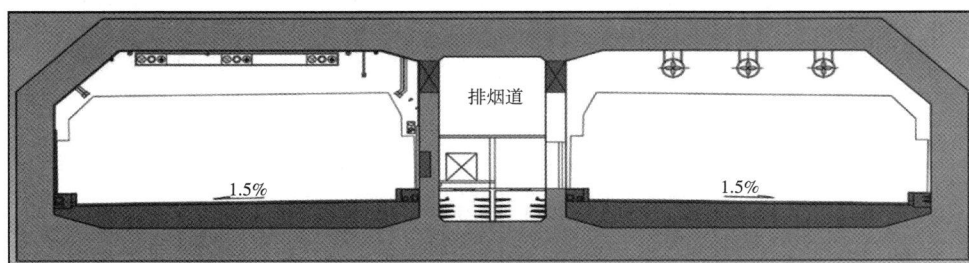

图3.18　隧道工程横断面图

3.2.2　港珠澳桥岛隧工程施工关键技术

桥梁工程埋床法预制基础设计原理。

① 为了重复利用、节约钢材，在钢管上端 12 m 的长度采用替代打段。替打段和钢管之间用螺栓连接，便于拆卸，将桩端铣钻至设计水平，吊钢筋笼，灌注埋芯混凝土，去除中间两根钢管桩的替换段。

② 承台预制前，首先实测钢管平面位置及垂直度，根据实测数据最终确定承台预留孔的实际尺寸，并适当调整孔的位置以消除预制承台整体偏差。将带有钢围水结构（设有三道横撑）的预制承台运输到现场，用吊架沉放预制承台。

③ 利用设置于预制承台上的导向、限位设施确保承台的平面位置和垂直度。利用吊杆控制承台标高。混凝土承台下放到位后在承台壁上安装靠架，用千斤顶根据放样位置进行调节，并临时固定，然后安装反压牛腿，固定承台，完成对承台的准确定位。

④ 在管道与承台之间的止水胶囊中注入高压水，使用胶囊止水后，在低潮时将管道内的水抽走，在管道与管道之间（止水胶囊上方）放入速凝砂浆堵塞。

⑤ 焊接预制承台底板预埋件与钢管外壁之间的剪力键。检查每道焊缝，确保焊缝牢固后，拆除吊架、临时支撑及反压牛腿等，完成体系转换。

⑥ 拆除另外四根钢管上的替打段，再切除钢管至设计标高，处理桩头并接长桩顶钢筋，补强承台钢筋，浇筑桩位处承台土。

⑦ 后浇筑的混凝土在达到设计强度后向围水里注水。拆除钢围水结构，回填基坑。

⑧ 将上节段预制墩身运至桥位，张拉预应力粗钢筋完成墩身连接。

埋床法预制基础施工步骤见图 3.19。

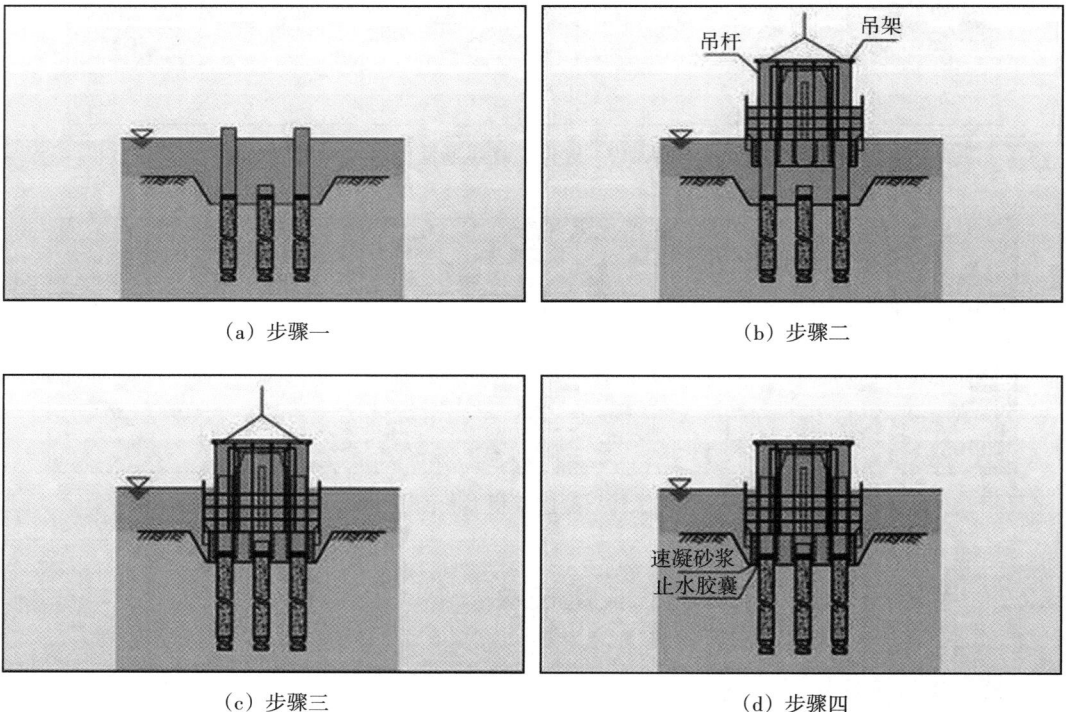

（a）步骤一

（b）步骤二

（c）步骤三

（d）步骤四

（e）步骤五　　　　　　　　　　　　（f）步骤六

（g）步骤七　　　　　　　　　　　　（h）步骤八

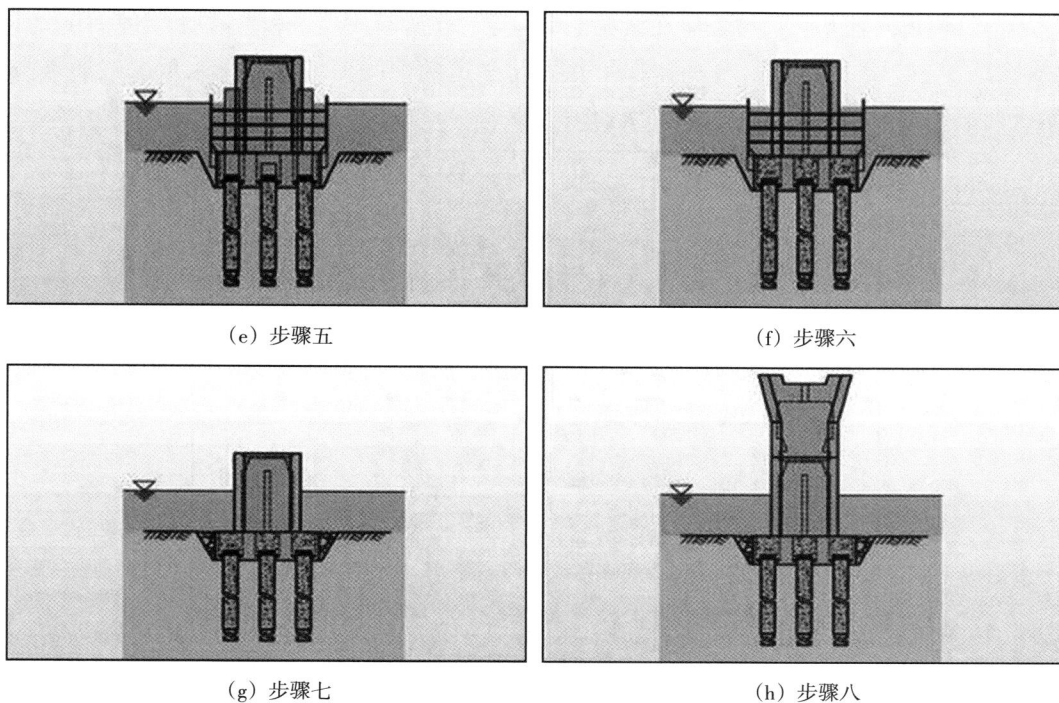

图3.19　埋床法预制基础施工步骤

沉管隧道管节结构、接头构造（见图3.20、图3.21）采用33个节段式钢筋混凝土管，标准管节节长 $8 \times 22.5 = 180$ m。接头采用传统的 GINA + OMEGA + 剪切键连接管节。小节段间接头采用可膨胀密封条 + OMEGA密封条 + 钢剪力键连接，管节结构自防水，管节接头与节段接头示意图见图3.22。

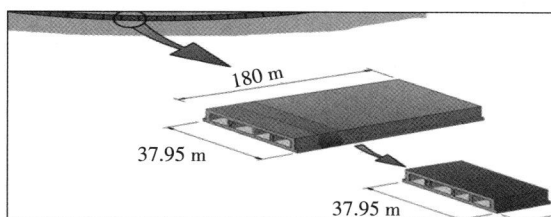

图3.20　沉管隧道工程管节结构与接头构造图

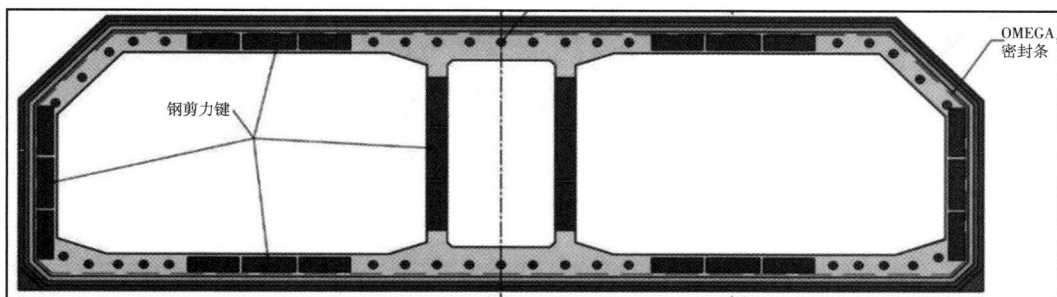

图3.21　管节结构横断面

沉管隧道开挖基坑边坡坡率在淤泥土质地层（包含粉质黏土和夹砂层）上采用1∶7的比率，纯砂层中采用1∶3的比率，在沉管隧道的中间深埋隧道段采取二级边坡方案，两端邻近人工岛的区段选取一级边坡方案。

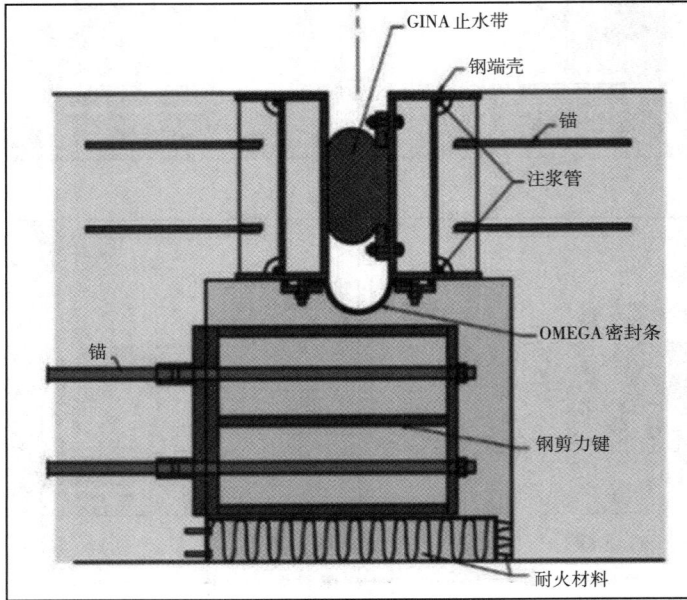

（a）

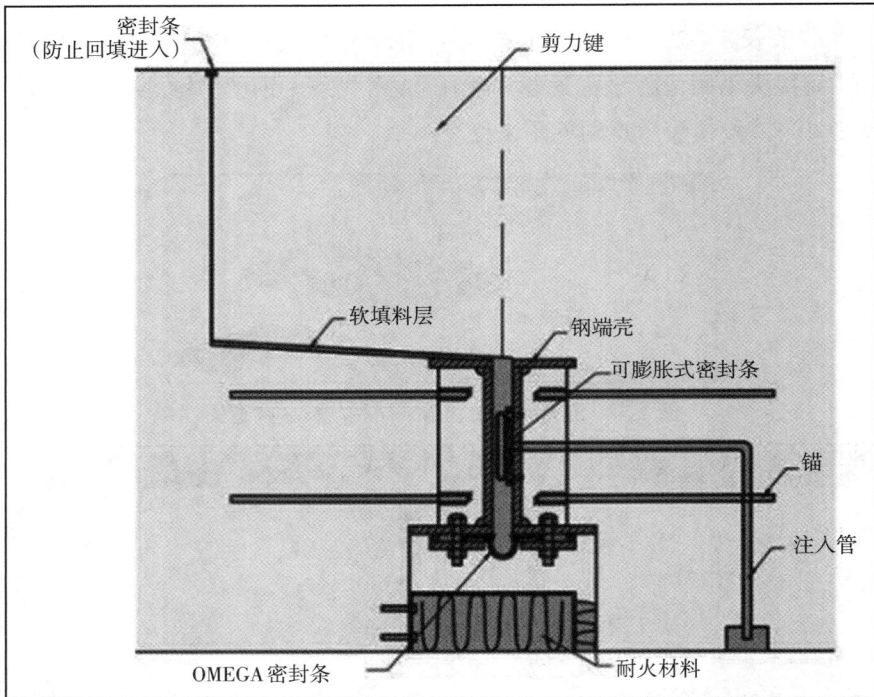

（b）

图3.22　管节接头与节段接头示意图

沉管基础垫层推荐采用先铺碎石整平层，垫层平均厚 1.5 m。为保证沉管均匀沉降，根据地质情况及受载分段采用加固方案，在岛头段设置支撑桩打入中砂层，西过渡段选用换填砂方案加固基础，东过渡段设沉降控制桩，中间段由于地质状况良好，故取用天然地基。根据通道位置，分别选取中间段、渐变段及岛头防护三部分回填加固（见图 3.23），回填时在沉管基础下部进行锁定回填夯实，上部一般回填即可，管节顶部覆盖反滤垫层并回填 20~200 kg 石料（见图 3.24）。

澳珠澳大桥隧道工程区段基础处理见表 3.2。

表 3.2 港珠澳大桥隧道工程区段基础处理

区段	岛头段	西过渡段	中间段	东过渡段	岛头段
对应管节	E1	E2~E6	E7~E24	E25~E32	E33
处理方法	支撑桩（打钢管桩至中砂层）	换填砂	天然地基	沉降控制桩（打钢管桩至砂层顶面以上）	支撑桩（打钢管桩至中砂层）

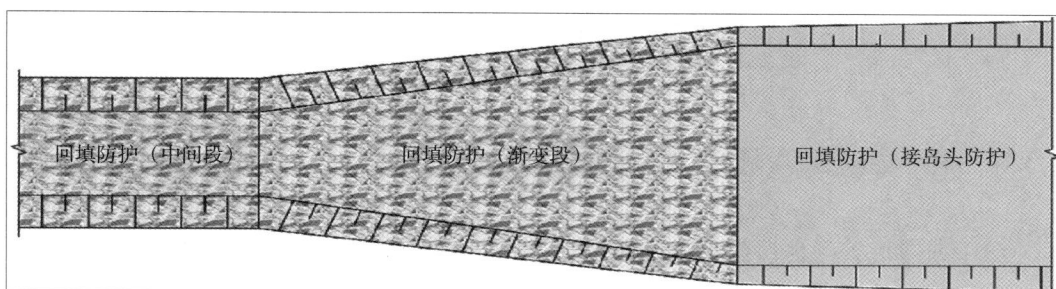

图 3.23 分段回填示意图

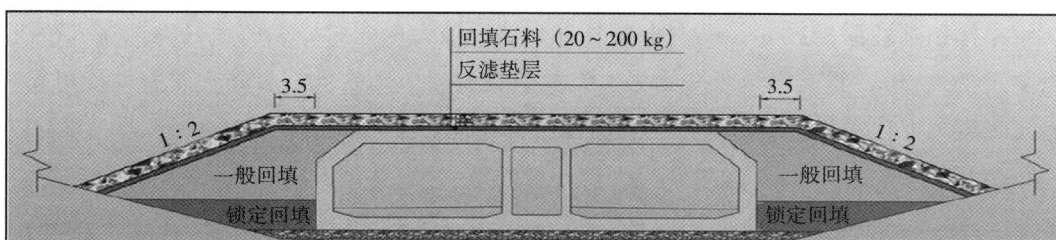

图 3.24 沉管隧道回填方案

⊿⊿⊿ 3.3 深中通道工程

深中通道主体隧道长约 6845 m，沉管段长度为 5035 m，管节为一体式，有标准管节和变宽管节两部分，长度为165.0 m和123.5 m，管节数量为32节，使用钢材32万t。深中隧道纵断面图、分段纵断面图见图3.25、图3.26.

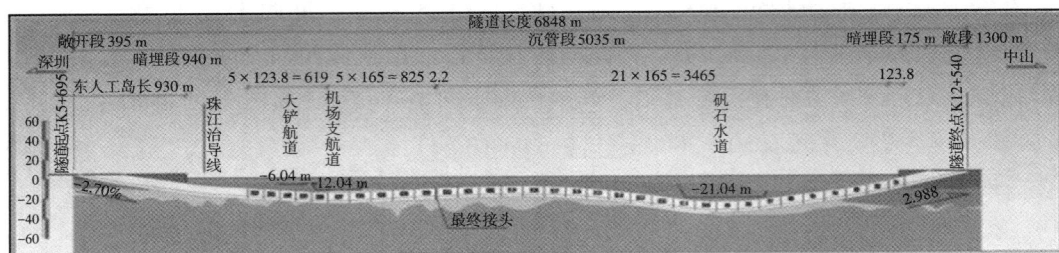

图3.25　深中隧道纵断面图

图3.26　深中隧道分段纵断面图

3.3.1　深中通道沉管隧道设计方案

深中通道沉管主体段的纵向地质差大，设计管廊结构的单孔跨度在18.3～24.0 m，水压可达0.4 MPa，管顶土体荷载较大。综合考虑受力、施工质量、耐久性和环保等因素，经综合比较和选择，提出夹芯钢壳混凝土组合结构。标准管段：10.6m × 46.6 m，长165 m，重7.6万t（见图3.27）；变宽管段：10.60 m × （46.00 － 55.46 m）（见图3.28），沉管结构顶部埋深为20 m，最大水深35 m，管段最大横向弯矩和剪力是港珠澳大桥沉管隧道的1.3倍，具有结构承载力强、结构自重较轻、防水性好、防火防腐性能可靠、施工难度大但技术相对成熟的特点。沉管管节参数见表3.3。

表3.3　沉管管节参数

项目	横截面面积/m²	最小干舷高度/m	管顶回填后抗浮安全系数	备注
标准断面	178.73	0.15	1.27	
变宽断面（以E32为例）	204.18（平均）	0.29	1.24	管内先浇压舱层15 cm

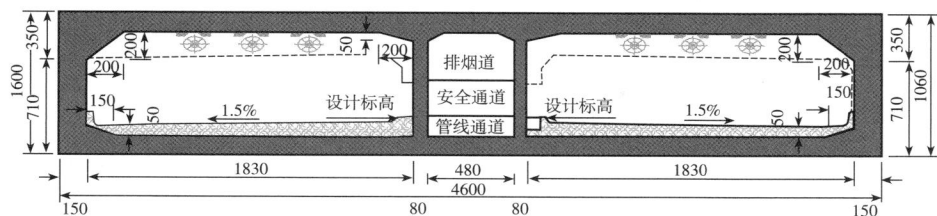

图 3.27　沉管隧道标准管段

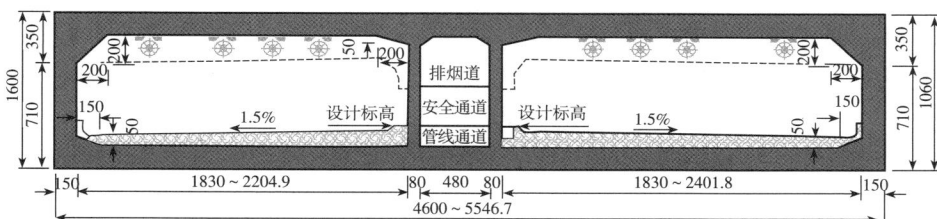

图 3.28　沉管隧道变宽管段

　　沉管钢壳结构（见图 3.29）。"内外墙板 + 纵横隔墙"构成主力构件，混凝土浇筑隔板；"纵横加筋板 + 焊接钉"作为剪切连接件，保证面板与混凝土的有效连接；"横向和纵向加筋板"，以满足钢壳制造和混凝土浇筑的刚度要求，内、外侧板为 Q420C，最大板厚 38 mm，横隔板为 Q390C，最大板厚 30 mm，其余为 Q345C，钢壳内填充 C50 自流平混凝土（见图 3.30）。

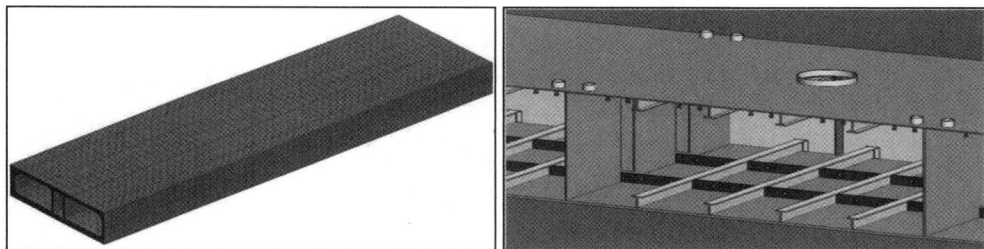

图 3.29　沉管钢壳构造

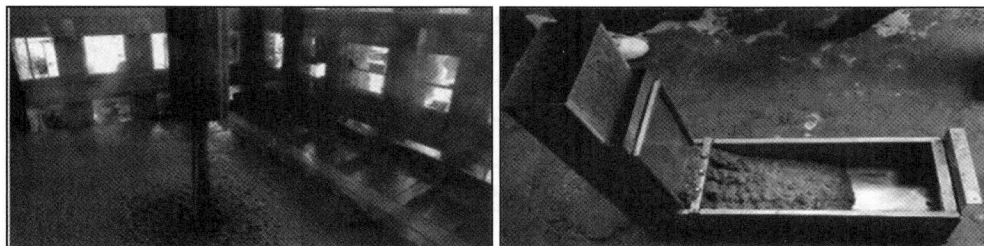

图 3.30　沉管钢壳注浆

3.3.2　隧道工程施工难点和主要病害

（1）深中通道工程施工遇到的难点如下。

① 隧道全线地基刚度差异大，隧道全线地基刚度见图3.31。

② 水土荷载大、管节超宽变宽、结构内力大。

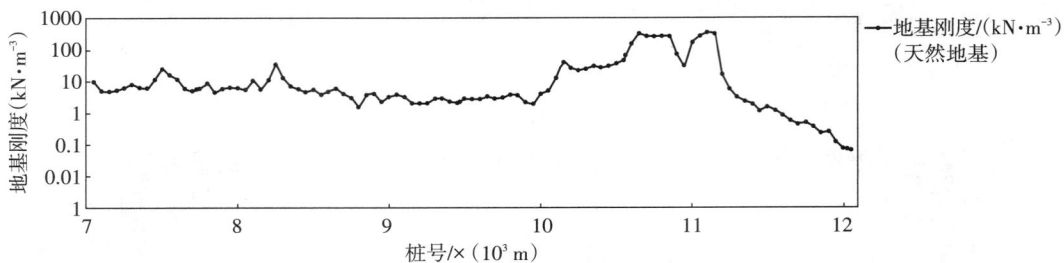

图3.31 隧道全线地基刚度

③ 人工岛桥下海底立体交叉路设计和施工技术复杂，运营安全保障难度大。海底出入口的主线隧道宽度为46.0～68.8 m，匝道的最小半径为125 m，最大倾斜度为3.78%，设计和施工技术以及运营期间的安全性是需要解决的问题之一。人工岛区桥下海底互通立交及互通立交堰筑段见图3.32、图3.33。

图3.32 人工岛区桥下海底互通立交

④ 淤泥等覆盖层厚、海洋台风环境复杂、围堰规模大。

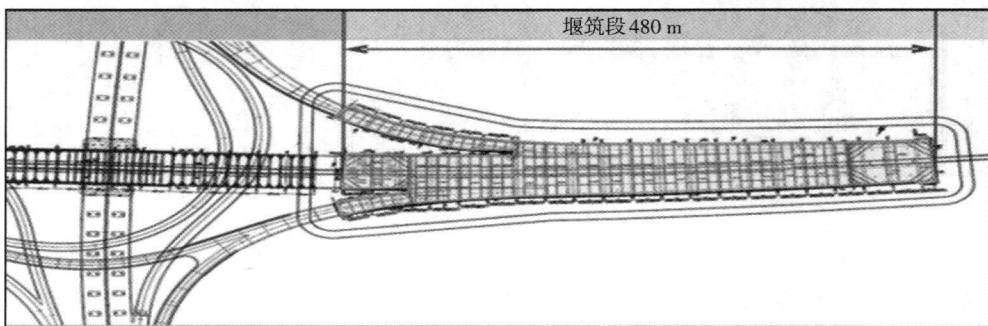

图3.33 人工岛互通立交堰筑段

（2）沉管隧道施工遇到的主要病害有：由不均匀沉降、施工错缝过大、压接力不足所引起的管节接头漏水、混凝土裂缝、施工缝渗水、混凝土剥落、钢筋锈蚀等（见图3.34）。

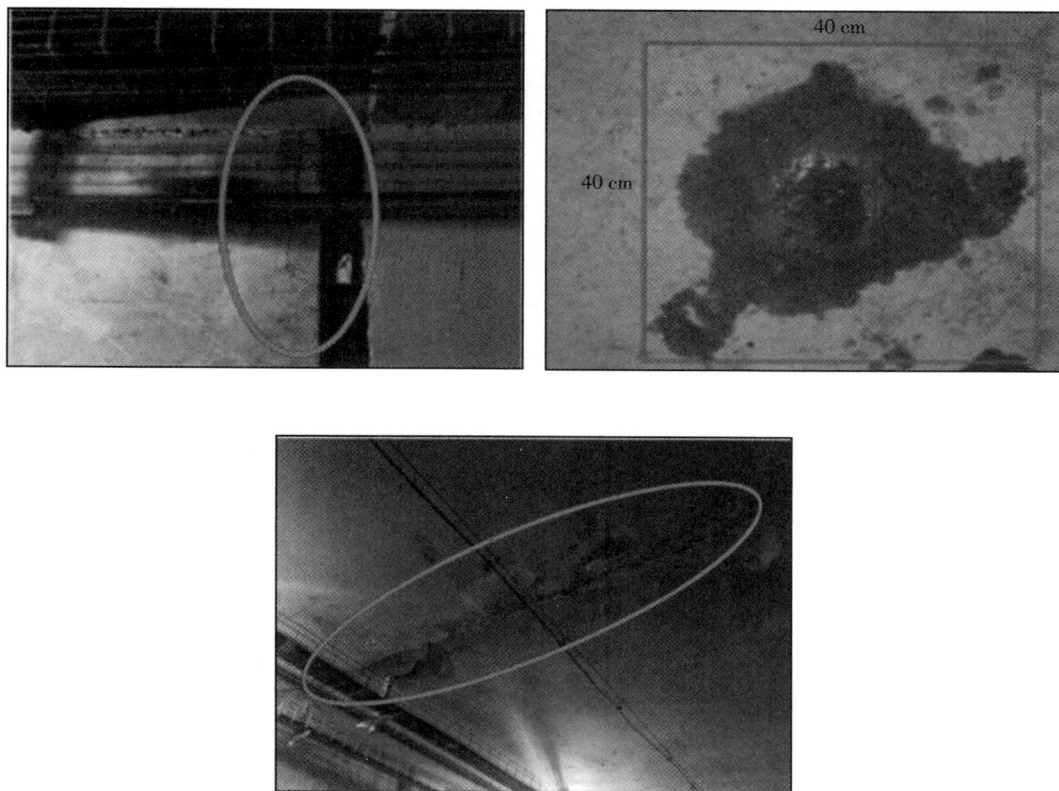

图3.34　沉管隧道施工遇到的主要病害

3.3.3　沉管隧道施工工艺

（1）地基处理与回填措施。隧道全线基础沉降控制目标与要求总体沉降≤8 cm，相邻管节头纵向差异沉降≤3 cm。西岛坡段的倾斜率：淤泥与淤泥质土采用1∶7，黏土（含粉质黏土和夹砂层）、砂层和全风化岩层采用1∶3。其他段的边坡坡率：区分淤泥与淤泥质土层，南边坡采用1∶5，北边坡采用1∶7；黏土（粉质黏土和夹砂层）、砂层和全风化岩采用1∶3；强～中风化岩采用1∶1，全线全回淤工况管底竖向沉降与刚度分布图见图3.35，深中隧道分段地基基础处理见表3.4。锁定回填：砾石尺寸5～80 mm，高4.5 m，宽5 m。一般回填：锁定回填与工作面回填之间采用5～80 mm碎石。护面回填：一般回填厚度在1.4 m以上，采用10～100 kg块石（航线区间为100～200 kg块石）。

图 3.35 全线全回淤工况管底竖向沉降与刚度分布图

表 3.4 深中隧道分段地基基础处理

东岛上端堰筑段	机场支航道东侧沉管 E22~E32	浅埋中间段 E13~E21	矾石水道两侧 E6~E12	西岛斜坡段 E1~E5	西岛暗埋段
全强风化、残积土	全强风化、残积土	淤泥质土、粉质黏土、砂层	全强风化、中风化	淤泥质土	岛内堆载预压淤泥质土
素混凝土垫层 30 cm	1 m 碎石垫层 1.1 m 振密块石层	1 m 碎石垫层 1.1 m 振密块石层 5~6 m 桩长 DCM 局部 2~3 m 夯平块石	1 m 碎石垫层 1.1 m 振密块石层	1 m 碎石垫层 1.1 m 振密块石层 DCME1 局部高压旋喷	直径 0.6 m PHC 桩复合地基

（2）深水 DCM 复合基础：DCM 布置，均匀布置，间距 3 m×4 m、3 m×3 m，替换率 40%、50%。DCM 土层厚度适应性：DCM 适用于淤泥质土、粉质黏土、全风化岩层，标准穿透深度小于 30 m。对于中粗砂和表层淤泥，需采取额外的改善措施，以保证施工质量。对比工艺试验表明，覆盖 2m 围压砂垫层可以达到表面加固效果。DCM 布置见图 3.36，土层参数及土层电流变化见表 3.5、表 3.6。

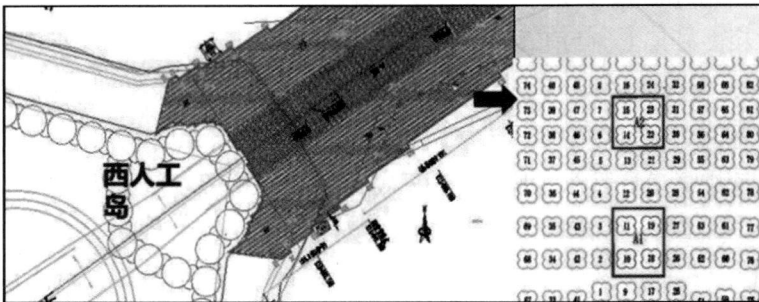

图 3.36 DCM 布置

表 3.5　土层参数

土层名称	成桩适应性	改进措施
淤泥	成桩强度低	不喷水或者少喷水、增大水泥掺量、2 m 厚砂垫层覆盖
淤泥质土 粉质黏土	成桩强度满足要求	无
中粗砂	成桩有困难	减小转速，降低喷水，增大掺量
全强风化岩层	成桩强度满足要求	无

表 3.6　土层电流变化

土层	砂垫层	淤泥层	淤泥质粉质黏土	粉质黏土层	强风化岩层
电流区间/A	300～880	880～330	330～460	330～500	370～620
电流变化趋势	上升，达到最大	先下降再上升	上升	下降再上升	上升，波动明显

DCM 合理水泥掺量：设计强度 1.6 MPa，DCM 按水灰比 0.9，水泥掺量应不小于 320 kg/m³；设计强度 1.2 MPa，DCM 按水灰比 0.9，水泥掺量应不小于 260 kg/m³。芯样抗压强度合格率与桩体平均强度水泥掺量关系曲线见图 3.37。

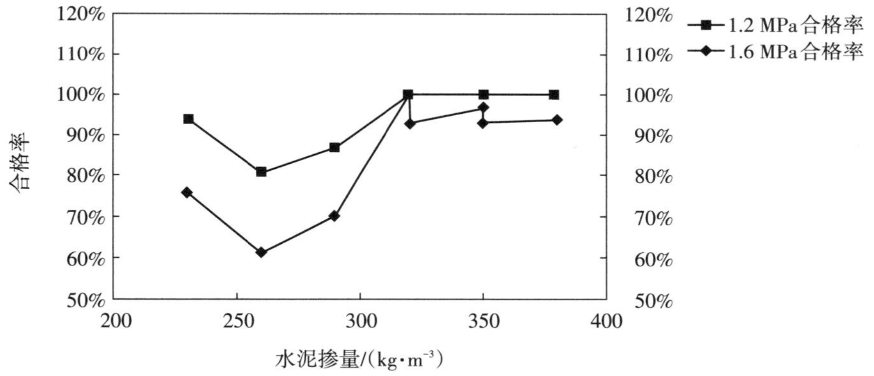

（a）芯样抗压强度合格率-水泥掺量关系曲线

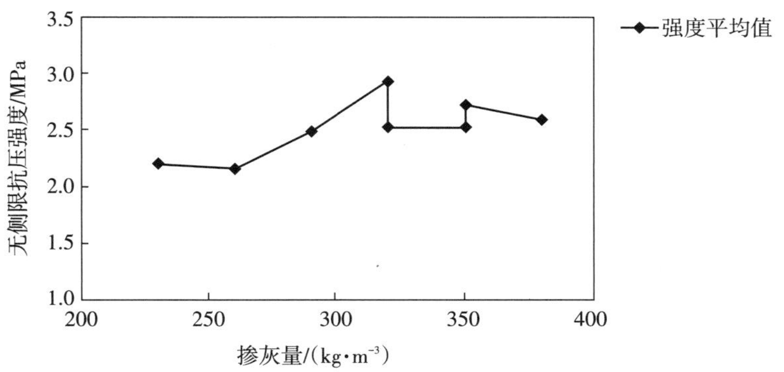

（b）桩体平均强度-水泥掺量关系曲线

图 3.37　芯样抗压强度合格率-水泥掺量关系曲线与桩体平均强度-水泥掺量关系曲线

DCM强度随时间增长规律见图3.38。

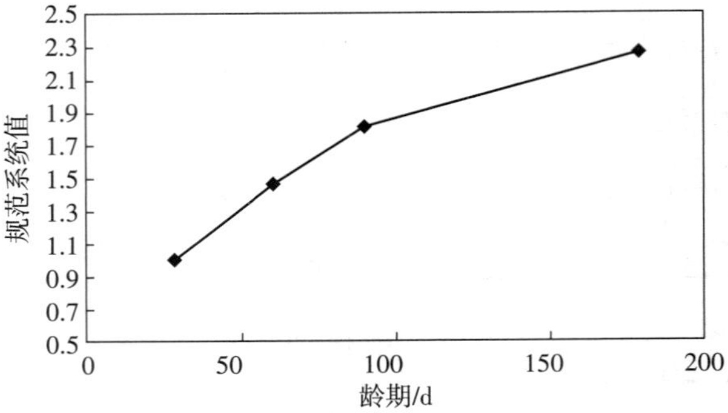

图3.38　规范系数值

DCM模量：有围压条件下，DCM变形模量约为 $100 f_{cu}$。深中通道DCM变形模量试验结果见表3.7。

表3.7　深中通道DCM变形模量试验结果

钻孔编号	岩芯编号	试样描述	试样尺寸/mm		取样深度/m		变形模量 E50/MPa
			直径	高	自	至	
B6-85	3-22.4~22.6	水泥含量适中，含少量粗砂	100	200	-22.4	-22.6	260.1
	9-24.4~24.6	水泥含量适中，含少量粗砂	100	200	-24.4	-24.6	229.2
	15-26.5~26.7	水泥含量较好，含少量黏土斑点	100	200	-26.5	-26.7	140.3
	27-30.3~30.5	水泥含量较好，含少量粗砂	100	200	-30.3	-30.5	123.9
	30-31.2~31.4	水泥含量较好，含少量粗砂	100	200	-31.2	-31.4	82.4
	33-32.3~32.5	水泥含量较好，含少量粗砂	100	200	32.3	32.5	101.8
平均值							156.3

DCM复合地基桩土应力比及荷载分担规律，如图3.39～图3.41所示。

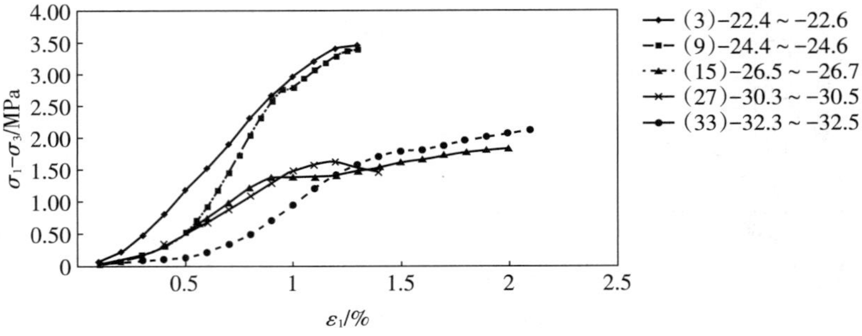

图3.39　深中通道三轴试验应力—应变要求

图3.40　A1组试验（3 m×4 m荷载板）

图3.41　A2组试验（3 m×3 m荷载板）

（3）管节施工：沉管管节接头整体管节之间，钢建立键，传递水平、竖向剪力，管采用"GINA止水带+OMEGA止水带"双重止水措施和"防火板+硅酸铝纤维防火毯"双重防火措施。沉管管节整体构造与防水防火构造见图3.42.

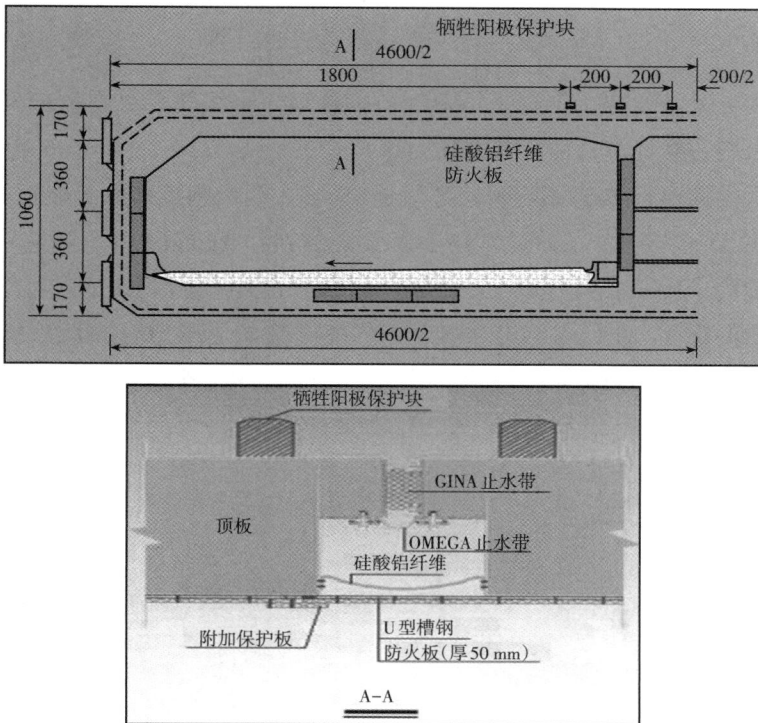

图3.42　沉管管节整体构造与防水防火构造

水中推出式最终接头（见图3.43）具备滑道、防水构造、拉合锁定与纠偏系统等关键构造，其施工工序：①E22（含最终接头沉放）；②含最终接头推出实现初步压合；③水力压接、码板焊接、砂浆槽注浆；④结合胶排水，最终接头与E22之间焊接钢板，浇筑混凝土。

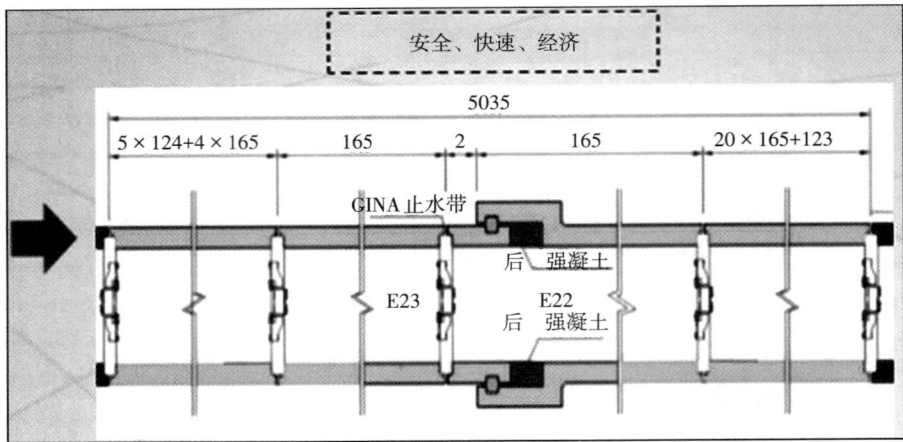

图3.43 水中推出式最终接头

3.4 孟加拉国卡纳普里河下穿隧道工程

孟加拉国吉大港下穿卡纳普里河双线盾构隧道工程线路总长度为9266 m，隧道总长度3315 m（按右线计算），约占线路的1/3。

其中，盾构隧道长2450 m，明挖区间长865 m，西岸明挖区间200 m，挖暗埋区间195 m，工作井深基坑为25 m，东岸暗挖区间，230 m明挖区间190 m。隧道采用气垫泥水压力平衡盾构完成施工，直径$D = 12.16$ m，盾构管道外径$r = 11.8$ m，直径$D = 10.8$ m，环宽2 m，壁厚0.5 m，5＋2＋1组合楔形环，楔形量40 mm，组合及2/3接头计划，采用斜螺栓连接，每环路纵向取46根M30螺栓；纵缝采用2个M36螺栓。项目总体设计纵断面图见图3.44。

图3.44 项目总体设计纵断面图

目前，下穿河流隧道施工的主流工法有堰筑法、钻爆法、沉管法和盾构法。卡纳普里河下穿隧道工程下穿卡纳普里河施工区间途经砂石层的主河道，水位较高，最大深度可达15 m，水流速度约为3 m/s，导致突涌、地表沉降是施工过程中必须预防的灾害。考虑到现场恶劣的工程地质与水文地质条件，综合两岸的地形、工程建设条件及隧道施工的成本等因素。根据表3.8分析，最终选取盾构法作为性价比最高的工程施工方案，确保下穿双线盾构隧道的施工安全。

表3.8　施工工法选取

方案	施工工法	控制因素	方案选取
1	堰筑法	线位不合适	×
2	钻爆法	基岩埋深大，接线困难，造价高	×
3	沉管法	吉大港口、海军基地、敏感建筑物、通航等限制，线位不合适	×
4	盾构法	不受通航、两岸建设、工程水文地质等因素制约，各线位均适合	√

3.5　大连湾桥隧工程

大连湾海底隧道连接大连东港商务区和钻石湾。它是"振兴东北"和"交通强国"国家级重点战略工程，也是继港珠澳大桥之后又一个技术要求高、施工环境复杂、环保要求高的沉管隧道集群工程。它由13个直段和5个弯段组成，标准断面长180 m，单段沉管自重约6万t。全线设计标准为双向六车道，设计时速为60 km，主体结构设计使用寿命为100年，隧道施工建筑限界为17.25 m，高度为5 m，路面横坡2%。所述管段的横截面上设置有双孔单管走廊，两侧设有行车道孔。中间管廊分为三层：上部为排气通道，中部为安全通道，底部空间用于布置市政管道和隧道作业电缆设施。主要施工内容包括海底沉管隧道工程、陆地段隧道工程、连接道路工程等。大连湾海底隧道是我国北方第一条大型跨海沉管隧道。与港珠澳大桥和深中隧道工程相比，这里纬度高，冬季气候寒冷，也是中国第一条通过沉管直接连接海滨城市两端的跨海隧道。在隧道施工工法方面，与矿山法和盾构法相比，沉管隧道在海底的深度较浅，可以减少隧道的土地连接距离，最大限度地减少土地占用。不仅减少了搬迁量，而且为未来的城市布局提供了更多空间。建成通车后，将为大连市新增一条南北连通的高速公路，有效缓解高峰时段交通拥堵，促进大连湾两岸一体化建设。

北岸项目位于大连市甘井子区大连外轮航修厂码头海域，是大连湾海底隧道的北出口。隧道主体结构长为430 m，其中下穿段为380 m，敞开段为50 m，均采用陆地浇筑施工技术。为满足现浇法沉管隧道干地施工方案，应在陆地和海域形成完整的止水系统。海上由50个大型沉箱组成，包括26个临时沉箱和24个永久性保护沉箱。陆地部分为"咬合桩+帷幕灌浆"，海面部分为"抛石基础灌浆+帷幕灌浆"。终端接头作为海底隧道区间与陆地现浇段区间的过渡结构，是工程的关键核心技术。大连湾海底隧道采用了国内首次提出并应用的"顶进节分法"施工方法，完成缩尺模型顶推试验、止水带水密性试验、构件拼装、无水环境顶推、监控控制、止水带安装、现场拉回顶推等施工内容，安装精度控制在3 mm以内。海底隧道工程水域通航条件复杂，军用、货运、客运交通进出频繁，施工时需进行多次航道转换。地质不均匀，有必要采用置换法实现海底硬岩与局部软土地基之间刚度的平稳过渡。因为建设周期只有50个月，所以对资源投入的密度、时机、有效性都提出了很高的要求，对项目的策划、组织、执行也提出了很高的要求。与港珠澳大桥的岛隧终盘连接"吊挂"不同，大连湾海底隧道在国内首次采用顶推式最终接头，为围堰截水干法施工创造条件。沉管外部加固混凝土套管，对接时用千斤顶将沉管从套管内顶出，实现精准对接。大连湾海底隧道是继港珠澳大桥之后又一项技术条件复杂、环保要求高的海上交通集群工程。

3.6 上海南隧北桥工程

崇明跨江通道南港隧道采用大直径盾构隧道掘进，全长8.95 km，北港大桥全长10.27 km。根据上海市总体规划，崇明跨江分为东西线，东线为浦东5号沟线，西线为宝山罗经线。东线先实施：浦东5号沟→长兴岛→崇明陈家镇→崇明连接公路→牛浜港→江苏海门青龙港→江苏宁通启高速公路，全长约106 km（距江苏启东约90 km），采用南隧北桥方案。上海陆地面积→崇明跨江段，南港水域面积6.9 km，长兴岛陆地面积4.0 km，北港水域8.5 km，全长约25.5 km。南港隧道起始于浦东5号沟城郊环线立交，横跨南港水域，止于长兴岛新开河，与长兴岛潘园公路立交相连，采用盾构隧道施工，双向六车道。圆形盾构隧道段长6.97 km，由单层衬砌隧道，外径长达15.20 m，是当时世界上最大直径的盾构隧道。北港桥梁起于长兴岛北岸，跨越北港水域，在崇明岛奚家港登陆，与崇明陈海公路立交连接。全长10.27 km，主通航孔和副通航孔采用斜拉桥。崇明越江隧道试验段位于外高桥5号沟，引进了当时国外最大直径14.87 m的盾构机。

从隧道技术发展水平来看，崇明越江通道工程部分无论是采用盾构法施工还是采用沉管法施工都有实施的可能性，但考虑到隧道河床预计冲刷深度较大等实际情况，沉管工程因为施工的投资大大超过盾构法，所以盾构法施工更合理。上海南隧北桥工程位置关系见图3.45。

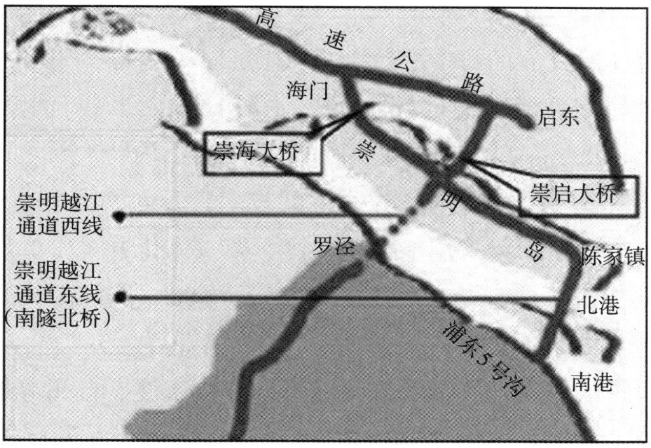

图3.45 上海南隧北桥工程位置关系

3.7 杭州湾跨海大桥工程

杭州湾跨海大桥是通甬高速铁路的控制工程,设计时速为350 km,全长29.2 km。在北部、中部和南部有三座海峡桥,以及跨越堤坝、海中和浅滩的接引桥。北航公路桥主跨450 m,是世界上最大的双塔双索平面、钢箱梁组合斜拉桥。主跨为2×480 m的中航道大桥,是世界上最大跨径的无砟轨道三塔钢桁梁斜拉桥,引桥是世界上主跨最大、长度最长的高铁曲线连续梁。杭州湾是世界三大强潮湾之一,因台风、小气候龙卷风等影响,流速混乱。"长桥卧波"是为了大桥的安全而设计的,为钱塘奇潮和过往海船设置了通道,建成后将是世界上第一座在强海潮海湾环境下、超低阻水率、全埋式承台基础的高速铁路跨海大桥,也是世界上最长、施工标准最高的跨海铁路桥,对世界铁路桥的发展具有里程碑意义。

杭州湾海况十分复杂,海底泥沙层较厚,质地松软,大桥全程按无砟轨道设计,列车在时速350 km的速度下运行,对大跨度桥梁线形要求极高。海中引桥长联连续梁第1联全联长1720 m,第2联全联长3080 m,第3联全联长440 m。为减小梁端伸缩调节器位移量,在第1联与第2联之间设置一孔全长60m简支梁。全联考虑设置普通支座+柱式摩擦摆支座的支承体系,基础采用钢管桩基础。由于该结构能够承受施工现场水流湍急、风浪大等不利条件,因此工程选择了斜拉桥的设计。此外,斜拉桥结构的稳定性也符合地震标准,即使发生7级地震也能保持完整性。该斜拉桥采用的是在地面上搭建预制构件,然后运到海上现场进行安装的方法,为此,临时搭建了重达1430 t的桥梁桩基和10 km长的栈桥来建设运输码头。北通航孔为主跨448 m的钻石型双塔双索面钢箱梁斜拉桥,可通过3.5万t级船舶。两座主塔高177 m,南通航孔为A型单塔单索面钢箱梁斜拉桥，可通过3000 t级船舶。一座主塔高202 m。在桥的中部，距南岸约14 km的海上，有一个1万多 m²的海中平台，面积比足球场略大。

杭州湾跨海大桥建设所需钢材76.7万t，水泥129.1万t，石油沥青1.16万t，木材1.91万 m³，混凝土240万 m³，各种木桩7000多根，居国内特大桥之首。南滩涂50 m×16 m箱梁整孔预制，采用大型平板车梁承载梁技术，开创了国内外重型梁承载台新纪录。海域引桥70 m×16 m箱梁采用整孔制、运、架一体化方案，单片梁重量达2180 t，为国内第一。水下引桥管桩直径1.5~1.6 m，桩长约80 m，共有4000多根，其钢管桩工程规模居全国建设历史首位。

杭州湾跨海大桥的建成，将带动杭州经济，加快宁波、台州等地融入长三角，对整个浙江省的发展起到良好的推动作用，也会对省会杭州的发展起到一定的促进作用。杭州湾位于中国改革开放最具活力、经济最发达的长三角地区。杭州湾跨海大桥的建设对整个地区的经济社会发展具有深远而重大的战略意义。

杭州湾跨海大桥作为中国沿海走廊的第一座跨海大桥，将突破杭州湾的瓶颈，优化国道干线网的路网布局，改变了江浙沪区域交通的现状，有利于实施环杭州湾区域网络发展战略。杭州湾大桥建设也有利于支持上海国际航运中心建设，促进宁波、舟山深水良港资源的综合开发利用，还有利于旅游业发展和国防建设，缓解杭州过境公路交通压力，缩短浙东南沿海与上海之间的时空距离，推进城市一体化发展。进一步密切了与嘉兴、宁波、绍兴、台州等城市的联系，实现了杭州湾城市连绵带和沿海地区对外开放扇面的形成，对周边县市的城市化发展产生了深远影响。

3.8 福建平潭海底隧道工程

2019年，海峡第三通道（福清至平潭高速公路）建成通车。项目从龙江与长府高速互通开始，穿过龙田镇，在福清三山镇与228国道（即滨海通道）相连，在海坛海峡下敷设一条长11.6 km的海底隧道，最终至富平大道。该路线总长约42 km，按照双向6车道高速公路标准建设，设计时速为100 km。福州平潭海峡公共铁路桥（平潭海峡双通道）采用双层桥面，下层为双轨铁路，是福平铁路的重点控制工程。富平铁路是京福铁路、合福铁路至平潭的延伸，全长88.5 km，其中跨海16.3 km，设计时速为200 km，可运行列车组，这座桥可以延伸到台湾，对促进两岸经贸合作和文化交流具有重要意义。

3.9　青函海底隧道工程

连接日本本州青森地区和北海道函馆地区的青函海底隧道，建设周期为24rh。它由3条隧道组成，总长54 km。隧道的海底部分长23.30 km。主隧道宽11.9 m，高9 m，断面面积80 m²，最大深度140 m，最小覆盖层100 m。主隧道施工采用超前平行导流方法，提前验证地质条件，进行通风排水和除渣。平行导坑与正洞的中线间距为30 m，每600 m通过横向通道连接。陆上部分本州端为13.55 km，北海道端为17 km，分别设置3个斜坑和1个竖坑，从斜坑底部开始挖掘位于正洞和平行导坑下方的超导坑。由于海底复杂的断层和软岩构造，多次发生严重的浸水事故，其中一次仅排水就排了150 t。隧道在本州端采用先挖掘上半断面的矿山法，在北海道端采用先挖掘上导坑的矿山法，地质状况恶劣的区间采用侧壁导坑法或周壁导坑法施工，平行导坑和先导导坑一般采用全断面掘进，根据地质情况采用小断面掘进，隧道拱部混凝土用混凝土泵砌，平行导坑和先导导坑一般采用喷射混凝土保护。

1946年开始进行海峡两侧的地质调查，1964年提出设计并在北海道一端着手开挖斜井，本州一端的斜井也于1966年动工。1967年和1970年两端斜井开挖到底以后，先后相向开挖超前导坑。平行导坑分别于1968年（北海道端）和1970年（本州端）开始开挖。正洞于1971年11月开工，因平行导坑南北两端发生大量涌水事故和遇到其他困难而未能按原计划时间竣工。1979年和1981年北海道和本州两端陆上部分的隧道先后贯通。1983年1月超前导坑贯通，1985年3月10日正洞凿通。从着手开挖斜井算起，历时近21年之久。

3.10　英法海底隧道工程

英法海底隧道是一条连接英国和法国的铁路隧道。1987年12月开工建设，1994年5月6日投入运营。由3条平行隧道组成（2条交通隧道，1条逃生救援服务隧道），全长153 km，其中包括3×38 km水下隧道，年设计客运量3000万人次，货物1500万t，隧道海底段长37.5 km，覆盖层厚度为21~70 m，平均埋深40 m。沿隧道由上至下依次为中白垩、晚白垩和泥灰土3种主要岩层。晚期白垩下部为白垩质泥灰岩，强度中等，均质，呈现一定可塑性，一般来说，它其实是不透水的岩层，非常适合开凿隧道，因此海峡隧道工程的线路设置在这个地层中。但是，英法两国在进行隧道工程的海峡上地质差异很大，英国一侧地势平坦，法国一侧地势起伏较多。

工程线路间为15 m的3条平行隧道，两侧为内径7.6 m的单轨隧道，中间为内径4.8 m的辅助隧道。沿线有数条横向通道，每隔375 m设有通往服务隧道的横向通道，每隔250 m设有连接两条铁路隧道的横向活塞风道，每隔750 m设有电力控制室和变电所。设有4条交叉转线段，列车可以从一个铁路隧道进入另一个铁路隧道，有利于列车的编组和往返，其中两条交叉转线段在海底，见图3.46。

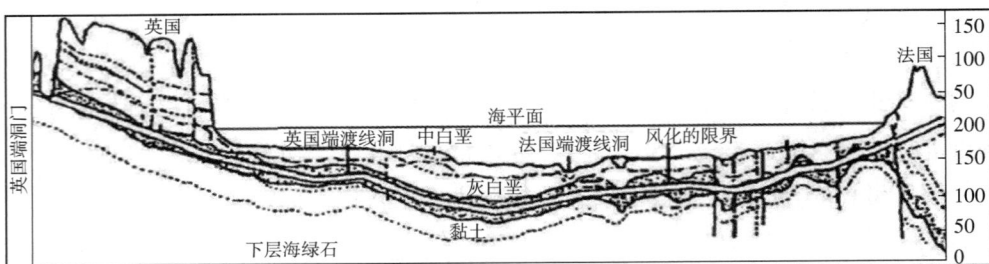

图3.46 英法海底隧道纵断面图

隧道掘进技术：采用全断面掘进机（TBM），要求施工22 km范围内无须大修。每周掘进200 m（每月800 m），掘进机切割速度为6 m/h，支护时间18 min，掘进机上带式输送机最大排矸能力1300 t/h。掘进机必须承受120 m深的海压（12个大气压），所有的电气和机械设备必须密封以防止海水侵蚀。

隧道断面设计如图3.47所示。

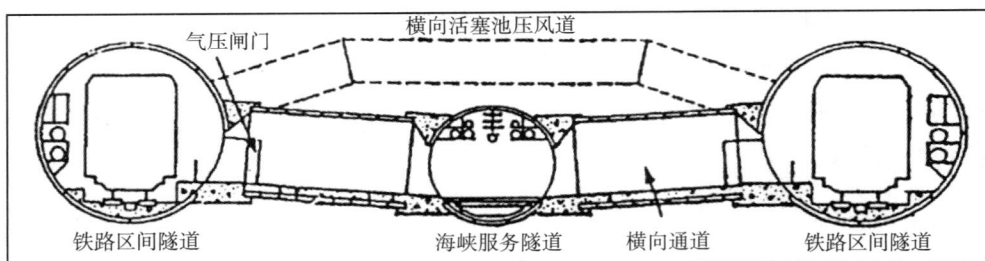

图3.47 英法海底隧道断面设计

TBM法的适用范围：通常适用于中、硬以下岩石的隧道掘进施工，优点是：具有开挖速度快、经济、安全、岩层适应性好等技术特点。能准确切割地层，超挖量一般不超过5%。在不扰动地层的情况下，提高了工作面的稳定性。

工程掘进机开挖详细资料见表3.9；全断面掘进机示意图见图3.48。

表3.9 掘进机开挖详细资料

参数	陆地			海底		
	北侧隧道	辅助隧道	南侧隧道	北侧隧道	辅助隧道	南侧隧道
主要日期	1989.8.2	1988.9.30	1989.11.14	1989.2.27	1987.12.1	1989.6.12

表 3.10（续）

参数	陆地			海底		
	北侧隧道	辅助隧道	南侧隧道	北侧隧道	辅助隧道	南侧隧道
开始凿岩日期	1990.9.11	1989.11.9	1990.11.20	1990.5.22	1989.12.1	1990.6.28
贯通日期	11165	11148	11144	37222	41596	38338
开挖详细资料	8137	8154	8158	17921	22295	19037
隧道开挖总长/m	7906	7926	7958	17577	21773	18807
开挖直径/m	8.72	5.76	8.72	8.36	5.36	8.36
内径	7.6	4.9	7.6	7.64	4.8	7.64
最小覆盖层厚度/m	在Sugarloaf竖井处为6			20	23	20
最大覆盖层厚度/m	160			75		
最大水头/m	60			120（包括海底以上50）		
开挖出的弃渣量/m³	486000	212500	487300	983800	513100	1045100
松涨系数	在输送到地表期间约为1.85，在排渣存放区受压实降为1.24					
平均周进尺/m	141	145	153	159	145	182
最大周进尺/m	307	266	322	407	295	428
最大日进尺/m	53	56	59	71	60	75

注：① 辅助隧道每一混凝土衬砌环由6个管片加1个链管片组成，长度约1.5 m，厚度为410 mm（陆地）与270 mm（海底）。

② 运行隧道每一混凝土衬砌环由8个管片加1个链管片组成，长度约1.5 m，厚度为540 mm（陆地）或360 mm（海底）。

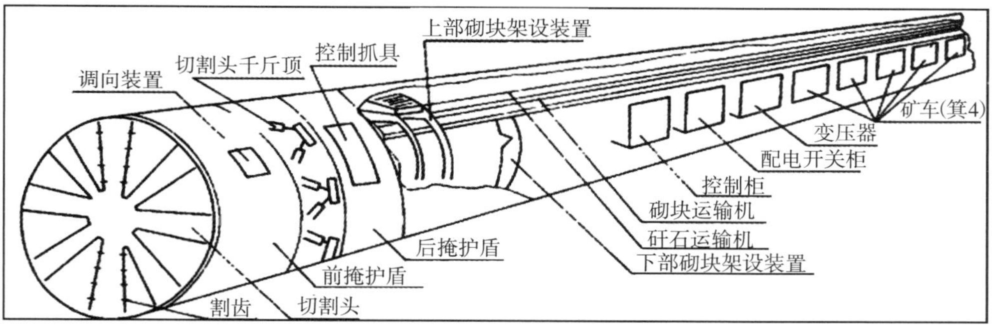

图 3.48 全断面掘进机示意图

综上所述，基于道桥隧工程设计理念，对国内外特大工程的实际施工方案进行比选分析，构建了道桥隧工程设计方案制定原则和风险评估体系。主要归纳为如下成果。

（1）对比港珠澳桥岛隧工程、深中通道工程、孟加拉国卡纳普里河下穿隧道工程、大连湾海底隧道工程、上海南隧北桥工程、杭州湾跨海大桥工程、福建平潭海底隧道工程、青函海底隧道工程和英法海底隧道工程等重点工程的设计参数，总结得出现阶段的跨海工程更倾向采用桥梁+隧道结合的设计方案，大跨度跨海跨江隧道更倾向选用沉管方案，更利于降低施工成本，适应软弱地层条件。

（2）上述工程均横跨江海流域，需考虑到水流的影响，尽可能缩短施工周期，减小对航运的干扰，减小施工中岸床的土方工程量，因此工程中提出的如埋床法预制基础、水中推出式最终接头、深水 DCM 复合基础等施工措施，能阻隔水流的渗透，加快水下工程进度，减小水流的影响，避免不均匀沉降、施工错缝过大、压接力不足所引起的管节接头漏水、混凝土裂缝、施工缝渗水、混凝土剥落、钢筋锈蚀等一系列病害的产生。

（3）针对国内外下穿隧道工程设计建设概况，对比堰筑法、钻爆法、沉管法、盾构法等工法受实际线位条件、通航需求及地质条件等影响因素作用下提出的不同设计方案，具体问题具体分析，可为后续下穿工程的设计方案提供参考。

第4章　地下水渗流

为了通过数值方法（例如有限元法）以适当的方式分析饱和或部分饱和土体的力学行为，有必要同时考虑变形和地下水流量。对于瞬态行为，这导致位移和孔隙压力的混合方程，称为耦合水力学方法，必须同时求解。对于涉及水平孔隙表面的应用，可以通过分解将总孔隙压力分解为恒定分量（稳态孔隙压力）和瞬态分量（过量孔隙压力）来简化方程。但在许多实际案例中，静止孔隙压力的分布在计算阶段开始时是未知的。因此，需要根据Biot的固结理论进行分析，能够同时计算饱和部分饱和土体中具有时间依赖性边界条件的地下水流的变形。在这种情况下，主要的挑战是需要使用固结理论来处理不饱和土体条件，至少需要模拟气相线。由于土体骨架的弹塑性行为以及饱和度和相对渗透率的吸力依赖性，Biot理论有限元公式中全局刚度矩阵的所有系数均为线性。这种情况与饱和土的方程完全不同，其中只有弹塑性刚度基质是非线性的。因此，需要有效的数值处理程序，如plaxis中所实施的那样。计算的准确性、稳健性和有效性取决于选择时间增量的方法。Plaxis 2D和3D使用完全隐式方案，该方案无条件稳定。

模拟非饱和土力学行为的另一个重要问题是在耦合流动变形分析中实现的本构模型。由Gonzalez和Gens开发的与众所周知的巴塞罗那基本模型BBM，在概念上相似的模型已通过用户定义的土体模型选项在Plaxis中实现。实现的模型主要特征是它利用Bishop应力和吸力作为状态变量，而不是原始BBM中使用的净应力和吸力。除了基于向后欧拉算法的隐式应力积分方案外，还利用Pérez等提出的子步进方案来积分应变–应力关系。本构模型的输入变量是总应变的增量和吸力的增量。

Plaxis程序中已全面实施饱和与不饱和土的稳态和瞬态地下水流计算两种计算方式。在Plaxis内核中已经实现了5种类型的水力模型，即 Van Genuchten、Mualem（简化的 Van Genuchten，在 GeoDelft 开发的 PlaxFlow 内核中被称为 Van Genuchten）、线性化 Van Genuchten、样条曲线和完全饱和。

4.1 地下水渗流基本特征

（1）基本方程式。公式的表示基于力学符号约定，其中压缩应力和应变为负。以同样的方式，孔隙水压力 p_w 和孔隙空气压力 p_a 在压缩中被认为是负的。水的流动被假定为流入量为正。孔隙率 n 是空隙体积与总体积的比值，饱和度 S 是游离水体积与空隙体积的比值：

$$n = \frac{dV_v}{dV}; \quad S = \frac{dV_w}{dV_v} \tag{4.1}$$

体积水含量为：

$$\theta = \frac{dV_w}{dV} = Sn \tag{4.2}$$

含水量是水和固体的重量（或质量）之比：

$$w = \frac{dW_w}{dW_s} = S \frac{n}{1-n} \frac{\rho_w}{\rho_s} \tag{4.3}$$

多相介质的密度为：

$$\rho = (1-n)\rho_s + nS\rho_w \tag{4.4}$$

式中： ρ_s——固体颗粒的密度；

ρ_w——水密度。

地下水应力状态也可以用水头表示。液压头 ϕ 可分解在标高头 z 和压力头 ϕ_p 中：

$$\phi = z - \frac{p_w}{\gamma_w} = z + \phi_P \tag{4.5}$$

这些方程是在具有垂直和向上方向的 z 轴的三维空间中提出的。对于二维问题，y 轴是垂直的，向量和矩阵的范围相应地减小。

梯度算子 ∇ 的向量格式为：

$$\nabla^T = \begin{bmatrix} \dfrac{\partial}{\partial x} & \dfrac{\partial}{\partial y} & \dfrac{\partial}{\partial z} \end{bmatrix} \tag{4.6}$$

工程应变 L 定义对应的微分算子定义为：

$$L^T = \begin{bmatrix} \dfrac{\partial}{\partial x} & 0 & 0 & \dfrac{\partial}{\partial y} & 0 & \dfrac{\partial}{\partial z} \\[2mm] 0 & \dfrac{\partial}{\partial y} & 0 & \dfrac{\partial}{\partial x} & \dfrac{\partial}{\partial z} & 0 \\[2mm] 0 & 0 & \dfrac{\partial}{\partial z} & 0 & \dfrac{\partial}{\partial y} & \dfrac{\partial}{\partial x} \end{bmatrix} \tag{4.7}$$

（2）不饱和土体行为。颗粒基质，如土体是固体颗粒的混合物，其中孔隙空间可以充满液体和气体。在岩土工程中，常见的流体是空气和水。在经典土力学中，土体的力学行为是简化的，仅考虑土体完全干燥的两种状态，即所有孔隙都充满空气，或者土体完全饱和，即所有孔隙都充满水。在干燥的情况下，通常假设孔隙是空的，流体的可压缩性和饱和度被忽略。相反，在不饱和土力学中，孔隙被认为同时充满液体（水）和气体（空气），液体和气体的相对比例在不饱和土体的力学行为中起着显著的作用。如果液体的饱和度小于 1，则土体称为不饱和或部分饱和，通常出现在气压水平以上，并且孔隙水压相对于大气压力为正。低于气压水平，孔隙水压力为负，土体通常饱和。在存在向上通量（即蒸发和蒸散）的区域，高于气流的吸力增加（饱和度降低），水位随时间降低，而在通量下降（即降水）的情况下，吸力减少（饱和度增加）并且水位随时间上升。在总表面通量为零的情况下，孔隙水压力曲线在水力条件下变得平衡。

（3）吸力。水势是纯水相对于参考的潜在功。这会导致多孔介质中的水从水势较高的区域流向水势较低的区域。总水势可以被认为是由于基质、渗透、气体压力和重力引起的水势的总和。不饱和带的流动与总吸力有关，总吸力是基质 S 和渗透吸力 π 的总和：

$$S_t = S + \pi \tag{4.8}$$

在大多数实际应用中，渗透吸力不存在，因此：

$$S_t = S \tag{4.9}$$

基质吸力与土体基质有关（由于土体基质的吸附和毛细管的存在），它是土体水压和气体压力的差：

$$S = p_a - p_w \tag{4.10}$$

其中，p_w 和 p_a 为孔隙水压力和孔隙空气压力。

在大多数情况下，孔隙气压是恒定的，并且足够小，可以忽略不计。因此，基质吸力为孔隙水压力的负数：

$$S = -p_w \tag{4.11}$$

（4）Bishop 有效压力中使用的基于总孔隙压力方法的固结控制方程遵循 Biot 理论。该公式基于小应变理论，并假设了液体流的达西定律。Bishop 的有效压力在式（4.12）所定义的公式中被使用。请注意，使用了力学符号约定，即压缩应力被认为是负的。

$$\boldsymbol{\sigma} = \boldsymbol{\sigma}' + \boldsymbol{m}\big(\chi p_w + (1-\chi)p_a\big) \tag{4.12}$$

其中，

$$\boldsymbol{\sigma} = \begin{pmatrix} \sigma_{xx} & \sigma_{yy} & \sigma_{zz} & \sigma_{xy} & \sigma_{yz} & \sigma_{zx} \end{pmatrix}^{\mathrm{T}} \tag{4.13}$$

$$\boldsymbol{m} = \begin{pmatrix} 1 & 1 & 1 & 0 & 0 & 0 \end{pmatrix}^{\mathrm{T}} \tag{4.14}$$

式中：$\boldsymbol{\sigma}$——总应力的向量；

　　　　$\boldsymbol{\sigma}'$——有效应力；

　　p_w，p_a——孔隙水压力和孔隙空气压力；

　　　　$\boldsymbol{m}$——法向应力分量的单位项和剪切强度分量的零项的向量；

　　　　χ——基质吸入系数的有效应力参数，从0到1不等，涵盖从干燥到完全饱和条件的范围。

考虑这两个特殊情况，表明对于完全饱和的土（$\chi = 1$），压缩孔隙压力的经典有效应力方程如下：

$$\boldsymbol{\sigma} = \boldsymbol{\sigma}' + \boldsymbol{m}p_w \tag{4.15}$$

对于完全干燥的土体（$\chi = 0$），有效应力为

$$\boldsymbol{\sigma} = \boldsymbol{\sigma}' + \boldsymbol{m}p_a \tag{4.16}$$

假设孔隙空气压力恒定并且足够小，可以忽略不计（即 $p_a \approx 0$），则可以简化该概念以进行实际应用。因此，对于完全干燥的土体，有效应力和总应力基本上是相等的。基质吸力系数一般通过实验确定。该参数取决于饱和度、孔隙率和基质吸力（$p_a - p_w$）。关于基质吸力系数的实验证据非常稀少，因此参数通常被假定为等于 Plaxis 中的有效饱和度。现在有效应力或模拟可以简化为：

$$\boldsymbol{\sigma} = \boldsymbol{\sigma}' + \boldsymbol{m}(S_e p_w) \tag{4.17}$$

式中：S_e——有效饱和度，是吸力孔隙压力的函数。

▨ 4.2　地下水渗流控制方程

4.2.1　达西定律

饱和土体中的水流通常使用达西定律描述。假设水流过土体的速率与液压头梯度成正比。地下水流量的平衡方程为：

$$\nabla p_w + \rho_w \boldsymbol{g} + \boldsymbol{\varphi} = 0 \tag{4.18}$$

式中：$\boldsymbol{g} = (0, -g, 0)^{\mathrm{T}}$——重力加速度的向量；

　　　　$\boldsymbol{\varphi}$——流动流体和土体骨架之间每单位体积的摩擦力的向量。

该力线性依赖于流体速度，并且作用于相反的方向。这些关系是：

$$\boldsymbol{\varphi} = -\boldsymbol{m}^{\mathrm{int}}\boldsymbol{q} \tag{4.19}$$

式中：$\boldsymbol{q}$——比流量（流体速度），$\boldsymbol{m}^{\mathrm{int}}$ 是：

$$\boldsymbol{m}^{\text{int}} = \begin{bmatrix} \dfrac{\mu}{\kappa_x} & 0 & 0 \\[2mm] 0 & \dfrac{\mu}{\kappa_y} & 0 \\[2mm] 0 & 0 & \dfrac{\mu}{\kappa_z} \end{bmatrix} \tag{4.20}$$

与流体的动态黏度 μ 和多孔介质的固有渗透性 κ_i，来自式（4.18）和式（4.19）结果：

$$-\nabla p_w - \rho_w \boldsymbol{g} + \boldsymbol{m}^{\text{int}} \boldsymbol{q} = \boldsymbol{0} \tag{4.21}$$

也可以写成：

$$\underline{q} = \underline{\underline{k}} (\nabla p_w + \rho_w \boldsymbol{g}) \tag{4.22}$$

其中，$\boldsymbol{k}^{\text{int}}$ 为：

$$\boldsymbol{k}^{\text{int}} = \begin{bmatrix} \dfrac{\kappa_x}{\mu} & 0 & 0 \\[2mm] 0 & \dfrac{\kappa_y}{\mu} & 0 \\[2mm] 0 & 0 & \dfrac{\kappa_z}{\mu} \end{bmatrix} \tag{4.23}$$

在土力学中，用渗透系数 k_i^{sat}（或导水系数）代替固有渗透性和黏性：

$$k_i^{\text{sat}} = \rho_w g \frac{\kappa_i}{\mu}, \ i = x, \ y, \ z \tag{4.24}$$

在非饱和状态下，渗透系数与土体饱和度有关。相对渗透率 $k_{\text{rel}}(S)$ 定义为某一饱和状态下的渗透率与饱和状态下的渗透率之比。式（4.24）中定义的渗透率系数表示饱和状态，对于非饱和状态，渗透率为：

$$k_i = k_{\text{rel}} k_i^{\text{sat}}, \ i = x, \ y, \ z \tag{4.25}$$

达西定律的基本形式是：

$$\boldsymbol{q} = \frac{k_{\text{rel}}}{\rho_w g} \boldsymbol{k}^{\text{sat}} (\nabla p_w + \rho_w \boldsymbol{g}) \tag{4.26}$$

式中，$\boldsymbol{k}^{\text{sat}}$——饱和渗透率矩阵。

$$\boldsymbol{k}^{\text{sat}} = \begin{bmatrix} k_x^{\text{sat}} & 0 & 0 \\ 0 & k_y^{\text{sat}} & 0 \\ 0 & 0 & k_z^{\text{sat}} \end{bmatrix} \tag{4.27}$$

4.2.2 水的压缩性

空气-水混合物的压缩模量是可压缩性：

$$K_w = \frac{1}{\beta} \tag{4.28}$$

其中，

$$\beta = \frac{\dfrac{dV_w}{V_w}}{dp} \tag{4.29}$$

式中：dV_w 和 V_w——水的体积和由于压力的变化而引起的体积变化。

对于不饱和地下水流，水的可压缩性可以表示如下（Bishop 等，1950；Fredlund 等，1993）。

$$\beta = S\beta_w + \frac{1 - S + hS}{K_{air}} \tag{4.30}$$

式中：S——饱和度；

β_w——纯水的可压缩性（4.58×10^{-7} kPa^{-1}）；

h——空气溶解度的体积系数（0.02）；

K_{air}——体积空气模量（大气压下为100 kPa）。

这个等式可以通过忽略空气的流出度来简化（Verruijt，2001）：

$$\beta = S\beta_w + \frac{1 - S}{K_{air}} \tag{4.31}$$

4.2.3 连续性方程

介质中每个参数体积中水（残余水）的质量浓度等于 $\rho_w nS$。水的质量连续性方程指出，从体积流出的水等于质量的变化。而水流出是质量通量密度的发散的残余水 T_q。

水（残余水）在介质的每个元素体积中的质量浓度等于 $\rho_w n$。水的质量连续性方程表明，从体积流出的水等于质量浓度的变化。而出水为剩余水质量通量密度散度（$\nabla' \rho_w q$），因此连续性方程为（Song，1990）：

$$\nabla^T \left[\rho_w \frac{k_{rel}}{\rho_w g} \boldsymbol{k}^{sat} (\nabla p_w + \rho_w \boldsymbol{g}) \right] = -\frac{\partial}{\partial t} (\rho_w nS) \tag{4.32}$$

式（4.32）的右边可以写成：

$$-\frac{\partial}{\partial t} (\rho_w nS) = -nS \frac{\partial \rho_w}{\partial t} - \rho_w n \frac{\partial S}{\partial t} - \rho_w S \frac{\partial n}{\partial t} \tag{4.33}$$

这三个项分别代表了水密度、饱和度和土体孔隙度的变化。

根据质量守恒定理，对于不同的压力和体积对应值，质量是恒定的，即：

$$m_{\mathrm{w}} = \rho_{\mathrm{w}} V_{\mathrm{w}} = c \tag{4.34}$$

因此，

$$\mathrm{d}m_{\mathrm{w}} = \rho_{\mathrm{w}} \mathrm{d}V_{\mathrm{w}} + \mathrm{d}\rho_{\mathrm{w}} V_{\mathrm{w}} = 0 \tag{4.35}$$

或者，

$$-\frac{\mathrm{d}V_{\mathrm{w}}}{V_{\mathrm{w}}} = \frac{\mathrm{d}\rho_{\mathrm{w}}}{\rho_{\mathrm{w}}} \tag{4.36}$$

引入水可压缩性的定义，有：

$$\frac{\mathrm{d}\rho_{\mathrm{w}}}{\rho_{\mathrm{w}}} = -\beta \mathrm{d}p \tag{4.37}$$

方程的时间导数为：

$$\frac{1}{\rho_{\mathrm{w}}}\frac{\partial \rho_{\mathrm{w}}}{\partial t} = -\beta \frac{\partial p}{\partial t} = -\frac{1}{K_{\mathrm{w}}}\frac{\partial p}{\partial t} \tag{4.38}$$

现在，包含 ρ_{w} 对时间导数的项可以表示为：

$$-nS\frac{\partial \rho_{\mathrm{w}}}{\partial t} = -nS\frac{\partial \rho_{\mathrm{w}}}{\partial p_{\mathrm{w}}}\frac{\partial p_{\mathrm{w}}}{\partial t} = \frac{n\rho_{\mathrm{w}}}{K_{\mathrm{w}}}S\frac{\partial p_{\mathrm{w}}}{\partial t} \tag{4.39}$$

式（4.33）右边第二项的形式为：

$$\rho_{\mathrm{w}} n\frac{\partial S}{\partial t} = n\rho_{\mathrm{w}}\frac{\partial S}{\partial p_{\mathrm{w}}}\frac{\partial p_{\mathrm{w}}}{\partial t} \tag{4.40}$$

代表孔隙度变化的项由以下组成：

• 有效应力和孔隙压力对土结构的整体压缩：

$$-\frac{\partial \varepsilon_{\mathrm{v}}}{\partial t} = -\boldsymbol{m}^{\mathrm{T}}\frac{\partial \boldsymbol{\varepsilon}}{\partial t} \tag{4.41}$$

• 孔隙压力变化对固体颗粒的压缩：

$$-\frac{(1-n)}{K_{\mathrm{s}}}S\frac{\partial p_{\mathrm{w}}}{\partial t} \tag{4.42}$$

式中：K_{s} ——形成土骨架的固体颗粒的体积模量。

• 固体颗粒由于有效应力的变化而受到的压缩：

$$\frac{1}{3K_{\mathrm{s}}}\boldsymbol{m}^{\mathrm{T}}\boldsymbol{M}\left(\frac{\partial \boldsymbol{\varepsilon}}{\partial t} - \frac{1}{3K_{\mathrm{s}}}S\frac{\partial p_{\mathrm{w}}}{\partial t}\boldsymbol{m}\right) \tag{4.43}$$

将式（4.32）中的所有因子代入，忽略二阶无限小项，则连续性方程为：

$$\rho_w S m^T \frac{\partial \boldsymbol{\varepsilon}}{\partial t} - \rho_w S \left(\frac{n}{K_w} + \frac{(1-n)}{K_s} \right) \frac{\partial p_w}{\partial t} + n\rho_w \frac{\partial S}{\partial p_w} \frac{\partial p_w}{\partial t} + \nabla^T \left[\rho_w \frac{k_{rel}}{\rho_w g} \boldsymbol{k}^{sat} (\nabla p_w + \rho_w \boldsymbol{g}) \right] = 0 \quad (4.44)$$

$$S m^T \frac{\partial \boldsymbol{\varepsilon}}{\partial t} - n \left(\frac{S}{K_w} - \frac{\partial S}{\partial p_w} \right) \frac{\partial p_w}{\partial t} + \nabla^T \left[\frac{k_{rel}}{\rho_w g} \boldsymbol{k}^{sat} (\nabla p_w + \rho_w \boldsymbol{g}) \right] = 0 \quad (4.45)$$

4.2.4 稳态和瞬态地下水流

将稳态定义为土体任意点的水头和渗透系数相对于时间保持不变的分析，可以认为是时间趋于无穷大时地下水流动的情况。相反，在瞬态分析中，水头（可能还有渗透系数）随时间而变化。变化通常是关于边界条件随时间的变化。式（4.45）在瞬态分析中可简化为忽略固体颗粒的位移，即：

$$-n \left(\frac{S}{K_w} - \frac{\partial S}{\partial p_w} \right) \frac{\partial p_w}{\partial t} + \nabla^T \left[\frac{k_{rel}}{\rho_w g} \boldsymbol{k}^{sat} (\nabla p_2 + \rho_w \boldsymbol{g}) \right] = 0 \quad (4.46)$$

上面的方程是著名的 Richards 方程的一种形式，它描述了饱和–非饱和地下水流动。Richards 方程的形式如下：

$$\left\{ \frac{\partial}{\partial x} \left[K_x(h) \frac{\partial h}{\partial x} \right] + \frac{\partial}{\partial y} \left[K_y(h) \frac{\partial h}{\partial y} \right] + \frac{\partial}{\partial z} \left[K_z(h) \left(\frac{\partial h}{\partial z} + 1 \right) \right] \right\} = \left[C(h) + S \cdot S_s \right] \frac{\partial h}{\partial t} \quad (4.47)$$

式中，K_x，K_y，K_z —— x，y，z 方向的渗透系数；

$\quad C(h) = \left(\dfrac{\partial \theta}{\partial h} \right)$ ——比含水量（L^{-1}）；

$\quad\quad S_s$ ——比贮存量（L^{-1}）。

特定存储量 S_s 是一种物质属性，可以表示为：

$$S_s = \rho_w g \left(\frac{1-n}{K_s} + \frac{n}{K_w} \right) \quad (4.48)$$

土颗粒的压缩性可以忽略，因此：

$$S_s = \frac{n\rho_w g}{K_w} \quad (4.49)$$

Richards 方程中的 $C(h)$ 项可以展开为：

$$C(h) = \frac{\partial \theta}{\partial h} = \frac{\partial}{\partial h}(nS) = n \frac{\partial S}{\partial h} \quad (4.50)$$

将式（4.49）和式（4.50）代入 Richards 方程，将基于水头的方程改为基于孔隙水压力的方程，得到式（4.46）。对于稳态地下水流动，孔隙水压力随时间的变化为零，适用连续性条件：

$$\nabla^{\mathrm{T}}\left[\frac{k_{\mathrm{rel}}}{\rho_{\mathrm{w}}g}\boldsymbol{k}^{\mathrm{sat}}\left(\nabla p_{\mathrm{w}}+\rho_{\mathrm{w}}\boldsymbol{g}\right)\right]=0 \tag{4.51}$$

该方程表示基本区域没有净流入或流出，如图4.1所示。

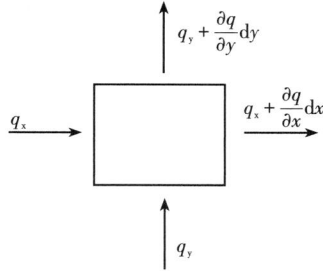

图4.1 连续性条件示意图

4.2.5 变形方程

对于具有代表性的土体单质体积，其线性动量平衡为：

$$\boldsymbol{L}^{\mathrm{T}}\left(\boldsymbol{\sigma}'+S_{e}p_{\mathrm{w}}\boldsymbol{m}\right)+\rho\boldsymbol{g}=\boldsymbol{0} \tag{4.52}$$

其中，

$$\rho=(1-n)\rho_{\mathrm{s}}=nS\rho_{\mathrm{w}} \tag{4.53}$$

式中：ρ——多相介质的密度；

$\boldsymbol{g}$——三维空间中包含重力加速度$\boldsymbol{g}^{\mathrm{T}}=(0，-g，0)$的向量；

$\boldsymbol{L}^{\mathrm{T}}$——微分算子$L$的转置。

假设无穷小应变理论，应变与位移的关系可表示为：

$$\tag{4.54}$$

将有效应力方程用增量形式重写为：

$$\mathrm{d}\boldsymbol{\sigma}=\mathrm{d}\boldsymbol{\sigma}'+S_{e}\mathrm{d}p_{\mathrm{w}}\boldsymbol{m} \tag{4.55}$$

采用有效应力的本构关系为：

$$\mathrm{d}\boldsymbol{\sigma}'=\boldsymbol{M}\mathrm{d}\boldsymbol{\varepsilon} \tag{4.56}$$

式中：$\boldsymbol{M}$——材料应力—应变矩阵。

得到变形模型的控制方程：

$$\boldsymbol{L}^{\mathrm{T}}\left[\boldsymbol{M}(\boldsymbol{L}\mathrm{d}\boldsymbol{u})+S_{e}\mathrm{d}p_{\mathrm{w}}\boldsymbol{m}\right]+\mathrm{d}(\rho\boldsymbol{g})=\boldsymbol{0} \tag{4.57}$$

◤◢◣ 4.3 地下水渗流有限元公式

4.3.1 变形问题

在有限元方法中，元素 u 中的位移场由位移 v 的节点值使用在矩阵 N 中组装的插值（形状）函数得出：

$$u = Nv \tag{4.58}$$

公式的替换如下：

$$\varepsilon = LNv = Bv \tag{4.59}$$

其中，B 是一个包含形状函数的空间导数的矩阵。虚功方程为：

$$\int_V \delta\varepsilon^{\mathrm{T}} \sigma \mathrm{d}V = \int_V \delta u^{\mathrm{T}} b \mathrm{d}V + \int u^{\mathrm{T}} t \mathrm{d}\Gamma \tag{4.60}$$

其中，b 是体积 V 中的体力矢量，t 是边界上的牵引力 Γ。应力可以用增量计算：

$$\sigma^i = \sigma^{i-1} + \Delta\sigma = \sigma^{i-1} + \int_{t^{i-1}}^{t^i} \dot{\sigma} \mathrm{d}t \tag{4.61}$$

如果对于实际状态 i 考虑式（4.60），则可以用式（4.61）消去未知的 σ'，因此：

$$\int_V \delta\varepsilon^{\mathrm{T}} \Delta\sigma \mathrm{d}V = \int_\Gamma \delta u^{\mathrm{T}} b^i \mathrm{d}V + \int_\Gamma \delta u^{\mathrm{T}} t^i \mathrm{d}\Gamma - \int_V \delta\varepsilon^{\mathrm{T}} \sigma^{i-1} \mathrm{d}V \tag{4.62}$$

式（4.62）可以重新离散化为：

$$\int_V B^{\mathrm{T}} \Delta\sigma \mathrm{d}V = \int_V N^{\mathrm{T}} b^i \mathrm{d}V + \int_\Gamma N t^i \mathrm{d}\Gamma - \int_V B^{\mathrm{T}} \sigma^{i-1} \mathrm{d}V \tag{4.63}$$

将体力和边界牵引力写成增量形式，得到：

$$\int_V B^{\mathrm{T}} \Delta\sigma \mathrm{d}V = \int_V N^{\mathrm{T}} b^i \mathrm{d}V + \int_\Gamma N \Delta t \mathrm{d}\Gamma + r_v^{i-1} \tag{4.64}$$

利用剩余力向量 r_v^{i-1}：

$$r^{i-1} = \int_V N^{\mathrm{T}} b^{i-1} \mathrm{d}V + \int_V N^{\mathrm{T}} t^{i-1} \mathrm{d}\Gamma + \int_\Gamma B^{\mathrm{T}} \sigma^{i-1} \mathrm{d}V \tag{4.65}$$

如果第 i 步的解是精确的，则剩余力矢量应等于零。Plaxis 在固结中对位移和孔压进行了相同的形状函数分析（在一般情况下，可以使用不同的形状函数集来描述形状的变化位移和孔隙压力速率。这意味着有限元网格中的节点可能有不同的自由度，有些与位移有关，有些与孔隙压力有关，有些与两者都有关。为了使孔隙压力速率与应力速率一致，可以选择描述孔隙压力速率的多项式比描述位移的多项式低一个数量级。这种方法导致对位移的估计不太准确，但孔隙压力的波动较小，即：

$$p_{\mathrm{w}} = Np_n \tag{4.66}$$

有效应力原理公式可以写成如下形式：

$$\boldsymbol{\sigma}^{i-1} = \boldsymbol{\sigma}'^{i-1} + S_e^{i-1} p_{\mathrm{w}}^{i-1} \boldsymbol{m} \tag{4.67}$$

$$\Delta\boldsymbol{\sigma} = \Delta\boldsymbol{\sigma}' + S_e^{i-1}\Delta p_{\mathrm{w}}\boldsymbol{m} \tag{4.68}$$

将式（4.68）代入式（4.64），可得：

$$\int_V \boldsymbol{B}^{\mathrm{T}}\left(\Delta\boldsymbol{\sigma}' + S_e^i \Delta p_{\mathrm{w}}\boldsymbol{m}\right)\mathrm{d}V = \int_v \boldsymbol{N}^{\mathrm{T}}\Delta\boldsymbol{b}\mathrm{d}V + \int_v \boldsymbol{N}^{\mathrm{T}}\Delta\boldsymbol{t}\mathrm{d}\Gamma + \boldsymbol{r}_v^{i-1} \tag{4.69}$$

将式（4.69）中的应力—应变关系代入，有：

$$\int_V \boldsymbol{B}^{\mathrm{T}}\boldsymbol{M}\boldsymbol{B}\Delta\boldsymbol{v}\mathrm{d}V \int_V S_e \boldsymbol{B}^{\mathrm{T}}\boldsymbol{m}\Delta p_{\mathrm{w}}\mathrm{d}V = \int_v \boldsymbol{N}^{\mathrm{T}}\Delta\boldsymbol{b}\mathrm{d}V + \int_v \boldsymbol{N}^{\mathrm{T}}\Delta\boldsymbol{t}\mathrm{d}\Gamma + \boldsymbol{r}_v^i \tag{4.70}$$

或者矩阵形式：

$$\boldsymbol{K}\Delta\boldsymbol{v} + \boldsymbol{Q}\Delta p_{\mathrm{w}} = \Delta\boldsymbol{f}_{\mathrm{u}} + \boldsymbol{r}_v^i \tag{4.71}$$

式中：$\boldsymbol{K}$，$\boldsymbol{Q}$，$\Delta\boldsymbol{f}_{\mathrm{u}}$——刚度矩阵、耦合矩阵和荷载向量的增量。

$$\boldsymbol{K} = \int_V \boldsymbol{B}^{\mathrm{T}}\boldsymbol{M}\boldsymbol{B}\mathrm{d}V \tag{4.72}$$

$$\boldsymbol{Q} = \int_V S_e \boldsymbol{B}^{\mathrm{T}}\boldsymbol{m}\boldsymbol{N}\mathrm{d}V \tag{4.73}$$

$$\Delta\boldsymbol{f}_{\mathrm{u}} = \int_V \boldsymbol{N}^{\mathrm{T}}\Delta\boldsymbol{b}\mathrm{d}V + \int_\Gamma \boldsymbol{N}^{\mathrm{T}}\Delta\boldsymbol{t}\mathrm{d}S \tag{4.74}$$

饱和程度的实际变化包含在增量中。

4.3.2 流动问题

对孔隙压力和位移采用相同形状函数的伽辽金（Galerkin）方法应用于公式。利用格林（Green's）定理将方程的微分阶降为离散后的质量守恒方程，得到：

$$\int_V \boldsymbol{N}^{\mathrm{T}} S\boldsymbol{m}^{\mathrm{T}} \boldsymbol{L}\boldsymbol{N}\frac{\mathrm{d}\boldsymbol{v}}{\mathrm{d}t}\mathrm{d}V - \int_V \boldsymbol{N}^{\mathrm{T}} n\left(\frac{S}{K_{\mathrm{w}}} - \frac{\partial S}{\partial p_{\mathrm{w}}}\right)\boldsymbol{N}\frac{\mathrm{d}p_{\mathrm{w}}}{\mathrm{d}t}\mathrm{d}V - \int_V (\nabla\boldsymbol{N})^{\mathrm{T}}\frac{k_{\mathrm{rel}}}{\gamma_{\mathrm{w}}}\boldsymbol{k}^{\mathrm{sat}}\nabla\boldsymbol{N}p_{\mathrm{w}}\mathrm{d}V$$
$$- \int_V (\nabla\boldsymbol{B})^{\mathrm{T}}\frac{k_{\mathrm{rel}}}{\gamma_{\mathrm{w}}}\boldsymbol{k}^{\mathrm{sat}}\rho_{\mathrm{w}}\boldsymbol{g}\mathrm{d}V - \int_V \boldsymbol{N}\hat{q}\mathrm{d}S = 0 \tag{4.75}$$

在矩阵形式中：

$$-\boldsymbol{H}p_{\mathrm{w}} - \boldsymbol{S}\frac{\mathrm{d}p_{\mathrm{w}}}{\mathrm{d}t} + \boldsymbol{C}\frac{\mathrm{d}\boldsymbol{v}}{\mathrm{d}t} = \boldsymbol{G} + \boldsymbol{q}_p \tag{4.76}$$

式中：$\boldsymbol{H}$，$\boldsymbol{C}$，$\boldsymbol{S}$——渗透率矩阵、耦合矩阵和压缩性矩阵；

$\qquad$ $\boldsymbol{q}_{\mathrm{p}}$——边界上的通量；

$\qquad$ $\boldsymbol{G}$——考虑重力对垂直方向流动影响的矢量。

这个矢量是外部通量的一部分。

$$H = \int_V (\nabla \boldsymbol{N})^{\mathrm{T}} \frac{k_{\mathrm{rel}}}{\gamma_{\mathrm{w}}} \boldsymbol{k}^{\mathrm{sat}} (\nabla \boldsymbol{N}) \mathrm{d}V \tag{4.77}$$

$$S = \int_V \boldsymbol{N}^{\mathrm{T}} \left(\frac{nS}{K_{\mathrm{w}}} - n\frac{\mathrm{d}S}{\mathrm{d}p_{\mathrm{w}}} \right) \boldsymbol{N} \mathrm{d}V \tag{4.78}$$

$$C = \int_V \boldsymbol{N} \boldsymbol{S} \boldsymbol{L} \boldsymbol{N} \mathrm{d}V \tag{4.79}$$

$$G = \int_V (\nabla \boldsymbol{N})^{\mathrm{T}} \frac{k_{\mathrm{rel}}}{\gamma_{\mathrm{w}}} \rho_{\mathrm{w}} \boldsymbol{g} \mathrm{d}V \tag{4.80}$$

$$\boldsymbol{q}_{\mathrm{p}} = \int_{\Gamma} \boldsymbol{N}^{\mathrm{T}} \hat{q}_{\mathrm{w}} \mathrm{d}S \tag{4.81}$$

在瞬态计算中，粒子的位移可以忽略不计。因此耦合矩阵为零。将式（4.76）简化为：

$$-H\boldsymbol{p}_{\mathrm{w}} - S\frac{\mathrm{d}\boldsymbol{p}_{\mathrm{w}}}{\mathrm{d}t} = G + \boldsymbol{q}_{\mathrm{p}} \tag{4.82}$$

稳态计算时，孔隙压力的时间导数为零，因此：

$$-H\boldsymbol{p}_{\mathrm{w}} = G + \boldsymbol{q}_{\mathrm{p}} \tag{4.83}$$

4.3.3　耦合问题

上述 Biot 方程包含一种耦合行为，它由水-土混合物的平衡方程和连续性方程表示。选取固体骨架的位移和孔隙水压力作为问题的基本变量。空间离散化得到以下非对称方程组：

$$\begin{bmatrix} K & Q \\ + & -H \end{bmatrix} \begin{bmatrix} \boldsymbol{v} \\ \boldsymbol{p}_{\mathrm{w}} \end{bmatrix} + \begin{bmatrix} 0 & 0 \\ C & -S \end{bmatrix} \begin{bmatrix} \dfrac{\mathrm{d}\boldsymbol{v}}{\mathrm{d}t} \\ \dfrac{\mathrm{d}\boldsymbol{p}_{\mathrm{w}}}{\mathrm{d}t} \end{bmatrix} = \begin{bmatrix} \boldsymbol{f}_u \\ G + \boldsymbol{q}_p \end{bmatrix} \tag{4.84}$$

系统的对称性公式（4.84）可以通过对第一个方程的时间微分来恢复：

$$\begin{bmatrix} K & Q \\ C & -S \end{bmatrix} \begin{bmatrix} \dfrac{\mathrm{d}\boldsymbol{v}}{\mathrm{d}t} \\ \dfrac{\mathrm{d}\boldsymbol{p}_{\mathrm{w}}}{\mathrm{d}t} \end{bmatrix} = \begin{bmatrix} 0 & 0 \\ 0 & H \end{bmatrix} \begin{bmatrix} \boldsymbol{v} \\ \boldsymbol{p}_{\mathrm{w}} \end{bmatrix} + \begin{bmatrix} \mathrm{d}\boldsymbol{f}_u \\ G + \boldsymbol{q}_p \end{bmatrix} \tag{4.85}$$

4.3.4　解决过程

式（4.84）和式（4.85）可以用一阶有限差分法进行时间积分。这些方程可以写成更简洁的形式：

$$B \frac{\mathrm{d}X}{\mathrm{d}t} + CX = F \tag{4.86}$$

在这里，$X^{\mathrm{T}} = \begin{vmatrix} v & p_w \end{vmatrix}$。矩阵 B、C 和 F 依赖于 X，离散化由近似的广义中点规则实现

$$\left(\frac{\mathrm{d}X}{\mathrm{d}t}\right)^{i+\alpha} = \frac{\Delta X}{\Delta t} = \frac{X^{i+1} - X^i}{\Delta t} \quad X^{i+\alpha} = (1-\alpha)X^i + \alpha X^{i+1} \tag{4.87}$$

公式（4.86）在 $t^{i+\alpha}$ 时刻为：

$$\left[B + \alpha \Delta t C\right]^{i+\alpha} X^{i+1} = \left[B - (1-\alpha)\Delta t C\right]^{i+\alpha} X^i + \Delta t F^{i+\alpha} \tag{4.88}$$

式中：Δt ——时间步长；

α ——参数，$0 \leqslant \alpha \leqslant 1$。

在 Plaxis 中，当 $\alpha = 1$ 时，使用了一个完整的隐式过程。将此程序应用于公式（4.85）可得：

$$\begin{bmatrix} K & Q \\ C & -S^* \end{bmatrix}^{i+\alpha} \begin{bmatrix} \Delta v \\ \Delta p_w \end{bmatrix} = \begin{bmatrix} 0 & 0 \\ 0 & \Delta t H \end{bmatrix}^{i+\alpha} \begin{bmatrix} v^i \\ p^i_w \end{bmatrix} + \begin{bmatrix} \Delta f_u \\ \Delta t G + \Delta t \left(q^i_p + \alpha \Delta q_p\right) \end{bmatrix} \tag{4.89}$$

与

$$S^* = (S + \alpha \Delta t H)$$

$$H = \int_V (\nabla N)^{\mathrm{T}} \frac{k_{\mathrm{rel}}}{\gamma_w} k^{\mathrm{sat}} (\nabla N) \mathrm{d}V$$

$$S = \int_V N^{\mathrm{T}} \left(\frac{nS}{K_w} - n \frac{\mathrm{d}S}{\mathrm{d}p_w}\right) N \mathrm{d}V$$

$$G = \int_V (\nabla N)^{\mathrm{T}} \frac{k_{\mathrm{rel}}}{\gamma_w} k^{\mathrm{sat}} \rho_w g \mathrm{d}V$$

$$q_p = \int_\Gamma N^{\mathrm{T}} \hat{q} \mathrm{d}S \tag{4.89}$$

$$K = \int_V B^{\mathrm{T}} M B \mathrm{d}V$$

$$Q = \int_V S B^{\mathrm{T}} m N \mathrm{d}V$$

$$C = \int_V N S L N \mathrm{d}V$$

$$\Delta f_u = \int_V N^{\mathrm{T}} \Delta b \mathrm{d}V + \int_V N^{\mathrm{T}} \Delta t \mathrm{d}S$$

在非饱和土固结的情况下，所有的矩阵和外部通量（右手矢量）都是非线性的。在这方面，应考虑到下列问题：刚度矩阵 K 通常与应力有关，渗透率矩阵 H 和向量 G 中渗透率与压力有关，这是由于相对渗透率与吸力有关，耦合矩阵 Q 和 C 以及可压缩性矩阵 S 与吸力有关，后者也取决于饱和度的导数。此外，渗流线和排水管的边界条件也是非线性的，平衡方程和质量守恒方程右边均为非饱和土的非线性项。前面方程的非线性是由于土的重量是饱和度的函数，后面方程右边的非线性是由于相对渗透性和吸力的依赖性，可变诺伊曼（Neumann）边界条件。对于这两个方程，柯西Cauchy

BC 直接施加在方程系统中。

4.4　地下水渗流边界条件

（1）关闭。这种类型的边界条件指定边界上的达西通量为

$$q \cdot n = q_x n_x + q_y n_y + q_z n_z = 0 \tag{4.90}$$

式中：n_x，n_y，n_y——边界上向外指向的法向量分量。

（2）流入。边界上的非零达西通量由指定的补给值 $|\bar{q}|$ 设定并读取

$$q \cdot n = q_x n_x + q_y n_y + q_z n_z = -|\bar{q}| \tag{4.91}$$

这表明达西通量矢量和边界上的法向量指向相反的方向。

（3）流出。对于流出边界条件，规定的达西通量 $|\bar{q}|$ 的方向应等于边界上法线的方向，即：

$$q \cdot n = q_x n_x + q_y n_y + q_z n_z = |\bar{q}| \tag{4.92}$$

（4）水头。对于规定的水头边界，将水头 ϕ 值设为

$$\phi = \bar{\phi} \tag{4.93}$$

也可以给出指定的压力条件。例如，可以用规定的压力边界来表示过顶条件。

$$p = 0 \tag{4.94}$$

这些条件直接与指定的头边界条件相关，并以此实现。

（5）渗透/蒸发。这种类型的边界条件构成了一个更复杂的混合边界条件。入流值 $\bar{q}$ 可能取决于时间，而且在本质上，入流量受土体容量的限制。如果降水速率超过此容量，则在最大深度处发生积水，边界条件从入流切换到规定的水头。一旦土体容量满足入渗速率，情况就会恢复。

这个边界条件模拟了 $\bar{q}$ 为负值时的蒸发。当水头大于用户指定的最小水头 $\bar{\phi}_{min}$ 时，发生出水边界条件。这些边界条件表示为

$$\left.\begin{array}{ll} \phi = y + \bar{\phi}_{max}, & if \quad ponding \\ q \cdot n = q_x n_x + q_y n_y + q_z n_z = -\bar{q}, & if \quad y + \bar{\phi}_{min} < y + \phi < y + \bar{\phi}_{max} \\ \phi = y + \bar{\phi}_{min}, & if \quad drying \end{array}\right\} \tag{4.95}$$

（6）渗流。具有自由水位的流动问题可能涉及下游边界的渗流面，如图4.2所示。当水位触及开放的下游边界时，总是会出现渗流面。渗流面不是流线（相对于水位）或等势线。在这条直线上，水头 h 等于标高水头 y（=垂直位置）。这种情况是由于渗流面水压为零，与水位处水压为零的情况相同。

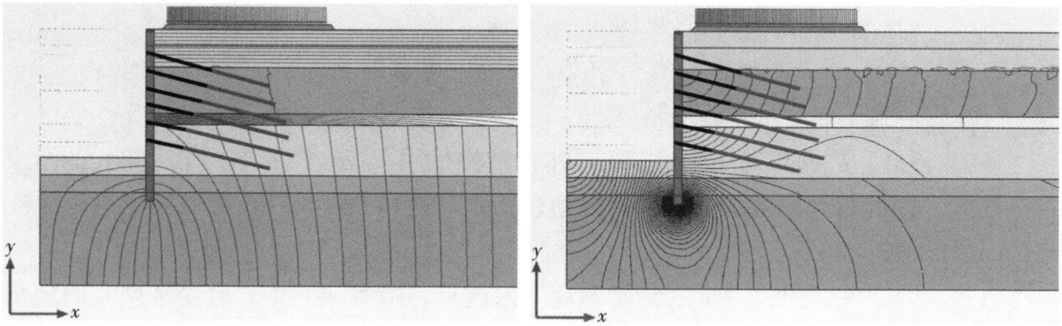

（a）地下水水头等势面　　　　　　　　　（b）地下水渗流等值线

图4.2　渗流面

在计算开始之前，不必知道渗流面的确切长度，因为在预计将发生渗流的整个边界线上，可以使用相同的边界条件（$h = y$）。因此，可以为所有水头未知的边界指定$h = y$的自由边界。或者，对于远高于水面的边界，显然渗流面不会出现，也可以将这些边界规定为封闭流边界。

默认情况下，水线选项生成潜水/渗流条件。在水线以下的边界部分规定一个外部水头$\bar{\phi}$，在水线的其余部分施加渗流或自由条件。潜水/渗透状况读数：

$$\begin{cases} \phi = \bar{\phi} \\ \phi = z \\ \boldsymbol{q} \cdot \boldsymbol{n} = q_x n_x + q_y n_y + q_z n_z = 0 \end{cases} \tag{4.96}$$

式（4.96）中，第一行公式——如低于潜水水平；第二行公式——如高于渗水水平而流出；第三行公式——如高于渗水水平而抽吸。

渗流条件只允许地下水在大气压下流出。对于边界处的非饱和条件，边界是封闭的。外部水头$\bar{\phi}$可以随时间变化。

（7）渗透井。域内的井被建模为源项，$|\bar{Q}|$表示每米的流入流量。

$$Q = |\bar{Q}| \tag{4.97}$$

由于控制方程中的源项模拟了系统中水的流动，因此对于回灌井，源项为正。

（8）抽水井。排放速率$|\bar{Q}|$模拟离开域的水的数量

$$Q = -|\bar{Q}| \tag{4.98}$$

对于流量井，控制方程中的源项是负的。

（9）排水。排水管被当作渗漏边界处理。然而，排水沟位于域内。在现实中，排水管不能很好地工作，不允许水在大气压下离开该区域，因此，对于低于水位的排水管部分，应考虑规定的水头$\bar{\phi}$。条件写成：

$$\begin{cases} \phi = \bar{\phi} \\ \boldsymbol{q} \cdot \boldsymbol{n} = q_x n_x + q_y n_y + q_z n_z = 0 \end{cases} \tag{4.99}$$

排水管本身不会对水流产生阻力。

（10）界面。界面单元用来模拟不透水的结构单元。在这样的单元中，单元的两边没有连接，因此得到内部边界上的达西通量为零。初始条件是一个具有给定边界条件集的问题的稳态解。

（11）时间相关条件。Plaxis 为瞬态地下水流动和随时间变化（时变条件）的完全耦合流动变形问题提供了几个特性。依赖时间的条件只能应用于瞬态或完全耦合流动变形分析。

水位的季节性或不规则变化可以用线性、谐波或用户定义的时间分布来模拟。为此，可以指定 4 个不同的函数，即常数函数、线性函数、谐波函数和用户定义函数。

🔺 4.5 地下水渗流水力模型

4.5.1 Van Genuchten 模型

描述非饱和土水力特性的材料模型有很多。地下水的相关文献中最常见的是 Van Genuchten1980 关系模型，它在 PlaxFlow 中使用。这种关系是 Mualem1976 函数更一般的情况。Van Genuchten 函数为三参数方程，将饱和度与吸力孔压头 ϕ_p 联系起来：

$$S(\phi_p) = S_{residu} + \left(S_{sat} - S_{residu}\right)\left[1 + \left(g_a|\phi_p|\right)^{g_n}\right]^{g_c}; \quad \phi_p = -\frac{p_w}{\rho_{wg}} \tag{4.100}$$

S_{residu} 是指残留饱和度，它描述了即使在高吸力扬程下仍残留在土体中的水的部分。S_{sat} 为孔隙被水充填时的饱和度。一般来说，饱和状态下的孔隙不能完全被水填满，孔隙中可能存在气泡，此时 $S_{sat} < 1$。g_a，g_n，g_c 是经验参数。如 Plaxis 中所述，式（4.100）转换为 Mualem1976 函数，该函数为双参数方程：

$$g_c = \frac{1 - g_n}{g_n} \tag{4.101}$$

图 4.3 显示了参数 g_a 对保持曲线形状的影响。该参数与土体的空气进入值 AEV 有关。参数 g_n 的影响如图 4.4 所示，g_n 是一旦 AEV 超过土体水分提取速率的函数。参数 g_c 是残余含水量的函数（与高吸力范围内的曲率有关），如图 4.5 所示。

有效饱和度定义为：

$$S_e = \frac{S - S_{residu}}{S_{sat} - S_{residu}} \tag{4.102}$$

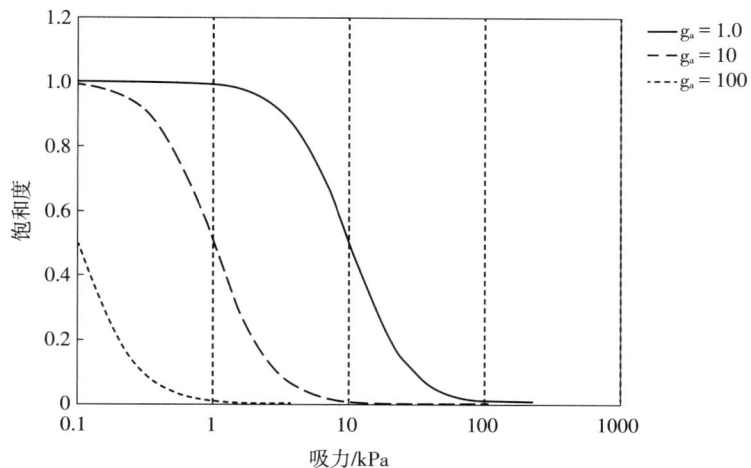

图4.3 g_a参数对保留曲线影响（$g_n = 2.0$，$g_c = -1.0$）

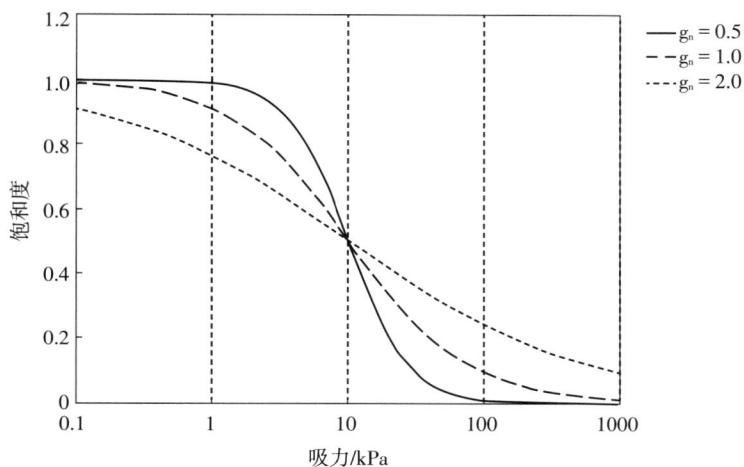

图4.4 g_n参数对保留曲线影响（$g_a = 1.0$，$g_c = -1.0$）

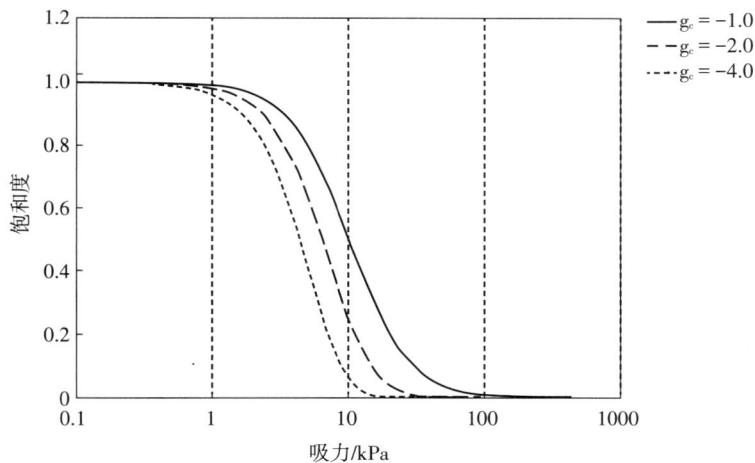

图4.5 g_c参数对保留曲线的影响（$g_a = 1.0$，$g_n = 2.0$）

Mualem-Van Genuchten 的相对渗透率为:

$$k_{\text{rel}}(S) = (S_e)^{g_1}\left[1 - \left(1 - S_e^{\frac{g_n}{g_n-1}}\right)^{\frac{g_n-1}{g_n}}\right]^2 \qquad (4.103)$$

式中: g_1——经验参数。

g_a, g_1, g_n 需要测量。在 Plaxis 2D 中,参数可以直接指定,也可以使用土体属性数据库选择。

饱和度对孔隙压力的导数为:

$$\frac{\partial S(p_w)}{\partial p_w} = \begin{cases} 0, & if \quad (p_w \leqslant 0) \\ (S_{\text{sat}} - S_{\text{residu}})\left(\frac{1-g_n}{g_n}\right)\left[g_n\left(\frac{g_a}{\gamma_w}\right)^{g_n} \cdot p_w^{g_n-1}\right]\left[1 + \left(g_a \cdot \frac{p_w}{\gamma_w}\right)g_n\right]^{\left(\frac{1-2g_n}{g_n}\right)}, & if \quad (p_w > 0) \end{cases}$$

$$(4.104)$$

图 4.6、图 4.7 给出了参数 $S_{\text{sat}} = 1.0$,$S_{\text{res}} = 0.027$,$g_a = 2.24m - 1$,$g_1 = 0:0$,$g_n = 2.286$ 时的 Mualem-Van Genuchten 关系曲线。

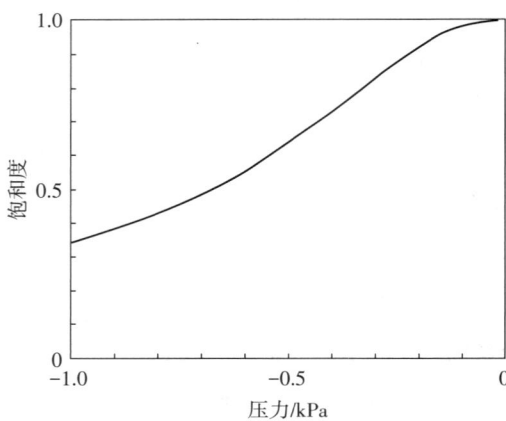

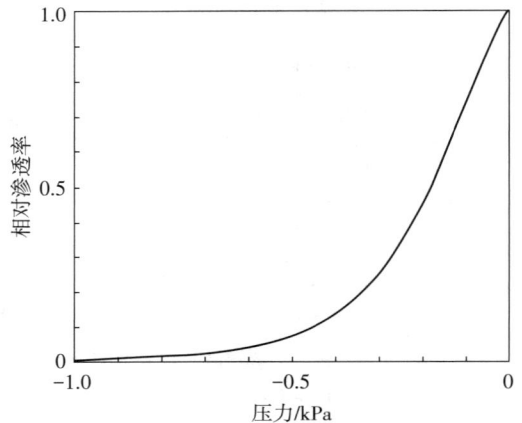

图 4.6 Mualem-Van Genuchten 水头—饱和度   图 4.7 Mualem-Van Genuchten 水头—相对渗透率

4.5.2 线性化 Van Genuchten 模型

在 Plaxis 2D 中,Van Genuchten 模型的线性形式也被用作替代方案。饱和度定义为:

$$S(\phi_p) = \begin{cases} 1 & if \quad \phi_p \geqslant 0 \quad (p_w \leqslant 0) \\ 1 + \frac{\phi_p}{|\phi_{ps}|}\left(1 - \frac{p_w}{|p_{ws}|}\right) & if \quad \phi_{ps} < \phi_p < 0 \quad (p_{ws} > p_w > 0) \\ 0 & if \quad \phi_p < \phi_{ps} \quad (p_w > p_{ws}) \end{cases} \qquad (4.105)$$

其对孔隙压力的导数为：

$$\frac{\partial S(p_{\mathrm{w}})}{\partial p_{\mathrm{w}}} = \begin{cases} 0, & if & \phi_{\mathrm{p}} \geqslant 0 & (p_{\mathrm{w}} \leqslant 0) \\ -\dfrac{1}{|p_{\mathrm{ws}}|}, & if & \phi_{\mathrm{ps}} < \phi_{\mathrm{p}} < 0 & (p_{\mathrm{ws}} > p_{\mathrm{w}} > 0) \\ 0, & if & \phi_{\mathrm{p}} < \phi_{\mathrm{ps}} & (p_{\mathrm{w}} > p_{\mathrm{wx}}) \end{cases} \tag{4.106}$$

变量ϕ_{ps}为不饱和条件的阈值，由Van Genuchten模型得到：

$$\phi_{\mathrm{ps}} = \frac{1}{S_{\phi_{\mathrm{p}} = -1,\ 0m} - S_{\mathrm{sat}}} \tag{4.107}$$

相对渗透率近似为：

$$k_{\mathrm{rel}}(\phi_{\mathrm{p}}) = \begin{cases} 1, & if & \phi_{\mathrm{p}} \geqslant 0 & (p_{\mathrm{w}} \leqslant 0) \\ 10^{\frac{4\phi_{\mathrm{p}}}{|\phi_{\mathrm{pk}}|}}, & if & \phi_{\mathrm{pk}} < \phi_{\mathrm{p}} < 0 & (p_{\mathrm{wk}} > p_{\mathrm{w}} > 0) \\ 10^{-4}, & if & \phi_{\mathrm{p}} < \phi_{\mathrm{pk}} & (p_{\mathrm{w}} > p_{\mathrm{wk}}) \end{cases} \tag{4.108}$$

其中，ϕ_{pk}——相对渗透率降低到10^{-4}时的压头，但限制在$0.5 \sim 0.7$ m。

图4.8给出了参数$\phi_{\mathrm{ps}} = 1.48$ m，$\phi_{\mathrm{pk}} = 1.15$ m的砂质材料的线性化Van Genuchten关系曲线。

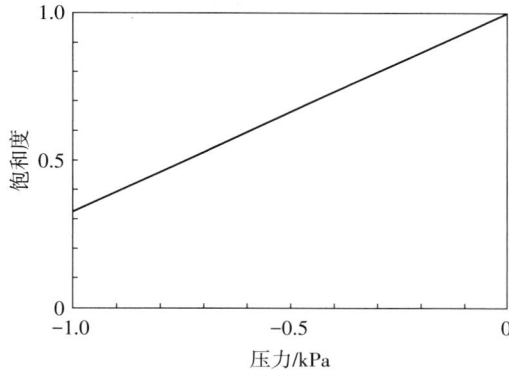

图4.8　线性化的Van Genuchten：水头—饱和度

第5章　软土硬化HS与小应变硬化HSS模型

岩土的本构模型是由一组描述应力与应变之间关系的数学方程组形成的。通常的表达形式是：应力的无穷小增量或应力变化率与应变的无穷小增量或应变变化率之间的关系。往往岩土的本构模型都是基于有效应力变化率和应变变化率之间的关系来建立的。

5.1　弹塑性相关理论

一般情况，应变在弹性和塑性中分解，分别为：

$$\varepsilon_{ij}^{t} = \varepsilon_{ij}^{el} + \varepsilon_{ij}^{pl} \tag{5.1}$$

应力σ_{ij}用各向同性线弹性计算：

$$\sigma_{ij} = C_{ijkl}\varepsilon_{kl}^{el} \tag{5.2}$$

屈服面f用于定义应力状态的弹性域和可容性。

模型的塑性流动是通过一个流动规则来规定的：

$$\dot{\varepsilon}_{ij}^{pl} = \dot{\Lambda}\left(\frac{\partial g}{\partial \sigma_{ij}}\right) \tag{5.3}$$

式中：g ——塑性势函数，表示塑性流动的方向；

Λ ——塑性乘子，用于计算塑性应变量。

也定义了一个类似的方程来控制软化变量Γ_i的演化模型：

$$\Gamma_i = \Lambda h_i$$

式中：h_i ——模型的软化向量。

材料的状态由Khun-Tucker条件控制：

$$f(\sigma_{ij},\ \Gamma_k) \leq 0,\ \dot{\Lambda}f(\sigma_{ij},\ \Gamma_k) = 0,\ \dot{\Lambda} \geq 0 \tag{5.4}$$

如果 $\dot{f}<0$，则材料状态为弹性状态（即 $\dot{\Lambda}=0$），而如果 $\dot{f}=0$，则该材料的状态可能是塑性加载（即 $\dot{f}=0$），$\dot{\Lambda}>0$）。为了确定材料状态是否处于塑性加载状态，同样的方法可以通过考虑进一步的条件来使用，即所谓持久性条件：

$$\dot{f}\left(\sigma_{ij},\ \Gamma_{k}\right)\leqslant 0,\ \dot{\Lambda}\dot{f}\left(\sigma_{ij},\ \Gamma_{k}\right)=0,\ \dot{\Lambda}\geqslant 0 \tag{5.5}$$

式中：$\dot{f}<0$——弹性卸载；

$\dot{f}=0$，$\dot{\Lambda}>0$——塑性加载；

$\dot{f}=0$，$\dot{\Lambda}=0$——中性加载。

建议允许用户在一个黏塑性范围内应用模型。具体来说，将参考 Perzyna（1966）提出的过应力理论，其中应力不像弹塑性理论那样被限制在屈服面上。黏塑性应变增量计算为：

$$\dot{\varepsilon}_{ij}^{vp}=\Phi\left(f\right)\left(\frac{\partial g}{\partial \sigma_{ij}}\right) \tag{5.6}$$

式中：$\Phi(f)$——黏性核函数，表示当前应力状态与屈服面之间距离的度量。

在地质力学建模中，常用的方法是表达屈服和塑性势面的应力依赖关系，作为应力不变量的函数，即平均应力 p，应力偏量 q 和洛德角 θ 定义为：

$$\begin{cases} p=\dfrac{\mathrm{tr}(\sigma)}{3}=\dfrac{\sigma_{ij}\delta_{ij}}{3}=\dfrac{\sigma_{xx}+\sigma_{yy}+\sigma_{yy}}{3} \\ q=\sqrt{\dfrac{3}{2}\left(s_{ij}s_{ij}\right)}=\sqrt{\dfrac{3}{2}}\|s\| \\ \theta=\dfrac{1}{3}\arcsin\left[\sqrt{6}\left(\dfrac{tr(s^{3})}{tr(s^{2})^{3/2}}\right)\right] \end{cases} \tag{5.7}$$

$$s_{ij}=\sigma_{ij}-p\cdot\delta_{ij}\rightarrow\delta_{ij} \tag{5.8}$$

$$tr\left(\sigma_{ij}\right)=\sigma_{xx}+\sigma_{yy}+\sigma_{xx}+\sigma_{zz}=3p \tag{5.9}$$

式中：s_{ij}——应力状态的偏离分量；

$tr(\cdot)$——给出矩阵的对角线项的和的轨迹。

应力偏差及其范数的一般表示如下：

$$s_{ij}=\begin{bmatrix} \sigma_{xx}-p & \sigma_{xy} & \sigma_{xz} \\ \sigma_{yx} & \sigma_{yy}-p & \sigma_{yz} \\ \sigma_{zx} & \sigma_{zy} & \sigma_{zz}-p \end{bmatrix} \tag{5.10}$$

$$\|s\|=\left(\sigma_{xx}-p\right)^{2}+\left(\sigma_{yy}-p\right)^{2}+\left(\sigma_{zz}-p\right)^{2}+2\left(\sigma_{xy}^{2}+\sigma_{zy}^{2}+\sigma_{zx}^{2}\right) \tag{5.11}$$

类似地，对应变张量 ε_{ij} 也定义了相似的量：

$$\begin{cases} \varepsilon_v = \varepsilon_{xx} + \varepsilon_{yy} + \varepsilon_{zz} \\ \varepsilon_q = \sqrt{\dfrac{2}{3}\left(\varepsilon_{s_{ij}}\varepsilon_{s_{ij}}\right)} = \sqrt{\dfrac{2}{3}}\|\varepsilon_s\| \end{cases} \tag{5.12}$$

$$\varepsilon_{s_{ij}} = \varepsilon_{ij} - \frac{\left(\varepsilon_v \cdot \delta_{ij}\right)}{3} \tag{5.13}$$

式中： ε_w ——体积应变；

$\varepsilon_{s_{ij}}$ ——应变偏量。

$$\varepsilon_{s_{ij}} = \begin{bmatrix} \varepsilon_{xx} - \dfrac{\varepsilon_v}{3} & \varepsilon_{xy} & \varepsilon_{xz} \\[2mm] \varepsilon_{yx} & \dfrac{\varepsilon_{yy} - \varepsilon_v}{3} & \varepsilon_{yz} \\[2mm] \varepsilon_{zx} & \varepsilon_{zy} & \varepsilon_{zz} - \dfrac{\varepsilon_v}{3} \end{bmatrix} \tag{5.14}$$

$$\|\varepsilon_s\| = \left(\varepsilon_{xx} - \frac{\varepsilon_v}{3}\right)^2 + \left(\varepsilon_{yy} - \frac{\varepsilon_v}{3}\right)^2 + \left(\varepsilon_{zz} - \frac{\varepsilon_v}{3}\right)^2 + 2\left(\varepsilon_{xy}^2 + \varepsilon_{zy}^2 + \varepsilon_{zx}^2\right) \tag{5.15}$$

对于三轴应力路径（$\sigma_{xx} = \sigma_{yy} < \sigma_{zz}$，$\sigma_{xz} = \sigma_{xy} = \sigma_{yz} = 0$），不变量的一般定义可简化为：

$$p = \frac{\left(\sigma_{zz} + 2\sigma_{xx}\right)}{3} \qquad q = \left|\sigma_{zz} - \sigma_{xx}\right|$$

$$\varepsilon_v = \frac{\left(\varepsilon_{zz} + 2\varepsilon_{xx}\right)}{3} \qquad \varepsilon_q = \frac{2\left|\varepsilon_{zz} - \varepsilon_{xx}\right|}{3} \tag{5.16}$$

在此情况下，偏塑性应变和体塑性应变的计算方法为：

$$\dot{\varepsilon}_v^p = \dot{\Lambda}\left(\frac{\partial g}{\partial p}\right); \quad \dot{\varepsilon}_v^p = \dot{\Lambda}\left(\frac{\partial g}{\partial q}\right) \tag{5.17}$$

在此基础上，将遵循一般的土力学准则，采用正压缩约定。

5.2 本构模型种类及其特点

（1）Linear Elasticity（LE）线弹性模型。线弹性模型是基于各向同性胡克定理。它引入两个基本参数，弹性模量 E 和泊松比 ν。尽管线弹性模型不适合模拟土体，但可以用来模拟刚体，例如混凝土或者完整岩体。

（2）摩尔－库仑（Mohr-Coulomb，MC）模型。弹塑性摩尔－库仑模型包括五个输入参数，即表示土体弹性的 E 和 ν，表示土体塑性的 ϕ 和 c，以及剪胀角 ψ。Mohr-Coulomb模型描述了对岩土行为的一种"一阶"近似。推荐应用这种模型进行问题的初步分析。对于每个土层，可以估计出一个平均刚度常数。由于这个刚度是常数，计算往往会相对较快。初始的土体条件在许多土体变形问题中也起着关键的作用。通过选择适当 K_0 值，可以生成初始水平土应力。

（3）节理岩石（Jointed Rock，JR）模型。节理模型是一种各向异性的弹塑性模型，特别适用于模拟包括层理尤其是断层方向在内的岩层行为等。塑性最多只能在三个剪切方向（剪切面）上发生。每个剪切面都有它自身的抗剪强度参数 ϕ 和 c。完整岩石被认为具有完全弹性性质，其刚度特性由常数 E 和 ν 表示。在层理方向上将定义简化的弹性特征。

（4）土体硬化 Hardening（Soil，HS）模型。土体硬化模型是一种高级土体模型。同摩尔－库仑模型一样，极限应力状态是由摩擦角 ϕ、黏聚力 c 以及剪胀角 ψ 来描述的。但是，土体硬化模型采用三个不同的输入刚度，可以将土体刚度描述得更为准确：三轴加载刚度 E_{50}、三轴卸载刚度 E_{ur} 和固结仪加载刚度 E_{oed}。我们一般取 $E_{ur} \approx 3E_{50}$ 和 $E_{oed} \approx E_{50}$ 作为不同土体类型的平均值，但是，对于非常软的土或者非常硬的土通常会给出不同的 E_{oed}/E_{50}。

对比摩尔–库仑模型，土体硬化模型还可以用来解决模量依赖于应力的情况。这意味着所有的刚度随着压力的增加而增加。因此，输入的三个刚度值与一个参考应力有关，这个参考应力值通常取为 100 kPa。

（5）小应变土体硬化（Hardening Small Strain，HSS）模型。HSS 模型是对上述 HS 模型的一个修正，依据是土体在小应变的情况下土体刚度增大。在小应变水平时，大多数土表现出的刚度比该工程应变水平时更高，且这个刚度分布与应变是非线性的关系。该行为在 HSS 模型中通过一个应变－历史参数和两个材料参数来描述。如：G_0^{ref} 和 $\gamma_{0.7}$。G_0^{ref} 是小应变剪切模量，$\gamma_{0.7}$ 是剪切模量达到小应变剪切模量的 70% 时的应变水平。HSS 高级特性主要体现在工作荷载条件上。模型给出比 HS 更可靠的位移。当应用于动力中时，HSS 模型同样引入黏滞材料阻尼。

（6）软土蠕变（Soft Soil Creep，SSC）模型。SSC 模型适用于所有的土，但是它不能用来解释黏性效应，即蠕变和应力松弛。事实上，所有的土都会产生一定的蠕变，这样，主压缩后面就会跟随着某种程度的次压缩。而蠕变和松弛主要是指各种软土，包括正常固结黏土、粉土和泥炭土。在这种情况下我们采用软土蠕变模型。请注意，软土蠕变模型是一个新近开发的应用于解决地基和路基等的沉陷问题的模型。对于隧道或者其他开挖问题中通常会遇到的卸载问题，软土蠕变模型几乎比不上简单的摩尔－库仑模型。就像摩尔–库仑模型一样，在软土蠕变模型中，恰当的初始土条件也相当重要。对于土体硬化模型和软土蠕变模型来说，由于它们还要解释超固结效应，因此初始土条件中还包括先期固结应力的数据。

（7）Cam-Clay 软土模型。软土模型是一种 Cam-Clay 类型的模型，特别适用于接近正常固结的黏性土的主压缩。尽管这种模型的模拟能力可以被 HS 模型取代，但当前仍然保留了这种软土模型。

（8）改进的 Cam-Clay（MCC）模型。改进的 Cam-Clay 模型是对 MuirWood（1990）描述的原始 Cam-Clay 模型的一种改写。它主要用于模拟接近正常固结的黏性土。

（9）NGI-ADP 模型。NGI-ADP 模型是一个各向异性不排水剪切强度模型。土体剪切强度以主动、被动和剪切的 S_u 值来定义。

（10）Hoek-Brown（HB）胡克－布朗模型。胡克－布朗模型是基于胡克－布朗破坏准则（2002）的一个各向同性理想弹塑性模型。这个非线性应力相关准则通过连续方程描述剪切破坏和拉伸破坏，深为地质学家和岩石工程师所熟悉。除了弹性参数 E 和 ν，模型还引入实用岩石参数，如完整岩体单轴压缩强度（σ_{ci}），地质强度指数（GSI）和扰动系数（D）。

综上所述，不同模型的分析表现为：如果要对所考虑的问题进行一个简单迅速的初步分析，建议使用摩尔-库仑模型。当缺乏好的土工数据时，进一步的高级分析是没有用的。在许多情况下，当拥有主导土层的好的数据时，可以利用土体硬化模型来进行一个额外的分析。毫无疑问，同时拥有三轴试验和固结仪试验结果的可能性是很小的。但是，原位实验数据的修正值对高质量实验数据来说是一个有益的补充。最后，软土蠕变模型可以用于分析蠕变（即极软土的次压缩）。用不同的土工模型来分析同一个岩土问题显得代价过高，但是它们往往是值得的。首先，用摩尔－库仑模型来分析是相对较快而且简单的；其次，这一过程通常会减小计算结果的误差。

5.3　本构模型种类选用局限性

岩土本构模型是对岩土行为的一个定性描述，而模型参数是对岩土行为的一个定量描述。尽管数值模拟在开发程序及其模型上面花了很多工夫，它对现实情况的模拟仍然只是一个近似，这就意味着在数值和模型方面都有不可避免的误差。此外，模拟现实情况的准确度在很大程度上还依赖于用户对所要模拟问题的熟练程度、对各类模型及其局限性的了解、模型参数的选择和对计算结果可信度的判断能力。当前局限性如下。

（1）LE 模型。土体行为具有高非线性和不可逆性。线弹性材料不足以描述土体的一些必要特性。线弹性模型可用来模拟强块体结构或基岩。线弹性模型中的应力状态不受限制，模型具有无限的强度。一定要谨慎地使用这个模型，防止加载高于实际材料的强度。

（2）MC 模型。理想弹塑性模型 MC 是一个一阶模型，它包括仅有几个土体行为的特性。尽管考虑了随深度变化的刚度增量，但 MC 模型既不能考虑应力相关，又不能考虑刚度或各向同性刚度的应力路径。总的说来，MC 破坏准则可以非常好地描述破坏时的有效应力状态，有效强度参数 ϕ' 和 c'。对于不排水材料，MC 模型可以使用 $\phi = 0$，$c = c_u (s_u)$ 来控制不排水强度。在这种情况下，注意模型不能包括固结的剪切强度的增量。

（3）HS 模型。这是一个硬化模型，不能用来说明由于岩土剪胀和崩解效应带来的软化性质。事实上，它是一个各向同性的硬化模型，因此，不能用来模拟滞后或者反复循环加载情形。如果要准确地模拟反复循环加载情形，需要一个更为复杂的模型。要说明的是，由于材料刚度矩阵在计算的每一步都需要重新形成和分解，HS 模型通常需要较长的计算时间。

（4）HSS 模型。HSS 模型加入了土体的应力历史和应变相关刚度，一定程度上，它可以模拟循环加载。但它没有加入循环加载下的逐级软化，所以不适合软化占主导的循环加载。

（5）SSC 模型。上述局限性对软土蠕变（SSC）模型同样存在。此外，SSC 模型通常会过高地预计弹性岩土的行为范围，特别是在包括隧道修建在内的开挖问题上。还要注意正常固结土的初始应力。尽管使用 $OCR = 1$ 看似合理，但对于应力水平受控于初始应力的问题，将导致过高估计变形。实际上，与初始有效应力相比，大多数土都有微小增加的预固结应力。在开始分析具有外荷载的问题前，强烈建议执行一个计算阶段，设置小的间隔，不要施加荷载，根据经验来检验地表沉降率。

（6）SS 软土模型。局限性（包括 HS 模型和 SSC 模型的）存在于 SS 模型中。事实上，SS 模型可以被 HS 模型所取代，这种模型是为了方便那些熟悉它的用户们而保留下来的。SS 模型的应用范围局限在压缩占主导地位的情形下。显然，在开挖问题上不推荐使用这种模型。

（7）MCC 模型。同样的局限性（包括 HS 模型和 SSC 模型的）存在于 MCC 模型中。此外，MCC 模型允许极高的剪应力存在，特别是在应力路径穿过临界状态线的情形下。进一步说，改进的 Cam-Clay 模型可以给出特定应力路径的软化行为。如果没有特殊的正规化技巧，那么，软化行为可能会导致网格相关和迭代过程中的收敛问题。改进的 Cam-Clay 模型在实际应用中是不被推荐的。

（8）NGI-ADP 模型。NGI-ADP 模型是一个不排水剪切强度模型。可用排水或者有效应力分析，注意剪切强度不会随着有效应力改变而自动更新。同样注意 NGI-ADP 模型不包括拉伸截断。

（9）HB 模型。胡克 - 布朗模型是各向异性连续模型。因此，该模型不适合成层或者节理岩体等具有明显的刚度各向异性或者一个两个主导滑移方向对象，其行为可用节理岩体模型。

（10）界面／弱面模型。界面单元通常用双线性的摩尔－库仑模型模拟。当在相应的材料数据库中选用高级模型时，界面单元仅选择那些与摩尔－库仑模型相关的数据（c，ϕ，ψ，E，v）。在这种情况下，界面刚度值取的就是土的弹性刚度值。因此，$E = E_{ur}$，其中 E_{ur} 是应力水平相关的，即 E_{ur} 与 σ_m 成幂指数比例关系。对于软土模型 SS、软土蠕变模型 SSC 和修正剑桥黏土模型 MCC，幂指数 m 等于 1，并且 E_{ur} 在很大程度上由膨胀指数 k^* 确定。

（11）软弱夹层的模型。一般情况下，考虑的软土是指接近正常固结的黏土、粉质黏土、泥炭和软弱夹层。黏土、粉质黏土、泥炭这些材料的特性在于它们的高压缩性，黏土、粉质黏土、泥炭和软弱夹层又具有典型的流变特性。Janbu 在固结仪实验中发现，正常固结的黏土比正常固结的砂土软 10 倍，这说明软土极度的可压缩性。软土的另外一个特征是土体刚度的线性应力相关性。根据 HS 模型得到：

$$E_{oed} = E_{oed}^{ref}(\sigma/p_{ref})^m \tag{5.18}$$

这至少对 $c = 0$ 是成立的。当 $m = 1$ 时可以得到一个线性关系。实际上，当指数等于 1 时，上面的刚度退化公式为：

$$E_{oed} = \sigma/\lambda^*; \quad \lambda^* = p_{ref}/E_{oed}^{ref} \tag{5.19}$$

在 $m = 1$ 的特殊情况下，软土硬化模型得到公式并积分可以得到主固结仪加载下著名的对数压缩法则：

$$\dot{\varepsilon} = \lambda^*\dot{\sigma}/\sigma, \quad \varepsilon = \lambda^* \ln \sigma \tag{5.20}$$

在许多实际的软土研究中，修正的压缩指数 λ^* 是已知的，可以从下列关系式中算得固结仪模量：

$$E_{oed}^{ref} = p_{rel}/\lambda^* \tag{5.21}$$

（12）不排水行为。总的来说，需要注意不排水条件，因为各种模型中所遵循的有效应力路径很可能发生偏离。尽管数值模拟有选项在有效应力分析中处理不排水行为，但不排水强度 c_u 和 s_u 的使用可能优先选择有效应力属性（c'，φ'）。请注意直接输入的不排水强度不能自动包括剪切强度随固结的增加。无论任何原因，用户决定使用有效应力强度属性，强烈推荐检查输出程序中的滑动剪切强度的结果。

5.4　基于塑性理论的 Mohr-Coulomb（MC）模型

塑性理论是在常规应力状态，描述弹塑性力学行为的需要：弹性范围内的应力-应变行为；屈服或破坏方程；流动法则；应变硬化的定义（屈服函数随应力而改变）。对于标准摩尔-库仑模型，弹性区域是新弹性，没有应变硬化。

（1）理想塑性理论模型。弹塑性理论的一个基本原理是：应变和应变率可以分解成弹性部分和塑性部分。胡克定律是用来联系应力率和弹性应变率的。根据经典塑性理论（Hill，1950），塑性应变率与屈服函数对应力的导数成比例。这就意味着塑性应变率可以由垂直于屈服面的向量来表示。这个定理的经典形式被称为相关塑性。

然而，对于Mohr-Coulomb型屈服函数，相关塑性理论将会导致对剪胀的过高估计（见图5.1）。通常塑性应变率可以写为：

$$\underline{\dot{\sigma}'} = \underline{\underline{D}}^e \underline{\dot{\varepsilon}}^e = \underline{\underline{D}}^e\left(\underline{\dot{\varepsilon}} - \underline{\dot{\varepsilon}}^p\right); \quad \underline{\dot{\varepsilon}}^p = \lambda \frac{\partial g}{\partial \underline{\sigma}'} \tag{5.22}$$

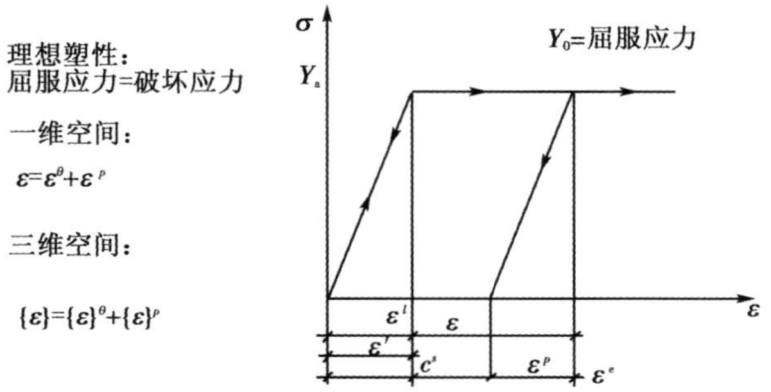

图5.1 理想塑性理论模型

因此，除了屈服函数之外，还要引入一个塑性位能函数g。$g \neq f$表示非相关塑性的情况。

在这里λ是塑性乘子。完全弹性行为情况下$\lambda = 0$，塑性行为情况下λ为正：

$$\left.\begin{aligned} &\lambda = 0,\ 当 f<0\ 或者\ \frac{\partial f^{\mathrm{T}}}{\partial \boldsymbol{\sigma}'}\boldsymbol{D}^e\dot{\boldsymbol{\varepsilon}} \leqslant 0 \\ &\lambda > 0,\ 当 f=0\ 或者\ \frac{\partial f^{\mathrm{T}}}{\partial \boldsymbol{\sigma}'}\boldsymbol{D}^e\dot{\boldsymbol{\varepsilon}} > 0 \end{aligned}\right\} \tag{5.23}$$

这些方程可以用来得到弹塑性情况下有效应力率和有效应变率之间的关系，（Smith等，1982；Vermeer等，1984）如下：

$$\begin{aligned} &\dot{\boldsymbol{\sigma}}' = \left(\boldsymbol{D}^e - \frac{\alpha}{d}\boldsymbol{D}^e\frac{\partial g}{\partial \boldsymbol{\sigma}'}\frac{\partial f^{\mathrm{T}}}{\partial \boldsymbol{\sigma}'}\boldsymbol{D}^e\right)\underline{\dot{\varepsilon}}, \\ &d = \frac{\partial f^{\mathrm{T}}}{\partial \boldsymbol{\sigma}'}\boldsymbol{D}^e\frac{\partial g}{\partial \boldsymbol{\sigma}'} \end{aligned} \tag{5.24}$$

参数α起了一个开关的作用。如果材料行为是弹性的，即符合上公式，α的值就等于0；当材料行为是塑性的时候，即符合摩尔一库仑公式，α的值就等于1。

上述的塑性理论限制在光滑屈服面情况下，不包括摩尔-库仑模型中出现的那种多段屈服面包线。Koiter（1960）和其他人已经将塑性理论推广到这种屈服面情况，用来处理包括两个或者多个塑性势函数的流函数顶点：

$$\underline{\dot{\varepsilon}}^p = \lambda_1 \frac{\partial g_1}{\partial \underline{\sigma}'} + \lambda_2 \frac{\partial g_2}{\partial \underline{\sigma}'} + \cdots \tag{5.25}$$

类似地，几个拟无关屈服函数（f_1，f_2，$\cdots$）被用于确定乘子（λ_1，λ_2，$\cdots$）的大小。

（2）非理想塑性理论模型（见图5.2）。

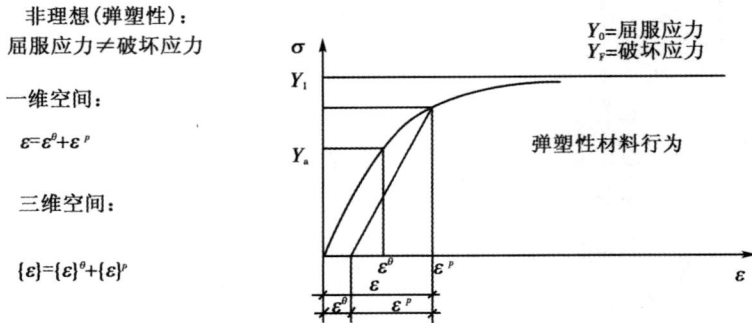

图5.2　非理想塑性理论模型

（3）软化弹塑性理论模型。图5.3中材料属性决定软化的比例。

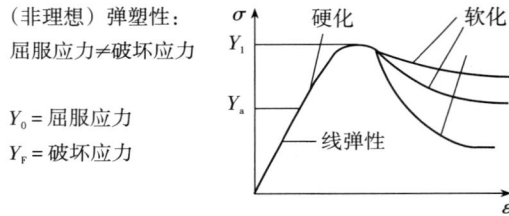

图5.3　软化弹塑性理论模型

（4）屈服/破坏方程（见图5.4）

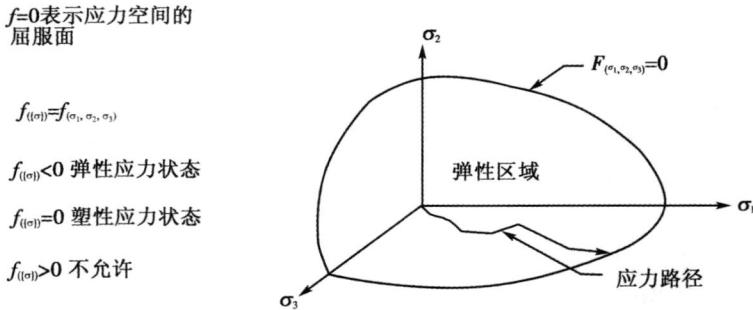

图5.4　屈服/破坏方程

（5）摩尔–库仑（Mohr-Coulomb）准则（见图 5.5）。

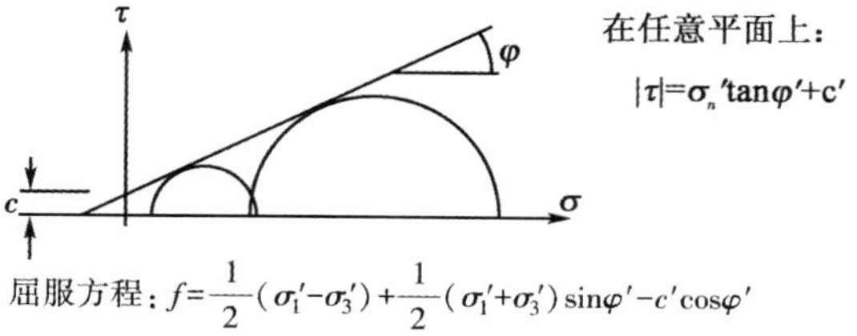

在任意平面上：
$$|\tau|=\sigma_n'\tan\varphi'+c'$$

屈服方程：$f=\dfrac{1}{2}(\sigma_1'-\sigma_3')+\dfrac{1}{2}(\sigma_1'+\sigma_3')\sin\varphi'-c'\cos\varphi'$

图 5.5　摩尔–库仑准则

基本参数：杨氏模量 E（单位：kN/m^2），泊松比 ν，黏聚力 c'（单位：kN/m^2），摩擦角（单位：$(°)$），剪胀角 ψ（单位：$(°)$）。

（6）空间 3D 应力摩尔–库仑准则。摩尔–库仑屈服条件是库仑摩擦定律在一般应力状态下的推广。事实上，这个条件保证了一个材料单元内的任意平面都将遵守库仑摩擦定律。如果用主应力来描述，完全 MC 屈服条件由 6 个屈服函数组成：

$$
\left.
\begin{aligned}
f_{1a} &= \frac{1}{2}(\sigma_2'-\sigma_3')+\frac{1}{2}(\sigma_2'+\sigma_3')\sin\varphi-c\cos\varphi\leqslant 0 \\
f_{1b} &= \frac{1}{2}(\sigma_3'-\sigma_2')+\frac{1}{2}(\sigma_2'+\sigma_3')\sin\varphi-c\cos\varphi\leqslant 0 \\
f_{2a} &= \frac{1}{2}(\sigma_3'-\sigma_1')+\frac{1}{2}(\sigma_1'+\sigma_3')\sin\varphi-c\cos\varphi\leqslant 0 \\
f_{2b} &= \frac{1}{2}(\sigma_1'-\sigma_3')+\frac{1}{2}(\sigma_1'+\sigma_3')\sin\varphi-c\cos\varphi\leqslant 0 \\
f_{3a} &= \frac{1}{2}(\sigma_1'-\sigma_2')+\frac{1}{2}(\sigma_1'+\sigma_2')\sin\varphi-c\cos\varphi\leqslant 0 \\
f_{3b} &= \frac{1}{2}(\sigma_2'-\sigma_1')+\frac{1}{2}(\sigma_2'+\sigma_1')\sin\varphi-c\cos\varphi\leqslant 0
\end{aligned}
\right\}
\tag{5.26}
$$

出现在上述屈服函数中的两个塑性模型参数就是众所周知的摩擦角 φ 和黏聚力 c。如图 5.6 所示，这些屈服函数可以共同表示主应力空间中的一个六棱锥。除了这些屈服函数，摩尔–库仑模型还定义了 6 个塑性势函数：

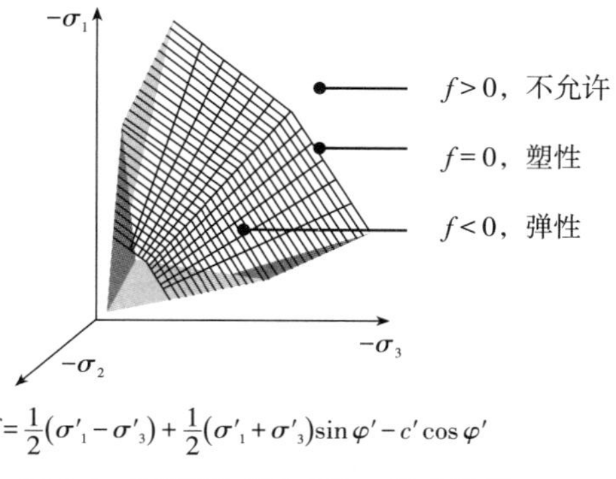

$f>0$，不允许

$f=0$，塑性

$f<0$，弹性

$$f=\frac{1}{2}(\sigma_1'-\sigma_3')+\frac{1}{2}(\sigma_1'+\sigma_3')\sin\varphi'-c'\cos\varphi'$$

图 5.6　空间 3D 应力摩尔–库仑准则

$$\left.\begin{array}{l} g_{1a} = \dfrac{1}{2}(\sigma'_2 - \sigma'_3) + \dfrac{1}{2}(\sigma'_2 + \sigma'_3)\sin\psi \\[2mm] g_{1b} = \dfrac{1}{2}(\sigma'_3 - \sigma'_2) + \dfrac{1}{2}(\sigma'_2 + \sigma'_3)\sin\psi \\[2mm] g_{2a} = \dfrac{1}{2}(\sigma'_3 - \sigma'_1) + \dfrac{1}{2}(\sigma'_3 + \sigma'_1)\sin\psi \\[2mm] g_{2b} = \dfrac{1}{2}(\sigma'_1 - \sigma'_3) + \dfrac{1}{2}(\sigma'_1 + \sigma'_3)\sin\psi \\[2mm] g_{3a} = \dfrac{1}{2}(\sigma'_1 - \sigma'_2) + \dfrac{1}{2}(\sigma'_2 + \sigma'_1)\sin\psi \\[2mm] g_{3b} = \dfrac{1}{2}(\sigma'_2 - \sigma'_1) + \dfrac{1}{2}(\sigma'_2 + \sigma'_3)\sin\psi \end{array}\right\} \tag{5.27}$$

这些塑性势函数包含了第三个塑性参数，即剪胀角ψ。它用于模拟正的塑性体积应变增量（剪胀现象），就像在密实的土中实际观察到的那样。在一般应力状态下运用摩尔–库仑模型时，如果两个屈服面相交，需要作特殊处理。有些程序使用从一个屈服面到另一个屈服面的光滑过渡，即将棱角磨光。摩尔–库仑模型使用准确形式，即从一个屈服面到另一个屈服面用的是准确变化。对于$c > 0$，标准摩尔–库仑准则允许有拉应力。事实上，它允许的拉应力大小随着黏性的增加而增加。实际情况是，土不能承受或者仅能承受极小的拉应力。这种性质可以通过指定"拉伸截断"来模拟。

在这种情况下，不允许有正的主应力摩尔圆。"拉伸截断"将引入另外3个屈服函数，定义如下：

$$\left.\begin{array}{l} f_4 = \sigma'_1 - \sigma_t \leqslant 0 \\[1mm] f_5 = \sigma'_2 - \sigma_t \leqslant 0 \\[1mm] f_6 = \sigma'_3 - \sigma_t \leqslant 0 \end{array}\right\} \tag{5.28}$$

当使用"拉伸截断"时，允许拉应力σ_t的缺省值取为0。对这3个屈服函数采用相关联的流动法则。对于屈服面内的应力状态，它的行为是弹性的并且遵守各向同性的线弹性胡克定律。因此，除了塑性参数c和ψ，还需要输入弹性模量E和泊松比v。

（7）偏平面摩尔–库仑准则（见图5.7）。

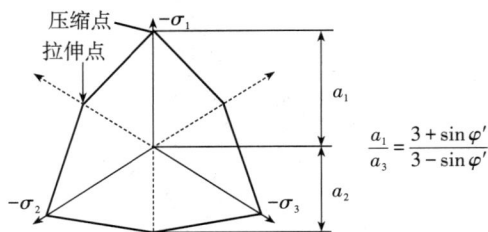

$$\frac{a_1}{a_3} = \frac{3 + \sin\varphi'}{3 - \sin\varphi'}$$

图5.7　偏平面摩尔–库仑准则

（8）流动法则。屈服/破坏准则给出是否塑性应变，但是无法给出塑性应变增量的大小与方向。因此，需要建立另一个方程，即塑性势方程。图5.8所示为塑性势方程示意图。

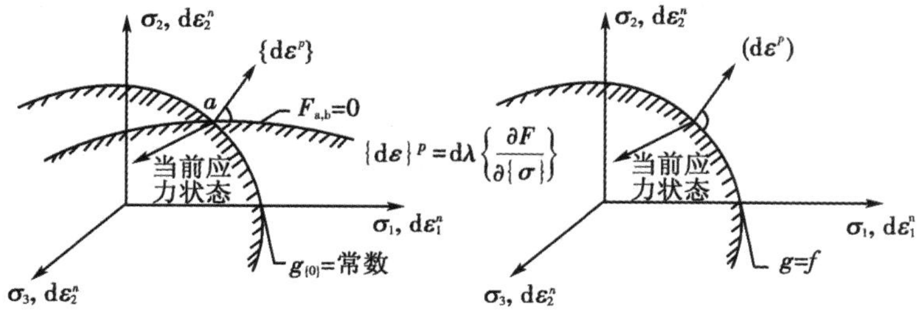

图5.8　塑性势方程

塑性应变增量

$$\{d\varepsilon\}^p = d\lambda \left\{ \frac{\partial g}{|\partial \boldsymbol{\sigma}|} \right\} \tag{5.29}$$

式中，　g——塑性势，$g = g_{(|\sigma|)}$；

　　　$d\lambda$——常量（非材料参数）。

（9）摩尔-库仑塑性势。图5.9所示为摩尔-库仑塑性势示意图。

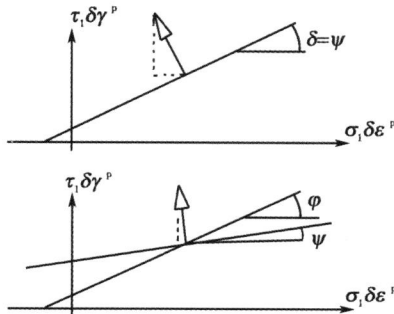

图5.9　摩尔-库仑塑性势

$$\left. \begin{array}{l} f = \dfrac{1}{2}\left(\sigma_1' - \sigma_3'\right) + \dfrac{1}{2}\left(\sigma_1' + \sigma_3'\right)\sin\varphi' - c'\cos\varphi' \\[2mm] g = \dfrac{1}{2}\left(\sigma_1' - \sigma_3'\right) + \dfrac{1}{2}\left(\sigma_1' - \sigma_3'\right)\sin\psi + \cos\psi \end{array} \right\} \tag{5.30}$$

（10）摩尔-库仑剪胀。强度达到摩尔强度后剪胀，强度 = 摩擦+剪胀。其中，Kinematic硬化是指移动硬化特性（见图5.10和图5.11）。

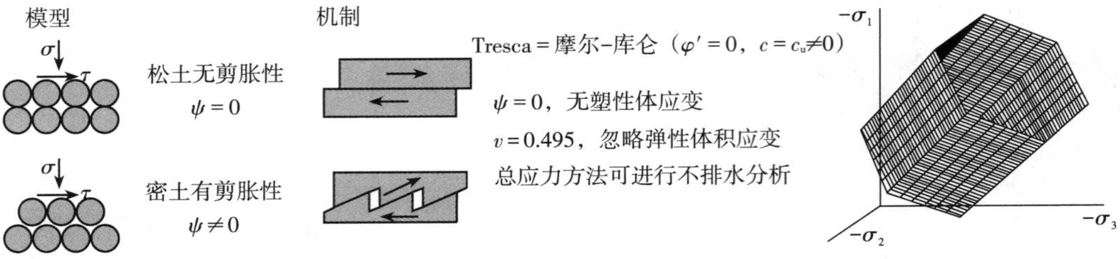

（a）有无剪胀特性   （b）Tresca破坏准则

图5.10　摩尔−库仑有无剪胀性与Tresca破坏准则

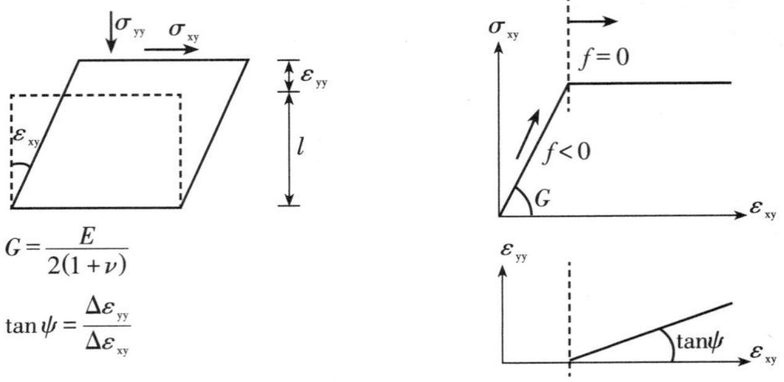

$$G = \frac{E}{2(1+\nu)}$$

$$\tan \psi = \frac{\Delta \varepsilon_{yy}}{\Delta \varepsilon_{xy}}$$

（a）直剪试验（排水）

$$E = \frac{\Delta |\sigma_y - \sigma_x|}{\Delta |\varepsilon_y|} = 2G(1+\nu)$$

$$\varepsilon_v = 2\varepsilon_x + \varepsilon_y$$

$$\tan \alpha = \frac{2\sin\psi}{1 - \sin\psi}$$

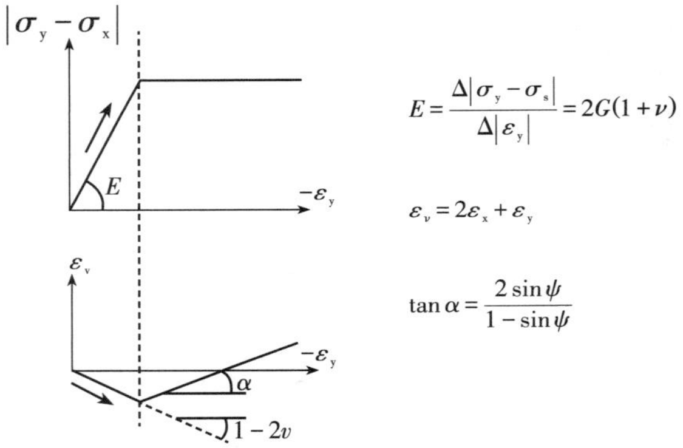

（b）三轴试验（排水）

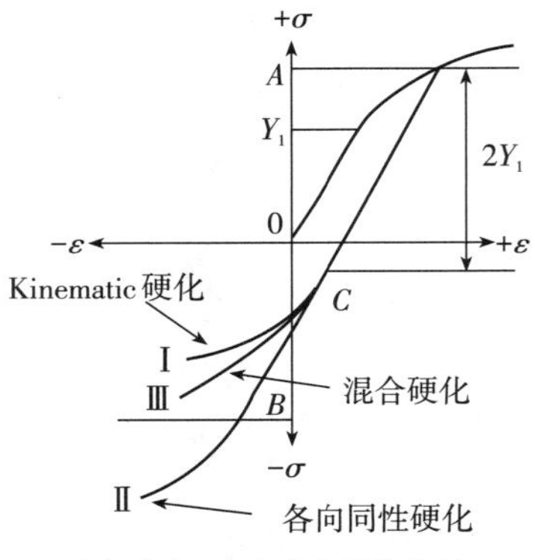

（c）摩尔−库仑应变硬化特性

图5.11　摩尔−库仑排水剪切特性与应变硬化特性

综上所述,可知摩尔-库仑的性能与局限性。① 摩尔-库仑的性能:简单的理想弹塑性模型,一阶方法近似模拟土体的一般行为,适合某些工程应用,参数少而意义明确,可以很好地表示破坏行为(排水),包括剪胀角,各向同性行为和破坏前为线弹性行为。②摩尔-库仑的局限性:无应力相关刚度,加载/卸载重加载刚度相同,不适合深部开挖和隧道工程,无剪胀截断,不排水行为有些情况失真,无各向异性和无时间相关性(蠕变行为)。

5.5 基于塑性理论的 MC、HS 及 MCC 本构模型比较

沈珠江院士说计算岩土力学的核心问题是本构模型,下面讨论基坑数值分析土体本构模型的选择。目前,已有几百种土体的本构模型,常见的可以分为三大类,即弹性类模型、弹-理想塑性类模型和应变硬化类弹塑性模型,如表5.1所示。

表5.1 主要本构模型

模型大类	本构模型
弹性类模型	线弹性模型、非线性弹性模型(Duncan-Chang,DC模型)
弹-理想塑性类模型	Mohr-Coulomb(MC)模型、Druker-Prager(DP)模型、
应变硬化类弹塑性模型	Modified Cam-Clay(MCC)模型、Hardening Soil(HS)模型、Hardening soil with small strain stiffness(HSS)模型

首先,MC、HS以及MCC三个本构模型选择的对比分析情况,如图5.12所示。

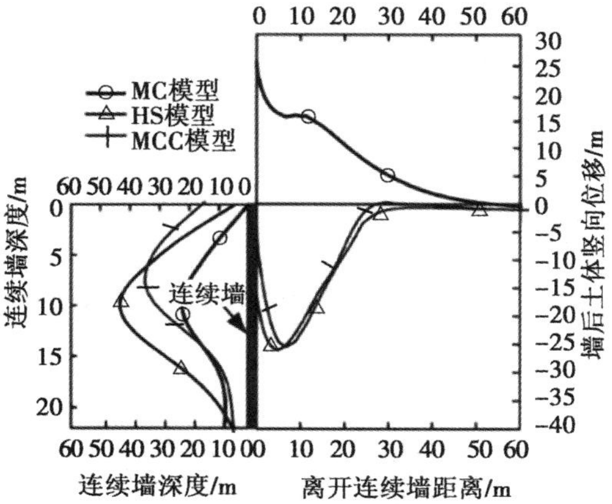

图5.12 不同本构模型对比分析情况

研究基坑墙体侧移,HS模型和MCC模型得到的变形较接近,MC模型得到的侧移则要小得多,原因是HS模型和MCC模型在卸载时较加载具有更大的模量,而MC模型

的加载和卸载模量相同，且无法考虑应力路径的影响，这导致MC模型产生很大的坑底回弹，从而减小了墙体的变形。从墙后地表竖向位移来看，HS模型和MCC模型得到了与工程经验相符合的凹槽型沉降，而MC模型的墙后地表位移则表现为回弹，这与工程经验不符。产生这种差别的原因是MC模型的回弹过大而使得墙体的回弹过大，进而显著地影响了墙后地表的变形。表5.2为各种本构模型在基坑数值开挖分析中的适用性。

表5.2 各种本构模型在基坑数值开挖分析中的适用性

本构模型的类型		不适合一般分析	适合初步分析	适合准确分析	适合高级分析
弹性模型	线弹性模型	√			
	横观各向同性	√			
	DC模型		√		
弹-理想塑性模型	MC模型		√		
	DP模型		√		
硬化模型	MCC模型			√	
	HS模型			√	
小应变模型	MIT-E3、HSS模型				√

　　弹性模型由于不能反映土体的塑性性质，不能较好地模拟主动土压力和被动土压力，因而不适合于基坑开挖的分析。弹-理想塑性的MC模型和DP模型由于采用单一刚度往往会导致很大的坑底回弹，难以同时给出合理的墙体变形和墙后土体变形。能考虑软黏土应变硬化特征、能区分加载和卸载的区别且其刚度依赖于应力历史和应力路径的硬化类模型如MCC模型和HS模型，能同时给出较为合理的墙体变形及墙后土体变形情况。

　　由上述分析可知：敏感环境下的基坑工程设计需要重点关注墙后土体的变形情况，从满足工程需要和方便实用的角度出发，建议采用MCC和HS模型进行敏感环境下的基坑开挖数值分析。

5.6 软土硬化HS与小应变硬化HSS模型特性

　　最初的土体硬化模型假设土体在卸载和再加载时是弹性的。但是实际上土体刚度为完全弹性的应变范围十分狭小。随着应变范围的扩大，土体剪切刚度会显示出非线性。通过绘制土体刚度和log应变图可以发现，土体刚度呈S曲线状衰减。图5.13显示了这种刚度衰减曲线。它的轮廓线（剪切应变参数）可以由现场土工测试和实验室测试得到。通过经典实验在实验室中测得的刚度参数，例如三轴试验、普通固结试验，土体刚度已经不到初始状态的一半了。

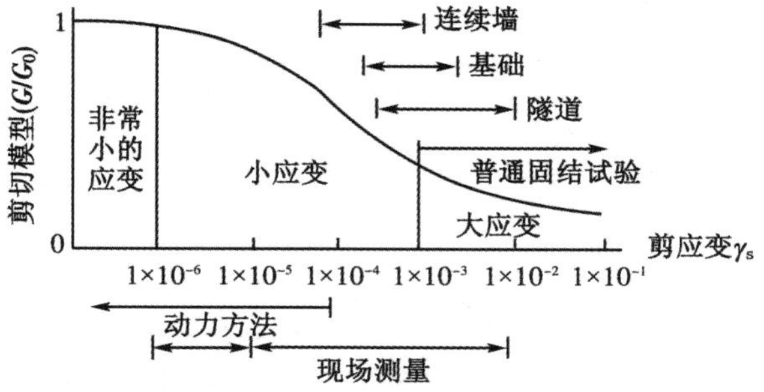

（实验室试验和土工结构的应变范围）

图5.13　土体的典型剪切刚度-应变曲线

用于分析土工结构的土体刚度并不是依照图在施工完成时的刚度。需要考虑小应变土体刚度和土体在整个应变范围内的非线性。HSS模型继承了HS模型的所有特性，提供了解决这类问题的可能性。HSS模型是基于HS模型而建立的，两者有着几乎相同的参数。实际上，模型中只增加了两个参数用于描述小应变刚度行为：初始小应变模量G_0；剪切应变水平$\gamma_{0.7}$，割线模量G_S减小到70%G_0时的应变水平。

5.6.1　土体固结仪实验加载-卸载

土体硬化HS卸载：卸载泊松比较小，水平应力变化小。摩尔-库仑卸载：卸载泊松比即为加载泊松比，水平应力按照加载路径变化（见图5.14）。

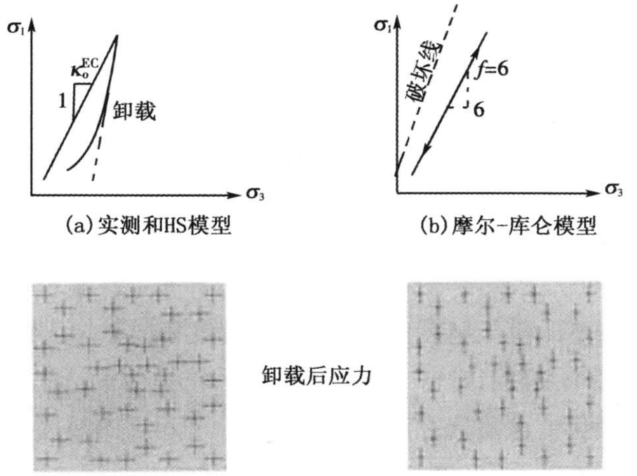

图5.14　土体硬化HS卸载与摩尔-库仑卸载特性

（1）条形基础沉降，加载应力路径下，各模型沉降分布结果差异较小（见图5.15）。

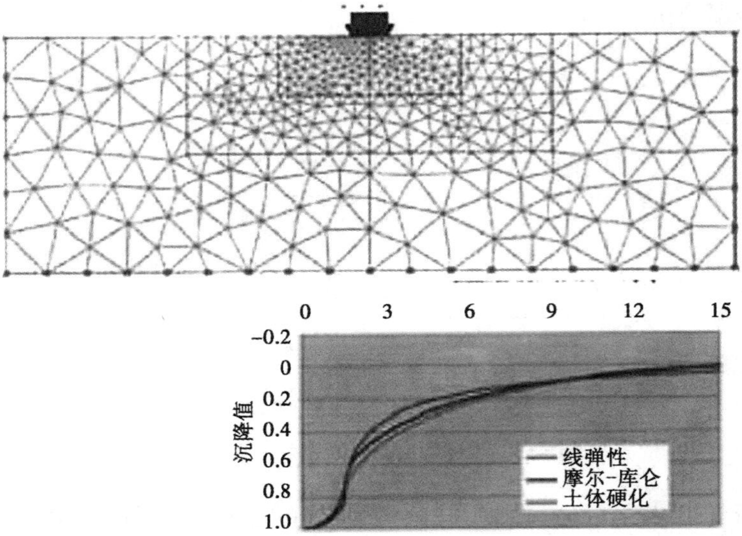

图5.15　土体硬化HS卸载与摩尔–库仑卸载条形基础沉降特性

（2）基坑开挖下挡墙后方竖向位移差异（见图5.16）。

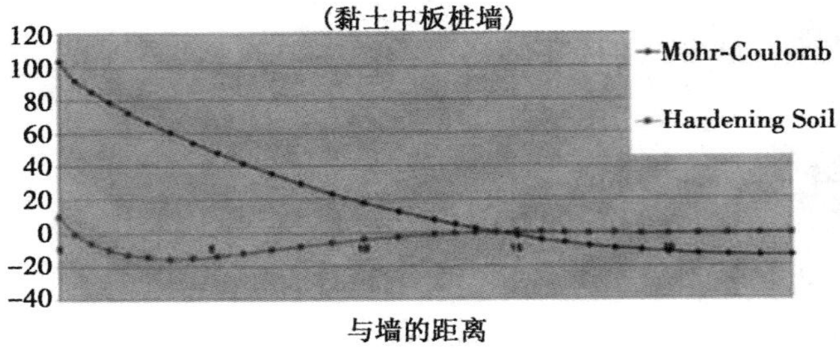

图5.16　土体硬化HS卸载与摩尔–库仑卸载基坑开挖下挡墙后方竖向位移差异特性

5.6.2　双曲线应力–应变关系

（1）双曲线应力–应变关系，如标准三轴试验数据见图5.17。

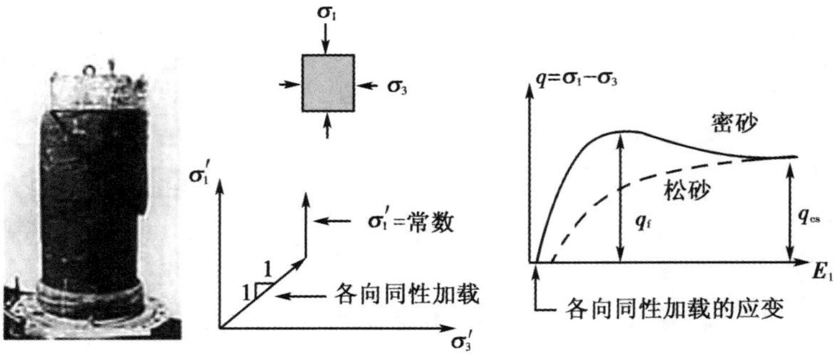

图5.17　土体硬化HS标准三轴试验各向同性加载的应变特性

（2）双曲线应力-应变关系，双曲线逼近方程应变特性如图 5.18 所示。主要参考 Kondner 和 Zelasko（1963）《砂土的双曲应力 - 应变公式》。

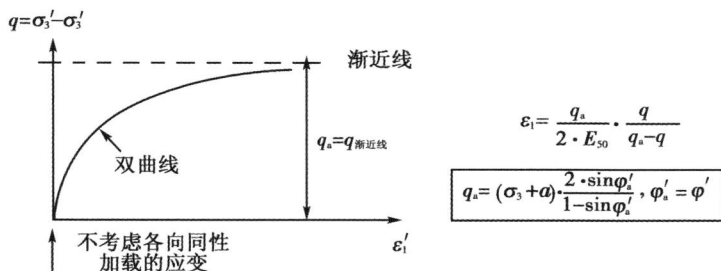

图 5.18　土体硬化 HS 双曲线逼近方程各向同性加载的应变特性

基本参数：E 为杨氏模量，单位为 kN/m²；ν 为泊松比；c' 为黏聚力，单位为 kN/m²，φ' 为摩擦角，单位为（°），ψ 为剪胀角，单位为（°）。

（3）双曲线应力-应变关系，割线模量 E_{50} 的定义方程应变特性如图 3.19 所示。

图 5.19　土体硬化 HS 割线模量 E_{50} 的定义方程各向同性加载的应变特性

$E_{50}{}^{\text{ref}}$ 为初次加载达到 50% 强度的参考模量：

$$E_{50} = E_{50}^{\text{ref}} \left(\frac{\sigma'_3 + a}{p_{\text{ref}} + a} \right)^m \tag{5.31}$$

其中，$m_{砂土} = 0.5$；$m_{黏土} = 1$。

（4）双曲线应力-应变关系，修正邓肯-张模型方程应变特性如图 5.20 所示。主要参考 Duncan 和 Chang（1970）的《土壤应力-应变的非线性分析》。

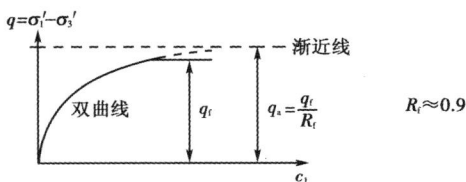

双曲线部分 $q < q_{\text{f}}$；水平线部分 $q = q_{\text{f}}$

$q_1 = (\sigma'_3 + a) \dfrac{2 \sin \varphi'}{1 - \sin \varphi'}$　　$a = c' \cot \varphi'$（摩尔-库仑破坏偏应力）

图 5.20　土体硬化 HS 修正邓肯-张模型方程各向同性加载的应变特性

（5）双曲线应力-应变关系，排水试验数据（超固结 Frankfurt 黏土）（如图 5.21 所示）。主要参考 Amann，Breth 和 Stroh（1975）的文献。

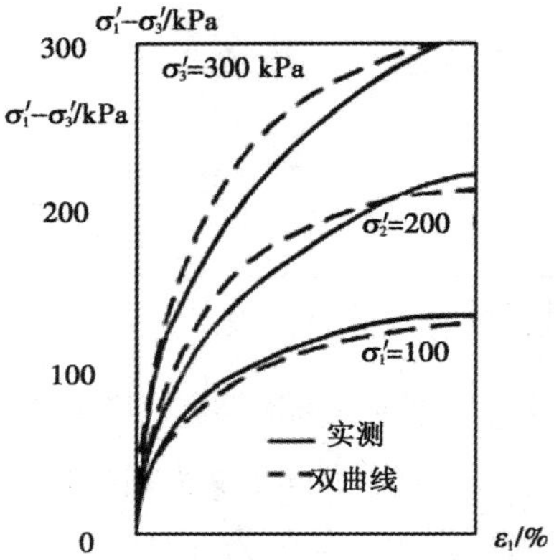

图 5.21　土体硬化 HS 排水试验数据（超固结 Frankfurt 黏土）各向同性加载的应变特性

5.6.3　剪应变等值线

（1）三轴试验曲线的双曲线逼近应变特性如图 5.22 所示。

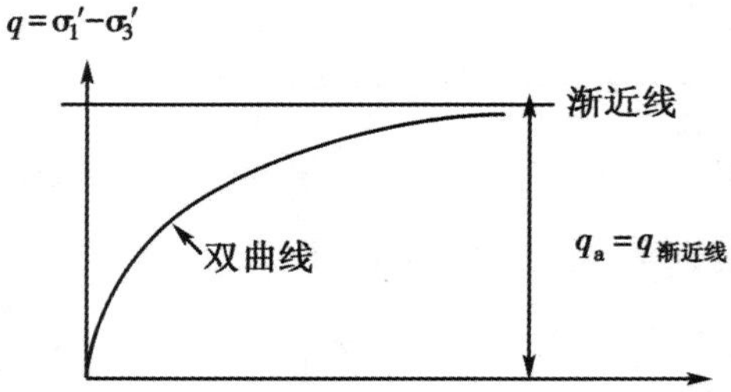

图 5.22　土体硬化 HS 三轴试验曲线的双曲线逼近各向同性加载的应变特性

剪切应变：

$$\gamma = \varepsilon_1 - \varepsilon_3 \approx \frac{3}{2}\varepsilon_1 \tag{5.32}$$

$$\gamma = \frac{3}{4}\frac{q_a}{E_{50}} \cdot \frac{q}{q_a - q} \tag{5.33}$$

$$q_a = \left(\sigma_3' + a\right)\frac{2\sin\varphi_a'}{1 - \sin\varphi_a'} \tag{5.34}$$

$$\varepsilon_1 = \frac{q_a}{2E_{50}} \cdot \frac{q}{q_a - q} \tag{5.35}$$

（2）$p - q$ 平面中的剪应变等值线（$c' = 0$）应变特性如图 5.23 所示。

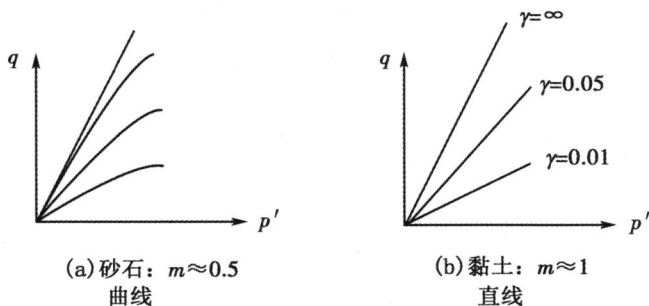

（a）砂石：$m \approx 0.5$
曲线

（b）黏土：$m \approx 1$
直线

图 5.23　土体硬化 HS $p - q$ 平面中的剪应变等值线（$c' = 0$）各向同性加载的应变特性

$$\gamma = \frac{3}{4} \frac{q_{\mathrm{a}}}{E_{50}} \cdot \frac{q}{q_a - q} \tag{5.36}$$

$$E_{50} = E_{50}^{\mathrm{rsf}} \left(\frac{\sigma_3' + c' \cot \varphi_{\mathrm{a}}'}{p_{\mathrm{ref}} + c' \cot \varphi_{\mathrm{a}}'} \right)^m \tag{5.37}$$

$$q_{\mathrm{a}} = \left(\sigma_3' + a \right) \frac{2 \sin \varphi_{\mathrm{a}}'}{1 - \sin \varphi_{\mathrm{a}}'} \tag{5.38}$$

（3）Fuji 河沙实验数据（Ishihara 等，1975）应变特性如图 5.24 所示。

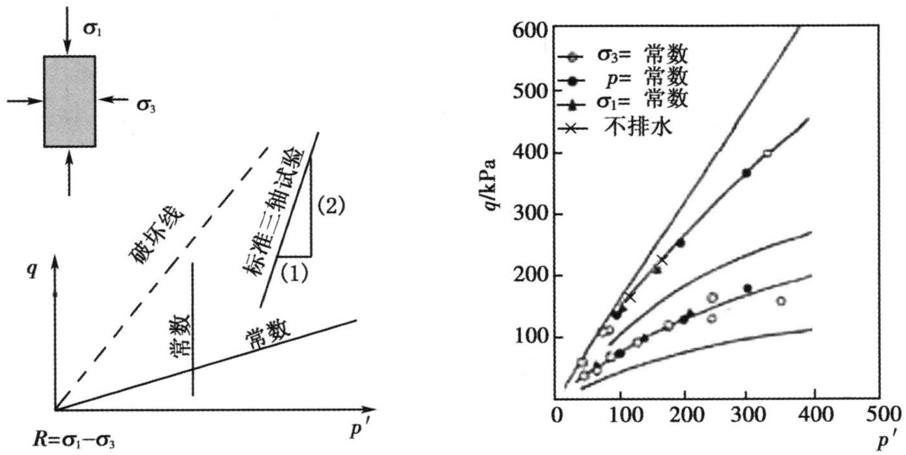

图 5.24　土体硬化 HS Fuji 河沙实验数据（Ishihara 等，1975）各向同性加载应变特性

（4）实测剪应变等值线和双曲线应变特性如图 5.25 所示。

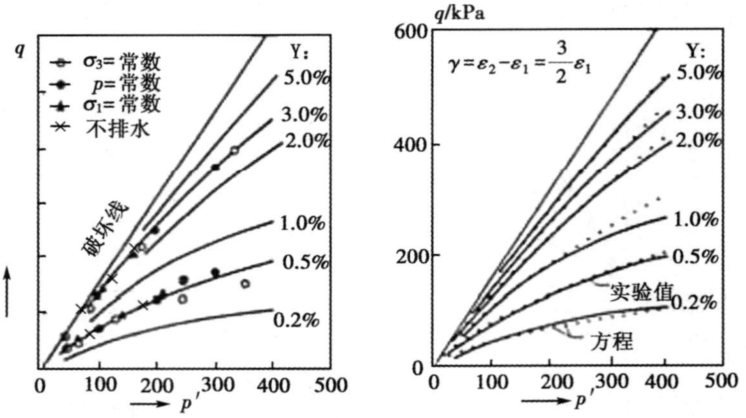

图5.25 土体硬化 HS 实测剪应变等值线和双曲线各向同性加载应变特性

$$\gamma = \frac{3q_{\mathrm{a}}}{4E_{50}} \frac{q}{q - q_{\mathrm{a}}} \tag{5.39}$$

$$E_{50} = E_{50}^{\mathrm{ref}} \left(\frac{\sigma_3' + a}{p_{\mathrm{ref}} + a} \right)^m \tag{5.40}$$

$$q_{\mathrm{a}} = \left(\sigma_3' + a \right) \frac{2 \sin \varphi_{\mathrm{a}}}{1 - \sin \varphi_{\mathrm{a}}} \tag{5.41}$$

其中，$a = 0$，$\varphi_{\mathrm{a}} = 38°$，$E_{50}^{\mathrm{ref}} = 30 \text{ MPa}$，$m = 0.5$。

（5）剪应变等值线是屈服轨迹的应变特性如图 5.26 所示。

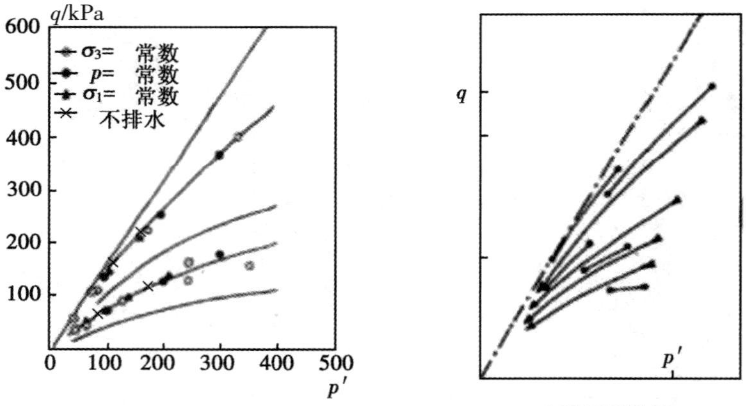

实测剪应变等值线   实测屈服轨迹

图5.26 土体硬化 HS 剪应变等值线是屈服轨迹的各向同性加载应变特性

5.6.4 卸载与重加载

（1）加载和卸载/重加载应变特性如图 5.27 所示。

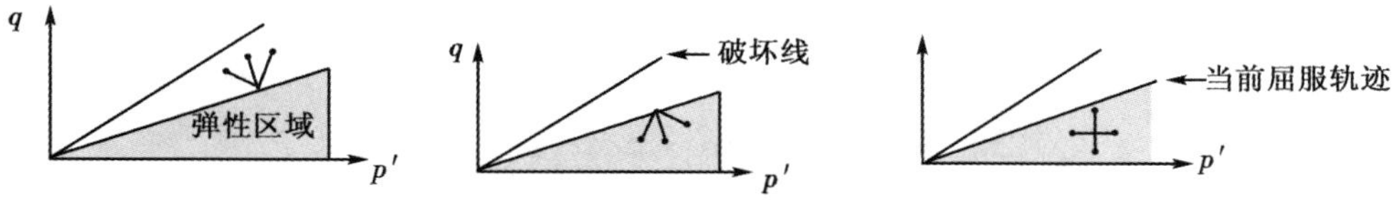

图5.27 土体硬化 HS 加载和卸载/重加载各向同性应变特性

- 塑性状态加载：应力点在屈服轨迹上。应力增量指向弹性区外。这将导致塑性屈服，如：塑性应变与弹性区扩张，材料硬化。
- 塑性状态卸载：应力点在屈服轨迹上。应力增量指向弹性区内。这将导致弹性应变增量，应变增量与应力增量符合阴克定律，刚度为 E_{ur}。
- 弹性状态卸载/重加载：应力点位于弹性区域内，所有可能的应力增量都将产生弹性应变。

（2）标准三轴试验卸载/重加载应变特性如图5.28所示。

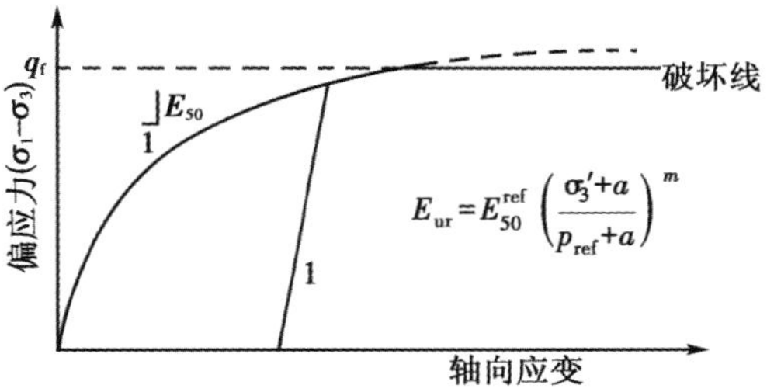

$$E_{ur} = E_{50}^{ref} \left(\frac{\sigma_3' + a}{p_{ref} + a} \right)^m$$

图5.28 土体硬化 HS 标准三轴试验卸载/重加载各向同性应变特性

（3）砂土的卸载／重加载标准三轴试验应变特性如图5.29所示。

（4）土体硬化 HS 胡克定律各向弹性各向同性应变特性见式5.42。

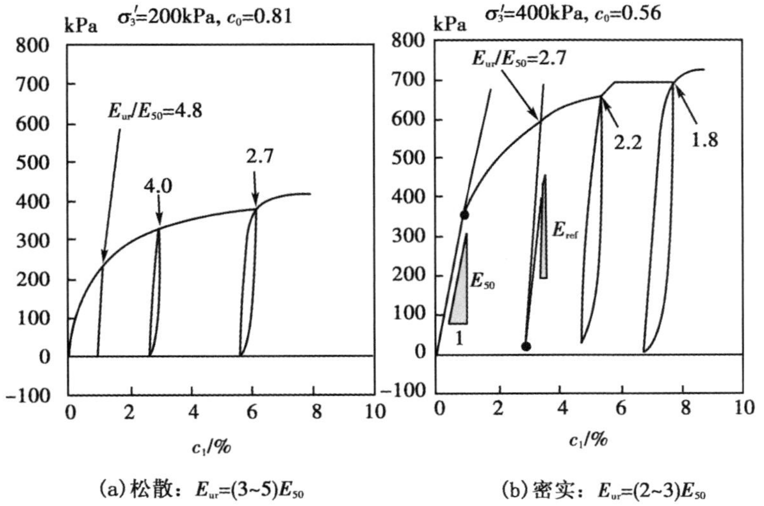

（a）松散：$E_{ur} = (3 \sim 5) E_{50}$ （b）密实：$E_{ur} = (2 \sim 3) E_{50}$

图5.29 土体硬化 HS 砂土的卸载/重加载标准三轴试验各向同性应变特性

$$\left.\begin{aligned}
\Delta\varepsilon_1^c &= \frac{1}{E_{ur}}\left(\Delta\sigma_1' - v_{ur}\cdot\Delta\sigma_2' - v_{ur}\cdot\Delta\sigma_3'\right) \\
\Delta\varepsilon_2^c &= \frac{1}{E_{ur}}\left(-v_{ur}\cdot\Delta\sigma_1' + \Delta\sigma_2' - v_{ur}\cdot\Delta\sigma_3'\right) \\
\Delta\varepsilon_3^c &= \frac{1}{E_{ur}}\left(-v_{ur}\cdot\Delta\sigma_1' - v_{ur}\cdot\Delta\sigma_2' + \Delta\sigma_3'\right) \\
v_{ur} &= \text{Pois son's ratio} \approx 0.2 \\
E_{ur} &= E_{50}^{ret}\left(\frac{\sigma_1' + a}{p_{ret} + a}\right)^m \\
a &= c'\cot\varphi'
\end{aligned}\right\} \tag{5.42}$$

5.6.5 密度硬化

（1）三轴试验经典结果密度硬化特性如图 5.30 所示。临界孔隙率：松砂受剪切时体积变小，即孔隙比减小。密砂受剪切时发生剪胀现象，使孔隙比增大。在密砂与松砂之间，总有某个孔隙比使砂受剪切时体积不变即临界孔隙率。

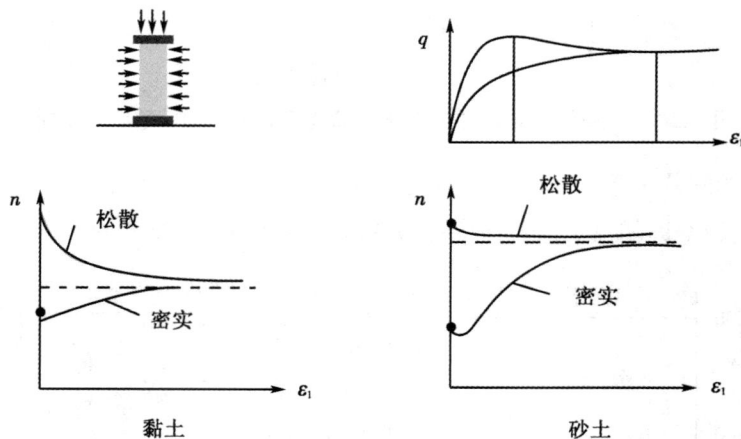

图 5.30　土体硬化 HS 三轴试验经典结果密度硬化特性

（2）NC 黏土实测体应变等值线密度硬化特性如图 5.31 所示。

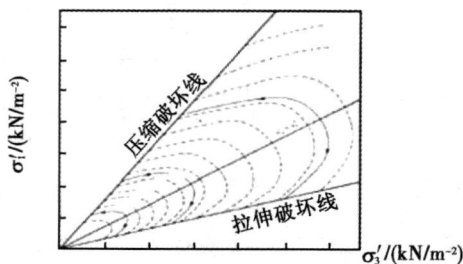

图 5.31　土体硬化 HS　NC 黏土实测体应变等值线密度硬化特性

（3）黏土的实测等值线密度硬化特性如图 5.32 所示。

图 5.32　土体硬化 HS 黏土的实测等值线密度硬化特性

（4）密度硬化，等值线类椭圆（见图 5.33）。

图 5.33　土体硬化 HS 等值线类椭圆密度硬化特性

（5）体应变等值线椭圆。体应变等值线椭圆中，椭圆用于修正剑桥模型，如图 5.34 所示。

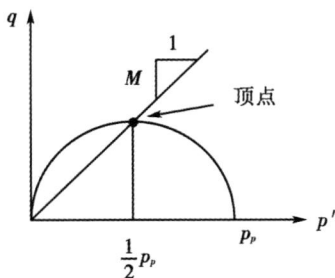

图 5.34　土体硬化 HS 体应变等值线椭圆密度硬化特性

$$p' + \frac{q^2}{M^2 p'} = p_p \qquad (5.43)$$

其中：$M = \dfrac{6\sin\varphi'}{3 - \sin\varphi'}$。

（6）松砂体应变等值线密度硬化特性如图5.35所示。

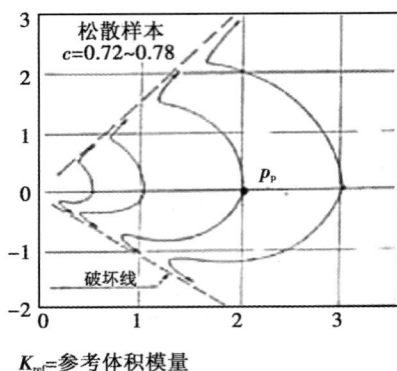

K_{ref}=参考体积模量

图5.35　土体硬化HS松砂体应变等值线密度硬化特性

一般情况 $m \neq 1$：

$$\varepsilon_{ref} = \frac{1}{1-m} \frac{p_{ref}}{K_{ref}} \left(\frac{p_p}{p_{ref}} \right)^{1-m} \qquad (5.44)$$

特殊情况 $m = 1$：

$$\varepsilon_{ref} = \varepsilon'_{ref} + \frac{p_{ref}}{K_{ref}} \ln \frac{p_p}{p_{ref}} \qquad (5.45)$$

椭圆：

$$p_p = p' + \frac{q^2}{M^2 p'} \qquad (5.46)$$

（7）加载与卸载/重加载密度硬化特性如图5.36所示。

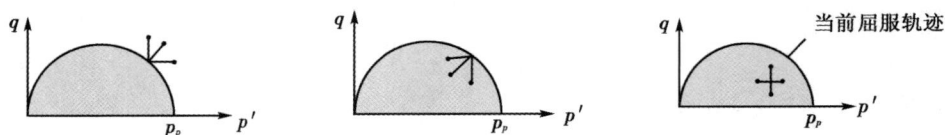

图5.36　土体硬化HS加载与卸载/重加载密度硬化特性

● 塑性状态加载：应力点在屈服轨迹上。应力增量指向弹性区外。这将导致塑性屈服，如：塑性应变与弹性区扩张。材料硬化。

● 塑性状态卸载：应力点在屈服轨迹上。应力增量指向弹性区内。这将导致弹性应变增量，应变增量与应力增量符合胡克定律，刚度为 E_{ur}。

● 弹性状态卸载/重加载：应力点位于弹性区域内，所有可能的应力增量都将产生弹性应变。

（8）体积硬化或称密度硬化。体积硬化在正常固结黏土和松砂土中占主导；剪切应变硬化，在超固结黏土和密砂土中占主导（图5.37）。

图5.37　土体硬化 HS 体积硬化或密度硬化特性

5.6.6　双硬化

（1）体积硬化与剪切硬化。体积硬化在正常固结黏土和松砂土占主导；剪切应变硬化，在超固结黏土和密砂土中占主导（如图5.38所示）。

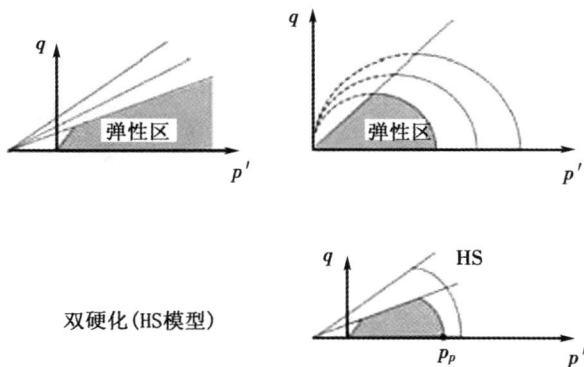

图5.38　土体硬化 HS 体积硬化与剪切硬化双硬化

（2）四个刚度区域双硬化（如图5.39所示）。

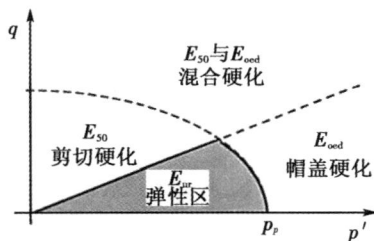

图5.39　土体硬化 HS 四个刚度区域双硬化

△ 5.7 土体硬化HS模型与改进

在土体动力学中，小应变刚度已经广为人知。在静力分析中，这个土体动力学中的发现一直没有被实际应用。静力土体与动力土体的刚度区别应该归因于荷载种类（例如，惯性力和应变），而不是巨大的应变范围，后者在动力情况（包括地震）下很少考虑。惯性力和应变率只对初始土体刚度有很小的影响。所以，动力土体刚度和小应变刚度实际上是相同的。

5.7.1 用双曲线准则描述小应变刚度

土体动力学中最常用的模型大概就是Hardin-Drnevich模型。由试验数据充分证明了小应变情况下的应力－应变曲线可以用简单的双曲线形式来模拟。类似地，Kondner（1962）在Hardin和Drnevich（1972）的提议下发表了应用于大应变的双曲线准则。

$$\frac{G_s}{G_0} = \frac{1}{1 + \left| \dfrac{\gamma}{\gamma_r} \right|} \tag{5.47}$$

其中极限剪切应变 γ_r 定义为：

$$\gamma_r = \frac{\tau_{max}}{G_0} \tag{5.48}$$

式中：τ_{max}——破坏时的剪应力。

式（5.47）和（5.48）将大应变（破坏）与小应变行为很好地联系起来。

为了避免错误地使用较大的极限剪应变，Santos 和 Correia（2001）建议使用割线模量 G_s 减小到初始值的70%时的剪应变 $\gamma_{0.7}$ 来替代 γ_r。

$$\frac{G_s}{G_0} = \frac{1}{1 + a \left| \dfrac{\gamma}{\gamma_{0.7}} \right|} \tag{5.49}$$

其中 $a = 0.385$

事实上，使用 $a = 0.385$ 和 $\gamma_r = \gamma_{0.7}$ 意味着 $\dfrac{G_s}{G_0} = 0.722$。所以，大约70%应该精确地称为72.2%。图5.40显示了修正后的Hardin-Drnevich关系曲线（归一化）。

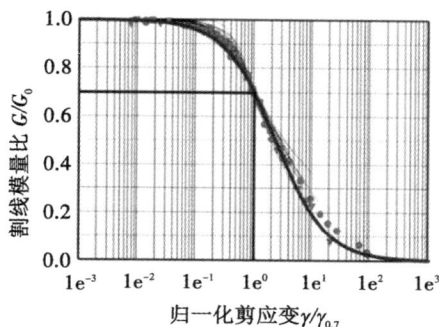

图5.40 Hardin–Drnevich关系曲线与实测数据对比

5.7.2 土体硬化（HS）模型中使用Hardin–Drnevich关系

软黏土的小应变刚度可以与分子间体积损失以及土体骨架间的表面力相结合。一旦荷载方向相反，刚度恢复到依据初始土体刚度确定的最大值。然后，随着反向荷载加载，刚度又逐渐减小。应力历史相关，多轴扩张的 Hardin–Drnevich 关系需要加入到 HS 模型中。这个扩充最初由 Benz（2006）以小应变模型的方式提出。Benz 定义了剪切应变标量 γ_{hist}：

$$\gamma_{\text{hist}} = \sqrt{3}\frac{\|H\Delta e\|}{\|\Delta e\|} \tag{5.50}$$

式中：Δe——当前偏应变增量；

H——材料应变历史的对称张量。

一旦监测到应变方向反向，H 就会在实际应变增量 Δe 增加前部分或是全部重置。依据 Simpson（1992）的块体模型理论：所有3个方向主应变偏量都检测应变方向，就像3个独立的 Brick 模型。应变张量 H 和随应力路径变化的更多细节请查阅 Benz（2006）的相关文献。

剪切应变标量 γ_{hist} 的值由式（5.50）计算得到。剪切应变标量定义为：

$$\gamma = \frac{3}{2}\varepsilon_{\text{q}} \tag{5.51}$$

ε_{q} 是第二偏应变不变量，在三维空间中 γ 可以写成：

$$\gamma = \varepsilon_{\text{axial}} - \varepsilon_{\text{lateral}} \tag{5.52}$$

在小应变土体硬化模型HSS中，应力–应变关系可以用割线模量简单表示为：

$$\tau = G_{\text{s}}\gamma = \frac{G_0\gamma}{1 + 0.385\dfrac{\gamma}{\gamma_{0.7}}} \tag{5.53}$$

对剪切应变进行求导可以得到切线剪切模量：

$$G_t = \frac{G_0}{\left(1 + 0.385\dfrac{\gamma}{\gamma_{0.7}}\right)^2} \tag{5.54}$$

刚度减小曲线一直到材料塑性区。在土体硬化（HS）模型和小应变土体硬化（HSS）模型中，由于塑性应变产生的刚度退化使用应变强化来模拟。

在小应变土体硬化（HSS）模型中，小应变刚度减小曲线有一个下限，它可以由常规实验室实验得到，切线剪切模量 G_t 的下限是卸载/再加载模量 G_{ur}，与材料参数 E_{ur} 和 ν_{ur} 相关：

$$G_t \geqslant G_{ur}; \quad G_{ur} = \frac{E_{ur}}{2(1 + \nu_{ur})} \tag{5.55}$$

截断剪切应变 $\gamma_{\text{cut-off}}$ 计算公式为：

$$\gamma_{\text{cut-off}} = \frac{1}{0.385}\left(\sqrt{\frac{G_0}{G_{ur}}} - 1\right)\gamma_{0.7} \tag{5.56}$$

在小应变土体硬化模型 HSS 中，实际准弹性切线模量是通过切线刚度在实际剪应变增量范围内积分求得的。小应变土体硬化（HSS）模型中使用的刚度减小曲线如图 5.41 所示。

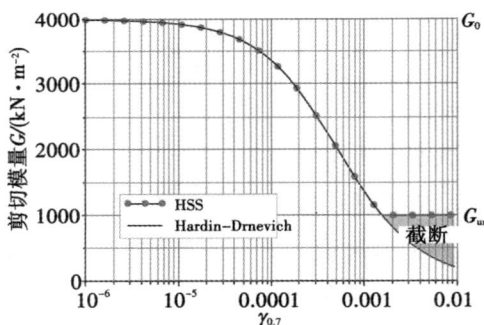

图5.41　小应变土体硬化模型 HSS 中使用的小应变减小曲线以及截断

5.7.3　原始（初始）加载与卸载/再加载

Masing（1962）在研究材料的滞回行为中发现土体卸载/再加载循环中遵循以下准则：卸载时的剪切模量等于初次加载时的初始切线模量。卸载/再加载的曲线形状与初始加载曲线形状相同，数值增大两倍。

对于上面提到的剪切应变 $\gamma_{0.7}$，Masing 可以通过下面的设定来满足 Hardin-Drnevich 关系（见图 5.42 和图 5.43）。

$$\gamma_{0.7\text{re-loading}} = 2\gamma_{0.7\text{virgin-loading}} \tag{5.57}$$

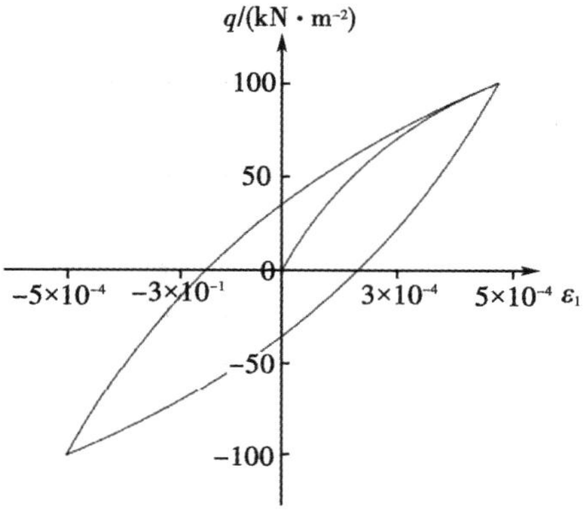

图 5.42　土体材料滞回性能

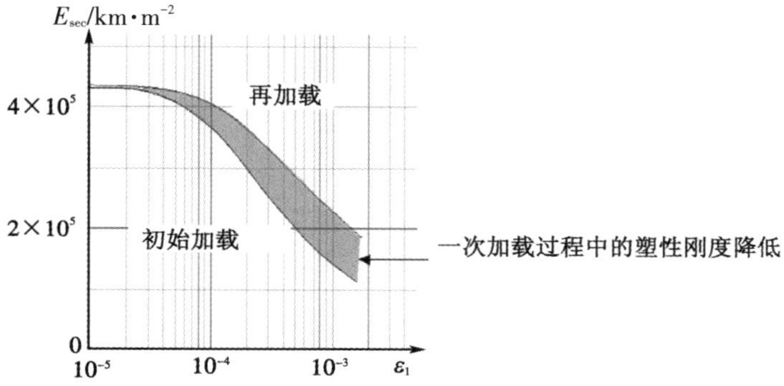

图 5.43　HSS 模型刚度参数在主加载以及卸载/再加载时减小示意图

HSS 模型通过把用户提供的初始加载剪切模量加倍来满足 Masing 的准则。如果考虑塑性强化，初始加载时的小应变刚度就会很快减小，用户定义的初始剪切应变通常需要加倍。HSS 模型中的强化准则可以很好地适应这种小应变刚度减小。图 5.42 和图 5.43 举例说明了 Masing 准则以及初始加载、卸载/再加载刚度减小。

5.7.4　模型参数及确定方法

相比 HS 模型，HSS 模型需要两个额外的刚度参数输入：G_0^{ref} 和 $\gamma_{0.7}$。所有其他参数，包括代替刚度参数，都保持不变。G_0^{ref} 定义为参考最小主应力 $-\sigma_3' = p^{\mathrm{ref}}$ 的非常小应变（如：$\varepsilon < 10^{-6}$）下的剪切模量。卸载泊松比 ν_{ur} 设为恒定，因而剪切刚度 G_0^{ref} 可以通过小应变弹性模量很快计算出来 $G_0^{\mathrm{ref}} = E_0^{\mathrm{ref}} / \left[2\left(1 + \nu_{\mathrm{ur}}\right)\right]$。界限剪应变 $\gamma_{0.7}$ 使得割线剪切模量 G_s^{ref} 衰退为 $0.722G_0^{\mathrm{ref}}$。界限应变 $\gamma_{0.7}$ 是来自初次加载。总之，除了 HS 需要输入的参数外，HSS 模型需要输入刚度参数：G_0^{ref} 为小应变（$\varepsilon < 10^{-6}$）的参考剪切模量，kN/m^2；$\gamma_{0.7}$ 为 $G_s^{\mathrm{ref}} = 0.722G_0^{\mathrm{ref}}$ 时的剪切应变。图 5.44 表明了三轴试验的模型刚度参数 E_{50}、E_{ur} 和

$E_0 = 2G_0(1 + \nu_{ur})$。对于 E_{ur} 和 $2G_0$ 对应的应变，可以参考前面的论述。如果默认值 $E_0^{ref} = G_{ur}^{ref}$，没有小应变硬化行为发生，HSS 模型就相当于 HS 模型。

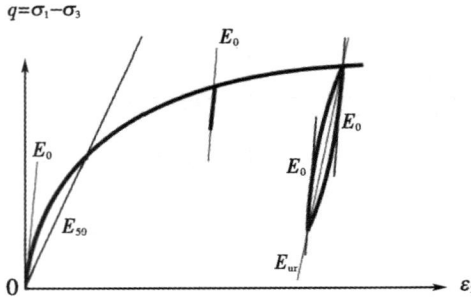

图5.44 HSS 模型中的刚度参数 $E_0 = 2G_0$ $(1 + \nu_0)$

（1）弹性模量（E）。初始斜率用 E_0 表示，50% 强度处割线模量用 E_{50} 表示，如图 5.45 所示。对于土体加载问题一般使用 E_{50}；如果考虑隧道等开挖卸载问题，一般需要用 E_{ur} 替换 E_{50}。

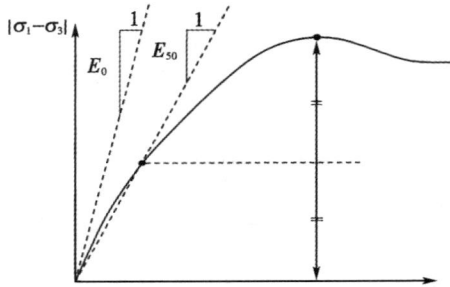

图5.45 E_0 和 E_{50} 的定义方法（标准排水三轴试验结果）

对于岩土材料而言，不管是卸载模量还是初始加载模量，往往都会随着围压的增加而增大。给出了一个刚度会随着深度增加而增加的特殊输入选项，如图 5.46 所示。另外，观测到刚度与应力路径相关。卸载/重加载的刚度比首次加载的刚度要更大。所以，土体观测到（排水）压缩的弹性模量比剪切的更低。因此，当使用恒定的刚度模量来模拟土体行为，可以选择一个与应力水平和应力路径发展相关的值。

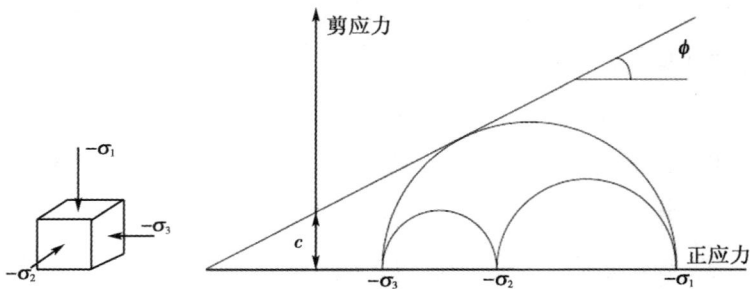

（a）有效应力强度参数

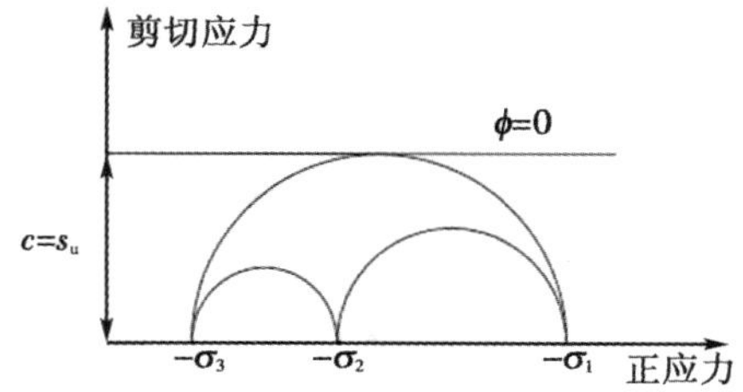

（b）不排水强度参数

图 5.46　应力圆与库仑破坏线

（2）泊松比（v）。当弹性模型或者 MC 模型用于重力荷载（塑性计算中 $\sum M_{\text{weight}}$ 从 0 增加到 1）问题时，泊松比的选择特别简单。对于这种类型的加载，给出比较符合实际的比值 $K_0 = \sigma_{\text{h}}/\sigma_{\text{v}}$。在一维压缩情况下，由于两种模型都会给出众所周知的比值：$\sigma_{\text{h}}/\sigma_{\text{v}} = v/(1-v)$，因此容易选择一个可以得到比较符合实际的 K_0 值的泊松比。通过匹配 K_0 值，可以估计 v 值。在许多情况下得到的 v 值是介于 0.3 和 0.4 之间的。一般地说，除了一维压缩，这个范围的值还可以用在加载条件下。在卸载条件下，使用 0.15～0.25 更为普遍。

（3）内聚力（c）。内聚力与应力同量纲。在 MC 模型中，内聚力参数可以用来模拟土体的有效内聚力，与土体真实的有效摩擦角联合使用（见图 5.46（a））。不仅适用于排水土体行为，也适用于不排水（A）的材料行为，两种情况下，都可以执行有效应力分析。除此以外，当不排水（B）和不排水（C）时，内聚力参数可以使用不排水剪切强度参数 c_{u}（或者 s_{u}），同时设置摩擦角为 0。设置为不排水（A）时，使用有效应力强度参数分析的劣势在于，模型中的不排水剪切强度与室内试验获得的不排水剪切强度不易相符，原因在于他们的应力路径往往不同。在这方面，高级土体模型比 MC 模型表现更好。但所有情况下，建议检查所有计算阶段中的应力状态和当前真实剪切强度（$|\sigma_1 - \sigma_3| \leqslant s_{\text{u}}$）。

（4）内摩擦角（ϕ）。内摩擦角以度的形式输入。通常摩擦角模拟土体有效摩擦的，并与有效内聚力一起使用见图 5.46（a）。这不仅适合排水行为，同样适合不排水（A），因为它们都是基于有效应力分析。除此以外，土的强度设置还可以使用不排水剪切强度作为内聚力参数输入，并将摩擦角设为零，即不排水（B）和不排水（C）（图 5.46（b））。摩擦角较大时（如密实砂土的摩擦角）会显著增加塑性计算量。计算时间的增加量大致与摩擦角的大小呈指数关系。因此，初步计算某个工程问题时，应该避免使用较大的摩擦角。如图 5.46 中摩尔应力圆所示，摩擦角在很大程度上决定了抗剪强度。

图 5.47 表示的是一种更为一般的屈服准则。摩尔-库仑破坏准则被证明比德鲁克-普拉格近似更好地描述了土体，因为后者的破坏面在轴对称情况下往往是很不准确的。

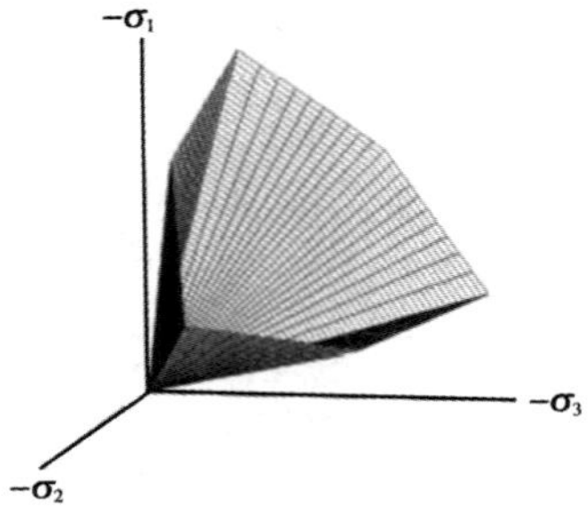

图5.47　主应力空间下无黏性土的破坏面

（5）剪胀角（ψ）。剪胀角（ψ）是以度的方式指定的。除了严重的超固结土层以外，黏性土通常没有什么剪胀性（$\psi = 0$）。砂土的剪胀性依赖于密度和摩擦角。对于石英砂土来说，$\psi = \phi - 30°$，ψ的值比ϕ的值小30°，然而剪胀角在多数情况下为零。ψ的小的负值仅仅对极松的砂土是实际的。摩擦角与剪胀角之间的进一步关系可以参见Bolton（1986）相关文章。

一个正值摩擦角表示在排水条件下土体的剪切将导致体积持续膨胀。这有些不真实，对于多数土，膨胀在某个程度会达到一个极限值，进一步的剪切变形将不会带来体积膨胀。在不排水条件下，正的剪胀角加上体积改变，将导致拉伸孔隙应力（负孔压）的产生。因此，在不排水有效应力分析中，土体强度可能被高估。当土体强度使用$c = c_u(s_u)$和$\phi = 0$，不排水（B）或者不排水（C），剪胀角必须设置为零。特别注意，使用正值的剪胀角并且把材料类型设置为不排水（A）时，模型可能因为吸力而产生无限大的土体强度。

（6）剪切模量（G）。剪切模量G与应力是同一量纲。根据胡克定律，弹性模量和剪切模量的关系如下：

$$G = \frac{E}{1 + (1 + \nu)} \tag{5.58}$$

泊松比不变的情况下，给G或E_{oed}输入一个值，将导入E的改变。

（7）固结仪模量（E_{oed}）。固结仪模量E_{oed}（侧限压缩模量），与应力量纲相同。根据胡克定律，可得固结仪模量：

$$E_{oed} = \frac{(1 - \nu)E}{(1 - 2\nu)(1 + \nu)} \tag{5.59}$$

泊松比不变的情况下，给G或E_{oed}输入一个值，将导入E的改变。

（8）压缩波速与剪切波速（V_P和V_s）。一维空间压缩波速与固结仪模量和密度有关：

$$V_P = \sqrt{\frac{E_{oed}}{\rho}} \tag{5.60}$$

其中，$E_{\text{oed}} = \dfrac{(1-\nu)E}{(1+\nu)(1-2\nu)}$，$\rho = \dfrac{\gamma_{\text{unsat}}}{g}$

一维空间剪切波速与剪切模量和密度有关：

$$V_{\text{s}} = \sqrt{\frac{G}{\rho}} \tag{5.61}$$

其中，$G = \dfrac{E}{2(1+\nu)}$，$\rho = \dfrac{\gamma_{\text{unsat}}}{g} g$ 取 $9.8\ \text{m/s}^2$。

（9）摩尔-库仑模型的高级参数。当使用摩尔-库仑模型时，高级的特征包括：刚度和内聚力强度随着深度的增加而增加，使用"拉伸截断"选项。事实上，后一个选项的使用是缺省设置，但是如果需要的话，可以在这里将它设置为无效。

• 刚度的增加（E_{inc}）。在真实土体中，刚度在很大程度上依赖于应力水平，这就意味着刚度通常随着深度的增加而增加。当使用摩尔-库仑模型时，刚度是一个常数值，E_{inc} 就是用来说明刚度随着深度的增加而增加的，它表示弹性模量在每个单位深度上的增加量（单位：应力/单位深度）。在由 y_{ref} 参数给定的水平上，刚度就等于弹性模量的参考值，E'_{re}，即在参数表中输入的值。

$$E(y) = E_{\text{ret}} + (y_{\text{ret}} - y)E_{\text{inc}}(y < y_{\text{rest}}) \tag{5.62}$$

弹性模量在应力点上的实际值由参考值和 E'_{inc} 得到。要注意，在计算中，随着深度而增加的刚度值并不是应力状态的函数。

• 内聚力的增加（c_{inc} 或者 $s_{\text{u, inc}}$）。对于黏性土层提供了一个高级输入选项，反映内聚力随着深度的增加而增加。c_{inc} 就是用来说明内聚力随着深度的增加而增加的，它表示每单位深度上内聚力的增加量。在由 y_{ref} 参数给定的水平上，内聚力就等于内聚力的参考值 c_{ref}，即在参数表中输入的值。内聚力在应力点上的实际值由参考值和 c_{inc} 得到。

$$c(y) = c_{\text{ret}} + (y_{\text{rat}} - y)c_{\text{inc}}(y < y_{ret})$$
$$S_{\text{u}}(y) = S_{\text{u, ret}} + (y_{\text{ret}} - y)s_{\text{u, inc}}(y < y_{\text{ret}}) \tag{5.63}$$

• 拉伸截断。在一些实际问题中要考虑到拉应力的问题。根据图 5.46 所显示的库仑包络线，这种情况在剪应力（摩尔圆的半径）充分小的时候是允许的。然而，沟渠附近的土体表层有时会出现拉力裂缝。这就说明除了剪切以外，土体还可能受到拉力的破坏。分析中选择拉伸截断就反映了这种行为。这种情况下，不允许有正主应力的摩尔圆。当选择拉伸截断时，可以输入允许的拉力强度。对于 MC 模型和 HS 模型来说，采用拉伸截断时抗拉强度的缺省值为零。

• 动力计算中的 MC 模型。当在动力计算中，使用 MC 模型，刚度参数的设置需要考虑正确的波速。一般来说，小应变刚度比工程中的应变水平下的刚度更适合。当受到动力或者循环加载时，MC 模型一般仅仅表现为弹性行为，而且没有滞回阻尼，也没有应变或孔压或液化。为了模拟土体的阻力特性，需要定义瑞利阻尼。

5.7.5 G_0 和 $\gamma_{0.7}$ 参数

一些系数影响着小应变参数 G_0 和 $\gamma_{0.7}$。最重要的是，岩土体材料的应力状态和孔隙比 e 的影响。在 HSS 模型，应力相关的剪切模量 G_0 按照幂法则考虑：

$$G_0 = G_0^{\text{ref}} \left(\frac{c \cos \varphi - \sigma' \sin \varphi}{c \cos \varphi - p^{\text{ref}} \sin \varphi} \right)^m \tag{5.64}$$

上式类似于其他刚度参数公式。界限剪切应变 $\gamma_{0.7}$ 独立于主应力。

假设 HSS/HS 模型中的计算孔隙比改变很小，材料参数不因孔隙比改变而更新。材料初始空隙比对找到小应变剪切刚度非常有帮助，可以参考许多相关资料（Benz，2006）。适合多数土体的估计值由 Hardin 和 Black（1969）给出：

$$G_0^{\text{ref}} = \frac{(2.97 - e)^2}{1 + e} 33 [\text{MPa}] \tag{5.65}$$

Alpan（1970）根据经验给出动力土体刚度与静力土体刚度的关系。如图 5.48 所示。

在 Alpan 的图中，动力土体刚度等于小应变刚度 G_0 或 E_0。在 HSS 模型中，考虑静力刚度 E_{static} 定义约等于卸载/重加载刚度 E_{ur}。

可以根据卸载/重加载 E_{ur} 来估算土体小应变刚度。尽管 Alpan 建议 E_0/E_{ur} 对于非常软的黏土可以超过 10，但是在 HSS 模型中，限制最大 E_0/E_{ur} 或 G_0/G_{ur} 为 10。

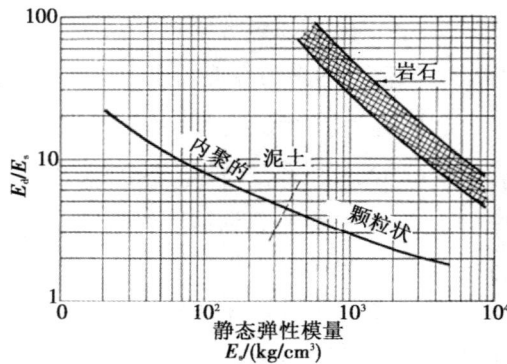

图 5.48　Alpan 给出动力刚度（$E_d = E_0$）与静力刚度（$E_s = E_{\text{ur}}$）的关系

在这个实测数据中，关系适用于界限剪应变 $\gamma_{0.7}$。图 5.49 给出了剪切应变与塑性指数的关系。使用起初的 Hardin-Drnevich 关系，界限剪切应变 $\gamma_{0.7}$ 可以与模型的破坏参数相关。应用摩尔－库仑破坏准则：

$$\gamma_{0.7} \approx \frac{1}{9 G_0} \left[2c'(1 + \cos(2\varphi')) - \sigma_1'(1 + K_0)\sin(2\varphi) \right] \tag{5.66}$$

式中：K_0——水平应力系数；

σ_1'——有效垂直应力（压为负）。

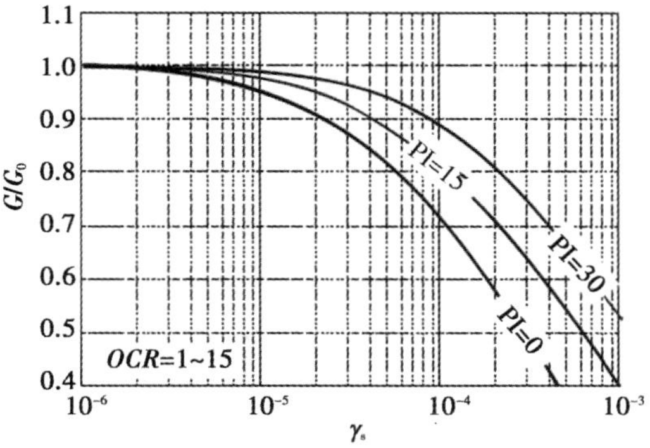

图 5.49 Vucetic 与 Dobry 给出的塑性指数对刚度的影响

5.7.6 模型初始化

应力松弛消除了土的先期应力的影响。在应力松弛和联结形成期间，土体的颗粒（或级配）组成逐渐成熟，在此期间，土的应力历史消除。

考虑到自然沉积土体的第二个过程发展较快，多数边界值问题里应变历史应该开始于零（$H = 0$）。这在 HSS 模型中是一个默认的设置。

然而，一些时候可能需要初始应变历史。在这种情况下，应变历史可以设置，通过在开始计算之前施加一个附加荷载步。这样一个附加荷载步可以用于模拟超固结土。计算前一般超固结的过程已经消失很久。所以应变历史后来应该重新设置。然而，应变历史已经通过增加和去除超载而引发。在这种情况下，应变历史可以手动重置，通过代替材料或者施加一个小的荷载步。更方便的是试用初始应力过程。

当使用 HSS 模型时，要小心试用零塑性步。零塑性步的应变增量完全来自系统中小的数值不平衡，该不平衡决定于计算容许误差。所以，零塑性步中的小应变增量方向是任意的。因此，零塑性步的作用可能像一个随意颠倒的荷载步，多数情况不需要。

5.7.7 HS 模型与 HSS 模型的其他不同——动剪胀角

HS 模型和 HSS 模型的剪切硬化流动法则都有线性关系：

$$\dot{\varepsilon}_v^p = \sin\psi_m \dot{\gamma}^p \tag{5.67}$$

动剪胀角 ψ_m 在压缩的情况下，HSS 模型和 HS 模型有不同定义。HS 模型中假定如下：

对于 $\quad \sin \varphi_m < 3/4\sin \varphi \qquad\qquad \psi_m = 0$

对于 $\quad \sin \varphi_m \geqslant 3/4\sin \varphi$ 且 $\psi > 0 \qquad \sin\psi_m = \max\left(\dfrac{\sin \varphi_m - \sin \varphi_{cv}}{1 - \sin \varphi_m \sin \varphi_{cv}},\ 0\right)$

对于 $\quad \sin \varphi_m \geqslant 3/4\sin \varphi$ 且 $\psi < 0 \qquad \psi_m = \psi$

如果 $\quad \varphi = 0 \qquad\qquad\qquad\qquad \psi_m = 0$

其中 φ_{cv} 是一个临界状态摩擦角，作为一个与密度相关材料常量，φ_m 是一个动摩擦角：

$$\sin\varphi_m = \frac{\sigma_1' - \sigma_3'}{\sigma_1' + \sigma_3' - 2c\cot\varphi} \tag{5.68}$$

对于小摩擦角和负的 ψ_m，通过 Rowe 的公式计算，ψ_m 在 HS 模型中设为零。约定更低的 ψ_m 值有时候会导致塑性体积应变太小。

因此，HSS 模型采用 Li 和 Dafalias 的一个方法，每当 ψ_m 通过 Rowe 公式计算则是负值。在这种情况下，动摩擦在 HSS 模型中计算如下：

$$\sin\psi_m = \frac{1}{10}\left(M\exp\left[\frac{1}{15}\ln\left(\frac{\eta}{M}\ \frac{q}{q_a}\right)\right] + \eta\right) \tag{5.69}$$

其中，M 为破坏应力比，$\eta = q/p$ 是真应力比。方程是 Li 和 Dafalias 孔隙比相关方程的简化版。

5.8 基于土体硬化 HS 的小应变土体硬化 HSS 模型

（1）三轴压缩试验中双曲线应力 – 应变关系。遵循摩尔 – 库仑破坏准则的双曲线模型是 HS 和 HSS 模型的基础。相比邓肯 – 张模型，HS 与 HSS 模型是弹塑性模型（如图 5.50 所示）。

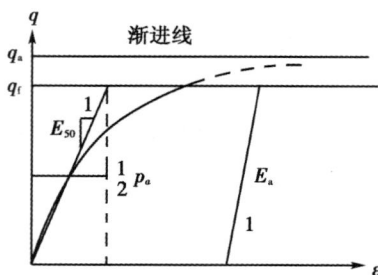

图 5.50　三轴压缩实验中双曲线应力应变关系

三轴加载中邓肯 – 张或双曲线模型：

对于 $q < q'_f$:

$$\varepsilon_1 = \varepsilon_{50}\frac{q}{q_a - q} \tag{5.70}$$

其中:

$$q_f = \frac{2\sin\varphi}{1 - \sin\varphi}\left(\sigma'_3 + c\cot\varphi\right)$$

$$q_a = \frac{q_f}{R_f} \geqslant q_f$$

R_f 为破坏比,默认为0.9。

(2)动摩擦中塑性应变(剪切硬化)(如图5.51所示)。

屈服方程:

$$f' = \frac{q_0}{E_{50}}\frac{q}{q_a - q} - \frac{2q}{E_{ur}} - \gamma^{ps} \tag{5.71}$$

其中,γ^{ps} 是状态参数,它记录锥面的展开。γ^{ps} 的发展法则: $\mathrm{d}\gamma^{ps} = \mathrm{d}\lambda^s$,其中 $\mathrm{d}\lambda^s$ 是模型锥形屈服面的乘子。

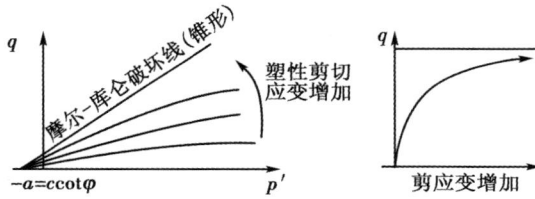

图5.51 动摩擦中塑性应变(剪切硬化)

(3)主压缩中塑性应变(密度硬化)(如图5.52所示)。

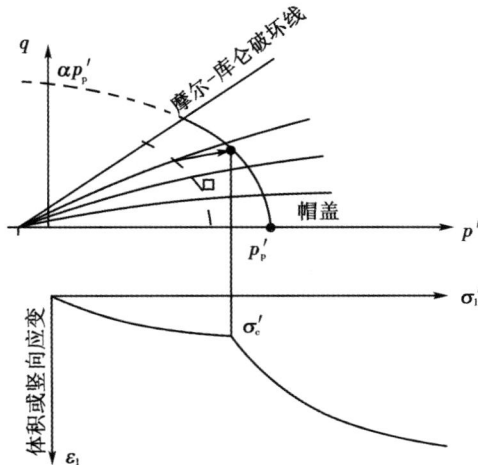

图5.52 主压缩中塑性应变(密度硬化)

屈服方程：

$$f' = \frac{\bar{q}^2}{\alpha^2} - p^2 - p_{\mathrm{p}}^2 \tag{5.72}$$

其中，p_{p} 是状态参数，它记录帽盖的位移。

（4）幂关系的应力相关刚度。

主应力空间下摩尔–库仑的锥面被帽盖封闭（如图5.53所示）。

图5.53 主应力空间下摩尔 – 库仑的锥面被帽盖封闭幂关系的应力相关刚度

因此：

$$\bar{q} = f(\sigma_1, \ \sigma_2, \ \delta_3, \ \varphi) \tag{5.73}$$

演化法则：

$$\mathrm{d}P_{\mathrm{p}} = \frac{K_{\mathrm{s}} - K_{\mathrm{c}}}{K_{\mathrm{s}} - K_{\mathrm{c}}} \left(\frac{\sigma_1 + a}{p + a} \right)^m \mathrm{d}\varepsilon_{\mathrm{v}}^{\mathrm{p}} \tag{5.74}$$

其中，$K_{\mathrm{s}} = \dfrac{E_{\mathrm{ur}}^{\mathrm{ref}}}{3(1 - 2v)}$ 和帽盖 K_{c} 的全积刚度由 E_{oed} 和 K_0^{nc} 决定。

应力相关模量如图5.54所示。

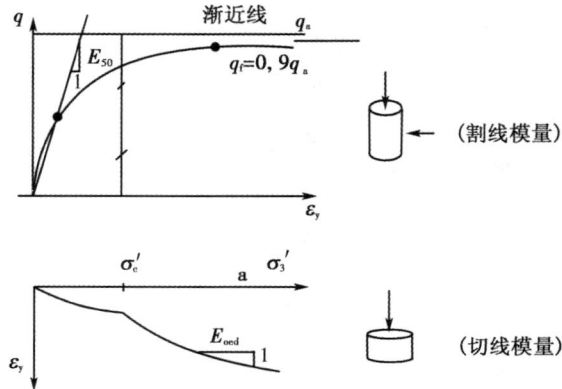

图5.54 应力相关模量幂关系的应力相关刚度

（5）弹性卸载/重加载如图5.55所示。

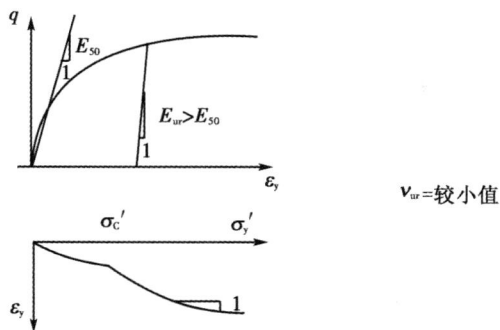

图5.55　弹性卸载/重加载

$$E_{\mathrm{ur}} = \frac{E_{\mathrm{ur}}}{3(1 - 2\nu_{\mathrm{ur}})} \tag{5.75}$$

$$G_{\mathrm{ur}} = \frac{E_{\mathrm{ur}}}{2(1 + \nu_{\mathrm{ur}})} \tag{5.76}$$

$$E_{\mathrm{ur}} = \frac{E_{ur}(1 - \nu_{\mathrm{ur}})}{(1 - 2\nu_{\mathrm{ur}})(1 + \nu_{\mathrm{ur}})} \tag{5.77}$$

（6）预固结应力的记忆如图5.56所示。

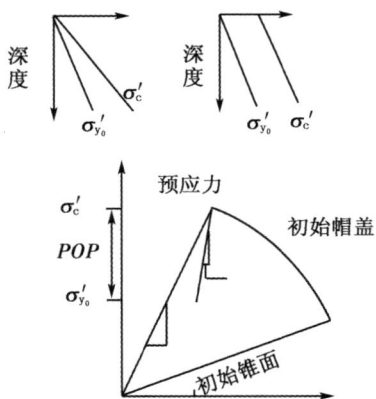

图5.56　预固结应力的记忆

预固结通过与竖向应力相关的 OCR 和 POP 来输入，并转化为 p_{p}。

初始水平应力：

$$\sigma'_{10} = K'_0 \sigma'_{\mathrm{c}} - \left(\sigma'_{\mathrm{c}} - \sigma'_{y0}\right) \cdot \frac{\nu_{ur}}{1 + \nu_{ur}} \tag{5.78}$$

默认：$K'_0 = 1 - \sin\varphi$，如果达到 MC 屈服，则被修正。

输出的OCR是基于等效各向同性主应力（如图5.57所示）。

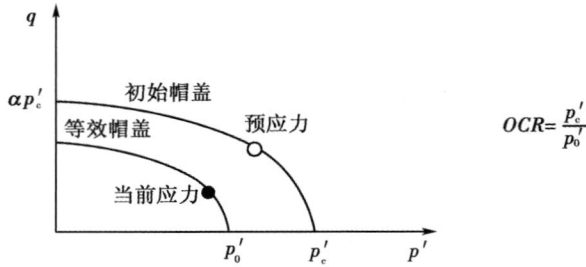

$$OCR=\frac{p'_e}{p'_0}$$

图5.57　预固结应力中的OCR

（7）摩尔-库仑线下的剪胀。剪胀方程：Rowe（1962）修正，输入的摩擦角决定摩尔－库仑强度。剪胀角改变应变；较高的剪胀角获得较大体积膨胀和较小的主方向屈服应变（如图5.58所示）。

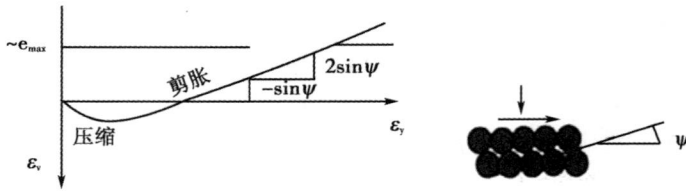

图5.58　摩尔-库仑线下的剪胀

$$\left.\begin{array}{l} \sin\varphi_{cv}=\dfrac{\sin\varphi'-\sin\psi}{1-\sin\varphi'\sin\psi} \\[3mm] \sin\varphi_{m}=\dfrac{\sigma'_1-\sigma'_3}{\sigma'_1+\sigma'_3-2c'\cot\varphi'} \\[3mm] \sin\psi_{m}=\dfrac{\sin\varphi_{m}-\sin\varphi_{cv}}{1-\sin\varphi_{m}\sin\varphi_{cv}} \end{array}\right\} \tag{5.79}$$

从破坏线认识剪胀。

非关联流动：增加的剪胀角ψ_m从零（φ_{cv}位置）到输入值ψ_{input}（摩尔-库仑线）。ROWE对于$\sin\varphi_m<0.75\sin\varphi$；剪胀角等于零。（如图5.59所示）

关联流动：压缩从零增加到摩尔－库仑位置的最大值仅仅帽盖移动（如图5.60所示）。

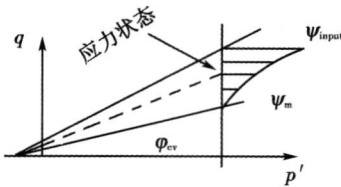

图5.59　从破坏线认识非关联流动剪胀

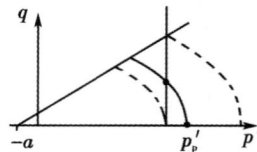

图5.60　从破坏线认识关联流动剪胀

（8）小应变刚度。土体硬化 HS 中的压缩如图 5.61 所示。

图 5.61　土体硬化 HS 中的压缩

土体硬化 HS 与小应变土体硬化 HSS 模型。当卸载－加载的幅值减小，滞回消失，因此，近乎真实的弹性响应仅在非常小的滞回环的情况下发生。真正弹性刚度称为小应变刚度（如图 5.62 所示）。

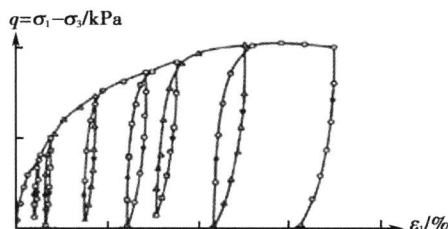

图 5.62　小应变刚度

小应变刚度或者 E_{ur} 和 E_0。土体硬化 HS 模型中定义屈服面内的刚度的卸载-加载 E_{ur} 是卸载/重加载（大的）滞回环的割线模量，小应变（或小滞回）下的 $E_0 = E_{ur}$（如图 5.63 所示）。

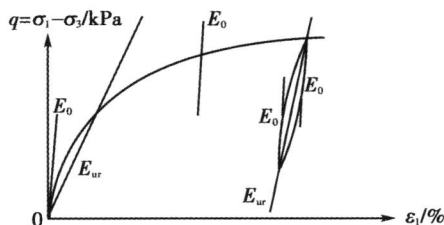

图 5.63　小应变刚度或者 E_{ur} 和 E_0

小应变刚度或者 G_{ur} 和 G_0。来自实验室的土体刚度一般给出割线剪切模量－剪切应变关系图。$G = G(\gamma)$ 是一个应用于荷载翻转后的剪切应变的函数（如图 5.64 所示）。

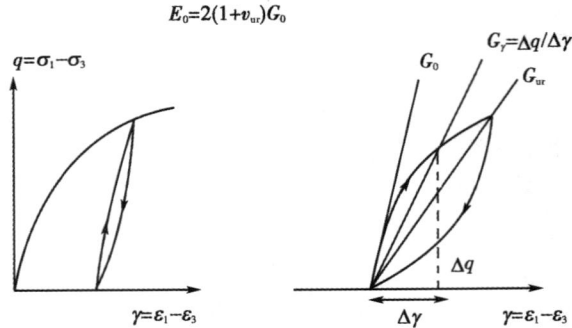

$$E_0 = 2(1 + v_{ur})G_0$$

图 5.64　小应变刚度或者 G_{ur} 和 G_0

◢◤ 5.9　小应变土体硬化 HSS 模型刚度的重要性

小应变刚度通过经典室内试验被发现。因此，不考虑它可能导致高估地基沉降和挡墙变形的问题，低估挡墙后的沉降和隧道上方的沉降，桩或者锚杆表现得偏软等问题。由于边缘处的网格刚度更加大，分析结果对于边界条件不那么敏感，大网格不再导致额外的位移。小应变刚度与动力刚度：真实的弹性刚度首先是在土体动力试验中获得的。明显动力情况的土体刚度比自然荷载下土体的刚度大很多。发现小应变下的刚度与动力实测测得结果差异很小。所以，有时将动力下的土体刚度作为小应变刚度是合理的。刚度衰减曲线特征见图 5.65。

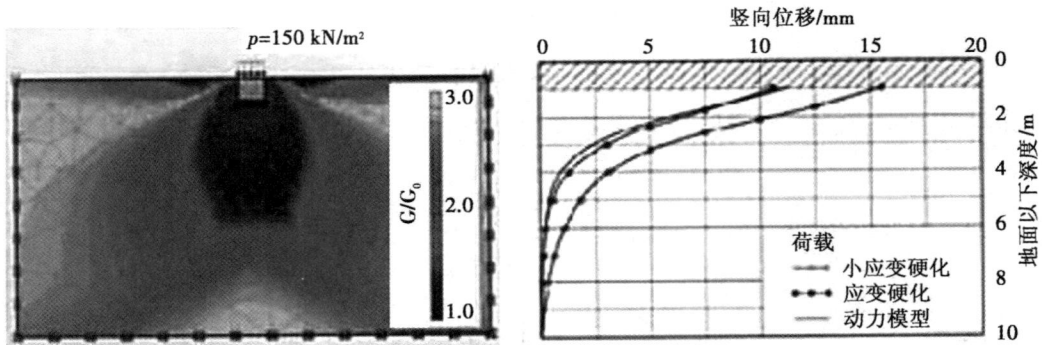

图 5.65　小应变刚度应用

小应变刚度的实验证明和数据见图 5.66。E_0 经验数据 & 经验关系，Alpan 假定 $E_{dynamic}/E_{static} = E_0/E_{ur}$，则可以获得 E_0 与 E_{ur} 的关系，如图 5.67 所示。

$\gamma_{0.7}$ 经验关系。基于实验数据的统计求值，Darandeli 提出双曲线刚度衰减模型关系，与小应变土体硬化 HSS 模型相似。关系给出不同的塑性指标。

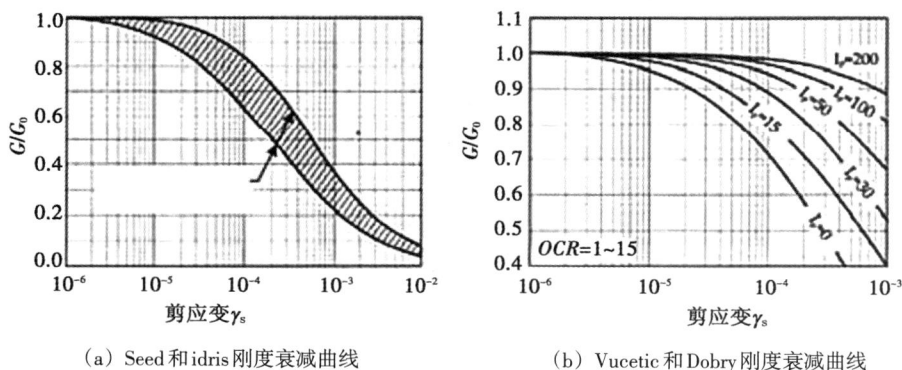

（a）Seed 和 idris 刚度衰减曲线　　　　　（b）Vucetic 和 Dobry 刚度衰减曲线

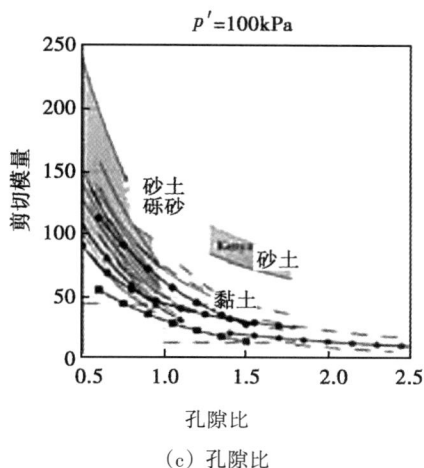

（c）孔隙比

图 5.66 小应变刚度的实验证明和数据

经验公式：

$$G_0/E_0 = 2(1 + \nu_{ur})G_0 \tag{5.80}$$

进一步的关系式为：

$$G_0 = G_0^{ref}\left(\frac{p'}{p_{ret}}\right)^m \tag{5.81}$$

其中 $G_0^{ref} = \text{function}(e) \cdot OCR'$

对于 $W_l < 50\%$，Biarez 和 Hicher 给出：

$$E_0 = E_0^{ref} = \sqrt{\frac{p'}{p_{ref}}} \tag{5.82}$$

其中 $E_0^{ref} = \dfrac{140}{e}$ MPa。

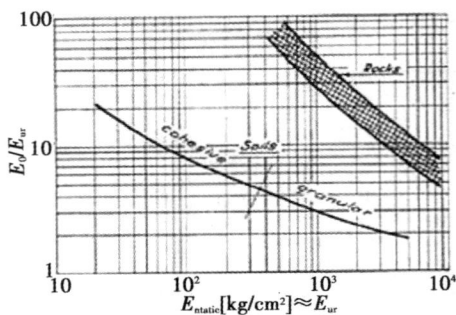

图 5.67 E_0 经验数据 & 经验关系

基于 Darandeli 的成果，$\gamma_{0.7}$ 可计算为：

$$IP = 0：$$
$$\gamma_{0.7} = 0.00015 \sqrt{\frac{p'}{p_{\text{ref}}}}$$

$$IP = 30：$$
$$\gamma_{0.7} = 0.00026 \sqrt{\frac{p'}{p_{\text{ref}}}} \qquad (5.83)$$

$$IP = 100：$$
$$\gamma_{0.7} = 0.00055 \sqrt{\frac{p'}{p_{\text{ref}}}}$$

$\gamma_{0.7}$ 的应力相关性在小应变土体硬化 HSS 模型中并没有实现。如果需要，可以通过建立子类组归并到边界值问题。

5.10 一维状态的小应变土体硬化 HSS 模型特点

Hardin 和 Drnevich 的一维模型如图 5.68 所示。

Hardin 和 Drnevich 模型：

$$\frac{G}{G_0} = \frac{1}{1 + \dfrac{\gamma}{\gamma_1}} \qquad (5.84)$$

HSS 模型修正：

$$\frac{G}{G_0} = \frac{1}{1 + \dfrac{3\gamma}{7\gamma_{2,3}}}$$

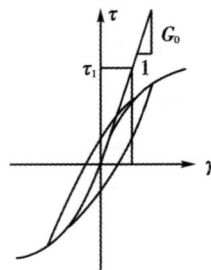

图 5.68 一维状态的小应变土体硬化 HSS 模型

刚度退化。左边：切线模量衰减→参数输入。右边：割线模量衰减→刚度退化阶段。如果小应变土体硬化HSS中的小应变刚度关系预计小于Gurref的割线刚度，模型的弹性刚度设置为定值，随后硬化的塑性说明刚度进一步衰减，如图5.69所示。

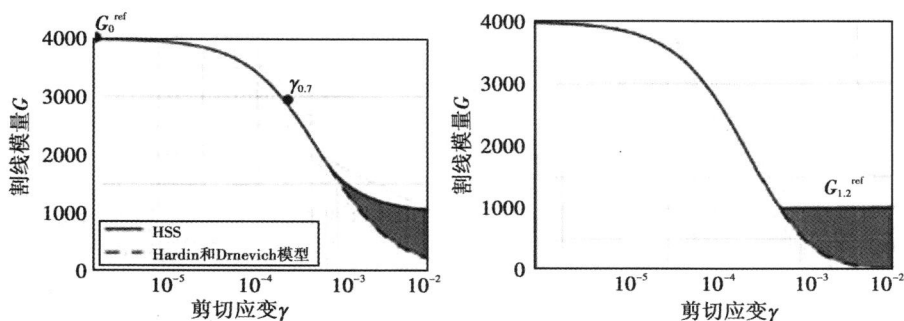

图5.69 刚度退化

📐 5.11 三维状态小应变土体硬化HSS模型特点

三轴试验中的模型性能。试验材料：密Hostun砂土。

试验参数：$E_{ur}^{ref} = 90MPa$，$E_0^{ref} = 270 MPa$，$m = 0.55$，$\gamma_{0.7} = 2 \times 10^{-4}$。土体硬化HS模型与小应变土体硬化HSS模型的应力-应变曲线几乎相同，如图5.70（a）所示。

然而，注意曲线第一部分，两个模型是不一样的。

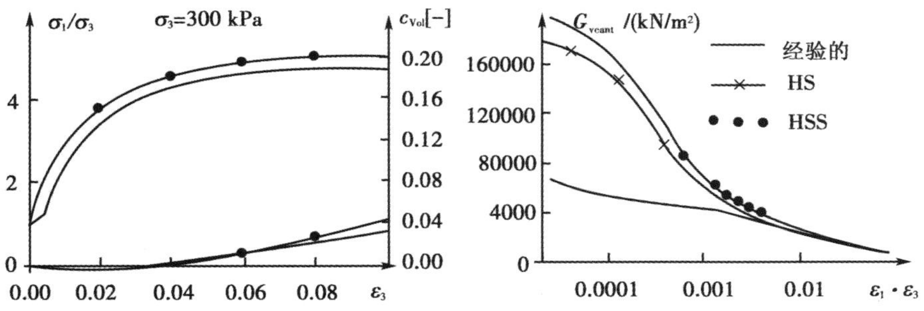

（a）HS模型 （b）HSS模型

图5.70 土体硬化HS模型与小应变土体硬化HSS模型应力-应变曲线

案例A。Limburg开挖基坑槽地面沉降如图5.71所示。对比分析：①摩尔–库仑模型$E = E_{50}$；②摩尔–库仑模型$E = E_{ur}$；③土体硬化HS模型$E_{oed} = E_{50}$。

（a）基坑沉降等值线孕育　　　　　　　　（b）基坑地面沉降分布

图5.71　Limburg开挖基坑槽地面沉降

Limburg开挖墙体水平位移如图5.72所示。Limburg开挖墙体弯矩如图5.73所示。

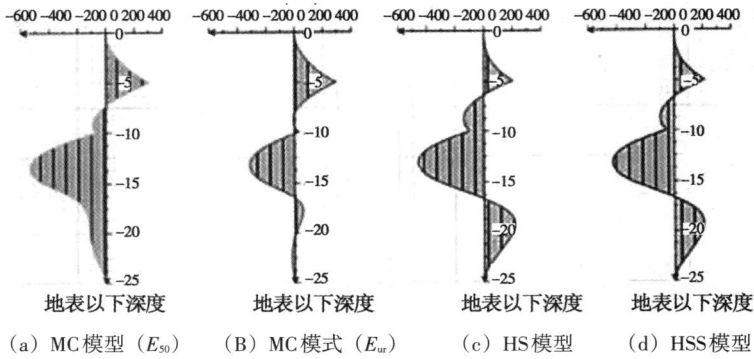

（a）MC模型（E_{50}）　　（B）MC模式（E_{ur}）　　（c）HS模型　　（d）HSS模型

图5.72　Limburg开挖墙体水平位移

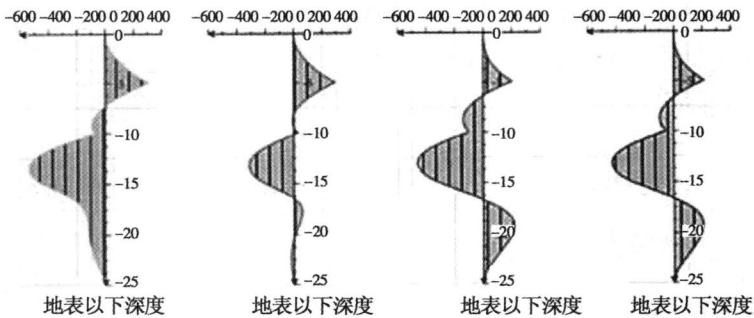

图5.73　Limburg开挖墙体弯矩

案例B。隧道案例，Steinhaldenfeld-NATM隧道开挖支护如图5.74所示。

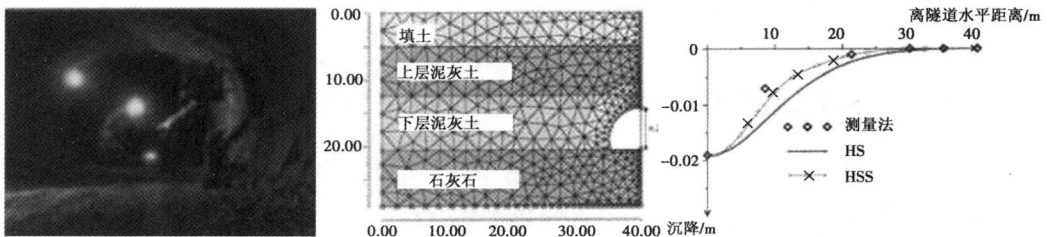

图5.74　Steinhaldenfeld-NATM隧道开挖支护

第6章 岩体Hoek-Brown破坏准则与软化模型

岩石一般比较硬，强度较大，从这个角度来看，岩石的材料行为与土有很大差别。岩石的刚度几乎与应力水平无关，因此可将岩石的刚度看作常数。另外，应力水平对岩石的（剪切）强度影响很大，因此可将节理岩石看作一种摩擦材料。第一种方法可以通过摩尔-库仑（MC）破坏准则模拟岩石的剪切强度。但是考虑到岩石所经受的应力水平范围可能很大，由MC模型所得到的线性应力相关性通常是不适合的。Hoek-Brown（胡克–布朗，HB）破坏准则是一种非线性强度近似准则，在其连续性方程中不仅包含剪切强度，也包含拉伸强度。与胡克定律所表述的线弹性行为联合，得到HB模型。

6.1 Hoek-Brown破坏准则

Hoek-Brown破坏准则可用最大主应力和最小主应力的关系式来表述（采用有效应力，拉应力为正，压应力为负）：

$$\sigma'_1 = \sigma'_3 - \left(m_b \frac{-\sigma'_3}{\sigma_{ci}} + s \right)^a \tag{6.1}$$

式中：m_b——对完整岩石参数 m_i 折减，依赖于地质强度指数（GSI）和扰动因子（D）参数：

$$m_b = m_i \exp\left(\frac{GSI - 100}{28 - 14D} \right) \tag{6.2}$$

式中：s，a——岩块的辅助材料参数，可表述为：

$$s = \exp\left(\frac{GSI - 100}{9 - 3D} \right) \tag{6.3}$$

$$a = \frac{1}{2} + \frac{1}{6}\left[\exp\left(-\frac{GSI}{15} \right) - \exp\left(-\frac{20}{3} \right) \right] \tag{6.4}$$

式中：σ_{ci}——完整岩石材料的单轴抗压强度（定义为正值）。

根据该值可得出特定岩石单轴抗压强度 σ_c 为：

$$\sigma_c = \sigma_{ci} sa \tag{6.5}$$

特定岩石抗拉强度 σ_t：

$$\sigma_t = \frac{s\sigma_{ci}}{m_b} \tag{6.6}$$

Hoek-Brown 破坏准则描述如图6.1所示。

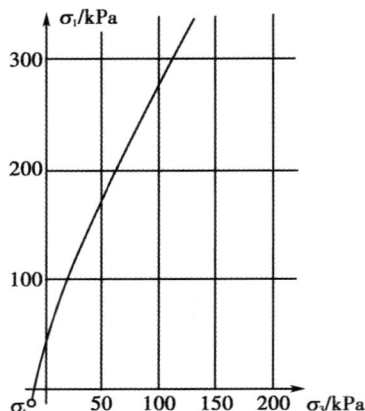

图6.1　Hoek-Brown破坏准则

在塑性理论中，Hoek-Brown 破坏准则重新写为下述破坏函数：

$$f_{HB} = \sigma'_1 - \sigma'_3 + \bar{f}(\sigma'_3) \tag{6.7}$$

其中，$\bar{f}(\sigma'_3) = \sigma_{ci} - \left(m_b - \dfrac{\sigma'_3}{\sigma_{ci}} + s \right)^a$。

对于一般三维应力状态，处理屈服角需要更多屈服函数，这点与摩尔－库仑准则相似。定义应力压为负，且考虑主应力顺序 $\sigma'_1 \leqslant \sigma'_2 \leqslant \sigma'_3$，准则可以用两个屈服函数来描述：

$$f_{HB,\,13} = \sigma'_1 - \sigma'_3 + \bar{f}(\sigma'_3) \tag{6.8}$$

其中，$\bar{f}(\sigma'_3) = \sigma_{ci} - \left(m_b - \dfrac{\sigma'_3}{\sigma_{ci}} + s \right)^a$。

$$f_{HB,\,12} = \sigma'_1 - \sigma'_2 + \bar{f}(\sigma'_2) \tag{6.9}$$

其中，$\bar{f}(\sigma'_2) = \sigma_{ci} - \left(m_b - \dfrac{\sigma'_2}{\sigma_{ci}} + s \right)^a$。

主应力空间中的胡克–布朗破坏面（$f_i = 0$）如图6.2所示。

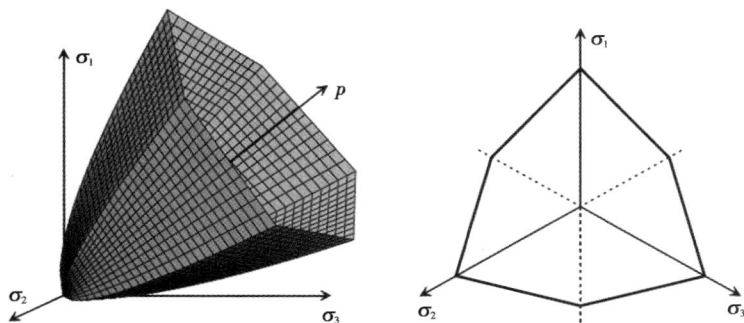

图6.2 主应力空间中的 Hoek-Brown 破坏面

除了上述两个屈服函数以外，Hoek-Brown 准则中定义了两个相关塑性势函数：

$$g_{\mathrm{HB,\,13}} = S_{\mathrm{i}} - \left(\frac{1 + \sin\psi_{\mathrm{mob}}}{1 - \sin\psi_{\mathrm{mob}}}\right) S_3 \tag{6.10}$$

$$g_{\mathrm{HB,\,12}} = S_{\mathrm{i}} - \left(\frac{1 + \sin\psi_{\mathrm{mob}}}{1 - \sin\psi_{\mathrm{mob}}}\right) S_2 \tag{6.11}$$

其中，S_i 为转换应力，定义为：

$$S_{\mathrm{i}} = \frac{-\sigma_1}{m_{\mathrm{b}}\sigma_{\mathrm{ci}}} + \frac{S}{m_{\mathrm{b}}^2} \quad (i = 1,\ 2,\ 3) \tag{6.12}$$

ψ_{mob} 为动剪胀角，当 σ_3' 由其输入值（$\sigma_3' = 0$）降低为 0（$-\sigma_3' = \sigma_\psi$）时，动剪胀角随之变化：

$$\psi_{\mathrm{mob}} = \frac{\sigma_\psi + \sigma_3'}{\sigma_\psi}\psi \geq 0 \quad (0 \geq -\sigma_3' \geq \sigma_\psi) \tag{6.13}$$

此外，为了允许受拉区域中的塑性膨胀，人为给定了递增的动剪胀角：

$$\psi_{\mathrm{mob}} = \psi + \frac{\sigma_3'}{\sigma_{\mathrm{t}}}(90° - \psi)(\sigma_{\mathrm{t}} \geq -\sigma_3' \geq 0) \tag{6.14}$$

动剪胀角随 σ_3' 的变化如图6.3所示。

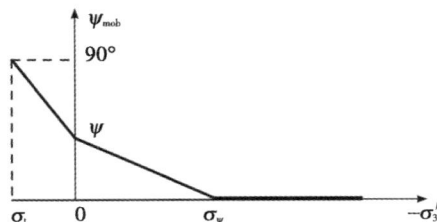

图6.3 动剪胀角的变化

关于 Hoek-Brown 模型的弹性行为，即各向同性线弹性行为胡克定律。模型的参数包括弹性模量 E（代表节理岩体破坏前的原位刚度），泊松比 υ（描述侧向应变）。

Hoek-Brown破坏准则由于其固有的能力可以捕捉不同类型岩石的非线性行为，在过去几十年的实际工程应用中经常被采用。Hoek-Brown之前的观点（Hoek，1968年；Hoek-Brown，1980）将断裂力学的一些概念与初始屈服的非线性趋势所产生的宏观响应联系起来。为了建立初始屈服面的数学表达式并描述岩体的特性，研究了完整岩石的单轴抗压强度（UCS）和一些由经验相关性（即经验系数）得到的无因次常数，常数m_b，s和a〕定义了Hoek-Brown准则：

$$\sigma_1 = \left[\sigma^3 + m_b(\sigma_3/\sigma_{ci}) + s\right]^a \tag{6.15}$$

式中：σ_1——最大主有效应力；

σ_3——最小主有效应力；

σ_{ci}——完整材料的UCS；

m_b，s和a——由经验关系式得到的初始屈服面非线性趋势的无量纲系数。

这一方法已经被一些作者（Marinos等，2005）进一步改进利用在不同环境条件下野外观测记录经验数据来表征岩体力学特性。为此，提出了地质强度指数（GSI）与破坏程度关系，采用因子（D）来定义Hoek-Brown屈服面的材料参数，见式（6.2）、式（6.3）和式（6.4）。

在这些方程中，m_i的值是m_b，相当于完整的岩石（即$m_b = m_i$，$GSI = 100$）。此后，PLAXIS中实施的Hoek-Brown模型是指Jiang（2017）提出的方法，该方法可以同时保证屈服面和塑性势的光滑性和凸性。潜在应用实现进一步加强，具有以下组成特征：

- 初始非相关性，具有模拟峰后状态膨胀非线性演化的能力。
- 通过两种不同的方法实现软化规则。
- 在应力空间的拉伸状态下的张力截止点。
- 当脆性破坏特征是在窄剪切带中有应变集中时，这里使用了一个速率依赖版本的Hoek-Brown模型来解决数值解的网格依赖性。

不同类型的岩石σ_{ci}的取值范围见表6.1，不同类型岩石的参数m_i值见表6.2，不同类型的岩石的定性指标评价见表6.3。与干扰因子D值相关的不同施工案例（建议）见图6.4和根据Marinos等人（2005）对GSI系统的表示汇总见图6.5。

表6.1 不同类型的岩石σ_{ci}的取值范围

岩石材料	电阻的分类	σ_{ci}取值范围/（kN·m²）
燧石、辉绿岩、新玄武岩、片麻岩、朗岩、石英岩	只有地质锤才有可能碎裂	0～2500000
角闪岩、玄武岩辉长岩、片麻岩、花岗闪长岩、石灰岩、大理石、流纹岩、砂岩、凝灰岩	压裂需要地质锤多次击打	100000～250000
石灰岩、大理石、千枚岩、砂岩、片岩、页岩	压裂需要地质锤不止一次敲击	50000～100000

表6.1（续）

岩石材料	电阻的分类	σ_{ci}取值范围/（kN·m²）
黏土岩、煤、混凝土、片岩、页岩、粉砂岩	地质锤一击就可以压裂，但不能用小刀刮或削	25000～50000
粉笔、钾肥、盐岩	地质锤点用力冲击会留下浅压痕；用小刀削皮是可能的，但很困难	5000～25000
风化的岩石、高度风化或蚀变的岩石	地质锤尖有力打击会导致土崩瓦解；用小刀削皮是可能的	1000～5000
僵硬的断层泥	地质锤留下压痕	250～1000

表6.2　不同类型岩石的参数m_i值

岩　石	$m_i \pm \Delta m_i$	岩　石	$m_i \pm \Delta m_i$
结块（IG，CO）	19±3	角闪岩（EE，ME）	26±6
安山岩（IG，ME）	25±5	无水石膏（SE，FI）	12±2
玄武岩（IG，FI）	25±5	角砾岩（IG）	19±5
角砾岩（SE）	19±5	白垩岩（SE，VF）	7±2
黏土岩（SE，VF）	4±2	砾岩（SE，CO）	21±3
晶体灰岩（SE，CO）	12±3	英安岩（IG，FI）	25±3
辉绿岩（IG，FI）	15±5	闪长岩（IG FI）	25±5
辉绿岩（IG，ME）	16±5	白云岩（SE，VF）	9±3
辉长岩（IG，CO）	27±3	片麻岩（EE，FI）	28±5
花岗岩（IG，CO）	32±3	花岗闪长岩（IG，CO/ME）	29±3
泥砂岩（SE，FI）	18±3	石膏（SE，ME）	8±2
角页岩（EE，ME）	19±4	大理石（EE，CO）	9±3
泥灰土（SE，VF）	7±2	变质砂岩（EE，ME）	19±3
微晶灰岩（SE，FI）	9±2	混合岩（EE，CO）	29±3
苏长岩（IG，CO/ME）	20±5	黑曜石（IG，VF）	19±3
橄榄岩（IG，VF）	25±5	千枚岩（EE，FI）	7±3
页岩（IG，CO/ME）	20±5	沙石（EE，FI）	20±3
流纹岩（IG，ME）	25±5	砂岩（SE，ME）	17±4
片岩（EE，ME）	12±3	页岩（SE，VF）	6±2
粉砂岩（SE，FI）	7±2	板岩（EE，VF）	7±4
细粒灰岩（SE，ME）	10±2	凝灰岩（IG，FI）	13±5

注：表中使用了以下名称来表示岩石的粒度特征：VC（非常差）、CO（差）、ME（中等）、FI（好）、VF（非常好）；岩石类型为：IG（火成岩）、EE（变质岩）、SE（沉积岩）。

表6.3　定性指标评价表

干扰因素	D
采用TBM或质量优良的爆破方式开挖隧道，见图6.4（a）	0
在质量较差的岩石中，采用机械工艺而不是爆破人工开挖隧道。不存在导致底鼓的挤压问题，或者通过临时仰拱来缓解，见图6.4（b）	0
在质量较差的岩石中，采用机械工艺而不是爆破人工开挖隧道。存在严重挤压问题，导致底鼓，见图6.4（c）	0.5
隧道开挖采用质量极差的爆破方式，导致局部损伤较轻，见图6.4（d）	0.8
采用可控、小规模、质量良好的爆破方式建造的边坡，见图6.4（e）	0.7
小尺度质量较差的爆破边坡，见图6.4（f）	0.7
超大露天矿山边坡，采用大生产爆破作业，见图9.4（g）	1
大型露天矿山边坡，在软岩中采用机械开挖形成，见图6.4（h）	1

图6.4　与干扰因子D值相关的不同施工案例图（建议）

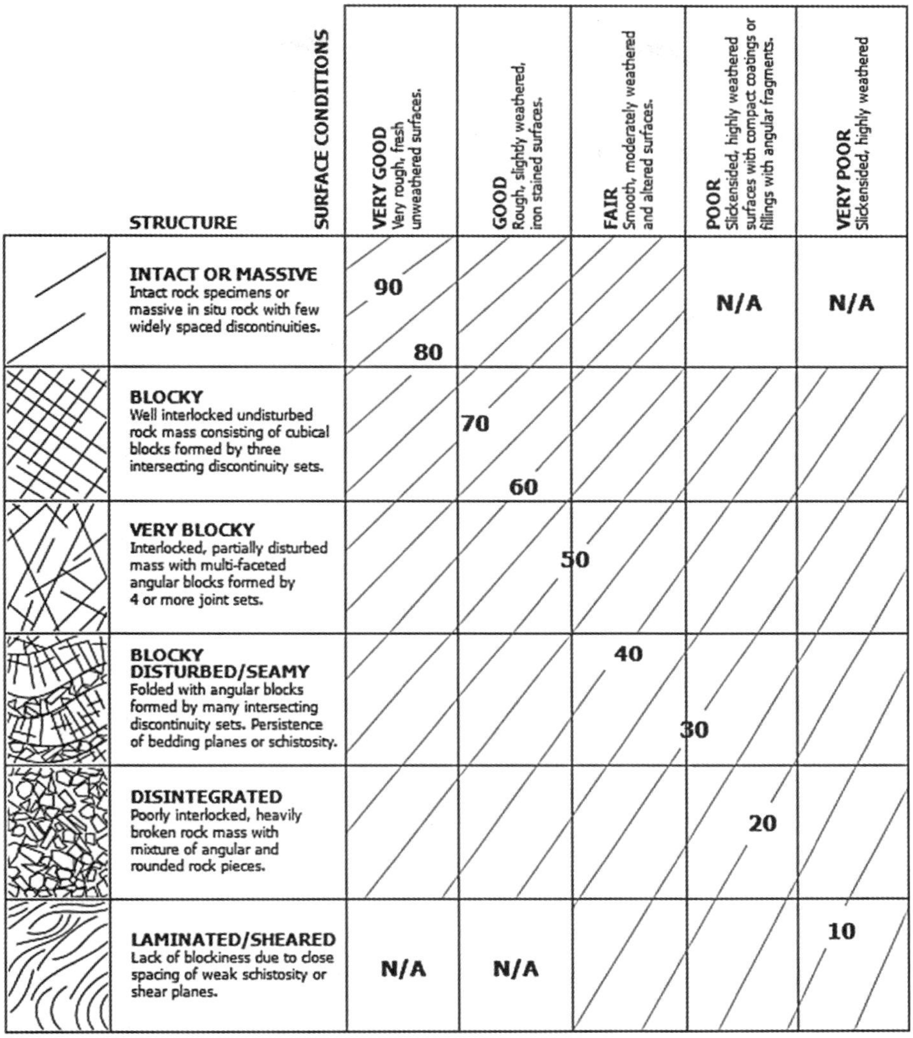

图 6.5　根据 **Marinos** 等人（2005）对 **GSI** 系统的表示汇总图

6.2　Hoek-Brown 模型与 Mohr-Coulomb 模型

为了考虑屈服面中间主应力的影响，根据 Jiang 和 Zhao（2015）用应力不变量（即平均应力 p、偏应力 q 和洛德角 θ）报告的数学形式：

$$f=\left(\frac{q^{1/a}}{\sigma_{ci}^{(1/a-1)}}\right)+A(\theta)\left(\frac{q}{3}m_b\right)\cdot m_b p - s\sigma_{ci} \tag{6.16}$$

式（6.17）中考虑的函数 $A(\theta)$ 对应于 Jiang（2017）提出的表达式，定义为：

$$A(\theta) = \frac{\cos\left[\dfrac{1}{3}\arccos(k\cos 3\theta)\right]}{\cos\left[\dfrac{1}{3}\arccos(k)\right]} \quad (-1 < k \le 0) \tag{6.17}$$

参数 k 可以作为模型的进一步参数，可以更好地标定岩石样品在偏平面（即 $k=0$ 对应圆形截面），而 $k\to-1$ 对应 Jiang 和 Zhao（2015）定义的截面）。虽然参数 $k\to-1$ 可以保证更接近于原始的 Hoek-Brown 曲面，该曲面的特征是其一阶导数（即屈服面 $\partial f/\partial\sigma_{ij}$）沿压缩三轴应力路径的梯度。因此，在计算一般的三维初边值问题或三轴应力路径时，建议避免使用这个特定的 k。默认情况下，在 $-1 < k \le 0$ 范围外，该参数固定为 $k=-0.9999$。Jiang（2017）提出的 Hoek-Brown 标准的表示被绘制在偏平面上［见图 6.6（a）］，其中对应于 $k=-0.9$ 的特定值的屈服面与原始 Hoek-Brown 公式和 Drucker-Prager 曲面进行了比较。从图中可以看出，对于轴对称应力路径，Jiang（2017）提出的三维概化方法收敛于式（6.16）中所述模型的原始公式。在图 6.6（b）中，函数 $A(\theta)$ 也绘制了参数 k 的多个值。

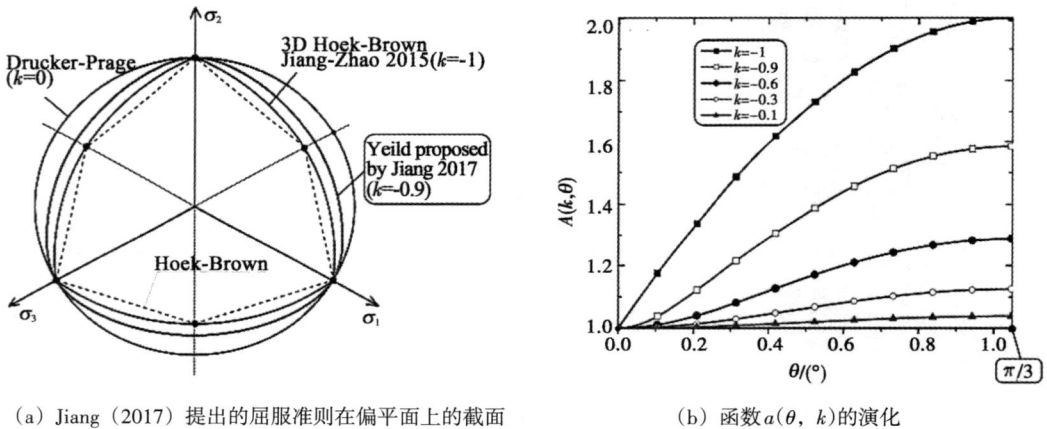

（a）Jiang（2017）提出的屈服准则在偏平面上的截面　　（b）函数 $a(\theta, k)$ 的演化

图 6.6　Jiang2017 重新排列的图

为了计算塑性应变，塑性势是通过使用屈服面相同的数学特征来定义的，其中它们仅在变量 m_ψ 的基础上有所不同，因此可以在 $m_\psi \equiv m_b$ 的情况下恢复相关的塑性。

$$g = \frac{\sigma^{1/\alpha}}{\sigma_{ci}^{(1/\alpha-1)}} + A(\theta)\frac{q}{3}m_\psi \cdot m_\psi p, \quad \begin{cases} \dot\varepsilon_c^p = \dot\Lambda(\cdot \, m_\psi) \\ \dot\varepsilon_q^p = \dot\Lambda\left[\dfrac{1}{\alpha}\left(\dfrac{q}{o_{ci}}\right)^{1/a-1} + \dfrac{m_\psi}{3}\right] \end{cases} \tag{6.18}$$

采用软化规则对材料的剪切退化进行了模拟 Γ_j 为等效塑性应变 ε_{eq}^p 的函数（即为偏塑性应变的累积值），从而可以描述材料的剪切破坏。具体来说，Γ_j 的双曲线衰减对于较大的塑性应变值，采用 Barnichon（1988）和 Collin（2003）提出的软化规则来逼近其残余值。

$$\Gamma_{\mathrm{j}} = \Gamma_{\mathrm{j}_o} - \left(\frac{\boldsymbol{\Gamma} - \boldsymbol{\Gamma}_{\mathrm{j}_r}}{B_{\mathrm{j}} + \varepsilon_{\mathrm{eq}}^{p}} \right) \varepsilon_{\mathrm{eq}}^{p} \qquad (\varepsilon_{\mathrm{eq}}^{p} = \int_0^t \dot{\varepsilon}_{\mathrm{q}}^{p} \mathrm{d}t) \qquad (6.19)$$

式中：o，r——下标表示 Γ 的初值和残值；

B_{j}——材料参数控制相应的硬化变量的软化速率。

图6.7显示了 Γ_{j} 的规范化变化对于不同值的参数 B_{j}，$B_{\mathrm{j}} = \varepsilon_{\mathrm{eq}}^{p}$，$\Gamma_{\mathrm{j}}$ 求解达到50%的比值（即 $\Gamma_{\mathrm{j}} = 0.5 \cdot (\Gamma_{\mathrm{j}_o} + \Gamma_{\mathrm{j}_r})$）。

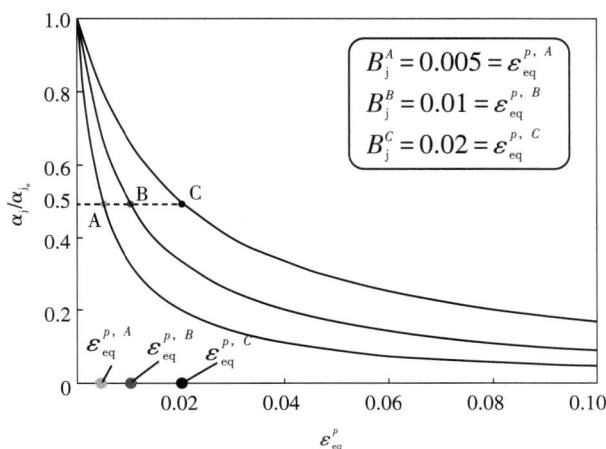

图6.7 软化变量的演化 Γ_{j} 按初始值归一化示意图

注：关于软化速率曲线对应不同的 B_{j} 值（即 B_{j}^{A}，B_{j}^{B}，B_{j}^{C}）表示参数 B_{j} 的影响

考虑用两种不同的方法来实现式（6.19）中所述的软化规则：

（1）通过定义材料性能的下降 m_{b} 和 s（Alonso等，2003；Zou等，2016），以下简称强度软化模型（SSM）。

（2）根据Cai等（2007）的建议定义了GSI指数的下降（Ranjbarnia等，2015），以下简称GSI软化模型（GSM）。

对比Hoek-Brown破坏准则和Mohr-Coulomb破坏准则在应用中的情况，需要特殊的应力范围，该范围内在指定围压下达到平衡（考虑拉为正，压为负）。

$$-\sigma_{\mathrm{t}} \geqslant \sigma_3' \geqslant -\sigma_{3,\ \mathrm{max}}' \qquad (6.20)$$

此时，Mohr-Coulomb有效强度参数 c'、ϕ' 之间存在下述关系（Carranza-Torres，2004）：

$$\sin\varphi' = \frac{6am_{\mathrm{b}}\left(s + m_{\mathrm{b}}\sigma_{3\mathrm{n}}'\right)^{a-1}}{2(1+a)(2+a) + 6am_{\mathrm{a}}\left(s + m_{\mathrm{b}}\sigma_{3\mathrm{n}}'\right)^{a-1}} \qquad (6.21)$$

$$c' = \frac{\sigma_{ci}\left[(1 + 2a)s + (1 - a)m_b\sigma'_{3n}\right]\left(s + m_b\sigma'_{3n}\right)^{a-1}}{(1 + a)(2 + a)\sqrt{1 + \dfrac{6am_b\left(s + m_b\sigma'_{3n}\right)^{a-1}}{(1 + a)(2 + a)}}} \tag{6.22}$$

其中，$\sigma'_{3n} = \sigma'_{3,\,max}/\sigma_{ci}$。围压的上限值 $\sigma'_{3,\,max}$ 取决于实际情况。

6.3 Hoek-Brown 模型中的参数

Hoek-Brown 模型中一共有 8 个参数，一般工程师对这些参数比较熟悉。参数及其标准单位如表 6.4 所示。

表 6.4　Hoek-Brown 模型参数

E	弹性模量	kN/m^2
ν	泊松比	—
σ_{ci}	完整岩石的单轴抗压强度（>0）	kN/m^2
m_i	完整岩石参数	—
GSI	地质强度指数	—
D	扰动因子	—
ψ	剪胀角（$\sigma'_3 = 0$时）	(°)
σ_ψ	$\psi = 0°$时围压 σ'_3 的绝对值	kN/m^2

（1）弹性模量（E）。对于岩石层，弹性模量 E 视为常数。在 Hoek-Brown 模型中该模量可通过岩石质量参数来估计（Hoek，Carranza-Torres 和 Corkum，2002）：

$$E = \left(1 - \frac{D}{2}\right)\sqrt{\frac{\sigma_{ci}}{p^{ref}}} \cdot 10^{\left(\frac{GSI - 10}{40}\right)} \tag{6.23}$$

其中，$p^{ref} = 10^5\ kPa$，并假定平方根的最大值为 1。

弹性模量单位为 kN/m^2（$1\ kN/m^2 = 1\ kPa = 10^6\ GPa$），即由式（6.23）所得到的数值应该乘以 10^6。弹性模量的精确值可通过岩石的单轴抗压试验或直剪试验得到。

（2）泊松比（ν）。泊松比 ν 的范围一般为 [0.1，0.4]。不同岩石类别泊松比典型数值如图 6.8 所示。

（3）完整岩石单轴抗压强度（σ_{ci}）。完整岩石的单轴抗压强度 σ_{ci} 可通过试验（如单轴压缩）获得。室内试验试样一般为完整岩石，因此遵循 $GSI = 100$，$D = 0$。典型数据如表 6.5 所示（Hoek，1999）。

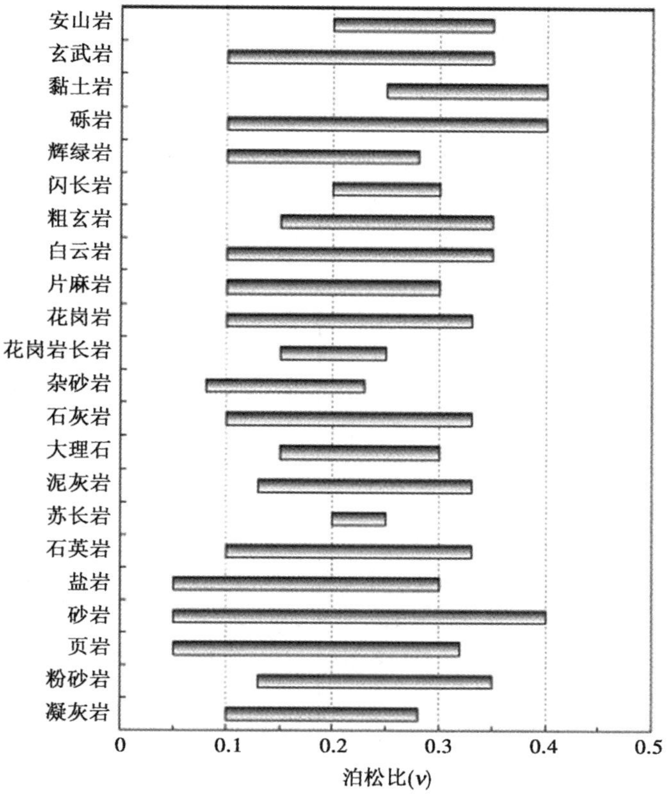

图 6.8　典型泊松比数值

表 6.5　完整单轴抗压强度

级别	分类	单轴抗压强度/MPa	强度的现场评价	示例
R6	极坚硬	> 250	岩样用地质锤可敲动	新鲜玄武岩、角岩、辉绿岩、片麻岩、花岗岩、石英岩
R5	非常坚硬	100 ~ 250	需多次敲击岩样方可击裂岩样	闪岩、砂岩、玄武岩、辉长岩、片麻岩、花岗闪长岩、石灰岩、大理石、流纹岩、凝灰岩
R4	坚硬	50 ~ 100	需敲击 1 次以上方可击裂岩样	石灰岩、大理石、千枚岩、砂岩、片岩、页岩
R3	中等坚硬	25 ~ 50	用小刀刮不动，用地质锤一击即可击裂	黏土岩、煤块、混凝土、片岩、页岩、粉砂岩
R2	软弱	5 ~ 25	用小刀刮比较困难，地质锤点击可看到轻微凹陷	白垩、盐岩、明矾
R1	非常软弱	1 ~ 5	地质锤稳固点击时可弄碎岩样，小刀可削得动	强风化或风化岩石
R0	极其软弱	0.25 ~ 1	手指可按出凹痕	硬质断层黏土

　　（4）完整岩石参数（m_i）。完整岩石参数为经验模型参数，依赖于岩石类型。典型数值如表 6.6 所示。

（5）地质强度指数（*GSI*）。*GSI*可以基于图6.9的描绘来选取。

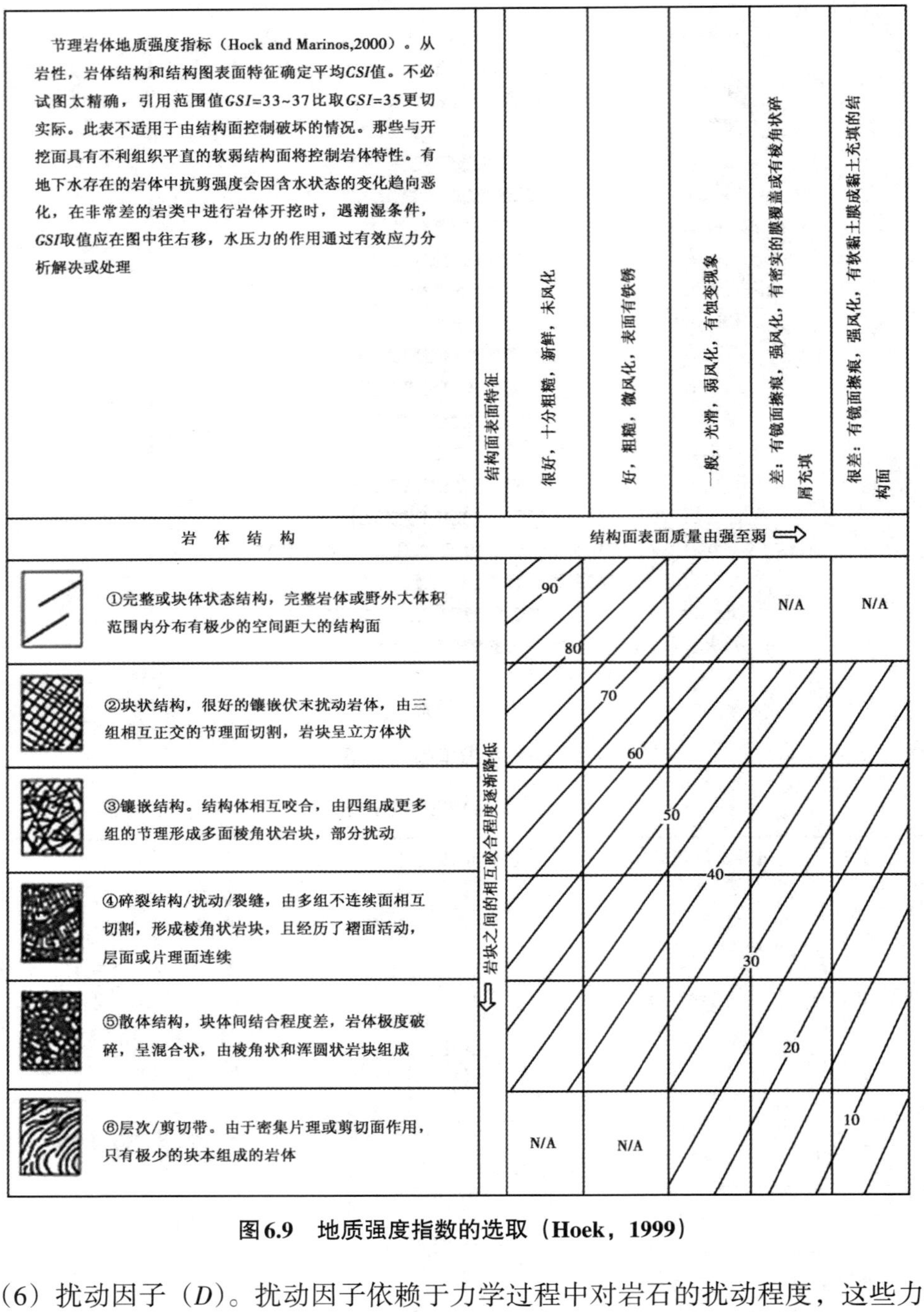

节理岩体地质强度指标（Hock and Marinos,2000）。从岩性，岩体结构和结构图表面特征确定平均*CSI*值。不必试图太精确，引用范围值*GSI*=33~37比取*GSI*=35更切实际。此表不适用于由结构面控制破坏的情况。那些与开挖面具有不利组织平直的软弱结构面将控制岩体特性。有地下水存在的岩体中抗剪强度会因含水状态的变化趋向恶化，在非常差的岩类中进行岩体开挖时，遇潮湿条件，*GSI*取值应在图中往右移，水压力的作用通过有效应力分析解决或处理	结构面表面特征	很好、十分粗糙、新鲜、未风化	好、粗糙、微风化、表面有软铸	一般、光滑、弱风化、有蚀变现象	差：有镜面擦痕、强风化、有密实的膜覆盖或有棱角状碎屑充填	很差：有镜面擦痕、强风化、有块黏土膜成黏土充填的结构面
岩 体 结 构		结构面表面质量由强至弱 ⇨				
①完整或块体状态结构，完整岩体或野外大体积范围内分布有极少的空间距大的结构面	岩块之间的相互咬合程度逐渐降低 ⇦	90 / 80			N/A	N/A
②块状结构，很好的镶嵌伏末扰动岩体，由三组相互正交的节理面切割，岩块呈立方体状			70 / 60			
③镶嵌结构。结构体相互咬合，由四组成更多组的节理形成多面棱角状岩块，部分扰动				50 / 40		
④碎裂结构/扰动/裂缝，由多组不连续面相互切割，形成棱角状岩块，且经历了褶面活动，层面或片理面连续					30	
⑤散体结构，块体间结合程度差，岩体极度破碎，呈混合状，由棱角状和浑圆状岩块组成					20	
⑥层次/剪切带。由于密集片理或剪切面作用，只有极少的块本组成的岩体		N/A	N/A			10

图6.9　地质强度指数的选取（Hoek，1999）

（6）扰动因子（*D*）。扰动因子依赖于力学过程中对岩石的扰动程度，这些力学过程可能为发生在开挖、隧道或矿山活动中的爆破、隧道钻挖、机械设备的动力或人工开挖。没有扰动，则*D* = 0，剧烈扰动，则*D* = 1。更多信息可参见Hoek（2006）相关文献。

（7）剪胀角（ψ）和围压（σ_ψ）。当围压相对较低，且经受剪切时，岩石可能表现出剪胀材料特性。围压较大时，剪胀受抑制。这种行为通过下述方法来模拟：当$\sigma_3 = 0$时给定某个ψ值，ψ值随围压增大而线性衰减；当$\sigma'_3 = \sigma_\psi$时，ψ值减小为0。其中σ_ψ为输入值。在动力计算中使用Hoek-Brown模型时，需要选择刚度，以便模型正确预测岩石中的波速。当经受动力或循环荷载时，Hoek-Brown模型一般只表现出弹性行为，没有（迟滞）阻尼效应，也没有应变或孔压或液化的累积。为了模拟岩石的阻尼特性，需要定义瑞利阻尼。基于Hoek-Brown模型，参考Jiang（2017）提出的方法，可以同时保证屈服表面的光滑度和凸度以及塑性势。

通过以下特征说明：①初始非线性，具有模拟后峰值状态下扩张的非线性演变的能力。②通过两种不同的方法实现软化规则。③应力空间拉伸状态下的张力截断。④使用Hoek-Brown模型的速率依赖性本质，用于求解数值解的网格特性，当脆性破坏的特征是剪切带中出现剪应变面时。图6.10和图6.11显示了材料的响应特性，其中描述了相应的力学材料行为以及控制峰后状态的软化机制的相互作用。

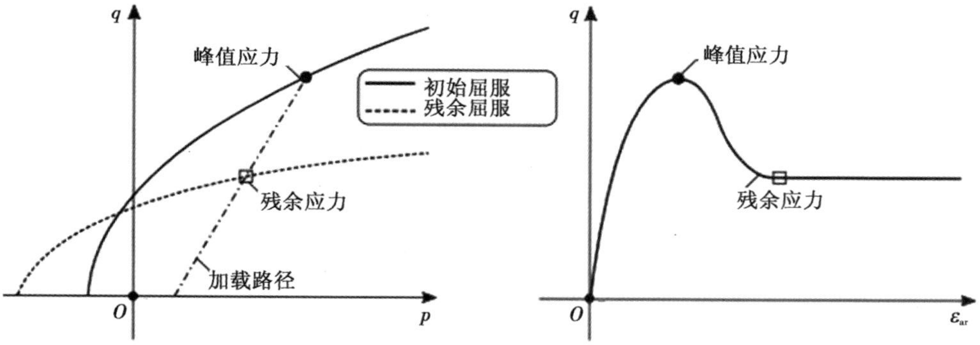

（a）应力路径中的初始和残余屈服表面　　　　（b）应力–应变空间中的峰值强度和残余强度

图6.10　三轴应力路径下的力学行为图

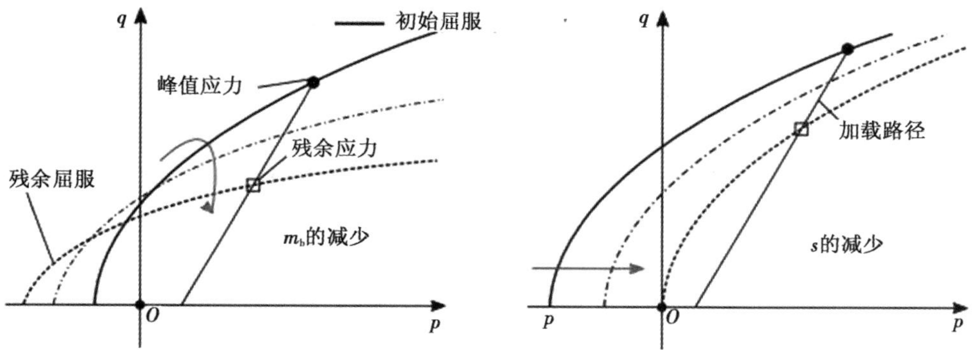

（a）m_b的影响　　　　　　　　　　　（b）s的影响

图6.11　软化过程对屈服表面上变量图

6.4 Hoek-Brown Softening 软化模型

6.6.1 强度软化模型

在 Hoek-Brown model with Softening（HBS）软化模型方法中，材料性能的降低被明确地应用于变量 m_b 和 s 中，从而可以得到 Strength Softening Model（SSM）强度软化模型：

$$\boldsymbol{\Gamma} = \begin{bmatrix} m_b \\ s \end{bmatrix} = \begin{bmatrix} m_{b_o} - \left(\dfrac{m_{b_o} - m_{b_r}}{B_m + \varepsilon_{eq}^p} \right) \varepsilon_{eq}^p \\[4mm] s_o - \left(\dfrac{s_o - s_r}{B_s + \varepsilon_{eq}^p} \right) \varepsilon_{eq}^p \end{bmatrix} \tag{6.24}$$

6.6.2 GSI 强度软化模型

另一种强化材料退化的方法是使用 GSI 指数作为模型的硬化变量，GSI Strength Softening model（GSM）软化模型，从而通过经验关系应用材料软化的减少。这一方法与 Cai 等（2004，2007）提出的确定软化过程与两个主要因素相结合的岩体残余性质的研究相一致：

（1）微裂纹、裂缝和间断的发展。

（2）结合面平滑，影响结合强度（如见图 6.12）。

根据该方法，岩石质量的退化可以通过 GSI 的降低来反映：

$$GSI = GSI_o - \left(\frac{GSI_o - GSI_r}{B_{GSI} + \varepsilon_{eq}^p} \right) \varepsilon_{eq}^p \tag{6.25}$$

式中：GSI_o，GSI_r——GSI 的初值和残值；

B_{GSI}——控制软化速率的参数。

通过将公式（6.25）替换，可以得到 GSM 方法软化规则的广义表达式：

$$\boldsymbol{\Gamma} = \begin{bmatrix} m_b \\ s \end{bmatrix} = \begin{cases} m_{b_o} \exp\left[\left(\dfrac{GSI_r - GSI_o}{28 - 14D} \right) \left(\dfrac{\varepsilon_{eq}^p}{B_{GSI} + \varepsilon_{eq}^p} \right) \right] \\[5mm] s_o \exp\left[\left(\dfrac{GSI_r - GSI_o}{9 - 3D} \right) \left(\dfrac{\varepsilon_{eq}^p}{B_{GSI} + \varepsilon_{eq}^p} \right) \right] \end{cases} \tag{6.26}$$

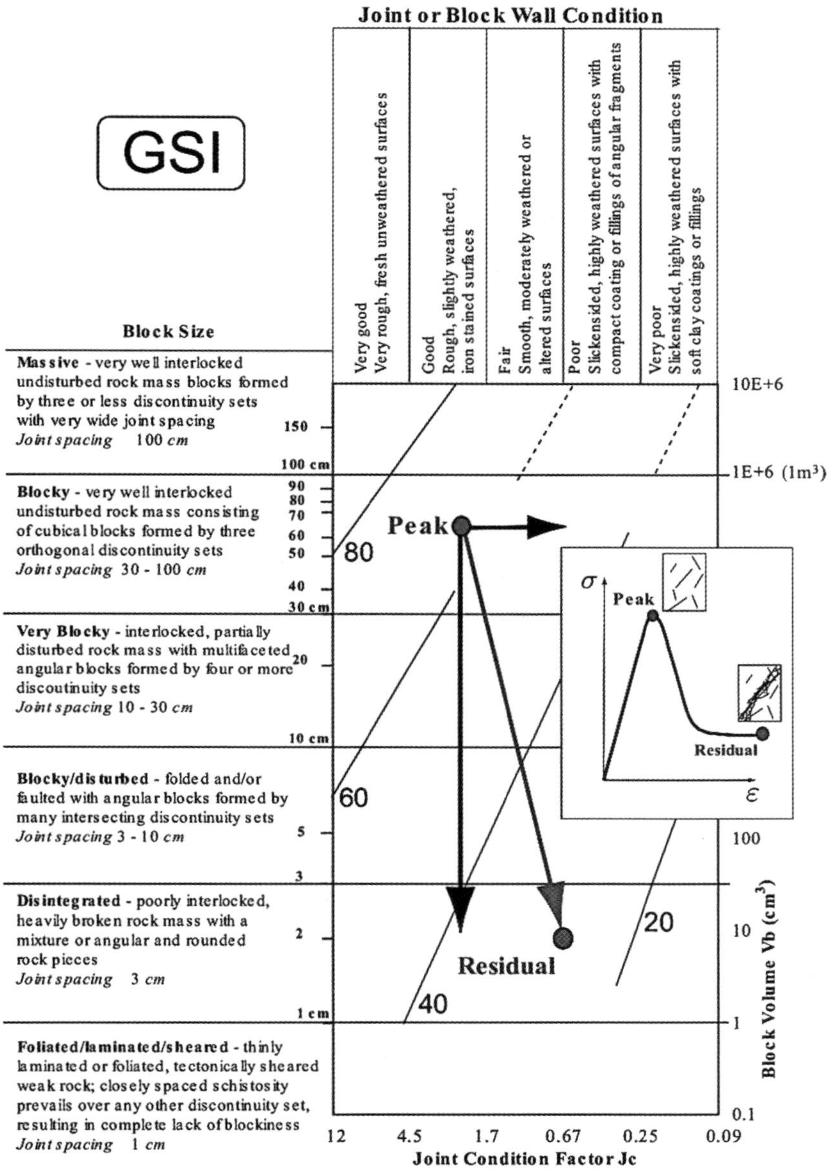

图6.12　岩体退化过程中GSI的演化图

值得注意的是，为了与定义屈服准则的参数定义和 GSI 系统的定义保持一致，指数 a 可以在向量 $\boldsymbol{\Gamma}$ 中的强化变量之间相加，从而在 a 和 GSI 之间有进一步的依赖关系。为了简单起见，也由于 a 的可变性范围有限，该系数将保持不变，因此，将使用初始 GSI 值 $\left[\text{即 } a = 0.5 + \exp(-GSI_o/15) - \exp(-20/3)/6\right]$。

在过去的几十年里，求 m_b 的残值文献中已经提出了几个经验关系。Ribacchi（2000）提出计算 m_{br} 和 s_r 作为其初始值的一部分（即 $m_{br} = 0.65m_{bo}$ 和 $s_r = 0.04s_o$），而 Crowder 和 Bawden（2004）改进了这一逻辑关系，提出了不同的残差值与不同的 GSI 值的关系。沿着这一思路，Cai 等（2007）和 Alejano 等（2010）提出了以下经验关系 GSI_r 作为的函数 GSI_o：

$$GSI_r = GSI_o e^{-0.0154GSI_o}, \quad 25 < GSI_o < 75$$
$$GSI_p = 17.34e^{-0.0107GSI_o}, \quad 25 < GSI_o < 75 \tag{6.27}$$

值得注意的是，对于 GSI_o 的值小于 $GSI_o = 25$，由于参数 m_b，s_o 和当 $GSI_o \leqslant 25$ 时计算的 a 缺乏可变性，则建议考虑如图 6.13 所示的截止点。

图 6.13　GSI_r 的演化

6.6.3　拉伸行为的截断函数

为了在拉伸状态下引入截断函数，在 HB 面角处的平均应力 $\bar{p}$ 的值为（即 $\bar{p} = s_o\sigma_{ci}/m_{bo}$），通过参数 α，其取值范围在 0 到 1 之间，从而定义平均应力 p^* 限制模型的最大拉应力（见图 6.14）：

$$0 \leqslant \alpha \leqslant 1 \begin{cases} \alpha = 1: \text{ no cut-off function} \rightarrow p^* = \bar{p} \\ \alpha = 0: \text{ no tensile domation} \rightarrow p^* = 0 \end{cases} \tag{6.28}$$

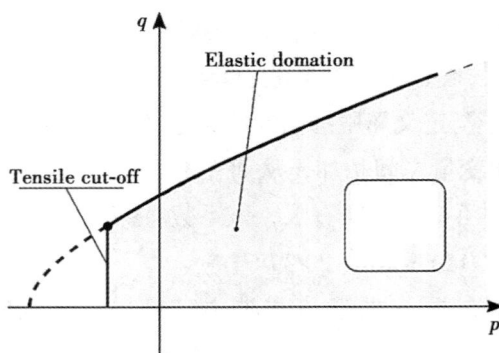

图 6.14　受拉状态下的截断函数示意图

在应力空间的拉伸区考虑相关的塑性流动（$f \equiv g$，$m_b \equiv m_{bo}$ 且 $s \equiv s_o$ 也是如此）。可以估计 α 的值和相应的 p^* 的值，从抗拉强度 σ_t 开始验证结果。为此，若将抗拉强度 σ_t 从单轴拉伸试验中得到，平均应力 p^* 此时材料因抗拉强度等于 $p^* = \sigma_t/3$。而失效结果表明，α 值对应于比拉伸强度 σ_t 计算为：

$$p^* = \alpha \, \bar{p} = \frac{\sigma_t}{3} = \alpha \left(\frac{\sigma_{ci}}{\sigma_t} \right) \tag{6.29}$$

其中，$\alpha = \dfrac{1}{3} \left(\dfrac{\sigma_t}{\sigma_{ci}} \right) \dfrac{m_{bo}}{s_o}$

对于完整的岩石，$\alpha = \left(\dfrac{\sigma_t}{\sigma_{ci}} \right) \left(\dfrac{m_i}{3} \right)$，此时建议取 $\alpha = 0.5$。

6.6.4　岩体非线性膨胀模型

了解岩体屈服后的行为和应变的演化是地质结构设计的关键因素。对于隧道开挖问题，应变场和塑性半径的准确预测对支护和加固设计有重要影响。因此，需要对峰值后的岩体应变演化进行详细的建模。为此，通常将 ψ 定义为（Vermeer 和 De Borst，1984）：

$$\sin\psi = \frac{\dot{\varepsilon}_v^p}{-2\dot{\varepsilon}_1^p + \dot{\varepsilon}_v^p} \tag{6.30}$$

其中，$\dot{\varepsilon}_v^p = 2\dot{\varepsilon} p \left(\dfrac{\sin\psi}{\sin\psi - 1} \right)$

通过替换塑性势即公式（6.30），可以将膨胀角与 Hoek-Brown（HB）模型的参数联系起来：

$$\sin\psi = \frac{m_\psi}{\dfrac{2}{a} \left(\dfrac{q}{\sigma_{ci}} \right)^{1/a \cdot 1} + m_\psi} \tag{6.31}$$

在三轴条件下，公式等价于经典公式，可将剪胀率重新排列为：

$$\sin\psi = \frac{m_\psi}{\dfrac{2}{a} \left(m_b \dfrac{\sigma_3}{\sigma_{ci}} + s \right)^{1-a} + m_\psi} \tag{6.32}$$

或者

$$m_\psi = \frac{2}{a} \left[\frac{\sin\psi}{1 - \sin\psi} \right] \left(m_b \frac{\sigma_3}{\sigma_{ci}} + s \right)^{1-a} \tag{6.33}$$

在式（6.33）中，m_ψ 的非线性变异性可以用关于膨胀角的公式来定义，使 m_ψ 作为塑性应变函数（Alejano 和 Alonso，2005；Zhao 和 Cai，2010；Walton 和 Diederichs，2015；Rahjoo 等，2016）。在提出的模型中，膨胀角的行为趋势是通过 m_ψ 用 SSM 和 GSM 方法显式变化率来实现，从而保证了伴生塑性和非伴生塑性之间的平稳过渡，以及求解过程中扩容角的减小。虽然方程没有考虑岩石的膨胀特性，但为了确定参数 m_ψ 的初始值，将考虑这个方程。

6.6.5 Hoek-Brown 准则的膨胀模型

变量 m_ψ 的演化对于这两种方法表示为（SSM 方法）：

$$m_\psi = m_{\psi_o} - \left(\frac{m_{\psi_o} - m_{\psi_r}}{B_\psi + \varepsilon_{eq}^p} \right) \varepsilon_{eq}^p \tag{6.34}$$

这个方程可以通过假设 m_ψ 为零来进一步重新排列 m_{ψ_r}（即 $m_{\psi_r} \approx 0$），可简化如下：

$$m_\psi = \left(\frac{B_\psi}{B_\psi + \varepsilon_{eq}^p} \right) m_{\psi_o} \tag{6.35}$$

沿着这些路线，在 GSM 方法中：

$$m_\psi = m_{\psi_o} \left[\frac{GSI - 100}{F_\psi (28 - 14D)} \right] \tag{6.36}$$

式中：F_ψ——引入控制 m_ψ 值下降的参数随着 GSI 的降低。

通过改写 m_ψ，类似于公式：

$$m_\psi = m_{\psi_o} \exp \left(\left(\frac{GSI_r - GSI_o}{F_\psi (28 - 14D)} \right) \left(\frac{\varepsilon_{eq}^p}{B_{GSI} + \varepsilon_{eq}^p} \right) \right) \tag{6.37}$$

此外，为了反映岩体质量参数的影响，从完整岩石的贡献中分离出来，F_ψ 重写为：

$$F_\psi = \left(\frac{GSI_o - GSI_r}{GSI_o^i - GSI_r^i} \right) F_\psi^i \tag{6.38}$$

式中：GSI_o^i，GSI_r^i——完整岩样 GSI 的初值和残值（即 $GSI_o^i = 100$，$GSI_r^i \approx 35$）；

$\qquad F_\psi^i$——完整岩石的膨胀率，从而使其校准与试验测试。

可以通过使用实验室测试的结果校准该参数（如 Marinelli 等提出的校准，2019）。下面将讨论能够对 m_{ψ_o} 进行定性评估的思路，提出将选定的公式与文献中提出的经验关系联系起来。

6.6.6　参数 m_{ψ_o} 的推导

提出一种可能的思路来引入 GSI 对初始膨胀角值的依赖性。为此可以表征初始屈服时的膨胀（即参数值为 M_{b_o} 和 ψ_o）：

$$m_{\psi_o} = \frac{2}{a}\left[\frac{\sin(\psi_o^{rm})}{1-\sin(\psi_o^{rm})}\right]\left(m_{b_o}\frac{\sigma_3}{\sigma_{ci}}+s_o\right)^{1-a} \tag{6.39}$$

在此方程中，岩体的影响不仅会出现在 Hoek-Brown 屈服准则的参数上（即 m_{b_o}, s_o），还有初始膨胀角的表达式 ψ_o^{rm}（顶点 rm 为岩体）。岩体效应将通过标量 ξ 值引入，ξ 值与 Alejano 等 2010 年提出的公式一致（$\psi_o^{rm} \equiv \xi\psi_o^{ir}$，其中顶点 ir 代表完整的岩石）。

6.6.7　完整岩石

在提出的模型中，原状岩体的强度退化和剪胀行为的演化均忽略了峰值前潜在的耗散现象。因此，初始膨胀角与峰值（即膨胀角 $\psi_o^{ir} \equiv \xi\psi_{peak}^{ir}$ 重合）可以用来计算 m_{ψ_0}（顶点 ir 代表完整的岩石）。而不是校准参数 m_{ψ_o}，根据试验结果可以采用文献中提出的公式来评估峰值膨胀角。此后，Walton 和 Diederichs（2015）提出：

$$\psi_{peak} = \begin{cases} \varphi_{peak}\left(1-\dfrac{\beta'}{\Omega}\sigma_3\right), & \text{if } \sigma_3 < \Omega \\ \varphi_{peak}(\beta_0 - \beta'\ln\sigma_3), & \text{if } \sigma_3 > \Omega \end{cases}, \quad \Omega = e^{-(1-\beta_0-\beta')/\beta'} \tag{6.40}$$

式中：β_0，β'——控制高围限和低围限压力敏感性的参数，晶体岩的推荐值为 $\beta_0 = 1$，

$\qquad\qquad \beta' = 0.1$（Walton 和 Diederichs，2015）；

$\qquad \varphi_{peak}$——材料的最大摩擦角。

在这个方程中，还需要计算与 Hoek-Brown 模型的材料性质有关的峰值摩擦角（Alejano 和 Alonso，2005）。

$$\sin\varphi_{peak} = \frac{m_b}{\dfrac{2}{a}\left(m_b\dfrac{\sigma_3}{\sigma_{ci}}+s\right)+m_b} \tag{6.41}$$

对于岩石样品，代入完整的岩石参数（即 $a = 0.5$，$m_b \equiv m_i$），得到：

$$\sin\varphi_{\text{peak}} = \frac{m_{\text{i}}}{4\sqrt{m_{\text{i}}\left(\dfrac{\sigma_3}{\sigma_{\text{ci}}}\right) + 1} + m_{\text{i}}} \tag{6.42}$$

6.6.8　对岩体的影响

为了尺度变换峰值扩张角，且由于不连续地影响描述岩体，在 ψ_{o}^{rm} 计算 ψ_{o}^{ir} 基础上用标量 ξ 表示函数 GSI 指标（Hoek 和 Brown，1997；Alejano 和 Alonso，2005）。为此，假设了线性趋势，这与 Alejano 等提出的平均膨胀角的变异性一致。

$$\psi_{\text{o}}^{rm} = \xi \cdot \psi_{\text{peak}}^{ir},\quad \xi = \begin{cases} 0, & GSI_{\text{o}} \leqslant 25 \\ (GSI_{\text{o}} - 25)\ /\ 50, & 25 \leqslant GSI_{\text{o}} < 75 \\ 1, & GSI_{\text{o}} \geqslant 75 \end{cases} \tag{6.43}$$

式中：ξ——岩体初始条件的系数，通过地质强度指数（即 GSI_{o} 的值）计算。

以上强调了岩体的膨胀特性与其力学性质的关系。岩体质量较差（即 $GSI_{\text{o}} \leqslant 25$）的岩体为零剪胀，质量较好的岩体为零剪胀，当 $GSI_{\text{o}} \geqslant 75$ 时，剪胀角值与完整岩石的剪胀角值相同。

◤◢ 6.5　Hoek-Brown Softening 软化模型应变局部化建模分析

岩土材料的破坏机制通常以应变、迅速、集中在狭窄区域为特征，这一现象通常称为应变局部化。在脆性／膨胀状态下，局部剪切带的发展显著降低了整体力学抗力，从而导致工程地质结构的失稳破坏。在数值分析的规则中，模拟剪切带发展的经典问题之一，是计算解的病态网格依赖，这说明没有能量耗散的破坏（Pijaudier-Cabot 和 Bazant，2017）。为了避免这种非物理行为，必须引入内部长度来控制材料响应峰后剪切带厚度的演变。

在已实现了的 HBS 软化模型中，为了恢复数值解的网格客观性，基于 Perzyna（1966）的过应力理论，考虑黏塑性正则化，从而通过时间梯度引入内部长度（Sluys，1944）。速度-效应被激活在剪切带中，且这种方法的优势依赖于隐式积分算法的简单实现，保证了容易弹塑性、黏塑性之间切换版本相同的模型（Marinelli 和 Buscanera，2019）。

6.5.1　黏性正则化技术

此后，Perzyna（1966）提出的超应力方法被认为是在前述的弹塑性规则中引入速率依赖关系。在这种方法中，黏塑性应变的增量是通过一个黏性核函数Φ来表示的，该函数表示塑性破坏的度量（即应力状态在屈服面外的大小），并规定应变速率的大小：

$$\dot{\varepsilon}_{ij}^{vp} = \gamma < \Phi(f) > \left(\frac{\partial g}{\partial \sigma_{ij}}\right), \ \Phi = \frac{f}{\sigma_{ci}} \tag{6.44}$$

式中：γ——流动性（即黏度的倒数）；

$< \cdot >$——McCauley括号。

黏性正则化方法的目的是设置流动性γ的值，以接近在材料点的非黏滞行为。同时，通过时间梯度引入内部长度。换句话说，在一些工程问题中，校准流动性值以模拟边界条件的快速动力学特征所产生的速率效应是至关重要的（Manouchehrian和Cai，2017），在此背景下，流动性的唯一目标是正则化应变局部化问题。

图6.15为实现上述方法的例子，在不同的γ值和给定的速率载荷下进行单轴压缩试验。图中可以观察到速率依赖模型如何通过增加相应的流动性值来接近弹塑性行为。一旦流体被约束以减少材料点水平上的速率依赖效应，该参数就可用于控制剪切带厚度，从而在数值问题中提供正则化效应。黏性正则化技术的性能将通过解决平面应变压缩试验来检验，网格客观性将通过显示整体强度和剪切带厚度随试样空间离散化不变性来详细说明。

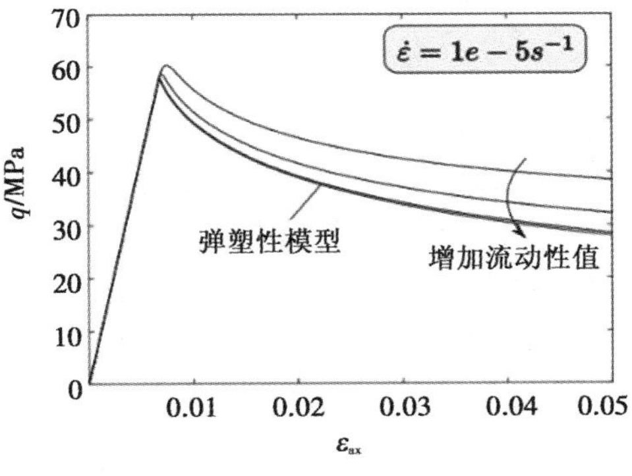

图6.15　流动性 γ 对HBS模型速率响应的影响

随着流动性γ值的增加，黏塑性模型收敛到弹塑性模型。

6.5.2　应变局部化分析

为研究黏滞正则化方法的性能，对一组平面应变压缩试验进行了计算。图6.16描述了这个初边值问题（IBVP）的细节，其中灰色区域代表了一个特定的区域，该区域的材料强度降低，目的是从样品的左下角触发剪切带的形成。这些数值分析中使用的参数与砂岩的参数相同，唯一例外的是灰色区域中定义的单轴抗压强度已降低到37 MPa。

在展示速率相关公式的效果之前，有必要举例说明用该模型的弹塑性版本获得的数值解，从而强调网格离散化如何影响数值解。为此目的，相同的IBVP（即平面应变条件下的压缩试验）用不同数量的单元求解，结果如图6.17所示，其中总反应 R_y 的演化已经被绘制成作用位移的函数。通过观测高斯点在塑性载荷下的空间分布来解释试样响应的网格敏感性。在有限元计算中，可以采用不同数量的元素（NEL）得到结果。

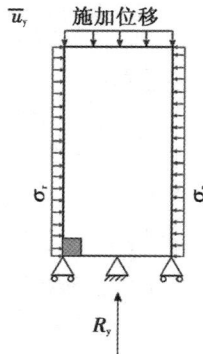

图6.16 用于计算平面应变压缩下的排水压缩试验的初始条件和边界条件（双轴试验BXD）

注：灰色区域表示一个以简化属性为特征的区域（$\sigma_{ci}=37$ MPa）来触发应变本地化现象，而变量 R_y 代表全球样品反应。

图6.17 在 σ 径向应力下进行排水双轴试验的竖向反应 $r=1$ MPa 和不同数量的元素（NEL）

事实上，在弹塑性模型中缺乏一个内部长度，无法规定剪切带厚度，而剪切带厚度在数值问题中本质上是由单元的大小给出的。因此，由于单元尺寸与带厚之间的这种内在相关性，网格的细化涉及更显著的耗散过程，这就解释了用较多单元离散的样品的抗力减小更大的原因。值得注意的是，当单元尺寸过小时，由于剪切带内计算的应变梯度值过大，模型不能满足全局收敛。这由图6.17的绿线所示，计算在施加位移的2%之前停止。

为了显示速率相关模型引入的正则化效应，在两种不同的流动性值下进行了两次排水双轴试验。这些计算是通过施加等于0.001 mm/s的位移速率和5 MPa的径向应力来完成的。结果如图6.18所示，图中对于不同的网格重复相同的IBVP，从而显示了解相对于网格密度（即IBVP）的收敛性（即对于越来越多的元素，R_y趋向于收敛到同一曲线）。

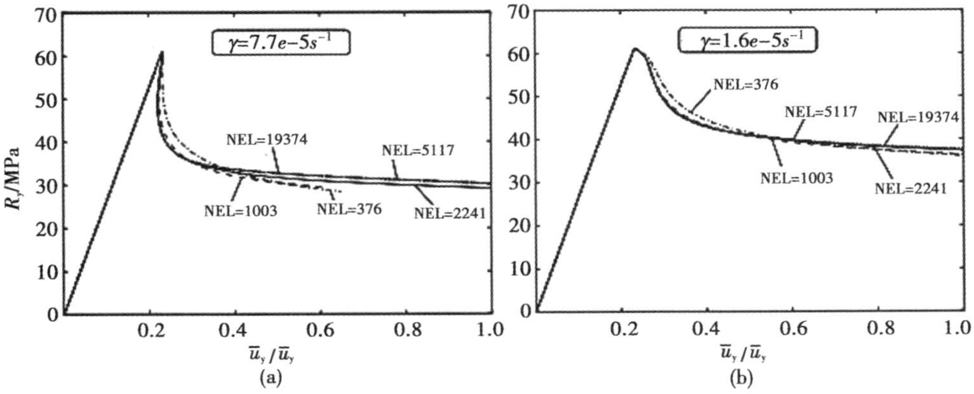

图6.18 不同网格和两个流度值下总垂直反力的演化

此外，为了更好地识别时间步长中剪切带的形成，图6.19显示了在两种不同的流动性值时，在塑性状态下高斯点的空间分布和相应的剪切应变，这很容易强调 γ 比值对带厚度的不同影响。

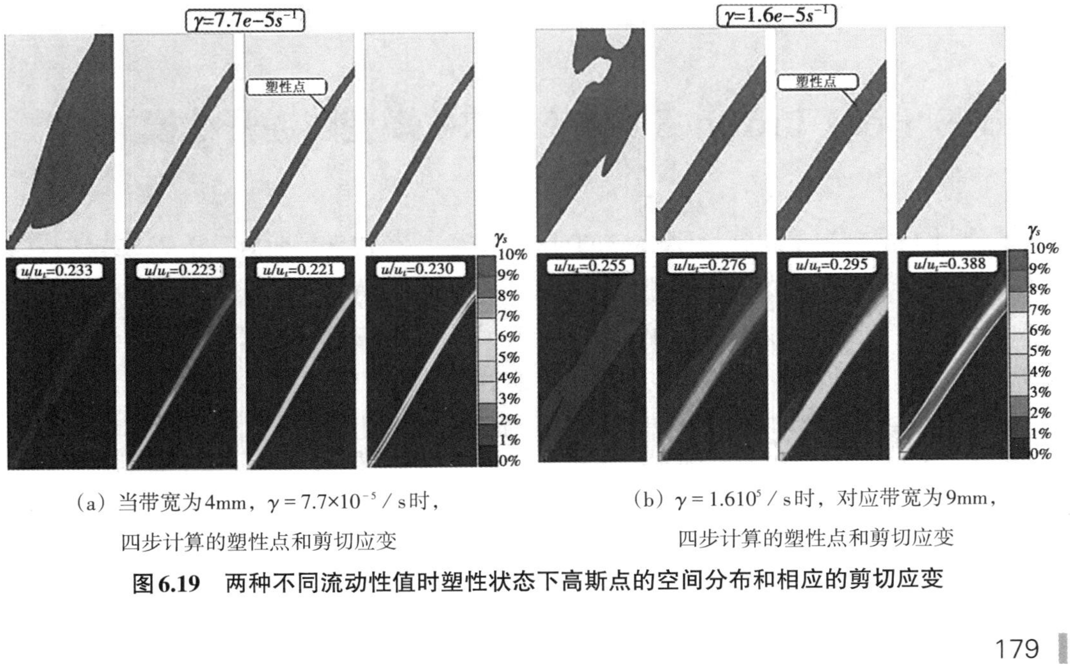

（a）当带宽为4mm，$\gamma = 7.7 \times 10^{-5} / s$时，四步计算的塑性点和剪切应变

（b）$\gamma = 1.610^5 / s$时，对应带宽为9mm，四步计算的塑性点和剪切应变

图6.19 两种不同流动性值时塑性状态下高斯点的空间分布和相应的剪切应变

较低的流动性值对应较薄的剪切带厚度值（即剪切带的厚度与黏度成正比）。内部长度的影响执行通过参数γ在图6.20中也显示出详细的双轴测试，一直重复的流动性值$\gamma = 1.3 \times 10^{-5}/s \sim 2.3 \times 10^{-4}/s$，因此显示的结构效应带厚度对全球软化的样本。值得注意的是，本计算是通过选择最大迭代次数（等于250）来计算的。

事实上，在峰后状态的开始，当材料开始软化时，Newton-Raphson算法需要更高的迭代数才能达到收敛解。为了保证计算达到令人满意的精度，选择0.01为可容忍误差的取值，从而进一步强调了收敛趋势的这种特殊行为。所有这些计算中使用的数值输入如下：容忍误差：0.001；每步最大负载分数：0.02；过度松弛因子：1.2；最大迭代次数：250次；期望的最小迭代次数：6次；期望的最大迭代次数：25；弧长控制类型：开。

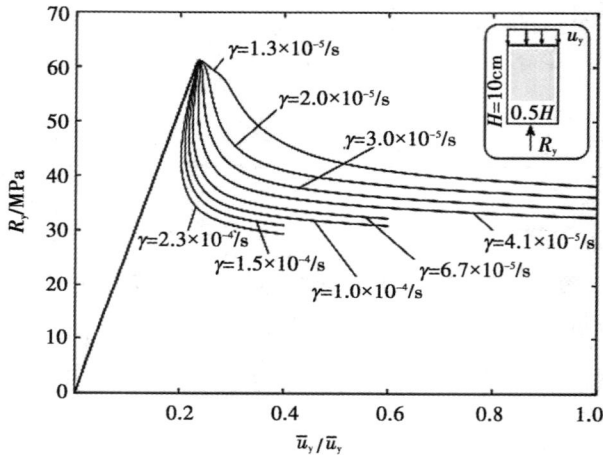

图6.20　在σ径向应力下进行排水双轴试验的竖向反应r = 5 MPa对于不同的流动性值γ

6.6 Hoek-Brown Softening软化模型隧道开挖模拟

为了比较实施模型的解与Carranza-Torres（2004）提出的解析解，考虑了完美塑性条件。其中，参数选取的唯一区别是考虑了零膨胀角。结果如图6.21所示，图中将巷道顶部的位移与解定应力p_i进行了对比，图中还展示了在不同时间步长的情况下，卸载阶段结束时隧道周围剪切带的发展情况。通过观察图6.21，值得注意的是，点2表示轴对称解的结束和剪切带传播的开始。为了强调应变软化的效果，图6.22中对比了灰岩岩体不同初始条件下的地基反应曲线（Ground Reaction Curve，GRC）（Alieano等2010），其中考虑了表6.7中报告的参数。为了突出模型的具体本构特征，这些计算采用了三组不同的参数：模型A（完美塑性）；模型B（恒胀HBS）；模型C（非线性膨胀

HBS）。值得注意的是，在图6.22中，收敛约束曲线的非光滑趋势是由于隧道周围局部应变发展，其公式涉及变形场的不规则剖面。

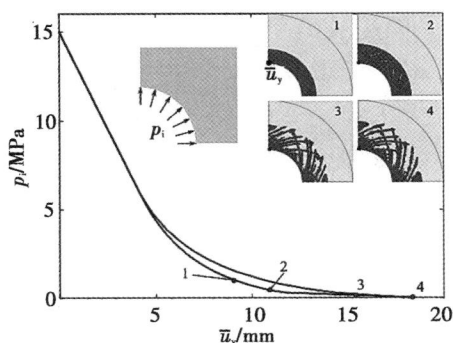

图6.21　用Carranza-Torres（2004）广义Hoek-Brown准则封闭形式解（蓝线）和黏滞正则化解（黑线）

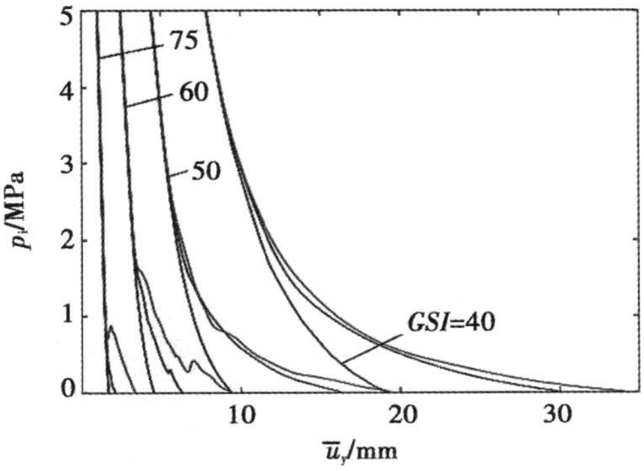

图6.22　不同模型下不同GSI值的地基反应曲线（GRC），对于所有计算γ = 15/d

表6.7　不同岩石质量石灰岩岩体（$m_i = 0$，$\sigma_{ci} = 75$ MPa）的表征

应用于模型：A—完美的塑性；B—恒胀应变软化；C—应变软化与可变膨胀

模　型	参　数	$GSI = 75$	$GSI = 0$	$GSI = 0$	$GSI = 40$	$GSI = 25$
A，B，C	m_{bo}	4.090	2.397	1.677	1.173	0.687
A，B，C	S_o	0.062	0.0117	0.0039	0.0013	0.0002
B，C	m_{br}	1.173	0.981	0.821	0.737	0.687
B，C	S_r	0.0013	0.0007	0.0004	0.0003	0.0002
B，C	B_s，B_m	0.01	0.01	0.01	0.01	0.01
A，B	$m_{\psi cnst}$	0.718	0.312	0.166	0.060	0.000
C	$m_{\psi o}$	1.225	0.587	0.330	0.156	0.000
C	$m_{\psi r}$	0.000	0.000	0.000	0.000	0.000
C	B_ψ	0.001	0.001	0.001	0.001	0.001

此外，提出的公式也与其他在Hoek-Brown框架中引入软化规则的方法进行了比较

（Alejano等，2010和Ranjbarnia等，2015）。结果如图6.23所示，几者在GRC方面表现出相似的行为趋势。

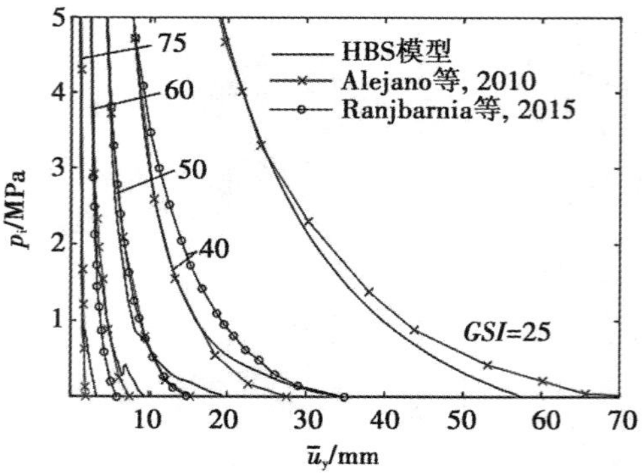

图6.23　不同*GSI*值下HBS模型与模型的地面反应曲线GRC

此外，通过运行试验，改变流动性值 γ 来评估速率依赖性的影响，如图6.24所示。在这种情况下，参数 γ 控制结构对响应的影响。在以前的计算中，采用了流动性值 $\gamma = 15/d$。

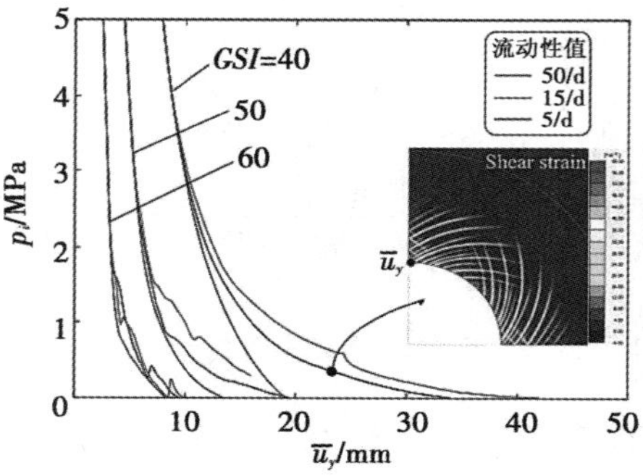

图6.24　不同值流度 γ 下的地面反应曲线GRC显示了模型的速率依赖性的影响

Donking-Morien隧道案例研究：位于加拿大新斯科舍省布雷顿角岛的Donking-Morien煤矿的进入隧道在倾斜10°的层状沉积岩中被推至海底以下200 m的最大深度。由于数据的质量和地质界面的缺乏，Pelli等（1991）和Walton等（2014）对该隧道的几个路段进行了伸缩计测量和反向分析。

由Walton等（2014）估算的隧道内的场应力为 $\sigma_v = 5$ MPa，$\sigma_h = 10$ MPa。实验室测试报告的UCS范围为15～63 MPa，平均值为36 MPa，杨氏模量在4～15 GPa，而伸长计的测量显示2996链处的模量为5.6GPa。Pelli等（1991）得出的树冠的塑性区深度为1.8m。Corkum等（2012）得出了所选材料的*GSI*在70～80之间。

这段隧道采用HBS模型，参数设置为实验室实验和现场测量的平均值。数值分析显示了该模型为设计提供了可靠估计的能力，如图6.25所示。其中，图6.25（a）显示了与伸长计测量值比较的冠内垂直位移的截面，以及GRC［见图6.25（b）］和塑性区空间分布［见图6.25（c）］。虽然模型低估了塑性区深度，但观测到的位移和塑性模量与测量值一致。

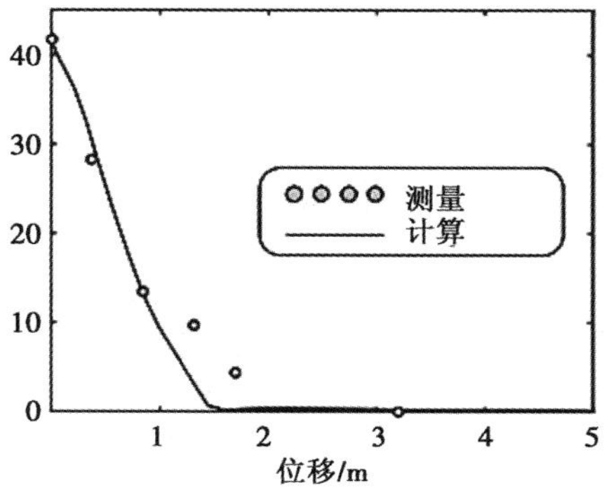

（a）顶部垂直位移截面

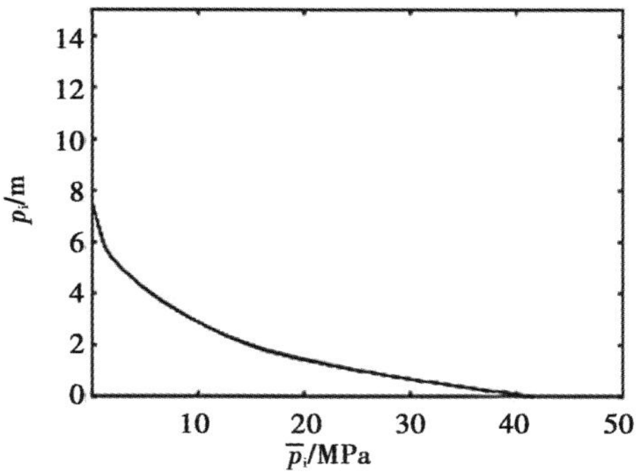

（b）GRC

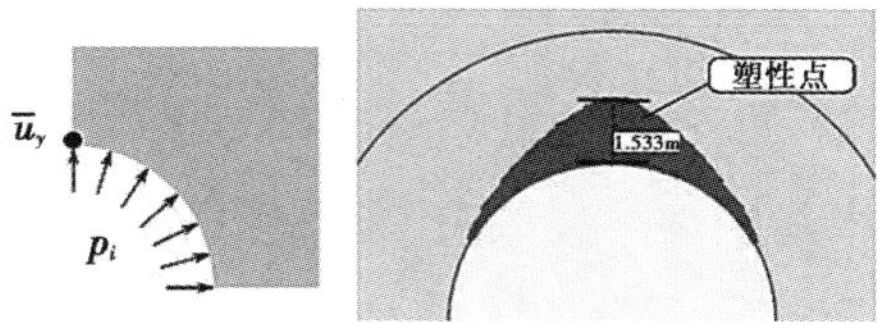

（c）塑性区演化

图6.25 Donking-Morien隧道计算结果

第7章 基坑变形破坏与稳定性研究

随着城市生活人口数量的增长，交通面临的挑战也随之增加。因此，发展快速交通是城市集约发展的要求。时代的进步推动了地铁建筑基坑的发展，使地铁成为市民市内出行的首选交通方式，也使地铁成为城市中最大容量的人员运输体系。

7.1 基坑施工变形破坏

地铁工程是城市区域中最困难、最危险、最艰难的工程。因此，依托大连地铁5号线火车站站为实体工程进行有限元分析，并结合现场勘察数据研究地铁基坑开挖邻近建（构）筑物相关变形规律，避免发生由开挖引起的地表沉陷、不均匀沉降、开裂、渗漏、建筑破坏等事故发生。地铁建设过程中存在复杂的风险因素，如岩土条件复杂、施工程序烦琐、施工隐蔽、建设周期长等特征。复杂的风险因素贯穿于地铁车站深基坑施工全期，所以地铁工程建设安全应引起极大重视。图7.1所示为地铁基坑坍塌事故现场图。根据查阅的大量资料，总结归纳重大风险源如图7.2所示。

（a）杭州地铁湘湖站基坑垮塌　　　（b）北京地铁熊猫环岛站（现北土城站）地铁基坑坍塌

图7.1　地铁坍塌事故

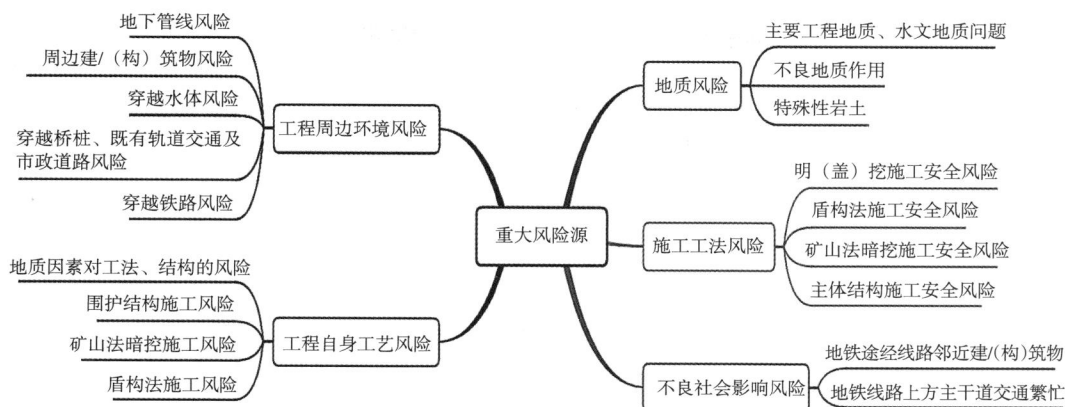

图7.2　基坑工程重大风险源

中国北方季节性寒冷地区最冷月平均气温往往在-20～0℃。环境温度随季节的波动，使得砂土地层的深基坑桩锚支护结构呈现冻融、融沉、干缩等现象，导致基坑变形破坏、失稳坍塌、崩塌滑坡等，给人民的生命财产及生产生活带来了严重威胁、危害。例如，东北地区特别大的城市普遍都属于寒冷～严寒地区，冬季时间长、气温低、极端冻融等特征明显，砂土地层的冻深一般在1.2～3.6 m。城市大型建（构）筑工程，如建筑深基坑、公路铁路地下车站基坑、水利工程基坑基础结构等往往需要越冬施工，冻融严重影响工程施工安全。开展深基坑桩锚支护结构冻融动态响应研究及其安全性控制，可为大型建（构）筑工程安全越冬、保护工程施工质量奠定基础，深入解决基坑侧壁冻融导致支护体系安全性失效问题。

深基坑支护结构的刚度影响地铁建筑深基坑的稳定性。研究地铁建筑深基坑施工过程对主体结构及邻近道路建（构）筑物的稳定性的影响，具有以下实际应用价值。

（1）应用有限元对地铁建筑基坑开挖支护的动态过程进行模拟分析，可以更准确地预测结构变形及其对周边环境的影响，通过分析结果可以进一步修正并优化施工方案，确保地铁建筑深基坑开挖支护过程本身及周边建（构）筑物的安全。

（2）依托工程位于城市核心区域，工程主体及周边环境条件复杂，分析难度大，明确施工过程中防灾减灾风险识别与评估、分析力学特性演化规律，对完善风险防控技术措施具有参考意义。

7.2　基坑施工事故类型

关于深基坑事故的类型，任振进行了资料搜集和实际调查归纳分析。粟武结合实际地铁工程总结施工风险及控制策略，认为深基坑开挖主要存在围护结构渗漏、基坑底部管涌、地表沉降等风险，并提出控制对策。韩三琪以宁波轨道交通基坑工程为例进行研究，针对该工程进行风险源辨识，并提出相关控制技术措施，包括基坑突涌、土体竖向滑坡、支撑体系失稳、围护结构渗水、重要管线和建（构）筑物风险、台风暴雨风险控制措施。杨思针对建设方总结了六类风险并具体分析了地铁车站基坑事故发生的原因。关于地铁车站施工对邻近建筑产生影响并发生事故的类型，李振涛等以沈阳地铁9号线怒江公园站基坑工程为例进行重大风险源辨识，总结出主要风险源为车站基坑施工周边环境问题，并提出组织管理、技术管理、环境调查、施工方案、监控测量、施工动态管理、专业技术指导、应急预案几方面管控措施。钱劲斗通过研究大量文献并结合实际工程发生的真实事故，总结出地铁基坑工程事故类型及风险分解结构，如图7.3至图7.8所示。

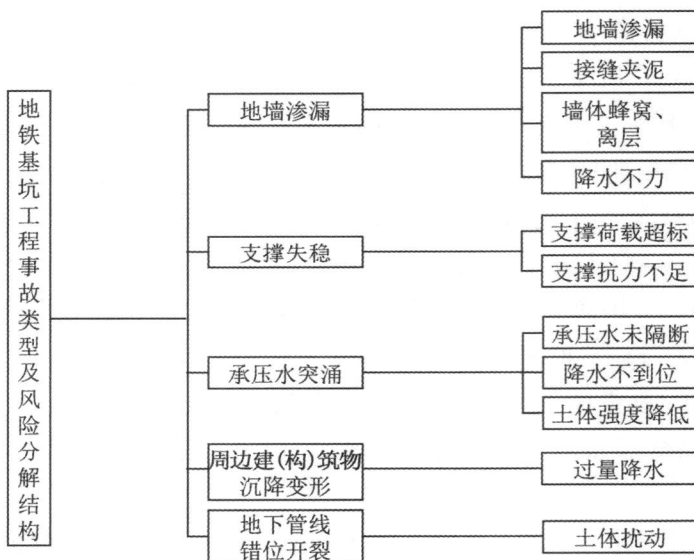

图7.3 地铁基坑工程事故类型及风险分解结构

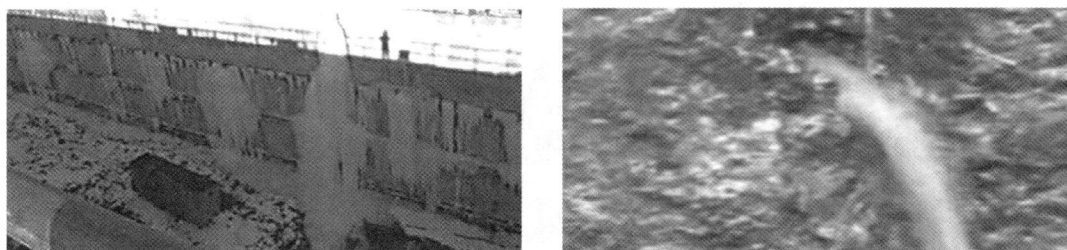

图7.4 基坑地墙渗漏冻融

图7.5 支撑失稳

图7.6 承压水突涌

图7.7 周边建（构）筑物沉降变形

图7.8 地下管线错位开裂

7.3 基坑施工安全风险评估分析方法

地铁车站深基坑开挖支护过程中，需要做好风险的辨识和评估工作。风险的识别方法包括风险调查法、专家调查法、经验数据法等。风险评估方法包括定性分析法、定量分析法和定性定量分析法。

郭健、Zhao Jinxian 等采用德尔菲法确定地铁车站深基坑施工主要危险因素。建立地铁车站深基坑施工的风险评估体系。Lin 使用并改进 C-OWA 运算符客观地衡量指标，建立地铁车站施工风险评价模型，并验证该模型的科学合理性。Samantra Chitrasen 等建立了风险矩阵的概念，将各种不同严重程度的风险因素分类，建立必要的行动要求计划。Nieto-Morote、刘俊伟采用模糊数学综合评判理论对深基坑施工期间潜在风险进行评价。姚海星采用作业条件危险性评价法–模糊层次分析法对地铁车站深基坑进行风险评估。刘波通过研究确定了不同等级风险因素应该采取的有效控制措施。龚珍、王晓磊通过研究建立了地铁盾构施工对邻近建筑物的综合风险后果评估模型。Ying Lu、陈绍清应用贝叶斯网络方法评估了风险因素之间的因果关系。

施工过程保持稳定性极其重要，不同学者应用不同的方式对地铁施工过程的稳定性进行了分析，有理论分析法、数值模拟法、现场监测研究等。目前应用最为广泛的是数值模拟法，但数值模拟法也不尽相同。

① 有限差分软件 FLAC 3D。秦坤云提出了保证边坡稳定的技术措施。刘军、李志佳通过数值模拟、理论分析、现场监测研究，用 FLAC 3D 软件研究了基坑的稳定性和变形。

② MIDAS/GTS 软件。王江荣、张昊等运用 MIDAS/GTS NX 有限元软件，模拟分析地铁基坑在不同施工阶段发生的水平变形、边坡沉降、坑底隆起、围护桩变形等。白继勇通过 MIDAS/GTS NX 有限元软件模拟基坑开挖进行稳定性分析。

③ Ansys 有限元软件。袁龙贇利用 Ansys 有限元软件，对基坑分步开挖施工过程进行动态模拟。

④ Abaqus 有限元软件。孙文等借助 Abaqus 有限元软件，选用面–面接触模型模拟土体与结构之间的力学特性及变形趋势演化规律。陈昆、闫澍旺建立 Abaqus 三维数值模型，研究不同实际工程状态下的土体基底回弹、支护结构以及周边土体的变形规律。

Shi X 和 Rong C X 通过多方比对不同方式：现场监测结果、数值模拟结果，分析了合肥地铁侧墙位移、地表沉降及支杆力的变化规律。韩健勇、赵文、赵何明利用有限差分法分析地下空间大断面开挖的变形影响范围和邻近建（构）筑物稳定性。阮东提出二维基坑抗隆起稳定性分析的改进方法。闫慧强采用数值模拟法研究深基坑施工过程，保证深基坑工程安全有序进行。韩健勇、赵文采用有限元法建立数值模型，揭示围护结构变形与建筑物沉降的关系。周勇等借助有限元软件Geo Studio模拟基坑开挖过程的安全稳定，分析其应力–应变规律。Lin Yu等阐述了浅埋软土地层中地铁车站施工的地面沉降特征，介绍了30个地铁站的地质条件、断面和实测地表沉降，指出工艺质量对表面沉降也有重要影响。这项研究有助于更新世界地铁项目的数据库，并为将来的类似项目提供实用参考。Liu Xinrong等基于实际工程的数值分析模型，模拟地铁车站的整个施工阶段，研究了支撑结构（如桩、梁、拱、次衬砌和回填混凝土）的机械性能以及施工期间的表面沉降特性。C.Duenser，G.Beer讨论了边界元方法（BEM）在边界几何和条件随时间变化的问题上的应用，提出了一种比当前使用的方法更有效的新颖的方法。该方法仅涉及一个区域，该区域的边界条件和几何形状随时间的推移而变化。Wang Zhongchang等分析开挖过程中支轴力和挡土桩体表面沉降的实测数据。Do Hyung Lee等对软土中具有不同几何特性的开挖墙体和土壤特性的深基坑进行了非线性有限元分析，以评估基础起伏系数。

通过数值分析或现场研究开发的大多数经验方法都是用于柔性墙类型（如薄壁墙）的开挖。对于诸如隔板墙和钻孔桩之类的刚性墙系统的开挖性能只有很少的研究。Anthony T.C. Goh等进行了2D和3D有限元分析，以研究作用在黏土支护开挖中的支杆上的力，并着重于刚性墙系统的性能。

7.4　基坑施工紧邻建（构）筑物影响

地铁车站深基坑施工对紧邻建（构）筑物影响的研究方法有理论分析法、数值模拟法、现场监测研究等。其基本与基坑开挖支护施工过程的分析方法相同，但对于紧邻建（构）筑物的变形研究内容，不同的学者进行了不同的分析。

① 对紧邻桥桩的变形影响分析。李兵等应用MIDAS/GTS NX建立考虑基坑支护结构、周围土体和高架桥相互作用的三维整体数值模型。胡斌等研究在复杂路段地铁车站深基坑施工对紧邻正常运行状态下高架桥桩的变形与应力作用。

② 对邻近高速铁路的影响分析。袁钎用Abaqus对深基坑工程进行数值模拟分析，为邻近高速铁路开挖深基坑工作提供参考依据。

③ 对邻近既有车站的影响分析。黄俊借助MIDAS/GTS分析既有地铁车站的变形规律和受力特性。

④ 对邻近建筑物的影响分析。祝磊研究地铁车站施工紧邻建筑物时，施工过程中的变形剩余变位值情况。华正阳采用FLAC 3D数值分析，分析影响基坑开挖邻近建筑

物的影响因素，重点讨论了对土体采取加固措施的方案。吴朝阳用数值模拟与参数反演、模糊风险评判、实测分析相结合的方法，深入研究砂土/硬黏土层基坑施工对周边建筑的影响。史春乐采用数值模拟法分析某深基坑开挖导致邻近建（构）筑物的沉降变形发展过程。曹仁分析地铁隧道开挖对地表和既有建（构）筑物的影响，提出地铁工程中邻近建（构）筑物变形控制标准。黄茂松提出基坑开挖对邻近既有建（构）筑物承载能力的变形控制标准。李大鹏等在模型试验研究及资料调查与归纳的基础上，对深基坑开挖引发的建筑物变形进行综述研究。李志伟等研究基坑开挖对邻近不同刚度建（构）筑物的影响，对建（构）筑物的变形影响因素进行细致的分析。

⑤ 对邻近隧道变形的影响。俞建霖运用 Plaxis 模拟基坑与邻近隧道的整体模型，探讨基坑主体围护结构的变形及基坑外土体位移的演化规律。吕高乐运用 Abaqus 模拟基坑与邻近隧道的整体模型，探讨双侧深基坑主体围护结构的变形及基坑外土体位移的演化规律。王罡运用 Ansys 建立隧道结构变形三维模型，提出变形控制标准。信磊磊采用 HSS 模型，运用 Plaxis 模拟基坑、邻近建（构）筑物与邻近隧道的整体模型，探讨基坑围护结构对邻近不同距离建（构）筑物和隧道的影响。

◤◢◤ 7.5 基坑施工紧邻建（构）筑物变形预测方法

邻近建（构）筑物受侧向土压力作用，向基坑开挖方向倾移，变形过大不仅影响桥梁安全甚至会造成更大的人身、财产损失。

沉降值能够表征建（构）筑物受基坑开挖施工影响的安全状态，能够有效评估邻近建（构）筑物服役安全性。因此，能够清楚深基坑开挖对邻近建（构）筑物变形影响规律，准确预测建（构）筑物沉降值，及时采取相应的有效控制措施是保证建（构）筑物安全的关键。

基于施工现场的实际监测数据，建立建（构）筑物沉降预测模型。然而建（构）筑物沉降并非在自然情况下发生，其沉降变形受基坑开挖施工、架设支撑、注浆加固等多种因素影响，变形规律分布具有非线性、动态性。这些因素导致传统的线性拟合、非线性拟合法难以对建构进行准确预测。

神经网络具有高度自学习和自适应能力，能够有效预测紧邻建（构）筑物沉降。当前，国内外部分学者应用神经网络对施工中产生位移进行了相关研究。李昂等采用 GA-BP 模型对邻近基坑开挖桥墩的变形进行预测研究，表明 GA-BP 能够有效预测短期与中长期位移变化。蔡舒凌等人应用 FA-NAR 动态神经网络构建隧洞围岩变形预测模型，将预测值与实际值比较分析，通过平均绝对方差和平均相对方差验证了模型精度，证明该模型能适用于围岩变形预测问题。郑秋怡等建立基于 LSTM 大跨拱桥的温度−位移预测模型，考虑位移时滞效应和动态非线性，降低预测误差。BP神经网络模型不适于时间序列问题的预测，但可组合其输入、输出的形式以获得短期时间记忆能力。NAR神经网络模型在梯度消失时，会失去对数据的长期记忆，且过度依赖数据集的准确度。主要基于桥桩实测数据构建LSTM神经网络模型，采集不同变化趋势的两施工段数据进行比较分析，结果可以为基坑开挖施工对邻近建（构）筑物沉降预测模型研究和风险预警提供参考。

7.6　深基坑开挖支护变形机理研究

基坑开挖支护过程会产生支护结构变形、周边地表沉降变形和基坑底部隆起变形，是一个变形关联系统。因此，明确和研究基坑开挖支护过程中的变形规律和机理对于降低基坑自身结构和周边环境发生风险具有重要意义。由图7.9可知，随着基坑的开挖，形成坑内卸载，坑内外土压力差逐渐加大，坑外土体的挤压导致支护结构产生弯曲变形，一旦变形超过围护结构的设计允许值就会发生基坑失稳破坏，给周围环境带来损毁风险。

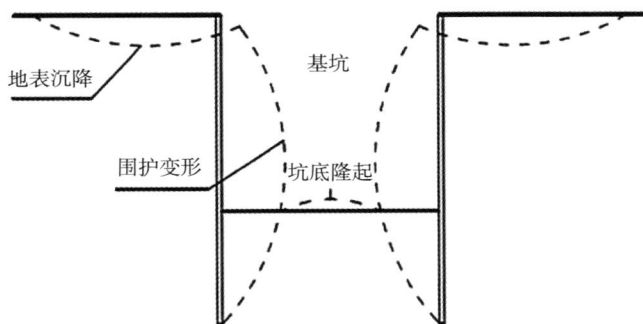

图7.9　基坑变形示意图

7.6.1　围护结构变形

基坑开挖支护过程中，围护结构会产生水平变形和竖向变形，变形机理如下。

围护结构的水平变形有悬臂式、抛物线式、组合式三种。随着基坑开挖支护过程的进行，围岩的应力平衡状态遭到破坏，土压力差逐渐增大，使坑外土体向坑内产生挤压作用，支护结构起平衡作用，抵抗土体水平移动，因此坑内产生弯曲变形。变形形式如图7.10所示。

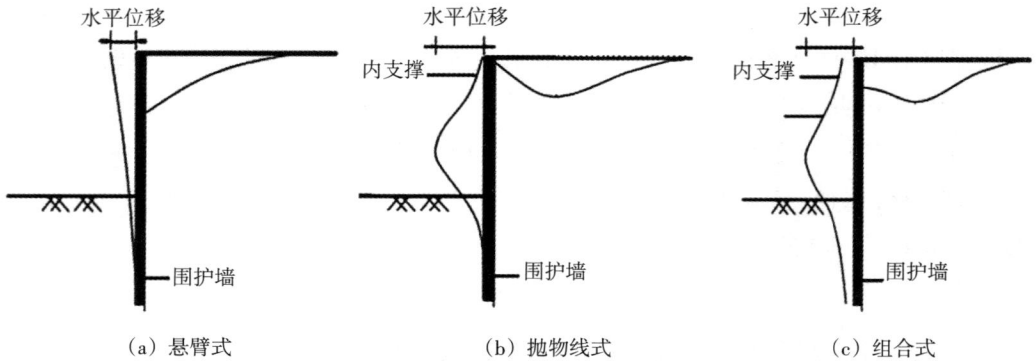

（a）悬臂式　　　　　　　　（b）抛物线式　　　　　　　　（c）组合式

图7.10　围护结构水平变形形式图

无支撑开挖初期，围护结构抵抗基坑外土体压力，产生较大位移。而围护桩底部的土体约束较大，限制坑外挤压作用并未产生较大变形，因而形成图7.10（a）所示的悬臂式。随着内支撑的架设，内支撑对围护结构产生作用力，限制维护桩顶部进一步向坑内变形，围护结构的变形形式如"二次曲线"，如图7.10（b）所示。随着基坑开挖深度的增加和内支撑的架设，围护结构整体的变形呈图7.10（c）所示的"组合式"发展曲线。

围护结构竖向变形。基坑开挖过程中，坑内土体被挖走导致坑底临空面发生隆起变形，土体与桩的联结作用使围护结构产生竖向位移。同时，围护结构周边荷载的挤压作用使其变形，竖向位移方向取决于占据主导地位的周边荷载值。

7.6.2　周边地表沉降变形

在基坑开挖支护过程中，基坑开挖后内外土压力差导致周边地表产生不同程度的位移，基坑周边地表沉降形式如图7.11所示。

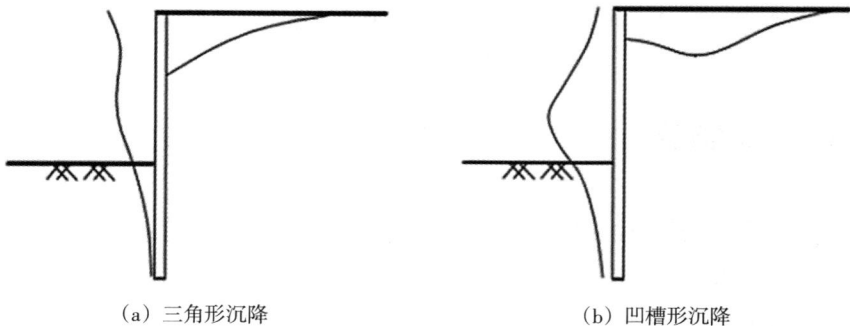

（a）三角形沉降　　　　　　　　　　　　（b）凹槽形沉降

图7.11　基坑周边地表沉降

地表沉降方式与基坑开挖阶段和支护结构变形程度密切相关。开挖初期，围护结构变形为"悬臂式",围护桩后方的土体被压缩进入坑内,造成周边地表沉降呈"三角形"分布。当围护结构处于"抛物线"或"组合"状态时,周边地表沉降变为"凹槽"。沉降值随着与基坑边缘的距离而增加,基坑边缘处的沉降值最小。

7.6.3 基坑底部隆起变形

基坑土体开挖产生临空面,释放了竖向荷载,应力平衡状态遭到破坏。基坑底部隆起变形的两种主要形式如图7.12所示。

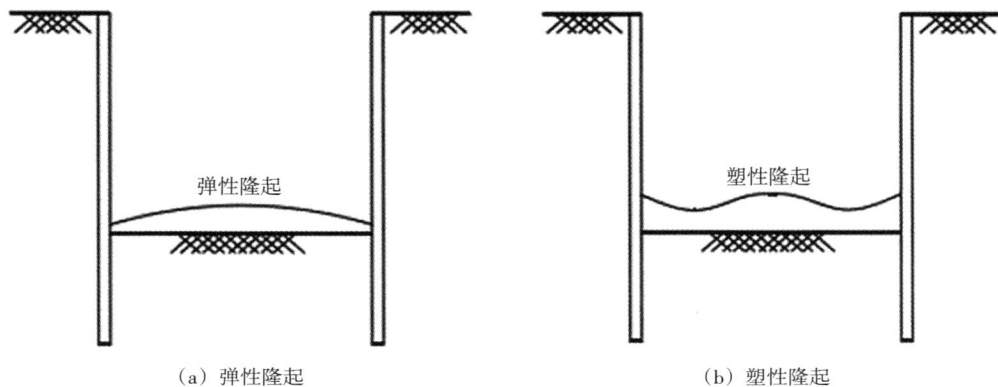

(a) 弹性隆起	(b) 塑性隆起

图7.12 基坑底部隆起变形

开挖初期,坑底的隆起变形是弹性的,呈中间高两侧低的变形形式,开挖停止时弹性隆起状态结束。随着开挖深度的增加,基坑底部的隆起变形由弹性变化转变为塑性变化,基坑底部被破坏,导致周边地表沉降。

地铁工程是城市中风险较大的工程,特别是深基坑地铁工程位于城市中心区,人员稠密、建筑复杂、地下管线多。由于地铁线位固定,施工场地狭小,大量开挖工程容易导致事故的发生,因此地铁建设安全风险越来越引起人们的重视。

综上所述,地铁车站深基坑由于地质环境复杂、基础信息匮乏、勘探手段限制等,在开挖前无法全面掌握施工中的风险情况。因此,必须进行地铁车站深基坑风险因素的识别与预测,从而对原设计方案进行调整和修正。尤其是地铁车站多建在已建成的大型商场和住宅小区附近。以往研究结果表明,基坑开挖很容易导致一系列力学行为变化。基坑变形与开挖卸荷、卸荷模量、开挖方式、时空效应、地下水等因素有关。这些因素给基坑的设计和施工带来了巨大的挑战。开挖过程的处理不当会导致基坑的意外变形,最终威胁到地铁及周边环境的安全。因此,了解地铁车站开挖施工过程中的变形特征和内力分布的演化规律是非常重要的。工程实践表明,数值方法对评价和预测土体变形和结构性能具有优越性。许多学者利用数值模拟方法对基坑工程施工分析和安全评价进行了深入研究。虽然基坑工程的实际分析和数值模拟已经取得了一定成果，但基坑开挖对周边环境的影响还有待进一步研究。

7.7 基坑桩板锚支护结构几何及有限元模型构建

（1）几何模型。以现场基坑监测资料为依据，利用冻土的水热力耦合数值模型对基坑进行模拟计算。基坑模型采用对称形式，基坑的深度为6.0 m，支护形式为桩锚支护，其中桩体高度为10.0 m，桩体直径为0.4 m，计算模型的宽度取4倍的基坑宽度，深度取5倍的基坑深度，即模型尺寸为40 m×30 m。为简化模型，把计算模型的土层划分为三层，其中0~4 m为粉质黏土，4~5 m为黏质粉土，5~30 m为粉质黏土。

（2）边界条件。由于基坑地表土层的温度变化符合附面层理论，因此根据附面层理论和实测地表土层温度数据，通过最小二乘法拟合得到基坑上边界温度条件。温度场边界条件，由于外界温度只能对一定深度的基坑土体产生影响，因此基坑计算模型底边边界应设置为定值，根据实测数据设置为20 ℃。基坑左右边界设置为绝热边界。对于水分场边界的设置，由于基坑的抽水泵一直保持工作状态，因此仅考虑补水管的补水作用，忽略降雨和地下水的补给，补水管的补水速率为0.11 m³/h，其余边界条件均设置为零通量。以各土层的初始含水率作为水分场的初始值。在进行应力场分析时，把基坑计算模型的左右两边界设置为横向约束边界，即只允许其发生竖直方向的位移，其下边界设置为固定边界，其余基坑边界设置为自由边界，考虑地下水渗流与补给定流量水井，开挖土体为干。此外，将基坑土体和支护结构之间添加接触面，使整体基坑结构可以协调变形。

表7.1　地层土体未冻结水含量表

序号	温度/K	未冻水含量
1	273.0	1.00
2	272.0	0.99
3	271.6	0.96
4	271.4	0.90
5	271.3	0.81
6	271.0	0.38
7	270.8	0.15
8	270.6	0.06
9	270.2	0.02
10	268.5	0.00

（3）地层土体未冻结水含量（见表7.1）。设置保温层措施参数选取。保温层铺设主要是通过在基坑的表面铺设保温性能较好的材料，以达到防止基坑发生冻害的效果，从而达到减小基坑水平冻融的效果。常用的材料有：草帘、草皮、树皮、炉渣和聚苯乙烯保温板等。为了比对不同材料的防冻融效果，设以下几种工况，如表7.2所示。

表7.2　铺设保温层措施工况设置

控制参数	具体工况
保温层材料	草帘、聚苯乙烯保温板、XPS保温板
保温层厚度	2、4、6 cm

不同保温材料的参数选取如表7.3所示。

表7.3　保温材料热力学参数选取

保温材料	密度ρ(kg·m^{-3})	导热系数λ[W·(m×K)$^{-1}$]	比热容C[J·(kg×K)$^{-1}$]
草帘	350	0.05	2016
聚苯乙烯保温板	40	0.03	1400
XPS保温板	30	0.028	1250

温度变化影响的单应力点环境测试结果和围压变化影响的单应力点环境测试结果如图7.13所示，代表了偏应力超过轴向应变的演变以及体积行为与轴向应变。

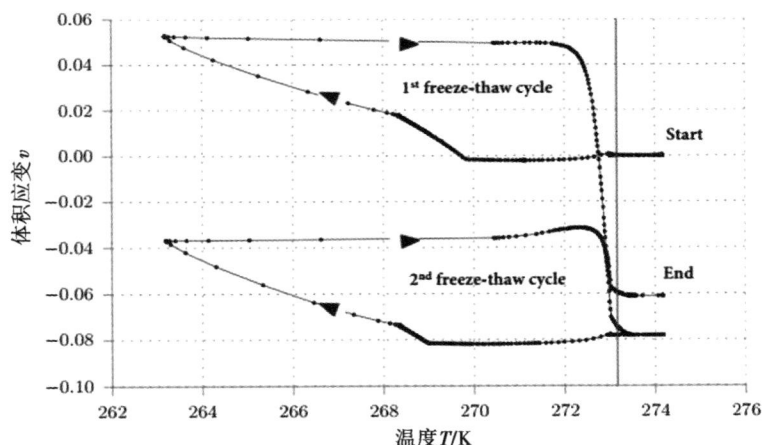

图7.13　体积应变v与温度T的关系

在弹性区域，刚度随温度的降低而增大。随着温度的降低和/或围压的增加，强度增加。围压对体积变形影响较大。高围压下，体积随轴向应变的增大而减小。低围压下，在应变软化阶段发生体积膨胀之前，体积总是降低到一个临界值。

7.8 国内外主要屈服条件

7.8.1 拉德-邓肯（Lade-Duncan）屈服条件、松冈元-中井（Matsuoka-Nakai）和郑颖人-陈瑜瑶屈服条件

此外介绍一些基于岩土材料真三轴试验拟合得出的屈服条件。国际上有拉德-邓肯条件（1972）、松冈元-中井条件（1974）和郑颖人-陈瑜瑶屈服条件。国内还有基于双剪应力的统一强度理论与统一屈服条件和基于空间滑动面的广义非线性强度条件等。由于当前对屈服条件有不同的理解，有的写成破坏条件、强度条件、强度理论等，下面介绍中尽量应用原作者的写法。

拉德-邓肯屈服条件和松冈元-中井屈服条件在 π 平面上都是不规则的形状，近似为一个曲边三角形。这两种屈服条件没有角点，都是光滑曲线，而且拉德-邓肯屈服曲线内接摩尔-库仑屈服条件的三个外角顶点，而松冈元-中井屈服曲线内接摩尔-库仑条件的六个内外角点。

拉德-邓肯屈服条件是根据土体的真三轴试验拟合得出，其表达式为

$$F = \frac{\sigma_1 \sigma_2 \sigma_3}{p^3} = \frac{I_3}{I_1^3} = k(\text{常数}) \tag{7.1}$$

或

$$F = -\frac{2}{3\sqrt{3}} J_2^{3/2} \sin 3\theta_\sigma - \frac{1}{3} I_1 J_2 + \left(\frac{1}{27} - \frac{1}{k}\right) I_1^2 = 0 \tag{7.2}$$

拉德-邓肯屈服条件中常数 k 考虑了真三轴受力情况，因而它适用于真三轴情况。常数 k 可以由试验拟合求得。

松冈元-中井屈服条件以八面体平面作为空间滑动面，认为空间滑动面（SMP面）上的土体处于最容易滑动状态，此时剪正应力比 $\frac{\tau}{\sigma_N}$ 最大，各向同性的SMP准则可以表示为：

$$F = \left(\frac{\tau}{\sigma_N}\right)_{\text{SMP}} = \frac{I_1 I_2}{I_3} = k(\text{常数}) \tag{7.3}$$

或

$$F = \frac{(\sigma_2 - \sigma_3)^2}{\sigma_2 \sigma_3} + \frac{(\sigma_3 - \sigma_1)^2}{\sigma_3 \sigma_1} + \frac{(\sigma_1 - \sigma_2)^2}{\sigma_1 \sigma_2} = k \, (常数) \tag{7.4}$$

该条件适用于常规三轴情况和非黏性土情况。1976年松冈元在此基础上提出了拓展空间滑动面条件（SMP），适用于非黏性土与黏性土，1995年又进行了砂土的真三轴试验，并将表达式写成：

$$\left(\frac{\tau}{\sigma_N}\right)_{SMP} = \sqrt{\frac{I_1 I_2 - 9 I_3}{9 I_3}}$$

$$= \frac{2}{3} \sqrt{\frac{(\sigma_1 - \sigma_2)^2}{4(\sigma_1 + \sigma_0)(\sigma_2 + \sigma_0)} + \frac{(\sigma_2 - \sigma_3)^2}{4(\sigma_2 + \sigma_0)(\sigma_3 + \sigma_0)} + \frac{(\sigma_3 - \sigma_1)^2}{4(\sigma_3 + \sigma_0)(\sigma_1 + \sigma_0)}} \tag{7.5}$$

$$= k \, (常数)$$

式中，σ_0 为黏聚力与 $\tan\varphi$ 之比，见图7.14。

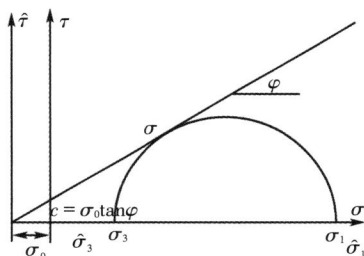

图7.14 三轴压缩子午面上的屈服曲线

由于SMP条件设定于常规三轴压缩条件（$\sigma_1 > \sigma_2 = \sigma_3$）下，偏平面上SMP破坏线中该点与摩尔-库仑破坏线中该点重合，由此可导出常数项：

$$\left(\frac{\tau}{\sigma_N}\right)_{SMP} = \frac{2\sqrt{2}}{3} \frac{\sigma_1 - \sigma_3}{2\sqrt{(\sigma_1 + \sigma_0)(\sigma_3 + \sigma_0)}} = \frac{2\sqrt{2}}{3} \tan\varphi \tag{7.6}$$

该条件可以用于各种土体，但没有考虑土体的压硬性，设定空间滑动面为八面体平面。

式（7.1）、（7.3）与（7.6）虽然没有给出 $g(\theta\sigma)$ 式，但在 I_1 为常数时，即可绘出 π 平面上的形状曲线（见图7.15）。

郑颖人、陈瑜瑶根据重庆红黏土的三轴试验结果，应用式（7.7）进行拟合，提出了偏平面上屈服曲线得出形状函数 $g(\theta_\sigma)$

$$g(\theta_\sigma) = \frac{2K}{(1+K) - (1-K)\sin 3\theta_\sigma + \alpha_1 \cos^2 3\theta_\sigma} \tag{7.7}$$

式中，K、α_1 为系数，可由试验数据拟合得出。本次试验中 $K = 0.77$，$\alpha_1 = 0.45$。

图7.15中列出了郑颖人-陈瑜瑶拟合
曲线，由于它与拉德-邓肯曲线十分接
近，因而两条曲线画在一条曲线上。从
图中可以看出，拉德-邓肯曲线与郑颖
人-陈瑜瑶拟合曲线十分相近，它们都是
由土体真三轴试验拟合得到，其三轴拉
伸试验时的抗剪强度大于摩尔-库仑条件
的抗剪强度，因而适用于真三轴情况，
但常数项都需要通过试验拟合得到。松

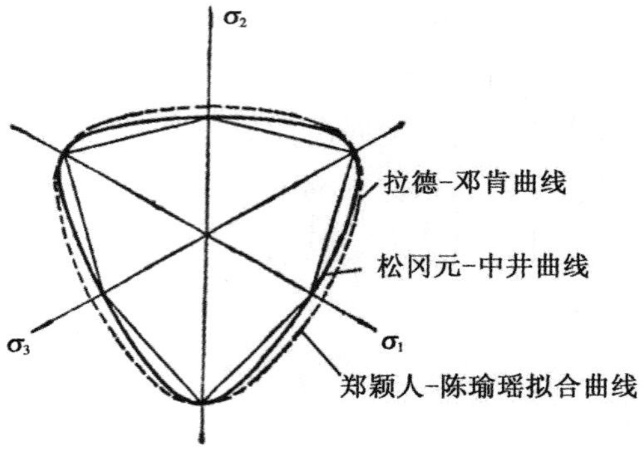

图7.15 π平面上拉德、郑颖人、松冈元屈服曲线

冈元-中井曲线，无论是三轴压缩点还是三轴拉伸点都与摩尔-库仑曲线重合，适用于
岩土材料常规三轴情况。

7.8.2 双剪应力条件屈服强度条件

基于双剪应力条件，俞茂宏提出了统一强度理论与统一屈服条件。它可以包括拉
压同性材料和拉压异性材料，也可以考虑中间主应力影响。当设定参数为某一定值
时，可以得出摩尔-库仑条件、广义双剪应力条件、屈瑞斯卡条件和双剪应力条件，但
不能得到米赛斯条件。其数学表达式为：

$$F = \sigma_1 - \frac{\alpha}{1+b}(b\sigma_2 + \sigma_3) = \sigma_t, \quad 当 \ \sigma_2 \leqslant \frac{\sigma_1 + \alpha\sigma_3}{1+\alpha} \qquad (7.8)$$

$$F' = \frac{1}{1+b}(\sigma_1 + b\sigma_2) - \alpha\sigma_3 = \sigma_t, \quad 当 \ \sigma_2 \geqslant \frac{\sigma_1 + \alpha\sigma_3}{1+\alpha} \qquad (7.9)$$

式中：$\alpha = \dfrac{\sigma_t}{\sigma_c}$——材料的拉压强度比，$\sigma c$ 为抗压强度，σt 为抗拉强度；

b——统一强度理论中引进的破坏准则选择参数。它是反映中间主应力及
相应面上的正应力对材料破坏影响程度的参数，也是反映中间主应
力对材料破坏影响的参数。

在取不同的 α、b 值时，公式可以退化为其他屈服条件：

（1）当 $\alpha = 1$ 时，可以退化为拉压同性的屈服条件，俞茂宏称它为统一屈服条件；

$$F = \sigma_1 - \frac{1}{1+b}(b\sigma_2 + \sigma_3) = \sigma_t, \quad 当 \ \sigma_2 \leqslant \frac{\sigma_1 + \sigma_3}{2} \qquad (7.10)$$

$$F' = \frac{1}{1+b}(\sigma_1 + b\sigma_2) - \sigma_3 = \sigma_t, \quad 当 \ \sigma_2 \geqslant \frac{\sigma_1 + \sigma_3}{2} \qquad (7.11)$$

（2）当 $\alpha = 1$，$b = 1$ 时，可以退化为双剪应力条件；

（3）当 $\alpha = 1$，$b = 0$ 时，可以退化为屈瑞斯卡条件；

（4）当 $\alpha \neq 1$，$b = 1$ 时，可以退化为广义双剪应力条件；

（5）当 $\alpha \neq 1$，$b = 0$ 时，可以退化为摩尔-库仑条件。

$\alpha \neq 1$，$b = 1$ 时的广义双剪应力条件的屈服面在主应力空间是一个以静水压力线为轴的不等边六角锥体面，在偏平面上是一个顶点不在主轴而与主轴对称的不等边六角形。图7.16示出了强度理论上、中、下三个典型极限面。

统一强度理论也可用应力张量第一不变量 I_1、应力偏量第二不变量 J_2 和应力角 θ 表示为统一屈服函数 $F(I_1, J_2, \theta)$。

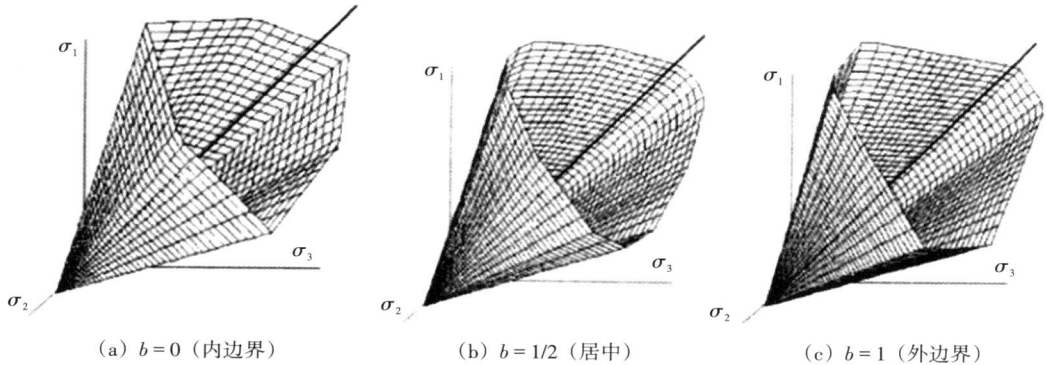

图7.16 统一强度理论的上、中、下三个典型极限面

（a）$b = 0$（内边界）　　（b）$b = 1/2$（居中）　　（c）$b = 1$（外边界）

上述统一强度理论表达式中，材料强度参数为 σ_t 和 α。如取岩土工程中常用的黏聚力参数 c 和摩擦角参数 φ，则双剪统一强度理论的表达式可写为：

$$F = \frac{2I_1}{3}\sin\varphi \frac{2\sqrt{J_2}}{1+b}\sin\left(\theta + \frac{\pi}{3}\right) - \frac{2b\sqrt{J_2}}{1+b}\sin\left(\theta - \frac{\pi}{3}\right) + \frac{2b\sqrt{J_2}}{(1+b)\sqrt{3}}\sin\left(\theta + \frac{\pi}{3}\right)$$

$$+ \frac{2\sqrt{J_2}}{(1+b)\sqrt{3}}\sin\varphi\cos\left(\theta + \frac{\pi}{3}\right) + \frac{2b\sqrt{J_2}}{(1+b)\sqrt{3}}\sin\varphi\cos\left(\theta - \frac{\pi}{3}\right) \tag{7.12}$$

$$= 2c\cos\varphi \qquad (0° \leq \theta \leq \theta_b)$$

$$F' = \frac{2I_1}{3}\sin\varphi \frac{2\sqrt{J_2}}{1+b}\sin\left(\theta + \frac{\pi}{3}\right) + \frac{2\sqrt{J_2}}{(1+b)\sqrt{3}}\sin\varphi\cos\left(\theta + \frac{\pi}{3}\right) +$$

$$\frac{2b\sqrt{J_2}}{1+b}\sin\theta - \frac{2b\sqrt{J_2}}{(1+b)\sqrt{3}}\sin\varphi\cos\theta \tag{7.13}$$

$$= 2c\cos\varphi \qquad (\theta_b \leq \theta \leq 60°)$$

7.8.3 基于空间滑动面强度准则的广义非线性强度条件

姚仰平等在SMP条件与广义米赛斯条件基础上提出广义非线性条件（GNST）。设三轴压缩条件下（$\sigma_1 > \sigma_2 = \sigma_3$）广义米赛斯准则与SMP准则重合，则广义剪应力 q_c 的表达式为：

$$q_c = \alpha q_M + (1-\alpha) q_s \tag{7.14}$$

其中，α 为反映 π 平面上的拉压强度比的材料参数（见图7.17）：

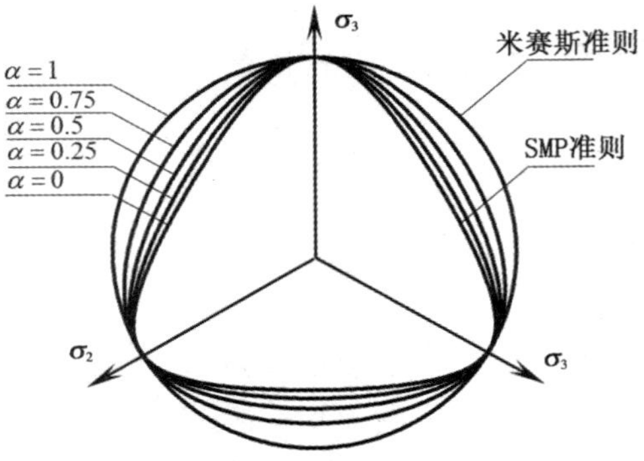

图7.17 π 平面上的广义非线性强度准则

① 当 $\alpha = 1$ 时，为广义米赛斯准则，在 π 平面上的破坏线为圆；

② 当 $\alpha = 0$ 时，为SMP准则，在 π 平面上的破坏线为曲边三角形；

③ 当 $0 < \alpha < 1$，式（7.14）为广义米赛斯准则和SMP准则之间的光滑曲线，可以描述各种材料的强度特性。

q_M 为广义米赛斯准则对应的广义剪应力，其值为：

$$q_M = \sqrt{I_1^2 - 3I_2} \tag{7.15}$$

q_s 为SMP准则对应的广义剪应力，其值为：

$$q_s = \frac{2I_1}{3\sqrt{\dfrac{I_1 I_2 - I_3}{I_1 I_2 - 9I_3} - 1}} \tag{7.16}$$

将公式整理，令三轴压缩情况下破坏应力比为 $M_c = \dfrac{q_c}{p}$，得

$$q_c = \alpha\sqrt{I_1^2 - 3I_2} + \frac{2(1-\alpha)I_1}{3\sqrt{(I_1 I_2 - I_3)/(I_1 I_2 - 9I_3) - 1}} = M_c p \tag{7.17}$$

材料参数 α 可以表示为三轴压缩条件下的内摩擦角 φ_c 与三轴伸长条件下的内摩擦角 φ_e 的函数。推导时先导出 α 与三轴压缩条件下破坏应力比 M_c 及三轴拉伸条件下破坏应力比 M_e 的关系，然后转换成 φ_c 与 φ_e 的关系，得到：

$$\alpha = \frac{3(3 + \sin\varphi_e)(\sin\varphi_e - \sin\varphi_c)}{2\sin^2\varphi_e(3 - \sin\varphi_c)} \tag{7.18}$$

通过三轴压缩试验与三轴拉伸试验，即可求得 φ_c 与 φ_e，从而得到材料参数 α。

当 $\varphi_c = \varphi_e$ 时，$\alpha = 0$，此时在 π 平面上破坏准则为SMP准则，见图7.18中的细实

线；当求得摩擦角$\varphi_c > \varphi_e$时，$\alpha > 0$，见图7.18中的粗实线；当$\alpha = 1$时是广义米赛斯准则。

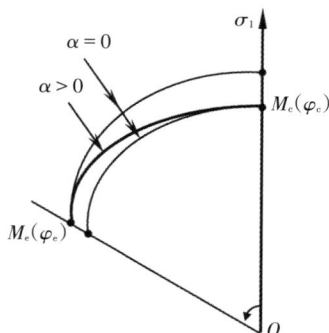

图7.18　求土性参数a

7.8.4　胡克–布朗（Hoek-Brown）条件

1985年胡克–布朗依据列出的各类岩石的试验结果，提出了一个经验性的适用于岩体材料的破坏条件（见图7.19），一般叫作胡克–布朗条件，其表达式为：

$$F = \sigma_1 - \sigma_3 - \sqrt{m\sigma_c\sigma_3 + s\sigma_c^2} \tag{7.19}$$

式中：σ_c——单轴抗压强度；

m，s——岩体材料常数，取决于岩石性质以及破碎程度。

在这一条件中考虑了岩体质量数据，即考虑了与围压有关的岩石强度，使它比摩尔–库仑条件更适用于岩体材料。

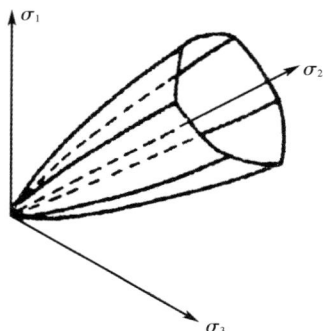

图7.19　应力空间中的胡克–布朗条件

这一条件与摩尔–库仑条件一样没有考虑中主应力的影响。在子午平面上，它的极限包络线是一条曲线，而不是一条直线，这是与摩尔–库仑条件不同的。

当以应力不变量表述时，胡克–布朗条件可以写成：

$$F = m\sigma_c \frac{I_1}{3} + 4J_2\cos^2\theta_\sigma + m\sigma_c\sqrt{J_2}\left(\cos\theta_\sigma + \frac{\sin\theta_\sigma}{\sqrt{3}}\right) - s\sigma_c^2 = 0 \tag{7.20}$$

在应力空间中，它是一个由 6 个抛物面组成的锥形面，如图 7.19 所示。在 6 个抛物面的交线上具有奇异性。

为了消除奇异性，用一椭圆函数逼近这一不规则的六角形，$g(\theta_\sigma)$ 被表述如下：

$$g(\theta_\sigma) = \frac{4(1-e^2)\cos^2\left(\frac{\pi}{6} + \theta_\sigma\right) + (1-2e)^2}{2(1-e^2)\cos^2\left(\frac{\pi}{6} + \theta_\sigma\right) + (2e-1)D} \tag{7.21}$$

式中，$D = \sqrt{4(1-e^2)\cos^2\left(\frac{\pi}{6} + \theta_\sigma\right) + 5e^2 - 4e}$；

$e = \dfrac{q_1}{q_c}$；

q_c，q_1——受压与受拉时的偏应力。

因而，式（7.20）的胡克-布朗条件成为一个光滑、连续的凸曲面，并表示如下：

$$F = q^2 g^2(\theta_\sigma) + \bar{\sigma}_c qg(\theta_\sigma) + 3\bar{\sigma}_c p - s\bar{\sigma}_c^2 = 0 \tag{7.22}$$

其中，$\bar{\sigma}_c = m\dfrac{\sigma_c}{3}$；$q = \sqrt{3J_2}$；$p = \dfrac{I_1}{3}$。

1992 年，胡克对胡克-布朗条件作了一点修正，给出了更一般的表达式：

$$\sigma_1 = \sigma_3 + \sigma_c\left(m\frac{\sigma_3}{\sigma_c} + s\right)^\alpha \tag{7.23}$$

对于大多数岩石采用 $\alpha = \dfrac{1}{2}$。对于岩体质量差的岩体，式（7.23）不适用，建议改用下式：

$$\sigma_1 = \sigma_3 + \sigma_c\left(m\frac{\sigma_3}{\sigma_c}\right)^\alpha \tag{7.24}$$

2008 年，我国学者朱合华与张其将胡克-布朗条件发展为广义三维胡克-布朗条件，内容从略。

7.9 应力表述的屈服安全系数

表征岩土中某应力点达到屈服程度的指标采用应力表述的屈服安全系数，其物理意义亦可理解为从特定应力状态达到屈服状态的程度。当前国内外一些软件中曾提出岩土破坏接近度的概念，但对这一概念存在某些误解，首先，以应力表述的摩尔-库仑条件只能表述岩土体的屈服，而不能表述岩土体的破坏；其次，岩土材料强度的降低不仅包含黏聚力的降低，还要包含摩擦系数的降低。这种破坏接近度的概念可以用来确定岩土应力点的屈服接近度，但依据摩尔-库仑条件强度参数的降低，既要包含黏聚力又要包含摩擦系数，并应按同一比例降低。接近度的度量值应用不广，可以采用大家更为熟悉的安全系数取代。在岩土工程中常用的安全系数有两类，一类是强度储备安全系数，以降低岩土抗剪强度体现岩土的安全度，常用在边（滑）坡工程中；另一类是超载安全系数，以增加荷载体现岩土的安全度，常用在地基工程中。

7.9.1 强度折减屈服安全系数

采用摩尔-库仑屈服条件求解强度折减屈服安全系数。材料的初始屈服意味着材料从弹性进入塑性，屈服是针对材料弹性状态来说的，所以强度极限曲线是在弹性极限情况下得到的。下面采用的屈服条件为平面状态下的摩尔-库仑屈服条件，强度极限曲线为库仑直线。

材料强度指标下降适用于材料的强度储备安全系数。按库仑定律有（见图7.20）

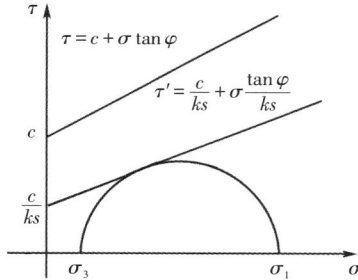

图7.20 求强度储备屈服安全系数示意图

$$\tau = c + \sigma \tan \phi \tag{7.25}$$

一般采用强度折减法，将 c，$\tan \varphi$ 按同一比例值（ks）降低，直至强度极限曲线与实际应力摩尔圆相切达到屈服，此时的 ks 值就是屈服安全系数。屈服时的抗剪强度为：

$$\tau' = \frac{c}{ks} + \sigma \frac{\tan \varphi}{ks} = c' + \sigma \tan \varphi' \tag{7.26}$$

其中，$c' = \dfrac{c}{ks}$，$\varphi' = \arctan\left(\dfrac{\tan \varphi}{ks}\right)$。

由相切处满足摩尔-库仑屈服条件，得：

$$\sigma_1 = \frac{2c \cos \varphi'}{ks(1 - \sin \varphi')} + \frac{1 + \sin \varphi' - 2\nu(1 - \sin \varphi')}{1 - \sin \varphi'} \sigma_3 \tag{7.27}$$

求得该应力点的强度折减屈服安全系数为：

$$ks = \frac{2\sqrt{\sigma_1\sigma_3\tan^2\varphi + (\sigma_1 + \sigma_3)c\tan\varphi + c^2}}{\sigma_1 - \sigma_3} = \frac{2\sqrt{(c + \sigma_1\tan\varphi)(c + \sigma_3\tan\varphi)}}{\sigma_1 - \sigma_3} \qquad (7.28)$$

当 $\varphi = 0$ 时，式（7.28）即为屈瑞斯卡条件下应力点的屈服安全系数。

算例7.1：已知一点的应力与剪切强度参数（见表7.4），求强度储备屈服安全系数。

由式（7.28）算得 $ks = 1.657$，折减后的 $c' = 1.81$ MPa，$\varphi' = 19.21°$。折减后的强度极限曲线与摩尔应力圆相切（见图7.21），算例表明，屈服安全系数计算结果可信。

表7.4 算例7.1应力与强度参数

σ_1	σ_3	c	φ
15 MPa	5 MPa	3 MPa	30°

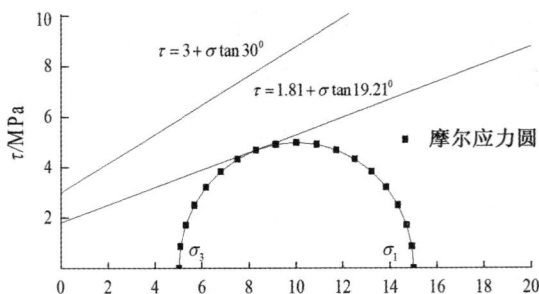

图7.21 强度储备屈服安全系数

7.9.2 超载屈服安全系数

采用摩尔–库仑条件求解超载屈服安全系数。地基与桩基工程中通常采用超载屈服安全系数。一般采用荷载增量法，即逐步增加荷载使其达到屈服状态，最简单的方法是增加第一主应力使其逐渐达到屈服状态。将最大主应力 σ_1 逐渐增大，当最大主应力由初始的 σ_1 增大到 $ks\sigma_1$，其应力摩尔圆恰好与强度极限曲线相切，则 ks 为超载屈服安全系数。此时 φ 角不变，这是因为荷载增大时摩擦力也随之增大，安全系数不随摩擦力而变，相当于只增大 c 值，而不增大 φ 值（见图7.22）。

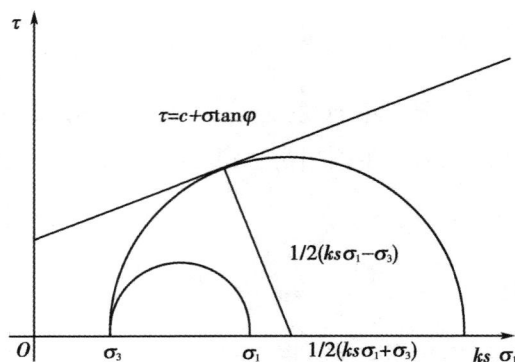

图7.22 超载屈服安全系数示意图

由几何关系可以得到下式：

$$\frac{1}{2}(ks\sigma_1 - \sigma_3) = 2c\cos\varphi + \frac{1}{2}(ks\sigma_1 + \sigma_3)\sin\varphi \qquad (7.29)$$

并得到超载屈服安全系数：

$$ks = \frac{2c\cos\varphi + (1+\sin\varphi)\sigma_3}{(1-\sin\varphi)\sigma_1} \tag{7.30}$$

算例7.2：已知一点的应力与剪切强度参数（见表7.5），求超载屈服安全系数（见图7.23）。

表7.5 算例7.2应力和强度参数

σ_1	σ_3	c	φ
15 MPa	5 MPa	3 MPa	30°

由式（7.30）算得 $ks = 1.693$，主应力 σ_1 增加到 $ks\sigma_1$，即25.39 MPa。由图7.23可以看出，主应力增加后的摩尔应力圆与强度曲线相切，表明超载屈服安全系数计算结果可信。

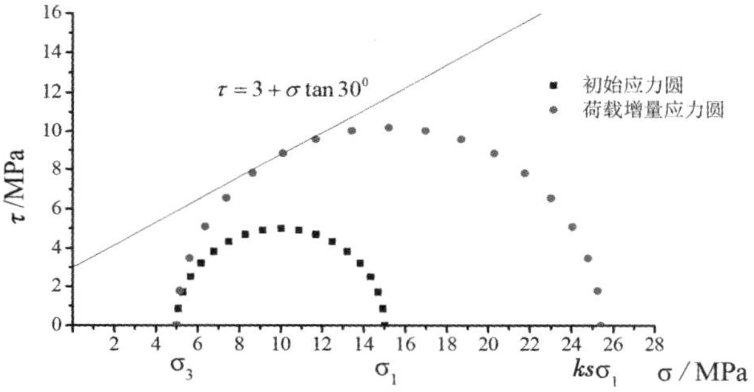

图7.23 算例7.2超载屈服安全系数

7.10 应变表述的屈服条件

近年来，随着对材料破坏准则的认识以及有限元计算方法的发展，要求采用应变表述的屈服条件，即应变空间中的屈服函数与屈服面。

建立以应变表述的屈服条件，最好的方法是通过以应变表示的大量试验数据的分析，提出既符合实际与力学理论，又使用简单的屈服条件。但是这需要做大量的试验，然而目前这样的试验不多。此外，对线弹性材料亦可直接从应力表述的屈服函数转换为应变表述的屈服函数。本节就是采用这种方法，以获得应变屈服条件与屈服面。

物体内某一点开始产生塑性变形时，应变分量之间需要满足的条件叫作应变表述的屈服条件，或简称应变屈服条件，设材料各向同性并不考虑应力主轴旋转，则六维应变空间的屈服函数可在三维应变空间中讨论，应变屈服函数可以表达为：

$$\left.\begin{array}{l} f(\varepsilon_1, \varepsilon_2, \varepsilon_3) = 0 \\ f(I'_1, J'_2, J'_3) = 0 \\ f(I'_1, J'_2, \theta_\varepsilon) = 0 \end{array}\right\} \tag{7.31}$$

屈服条件是指弹性条件下的界限，因而完全可以采用弹性力学中的应力和应变的关系。

$$\sigma_{ij} = \frac{E}{1+v}\left(\varepsilon_{ij} + \frac{v}{1-2v}\varepsilon_{ij}\delta_{ij}\right) \tag{7.32}$$

根据公式应力张量和应力偏张量的不变量为：

$$\left.\begin{array}{l} I_1 = \sigma_1 + \sigma_2 + \sigma_3 \\ I_2 = -(\sigma_1\sigma_2 + \sigma_2\sigma_3 + \sigma_3\sigma_1) \\ I_3 = \sigma_1\sigma_2\sigma_3 \end{array}\right\}; \quad \left.\begin{array}{l} J_1 = 0 \\ J_2 = \frac{1}{2}S_{ij}S_{ij} \\ J_3 = S_1 S_2 S_3 \end{array}\right\} \tag{7.33}$$

按公式，应变张量和应变偏张量的不变量为：

$$\left.\begin{array}{l} I'_1 = \varepsilon_1 + \varepsilon_2 + \varepsilon_3 \\ I'_2 = -(\varepsilon_1\varepsilon_2 + \varepsilon_2\varepsilon_3 + \varepsilon_3\varepsilon_1) \\ I'_3 = \varepsilon_1\varepsilon_2\varepsilon_3 \end{array}\right\}; \quad \left.\begin{array}{l} J'_1 = 0 \\ J'_2 = \frac{1}{2}\varepsilon_{ij}\varepsilon_{ij} \\ J'_3 = \varepsilon_1\varepsilon_2\varepsilon_3 \end{array}\right\} \tag{7.34}$$

根据式（7.34）及（7.32）推得应力空间中不变量与应变空间中不变量的转换公式：

$$I_1 = \frac{E}{1-2v}I'_1 = 3KI'_1 \tag{7.35}$$

$$J_2 = \left(\frac{E}{1+v}\right)^2 J'_2 = 4G^2 J'_2 = (2G)^2 J'_2 \tag{7.36}$$

$$J_3 = \left(\frac{E}{1+v}\right)^3 J'_3 = 8G^3 J'_3 = (2G)^3 J'_3 \tag{7.37}$$

$$I_3 = \left(\frac{E}{1+v}\right)^3 J'_3 - \frac{1}{3}\frac{E}{1-2v}\left(\frac{E}{1+v}\right)^2 I'_1 J'_2 + \frac{1}{27}\left(\frac{E}{1+v}\right)^3 (I'_1)^3 \tag{7.38}$$

并有：

$$\left.\begin{array}{l} \theta_\sigma = \theta_\varepsilon \\ \mu_\sigma = \mu_\varepsilon \end{array}\right\} \tag{7.39}$$

在推导中还使用了不变量间的如下关系式：

$$\left.\begin{array}{l} J_2 = I_2 + \frac{1}{3}I_1^2, \quad J'_2 = I'_2 + \frac{1}{3}I'^2_1 \\ J_3 = I_3 + \frac{1}{3}I_1 I_2 + \frac{2}{27}I_1^3, \quad J'_3 = I'_3 + \frac{1}{3}I'_1 I'_2 + \frac{2}{27}I'^3_1 \end{array}\right\} \tag{7.40}$$

将上述关系式代入到以应力表达的屈服条件，即得各种以应变表述的屈服条件。

对于米赛斯应变屈服条件，有：

$$\sqrt{J'_2} - \frac{1+\nu}{E}c = \sqrt{J'_2} - \frac{1+\nu}{E}\tau_s = 0$$

即

$$\sqrt{J'_2} - \frac{\gamma_y}{2} = 0 \text{（纯剪试验）} \tag{7.41}$$

式中：$\gamma_y = \frac{\tau_y}{G} = \frac{1+\nu}{E}\sigma_s$——材料的弹性极限剪应变。

当以纯拉试验的屈服极限主应变 ε_y 来确定 c 值，可以使 $\varepsilon_1 = \varepsilon_y$，$\varepsilon_2 = \varepsilon_3 = -\nu\varepsilon_y$，代入式（7.41），则有：

$$c = \frac{E}{\sqrt{3}}\varepsilon_y$$

则米赛斯应变屈服条件可写成：

$$f = \sqrt{J'_2} - \frac{1+\nu}{\sqrt{3}}\varepsilon_y = 0 \text{（纯拉试验）} \tag{7.42}$$

对于屈瑞斯卡条件，有

$$f = \frac{\varepsilon_1 - \varepsilon_3}{2} - \frac{1-\nu}{E}c = \varepsilon_1 - \varepsilon_3 - \frac{c}{G} = \varepsilon_1 - \varepsilon_3 - \frac{\tau_s}{G} = \varepsilon_1 - \varepsilon_3 - \gamma_y = 0 \tag{7.43}$$

若以应变洛德角 θ_ε 表示，则：

$$f = \frac{E}{1+\nu}\sqrt{J'_2}\cos\theta_\varepsilon - c = \sqrt{J'_2}\cos\theta_\varepsilon - \frac{\gamma_y}{2} = 0, \quad -\frac{\pi}{6} \leq \theta_\sigma \leq \frac{\pi}{6} \tag{7.44}$$

由式（7.41）及式（7.44）可见，在应变 π 平面上，应变屈瑞斯卡屈服条件显然是应变米赛斯屈服条件的内接正六角形。与应力屈服条件一样，应变米赛斯屈服条件与屈瑞斯卡条件，只适用于金属材料。

德鲁克–普拉格（广义屈瑞斯卡）屈服条件，可以写成：

$$f = \alpha'I'_1 + \sqrt{J'_2} - k' = 0 \tag{7.45}$$

（1）对DP1外角圆锥

$$\left.\begin{array}{l} \alpha' = \dfrac{1+\nu}{1-2\nu} \cdot \dfrac{2\sin\varphi}{\sqrt{3}(3-\sin\varphi)} \\[3mm] k' = \dfrac{1+\nu}{E} \cdot \dfrac{6c\cos\varphi}{\sqrt{3}(3-\sin\varphi)} \end{array}\right\} \tag{7.46}$$

在应变空间中材料常数也用应变来表示，这时 $\tau - \sigma$ 曲线改为 $\gamma - \varepsilon$ 曲线（见图 7.24），其中

$$\left.\begin{array}{l} \gamma_y = \dfrac{c}{G} = \dfrac{\tau_s}{G} \\[3mm] \varphi' = \arctan\left(\dfrac{E}{G}\tan\varphi\right) \end{array}\right\} \tag{7.47}$$

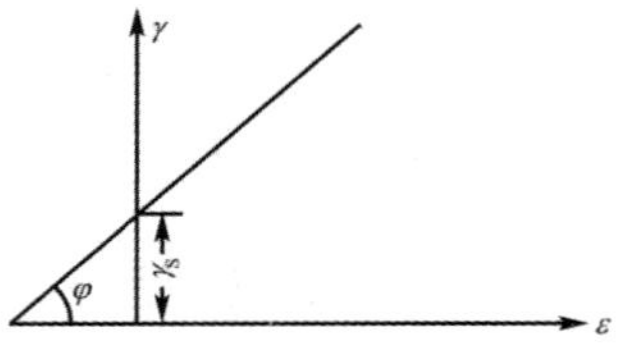

图7.24 $\gamma-\varepsilon$平面上剪切强度极限曲线

这是γ-ε应变平面中的材料常数，显然有：

$$\varphi = \arctan\left(\dfrac{G}{E}\tan\varphi'\right) \tag{7.48}$$

由此式（7.46）可以写成：

$$\left.\begin{array}{l} \alpha' = \dfrac{1+\upsilon}{1-2\upsilon} \cdot \dfrac{2\sin\varphi}{\sqrt{3}(3-\sin\varphi)} \\[3mm] k' = \dfrac{3\gamma_y\cos\varphi}{\sqrt{3}(3-\sin\varphi)} \end{array}\right\} \tag{7.49}$$

（2）对DP2内角圆锥：

$$\left.\begin{array}{l} \alpha' = \dfrac{1+\upsilon}{1-2\upsilon} \cdot \dfrac{2\sin\varphi}{\sqrt{3}(3+\sin\varphi)} \\[3mm] k' = \dfrac{1+\upsilon}{E} \cdot \dfrac{6c\cos\varphi}{\sqrt{3}(3+\sin\varphi)} = \dfrac{3\gamma_y\cos\varphi}{\sqrt{3}(3+\sin\varphi)} \end{array}\right\} \tag{7.50}$$

（3）对DP3摩尔–库仑等面积圆锥：

$$\alpha' = \dfrac{1+\upsilon}{1-2\upsilon} \cdot \dfrac{2\sqrt{3}\sin\varphi}{\sqrt{2\sqrt{3}\pi(9-\sin^2\varphi)}}$$

$$k' = \dfrac{1+\upsilon}{E} \cdot \dfrac{6\sqrt{3}c\cos\varphi}{\sqrt{2\sqrt{3}\pi(9-\sin^2\varphi)}} = \dfrac{3\sqrt{3}\gamma_y\cos\varphi}{\sqrt{2\sqrt{3}\pi(9-\sin^2\varphi)}} \tag{7.51}$$

（4）对DP4德鲁克–普拉格内切圆锥（关联平面应变圆锥）：

$$\left.\begin{array}{l} \alpha' = \dfrac{1+\upsilon}{1-2\upsilon} \cdot \dfrac{\sin\varphi}{\sqrt{3}(3+\sin^2\varphi)} \\[3mm] k' = \dfrac{1+\upsilon}{E} \cdot \dfrac{3c\cos\varphi}{\sqrt{3}\sqrt{3+\sin^2\varphi}} = \dfrac{3\gamma_y\cos\varphi}{2\sqrt{3}\sqrt{3+\sin^2\varphi}} \end{array}\right\} \tag{7.52}$$

（5）对DP5非关联平面应变圆锥：

$$\alpha' = \frac{\sin\varphi}{3}\frac{1+\nu}{1-2\nu}$$

$$k' = \frac{\gamma_y\cos\varphi}{\sqrt{3}}$$

$$(7.53)$$

对于应变，摩尔－库仑应变屈服条件为：

$$f = \frac{\sin\varphi}{3}\frac{1+\nu}{1-2\nu}I_1' + \left(\cos\theta_\varepsilon - \frac{1}{\sqrt{3}}\sin\theta_\varepsilon\sin\varphi\right)\sqrt{J_2'} - \frac{\gamma_y}{2}\cos\varphi = 0 \qquad (7.54a)$$

$$-\frac{\pi}{6} \leqslant \theta_\varepsilon \leqslant \frac{\pi}{6}$$

或

$$(\varepsilon_1 - \varepsilon_3) + (\varepsilon_1 + \varepsilon_3)\sin\varphi\frac{1}{1-2\nu} - \frac{\gamma_y}{2}\cos\varphi = 0 \qquad (7.54b)$$

表7.6给出了对应的应变空间表述的几种屈服条件，包括岩土真三轴三维条件与常规三轴三维屈服条件。

7.11 破坏条件

塑性材料的破坏过程必然从弹性进入塑性，然后塑性发展直至破坏。屈服与破坏两者含义不同，不能等同。关于工程材料的破坏，当前有许多不同的定义，有的以工程材料强度不足，或承载力不足定义为破坏；有的则以工程材料不能正常使用定义为破坏，这种破坏除上述承载力不足引起的破坏外，还包括工程材料变形过大而造成的破坏，工程设计通常需要兼顾这两种破坏定义。工程材料的破坏形式有脆性断裂和塑性破坏两种类型，脆性断裂一般是对脆性材料而言，破坏时材料处于弹性状态没有明显的塑性变形，突然断裂。例如硬脆性岩石在单轴压力作用下发生拉破坏，又如铸铁在拉力作用下发生拉伸破坏等。塑性破坏是针对塑性材料而言的，破坏时以出现屈服和显著的塑性变形为标志。例如岩土材料在压力作用下发生剪切破坏，软钢在拉力或压力作用下发生剪切破坏等。

在强度理论中以材料中某点的应力或应变达到屈服与破坏来定义屈服条件与破坏条件，它也是塑性力学中的初始屈服条件与极限屈服条件。屈服条件与破坏条件都是相对材料中一点的应力或应变而言的。研究强度理论中的屈服条件和破坏条件，通常都是按照理想弹塑性材料提出的，这种情况下研究屈服与破坏特别方便。对于初始屈服，弹性阶段应力与应变成一一对应的线弹性关系，无论用应力表述还是用应变表述都可以得到屈服条件。金属材料在应力和应变达到屈服应力和弹性极限应变时，材料

表7.6 工程材料应变屈服条件体系(以拉为正，I_1、J_2、θ_σ表达式)

材料	平面情况 名称	平面情况 公式	三维情况 名称	三维情况 公式
岩土材料	摩尔-库仑条件 $n=1$ 常数项中$\theta_\varepsilon=\pm\dfrac{\pi}{6}$ $2\sqrt{\dfrac{1+\sqrt{3}\tan\theta_\varepsilon\sin\varphi}{3+3\tan^2\theta_\varepsilon+4\sqrt{3}\tan\theta_\varepsilon\sin\varphi}}=1$ $I'_1=\varepsilon_1+2\varepsilon_3$	$\dfrac{\sin\varphi}{3}\dfrac{1+v}{1-2v}I'_1+$ $\left(\cos\theta_\varepsilon-\dfrac{1}{\sqrt{3}}\sin\theta_\varepsilon\sin\varphi\right)$ $\sqrt{J'_2}-\dfrac{\gamma_y}{2}\cos\varphi=0$ $-\dfrac{\pi}{6}\leq\theta_\varepsilon\leq\dfrac{\pi}{6}$	岩土真三轴三维条件 $1>n>0$	$\dfrac{\sin\varphi}{3}\dfrac{1+v}{1-2v}I'_1+\sqrt{J'_2}\left(\cos\theta_\varepsilon+\dfrac{1}{\sqrt{3}}\sin\theta_\varepsilon\sin\varphi\right)$ $-\gamma_y\cos\varphi\sqrt{\dfrac{1+\sqrt{3}\tan\theta_\varepsilon\sin\varphi}{3+3\tan^2\theta_\varepsilon+4\sqrt{3}\tan\theta_\varepsilon\sin\varphi}}=0$ $-\dfrac{\pi}{6}\leq\theta_\varepsilon\leq\dfrac{\pi}{6}$, $\theta_\varepsilon=\arctan\dfrac{2n\varepsilon_2-\varepsilon_1-\varepsilon_3}{\sqrt{3}(\varepsilon_1-\varepsilon_3)}$, $1>n>0$
			岩土常规三轴三维条件 $n=1$	$\dfrac{\sin\varphi}{3}\dfrac{1+v}{1-2v}I'_1+\sqrt{J'_2}\left(\cos\theta_\varepsilon+\dfrac{1}{\sqrt{3}}\sin\theta_\varepsilon\sin\varphi\right)$ $-\gamma_y\cos\varphi\sqrt{\dfrac{1+\sqrt{3}\tan\theta_\varepsilon\sin\varphi}{3+3\tan^2\theta_\varepsilon+4\sqrt{3}\tan\theta_\varepsilon\sin\varphi}}=0$ $-\dfrac{\pi}{6}\leq\theta_\varepsilon\leq\dfrac{\pi}{6}$, $\theta_\varepsilon=\arctan\dfrac{2\varepsilon_2-\varepsilon_1-\varepsilon_3}{\sqrt{3}(\varepsilon_1-\varepsilon_3)}$
	德鲁克-普拉格条件 θ_σ为常数	$\alpha'I'_1+\sqrt{J'_2}-k'=0$	三维德鲁克-普拉格条件 θ_σ为常数	DP1: $\alpha'_a I'_1+\sqrt{J'_2}-k'_a=0$ $\alpha'_a=\dfrac{1+v}{1-2v}\cdot\dfrac{2\sin\varphi}{\sqrt{3}(3-\sin\varphi)}$ $k'_a=\dfrac{3\gamma_y\cos\varphi}{\sqrt{3}(3-\sin\varphi)}$ DP2: $\alpha'_a I'_1+\sqrt{J'_2}-k'_a=0$ $\alpha'_a=\dfrac{1+v}{1-2v}\cdot\dfrac{2\sin\varphi}{\sqrt{3}(3+\sin\varphi)}$ $k'_a=\dfrac{3\gamma_y\cos\varphi}{\sqrt{3}(3+\sin\varphi)}$

表7.6(续)

材料	平面情况 名称	平面情况 公式	三维情况 名称	三维情况 公式
岩土材料	DP4 θ_σ为常数	$\alpha' = \dfrac{1+v}{1-2v} \cdot \dfrac{\sin\varphi}{\sqrt{3(3+\sin^2\varphi)}}$ $k' = \dfrac{\gamma_y \cos\varphi}{\sqrt{3+\sin^2\varphi}}$	DP3+ θ_σ为常数	$\alpha'_a = \dfrac{1+v}{1-2v} \cdot \dfrac{2\sqrt{3}\sin\varphi}{\sqrt{2\sqrt{3}\pi}(9-\sin^2\varphi)}$ $k'_a = \dfrac{3\sqrt{3}\gamma_y\cos\varphi}{\sqrt{2\sqrt{3}\pi}(9-\sin^2\varphi)}$
			DP4	$\alpha'_a = \dfrac{1+v}{1-2v} \cdot \dfrac{\sin\varphi}{\sqrt{3(3+\sin^2\varphi)}}$ $k'_a = 2\sqrt{3} \cdot \dfrac{\gamma_y\cos\varphi}{\sqrt{3+\sin^2\varphi}}$
	DP5	$\alpha' = \dfrac{\sin\varphi}{3} \cdot \dfrac{1+v}{1-2v}$ $k' = \dfrac{\gamma_y\cos\varphi}{\sqrt{3}}$	DP5	$\alpha'_a = \dfrac{\sin\varphi}{3} \cdot \dfrac{1+v}{1-2v}$ $k'_a = 2\sqrt{3} \cdot \dfrac{\gamma_y\cos\varphi}{\sqrt{3}}$
金属材料	屈瑞斯卡条件 $n=1$，常数项中 $\theta_\varepsilon = \pm\dfrac{\pi}{6}$ $2\sqrt{\dfrac{1-\sqrt{3}\tan\theta_\varepsilon\sin\varphi}{3+3\tan^2\theta_\varepsilon-4\sqrt{3}\tan\theta_\varepsilon\sin\varphi}}=1,\ \varphi=0$	$\sqrt{J'_2}\cos\theta_\varepsilon - \dfrac{\gamma_y}{2}=0$ $-\dfrac{\pi}{6}\leq\theta_\varepsilon\leq\dfrac{\pi}{6},\ \varepsilon_1-\varepsilon_3-\gamma_y=0$	米赛斯条件 $n=1$，$\theta_\varepsilon=\pm\dfrac{\pi}{6}$ $2\sqrt{\dfrac{1-\sqrt{3}\tan\theta_\varepsilon\sin\varphi}{3+3\tan^2\theta_\varepsilon-4\sqrt{3}\tan\theta_\varepsilon\sin\varphi}}=1,\ \varphi=0$	$\sqrt{J'_2}-\gamma_y/2=0$ （纯剪） $\sqrt{J'_2}-\dfrac{1+v}{\sqrt{3}}\varepsilon_y=0$ （纯拉）

出现初始屈服，它符合理想弹塑性材料定义，可由此导出屈服条件。岩土材料一般是硬化材料，往往在未达到弹性极限条件时就出现屈服，而后硬化过程中既会出现塑性应变，也会出现弹性应变，推导较为麻烦。若将其视作理想弹塑性材料，则很容易导出屈服条件，岩土力学中摩尔-库仑条件就是按理想弹塑性材料导出的。从后述可知，强度理论与极限分析法及本构无关，既可按照刚塑性材料推导，也可按照理想弹塑性和硬化材料推导，而按理想弹塑性推导最为方便适用。

与弹性阶段不同，在塑性阶段，应力与应变没有一一对应关系。若视作理想弹塑性材料，塑性阶段应力不变，因此应力不能反映材料的塑性变化过程，无法用应力来表述破坏条件，它只是破坏的必要条件，而非充分条件。塑性阶段应变随受力增大而不断发展，直至应变达到弹塑性极限应变时该点材料破坏，它反映了材料从弹性到塑性阶段的变化全过程，此时应力和应变都达到了极限状态，它是破坏的充要条件，因而强度理论中的破坏条件可用应变量导出。然而，当前塑性力学中尚没有导出点破坏条件，塑性力学中常常把屈服条件与破坏条件混为一谈，这显然是不正确的。屈服条件是判断材料从弹性进入塑性的条件，可用弹性力学导出；而破坏条件是判断材料从塑性进入破坏的条件，必须用弹塑性力学才能导出。可见屈服条件与破坏条件不同，屈服表明材料受力后进入塑性，材料性质发生变化，但它可以继续承载，尤其在岩土工程中，希望通过岩土进入塑性以充分发挥岩土的自承作用，减少支护结构的受力。破坏表示材料承载力逐渐丧失，直至完全丧失。如岩土、混凝土材料进入软化阶段后，应力逐渐降低表示强度逐渐丧失，同时材料中某些点先出现开裂，显示局部宏观裂隙直至裂缝完全贯通材料导致整体破坏。对于钢材，强度理论中采用屈服强度而非极限强度，因而钢材不是出现开裂和承载力不足而破坏，而是显示出材料中某些点的应变突然快速增大，最终导致整体变形超出工程允许值而失效。由此可见，工程材料的破坏是一个渐进过程，先出现点破坏，但整体承载力并未完全丧失，然后随着破坏点的增多，承载力逐渐丧失直至形成破坏面导致整体破坏，从点破坏发展到整体破坏的过程可称为破坏阶段。

由此可知，材料从受力到破坏经过了三个阶段。弹性阶段：随着受力增大材料从少数点受力发展至整体受力，此时变形可以恢复，材料性质不变。塑性阶段：先是少数点屈服进入塑性，随着屈服点增多逐渐发展成塑性剪切带，此时出现不可恢复的变形并在塑性阶段后期材料中出现一些细微裂缝，材料性质变化。破坏阶段：剪切带内少数屈服点先达到点破坏而出现局部裂缝，随着破坏点增多直至裂缝贯通整体，此时岩土类材料的黏聚力几乎完全丧失，剪切带破裂发生整体破坏。

在强度理论和传统极限分析中，通常以材料整体破坏作为破坏依据，即以破坏面贯通整体材料视作工程破坏，所以传统极限分析中的破坏是指材料整体破坏，并以整体破坏作为材料破坏判据。可见传统极限分析理论中已经给出了材料整体破坏条件，可由此求解材料整体稳定安全系数，但它不是任意点的破坏条件，不能作为塑性力学中的破坏条件。

应用上述极限应变作为点破坏条件可以判断材料中任一点是否破坏。随着材料中破坏点增多，当裂缝逐渐贯通成整体破坏面时材料发生整体破坏，由此可以把破坏点贯通工程整体作为整体破坏的判据，它是材料整体破坏的充要条件。当前，传统极限分析和有限元极限分析法中已经给出了各自的整体破坏判据，虽然不同的极限分析方法中整体破坏判据不同，但都可以得到相同的稳定安全系数。

下面给出大理岩试样，在常规三轴试验下加荷的应力–应变变化过程。图7.25（a）是岩样在10 MPa围压下的常规三轴试验的全过程应力–应变曲线，图7.25（b）是其放大图，从图中可以看出应力–应变曲线和受力破坏的发展过程。

（1）压密阶段（OA段）：应力–应变曲线呈下凹形，主要是岩样中的原生裂纹和孔隙在小荷载作用下压缩闭合。

（2）弹性变形阶段（AB段）：该阶段应力水平较低，主应变 ε_1 和体应变 ε_v 变化相对较小，应力–应变曲线接近直线，岩样发生可恢复的压缩变形。

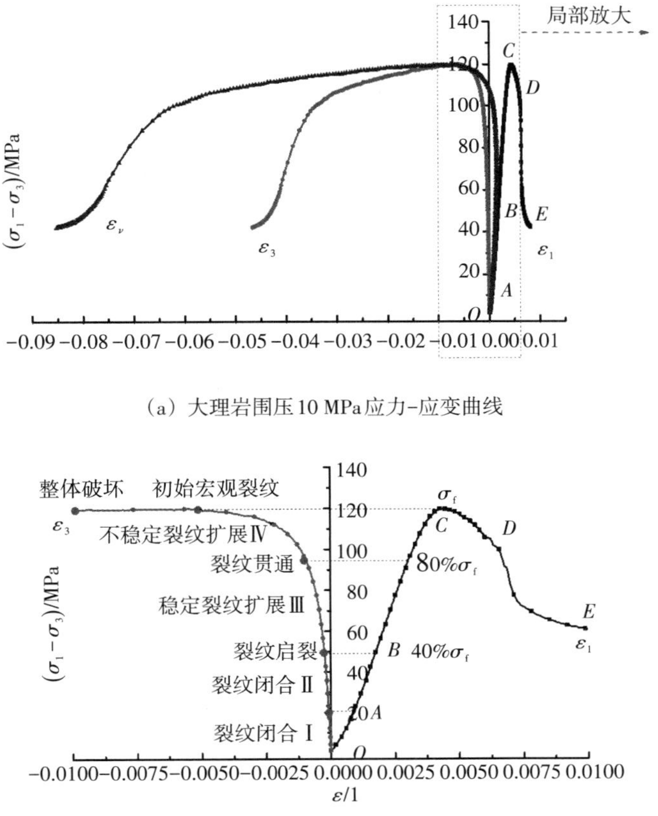

（a）大理岩围压10 MPa应力–应变曲线

（b）放大图

图7.25 大理岩全过程应力–应变曲线

（3）塑性变形阶段（BC段）：该阶段为微裂隙扩展和出现宏观裂隙阶段，B点后岩样开始产生微裂纹，主应变ε_1和体应变ε_v偏离线性，ε_w出现负增长，进入塑性阶段；当应力接近峰值应力的80%后，ε_3和ε_w增长速率明显加快，岩样产生扩容现象，微裂纹加速扩展，出现肉眼可见的细微裂缝。达到峰值应力C点时，ε_3和ε_w水平增长，塑性应变达到极限状态，出现明显局部裂隙。C点以左应力随荷载增大而增大，C点以右应力随荷载增大而降低，所以把C点视作岩样点破坏的临界点。

（4）破坏阶段（CE段）：宏观裂隙扩展和贯通阶段，峰值应力后应力逐渐下降，显示强度降低，宏观裂隙加速扩展，达到E点后宏观裂隙完全贯通岩样，黏聚力几乎完全丧失，ε_v急剧增大，岩样整体破坏并向下滑移，E点是岩样整体破坏的临界点。

7.11.1　破坏条件与破坏曲面

如前所述，当前塑性力学所说的应力破坏条件实际上是应力屈服条件，不能作为判断材料破坏的判据。在塑性阶段，应力虽然不变，但应变是在不断变化的，塑性应变从零达到塑性极限应变，反映了塑性阶段的受力变化过程，此时应力和应变都达到极限状态，它是破坏的充要条件。在20世纪70年代，拉德在岩土本构关系研究中就曾经提出基于点破坏的破坏条件，他认为破坏条件与屈服条件形式一致，只是常数项不同，因而可以通过试验拟合得到破坏条件。但没有从理论上形成破坏准则，即建立点破坏时应力与峰值强度的关系和应变与弹塑性极限应变的关系。郑颖人等提出了基于理想弹塑性模型的极限应变点破坏准则，即把物体内某一点开始出现破坏时应变所必需满足的条件，也就是将弹性与塑性应变都达到极限状态时的条件定义为点破坏条件。下面将导出应变空间内破坏条件完整的力学表达式，其解析式称为破坏函数，其图示称为破坏曲面。

图7.26示出理想弹塑性材料与硬-软化材料的应力-应变关系曲线，左面为弹塑性阶段应力-应变曲线，右面为破坏阶段应力-应变曲线。理想弹塑性材料在弹性阶段应力与应变成线性关系，当任一点的应力达到屈服强度时或剪应变达到弹性极限剪应变γ_y时材料发生屈服。但材料屈服并不代表破坏，只有塑性剪应变发展到塑性极限剪应变γ_f^p或总剪应变达到弹塑性极限剪应变γ_f（简称极限应变）的时候才会破坏。由此可

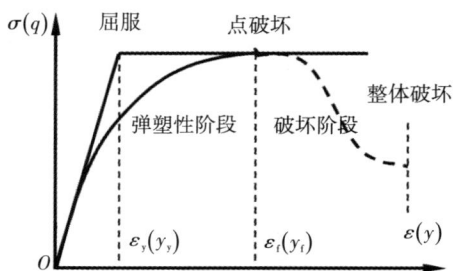

图7.26　理想弹塑性材料与硬-软化材料的应力-应变曲线

见，只要计算中某点的剪应变达到极限剪应变时该点就发生破坏，因而它可以作为点破坏的判据。对于整体结构来说，虽然材料已局部破坏而出现裂缝，但受到周围材料的抑制，破坏过程中该点的应变仍然会增大，因此极限应变也是材料破坏阶段的最小应变值。

如上所述，破坏条件可定义为物体内某一点开始破坏时应变所必须满足的条件。其物理意义就是材料中某点的剪应变达到极限应变 γ_f 时或某点的塑性应变达到塑性极限应变 γ_f^p 时该点发生了破坏。无论是刚塑性材料、理想弹塑性材料还是硬软化材料都有一个共同的破坏点，该点在弹塑性阶段内应力与应变都达到了极限状态。正如英国土力学家罗斯科等人所说，破坏是一种临界状态，达到临界状态就发生破坏，它与应力路径无关。

破坏条件是应变的函数，称为破坏函数，其方程为：

$$f_f\left(\varepsilon_{ij}\right) = 0 \tag{7.55}$$

或写成

$$f_f\left(\varepsilon_{ij},\ \gamma_f\right) = 0;\quad f_f\left(\varepsilon_{ij},\ \gamma_y,\ \gamma_f^p\right) = 0$$

式中：γ_y、γ_f^p、γ_f ——弹性、塑性、弹塑性极限剪应变。

屈服面是屈服点的应变连起来构成的一个空间曲面（图7.127和图7.128），塑性理论指出，塑性材料的初始应力屈服面形状与应变空间中的初始应变屈服面都符合强化模型。对于金属材料，两者形状相同，中心点不动，只是大小相差一个倍数。应变空间中理想弹塑性材料的后继屈服面符合随动模型，因而破坏面的形状和大小与初始应变屈服面相同，而屈服面中心点的位置随塑性应变增大而移动（图7.27和图7.28）。破坏面把应变空间分成几种状况：当应变在破坏面上 $\gamma = \gamma_f$ 时处于破坏状态；当应变在屈服面上和屈服面与破坏面之间 $\gamma_y \leqslant \gamma < \gamma_f$ 时，处于塑性状态；当应变在屈服面内 $\gamma = \gamma_y$ 时属弹性状态。

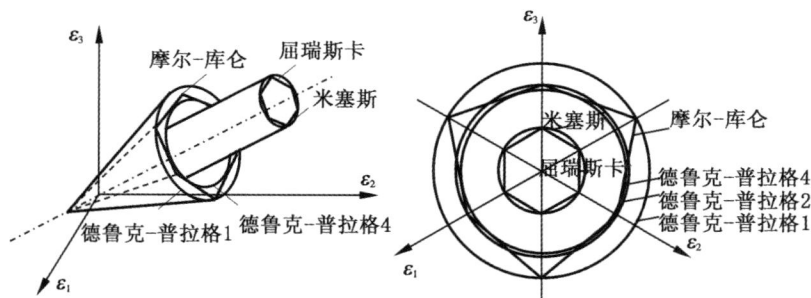

图7.27 直角坐标、偏平面中岩土与金属材料的屈服面

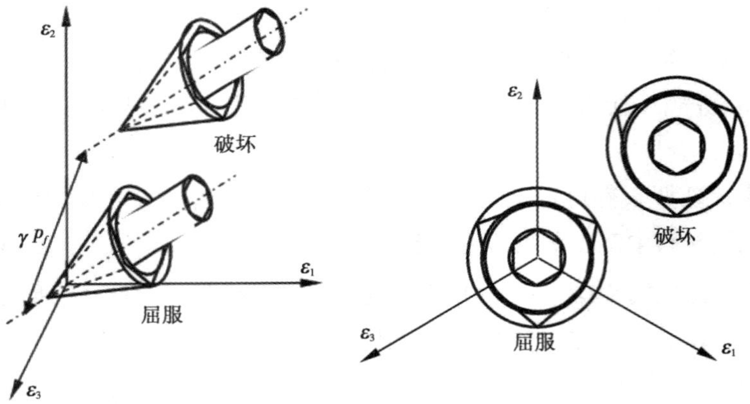

图7.28 直角坐标、偏平面中岩土与金属材料的破坏面

7.11.2 金属材料的破坏条件

（1）屈瑞斯卡破坏条件。在弹性状态下应力和弹性应变都在不断增长，无论在应力空间中还是在应变空间中的屈服条件都属于强化模型，两者的形状一致。屈瑞斯卡应变屈服条件可由应力屈服条件转化而来，由此得到应变表述的屈瑞斯卡屈服条件 $f = \varepsilon_1 - \varepsilon_3 - \gamma_y$。但开始出现塑性应变以后，理想弹塑性材料应力不变，应变不断增长，应变空间中力学模型成为随动模型，屈服面形状不变，但屈服面中点随塑性应变增大而增大，直至达到塑性极限应变 γ_f^p，由此得到屈瑞斯卡破坏面。按照上述意思，屈瑞斯卡破坏条件的破坏函数为：

$$f_f = \varepsilon_1 - \varepsilon_3 - \left(\gamma_y + \gamma_f^p\right) = \varepsilon_1 - \varepsilon_3 - \gamma_f = 0 \qquad (7.56)$$

或

$$f_f = \sqrt{J_2'}\cos\theta_\varepsilon - \frac{\gamma_y + \gamma_f^p}{2} = \sqrt{J_2'}\cos\theta_\varepsilon - \frac{\gamma_f}{2} = 0, \quad -\frac{\pi}{6} \leqslant \theta_\sigma \leqslant \frac{\pi}{6} \qquad (7.57)$$

式中：$\gamma_y = \dfrac{\tau_y}{G} = \dfrac{1+v}{E}\sigma_s$ ——材料弹性极限剪应变；

$\qquad\qquad \sqrt{J_2'}$ ——应变偏张量的第二不变量；

$\qquad\qquad \theta_\varepsilon$ ——应变洛德角。

破坏面形状与屈服面相同，屈瑞斯卡破坏面为正六角形柱体，偏平面上为一正六角形，破坏面中心距应变屈服面中心距离为 γ_f^p。式（7.57）体现了材料从弹性到屈服直至破坏的全过程。

（2）米赛斯破坏条件。同理，米赛斯破坏条件如下：

$$f_f = \sqrt{J_2'} - \frac{1}{\sqrt{3}}\left(\gamma_y + \gamma_f^p\right) = \sqrt{J_2'} - \frac{1}{\sqrt{3}}\gamma_f = 0 \,(\text{纯拉试验}) \qquad (7.58)$$

$$f_f = \sqrt{J_2'} - \frac{\gamma_y + \gamma_f^p}{2} = \sqrt{J_2'} - \frac{\gamma_f}{2} = 0 \text{（纯剪试验）} \tag{7.59}$$

破坏面形状与屈服面相同，米赛斯破坏面为圆柱体，偏平面上为圆形，破坏面中心距应变屈服面中心为距离 γ_f^p。

7.11.3　岩土类材料的破坏条件（摩尔–库仑破坏条件等）

弹性状态下，岩土类摩擦材料不考虑中间主应力时，即平面应变情况下通常采用摩尔–库仑屈服条件。下面先将应力表述的摩尔–库仑屈服条件换算成应变表述的摩尔–库仑屈服条件（以压为正）。然后导出摩尔–库仑破坏条件。

已知平面应变情况下，应力表述的摩尔–库仑条件为：

$$\frac{1}{2}(\sigma_1 - \sigma_2) - \frac{1}{2}(\sigma_1 + \sigma_3)\sin\varphi - c\cos\varphi = 0 \tag{7.59}$$

依据平面应变条件 $\varepsilon_2 = 0$，得到广义胡克定律：

$$\left.\begin{array}{l} \sigma_1 = \dfrac{(1-2\nu)(1+\nu)}{(1-2\nu)(1+\nu)}\left(\varepsilon_1 + \dfrac{\nu}{1-\nu}\varepsilon_e\right) \\[3mm] \sigma_2 = \dfrac{E(1-\nu)}{(1-2\nu)(1+\nu)}\left(\dfrac{\nu}{1-\nu}(\varepsilon_1 + \varepsilon_3)\right) \\[3mm] \sigma_3 = \dfrac{(1-2\nu)(1+\nu)}{(1-2\nu)(1+\nu)}\left(\varepsilon_3 + \dfrac{\nu}{1-\nu}\varepsilon_1\right) \end{array}\right\} \tag{7.60}$$

由式（7.60），可得：

$$\frac{\varepsilon_1 - \varepsilon_3}{2} - \frac{\varepsilon_1 + \varepsilon_3}{2}\sin\varphi\frac{1}{1-2\nu} - \gamma_s\cos\varphi = 0 \tag{7.61}$$

将公式简化可得：

$$\frac{\varepsilon_1 - \varepsilon_3}{2} - \frac{\varepsilon_1 + \varepsilon_3}{2}\sin\varphi = \frac{\gamma_y}{2}\cos\varphi + \frac{2\nu}{1-2\nu}\frac{\varepsilon_1 + \varepsilon_3}{2}\sin\varphi \tag{7.62}$$

或

$$\frac{\varepsilon_1 - \varepsilon_3}{2} - \frac{\varepsilon_1 + \varepsilon_3}{2}\sin\varphi\frac{1}{1-2\nu} - \frac{\gamma_y}{2}\cos\varphi = 0 \tag{7.63}$$

应变表述的摩尔–库仑屈服条件，也可以写成公式的形式。

由式（7.62）可以看出，应变表述的摩尔–库仑屈服条件比应力表述的多了一项 $\dfrac{2\nu}{1-2\nu}\dfrac{(\varepsilon_1 + \varepsilon_3)}{2}\sin\varphi$，但该项是平均弹性应变而不是应变差，所以它不影响摩尔应变圆的形状，而转换过来的摩尔应变圆尚需要移动一个水平距离，即将圆心位置增大一个水平距离，才能构成真正的摩尔应变圆（屈服摩尔应变圆），由此得到应变表述的摩尔–库仑屈服条件。当材料的弹性极限应变曲线与屈服摩尔应变圆相切时就得到摩尔–库仑屈服条件，如图 7.29 左边所示。

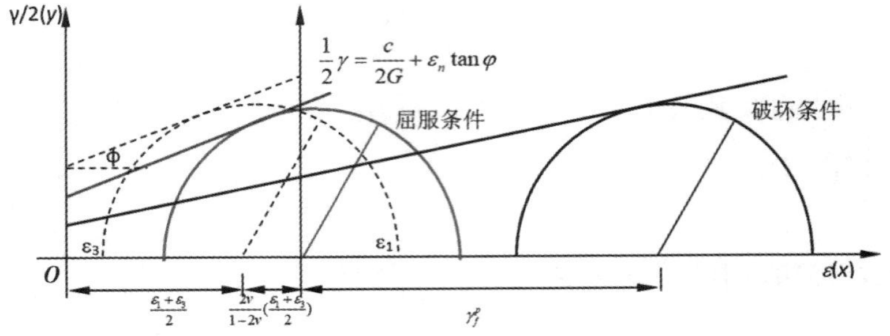

图7.29　应变屈服条件和破坏条件

同上，将应变屈服面的中点移动 γ_f^p 距离后即可得到破坏摩尔应变圆。当破坏摩尔应变圆与材料弹塑性极限应变曲线相切时，就得到图示的摩尔–库仑破坏条件（见图7.29右边）。

由式（7.61）可以得到以压为正的摩尔–库仑准则的破坏函数：

$$f_f = (\varepsilon_1 - \varepsilon_3) - (\varepsilon_1 + \varepsilon_3)\sin\varphi\frac{1}{1-2\nu} - \frac{\gamma_y + \gamma_f^p}{2}\cos\varphi$$

$$= (\varepsilon_1 - \varepsilon_3) - (\varepsilon_1 + \varepsilon_3)\sin\varphi\frac{1}{1-2\nu} - \frac{\gamma_f}{2}\cos\varphi = 0$$

或

$$f_f = -\sin\varphi\frac{1+\upsilon}{1-2\upsilon}\varepsilon_m + \left(\cos\theta_\varepsilon + \frac{1}{\sqrt{3}}\sin\theta_\varepsilon\sin\varphi\right)\sqrt{J_2'} - \frac{\gamma_y + \gamma_f^p}{2}\cos\varphi$$

$$= -\sin\varphi\frac{1+\upsilon}{1-2\upsilon}\varepsilon_m + \left(\cos\theta_\varepsilon + \frac{1}{\sqrt{3}}\sin\theta_\varepsilon\sin\varphi\right)\sqrt{J_2'} - \frac{\gamma_f}{2}\cos\varphi = 0, \quad -\frac{\pi}{6} \le \theta_\varepsilon \le \frac{\pi}{6}$$

$$(7.64)$$

摩尔–库仑破坏面与摩尔–库仑屈服面的形状大小相同，是一个不等角六角形锥体，偏平面上为一不等角六角形，破坏面中心距屈服面中心为 γ_f^p。

同理可得到德鲁克–普拉格破坏条件，其破坏面是一个圆锥，偏平面上为一圆，破坏面中心距屈服面中心为 γ_f^p。也可得到常规三轴与真三轴三维能量破坏条件。

7.11.4　极限应变计算

（1）弹性极限应变的解析计算。目前国内外尚无求解材料极限应变的计算方法。钢材、混凝土等材料，一般通过试验来确定材料极限应变。阿比尔的、郑颖人等提出通过强度与变形参数求岩土类材料（包括混凝土）和钢材等工程材料的极限应变的计算方法，从而减少了试验的工作量。求解的思路是，通过建立合适的计算模型，应用现有的整体破坏判据和数值极限分析方法，求取材料点破坏的弹塑性极限应变（见表7.7）。

表7.7 应变表述的破坏条件体系（以拉为正，其中岩土主应力表达式以压为正）

剪切状态	平面情况 名称	平面情况 公式	三维情况 名称	三维情况 公式
金属材料	屈瑞斯卡	$\sqrt{J'_2}\cos\theta_\varepsilon - \dfrac{\gamma_f}{2}=0,\ -\dfrac{\pi}{6}\le\theta_\varepsilon\le\dfrac{\pi}{6}$ 或 $\varepsilon_1-\varepsilon_3-\gamma_f=0$	米赛斯	$\sqrt{J'_2}-\dfrac{\gamma_f}{2}=0$（纯剪）；$\sqrt{J'_2}-\dfrac{\gamma_f}{\sqrt{3}}=0$（纯拉）
岩土材料	摩尔-库仑	$(\varepsilon_1-\varepsilon_3)-(\varepsilon_1+\varepsilon_3)\sin\varphi\,\dfrac{1}{1-2\nu}-\dfrac{\gamma_f}{2}\cos\varphi=0$	岩土三维能量条件 当 $1>n>0$，$\varepsilon_1>\varepsilon_2>\varepsilon_3$，岩土真三轴三维条件	$\dfrac{\sin\varphi}{3}\dfrac{1+\nu}{1-2\nu}I'_1+\sqrt{J'_2}\left(\cos\theta_\varepsilon+\dfrac{1}{\sqrt{3}}\sin\theta_\varepsilon\sin\varphi\right)-\gamma_f\cos\varphi\dfrac{1+\sqrt{3}\tan^2\theta_\varepsilon+4\sqrt{3}\tan\theta_\varepsilon\sin\varphi}{\sqrt{3+3\tan^2\theta_\varepsilon+4\sqrt{3}\tan\theta_\varepsilon\sin\varphi}}=0,$ $-\dfrac{\pi}{6}\le\theta_\varepsilon\le\dfrac{\pi}{6};\ \theta_\varepsilon=\mathrm{atan}\dfrac{2n\varepsilon_2-\varepsilon_1-\varepsilon_3}{\sqrt{3}(\varepsilon_1-\varepsilon_3)}\quad(1>n>0)$ n值依据 $\varepsilon_2/\varepsilon_1$ 值通过试算确定 或 $(\varepsilon_1-\varepsilon_3)-(\varepsilon_1+\varepsilon_3)\sin\varphi\dfrac{1}{1-2\nu}\sqrt{\dfrac{1-(2\beta-1)\sin\varphi}{\beta^2-\beta+1+\sin\varphi(2\beta-1)}}-\dfrac{\gamma_f}{2}\cos\varphi\sqrt{\dfrac{1}{...}}=0$，$\beta=\dfrac{\varepsilon_2-\varepsilon_3}{\varepsilon_1-\varepsilon_3}$，$1\ge\beta\ge0$
岩土材料			同上，$n=1$	
岩土材料	德鲁克-普拉格	$\alpha' I'_1+\sqrt{J'_2}-k'=0$	岩土常规三轴三维条件（三维摩尔-库仑）三维德鲁克-普拉格	$\alpha'_a I'_1+\sqrt{J'_2}-k'_a=0$
			DP1	$\alpha'_a=\dfrac{1+\nu}{1-2\nu}\dfrac{2\sin\varphi}{\sqrt{3}(3-\sin\varphi)}$；$k'_a=\dfrac{3\gamma_f\cos\varphi}{\sqrt{3}(3-\sin\varphi)}$
			DP2	$\alpha'_a=\dfrac{1+\nu}{1-2\nu}\dfrac{2\sin\varphi}{\sqrt{3}(3-\sin\varphi)}$；$k'_a=\dfrac{3\gamma_f\cos\varphi}{\sqrt{3}(3-\sin\varphi)}$
			DP3（θ_σ为常数）	$\alpha'_a=\dfrac{1+\nu}{1-2\nu}\dfrac{2\sqrt{3}\sin\varphi}{\sqrt{2\sqrt{3}\pi(9-\sin^2\varphi)}}$；$k'_a=\dfrac{3\sqrt{3}\gamma_f\cos\varphi}{\sqrt{2\sqrt{3}\pi(9-\sin^2\varphi)}}$
	DP4 $\alpha'=\dfrac{1+\nu}{1-2\nu}\cdot\dfrac{\sin\varphi}{\sqrt{3}(3+\sin^2\varphi)}$；$k'=\dfrac{\gamma_f\cos\varphi}{\sqrt{3+\sin^2\varphi}}$		DP4	$\alpha'_a=\dfrac{1+\nu}{1-2\nu}\dfrac{\sin\varphi}{\sqrt{3}(3+\sin^2\varphi)}$；$k'_a=\dfrac{2}{\sqrt{3}}\dfrac{\gamma_f\cos\varphi}{\sqrt{3+\sin^2\varphi}}$
	DP5 $\alpha'=\dfrac{1+\nu}{1-2\nu}\cdot\dfrac{\sin\varphi}{3}$；$k'=\dfrac{\gamma_f\cos\varphi}{\sqrt{3}}$		DP5	$\alpha'_a=\dfrac{1+\nu}{1-2\nu}\dfrac{\sin\varphi}{3}$；$k'_a=\dfrac{2}{\sqrt{3}}\dfrac{\gamma_f\cos\varphi}{\sqrt{3}}$

应变可分为弹性应变与塑性应变，总应变为弹性应变和塑性应变之和。弹性状态下，岩土类摩擦材料在不考虑中间主应力时，弹性压应变与剪应变关系应满足应变表述的摩尔-库仑条件。数值分析中各种国际通用软件假设剪应变定义有所不同，但这不影响使用，因为剪应变和极限应变都是在同一软件和同一假设条件下计算得到的。FLAC软件中以应变偏张量第二不变量 $\sqrt{J_2'}$ 表示剪应变，弹性剪应变的表达式如下：

$$\sqrt{J_2'^e} = \sqrt{\frac{1}{6}\left[\left(\varepsilon_1^e - \varepsilon_2^e\right)^2 + \left(\varepsilon_2^e - \varepsilon_3^e\right)^2 + \left(\varepsilon_1^e - \varepsilon_3^e\right)^2\right]} \tag{7.65}$$

材料屈服时满足高红-郑颖人常规三轴三维屈服条件，达到弹性极限状态时，由广义胡克定律求得弹性极限应变。单轴情况弹性极限主应变 ε_{1y}，ε_{2y} 计算公式为：

$$\left.\begin{aligned} \varepsilon_{1y} &= \frac{1}{E}\sigma_1 = \frac{2c\cos\varphi}{E(1-\sin\varphi)} \\ \varepsilon_{3y} &= -\frac{\nu}{E}\sigma_1 = -\frac{2\nu c\cos\varphi}{E(1-\sin\varphi)} \end{aligned}\right\} \tag{7.66}$$

FLAC软件中规定的极限剪应变为：

$$\sqrt{J_{2y}'} = \frac{(1+\nu)\varepsilon_{1y}}{\sqrt{3}} = \frac{2c\cos\varphi(1+\nu)}{\sqrt{3}\,E(1-\sin\varphi)}$$

实际的极限剪应变写成

$$\gamma_y = \sqrt{3J_{2y}'} = (1+\nu)\varepsilon_{1y} = \frac{2c\cos\varphi(1+\nu)}{E(1-\sin\varphi)} \tag{7.67}$$

式中：ε_{1y}，ε_{3y} ——弹性极限第一主应变与第三主应变；

γ_y ——弹性极限剪应变。

（2）弹塑性极限应变计算。应变表述的摩尔-库仑公式只能满足弹性条件下的应变关系，即刚进入塑性时的应变关系，因而上述计算式都为弹性应变计算公式。弹塑性情况下不能再用应变表述的摩尔-库仑公式，必须另辟蹊径。下面由应变张量一般公式导出弹塑性总应变中压应变与剪应变关系。

依据应变张量分析，若在偏应变平面上取极坐标 γ_ε，θ_ε，其矢径 γ_ε 为：

$$r_\varepsilon = \sqrt{x^2 + y^2} = \sqrt{2J_2'} = \frac{1}{\sqrt{3}}\left[\left(\varepsilon_1 - \varepsilon_2\right)^2 + \left(\varepsilon_2 + \varepsilon_3\right)^2 + \left(\varepsilon_3 + \varepsilon_1\right)^2\right]^{\frac{1}{2}} \tag{7.68}$$

$$\tan\theta_\varepsilon = \frac{y}{x} = \frac{1}{\sqrt{3}}\frac{2\varepsilon_2 - \varepsilon_1 - \varepsilon_3}{\varepsilon_1 - \varepsilon_3} \tag{7.69}$$

偏应变平面上的主应变与剪应变 $\sqrt{J_2'}$ 和洛德角 θ_ε 的关系为：

$$\varepsilon_2 - \varepsilon_m = \frac{2}{\sqrt{3}}\sqrt{J_2'}\sin_\varepsilon \tag{7.70}$$

已知 $\varepsilon_m = \dfrac{(\varepsilon_1 + \varepsilon_2 + \varepsilon_3)}{3}$，代入式（7.70），可得：

$$\gamma = \varepsilon_1 - \varepsilon_3 = 2(\varepsilon_2 - \varepsilon_3) - 2\sqrt{3}\sqrt{J_2'}\sin\theta_s \tag{7.71}$$

常规三轴试验下，泊松比为常数，$\varepsilon_2 - \varepsilon_3$，应变洛德角 $\theta_\varepsilon = -30°$，代入式（7.71）有

$$\varepsilon_2 = \varepsilon_3 = -\frac{1}{\sqrt{J_2'}} + \varepsilon_m \tag{7.72}$$

式（7.71）是弹塑性总压应变与总剪应变的普遍关系，将式（7.72）代入式（7.72），其中 $\theta_\varepsilon = -30°$，可以获得极限剪应变 $\sqrt{2J_2'}$ 和 γ_f 的关系式：

$$\sqrt{J_{2f}'} = \frac{\gamma_f}{\sqrt{3}} = \frac{\varepsilon_{1f} - \varepsilon_{3f}}{\sqrt{3}} \tag{7.73}$$

$$\gamma_f = \sqrt{3J_{2f}'} = \varepsilon_{1f} - \varepsilon_{3f} \tag{7.74}$$

式中：γ_f、ε_{1f}、ε_{3f} ——弹塑性剪应变 γ 与压应变 ε_1、ε_3 的极限值，对于岩土类材料是剪切强度 c、φ 的函数。

式（7.73）与式（7.74）中给出的剪应变与主应变都是未知的，难以用解析方法求得极限剪应变与主应变，但可采用数值计算求得。

（3）混凝土与钢材极限应变计算。

① 混凝土极限应变计算。阿比尔的、郑颖人等应用FLAC 3D软件和有限元荷载增量法，由材料参数求出材料的极限应变。混凝土计算模型取边长 150 mm 的立方体，底面施加约束，顶面施加竖向单轴荷载，由于给出的 c、φ 值相当于混凝土棱柱体轴心受压的试验值，计算中不考虑摩擦力。应注意合理划分计算网格，每边划分20格为宜。采用荷载增量法或强度折减法进行计算。计算模型如图7.30所示，其中点 1~12 为关键记录点（单元）。计算参数见表7.8，图7.31为极限状态的剪应变增量云图。

表7.8 混凝土物理学力学计算参数

混凝土强度等级	弹性模量/GPa	泊松比	密度/(kg·m⁻³)	黏聚力/MPa	内摩擦角/(°)
C20	25.5	0.2	2400	2.6	61.1
C25	28.0	0.2	2400	3.2	61.4
C30	30.0	0.2	2400	3.9	61.6
C35	31.5	0.2	2400	4.4	61.9
C40	32.5	0.2	2400	5.0	62.2
C45	33.5	0.2	2400	5.5	62.4

荷载

位移边界

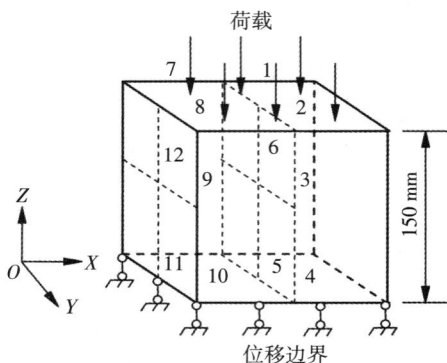

图7.30　计算模型图

0.7×10^{-3}　0.9×10^{-3}　1.1×10^{-3}　1.3×10^{-3}　1.44×10^{-3}
0.60×10^{-3}　0.8×10^{-3}　1.0×10^{-3}　1.2×10^{3}　1.4×10^{-3}

图7.31　极限状态的剪应变增量云图

采用理想弹塑性模型，通过有限元荷载增量法计算，逐渐单轴加压直至有限元计算从收敛到不收敛，即达到了试件整体破坏状态。计算单轴压力作用下的1~12号单元的应变值。以混凝土强度等级C25试件为例，计算结果记录见图7.32和图7.33，图中列出了各单元的弹塑性应变值。由图可知，混凝土试块加载到极限荷载50%左右时7单元和8单元开始出现塑性变形。随着荷载增加，8单元的塑性变形发展明显，加载到极限荷载后该单元应变最大，并依据材料整体破坏可确定该单元已经发生破坏，而其他单元均未破坏，说明正是该单元的破坏导致试件整体破坏。由此可知，该单元的应变即为C25混凝土的极限应变，因而可提取该单元破坏时的主应变 ε_1 和剪应变 $\dfrac{2}{\sqrt{3}}$ 作为该材料的极限主应变和极限剪应变（见表7.9）。

图7.32　C25混凝土轴向荷载–轴向
主应变 ε_1 曲线

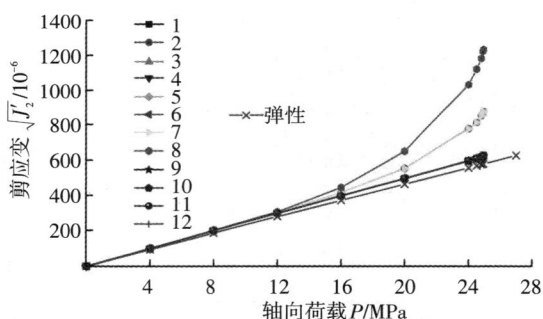

图7.33　C25混凝土轴向荷载–剪应变 $\sqrt{J_2'}$ 曲线

表7.9　普通混凝土轴向、侧向主应变和剪应变的极限应变值

混凝土强度等级	抗压强度/MPa	轴向应变 ε_1		侧向应变 ε_2		剪应变 ε_{1y}	
		ε_{1y}	ε_{1f}	ε_{2y}	ε_{2f}	$\sqrt{J_{2y}'}$	$\sqrt{J_{2f}'}$
C20	20.13	0.79	1.38	-0.158	-0.461	0.548	1.063
C25	25.04	0.90	1.61	-0.179	-0.542	0.621	1.242
C30	30.74	1.03	1.88	-0.206	-0.640	0.712	1.457

表7.9（续）

混凝土强度等级	抗压强度/MPa	轴向应变ε_1		侧向应变ε_2		剪应变ε_{1y}	
		ε_{1y}	ε_{1f}	ε_{2y}	ε_{2f}	$\sqrt{J'_{2y}}$	$\sqrt{J'_{2f}}$
C35	35.05	1.12	2.07	-0.223	-0.717	0.773	1.607
C40	40.28	1.24	2.39	-0.249	-0.832	0.861	1.864
C45	44.63	1.34	2.56	-0.267	-0.893	0.926	2.000

由表7.9可知，普通混凝土的极限压应变在1.38‰～2.56‰，该计算结果与《混凝土结构设计原理》教材中提供的实验结果1.50‰～2.50‰一致，验证了这一求解方法的可靠性，上述计算方法同样可用于求解岩土材料和钢材的极限应变。

不同数值分析软件中所采用的剪应变表达形式是不同的，如FLAC 3D软件采用剪应变增量（弹性和塑性剪应变之和）$\sqrt{J'_2}$表示剪应变。ANSYS软件中采用等效塑性应变表示，所以不同软件得到的极限剪应变值是不同的，但这并不影响对岩土破坏状态的分析和安全系数的确定，因为在使用同一软件进行分析时剪应变和极限剪应变都是在同一力学参数条件下得到的。此外，还要注意采用的收敛标准不同算得的极限应变会有所不同，ANSYS软件收敛标准越高算得的极限应变越大，但尽管极限应变值变化较大，而算得的安全系数或极限承载力却相差甚微，不影响计算结果。另外，材料变形参数，尤其是弹性模量对极限应变值有很大的影响，弹性模量有误会严重影响极限应变值，但模量和泊松比误差也不影响最终的极限分析计算结果。网格划分也会影响计算结果，按本节提出的划分方法影响不大。最后还应注意求极限应变时采用的屈服准则必须与工程计算时采用的准则相同。

② 钢材极限应变计算结果。钢材极限应变试验与计算结果的比较。为验证钢材极限应变计算结果，做了Q235低碳钢的实际拉伸试验的应力–应变曲线如图7.34所示。按本书定义的钢材屈服应变是指初始屈服时的应变，即弹性极限应变；极限应变是弹性极限应变与塑性极限应变之和。表7.10给出了测试单位的试验结果，测试单位按偏移量0.20%考虑塑性极限应变，因而将极限应变定为0.34%。

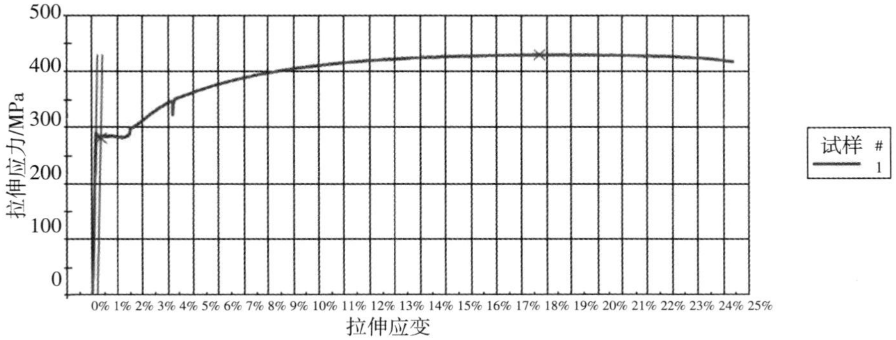

图7.34 Q235钢材拉伸应力–应变曲线（测试单位提供）

表 7.10   Q235 钢材拉伸试验结果

样品材料	拉伸应力/MPa	弹性模量/MPa	屈服应力/MPa	屈服应变	极限应变（偏移量 0.20%）
Q235	430	204	282	0.14%	0.34%

表 7.11   Q282 钢材力学参数与计算结果

钢筋	E/GPa	v	$\varphi/(°)$	c/MPa	极限荷载/MPa	弹性极限主应变ε_{1y}	弹性极限剪应变$\sqrt{J_{2y}'}$	极限主应变ε_{1f}	极限剪应变$\sqrt{J_{2f}'}$
Q282	204	0.27	0	141.0	282.0	1.40×10^{-3}	1.02×10^{-3}	3.33×10^{-3}	2.84×10^{-3}

采用上述方法对试验钢材用 FLAC 软件做了相应的数值计算，以求得该钢材的屈服极限主应变与剪应变。鉴于钢材拉、压性质相同，拉主应变与压主应变以及拉剪应变与压剪应变相等，做了压主应变与压剪应变计算。试件大小为 15 mm 的立方体，计算参数与结果见表 7.11，当计算采用屈瑞斯卡准则时剪切强度 c 为屈服强度的一半。当受压荷载加至模型整体破坏时，计算获得的极限荷载也是 282.0 MPa，此时关键点 8 剪应变最大，关键点 10 主应变最大，见图 7.35 至图 7.37，得到极限主应变为 3.33×10^{-3} 与极限剪应变为 2.84×10^{-3}。

图 7.35   极限荷载时剪应变云图

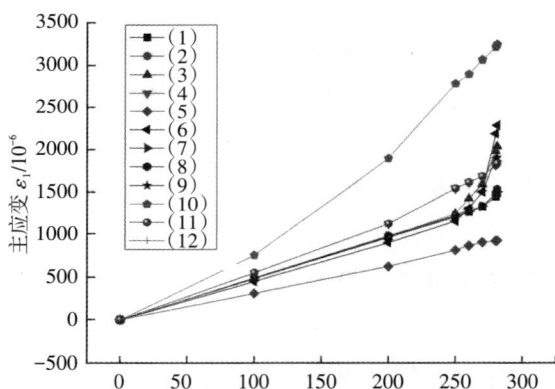

图 7.36   轴向荷载-轴向主应变 ε_1 关系曲线

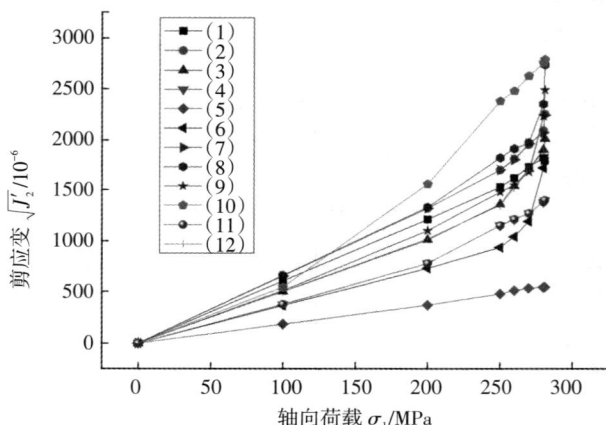

图 7.37   轴向荷载-剪应变 $\sqrt{J_2'}$ 关系曲线

③ 低碳钢的计算参数与计算结果。采用上述方法对各类钢材用FLAC 3D软件做了相应的数值计算，表7.12列出了低碳钢的计算参数与计算结果。当钢材达到极限应变时，钢材应变突变，变形快速增大，已不适合工程应用。获得的低碳钢极限主应变在 $0.20\% \sim 0.33\%$。这与《混凝土结构设计原理》中给出的钢筋混凝土极限应变在 $0.25\% \sim 0.35\%$ 相近。

表7.12 低碳钢的计算参数与计算结果（采用FLAC 3D，按屈瑞斯卡条件求得）

编号	钢材	E/GPa	v	$\varphi/(°)$	c/MPa	极限荷载/MPa	弹性极限主应变 ε_{1y}	弹性极限剪应变 $\sqrt{J'_{2y}}$	极限主应变 ε_{1f}	极限剪应变 $\sqrt{J'_2}$
1	Q165	201	0.27	0	82.5	165	0.821×10^{-3}	0.597×10^{-3}	1.999×10^{-3}	1.729×10^{-3}
2	Q205	201	0.27	0	102.5	205	0.95×10^{-3}	0.724×10^{-3}	2.451×10^{-3}	2.119×10^{-3}
3	Q235	201	0.27	0	117.5	235	1.169×10^{-3}	0.857×10^{-3}	2.801×10^{-3}	2.422×10^{-3}
4	Q275	201	0.27	0	137.5	275	1.370×10^{-3}	0.995×10^{-3}	3.273×10^{-3}	2.831×10^{-3}

④ 合金钢的计算参数与计算结果。采用上述方法对合金钢用FLAC 3D软件做了相应的数值计算，表7.13列出了合金钢的计算参数与极限应变。图7.38的Q345达到极限荷载时的位移收敛曲线图，极限荷载为345.1；图7.39示出了Q345极限荷载时剪应变云图；图7.40示出了Q345轴向荷载-轴向主应变ε_1关系曲线及Q345的局部放大图；图7.41示出了相应轴向荷载-剪应变 $\sqrt{J'_2}$ 关系曲线。由表7.12、表7.13可见钢材的塑性极限应变随极限荷载的提高而提高，而不是一个固定的值，低碳钢的塑性极限主应变为 $1.1\% \sim 1.9\%$，合金钢的塑性极限主应变为 $2.3\% \sim 3.2\%$。

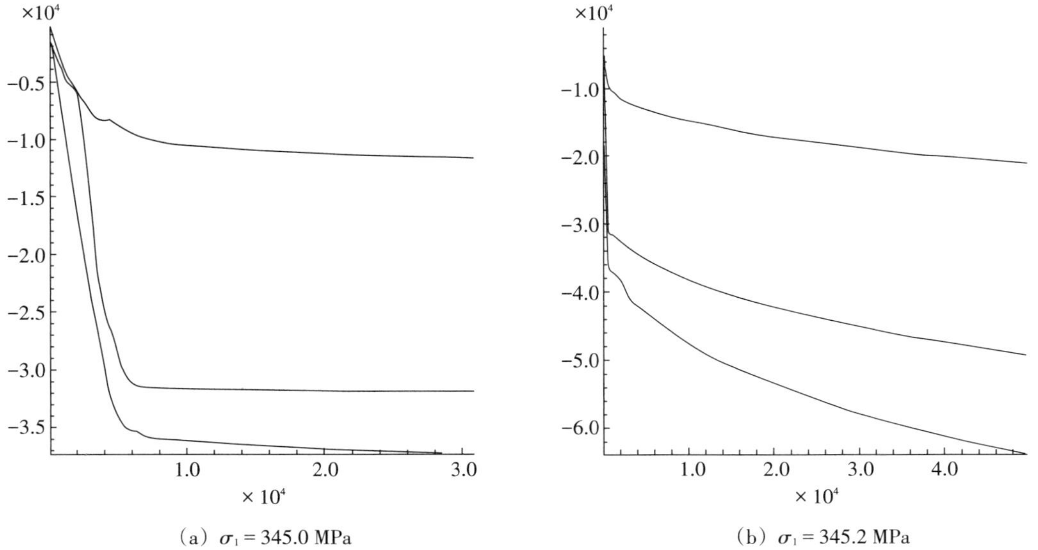

(a) $\sigma_1 = 345.0$ MPa　　　　(b) $\sigma_1 = 345.2$ MPa

图7.38 Q345达到极限荷载的位移收敛曲线图

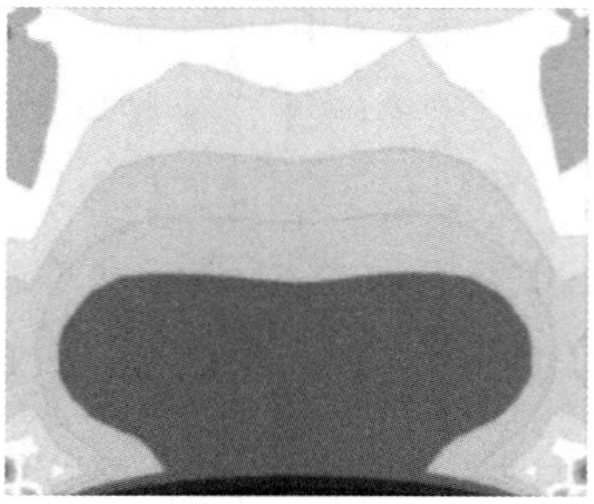

图7.39 Q345在$\sigma_1 = 345.1$ MPa剪应变云图

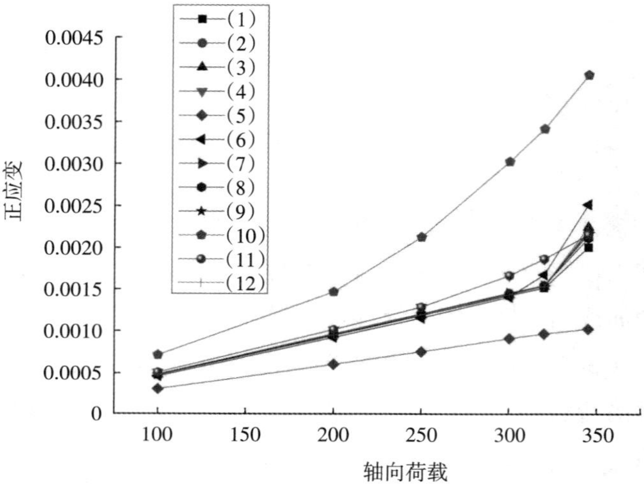

图7.40 Q345轴向荷载–轴向主应变关系曲线

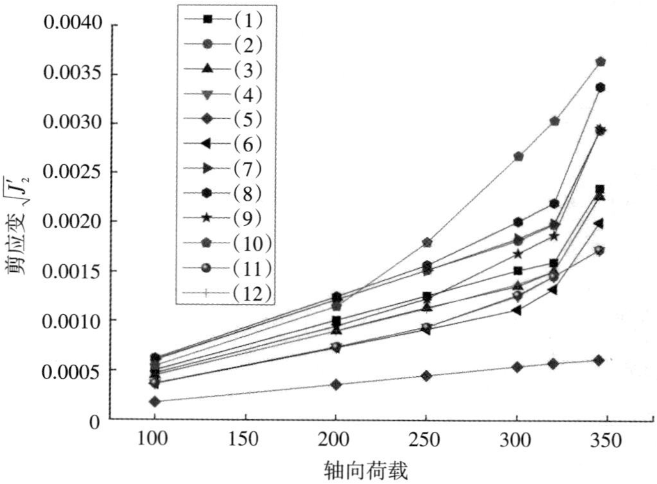

图7.41 Q345轴向荷载–剪应变关系曲线

表7.13 合金钢的极限应变（采用FLAC3D，按屈瑞斯卡条件求得）

编号	钢筋	E/GPa	v	φ/(°)	c/MPa	极限荷载/MPa	弹性极限主应变 ε_{1y}	弹性极限剪应变 $\sqrt{J'_{2y}}$	极限主应变 ε_{1f}	极限剪应变 $\sqrt{J'_2}$
1	Q335	206	0.3	0	167.5	335.0	1.626×10^{-3}	1.221×10^{-3}	3.936×10^{-3}	3.538×10^{-3}
2	Q345	206	0.3	0	172.5	345.0	1.675×10^{-3}	1.257×10^{-3}	4.059×10^{-3}	3.649×10^{-3}
3	Q370	206	0.3	0	185	370.0	1.796×10^{-3}	1.348×10^{-3}	4.583×10^{-3}	4.119×10^{-3}
4	Q390	206	0.3	0	195	390.0	1.893×10^{-3}	1.421×10^{-3}	4.350×10^{-3}	3.911×10^{-3}
5	Q400	206	0.3	0	200	400	1.942×10^{-3}	1.457×10^{-3}	4.698×10^{-3}	4.223×10^{-3}
6	Q420	206	0.3	0	210	420	2.039×10^{-3}	1.530×10^{-3}	4.933×10^{-3}	4.435×10^{-3}
7	Q440	206	0.3	0	220	440	2.136×10^{-3}	1.603×10^{-3}	5.166×10^{-3}	4.644×10^{-3}
8	Q460	206	0.3	0	230	460	2.233×10^{-3}	1.676×10^{-3}	5.404×10^{-3}	4.857×10^{-3}

7.12 求解岩土类材料极限拉应变方法

岩土和混凝土材料承受拉应力的能力很低，拉破坏时应变很小，通常视作脆性材料。对于弹脆性材料的应力-应变关系，目前尚未有共识，它处在弹性阶段，应力-应变关系为直线，但它又不同于一般的弹性材料，不能用胡克定律求得极限拉应变，但可以用上述数值方法求出弹脆性材料极限拉应变。下面以C25混凝土为例，求出混凝土极限拉应变。表7.14列出混凝土的抗拉强度的标准值f_{tk}与设计值f_t。

表7.14 混凝土轴心抗拉强度标准值和设计值　　　　　　单位：N/mm²

强度	混凝土强度等级							
	C15	C20	C25	C30	C35	C40	C45	C50
标准值 f_{tk}	1.27	1.54	1.78	2.01	2.20	2.39	2.51	2.64
设计值 f_t	0.91	1.10	1.27	1.43	1.57	1.71	1.80	1.89

采用有限元荷载增量法和Ansys软件的双线性理想弹塑性模型求材料的极限应变，混凝土试件取边长150 mm的立方体，底面施加约束，顶面施加竖向单轴拉伸荷载。计算模型如图7.42所示，其中点1～12为关键记录点（单元）。图7.43所示为极限状态的拉应变增量云图。图7.44所示为C25混凝土特征点荷载-应变曲线。其中3单元应变最大，该单元应变即为C25混凝土极限拉应变。

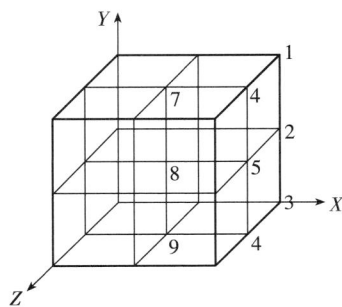

图7.42 混凝土模型特征点标记

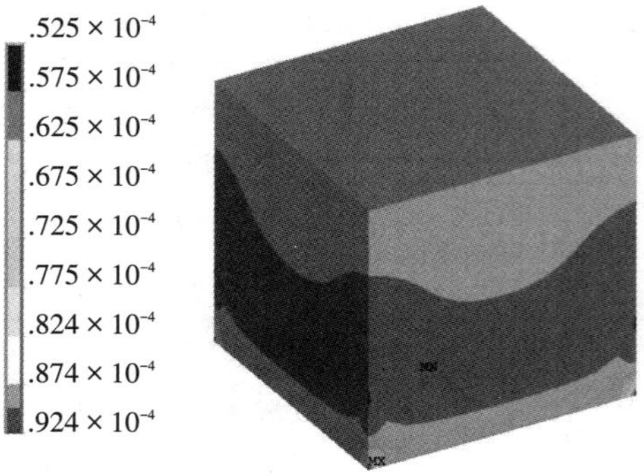

图7.43　C25混凝土拉应变云图

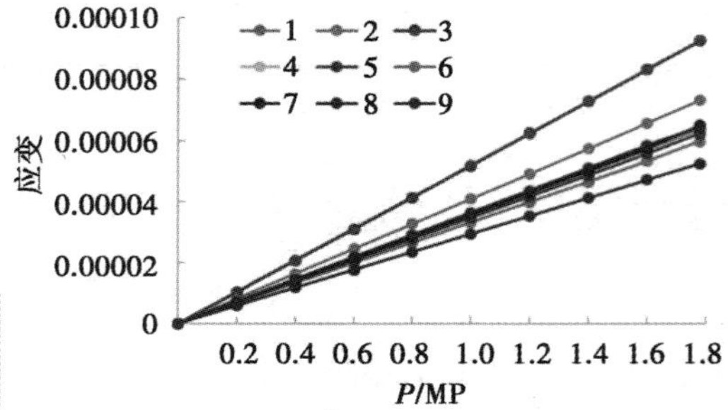

图7.44　C25混凝土特征点荷载−应变曲线

表7.15列出了不同强度等级混凝土计算拉应变值与规范提供的拉应变值，可见两者相差不大。

表7.15　普通混凝土极限拉应变

混凝土标号	抗拉强度/MPa	极限拉应变/×10^{-4}		
	标准值	计算值	规范值	误差
C20	1.54	0.878	0.821	6.8%
C25	1.78	0.924	0.884	4.3%
C30	2.01	0.974	0.952	2.3%
C35	2.2	1.02	0.998	2.2%
C40	2.39	1.07	1.044	2.4%
C45	2.51	1.09	1.072	1.7%

⚄ 7.13 应变屈服安全系数与破坏安全系数

7.13.1 应变屈服安全系数

首先求应变表述的强度极限曲线，即弹性应变包络线，库仑公式可写成：

$$\frac{\gamma}{2} = \frac{c}{2G} + \varepsilon_n \tan\varphi \tag{7.75}$$

式中：ε_n——斜面上的法向应变。

然后求出 ε_n 的应变表达式即可获得弹性应变表述的库仑包络线。由应力表述的摩尔-库仑条件可知：

$$\frac{\gamma}{2} = \frac{\tau_n}{2G} = \frac{1}{4G}(\sigma_1 - \sigma_3)\cos\varphi$$

$$\varepsilon_n = \frac{\sigma_n}{2G} = \frac{1}{4G}(\sigma_1 + \sigma_3) - \frac{1}{4G}(\sigma_1 - \sigma_3)\sin\varphi \tag{7.76}$$

根据广义胡克定律可得：

$$\sigma_1 - \sigma_3 = \frac{E}{1+\nu}(\varepsilon_1 - \varepsilon_3)$$

$$\sigma_1 + \sigma_3 = \frac{E(1-v)}{(1-2\nu)(1+v)}\left(\frac{1}{1-v}\varepsilon_1 + \frac{2v}{1-v}\varepsilon_2 + \frac{1}{1-v}\varepsilon_3\right) \tag{7.77}$$

$$= \frac{2vE}{(1-2\nu)(1-v)}(\varepsilon_1 + \varepsilon_2 + \varepsilon_3) + \frac{E}{(1+v)}(\varepsilon_1 + \varepsilon_3)$$

将上式代入，可得应变表述的法向应变 ε_n：

$$\frac{\tau_n}{2G} = \frac{1}{2}(\varepsilon_1 - \varepsilon_3)\cos\varphi \tag{7.78}$$

$$\varepsilon_n = \frac{\sigma_n}{2G} = \frac{1}{2}(\varepsilon_1 + \varepsilon_3) + \frac{v}{1-2v}(\varepsilon_1 + \varepsilon_2 + \varepsilon_3) - \frac{1}{2}(\varepsilon_1 - \varepsilon_3)\sin\varphi \tag{7.79}$$

式中：ε_1，ε_2，ε_3，ε_n——第一、第二、第三主应变与斜面上的法向应变，并有 $\varepsilon_2 = \varepsilon_3$；

c，j——材料剪切强度；

E，G，v——弹性模量、剪切模量和泊松比；

τ_n，σ_n——斜面上的剪应力与法向应力。

（1）强度折减法求解强度储备屈服安全系数。要知道应变点的破坏安全系数，首先要知道应变点的屈服安全系数。如果已知一点的应变，由屈服摩尔应变圆先求出应变表述的屈服安全系数，然后依据极限应变求得破坏摩尔应变圆。如果还知道弹塑性极限应变曲线，只要两者相切即为破坏状态，由此可求出应变点的破坏安全系数。

计算中强度折减时 c，$\tan\varphi$ 按同一比例下降，直至弹性极限应变曲线与屈服摩尔应力圆相切达到屈服，此时弹性极限剪应变公式为：

$$\frac{\gamma'}{2} = \frac{c}{2Gks} + \varepsilon_n \frac{\tan\varphi}{ks} = \frac{c'}{2G} + \varepsilon_n \tan\varphi' \tag{7.80}$$

其中，$c' = \dfrac{c}{ks}$，$\tan\varphi' = \dfrac{\tan\varphi}{ks}$。

与前面相似，只是这里采用了高红–郑颖人常规三轴三维条件（应变表述的三维摩尔–库仑条件），即可求得强度储备屈服安全系数为：

$$ks = \frac{2(1+v)\sqrt{\left(c + \dfrac{E}{(1+v)(1-2v)}((1-v)\varepsilon_1 + v\varepsilon_2 + v\varepsilon_3)\tan\varphi\right)\left(c + \dfrac{E}{(1+v)(1-2v)}((1-v)\varepsilon_3 + v\varepsilon_1 + v\varepsilon_2)\tan\varphi\right)}}{E(\varepsilon_1 - \varepsilon_2)} \tag{7.81}$$

注意：常规三轴下 $\varepsilon_2 = \varepsilon_3$。

【例7.1】地基中某一单元的大主应力为 20 MPa，小主应力为 10 MPa。通过试验测得土的弹性模量 $E = 10.0$ MPa，泊松比 $v = 0.2$，抗剪强度指标 $c = 3.0$ MPa，$\varphi = 30°$。物理力学参数及其应力应变见表7.16，求地基强度储备屈服安全系数。

表7.16　物理力学参数及其应力–应变

弹模 E/MPa	泊松比(v)	σ_1/Mpa	σ_3/Mpa	ε_1/Mpa	ε_3/Mpa	c/MPa	φ/(°)
10.0	0.2	20	10	1.6	0.4	3.0	30

解：已知 $\sigma_2 = \sigma_3$，得

$$\varepsilon_1 = \frac{1}{E}[\sigma_1 - 2v\sigma_3] = \frac{1}{10}[20 - 20v] = 1.6$$

$$\varepsilon_3 = \frac{1}{E}[(1-v)\varepsilon_3 - v\sigma_1] = \frac{1}{10}[(1-v)10 - 20v] = 0.4$$

类比摩尔应力圆，已知应力表述的摩尔–库仑定律采用摩尔应力圆表示时，以 $\frac{1}{2}(\sigma_1 - \sigma_3)$ 为半径，以 $\left(\frac{1}{2}(\sigma_1 + \sigma_3),\ 0\right)$ 为圆心，而以应变表述的摩尔应变圆与摩尔应力圆相似，同样以 $\frac{1}{2}(\varepsilon_1 - \varepsilon_3)$ 为半径，以 $\left(\frac{1}{2}(\varepsilon_1 + \varepsilon_3),\ 0\right)$ 为圆心，但在此基础上应变圆水平向右移动 $\frac{v}{1-2v}(\varepsilon_1 + 2\varepsilon_3)$ 距离：

$$d = \frac{v}{1-2v}(\varepsilon_1 + 2\varepsilon_3) = 0.8$$

强度折减前，应变表述的库仑包络线由式（7.76）和式（7.79）确定。由式（7.79）得到地基强度储备屈服安全系数为 $ks = 2.26$。由此

$$c' = \frac{c}{ks} = 1.33, \quad \tan\varphi' = \frac{\tan\varphi}{ks} = 14.33°$$

强度折减后，应变表述的弹性应变包络线由式（7.75）确定。强度折减前后，应变表述的弹性极限应变曲线和摩尔应变圆绘制在 $\varepsilon \sim \gamma/2$ 平面（见图7.45）。算例计算表明，折减后的弹性极限应变曲线与屈服摩尔应变圆相切，达到极限平衡状态，可见安全系数计算结果可信。

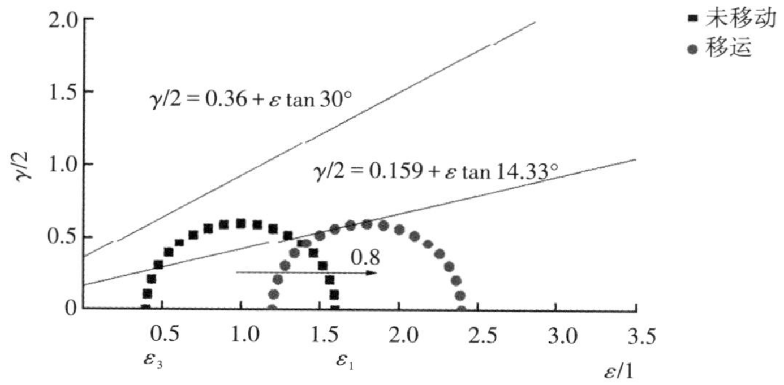

图7.45　求解强度储备屈服安全系数图

（2）荷载增量法求解超载屈服安全系数。当采用超载安全系数时，增大主应力 σ_1，直至弹性极限应变曲线与屈服摩尔应力圆相切，与前面相似，常规三轴条件下求得超载屈服安全系数为：

$$ks = \frac{(1-2\nu)(1+\nu) + (1+\sin\varphi)\left[\varepsilon_3 + \dfrac{\nu}{1-\nu}(\varepsilon_1 + \varepsilon_3)\right]}{(1-\sin\varphi)\left[\varepsilon_1 + \dfrac{2\nu}{1-\nu}\varepsilon_3\right]} \quad (7.82)$$

【例7.2】地基中某一单元的大主应力为20 MPa，小主应力为10 MPa。通过试验测得土的弹性模量 $E = 10.0$ MPa，泊松比 $\nu = 0.2$，抗剪强度指标 $c = 3.0$ MPa，$\varphi = 30°$。物理力学参数及其应力应–变见表7.17，求该单元地基的超载屈服安全系数。

表7.17　物理力学参数及其应力–应变

弹模 E	泊松比	σ_1	σ_3	ε_1	ε_3	c	φ
10.0 MPa	0.2	20 MPa	10 MPa	1.6 MPa	0.4 MPa	3.0 MPa	30°

解：

由已知条件：初始的摩尔应变圆与上例相同，$\varepsilon_1 = 1.6$，$\varepsilon_2 - 0.4$，平移距离 $d = 0.8$（图7.46小圆）。根据式（7.82），土体的超载屈服安全系数为2.02。最大主应力增大ks倍后，土体的主应变：

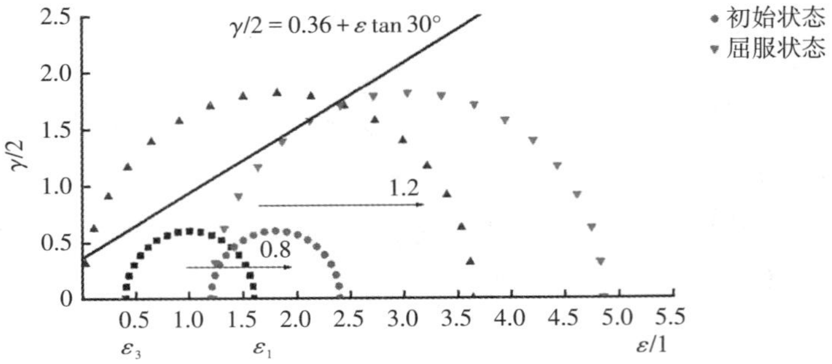

图7.46 求解超载屈服安全系数图

$$\varepsilon_1' = \frac{1}{E}\left[ks\sigma_1 - 2\nu\sigma_3\right] = \frac{1}{10}\left[2.02 \times 20 - 20\nu\right] = 3.64$$

$$\varepsilon_2' = \varepsilon_3' = \frac{1}{E}\left[\sigma_3 - \nu(ks\sigma_1 + \sigma_3)\right] = \frac{1}{10}\left[10 - \nu(2.02 \times 20 + 10)\right] = 0$$

超载后，摩尔应变圆（图7.46大圆）以 $\frac{1}{2}(\varepsilon_1' + \varepsilon_3') = 1.82$ 为半径，以 $(1.82，0)$ 为圆心，但在此基础上应变圆水平向右平移的距离为：

$$d = \frac{\nu}{1-2\nu}(\varepsilon_1' + 2\varepsilon_3') = 1.20$$

算例计算表明，超载后的弹性极限应变曲线与屈服摩尔应变圆相切，超载安全系数计算结果可信。

7.13.2 应变表述的破坏安全系数

破坏安全系数与屈服安全系数不同，它只能用应变表述。屈服摩尔应变圆平移塑性极限应变距离以后，即可得到破坏摩尔应变圆，不断移动材料应变极限曲线，当与破坏摩尔应变圆相切时达到破坏，此时应变极限曲线为弹塑性极限应变曲线。以例说明求解方法。

【例7.3】已知材料的力学参数和一点的应力与应变状态及其极限应变值。表7.18列出C25混凝土轴向、侧向和剪应变的极限应变值，得到屈服时屈服摩尔应变圆，同时依据屈服条件得到混凝土屈服时的弹性极限应变曲线，然后再由极限应变值得到破坏摩尔应变圆。算例中以C25混凝土屈服应变圆对应的弹性极限应变曲线作为初始条件，$c/2G = 0.1366$，$\varphi = 61.4°$（见图7.47），然后通过不断增大折减系数 ks，逼近破坏摩尔应变圆切线，即可获得应变点破坏安全系数。具体做法如下：

通过不断增大折减系数 ks 获得一系列包络线，并从几何上判断折减后的弹塑性极限应变曲线与破坏摩尔应变圆的相互关系，当相邻两折减系数（4.1、4.2）对应的极限应变曲线与破坏摩尔应变圆的相对位置关系由相离到相割时，表明安全系数介于4.1与4.2之间，然后通过二分法，不断逼近破坏摩尔应变圆切线，即可获得破坏安全系数

$ks = 4.1375$，如表7.19所示。算例表明，达到破坏时应变点的破坏安全系数计算结果可信。

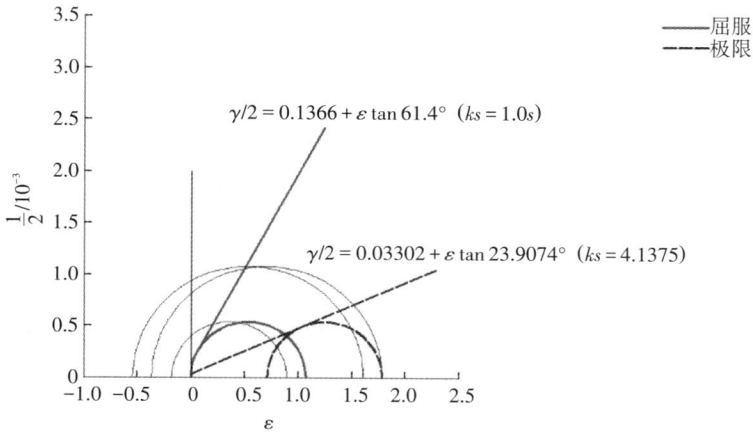

图7.47　求解破坏安全系数图

表7.18　普通混凝土轴向、侧向主应变和剪应变的极限应变值

混凝土 强度等级	抗压 强度/MPa	轴向应变 ε_1		侧向应变 ε_2		剪应变 $\sqrt{J_2'}$	
		ε_{1y}	ε_{1f}	ε_{2y}	ε_{2f}	$\sqrt{J_{2y}'}$	$\sqrt{J_{2f}'}$
C25	25.040	0.900‰	1.61‰	−0.179‰	−0.542‰	0.621‰	1.242‰

表7.19　求解破坏安全系数过程表

ks	1	1.2	1.4	1.6	1.8	2	2.2	2.4	2.6
$c/2G$	0.1366	0.1138	0.0976	0.0854	0.0759	0.0683	0.0621	0.0569	0.0525
φ	61.4000	56.8048	52.6453	48.9002	45.5381	42.5228	39.8178	37.3878	35.2005
相对位置关系	相离	相离	相离	相离	相离	相离	相离	相离	相离
ks	2.8	3	3.2	3.4	3.6	3.8	4	4.1	4.2
$c/2G$	0.0488	0.0455	0.0427	0.0402	0.0379	0.0359	0.0342	0.0333	0.0325
φ	33.2267	31.4406	29.8198	28.3446	26.9980	25.7650	24.6330	24.1013	23.5908
相对位置关系	相离	相离	相离	相离	相离	相离	相离	相离	相割
ks	4.1	4.125	4.1375	4.15	4.2				
$c/2G$	0.0333	0.03312	0.03302	0.0329	0.0325				
φ	24.1013	23.9717	23.9074	23.8435	23.5908				
相对位置关系	相离	相离	相切	相割	相割				

第8章　基坑桩锚墙结构施工设计

　　基坑隧道工程是为了修筑建筑物的基础或地下室、埋设市政工程的管道以及开发地下空间（如地铁车站、地下商场）等开挖的地面以下的坑。基坑围护工程是指在基坑开挖时，为了保证坑壁不坍塌、保护主体地下结构的安全以及使周围环境不受损害所采取的工程措施的总称。在基坑施工时，有的有围护措施，称为有支护基坑隧道工程；有的则没有围护措施，称为无支护基坑隧道工程。无支护基坑隧道工程一般是在场地空旷、基坑开挖深度较浅、环境要求不高的情况下才能采用，如放坡开挖，这时主要应考虑边坡稳定和排水问题。但随着城市的发展，建筑物基础深度加大，建筑物及地下管线等越来越密集，可施工的空间越来越狭小，而且周围环境要求提高，相应地，对基坑围护工程也提出了越来越高的要求。

8.1　基坑围护系统

　　基坑支护结构是指基坑支护工程中采用的支护墙体（包括防渗帷幕）以及内支护系统（或土层锚杆）等。

　　（1）支护墙体（包括防渗帷幕）。支护墙体是指承受坑内外水、土侧压力以及内支护反力或锚杆拉力的墙体，是保证坑壁稳定的一种临时挡墙结构。防渗帷幕的作用是防止坑外的水渗流进入坑内，并控制由于坑内外水头差造成的流砂及管涌等现象（见图8.1）。

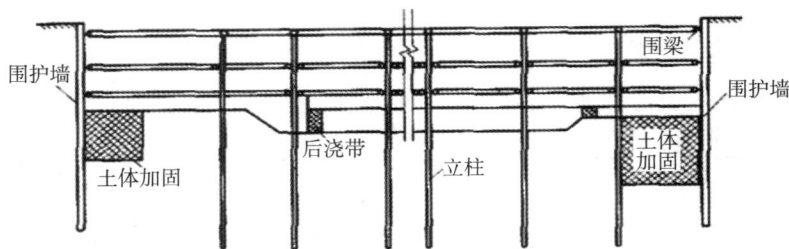

图8.1　基坑支护结构与地基加固工程

（2）内支护系统。内支护系统是由围梁、支护杆件以及立柱等组成的结构体系，其作用是同坑底被动区土体共同平衡支护墙体外的主动区压力（包括土压力、水压力及地面荷载引起的侧压力）。围梁是一道或几道沿着支护墙体内侧设置，把支护墙体所受的力相对均匀地传递给内支护杆件的水平向梁。支护杆件承受着围梁传来的轴力和弯矩。立柱的作用一方面是承受支护及施工荷载的重量，另一方面增加对支护杆件的约束（见图8.1）。

（3）土层锚杆。土层锚杆是一端固定在开挖基坑外的稳定地层内，另一端与支护墙相连接的受拉杆件。其作用同内支护系统相似，它不设置在基坑内，可以使基坑内有宽敞的工作环境。

（4）地基加固。指为提高支护墙被动侧土体的强度及模量、减少主动侧土压力以及抵抗坑底承压水等而在支护墙内外侧对地基进行加固的措施。地基加固从施工工艺上分类往往有：① 水泥土深层搅拌桩；② 旋喷桩；③ 注浆。从加固位置来分类有：① 支护墙体的被动侧。提高被动区土的抗力，减少支护墙侧向位移（见图8.1）。② 支护墙体的主动侧。减少主动区土的压力，同时还可起到增强防渗帷幕的作用。③ 坑底以下。在开挖前于坑底以下与支护墙底平面以上之间某范围内做一不透水加固土层，并与周围墙体连成整体，利用加固土层以上土重来平衡和抵抗承压水。

（5）井点降水。在基坑开挖前，在坑内四周预先埋入深于坑底的一系列井管，利用抽水设备连续抽水，在井管周围形成降水漏斗，使地下水位低于坑底的降水方法。
（6）开挖过程。分层分块将坑底以上土体挖除，开挖顺序应根据整个基坑体系的稳定等计算确定。

（7）施工监测。施工监测是指在基坑隧道工程施工过程中，对基坑支护结构、其周围地层、附近建筑物、地下管线等的受力和变形进行的量测。其目的主要在于确保基坑隧道工程本身的安全；对基坑周围环境进行有效保护；检验设计所采用参数及假定的正确性；为改进设计、提高工程整体水平提供依据。

8.2 基坑桩锚连续墙围护系统结构

基坑排桩或地下连续墙式挡土结构的材料一般为型钢或钢筋混凝土，它们能承受较大的内力，根据有无支护以及支护设置的位置可分成三种类型。

① 悬臂桩墙式挡土结构。不设置内支护或土层锚杆等，基坑内施工方便。由于墙身刚度小，因此内力和变形均较大。当环境要求较高时，不宜用于开挖较深的基坑。

② 单层或多层内支护桩墙式挡土结构。设置的内支护可以有效地减少支护墙体的内力和变形，通过设置多道支护可用于开挖较深的基坑。但设置的内支护对土方的开

挖以及地下结构的施工带来较大不便。内支护可以是水平的，也可以是倾斜的。

③ 单层或多层土层锚杆桩墙式挡土结构。通过固定于稳定土层内的锚杆来减少支护墙体的内力与变形，设置多层锚杆，可用于开挖深度较大的基坑。

8.2.1　支护桩墙类型及特点

（1）钢板桩。如图 8.2 所示，钢板桩截面形式有多种，如 U 形、H 形、Z 形、钢管等。其优点是材料质量可靠，防水性能较好，软土中施工速度快、操作简单，可重复使用，占地小，结合多道支护，可用于较深基坑。不足的是价格较贵、施工噪声及振动大、刚度小、变形大，需注意接头防水，拔桩时容易引起土体移动导致周围环境发生较大沉降。有些钢板桩（如 H 形钢板桩、钢管）需另设咬合装置做到自防水，否则还需采取防渗措施。

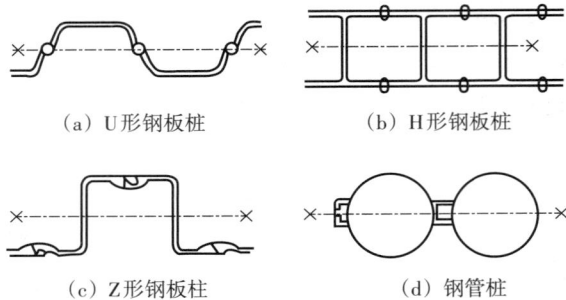

（a）U 形钢板桩　　（b）H 形钢板桩
（c）Z 形钢板柱　　（d）钢管桩

图 8.2　钢板桩结构图

（2）钢筋混凝土板桩。如图 8.3 所示，截面有矩形凹凸槽结合、工字形薄壁和方形薄壁三种形式。矩形凹凸槽结合的截面形式厚度可以做到 50 cm，长度可以做到 20 m，宽度一般为 40～70 cm。板桩两侧设置明阳凹凸槽，打桩后可灌浆，堵塞接头渗漏。工字形及方形薄壁截面在 50 cm × 50 cm 左右，壁厚 8～12 cm，采用预制和现浇相结合的制作方式，此外在板桩中间需结合注浆来防渗。

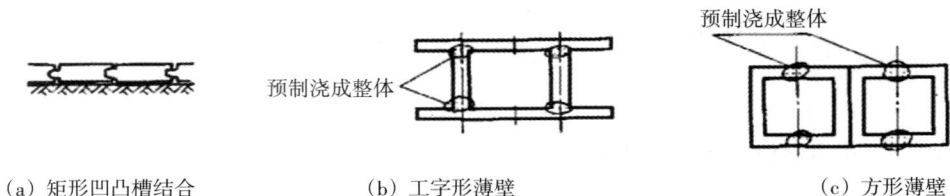

（a）矩形凹凸槽结合　　（b）工字形薄壁　　（c）方形薄壁

图 8.3　钢筋混凝土板桩结构图

钢筋混凝土板桩的优点是比钢板桩造价低。缺点是施工不便、工期长、施工噪声大、振动及挤土大、接头防水性能较差。不宜在建筑密集的市区内使用，也不适用于在硬土层中施工。

（3）钻孔灌注桩。钻孔灌注桩作为支护桩的几种平面布置如图 8.4 所示，桩径一般在 600 ~ 1200 mm。当地下水位较低时，包括间隔排列在内都无须采取防水措施。当地下水位较高时，相切搭接排列往往因施工中桩的垂直度不能保证以及桩体缩颈等原因产生不了自防水效果，因此常采用间隔排列与防水措施相结合的形式，可以采用深层搅拌桩、旋喷桩或注浆等作为防水措施。

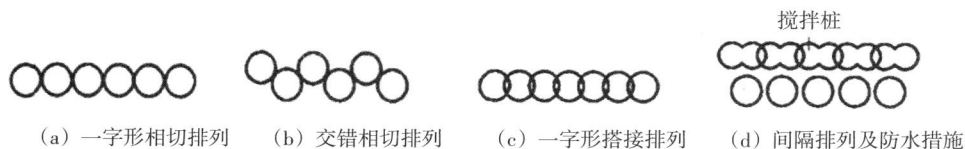

（a）一字形相切排列　　（b）交错相切排列　　（c）一字形搭接排列　　（d）间隔排列及防水措施

图 8.4　钻孔灌注桩结构平面布置图

钻孔灌注桩的优点是施工噪声低、振动小、对环境影响小、自身刚度和强度较大。缺点是施工速度慢、质量难控制、需处理泥浆、自防水差、需结合防水措施、整体刚度较差。适用于软土地层，开挖深度可以在 5 ~ 12 m，甚至更深；在砂砾层和卵石中施工慎用。其他如树根桩、挖孔灌注桩等与其相似。

（4）SMW 工法。在水泥土搅拌桩内插入 H 形钢或其他种类的受拉材料形成一种同时具有受力和防渗两种功能的复合结构形式，即劲性水泥土搅拌桩法，日本称为 SMW 工法。其平面布置形式有多种，如图 8.5 所示。

（a）全孔设置　　　　　（b）隔孔设置　　　　　（c）组合式

图 8.5　SMW 工法

SMW 工法的优点是施工噪声低、对环境影响小、止水效果好、墙身强度高。缺点是应用经验不足、H 形钢不易回收且造价较高。凡适合应用水泥土搅拌桩的场合均可采用 SMW 工法，开挖深度较大，应用前景较好。

（5）地下连续墙。在基坑隧道工程中，其平面布置的几种形式如图 8.6 所示。连续墙壁厚通常有 60，80，100 cm，深度可达数十米。地下连续墙的优点是施工噪声低、振动小、整体刚度大、能自防渗、占地少、强度大。缺点是施工工艺复杂、造价高、需处理泥浆。适用于软土地层，在建筑密集的市区可施工，常用于开挖 10 m 以上深度的基坑，还可同时作为主体结构的组成部分。

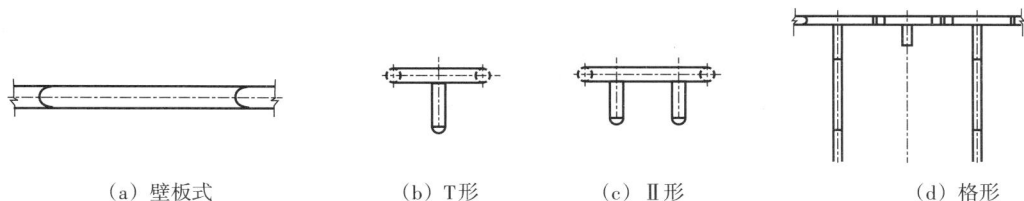

（a）壁板式　　　　　（b）T 形　　　（c）Ⅱ形　　　　　　（d）格形

图 8.6　地下连续墙结构图

8.2.2　内支护结构类型及特点

（1）按材料分类。现浇钢筋混凝土：截面一般为矩形，具有刚度大、强度易保证、施工方便、整体性好、节点可靠、平面布置形式灵活多变等优点。但支护浇筑及其养护时间长导致支护结构暴露状态的时间长，影响工期，且自重大，拆除支护有难度，对环境影响大。钢结构：截面一般为单股钢管、双股钢管、单根工字（或槽、H形）钢，组合工字（或槽、H形）钢等。安装和拆卸方便、施工速度快、可周转使用、可加预应力、自重小。缺点是施工工艺要求较高、构造及安装相对较复杂、节点质量不易保证、整体性较差。此外，有的基坑支护采用钢支护及钢筋混凝土支护相结合的形式，可各取所长。

（2）按布置形式分类。布置形式有多种，如图8.7所示。

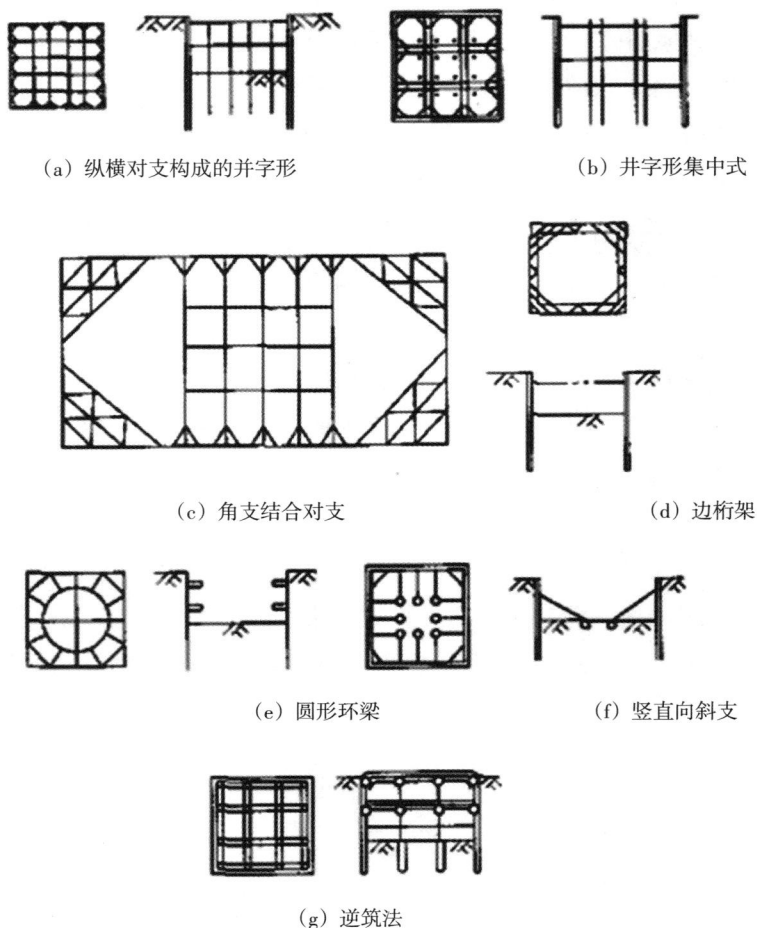

（a）纵横对支构成的并字形　　　　　　　（b）并字形集中式

（c）角支结合对支　　　　　　　　　　（d）边桁架

（e）圆形环梁　　　　　　　　　　（f）竖直向斜支

（g）逆筑法

图8.7　内支护结构布置形式图

① 纵横对支构成的井字形。这种布置形式安全稳定、整体刚度大。缺点是土方开挖及主体结构施工困难、拆除困难、造价高。此种形式往往在环境要求很高、基坑范围较大时采用。

② 井字形集中式布置。挖土及主体结构施工相对较容易，缺点是整体刚度及稳定性不及井字形布置。

③ 角支结合对支。挖土及主体结构施工较方便，缺点是整体刚度及稳定性不及井字形布置的支护。基坑的范围较大以及坑角的钝角太大时不宜采用。

④ 边桁架。挖土及主体结构施工较方便，但整体刚度及稳定性相对较差。适用的基坑范围不宜太大。

⑤ 圆形环梁。这种布置形式优点是较经济、受力较合理、可节省钢筋混凝土用量、挖土及主体结构施工较方便。但坑周荷载不均匀，土性软硬差异大时慎用。

⑥ 竖直向斜支。优点是节省立柱及支护材料；缺点是不易控制基坑稳定及变形，与底板及地下结构外墙连接处结构难处理。适用于开挖面积大而挖深小的基坑。

⑦ 逆筑法。这种布置形式优点是节省材料，基坑变形较小；缺点是对土方开挖及地下整个工程施工组织提出较高的技术要求。在施工场地受限制或地下结构上方为重要交通道路时采用。

8.2.3　土层锚杆类型及特点

如图8.8所示，土层锚杆体系由围梁、托架及锚杆三部分组成。围梁可采用工字钢、槽钢或钢筋混凝土结构，托架材料为钢材或钢筋混凝土，锚杆由锚杆头部、拉杆及锚固体三部分组成，锚杆头部将拉杆与支护墙牢固地连接起来，使支护结构承受的土侧向压力可靠地传递到拉杆上去并将其传递给锚固体，锚固体将来自拉杆的力通过摩擦阻力传递到地基稳固的地层中去。

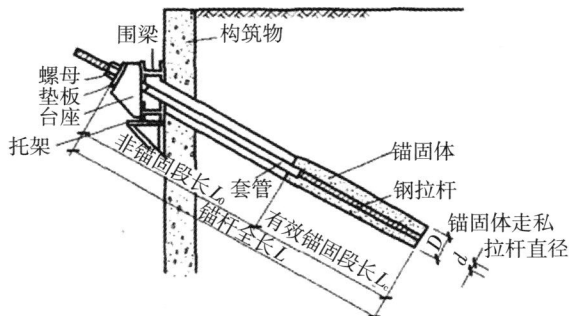

图8.8　土层锚杆结构图

土层锚杆的优点是基坑开敞，坑内挖土及地下主体结构施工方便，造价经济。适用于基坑周围有较好土层以利于锚杆锚固、锚杆施工范围内无障碍物、周围环境允许打设锚杆等条件。缺点是稳定性及变形依赖于锚固的效果。

8.3 基坑支护桩墙设计

此类支护结构的支护桩墙种类很多，但受力变形有一些共同的特点，所以有着相同的基本计算内容（不同的计算内容将在后面的设计内容中阐述）。基本计算内容有：① 坑底土抗隆起稳定验算；② 防渗帷幕抗渗验算；③ 基坑底土抗承压水稳定性验算；④ 支护桩墙及支护内力变形计算。

8.3.1 基本计算

（1）坑底土抗隆起稳定验算。以支护桩墙底的平面作为地基极限承载力验算的基准面，参照普朗德尔（Prandtl）和太沙基（Terzaghi）求得地基极限承载力的公式，滑移线形状如图 8.9 所示。该法未考虑墙底以上土体的抗剪强度对抗隆起的影响，也未考虑滑动土体体积力对抗隆起的影响。

$$K_{wz} = \frac{\gamma_2 D N_q + c N_e}{\gamma_1 (h_0 + D) + q} \qquad (8.1)$$

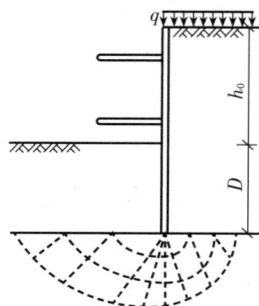

图 8.9 坑底土抗隆起稳定验算简图

式中：K_{wz}——抗隆起稳定安全系数，一般要求不得小于 8.7~2.5；

γ_1——坑外地表至支护墙底，各土层天然重度的加权平均值，kN/m^2；

γ_2——坑内开挖面至支护墙底，各土层天然重度的加权平均值，kN/m^2；

h_0——基坑开挖深度，m；

D——支护墙在基坑开挖面以下的插入深度，m；

q——坑外地面超载，kPa；

N_q，N_c——地基土的承载力系数，可用下面两种方法计算。

Prandtl-Reissner 公式：

$$N_q = e^{x \tan \varphi} \tan^2 \left(45 + \frac{\varphi}{2}\right)$$

$$N_c = \frac{(N_q - 1)}{\tan \varphi}$$

(8.1)

Terzaghi 公式：

$$N_q = \frac{1}{2}\left[\frac{e^{\left(\frac{3}{4}\pi - \frac{\varphi}{2}\right)\tan\varphi}}{\cos\left(\frac{\pi}{4} + \frac{\varphi}{2}\right)}\right]^2$$

$$N_c = \frac{(N_q - 1)}{\tan\varphi}$$

$$(8.2)$$

式中：c，φ ——支护墙底以下滑移线场影响范围内地基土黏聚力、内摩擦角的峰值。

（2）防渗帷幕抗渗验算。当支护墙体外设防渗帷幕墙时，抗渗验算应计算至防渗帷幕墙底；当采用支护墙自防水时，抗渗验算则应计算至支护墙底（见图 8.10）。

由于防渗轮廓线形状比较简单，为便于计算且能满足工程要求，可采用以下方法：

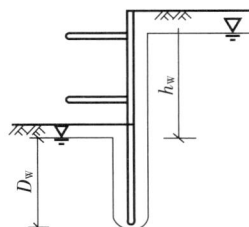

图 8.10　抗渗验算简图

$$K_s = \frac{i_c}{i}$$

$$i_c = \frac{d_s - 1}{1 + e}$$

$$i = \frac{h_w}{L}$$

$$(8.3)$$

式中：K_s ——抗渗流稳定安全系数，一般不小于 8.5～2.0，坑底土透水性大时取大值；

i_c ——坑底土体的临界水头坡度；

e，d_s ——坑底土的天然孔隙比、土粒比重；

i ——坑底土的渗流水力坡度；

h_w ——基坑内外土体的渗流水头，取坑内外地下水位差，m；

L ——最短渗径流线总长度，m。如当防渗帷幕长度范围内各层土的渗透性相差不大时，$L = h_w + 2D_w$；当此范围内有渗透性较大土层（如砂土、松散填土或多裂隙土）时，计算 L 时应扣除这些土层厚度。

（3）基坑底土抗承压水稳定性验算。基坑开挖面以下有承压水层时，应按式（8.4）验算坑底土抗承压水的稳定性，如图 8.11 所示。验算公式中偏安全地未考虑上覆土层与支护桩墙之间的摩擦力影响。

$$K_y = \frac{P_{ex}}{P_{wy}} \qquad (8.4)$$

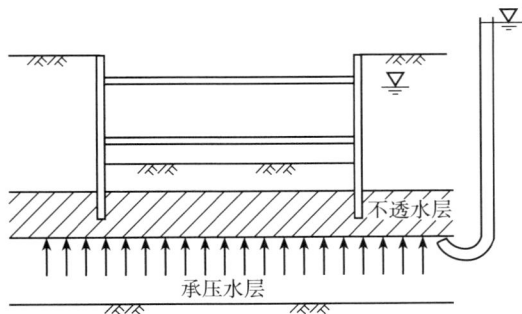

图 8.11　抗承压水稳定性验算简图

式中： K_y——基坑底土抗承压水稳定安全系数，一般不小于8.05；

$\quad\quad\quad P_{cx}$——基坑开挖面以下至承压水层顶板间覆盖土的总自重压力，kPa；

$\quad\quad\quad P_{wy}$——承压水层的水头压力，kPa。

（4）支护桩墙及支护内力变形计算。桩墙结构可按平面问题来简化计算，排桩计算宽度应取排桩的中心距，地下连续墙计算宽度可取单位宽度。对于悬臂式及支点刚度较小的桩墙支护结构，由于水平变形大，可按图8.12（a）所示的被动侧极限应力法计算；当支点刚度较大，桩墙水平位移较小时，可按图8.12（b）所示的竖向弹性地基梁法进行计算。

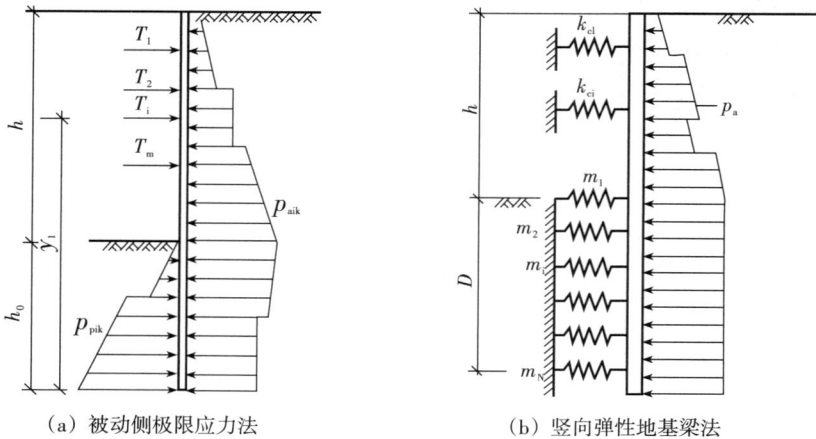

（a）被动侧极限应力法　　　　（b）竖向弹性地基梁法

图8.12　基坑支护桩墙内力变形计算图

被动侧极限应力法假定作用于支护桩墙上的侧压力均达到极限状态。因此，这种计算方法无法考虑支护桩墙的变形，同时也不能考虑开挖及地下结构施工过程的不同工况对内力的影响。属于这种类型的包括等值梁法、太沙基塑性铰法、等弯矩法及等轴力法等。竖向弹性地基梁法假定作用于桩墙后的侧压力在坑底以上按朗肯主动土压力来考虑，开挖面以下按矩形分布，大小等于开挖面处的朗肯主动土压力。作用于桩墙前开挖面以下的侧压力通常按"m"法来考虑，m的取值参见表8.1。坑内开挖面以上的支护点，以弹性支座来模拟。该法能根据开挖及地下结构施工过程的不同工况进行内力与变形计算，考虑开挖工况影响，第i道支护的支护反力的计算方法见式（8.5）和式（8.6）。

表8.1　地基土水平抗力系数的比例系数m值

地基土分类	$m/(\text{kN}\cdot\text{m}^{-4})$
流塑的黏性土	I000～2000
软塑的黏性土、松散的粉砂性土和砂土	2000～4000
可塑的黏性土、稍密–中密的粉性土和砂土	4000～6000

表 8.1（续）

地基土分类		$m/(kN\cdot m^{-4})$
坚硬的黏性土，密实的粉性土和砂土		$6000 \sim 10000$
水泥土搅拌桩加固，置换率>25%	水泥掺量<8%	$2000 \sim 4000$
	水泥掺量>12%	$4000 \sim 6000$

当土方开挖到第 i 道支护标高（即第 i 工况），此时若支护桩墙在该标高处的水平位移为 u_{0i}，则设置了第 i 道支护并继续往下开挖后，如当支护桩墙在第 i 道支护标高的总水平位移变为 u_i，则第 i 道支护的支护反力为：

$$q_i = K_{ei}(u_i - u_{0i}) \tag{8.5}$$

$$K_{ci} = \frac{\alpha_i E_i A_i}{\left(\dfrac{l_i}{2}\right) S_i} \tag{8.6}$$

式中：K_{ci}——第 i 道内支护压缩弹簧系数，kN/m^2；

$\qquad \alpha_i$——第 i 道支护松弛折减系数，一般取 0.5～1.0，混凝土支护或钢支护施加预压力时，取 1.0；

$\qquad E_i$，A_i——第 i 道支护杆件的弹性模量，kN/m^2，截面积，m^2；

$\qquad S_i$，l_i——第 i 道支护构件的水平间距、计算长度，m。

表 8.1 所列仅供参考，实测 m 值时，可在基坑支护桩中选择若干有代表性桩，埋设测斜仪和土压力盒，随着开挖的进行，用实测土压力 p 和水平位移求得 $k = \dfrac{p}{u}$ 值，k 值沿深度的斜率即 $m = \dfrac{\Delta k}{\Delta z}$。合理的分析计算应考虑地基土的成层性，不同土层采用不同 m 值。上述内力变形计算过程可采用杆系有限元法编制计算程序来实现。

8.3.2　设计内容

排桩或地下连续墙式支护结构的支护桩墙种类很多，以下分别介绍它们各自有关的设计内容。

（1）钢板桩、钢筋混凝土板桩截面形式及大小的选择。钢板桩常用的截面形式有 U 形、Z 形、直腹板式及 H 形、槽钢、半圆形等；钢筋混凝土板桩的截面确定还应考虑起吊时的自重弯矩。钢筋混凝土板桩的厚度尚应结合其长度确定，表 8.2 可供参考。选择何种形式及型号要根据强度变形计算及施工条件等综合确定。

表 8.2　钢筋混凝土板桩厚度与长度关系参考表

桩长/m	10	15	20
桩的厚度/cm	16	35	50

① 内力计算。确定 U 形钢板桩构件的惯性矩和弹性抵抗矩时，应根据锁口状态，分别乘以折减系数 α 和 β。当桩顶设有整体圈梁及支护点或锚头设有整体围梁时，取 $\alpha = \beta = 1.0$；桩顶不设圈梁或围梁分段设置时，取 $\alpha = 0.6$，$\beta = 0.7$。入土深度的确定要根据前述基本计算的坑底土抗隆起、抗渗、抗倾覆及内力变形计算等综合确定。

② 防渗措施。对于钢板桩，当采用墙体自防渗时，抗渗等级不宜小于 S6 级，并在板桩接缝处设置可靠的防渗止水构造；当采用锁口式防水结构时，沉桩前应在锁口内嵌填黄油、沥青或其他密封止水材料，必要时可在沉桩后坑外锁口处注浆防渗。对于预制钢筋混凝土板桩，当采用墙体自防渗时，混凝土的设计强度等级不宜低于 C30，钢筋混凝土板桩在接缝处的凹凸槽有专门构造，在凹凸槽孔内注浆防渗，注浆材料的强度等级不应低于 M15。

（2）钻孔灌注桩。

① 内力计算。按上述内力变形计算方法可计算得到平面上每米支护墙的内力 M_w，若桩间净距为 t，桩径为 D，则可进一步换算得到单桩内力为：

$$M = (D + t)M_w \tag{8.7}$$

② 入土深度的确定。要根据前述基本计算的坑底土抗隆起，抗倾覆及内力变形计算等综合确定。

③ 构造要求。钢筋笼的箍筋宜采用 $\phi 6 \sim 8$ mm 的螺旋箍筋，间距 $200 \sim 300$ mm；加强箍筋应焊接封闭，间距宜取 2 m，$\phi 12 \sim 14$ mrn。桩身混凝土设计强度等级不应小于 C20，水泥通常为 42.5 MPa 或 52.5 MPa 的普通硅酸盐水泥，主筋保护层厚度不小于 50 mm。

④ 确定平面布置及截面。平面布置的几种形式见图 8.13。桩径不宜小于 $\phi 600$ mm，常用的桩径为 $\phi 600 \sim 1200$ mm，具体大小要根据内力变形计算等确定。

⑤ 截面配筋。当钻孔灌注桩纵向钢筋要求沿截面周边均匀布置，且不少于 6 根时（见图 8.13），截面抗弯承载力可以按照下面的偏心受压公式计算：

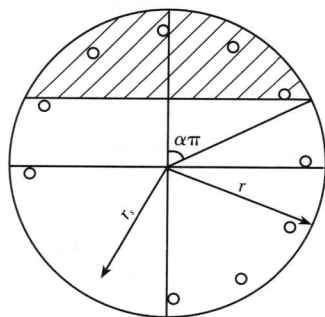

图 8.13　截面配筋图

$$M_c = \frac{2}{3}f_{cm}r^3\sin^3\pi\alpha + f_y A_s r_s \frac{\sin \pi\alpha + \sin \pi\alpha_t}{\pi} \tag{8.8}$$

为简化计算取

$$\alpha = 1 + 0.75\frac{f_{y}A_{s}}{f_{cm}A} - \sqrt{\left(1 + 0.75\frac{f_{y}A_{s}}{f_{cm}A}\right)^{2} - 0.5 - 0.625\frac{f_{y}A_{s}}{f_{cm}A}} \tag{8.9}$$

$$\alpha_{t} = 1.25 - 2\alpha$$

式中：　A——钻孔灌注桩截面积，m^{2}；

$\quad\quad A_{s}$——全部纵向钢筋的截面积，m^{2}；

$\quad\quad r$——圆形桩截面半径，m^{2}；

$\quad\quad r_{s}$——纵向钢筋所在圆周的半径，m^{2}；

$\quad\quad \alpha$——对应于受压区混凝土截面面积的圆心角与 2π 的比值；

$\quad\quad \alpha_{t}$——纵向受拉钢筋截面积与全部纵向钢筋截面面积的比值，当 $a > 0.625$ 时，

$\quad\quad\quad$ 取 $a_{t} = 20$；

$\quad\quad f_{cm}$——混凝土弯曲抗压强度设计值，MN/m^{2}；

$\quad\quad f_{y}$——普通钢筋的抗拉强度设计值，MN/m^{2}。

⑥ 防渗设计。防渗帷幕的深度由抗渗验算确定，并应贴近钻孔灌注桩，其底部宜进入不透水土层。防渗设计有以下几种形式（见图 8.14）。

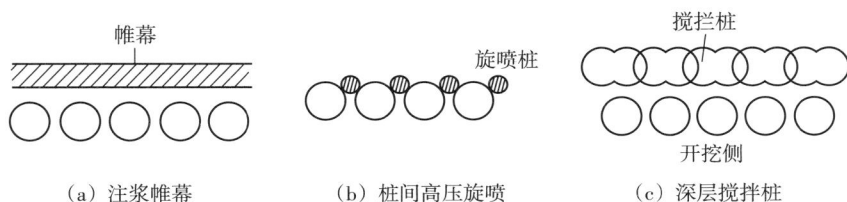

图 8.14　钻孔桩的几种防渗设计形式图

- 注浆帷幕：与灌注桩之间的净距不宜大于 150 mm；
- 桩间高压旋喷：应使旋喷桩体紧贴灌注桩；
- 深层搅拌桩：通常相互搭接 20 cm，与灌注桩之间的净距不宜大于 15 cm。

帷幕宜设置厚 15 cm 的混凝土面层，并与灌注桩桩顶圈梁浇成一体，以防止地表水渗入。

（3）SMW 工法（劲性水泥土搅拌桩）。通常认为水土侧压力全部由型钢承担，而水泥土桩的作用在于抗渗止水。水泥土对型钢的包裹作用提高了型钢的刚度，可以起到减少位移的作用。此外，水泥土起到套箍作用，可以防止型钢失稳。

① 内力计算。内力分析按上述内力变形计算可得到平面上每米支护墙的内力 M_{w}，若型桩间净距为 t，桩的宽度为 B，则可以进一步换算得到单根型钢内力为：

$$M_{p} = (B+t)M_{w}。$$

② 入土深度的确定。入土深度的确定要结合板式支护墙的坑底土抗隆起、抗倾覆、抗渗以及内力变形计算等综合确定。

③ 桩身强度验算。

● 抗弯验算。考虑弯矩全部由型钢承担，则型钢应力应满足：

$$\sigma = \frac{M}{W} \leqslant [\sigma] \tag{8.10}$$

式中：W ——型钢抵抗矩，cm^3，可参考有关钢结构教材；

M ——计算截面弯矩，$kN \cdot m$；

$[\sigma]$ ——型钢允许拉应力，kPa。

● 型钢抗剪验算。

$$\tau = \frac{QS}{I\delta} \leqslant [\tau] \tag{8.11}$$

式中：S ——型钢面积矩，mm^2；

I ——计算惯性矩，m^4/m；

Q ——计算截面剪力，kN；

δ ——所验算点处的钢板厚度，mm；

$[\tau]$ ——型钢允许剪应力，kPa。

（4）地下连续墙。

① 内力计算。按前述的竖向弹性地基梁法进行计算。

② 截面确定。单元槽段的平面形状和成槽长度，根据墙段的结构受力特性、槽壁稳定性、环境条件和施工条件等因素通过计算确定。

③ 入土深度确定。入土深度的确定要结合板式支护墙的坑底土抗隆起、抗倾覆、抗渗以及内力变形计算等综合确定。

④ 构造要求。混凝土的设计强度等级不应低于C20；纵向受力钢筋应采用HRB 335钢筋，直径不小于16 mm；水平筋可采用16～18 mm及以上的圆筋或螺纹筋，最大间距在300 mm以下，在主要受力部位间距小些；构造钢筋可采用Ⅰ级钢筋，直径不应小于12 mm；主筋保护层厚度不小于70 mm；单元槽段的钢筋笼应制成一个整体，必须分段时，宜采用焊接或机械连接，接头位置宜选在受力较小处并相互错开。当采用搭接接头时，接头的最小搭接长度不宜小于45倍的主筋直径，且不小于1.50 m；钢筋笼两侧的端部与接头管或相邻墙段混凝土接头面之间应留有大于150 mm的间隙，钢筋笼下端500 mm长度范围内宜按1:10收成闭合状，且钢筋笼的下端与槽底之间宜留有不小于500 mm的间隙。

⑤ 防渗设计。墙体混凝土的抗渗等级不宜小于S6级。在墙段接头处设止水带或刚性防渗接头，止水带接头有钢板或橡胶止水带形式，刚性接头有穿孔钢板接头和搭接钢筋接头两类，一般使用效果均较好。当墙段之间的接缝不设止水带时，应选用锁口圆弧形、槽形或V形等可靠的防渗止水接头，其接头面必须严格清刷，不得有夹泥或

沉渣。在正常施工条件下，严格按施工规程操作，一般均可达到防渗止水要求，在环境要求较高时，常在墙段接头处的坑外增设注浆防渗作为加强措施。

8.4 基坑支护系统设计

8.4.1 基坑支护系统材料选择及结构布置

（1）材料选择。支护材料可以采用钢材、钢筋混凝土或者两种材料的组合。

（2）结构布置。水平支护系统由立柱、围梁、水平支护及竖向斜支系统等部分组成。

① 立柱。立柱的作用主要有两方面，一是承受支护重量及施工荷载；二是增加对支护杆件的约束，减小其自由长度。立柱一般设置在纵横向支护的交点处或桁架式支护的节点处，并应避开地下结构的梁、柱及承重墙，若设计许可，可利用工程桩来作为立柱的嵌固段，否则立柱的间距应根据支护构件的稳定和竖向荷载的大小确定。立柱下端应支承于较好土层中，开挖面以下的埋置长度应满足支护等对立柱承载力和变形的要求。

② 围梁。沿支护墙的内侧周边布置。通常情况下应利用支护墙顶的水平围梁兼作第一道水平支护的围梁。当第一道水平支护标高低于墙顶围梁时，可另设围梁。

③ 水平支护。

• 水平向的布置。若主体结构施工时，支护尚不能拆除，则支护杆件的布置应避开柱子、梁及承重墙的位置。相邻支护之间的水平距离应满足基坑开挖土方工程的施工要求，通常不宜小于4 m，当采用机械挖土时，不宜小于8 m。基坑平面形状有内凸的阳角时，应在阳角的两个方向上设置支护点。钢支护的平面布置方式通常优先采用相互正交、均匀布置的对支或对支桁架体系；对于长条形基坑宜采用单向布置的对支或桁架式对支体系，在四角设置角支；当相邻支护间的水平距离较大时，应在支护端部两侧与围梁之间设置八字支，八字支宜左右对称，长度不大于9 m，与围梁夹角宜为60°，当八字支不对称，且轴力相差较大时，应在相邻主支护的八字支节点间增设水平联系杆。钢筋混凝土支护的平面布置除可采用钢支护的布置方式外，对于平面形状较复杂的基坑可采用桁架和对支或角支组成的体系，当支护平面中需留设较大作业空间时，宜采用边桁架和对支桁架或斜支桁架组成的体系，对规则的方形基坑可采用斜支桁架组成的体系或圆形环梁体系。

• 竖向的布置。水平支护的层数应根据基坑开挖深度、支护墙体的类型、土方施工以及工程经验等由计算工况确定。各道水平支护的轴线在平面上应尽量一致，各道支护间的净距不宜小于 3 m，当采用机械下坑开挖及运输时不宜小于 4 m，最下一道支护的标高在不影响底板施工的条件下，应尽可能降低。对于第一道支护，若利用支护桩顶圈梁，不仅节省费用，与支护的连接也易处理，但由于受力较小，不能充分发挥支护的作用。第一道支护设置于自然地面以下超过 1.5 m 时受力较有利，但通常要增设一道围梁。设置的各道支护标高，不得妨碍主体结构的底板、楼板及梁的施工。支护顶面与主体结构水平构件底面之间的净距不宜小于 300 mm，支护底面与主体结构底板或楼板之间的净距不宜小于 600 mm。

④ 竖向斜支系统。竖向斜支系统通常由斜支、围梁及斜支基础等组成。当斜支长度大于 15 m 时，宜在斜支中部设置立柱以减小受压自由长度和承受支护自重。斜支宜均匀对称布置，水平间距不宜大于 6 m。斜支宜采用型钢或组合型钢截面。如图 8.15 所示，斜支坡度不宜大于 1∶2，并与基坑内土堤的稳定边坡相一致。同时斜支基础与支护墙之间的水平距离也不宜小于支护墙插入深度的 1.5 倍。斜支与围梁及斜支与基础之间的连接以及围梁与支护墙之间的连接应满足斜支水平力和垂直力的传递要求。

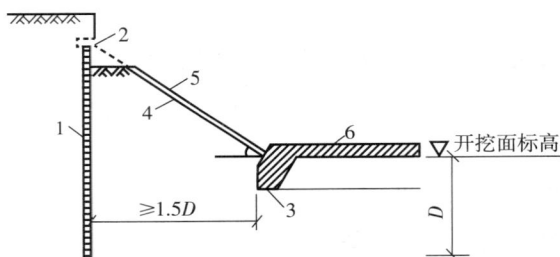

图 8.15　竖向斜支体系图

1—支护墙；2—围梁；3—斜支基础；4—斜支；5—土堤；6—压杆或底板。

8.4.2　基坑支护系统计算

8.4.2.1　内力变形计算

（1）作用于内支护上的荷载主要由以下几部分构成：

① 水平荷载有支护墙体将坑外水土压力沿围梁作用于支护系统上的分布力，对于钢支护还有给主支护系统施加的预加轴力以及温度变化等引起的水平荷载；

② 垂直荷载有支护自重以及支护顶面的施工活荷载，通常取 4 kPa。

（2）内支护系统的空间计算模型通常采用以下计算方法：将支护结构从整个支护结构中截离出来，在截离处作用着支护结构按简化的平面计算模型计算得到的水平反力以及其他荷载（如预加轴力），用空间杆系模型程序对支护系统进行计算。

（3）支护结构计算的边界条件假定为：

① 在支护与围梁、立柱的节点处以及围梁转角处设置竖向铰支座和弹簧；

② 当作用于基坑四周的围梁长度方向的正交水平荷载不均匀分布或支护刚度在平面内分布不均匀时，为避免支护系统整体转动和平移，宜在基坑转角处设置水平约束。

（4）内支护系统的简化计算方法是当支护系统平面形状比较规则，支护杆件相互正交时，可按以下简化方法计算。

① 水平荷载作用下支护杆件的轴向力，按支护墙作用于围梁长度方向的水平反力乘以相邻支护沿围梁的中心距计算。当支护杆件与围梁斜交时，按水平反力沿支护长度方向上的投影来考虑。

② 垂直荷载作用下支护杆件的内力变形，支护杆件按单跨或多跨连续梁来计算，计算跨度取相邻立柱的中心距。

③ 立柱的轴力，取纵横向支护的支座反力之和。

④ 围梁，受水平力作用，钢筋混凝土围梁按多跨连续梁计算，计算跨度取相邻支护点的中心距，钢围梁按简支梁计算，计算跨度取相邻水平支护的中心距。当水平支护杆件与围梁斜交时，围梁还受水平力在围梁长度方向引起的轴力作用。

8.4.2.2　承载力计算

开挖面以下立柱的竖向和水平承载力按单桩承载力验算，立柱应按偏心受压构件计算。截面的弯矩应包括下列各项：① 竖向荷载对立柱截面形心的偏心弯矩；② 水平支护标高处大小为支护轴向力的 1/50 的水平力对立柱产生的弯矩；③ 土方开挖时，作用于立柱的侧向土压力引起的弯矩。立柱受压的计算长度取竖向相邻层的水平支护的中心距，最下一道支护以下的立柱取该道支护中心线至开挖面以下 5 倍立柱直径（或边长）处的距离。通常情况下围梁可按照水平向的受弯构件来计算。当围梁与水平支护斜交或围梁作为边桁架的弦杆时，应按照偏心受压构件计算，围梁的受压计算长度取相邻支护点的中心距。对于钢围梁，当拼接点按铰接考虑时，其受压计算长度取相邻支护点中心距的 1.5 倍。现浇钢筋混凝土围梁的支座弯矩，可乘以 0.8～0.9 的折减系数，但跨中弯矩应相应增加。

支护杆件应按偏心受压构件来计算。截面偏心弯矩包括由竖向荷载产生的弯矩以及支护轴向力对构件初始偏心距产生的弯矩。构件截面的初始偏心距可取支护计算长度的 2/1000～3/1000，对于混凝土支护不宜小于 20 mm；对于钢支护则不宜小于40mm。现浇钢筋混凝土支护在竖向平面内的支座弯矩可乘以 0.8～0.9 的折减系数，但跨中应相应增加。当支护的内力计算未考虑预加压力或温度变化的影响时，截面验算时的支护轴向力宜乘以 1.1～1.2 的增大系数。

8.4.3　基坑支护系统构造要求

（1）立柱。基坑开挖面以上的立柱宜采用格构式钢柱、钢管或H型钢。基坑开挖面以下的立柱宜采用直径不小于650 mm的钻孔灌注桩（可利用工程桩）或与开挖面以上立柱截面相同的钢管及H型钢。当为钻孔灌注桩时，其上部钢立柱在桩内的插入长度不小于钢立柱长边的4倍，并与桩内钢筋笼焊接。立柱桩在基坑开挖面以下的插入长度宜大于基坑开挖深度的2倍，且穿过淤泥或淤泥质土层。立柱的长细比应不大于25。

（2）围梁。

① 钢围梁的截面宽度应大于300 mm，可采用H型钢、工字钢或槽钢以及它们的组合。钢围梁的现场拼接点位置应尽量靠近支护点，并不应超过围梁计算跨度的三分点以外，围梁的预制长度不应小于支护间距的2倍。钢围梁安装前，应在支护墙上设置牛腿。安装牛腿可采用角钢或直径不小于25 mm的钢筋与支护墙主筋或预埋件焊接组成钢筋牛腿，其间距不宜大于2 m，牛腿焊缝由计算确定。

② 钢围梁与钢筋混凝土支护墙之间应留设宽度不小于60 mm的水平向全长孔隙，其间用强度等级不低于C30的细石混凝土填实。支护杆件与围梁斜交时，在围梁与支护墙之间应设置由计算确定的剪力传递构造。此时嵌填混凝土的宽度应满足剪力传递构件的锚固要求。

③ 钢筋混凝土围梁。钢筋混凝土围梁应与钢筋混凝土支护杆件整浇在同一平面内，基坑平面转角处的纵横向围梁应接刚接点处理。围梁的宽度不应小于其水平向计算跨度的1/8，截面高度不应小于支护的截面高度。围梁与支护墙之间不应留间隙，与支护墙之间可通过吊筋连接，吊筋的间距一般不大于1.5 m，直径应根据围梁及水平支护的自重计算确定。当与地下连续墙之间需要传递水平剪力时，应在墙体上沿围梁长度方向预留由计算确定的剪力钢筋或剪力槽。

（3）支护杆件。支护杆件的长细比应不大于75，联系杆的长细比应不大于120。钢支护杆件的构造应符合《钢结构设计规范》（GB 50017—2017）的有关规定，构件长度的拼接宜采用高强度螺栓连接或焊接，拼接点的强度不应低于构件的截面强度。现浇钢筋混凝土支护杆件的构造应符合《混凝土结构设计规范》（GB 50010—2010）的有关规定，混凝土的强度等级不应低于C20，支护杆件的截面高度不应小于其竖向平面计算跨度的1/20。钢支护的截面可采用H型钢、钢管、工字钢或槽钢以及它们的缝合。

（4）连接节点。立柱与水平支护的连接可采用铰接构造，但连接件在竖向和水平向的连接强度应大于支护轴力的1/50。当采用钢牛腿连接时，钢牛腿的强度和稳定性应由计算确定。钢支护杆件与钢围梁的连接可采用焊接或螺栓连接，节点处支护与围梁的翼缘和腹板均应加焊加劲板，加劲板的厚度不小于10 mrn，焊缝高度不小于6 mm。

（5）钢筋混凝土结构配筋。支护杆件与围梁的纵向钢筋直径不宜小于16 mm，沿截面四周纵向钢筋的最大间距应小于200 mm，箍筋直径不应小于8 mm，间距不应大于250 mm；支护的纵向钢筋在围梁内的锚固长度不宜小于30倍钢筋直径。

8.4.4 基坑支护系统施工要求

（1）支护安装及浇注的容许偏差应符合有关要求。

（2）支护施工与挖土的关系。钢支护安装应采用开槽架设，对于现浇钢筋混凝土支护，必须在混凝土强度达到设计强度的80%以上才能开挖支护以下的土方。确保先支后挖，土方分层分区开挖时，支护可随开挖进度分区安装，且一个区段内的支护应形成整体。当支护顶面需运行挖土机械时，支护顶面的安装标高宜低于坑内土面20～30 cm。钢支护与基坑土之间的空隙应用粗砂回填，并在挖土机及土方车辆的通道处架设走道板。

（3）换支。利用主体结构换支时，主体结构的楼板或底板混凝土强度达到设计强度的80%以上。在主体结构与支护墙之间设置可靠的传力结构。在主体结构楼盖局部缺少部位，应在适当部位设置临时支护系统，支护截面应按换支传力要求，由计算确定。当主体结构的底板和楼板分块施工或设置后浇带时，应在分块或后浇带的适当部位设置可靠传力构件。

（4）止水构造措施。立柱穿过主体结构底板以及支护结构穿越主体结构地下室外墙的部位，必须采用可靠的止水构造措施。

（5）预加轴力。千斤顶必须有计量装置。施加预压力的机具设备及仪表应由专人使用和管理，并定期维护校验，正常情况下每半年校验一次，使用中发现有异常现象应重新校验。支护安装完毕后，应及时检查各节点的连接情况，经确认符合要求后方可施加预压力，预压力的施加宜在支护的两端同步对称进行。预压力应分级施加，重复进行，一般情况下，预压力的控制值不宜小于支护设计轴力的50%，但也不宜过高，当预压力控制值取用支护设计轴力的80%以上时，应防止支护结构的外倾、损坏及对坑外环境的影响。预压力加至设计要求的额定值后，应再次检查各连接点的情况，必要时对节点进行加固，待额定压力稳定后予以锁定。支护端部的八字支可在主支护施加压力后安装。

8.5 基坑土层锚杆设计

土层锚杆由锚头、自由段及锚固段三部分组成。土层锚杆的倾角根据地层分布、环境要求及施工工艺确定，一般以15°～25°为宜，锚固段宜设置于黏性土、粉性土及砂土地层中，对于淤泥质土层宜通过试验确定。

8.5.1　锚杆材料

锚杆杆体宜选用钢绞线、高强钢丝或精轧螺纹钢筋等作为预应力筋，当锚杆设计轴力较小时，采用HRB335或HRB400钢筋。水泥浆或水泥砂浆宜使用普通硅酸盐水泥，标号不宜低于42.5 MPa，细骨料应使用粒径小于2 mm中细砂。砂中含泥量不得大于3%。

8.5.2　锚杆（索）截面确定

土层锚杆或锚索的截面面积按下式确定：

$$A = \frac{K_{mj}N_t}{f_{pt}}$$
（8.12）

式中：A——锚杆或锚索的截面面积，m^2；

N_t——锚杆或锚索的轴向拉力设计值，kN；

f_{pt}——锚杆或锚索的设计强度，kPa；

K_{mj}——安全系数，一般不小于8.3。

8.5.3　锚杆（索）总长度

锚杆（索）的总长度按下式来确定：

$$L_m = l_0 + L_f; \quad L_a = \frac{K_{ml}N_t}{\pi d_m \tau}$$
（8.13）

式中：L_m——锚杆（索）的总长度，m；

L_a——锚固段长度，m；

L_f——自由段长度，应超过滑移面0.5～1.0 m；

d_m——锚固段直径，m，取钻头直径的1.2倍；

K_{ml}——锚固安全系数，一般不小于1.5；

τ——锚固体与土层之间的剪切强度，kPa，$\tau = c + \sigma\tan\delta$，$c$为土层的黏聚力，$\sigma$为锚固段中点的上覆压力，$\delta$为锚固段与土体之间内摩擦角，通常取$(1/3～1/2)\varphi$，当采用两次注浆工艺时，取$\delta = \varphi$，$\varphi$为土的固结快剪内摩擦角峰值；当锚固段穿过两层或两层以上土层时，取加权平均值。

8.5.4 土层锚杆深层滑移稳定性验算

（1）单层锚杆支护墙按图 8.16（a）验算深层滑移的稳定性。通过锚固段中点 c 与支护墙的假想支承点 b 连一直线，再过 c 点作竖直线交地面于 d 点，从而确定土体稳定性验算的范围；用图 8.16（b）所示的力多边形对 $abcd$ 土体作静力平衡分析，得到锚杆拉力 $R_{t, max}$，按式（8.14）计算深层滑移稳定性安全系数 K_{ms}。

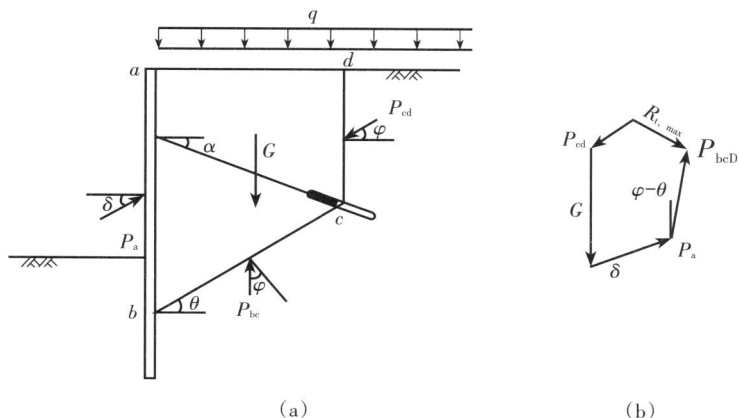

图 8.16 单层锚杆深层滑移的稳定性验算简图

注：G—滑动土体重量（包括地面超载），kPa；P_a—作用于支护墙上主动土压力的合力，kPa；P_{cd}—作用于 cd 面上主动土压力的合力，kPa；P_{bc}—作用于 bc 面上厦力的合力，kPa；φ—土体的内摩擦角，(°)；δ—支护墙与土体之间内摩擦角，(°)；θ—深部滑移面与水平面之间夹角，(°)；α—锚杆倾角，(°)。

$$K_{ms} = \frac{R_{t, max}}{N_t} \tag{8.14}$$

式中：N_t——土层锚杆设计轴向拉力，kN；

K_{ms}——深层稳定性安全系数，一般不小于 1.2～1.5。

（2）两层及两层以上土层锚杆支护墙深层滑移稳定性验算见图 8.17，其分析方法

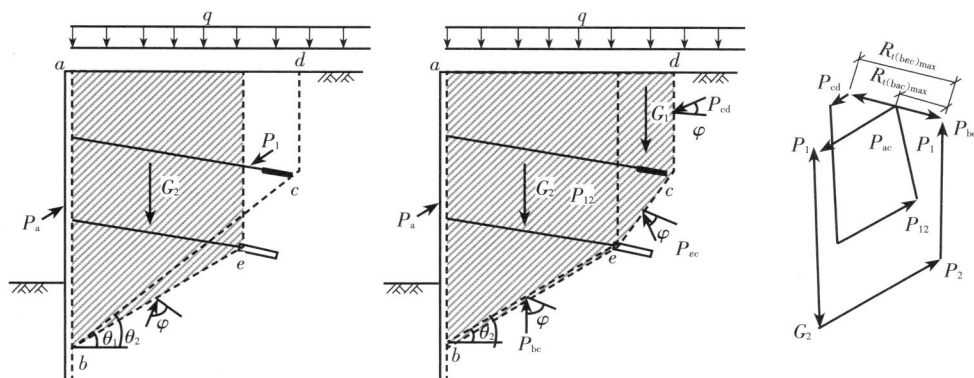

图 8.17 双两层及两锚杆深层滑移的稳定性验算图

同单层锚杆体系。在单元体内存在 b_c，b_e 及 b_{ec} 三个可能的滑动面，分别利用力多边形求出锚杆所需的最大拉力 $R_{\tau(bc)max}$，$R_{\tau(be)max}$ 及 $R_{\tau(bec)max}$，从而得到相应的安全系数，一般不小于 $1.2 \sim 1.5$。

（3）当锚固段的中点低于基坑开挖面时，可不必进行深层滑移稳定性验算。

8.5.5　土层锚杆竖向稳定性验算

当土层锚杆的倾角大于 $30°$，或者支护结构为钢筋混凝土板桩、地下连续墙，且插入深度较小，下卧层非常软弱时，应按下式验算：

$$K_{mv} = \frac{Q}{N_v} \tag{8.15}$$

式中：N_v——锚杆拉力 N_t 的竖直向分力与墙体自重之和，kPa；

$\quad\quad Q$——墙体与土层之间的摩擦阻力与墙体端部承载力之和，kPa；

$\quad\quad K_{mv}$——安全系数，一般不小于 8.2。

8.5.6　锚杆变形计算

锚杆弹性变形由试验确定，初步设计时可按下式计算：

$$S_e = \left(\frac{L_f}{E_s A} + \frac{L_n}{3 E_c A_c} \right) T, \quad E_c = \frac{A E_9 + A_m E_m}{A + A_m} \tag{8.16}$$

式中：S_e——锚杆弹性变形，m；

$\quad\quad T$——锚杆轴向拉力值，kN；

$\quad\quad E_c$——杆体弹性模量，kN/m²；

$\quad\quad A$——杆体截面面积，m²；

$\quad\quad E_e$——锚固体组合模量；

$\quad\quad A_m$——锚固体中浆体截面面积，m²；

$\quad\quad A_c$——锚固体截面面积，m²；

$\quad\quad E_m$——锚固体中浆体弹性模量，kN/m²。

在用竖向弹性地基梁法分析支护结构时，锚杆的水平刚度系数 K_T 由下式确定

$$K_T = \frac{3 A E_s E_e A_c}{(3 l_f E_c A_e + E_s A l_a) \cos\theta} \tag{8.17}$$

式中：θ——锚杆水平倾角，（°）。

8.6 地下水的类型及性质

8.6.1 地下水的基本类型

（1）上层滞水。上层滞水一般存在于近地表岩土层的包气带中，如透水性不大的夹层、阻滞下渗的大气降水和凝结水，并且使它聚集起来，如图8.18（a）所示；地表的低洼地区，由于降水很难从其中流走也可以形成上层滞水。上层滞水型的地下水距地表一般较浅，分布范围有限，补给区与分布区一致，水量极不稳定，通常是雨季出现，旱季消失。因此，旱季勘测时往往很难发现。另外，居民区和工业区上下水管的渗漏，也有可能出现上层滞水；人工壤土层也会出现上层滞水。

（2）潜水。潜水是埋藏在地表以下第一个隔水层以上的地下水。当开挖到潜水层时，即出现自由水面或称潜水面。在地下工程中通常把这个自由水面标高称作地下水位。潜水主要由大气降水、地表水和凝结水补给，变化幅度比较大。潜水是重力水，在重力作用下由高水位流向低水位。当河水水位低于潜水水位时，潜水补给河水；当河水水位高于潜水水位时，河水补给潜水，如图8.18（b）所示。因此，当地下工程采取自流排水的方法防水时，必须准确掌握地表水体（江河、湖泊、水渠、水库等）的常年水位变化情况，对于近地表水体构筑的地下工程，要特别注意防止洪水倒灌。

（3）毛细管水。通常毛细管水可以部分或全部充满离潜水面一定高度的土壤孔隙，如图8.18（c）所示。毛细管现象是由于土粒和水接触时受到表面张力的作用，水沿着土粒间的连通孔隙上升而引起的。土壤的孔隙所构成的毛细管系统很复杂，所形成的沟管通向各个方向，沟管的粗细变化也很大，而薄膜水的存在又妨碍了毛细管水的运动。因此，土中毛细管水的上升高度不可能用简单的数学公式来计算，它与土壤的种类、孔隙和颗粒大小及土壤湿润程度有关。一般粗砂和大块碎石类土中毛细管水的上升高度不超过几厘米，而黄土可超过2 m，黏土则更大。因为水的毛细管上升引力作用是与毛细管的直径成反比例的。当温度为15℃时，直径为1 mm的毛细管里的水上升高度为0.29 cm，直径为0.1 mm的可上升29 cm，直径为0.01 mm的可上升200 cm。实验证明，小碎石粒径为0.1～0.5mm时，毛细管水可上升1.31 cm；土粒为0.1～0.2 mm时，毛细管水可上升4.82 cm；土粒径为0.1～0.05 mm时，毛细管水可上升10.5 cm。土壤中毛细管水上升，也可传播到与地下水和土壤毛细管水相接触的地下工程。在地下工程防水设计时，毛细管水带区取潜水位以上1 m，毛细管水带以上部分可设防潮层。

（4）层间水。埋藏在两个隔水层之间的地下水称为层间水。在层间水未充满透水层时为无压水；如水充满了两个隔水层之间的含水层，打井至该层时，水便在井中上升甚至自动喷出，这种层间水称为承压水或自流水。承压水的特征是上下都有隔水层，具有明显的补给区、承压区和泄水区，如图8.18（d）所示。补给区和泄水区相距很远；由于具有隔水层顶板，受地表水文、气候因素影响较小，水质好，水温变化小。它是很好的给水水源，但是当地下工程穿过该层时，由于层间水压力较大，要采取可靠的防压力水渗透措施，否则将造成严重后果。

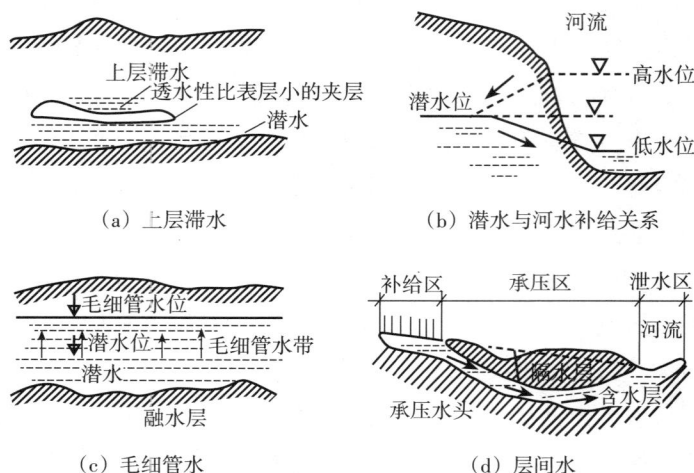

图8.18 地下建筑工程常遇的地下水分布图

8.6.2 地下水的基本性质

地下水在土中的流动称为渗流。两点间的水头差与渗透过程长度之比称为水力坡度，并以i表示，$i = \dfrac{(H_1 - H_2)}{L}$。当水力坡度$i = 1$时的渗透速度称为土的渗透系数$k$，单位常用m/d、m/s等表示。土的渗透系数$k$的大小影响降水方法的选用，$k$是计算涌水量的重要参数。水在土中渗流时，对单位土体产生的压力即为动水压力$F = -\gamma_w i$，其中，γ_w为水的重度，一般取10 kN/m^3。

当动水压力F等于或大于土的有效重度时，土颗粒处于悬浮状态，土的抗剪强度等于零，土颗粒将随着渗流的水一起流动，即所谓"流砂"现象。降低地下水位，不仅保持了坑底干燥，便于施工，而且消除动力水压，是防止产生流砂现象的重要措施。打钢板桩、采用地下连续墙等亦可有效制止流砂现象的产生。

8.7 地下建筑工程降水方法

地下水处理方法有两种：一种是降水；另一种是止水－防水帷幕。

降水的方法有集水井降水和井点降水两类。集水井降水是在沿坑底周围开挖排水沟，将地下水引入坑底的集水井后用水泵抽出坑外。该方法在基坑开挖大、地下水位高而土质又不好时，容易引起流沙、管涌和边坡失稳情况下使用。

井点降水法有轻型井点、喷射井点、电渗井点、管井井点等。各种井点降水法的选择视含水地层、土的渗透系数、降水深度、施工条件和经济分析结果等而定，见表8.3。

表8.3 降水技术方法适用范围

降水技术方法	适合地层	渗透系数/(m·d⁻¹)	降水深度/m
明排井	黏性土、砂土	<0.5	<2
真空井点	黏性土、粉质黏土、砂土	0.1~20.0	单级<6，多级<20
喷射井点	黏性土、粉质黏土、砂土	0.1~20.0	<20
电渗井点	黏性土	<0.1	按井类型确定
引渗井	黏性土、砂土	0.1~20.0	由下伏含水层的埋藏和水头条件确定
管井	砂土、碎石土	1.0~200.0	>5
大口井	砂土、碎石土	1.0~200.0	<20
辐射井	黏性土、砂土、砾砂	0.1~20.0	<20
潜埋井	黏性土、砂土、砾砂	0.1~20.0	<2

8.8 地下建筑工程防水

8.8.1 设计原则

《地下工程防水技术规范》（GB 50108—2008）规定：地下工程防水的设计与施工应遵循"防、排、截、堵相结合，因地制宜，综合治理"的原则。

①"防"即要求隧道衬砌结构具有一定的防水能力，能防止地下水渗入，如采用防水混凝土或塑料防水板等。

②"排"即隧道应有排水设施并充分利用，以减少渗水压力和渗水量；但必须注意大量排水后引起的后果，如围岩颗粒流失、降低围岩稳定性或造成当地农田灌溉和生活用水困难等。要求设计时应事先了解当地环境要求，以"限量排放"为原则，结合注浆堵水制定设计方案与措施，妥善处理排水问题。

③"截"即隧道顶部如有地表水易于渗漏处或有坑洼积水，应设置截、排水沟和采取消除积水的措施。

④"堵"即在隧道施工过程中有渗漏水时，可采用注浆、喷涂等方法堵住；运营后渗漏水地段也可采用注浆、喷涂或用嵌填材料、防水抹面等方法堵水。隧道防排水工作应结合水文地质条件、施工技术水平、工程防水等级、材料来源和成本等，因地制宜选择合适的方法，以达到防水可靠、排水通畅、线路基床底部无积水、经济合理，最终保障结构物和设备的正常使用及行车安全。

地下工程一般属大型构筑物，长期处于地下，时刻受地下水的渗透作用，防水问题能否有效地解决不仅影响工程本身的坚固性和耐久性，而且直接影响工程的正常使用。防排结合的提法仅限隧道处于贫水稳定的地层、围岩渗透系数小、可允许限排、因结构排水不致对周围环境造成不良影响的情况；反之，当围岩渗透系数大，使用机械排除工程内部渗漏水需要耗费大量能源和费用，且大量的排水还可能引起地面和地面建筑物不均匀沉降和破坏，这种情况则不允许排。

"刚柔结合，多道防线"，其出发点是从材料角度要求在地下工程中刚性防水材料和柔性防水材料结合使用。多道防线是针对地下工程的特点与要求，通过防水材料和构造措施，在各道防线中发挥各自的作用，达到优势互补、综合设防的要求，以确保地下工程防水和防腐的可靠性，从而提高结构的使用寿命。实际上，目前地下工程结构主体不仅采用了防水混凝土，也使用了柔性防水材料。

"因地制宜，综合治理"，是指勘察、设计、施工、管理和维护保养各个环节都要考虑防水要求，应根据工程及水文地质条件、隧道衬砌的形式、施工技术水平、工程防水等级、材料来源和价格等因素，因地制宜地选择相适应的防水措施。总之，地下工程因其种类、使用功能、所处区域和环境保护要求等的不同，防水设计原则有所不同。

8.8.2 设计要求

防水设计应定级准确、方案可靠、施工简便、经济合理。地下工程防水必须从工程规划、结构设计、材料选择、施工工艺等方面统筹考虑。地下工程的钢筋混凝土结构应采用防水混凝土。地下工程的变形缝、施工缝、诱导缝、后浇带、穿墙管（盒）、预埋件、预留通道接头、桩头等细部构造应增加防水措施。地下工程的排水管沟、地漏、出入口、窗井、风井等，应有防倒灌措施，寒冷及严寒地区的排水沟应有防冻措施。

地下工程防水设计，应根据工程的特点和需要搜集下列资料：

① 最高地下水位的高程及出现的年代，近几年的实际水位高程和随季节变化情况；

② 地下水类型、补给来源、水质、流量、流向、压力；

③ 工程地质构造，包括岩层走向、倾角、节理及裂隙，含水地层的特性、分布情况和渗透系数，溶洞及陷穴，填土区、湿陷性土和膨胀土层等情况；

④ 历年气温变化情况、降水量、地层冻结深度；

⑤ 区域地形、地貌、天然水流、水库、废弃坑井及地表水、洪水和给水排水系统资料；

⑥ 工程所在区域的地震烈度、地热，含瓦斯等有害物质的资料；

⑦施工技术水平和材料来源。

地下工程防水设计应包括以下五方面内容：

① 防水等级和设防要求；

② 防水混凝土的抗渗等级和其他技术指标、质量保证措施；

③ 柔性防水层选用材料及其技术指标、质量保证措施；

④ 工程细部构造防水措施，选用的材料及其技术指标，质量保证措施；

⑤ 工程防排水系统，地面挡水、截水系统及工程各种洞口的防倒灌措施。

8.8.3 地下工程防水等级与设防

《地下工程防水技术规范》（GB 50108—2008）规定：地下工程的防水等级分为四级，符合表8.4的规定。

表8.4 地下工程防水等级标准

防水等级	标准
一级	不允许渗水，结构表面无湿渍
二级	• 不允许漏水，结构表面可有少量湿渍 • 工业与民用建筑：总湿渍面积不应大于总防水面积（包括顶板、墙面、地面）的1/1000 • 任意100 m² 防水面积上湿渍不超过1处，单个湿渍最大面积不大于0.1 m² • 其他地下工程：总湿渍面积不应大于总防水面积的6/1000；任意100 m² 防水面积上的湿渍不超过4处，单个湿渍的最大面积不大于0.2 m²

表8.4（续）

防水等级	标准
三级	• 有少量漏水点，不得有线流和漏泥砂 • 任意 $100\ m^2$ 防水面积上的漏水点数不超过7处，单个漏水点的最大漏水量不大于 $2.5\ L/(m^2 \cdot d)$，单个湿渍的最大面积不大于 $0.3\ m^2$
四级	• 有漏水点，不得有线流和漏泥沙 • 整个工程平均漏水量不大于 $2\ L/(m^2 \cdot d)$；任意 $100\ m^2$ 防水面积的平均漏水量不大于 $4\ L/(m^2 \cdot d)$

各类地下工程防水等级，应根据工程重要性和使用中对防水的要求按表8.5选定。

表8.5 不同防水等级的适用范围

防水等级	适用范围
一级	• 人员长期停留场所，因有少量湿渍会使物品变质、失效的储物场所及严重影响设备正常运转和危及工程安全运营的部位，极重要的战备工程
二级	• 人员经常活动的场所，在有少量湿渍的情况下不会使物品变质、失效的储物场所及基本不影响设备正常运转和工程安全运营的部位，重要的战备工程
三级	• 人员临时活动的场所，一般战备工程
四级	• 对渗漏水无严格要求的工程

第9章 北京东六环下穿紧密城区工程力学特性

北京东六环下穿隧道工程全线共设置主线隧道2座（左、右线），全长9160 m，计入两端路堑后总长9455 m；京津公路立交处匝道隧道5座（匝道 E1～E3、E5、E6）；连接南、北两侧盾构井的救援通道2座。隧道平面线形设计具体指标要求见表9.1。隧道纵坡设计主要考虑到与相交道路、铁路等构筑物竖向关系以及通风、排水、施工、两端接线及不同施工工法等因素。

表9.1　隧道线形指标表

项目			困难条件	一般情况
道路平纵	平面半径	隧道明挖法	满足设计规范要求	
		隧道盾构法	≥40D	≥50D
	纵坡	隧道明挖法	满足设计规范要求	出入口接线道路应设置反向坡 防止地面道路雨水进入隧道
		隧道盾构法	≤5.0%	≤4.0%

9.1 北京东六环下穿紧密城区隧道工程

北京市东六环（京哈高速公路—潞苑北大街）改造工程，现有六环的东侧是北京市副中心行政办公区，西侧是通州老城区。交通拥堵、机动车尾气、路基高等因素造成城区在两侧分隔，整个工程分为直接加宽段和地面改造段两部分。① 直接加宽段。南段长度约5.18 km，北段长度约1.66 km。纵断面按现行六环标高拟合。京哈高速公路南至万盛南大街最大纵向坡度为1.46%，最小纵向坡度为0.30%，与当前标高基本一致。局部考虑随着路面外径的加宽，再加一层沥青面层。② 地面改造段。地下道路段长约9.16 km，隧道段最大纵向坡度为3.00%，最小纵向坡度为0.30%。

现状东六环路（京哈高速公路—潞苑北大街）于1998年12月竣工，2001年9月实现通车，设计时速度为100 km，按双向4车道标准建设，路基宽26 m。目前东六环的改造路段为16 km，主要以桥梁形式横贯交叉公路和河流。现有路基里程约14.1 km，现有桥梁里程约1.9 km（见图9.1）。

图9.1　下穿紧密城区隧道工程立体图

下穿隧道工程相交的主要道路有16条，其中高速公路2条、城市主干路5条、次干路3条，其余为支路或乡道。京哈高速、京津公路、滨河路、通燕高速和潞苑北大街设置匝道收费站。

相交铁路及轨道。与项目相交的铁路共有3条，分别是通三铁路（张家湾铁路）（K6+700）、京秦铁路（K10+865）以及地铁6号线（K9+745）。

相交河道。与项目相交的河流共有4条，分别是萧太后河（K3+537）、玉带河（K6+561）、北运河（K8+500）及运潮减河（K11+920）。

相交管线设施：燃气管线：与东六环路并行一条DN1000超高压燃气，大部分位于东六环路东侧，与现状航油管线并行，在通燕高速常屯桥北侧至规划潞苑二街南侧局部段敷设至东六环路西侧；另一条DN500高压燃气，由京津公路北侧至通胡路，并行于六环路，在东六环路西侧布置。石油管线：在东六环路东侧，现状一条D273首都机场航油管线和D324石油管线，与六环路并行。在通燕高速公路常屯桥北侧至规划潞苑二街南侧局部段敷设至东六环路西侧。高压线：京哈高速公路北侧，高压输电线路湖张线（110 kV）上跨现状六环路路基，并沿六环东侧南北向布置；京津公路立交北侧，高压输电线路通梁线（110 kV）、张运线（35 kV）、张延线（35 kV）上跨现状六环路路基；北运河北岸，高压输电线路张延线（35 kV）上跨现状六环桥梁；运潮减河北岸，高压输电线路配水线（110 kV）上跨现状六环桥梁；潞苑北大街路南侧，高压输电线路疃草线（35 kV）上跨现状六环路基。另有芙蓉路北侧一条退运高压塔位于拟建隧道上方（见图9.2）。

现有高速公路存在环境问题。结合项目收集的资料及现场调查情况，环境影响评价制度在东六环已基本实施。除收费站外，该项目不产生污染物。所有收费站都配备了没有冲水设备的干包装移动厕所。排泄物和生活垃圾由公路养护有限公司清理运输，不产生污水。因此，工程运行期对沿线地下水环境没有影响。在设计、施工和运营期间，建设单位高度重视本项目环境保护工作，履行了建设项目的环境管理程序，采取多项有效的污染防治、生态保护措施。落实了环境影响报告书及审批部门提出的问题，执行了环境保护"三同时"制度。"以新带老"需解决的环境问题。既有东六环现状 16 km 为地面道路，汽车排放尾气以线源方式向道路两侧扩散。项目改造后，有 9.16 km 采取隧道形式下穿城市副中心区域，项目设2处空气净化站，隧道内废气通过空气净化站处理后由隧道洞口扩散外排。

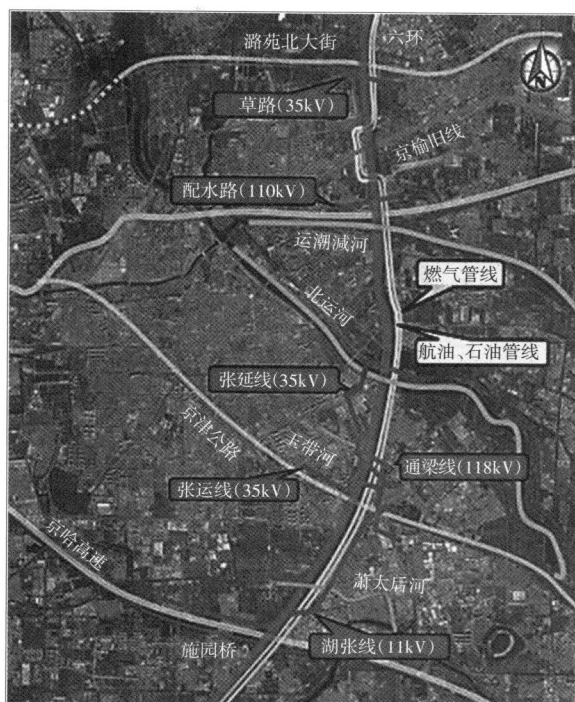

图9.2 沿线河流、管线相交示意图

9.2 路基路面工程改造与力学特性分析

9.2.1 路基路面工程改造

现状六环路采用双向4车道的整体式路基。路基横断面为左侧土路肩 0.75 m + 左侧硬路肩 3 m（含右侧边缘带 0.5 m）+ 行车道 2 × 3.75 m + 行车道 0.5 m + 中央隔离带 2.5 m + 行车道 2 × 3.75 m + 右侧硬路肩 3 m + 行车道 0.75 m，一般路基区间全宽 26 m。路基拓宽后为双向6车道的整体式。横断面为：左侧土路肩 0.75 m + 左侧硬路肩 3 m（含右侧路缘带 0.5 m) + 行车道 3 × 3.75 m + 行车道 0.5 m + 中央隔离带 2.5 m + 行车道 3 × 3.75 m + 右侧硬路肩 0.75 m，路基全宽为 33.5 m。非超高段主线路面横坡为 2%，匝道路面横坡为 2%，闭合框架为 1%，盾构隧道路面横坡为 −1%，土路肩横坡为 3%。超高段最大设计为 6% 控制。由于京哈高速公路出入口、萧太后河南街出入口、京津公路出入口三个出入口设置间隔较近，一般为规范出入口区域不能满足间距的要求。为此，在 3 个立交桥之间设置了辅助车道，辅助车道的长度满足标准一般值。特殊路段路基横断面总宽度 49.5 m，设置双向 6 车道和双向 4 辅助车道，外侧设置 3 m 硬路肩（见图 9.3、9.4）。

图 9.3 公路一般路基横断面

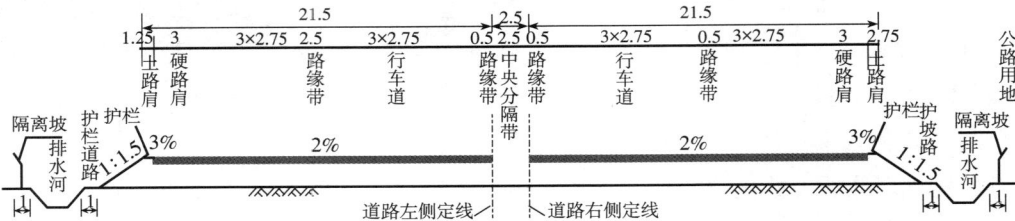

图 9.4 公路特殊路基横断面

主线一般路基区间设计为填方路基，路基边坡高度小于 8 m，设一级边坡，当路基边坡高度大于 8 m 时，设置多级边坡，每级边坡高度为 8 m，平台宽度为 2 m。道路两侧为控制性用地区间，在拓宽主线填筑路基后在路基两侧增设装配式路肩墙或防堤，控制用地范围。互通区与隧道敞开段衔接处设计挖方路基，隧道敞开段挖方段为 U 槽结构，互通区衔接隧道敞开段 U 槽结构处挖方高度均低于 1.5 m，设置装配式路堑挡墙衔接。路基拼宽时，根据既有边坡包边土按 1:1 坡率进行清表，清表后开挖台阶并进行补强，每层台阶铺设三向土工格栅，每两米铺设一层，并用 U 形钉固定。路桥（涵）过渡路基。桥台采用粗颗粒砂石填料回填，填料的内摩擦角不小于 35°。轻型机械要求压实度不小于 96%，台阶与路基铺设在过渡段。平台回填部分路基应与路堤路基同步实施。特殊地质路基。对于软土地基的处理，软土较薄的浅段主要采用填筑法代替。高填方、地质条件为人工填方和近期沉积层对高填方桥头断面采用 CFG 桩复合地基进行地基处理，提高地基承载力。部分立交桥断面承载力较低，在填筑高度大于6 m的断面设置碎石桩复合地基，提高地基承载力和稳定性。路基防护工程。路基边坡保护要根据边坡稳定情况进行分类处理，对于稳定边坡，优先采用植被保护，对不稳定的边坡，可选择工程保护与生态植被保护相结合的方案，填方路段采用三维网植草防护；互通区主线与隧道敞开段U槽结构衔接处挖方段设置挡墙衔接与防护；一般挖方路段用挂网植草防护。加宽桥梁共9处，其中人行通道4处，简支T梁桥2处，预应力空心板桥2处，预应力混凝土连续梁桥1处，加宽面积共3706 m²。桥梁的加宽涉及预应力混凝土简支T梁、钢筋混凝土闭合框架、预应力混凝土连续箱梁、预应力混凝土空心板等结构。桥梁标准断面横断面布置为：0.75 m（防撞）+ 3 m（硬肩）+（3×3.75）m（3车道）+ 0.5 m（路缘带）+ 2.5 m（中央隔离带）+ 0.5 m（路缘带）+（3×3.75）m（3车道）+ 0.75 m（防撞），总宽度为33.5 m。东六环大桥原标准断面宽度为26 m，加宽方案为两侧各3.75 m。非标准路段按道路线路类型加宽（见图9.5）。

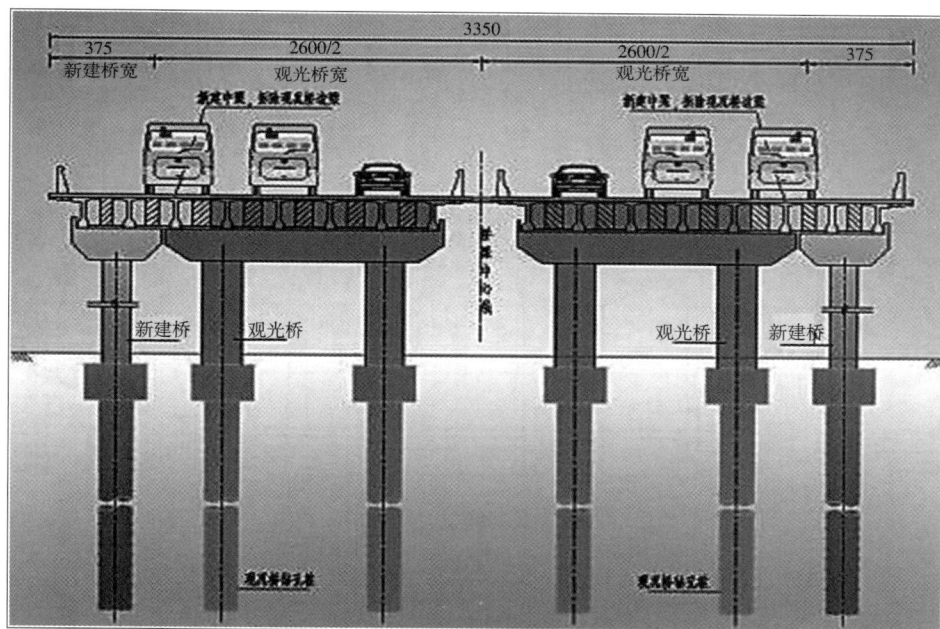

图9.5　非标准路段桥梁加宽断面布置（单位：cm）

新建桥梁采用现浇箱梁、钢箱梁、预制简支变连续小箱梁等形式。萧太后河南街立交新建桥梁包含SW匝道跨萧太后河桥与SW匝道跨东六环桥，桥梁长度共764.7 m，桥梁面积9368 m²。京津公路互通式立交范围包含：京津公路跨河桥、4号匝道人行通道，桥梁长度共88.1 m，桥梁面积14464.7 m²。新建桥梁设置如图9.6至图9.8所示。

图9.6 匝道桥横断面图（10.5 m、20.5 m宽）

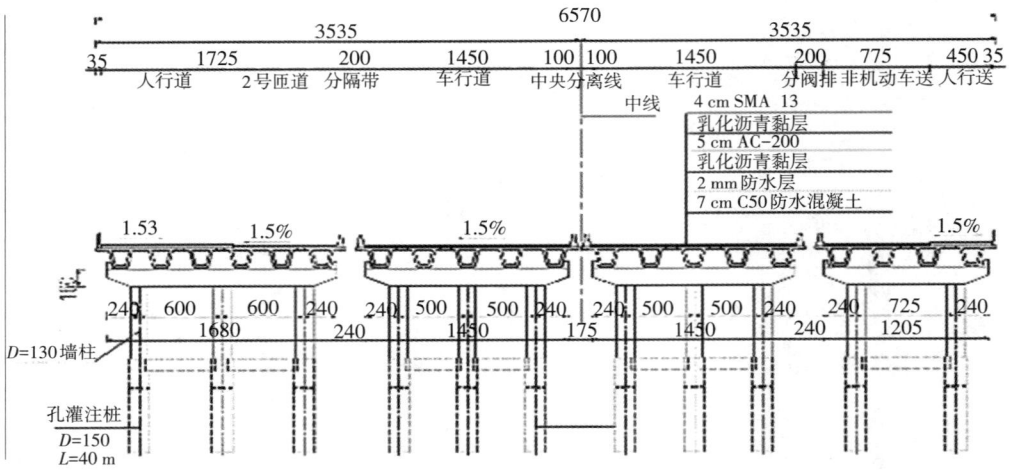

图9.7 京津公路跨玉带河桥横断面

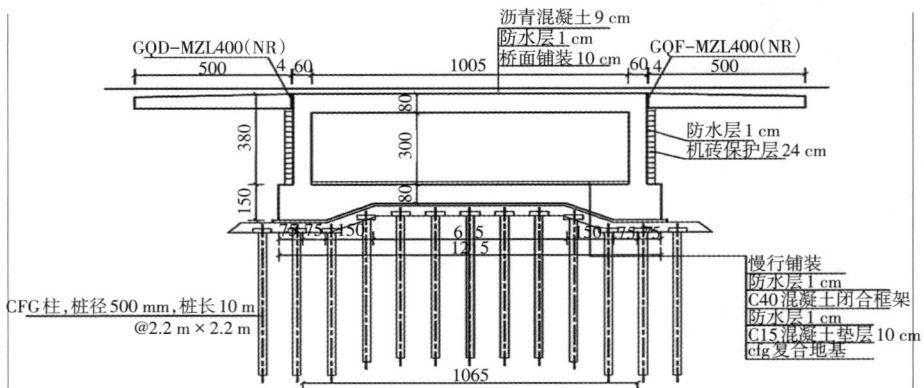

图9.8 E4号匝道人行通道横断面

9.2.2 路堤路堑验算

路堑在周围土层作用下，路堑结构所受弯矩、轴力及剪力图如图9.9至图9.14所示，在底板中央处受弯矩作用最大，路堑两侧承受较大轴力作用，同时在重力作用下底板受力产生剪力。路堤加固简图如图9.12所示，根据沉降图及沉降曲线可以分析出加固效果好坏，加荷确定路基的稳定性。

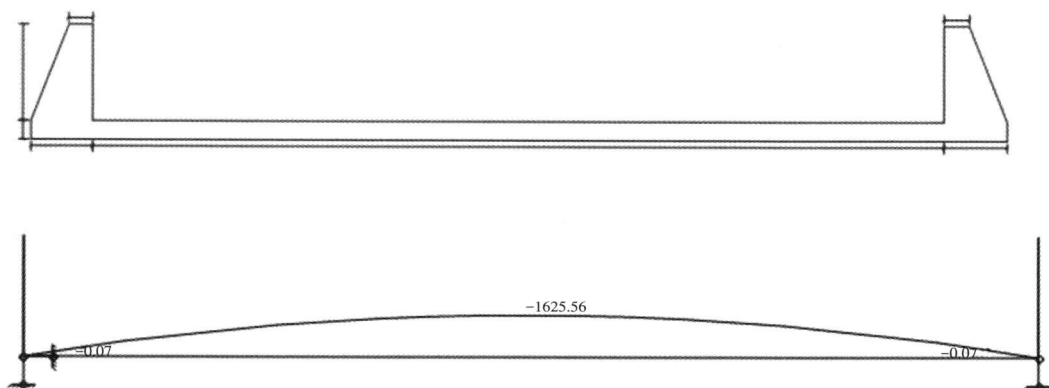

图9.9 计算简图与弯矩图

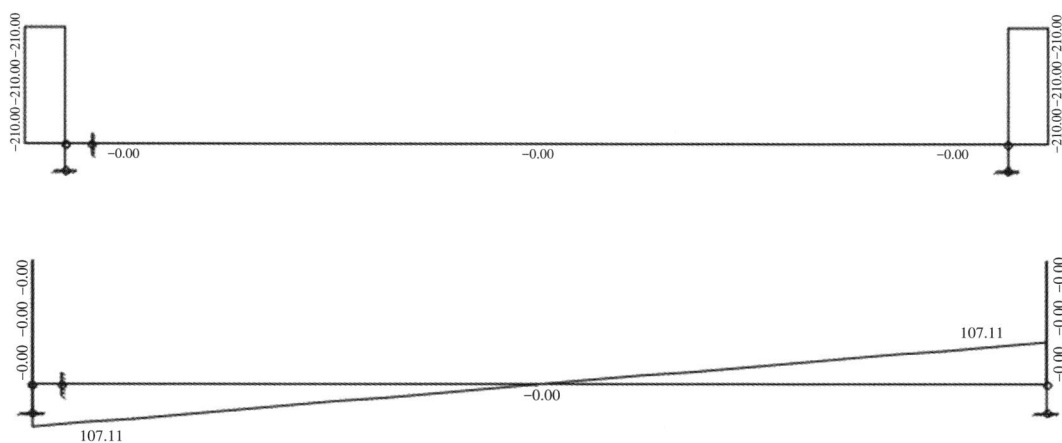

图9.10 轴力与剪力图

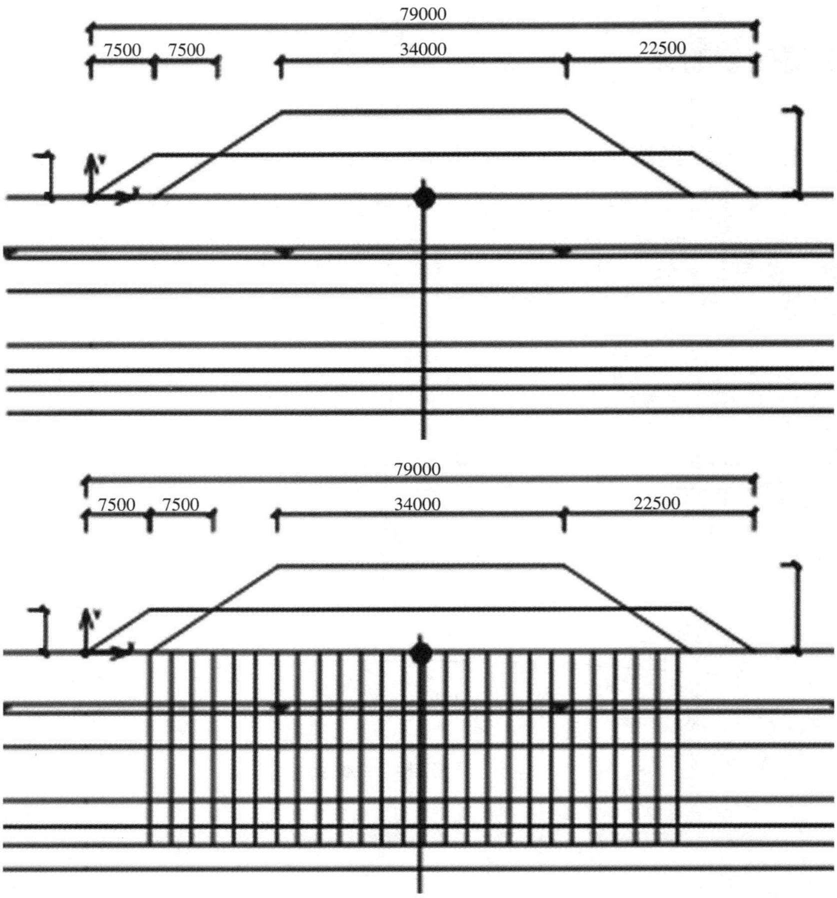

图9.11 计算简图

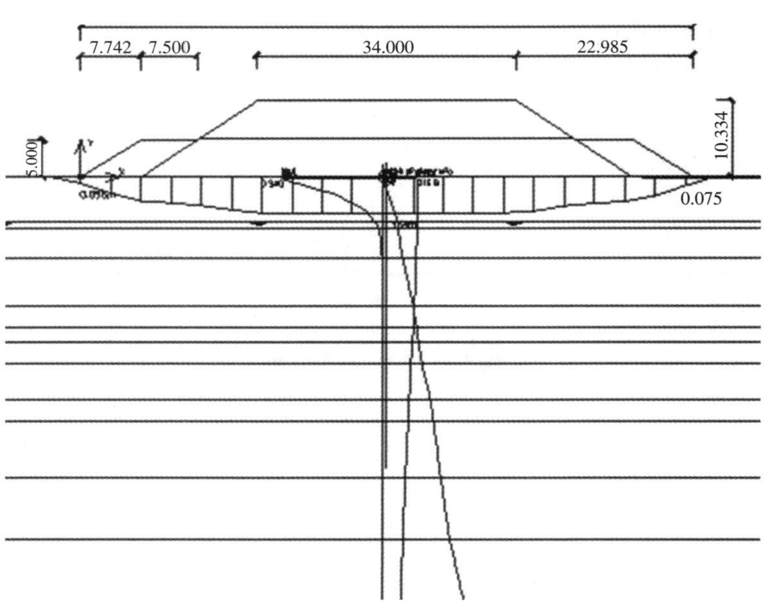

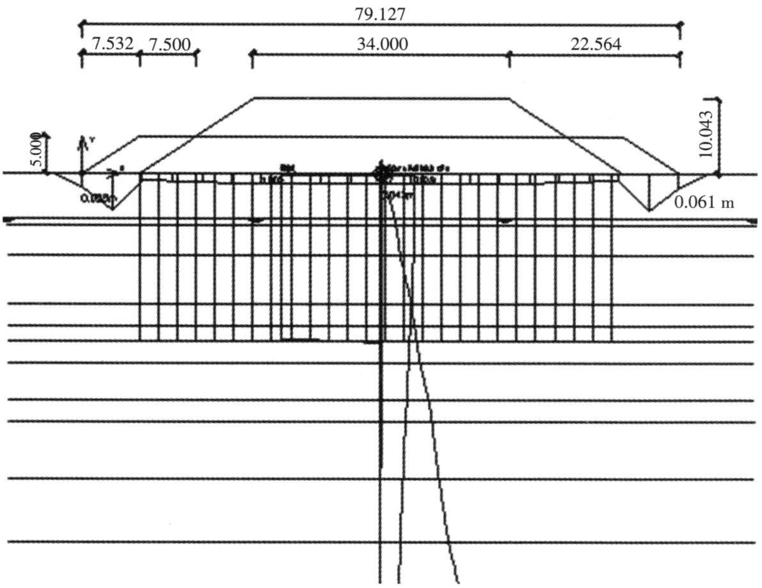

图9.12　路面竣工时盆型沉降图

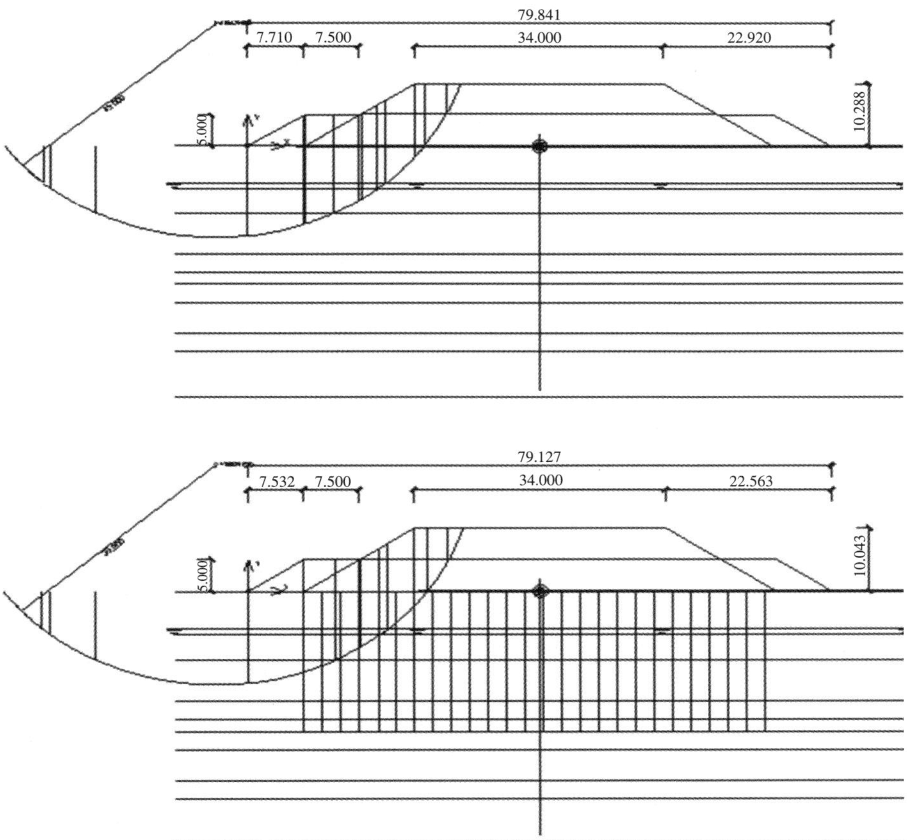

图9.13　加荷稳定计算

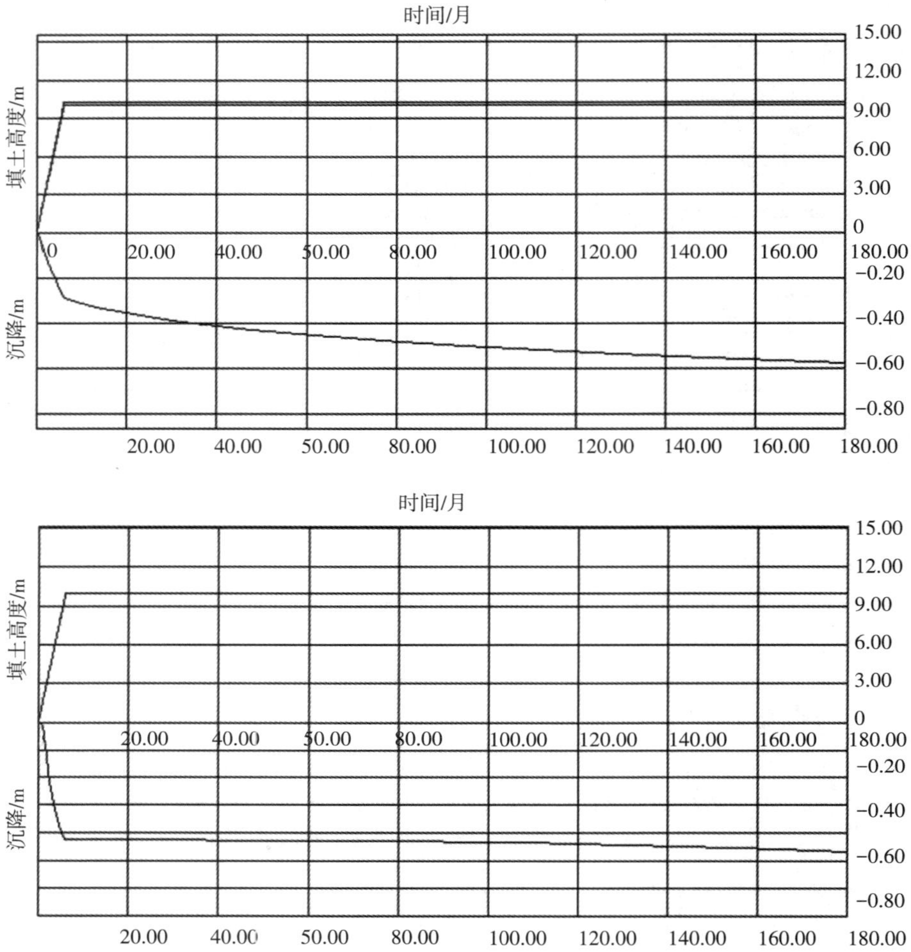

图9.14 填土—时间—沉降曲线

9.2.3 路基路面工程力学特性分析

（1）桥路堤工程。桥路堤高5m，挡土墙+沥青路面工程模型（其中路基考虑PTC处理对比）见图9.15（a），图9.15（b）为位移等值线云图，其中无PTC最大位移为97.56 mm，有PTC最大位移为94.97 mm；图9.15（c）为剪应变等值线云图，其中无PTC最大剪应变为12.38×10^{-3}，最小剪应变为0.08081×10^{-6}，有PTC最大剪应变为7.518×10^{-3}，最小剪应变为0.2011×10^{-6}；图9.15（d）为主应力等值线云图，其中无PTC最大主应力为68.45 kPa，最小主应力为-709.8 kPa，有PTC最大主应力为58.09 kPa，最小主应力为-712.6 kPa；图9.15（e）为相对剪应力等值线云图，其中无PTC最大相对剪应力为1.0，最小相对剪应力0.1589 $\times 10^{-3}$，有PTC最大相对剪应力为1.0，最小相对剪应力为0.1043×10^{-3}。通过分析可知，路基采取PTC处理前后路面变形差异很小，可以不考虑 PTC 处理，建议明涵暗通考虑 PTC 处理。

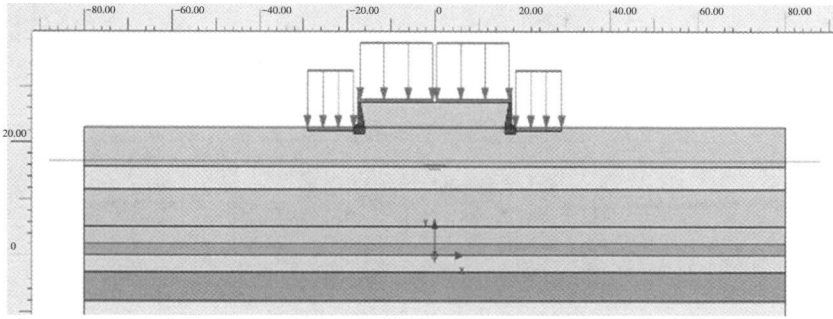

路基无 PTC

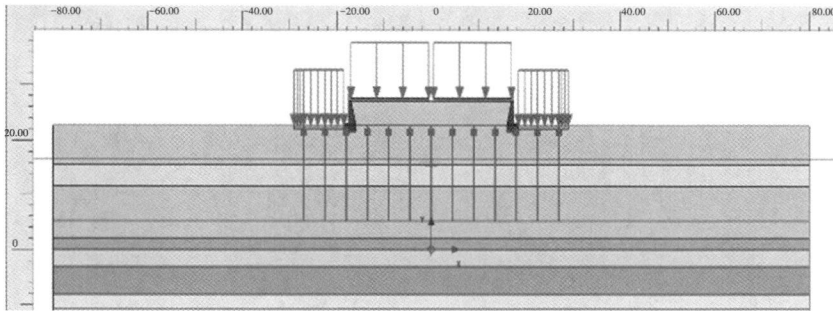

路基有 PTC

（a）挡土 ffuk+idl 青路面工程模型图

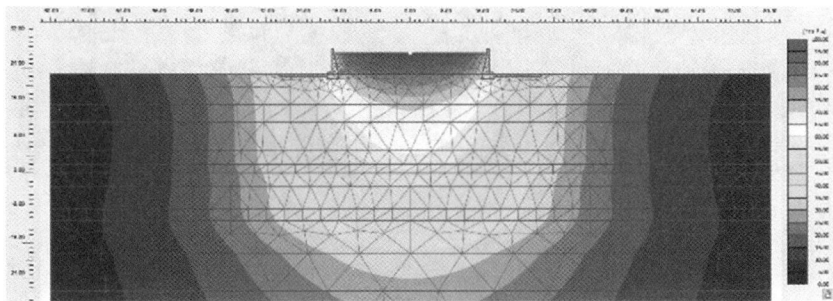

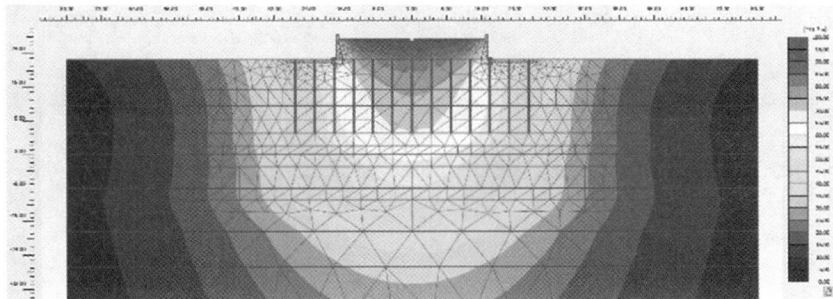

（b）位移等值线云图

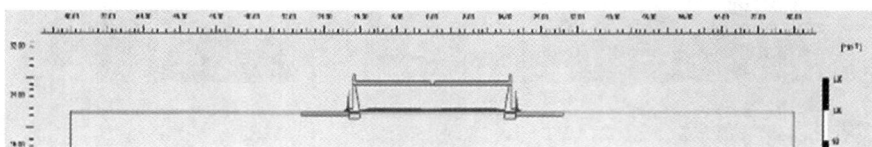

（c）剪应变等值线云图

（d）主应力等值线云图

（e）相对剪应力等值线云图

图9.15 桥路堤工程数值模型与分析

（2）路堑工程。路堑深5m，挡土墙+沥青路面工程模型（其中路基考虑PTC处理对比）见图9.16（a）。图9.16（b）为位移等值线云图，其中无PTC最大位移为32.80mm，有PTC最大位移为31.35mm；图9.16（c）为剪应变等值线云图，其中无PTC最大剪应变为3.491×10^{-3}，最小剪应变为1.081×10^{-6}，有PTC最大剪应变为3.843×10^{-3}，最小剪应变为1.723×10^{-6}；图9.16（d）为主应力等值线云图，其中无PTC最大主应力为12.04 kPa，最小主应力为-682.0kPa，有PTC最大主应力为17.64kPa，最小主应力为-683.3kPa；图9.16（e）为相对剪应力等值线云图，其中无PTC最大相对剪应力为1.0，最小相对剪应力2.209×10^{-3}，有PTC最大相对剪应力为1.0，最小相对剪应力为2.374×10^{-3}。通过分析可知，路基采取PTC处理前后对路面变形有一定控制效果，可以考虑PTC处理。

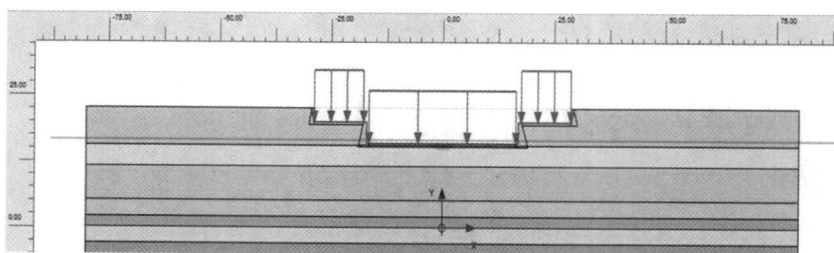

路基无PTC

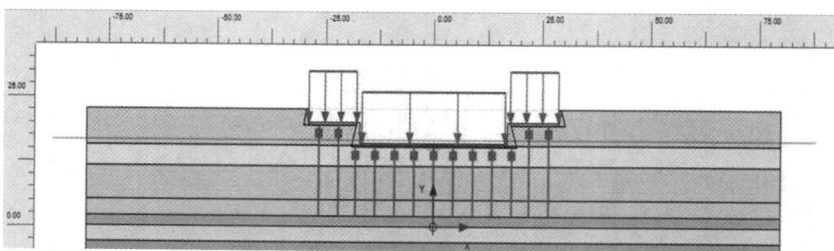

路基有PTC

（a）挡土墙+沥青路面工程模型图

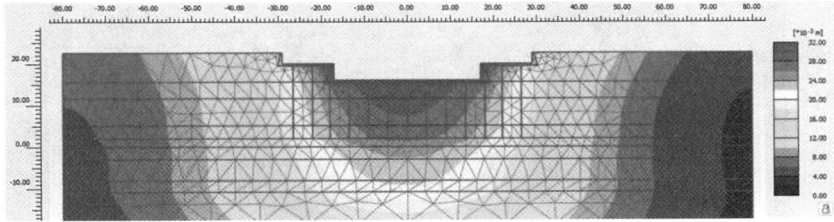

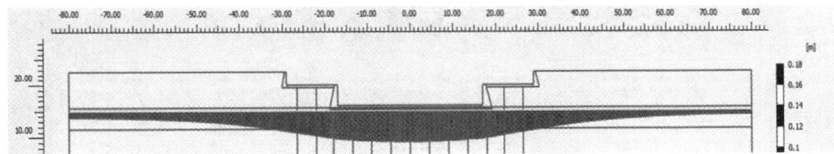

（b）位移等值线云图

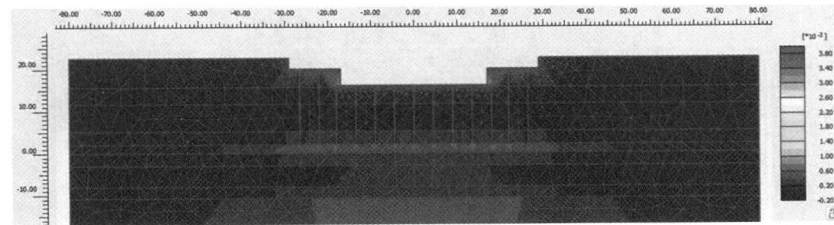

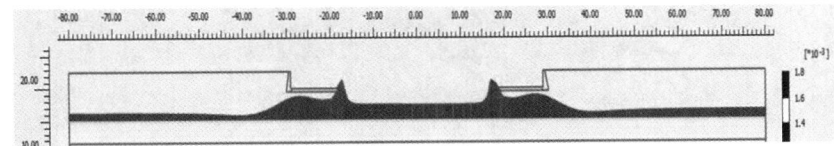

（c）剪应变等值线云图

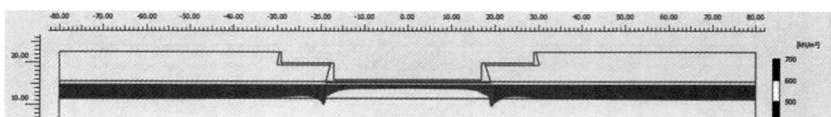

（d）主应力等值线云图

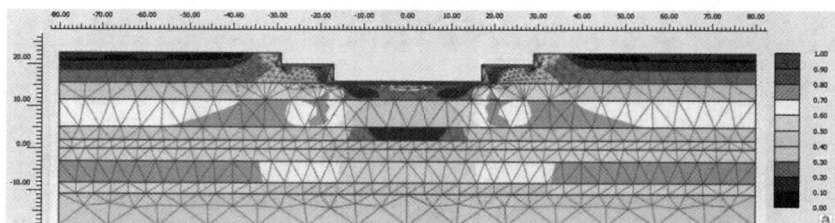

（e）相对剪应力等值线云图

图9.16　路堑工程数值模型与分析

（3）路堤地基处理对比。

① 地基无处理、PHC处理情况。桥路堤高10.5 m，宽79 m，桥台路基+沥青路面工程模型（其中路基考虑有无PHC处理对比）见图9.17（a）。图9.17（b）为位移等值线云图，其中无加固最大位移为−24.18 mm，地表最大位移为−27.67 mm，有PHC最大位移为−21.21 mm，地表最大位移为−27.62 mm；图9.17（c）为剪应变等值线云图，其中无加固最大剪应变为4.879×10^{-3}，有PHC最大剪应变为52.06×10^{-3}，最小剪应变为5.217×10^{-6}；图9.17（d）为主应力等值线云图，其中无加固最大主应力为8.869 kPa，最小主应力为−741.1 kPa，有PHC最大主应力为11.57 kPa，最小主应力为−743.7 kPa；图9.17（e）为相对剪应力等值线云图，其中无加固最大相对剪应力为1.0，最小相对剪应力37.36×10^{-3}，有PHC最大相对剪应力为1.0，最小相对剪应力80.44×10^{-3}。通过分析可知，路基采取PHC处理前后对路面变形有控制效果，考虑PHC处理。

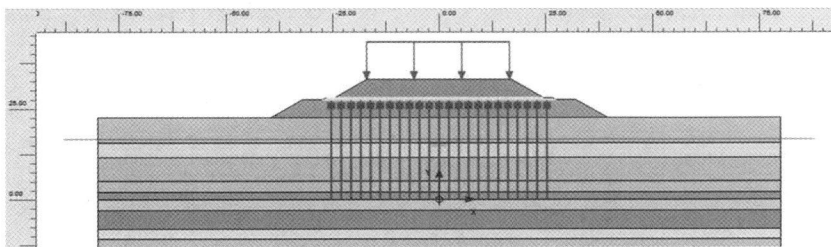

路基无加固

路基有PHC

（a）桥台路基+沥青路面工程模型图

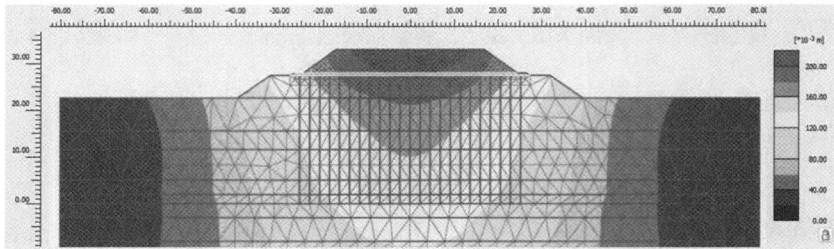

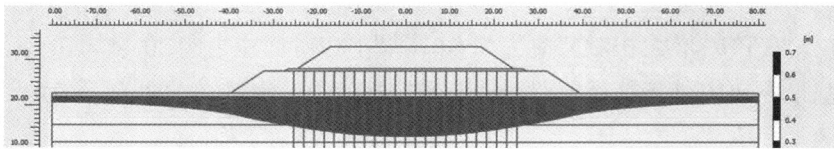

（b）位移等值线云图

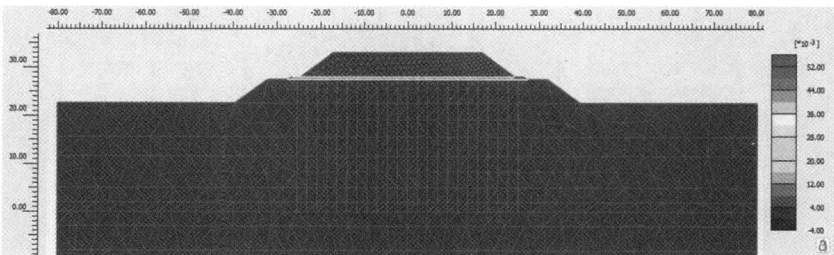

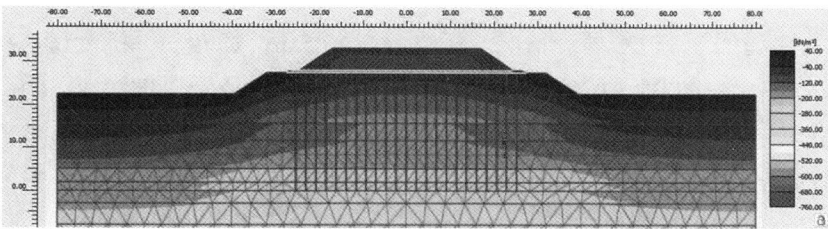

（c）剪应变等值线云图

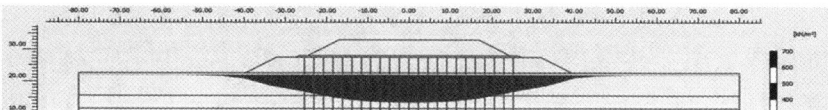

（d）主应力等值线云图

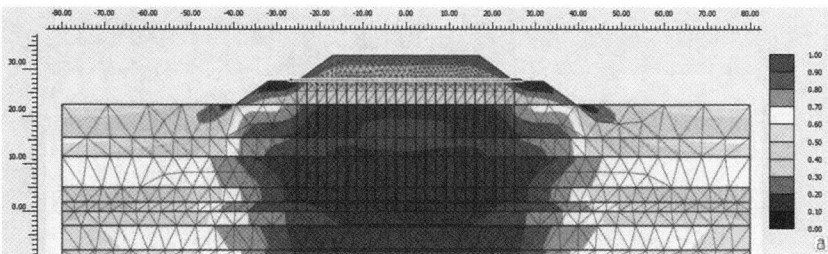

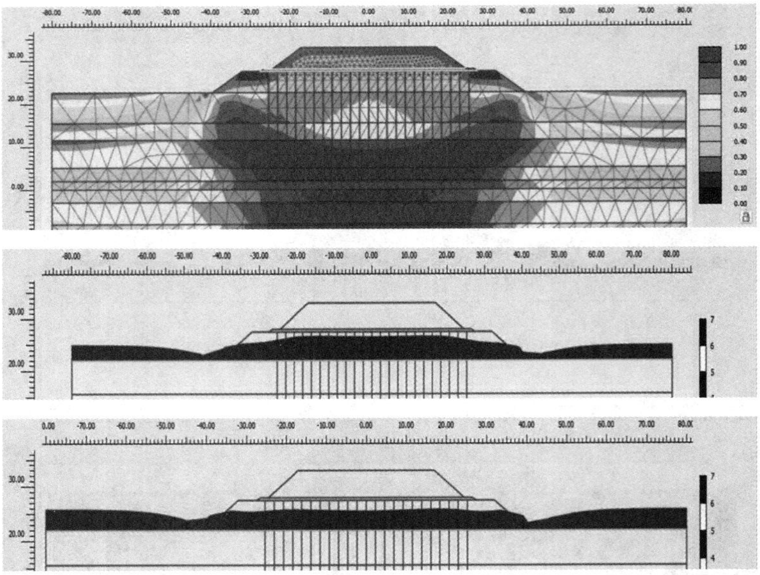

（e）相对剪应力等值线云图

图9.17 地基无处理、PHC处理数值模型与分析

② 路基地基PTC、PVG处理情况。桥路堤高10.5 m，宽79 m，桥台路基+沥青路面工程模型（其中路基考虑PTC、PVG处理对比）见图9.18（a）。图9.18（b）为位移等值线云图，其中PTC最大位移为−21.22 mm，最大地表位移为−27.62 mm，PVG最大位移为−26.37 mm，最大地表位移为−42.35 mm，PTC方案产生沉降显著小于PVG方案。图9.18（c）为剪应变等值线云图，其中PTC最大剪应变为51.72×10^{-3}，最小剪应变为5.210×10^{-6}，PVG最大剪应变为50.26×10^{-3}，最小剪应变为22.17×10^{-6}。图9.18（d）为主应力等值线云图，其中PTC最大主应力为11.57 kPa，最小主应力为−743.7 kPa，PVG最大主应力为14.92 kPa，最小主应力为−738.9 kPa。图9.18（e）为相对剪应力等值线云图，其中PTC最大相对剪应力为1.0，最小相对剪应力105.4×10^{-3}，PVG最大相对剪应力为1.0，最小相对剪应力为25.35×10^{-3}。通过分析可知，路基采取PTC、PVG处理前后对路面变形有一定控制效果，其中采取PTC处理的效果明显优于PVG处理的效果，建议使用PTC方案处理路基。

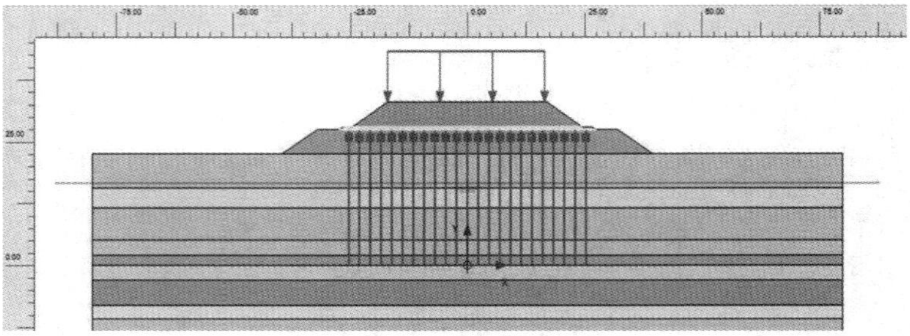

路基有PTC

路基有PVG

（a）桥路堤模型图

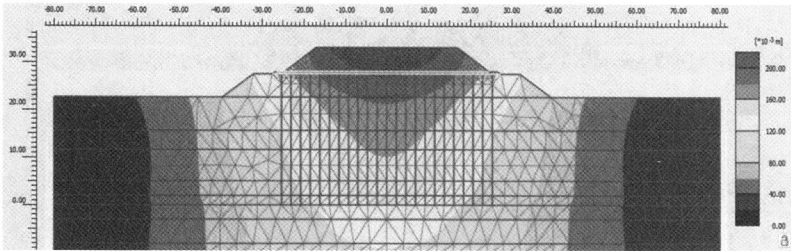

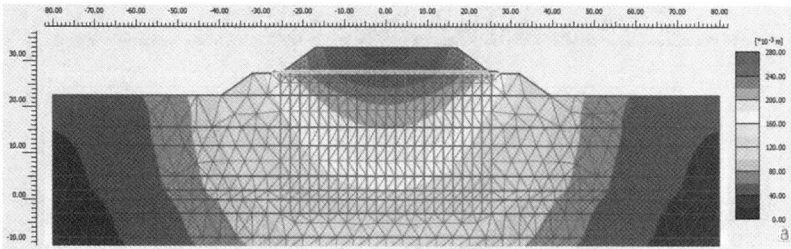

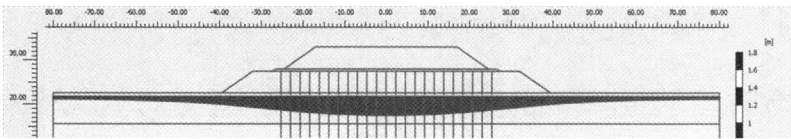

（b）位移等值线云图

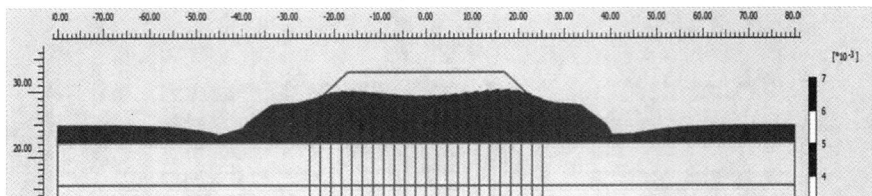

（c）剪应变等值线云图

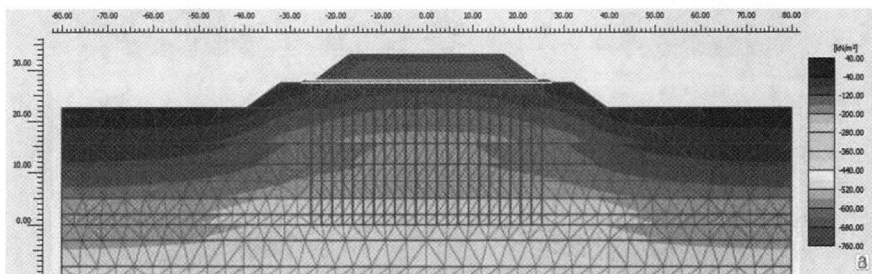

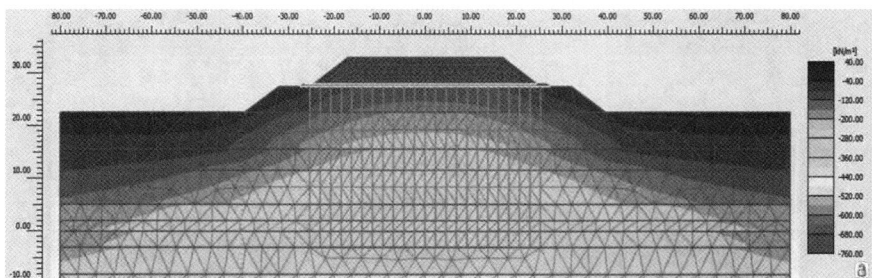

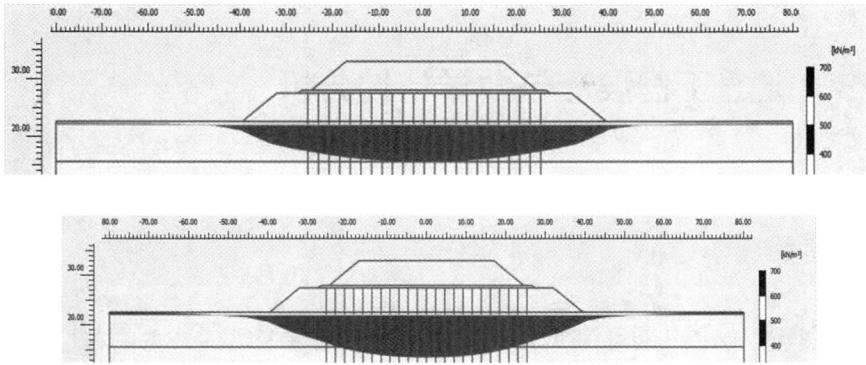

（d）主应力等值线云图

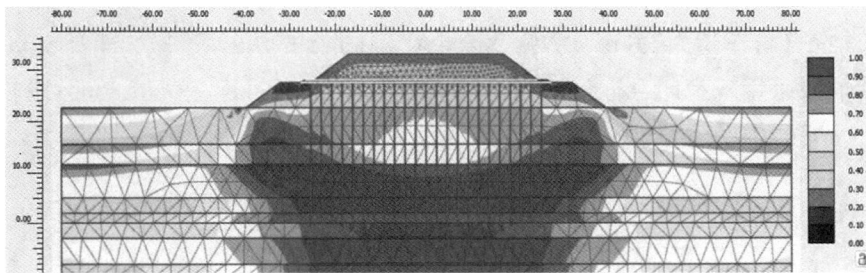

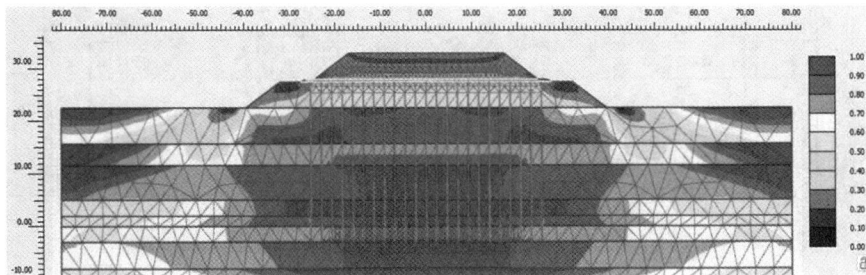

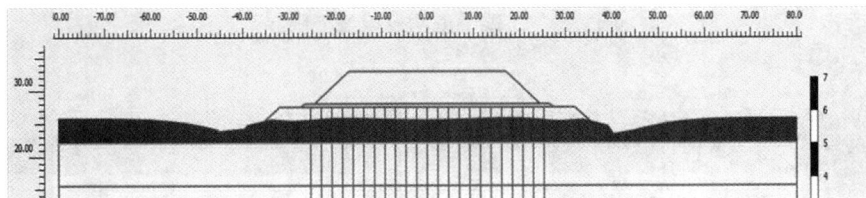

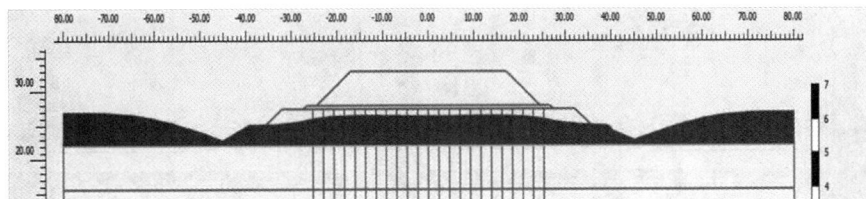

（e）相对剪应力等值线云图

图9.18　地基PTC、PVG处理数值模型与分析

⚡ 9.3 隧道工程设计与力学特性分析

9.3.1 隧道明挖

明挖段隧道纵断面设计主要取决于隧道的限制坡度及沿线节点高程控制。明挖段隧道方案采用了不大于3.5%和不小于0.1%的纵坡，以便减小基坑深度，缩短超深基坑范围。明挖段主线隧道限界宽度：14.5 m = 0.75 m（检修道）+0.75m（左侧宽度含余宽）+3×3.75m（行车道）+1.0 m（右侧宽度余宽）+0.75 m（出入口），净高5.0 m。明挖段隧道标准段采用双孔闭合框架结构，单孔结构净宽15.5 m，净高7.4 m，内轮廓面积114.7 m²（见图9.19，图9.20）。

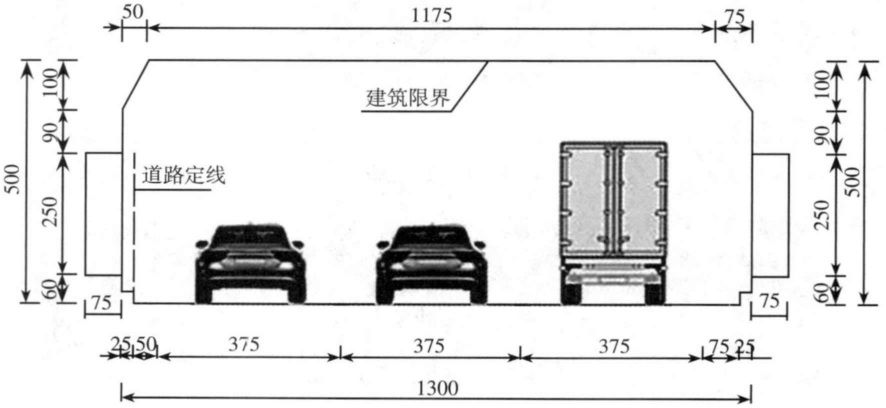

图9.19 主线隧道明挖段建筑限界

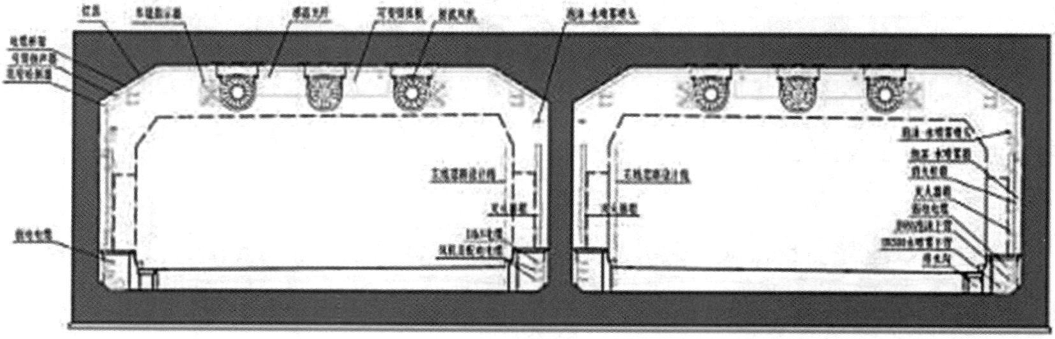

图9.20 明挖暗埋段隧道标准横断面图

E1、E3匝道标准区间建筑限宽为：11.5 m = 0.75 m（左侧宽度含余宽）+2 × 3.5 m（车道）+ 3.0 m（连续停车带）+ 0.75 m（检修）；高度是5.0 m。E2匝道标准区间建筑限宽为：8.0 m = 0.75 m（左侧宽度含余宽）+ 3.5 m（车道）+ 3.0 m（连续停车带）+ 0.75 m（检修）；高度是5.0米。E5、E6匝道标准区间建筑限宽：9.25 m = 0.75 m（左侧宽度含余宽）+2 × 3.5 m（车道）+ 0.75 m（右侧宽度含余宽）+ 0.75 m（检修），净高5.0 m（见图9.21所示）。

(a) E1、E3匝道

(b) E2匝道

(c) E5、E6匝道

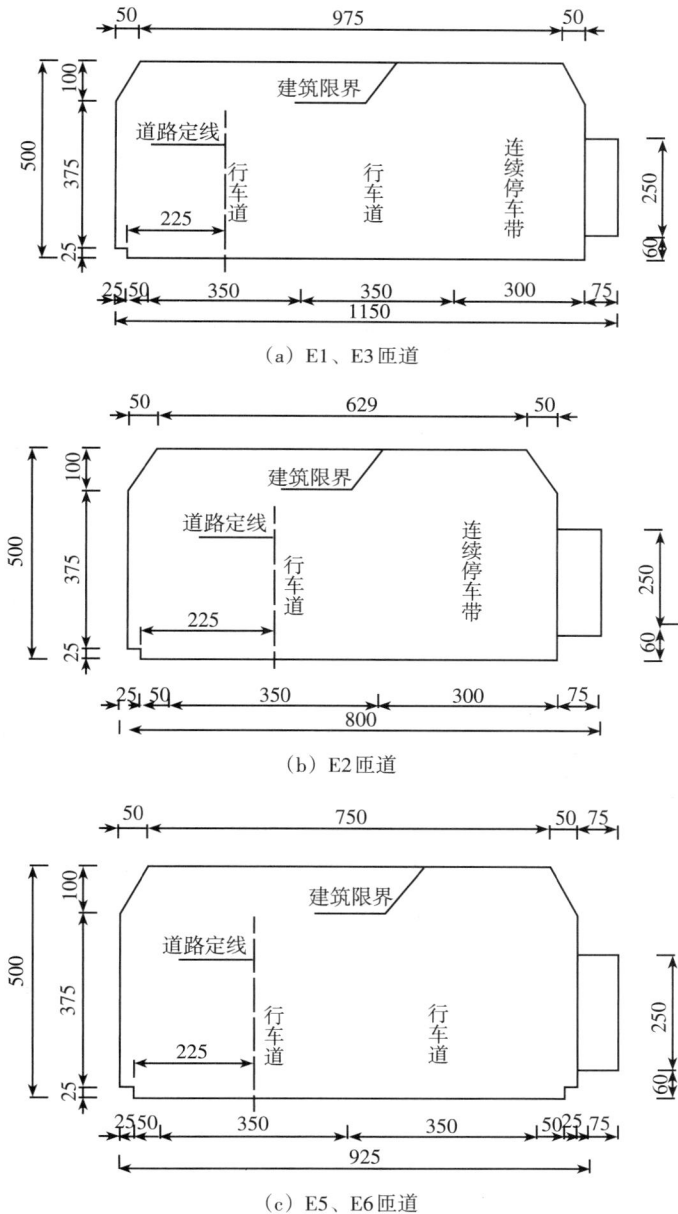

图9.21　匝道建筑限界

明挖敞开段采用U形结构断面形式，敞开段与暗埋段建筑限界设置一；整体式U形槽结构宽34.4～61.9 m致（见图9.22、9.23）。主线隧道敞开段左、右幅之间设置中央分隔带。隧道明挖段主体结构施工设计为多层闭合框架，布置隧道附属设备、救援通道，在桩号YK6＋377.796～YK6＋439.796段设计为三层框架结构工程，利用地下一层的空腔作为隧道设备附属用房和储物空间，地下二层为行车层，最下层为救援通道。结构采用现浇钢筋混凝土、C40防水混凝土，结构抗渗等级为P10（见图9.24、9.25）。

图9.22　U形槽标准横断面图

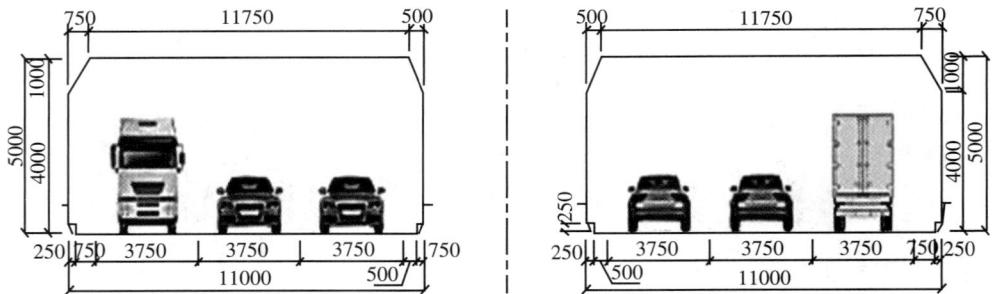

图9.23　主线隧道盾构段建筑限界

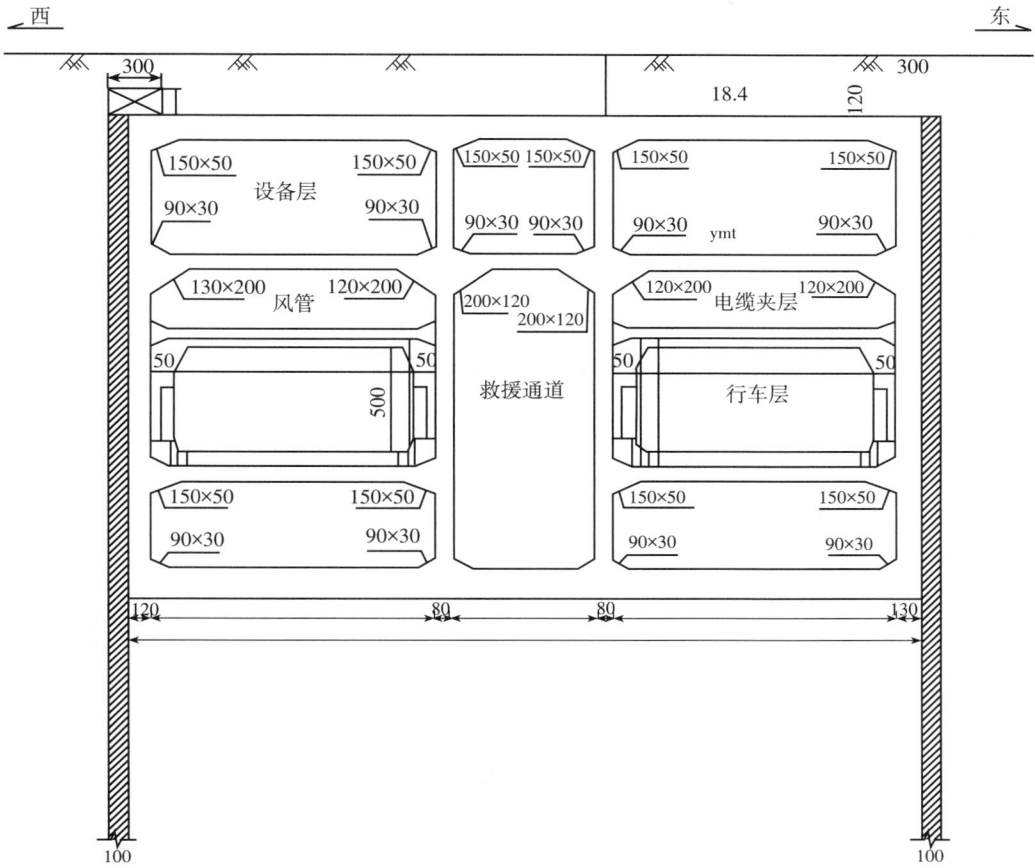

图9.24 主线隧道三层闭合框架横断面图

图9.25 明挖闭合框架结构疏散设置示意图

9.3.2 盾构隧道暗挖

盾构隧道的纵断面尺寸主要受隧道的限制坡度、最小覆土厚度和沿线节点的高度影响，纵坡不高于3%、不低于0.3%，在保证隧道顶棚覆土厚度合理的同时，尽可能延长盾构区间长度，充分提高盾构机的利用率，主线隧道最大纵坡为3.0%，最小半径为6500 m 的纵向曲线为凸形，凹形纵曲线的最小半径为8000m。盾构段隧道建筑限界宽度为：13.0 m = 0.25（左侧余宽）+ 0.50（左侧向宽度）+ 3 × 3.75（车道宽度）+ 0.75（右侧向宽度）+ 0.25（右侧余宽），两侧均不设置检修通道，净高是5.0 m。盾构段隧道内径14.1 m，外径15.4 m，衬砌厚度0.65 m（见图9.26）。

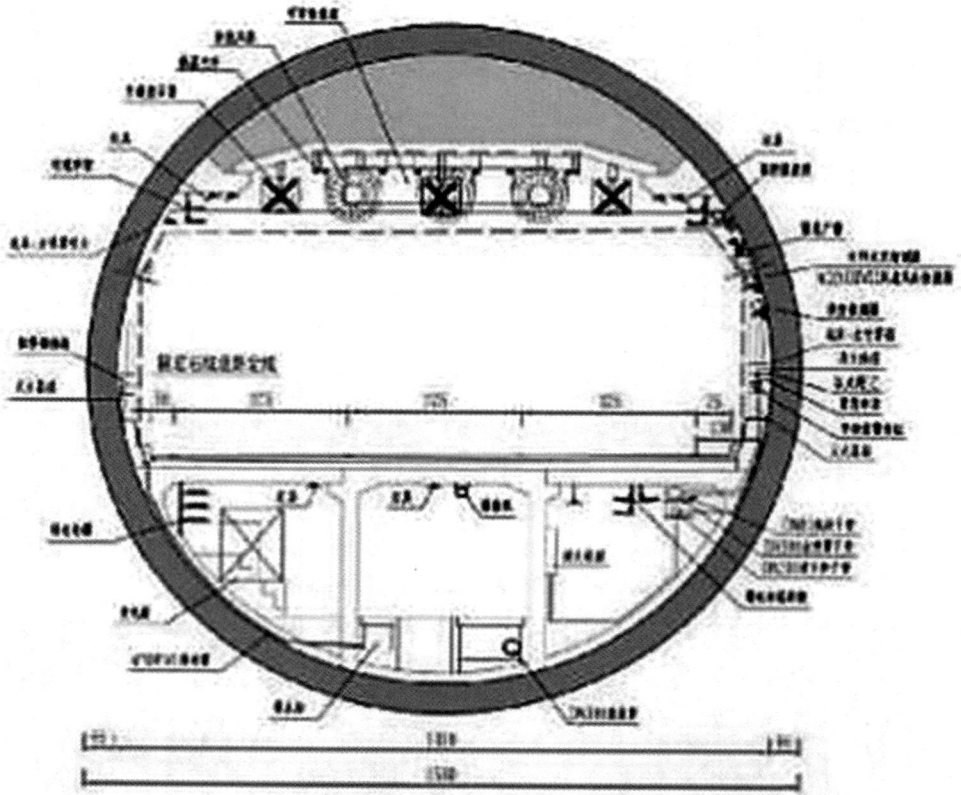

图9.26 隧道盾构段标准横断面（$D = 15.4$ m）

盾构段隧道衬砌考虑单层预制柔性管片，隧道断面从上到下分为3层。上层为隧道重点排烟风道，排烟面积为14.9 m²。中间层为行车道，行车道两侧设置有810 mm高的防撞侧石，侧石上部设置有各种设备箱，建筑限位上部设置有喷射风扇、行车道指示灯、扬声器、照明灯具、探测器、电缆等设备。下层分为3个通道，通道两侧设有消防水带和电缆支架，中间设有纵向疏散通道。通道净尺寸3.7 m（宽）× 3.2 m（高），设凹槽排水沟。隧道下层的3个通道与南、中、北3个盾构工作井连通，通过工作井进入通道进行设备检修，其中南、北2个盾构工作井处设有救援通道并和入地段南、北管理区连接。

防灾救援结构设计方法：隧道内联络通道明挖段设置间距约250 m，联络通道间距为800～1000 m，主线隧道共设置人行联络通道14处，其中盾构段设置6处，南侧明挖区间设置5处，中间盾构工作井设置1处，北侧明挖区间设置2处，联络通道断面在明挖区间采用矩形断面，在主线盾构区间采用圆形断面。车行联络通道明挖段间距不大于750 m，主线隧道共设置车行联络通道4处，其中南侧明挖段设置2处，中间盾构井设置1处，北侧明挖段设置1处，盾构段不设置车行通道，车行联络通道断面在主线隧道明挖段采用矩形断面。盾构区间紧急疏散口设置在隧道行车方向右侧路缘带及防撞墙处，纵向间距约100 m，在左、右线各设置65处，发生火灾的情况下可选择距离较近的疏散口疏散到安全地带，疏散口通过逃生楼梯与路面下的安全通道相连（见图9.27）。匝道隧道疏散通道设置在单孔匝道隧道内，按照间隔不大于300 m原则从匝道隧道到地面的人行疏散通道或设置与其他隧道（匝道）连接的人行联络通道。

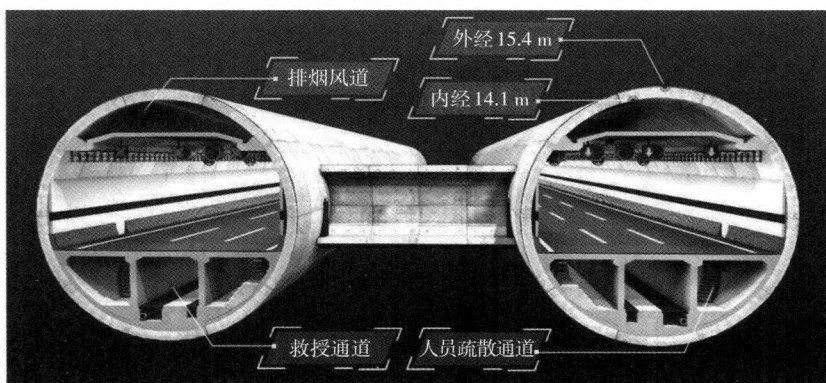

图9.27　盾构隧道疏散设置示意图

沉管方案具有埋置深度低、工期短造价低、能够容纳多车道、不用建设双线平行隧道等优点，但沉管方案施工过程中，将会进行大面积开挖河床，导致河流断流，运营过程中，回填区域易受河流冲刷出现沉陷，如图9.28所示为沉管隧道数值模型与分析。同时对比盾构隧道设计方案，沉管施工将影响地面交通与设施，考虑到本书所用实例中东六环下穿隧道工程途经的河流跨度较小，且连接副中心城区，涵盖众多城市功能区，应尽量减少对紧密城区造成的影响，最终选用下穿盾构隧道方案。

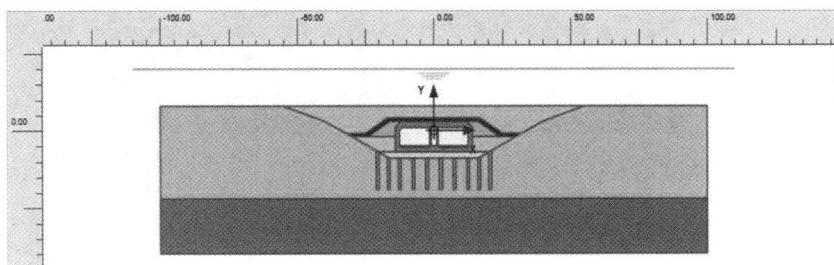

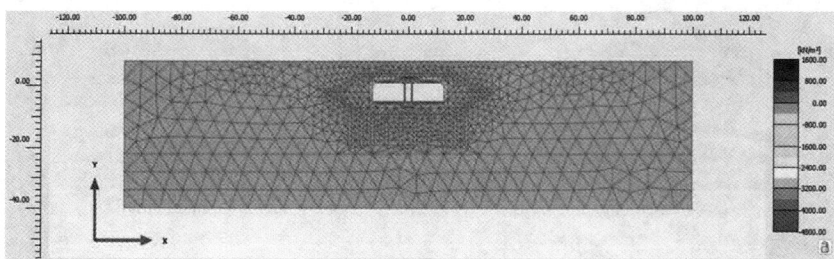

（a）沉管位置模型图与位移等值线云图

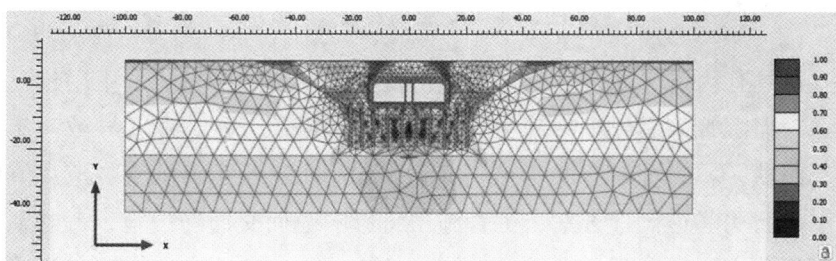

（b）应变云图与主应力等值线云图

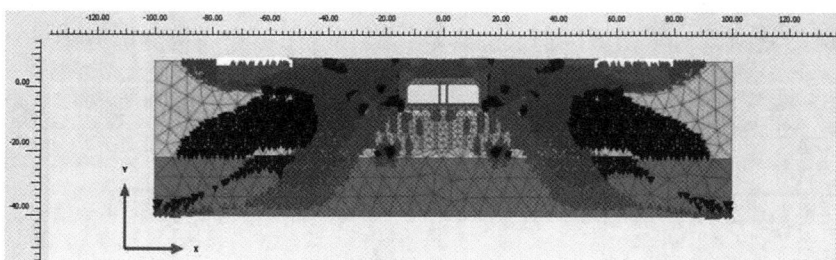

（c）相对剪应力等值线云图与破坏区域图

图9.28　沉管隧道数值模型与分析

9.3.3　盾构隧道设计验算

地铁6号线从东向西穿过北京市城市副中心，东六环改造段位于副中心站东侧，该段列车最高时速可达100 km，地铁线路仅为21 m，隧道主体距地铁隧道最近21.8 m，但加上前后的保护区范围，实际下穿长度达到了129 m，主体结构离地铁最近距离为21.8 m，既要保证盾构的正常推进，又不能干扰地铁线路，地面的建筑密集，地下管网复杂，施工难度和风险提高，是东六环改造工程中的特级危险源。选取工程地质水文条件与贯通区间相似的100 m区域作为试验段，分为4个试验单元模拟盾构贯通工程。盾构机以每分钟25 mm的掘进速度，在两天内安全快速地完成了贯通任务。隧道的累积沉降量已控制在安全范围内，确保了地铁隧道的安全。在规划条件、既有构筑物、车站设置等因素的影响下，城市地铁线路中出现了大量邻近工程。

盾构段重叠隧道作为一种自身小净距近接工程，作为一种特殊的断面布置形式，在国内外一些城市的地铁建设中已经出现，结合北京市的地质情况，考虑叠落隧道的实施方案，对隧道的受力和变形进行预测。叠落段左线的地下水主要为潜水（位于隧道顶部附近）和层间潜水（位于隧道底部以下），右线的地下水主要为层间潜水和受压水（位于隧道中部），对下穿隧道的结构设计和监测实施情况进行研究分析（见图9.29）。

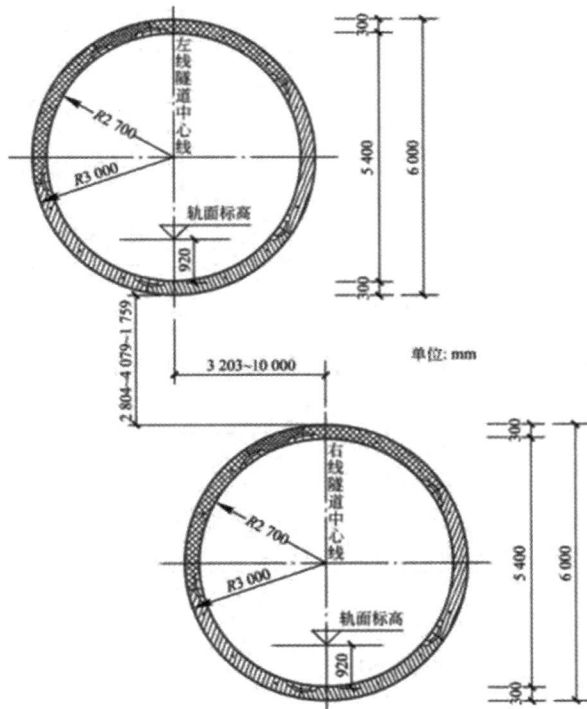

（a）叠落段隧道剖面

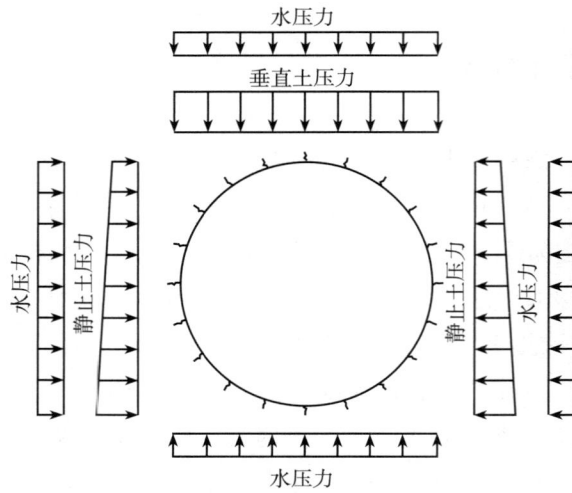

（b）盾前和盾后工况荷载模式

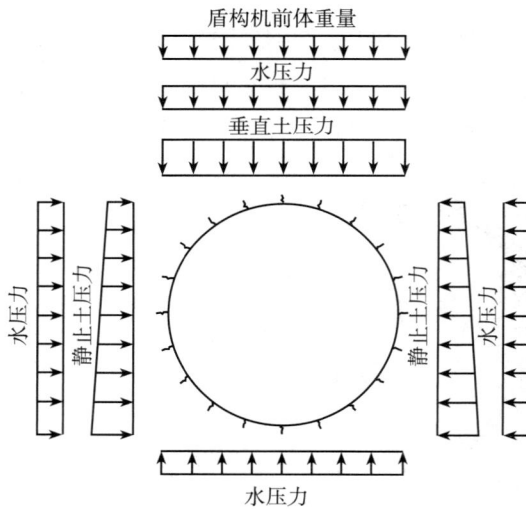

（c）盾中工况荷载模式

图9.29 叠落段隧道分析

隧道验算：隧道开挖验算简图如图9.30所示，根据隧道所受土压力及外水压的变化，对比分析出隧道所受弯矩、剪力及轴力的变化值（见图9.31），分析隧道变形趋势，找出合适的埋深。

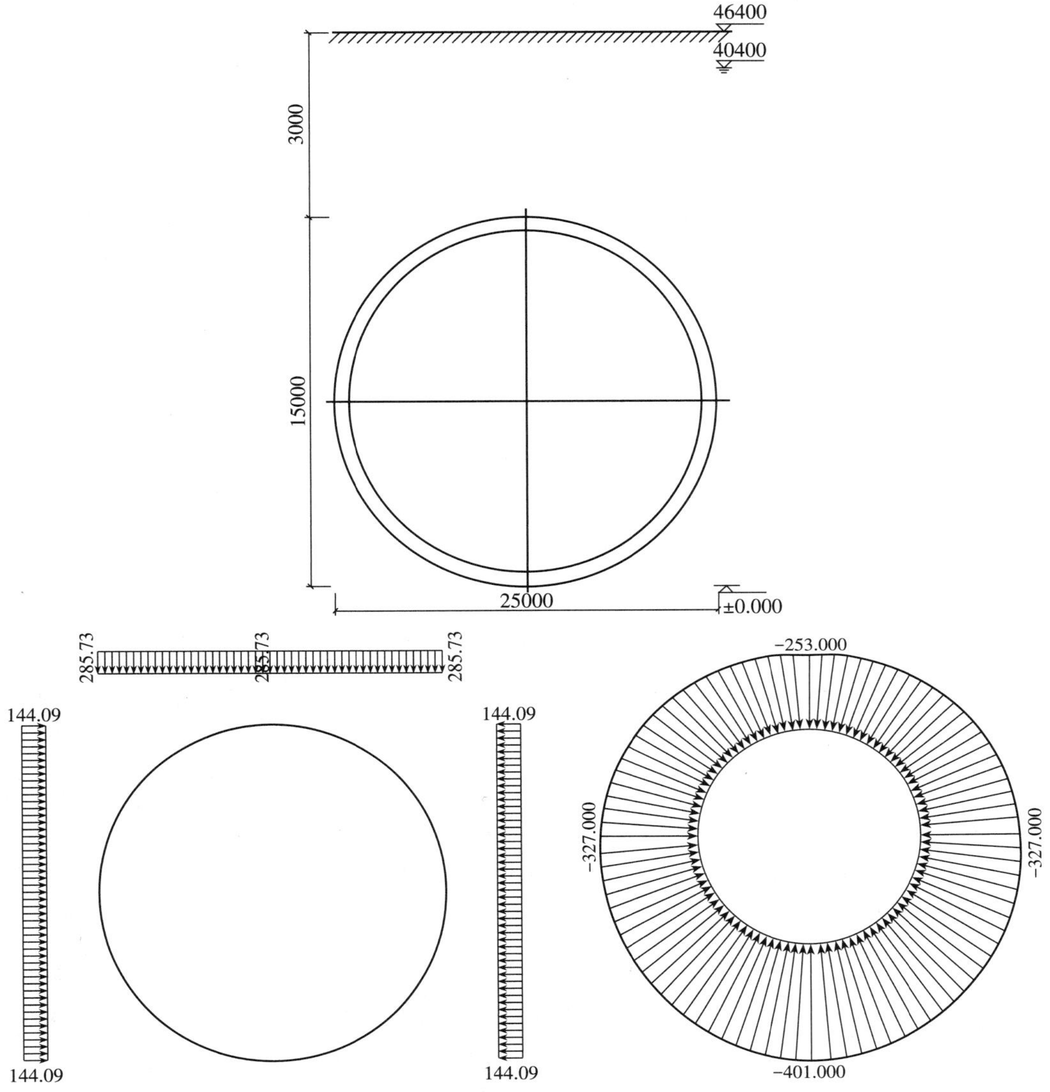

图9.30　隧道计算简图

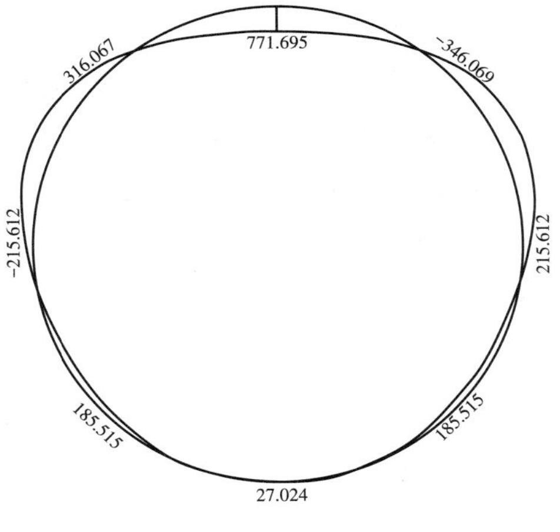

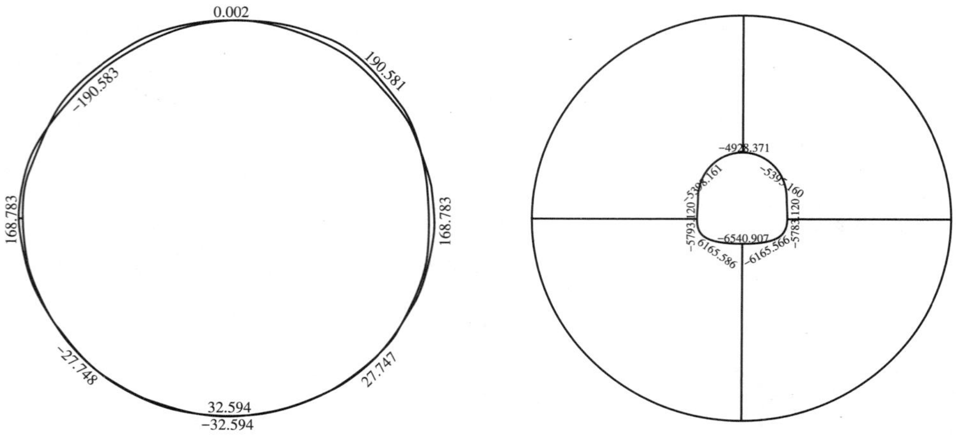

图9.31　隧道弯矩、剪力、轴力图

9.3.4　盾构隧道工程力学特性分析

隧道外径为15.4 m，内径为14.2 m，管片厚度为600 mm，隧道下穿河流模型（其中分别对比埋深为46.4、53.7与59.0 m的3种双线盾构隧道开挖情况）见图9.32（a）、图9.33（a）、图9.34（a）。图9.32（b）、图9.33（b）、图9.34（b）为位移等值线与剪应变云图，其中埋深46.4 m隧道最大位移为117.8 mm，地表最大沉降为-3.05 mm，埋深53.7 m隧道最大位移为81.18 mm，地表最大沉降为-1.20 mm，埋深59.0m隧道最大位移为93.64 mm，地表最大沉降为-0.41 mm，由上述数值可知隧道开挖引起地表沉降量随埋深增加而减小；埋深46.4 m隧道最大剪应变为66.32×10^{-3}，最小剪应变为3.899×10^{-6}，地表最大剪应变为0.8614×10^{-3}，最小剪应变为0.1871×10^{-3}，埋深53.7 m隧道最大剪应变为21.14×10^{-3}，最小剪应变为9.380×10^{-6}，地表最大剪应变为0.3940×10^{-3}，最小剪应变为0.1063×10^{-3}，埋深59.0 m隧道最大剪应变为19.26×10^{-3}，最小剪应变为5.050×10^{-6}，地表最大剪应变为0.2901×10^{-3}，最小剪应变为0.08506×10^{-3}。图9.32（c）、图9.33（c）、图9.34（c）为主应力与相对剪应力等值线云图，其中埋深46.4m隧道最大主应力为12.14 kPa，最小主应力为-5911 kPa，地表最大主应力为-22.48 kPa，最小主应力为-50.97 kPa，埋深53.7 m隧道最大主应力为6.059 kPa，最小主应力为-6072 kPa，地表最大主应力为-27.10 kPa，最小主应力为-40.90 kPa，埋深59.0 m隧道最大主应力为4.858 kPa，地表最大主应力为-28.06 kPa，最小主应力为-38.67 kPa；埋深46.4m隧道最大相对剪应力为1.0，最小相对剪应力4.631×10^{-3}，埋深53.7 m隧道最大相对剪应力为1.0，最小相对剪应力为22.59×10^{-3}，埋深59.0 m隧道最大相对剪应力为1.0，最小相对剪应力为13.96×10^{-3}，隧道整体向下剖切地层。综上所述，随着隧道埋深的增加，隧道的变形趋势逐渐呈拱形，隧道开挖对地表影响越小，为保证隧道变形稳定应适当增大隧道覆土厚度。

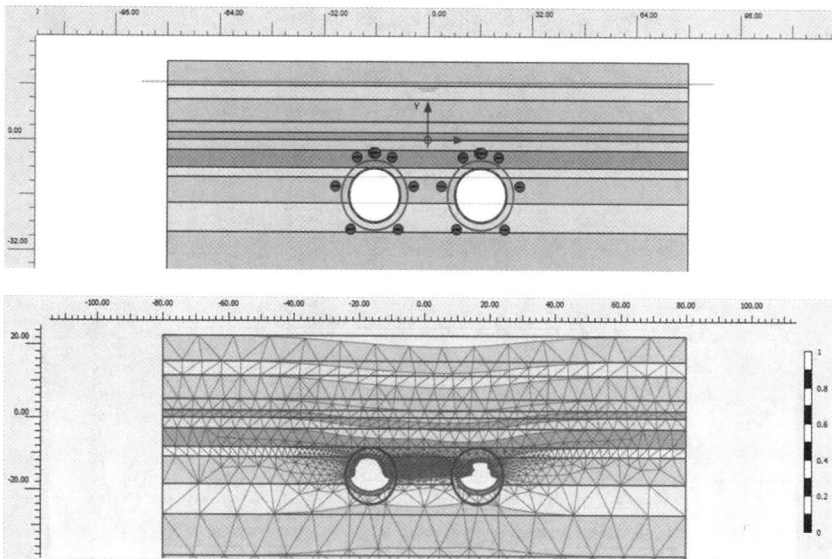

（a）隧道模型与变形网格图

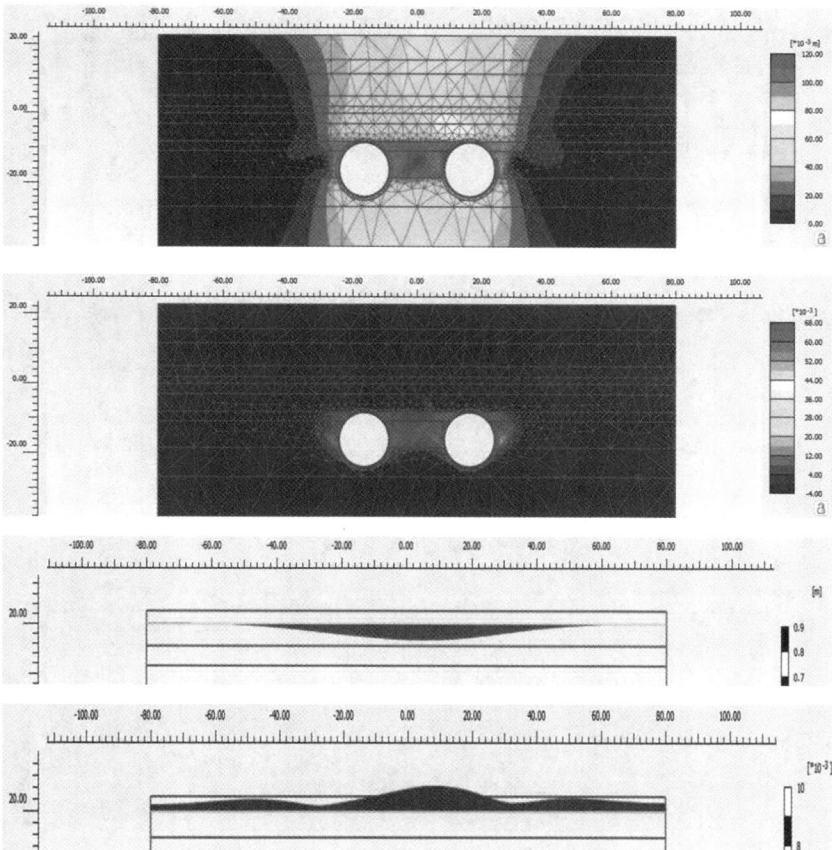

（b）位移等值线与剪应变云图

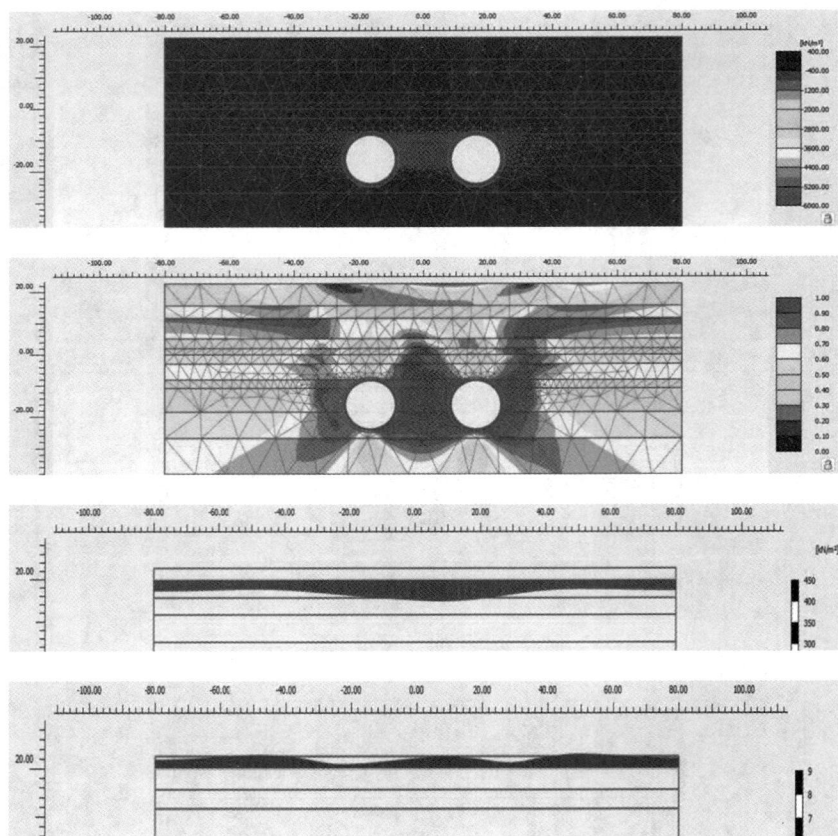

（c）主应力与相对剪应力等值线云图

图9.32　埋深46.4 m数值模型与分析

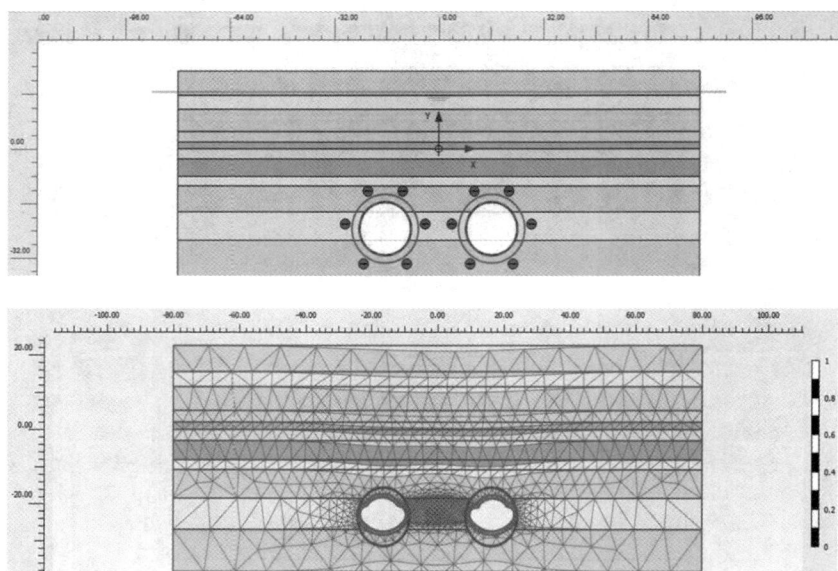

（a）隧道模型与变形网格图

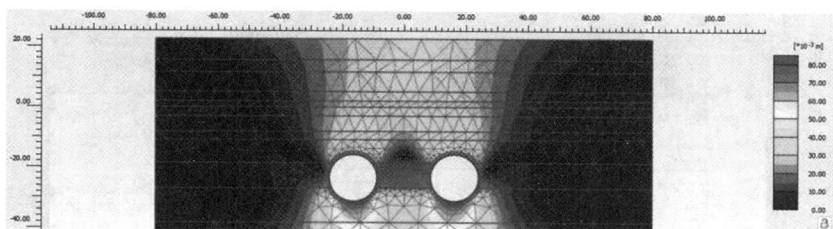

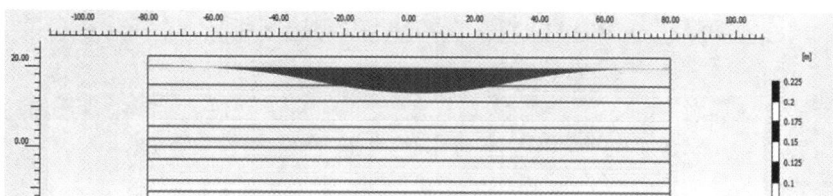

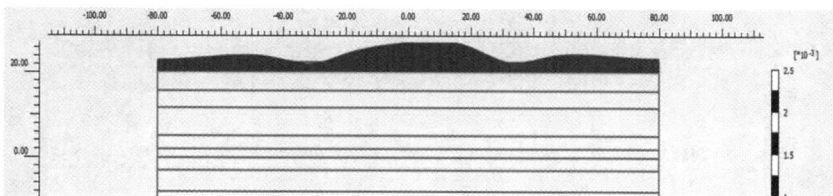

（b）位移等值线与剪应变云图

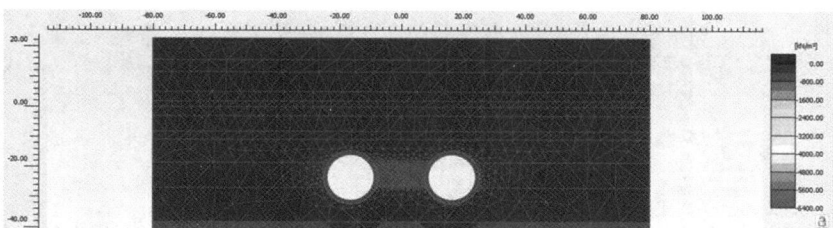

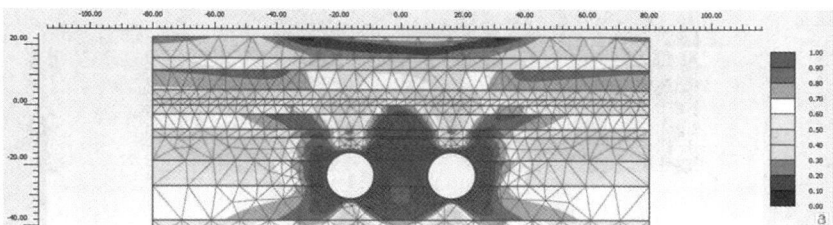

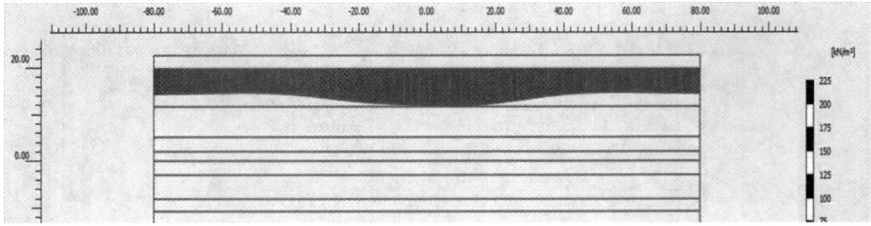

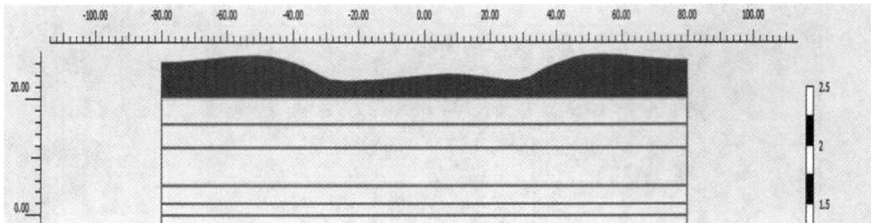

（c）主应力与相对剪应力等值线云图

图9.33　埋深53.7 m数值模型与分析

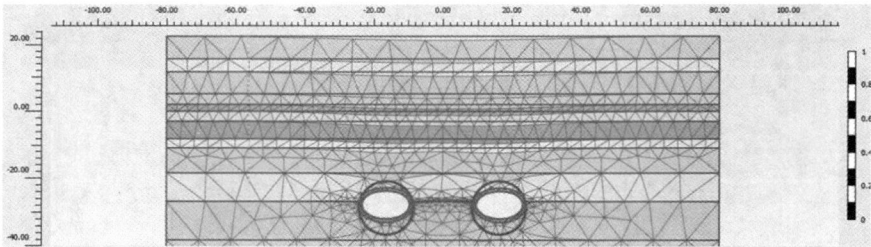

（a）隧道模型与变形网格图

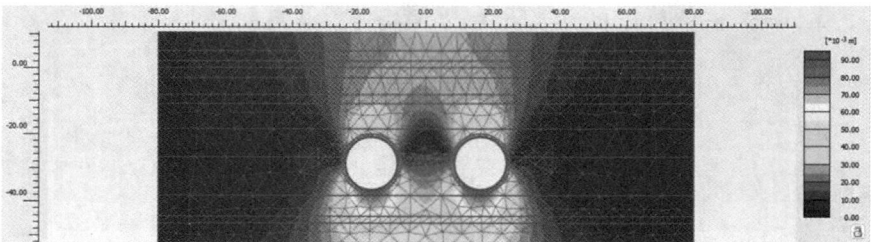

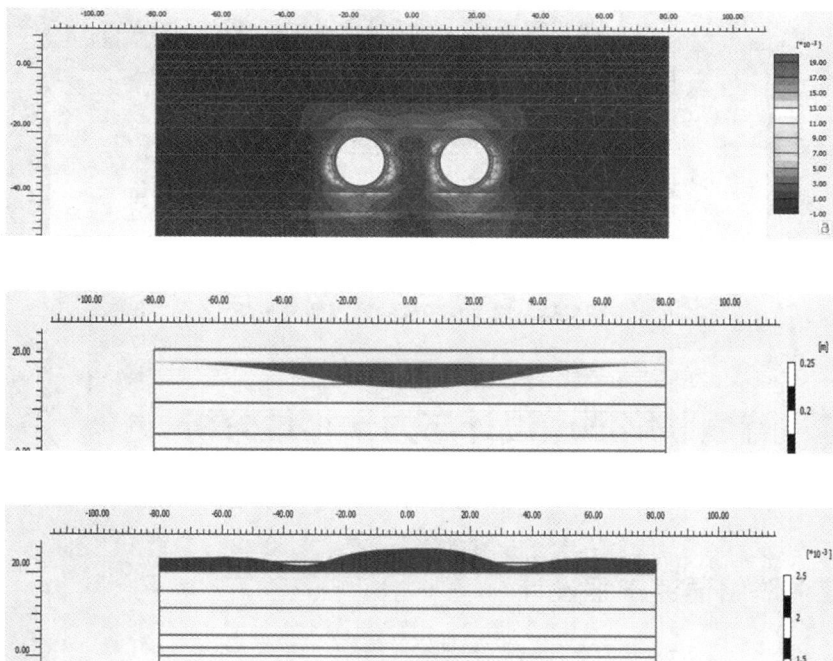

（b）位移等值线与剪应变云图

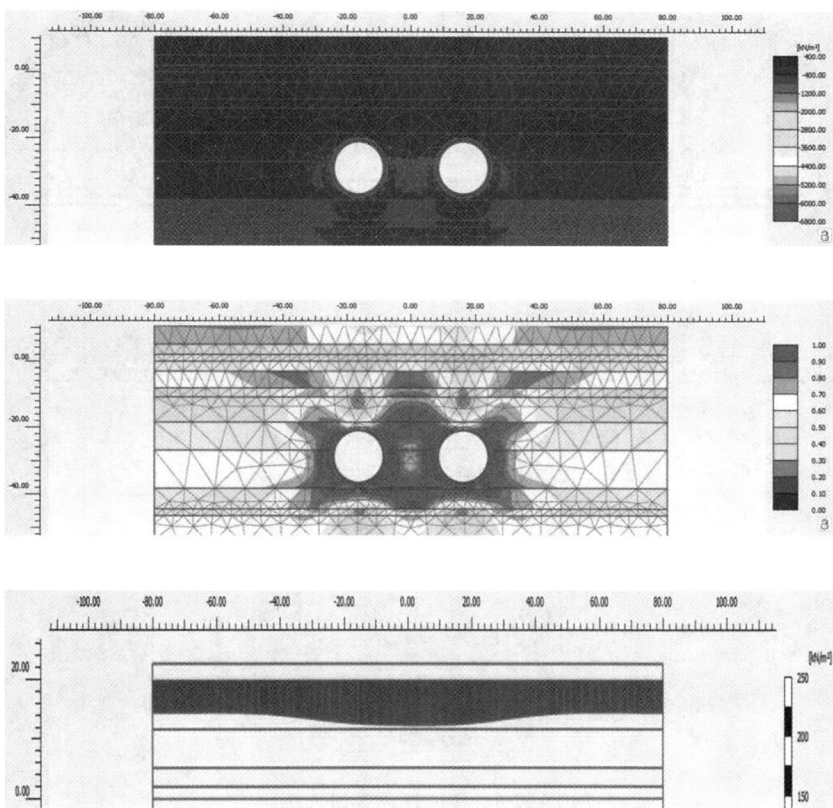

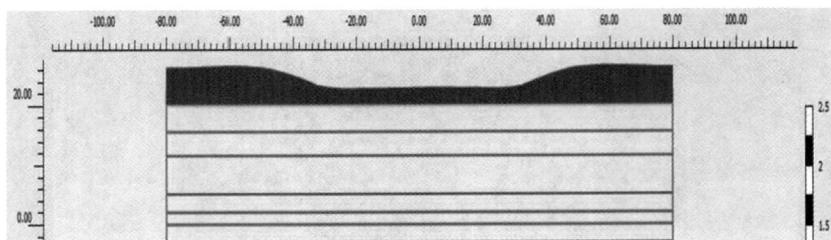

（c）主应力与相对剪应力等值线云图

图9.34　埋深59.0m数值模型与分析

9.4　隧道联络通道设计与力学特性分析

9.4.1　隧道联络通道工程设计

隧道的横向联络通道处于饱和砂土层（见图9.35），地层温度高，地下水流速大，工程风险极高。因为冻结法方案具有可靠的连续性和均匀性，能够检测温度场的变化

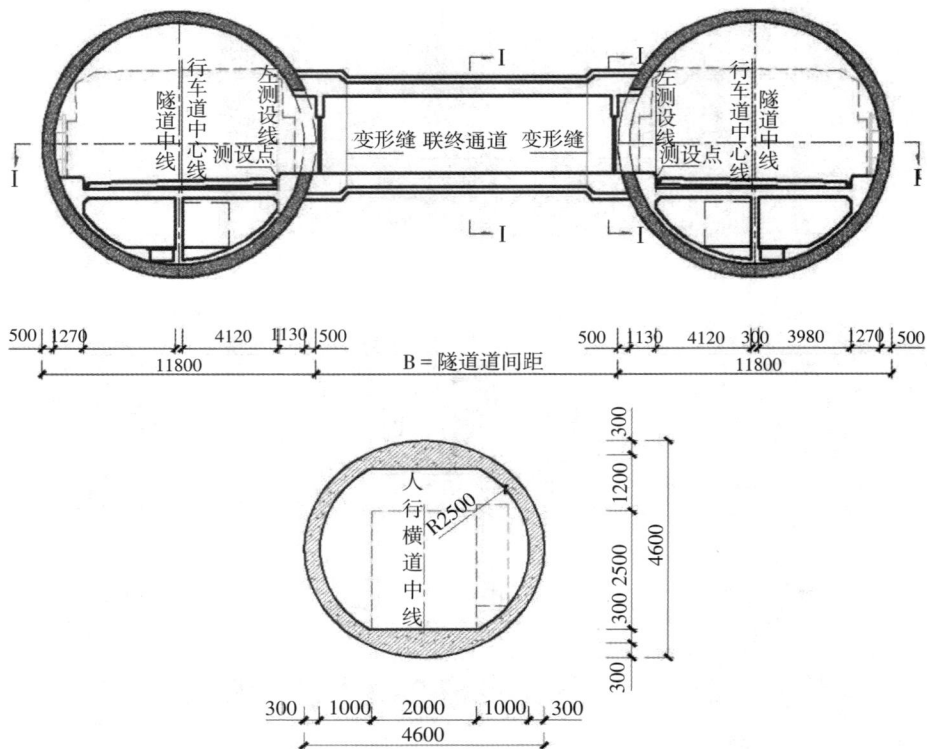

图9.35　隧道横通道设计图

来控制冻土帷幕的状态。根据地层情况，最终经过方案对比，选取冻结法作为加固措施，采用矿山法进行横通道的施工。

方案计划在西侧河岸设置单圈冻结管方案，水深为10 m，冻结管布置为20个，此处联络通道埋深小于河床，砂层距地面更浅，河床用水平双圈冻结管方案，水深为15 m，结合盾构隧道尺寸与联络通道构造最终确定冻结管布置为内侧24个、外侧24个，管径为0.3 m，内侧冻结管与开挖面距离为1 m，内外侧冻结管间距为0.8m，结合工程经济性与土层强度需求，开展热扰动分析，确定最小冻土帷幕厚度为2.6 m，如图9.36所示。

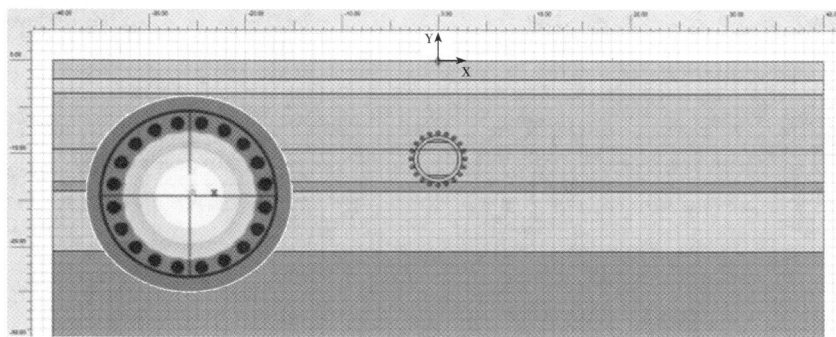

（a）单圈冻结管

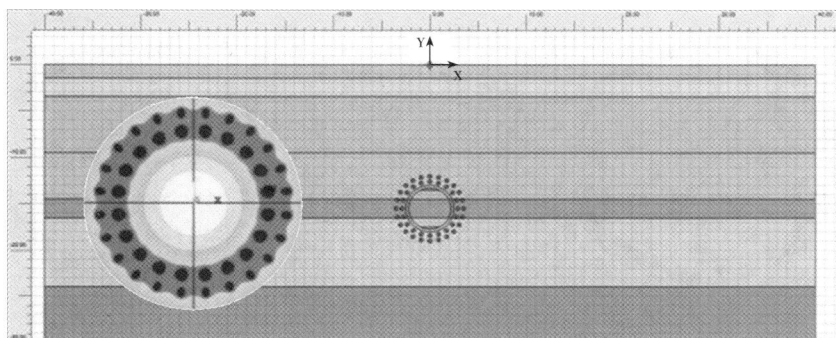

（b）双圈冻结管

图9.36　单双圈冻结管与地层分布

在人工冻结法施工横通道的过程中，为确保施工安全，设计方案添加如下措施：

（1）联络通道相交范围内管片设置冷排管，控制温度场变化（见图9.36）；

（2）钢管片开启处设置防淹水安全门，谨防涌水风险；

（3）提前设预应力支撑部件，保证钢管片安全开启。

人工冻结法加固措施最大的优势在于可通过温度场的现场监测得到温度数据，控制冻结区域稳定。冻结监测系统共有热电偶和"一线总线"温度监测系统两种，"一线总线"温度监测系统因其测量数据精确度更高、抵抗外部干扰的能力更优、更可靠的特点，确定为最终使用的监测系统（见图9.37）。测温孔剖面布置图如图9.38所示。

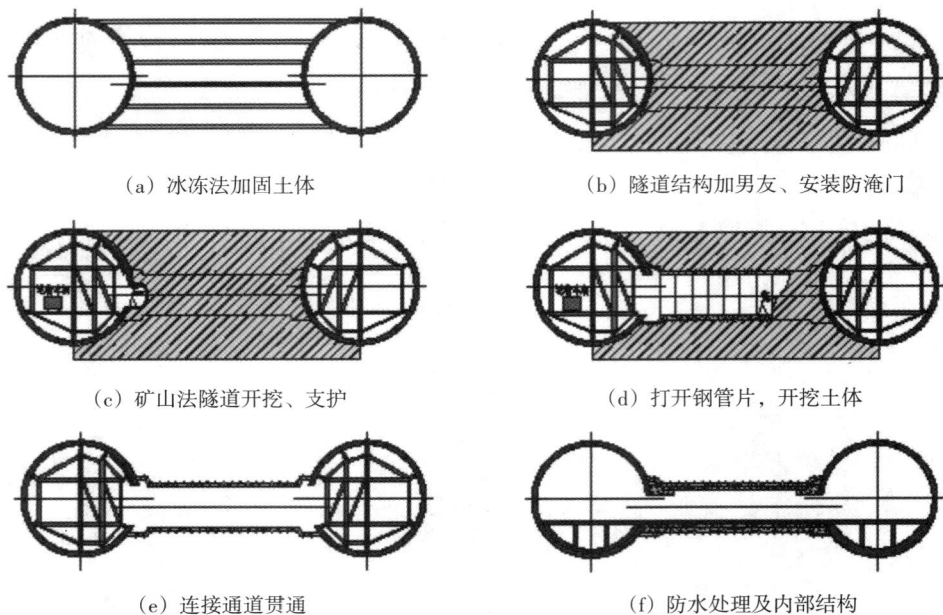

（a）冰冻法加固土体

（b）隧道结构加男友、安装防淹门

（c）矿山法隧道开挖、支护

（d）打开钢管片，开挖土体

（e）连接通道贯通

（f）防水处理及内部结构

图9.37 "一线总线"温度监测系统冻结法施工工艺过程

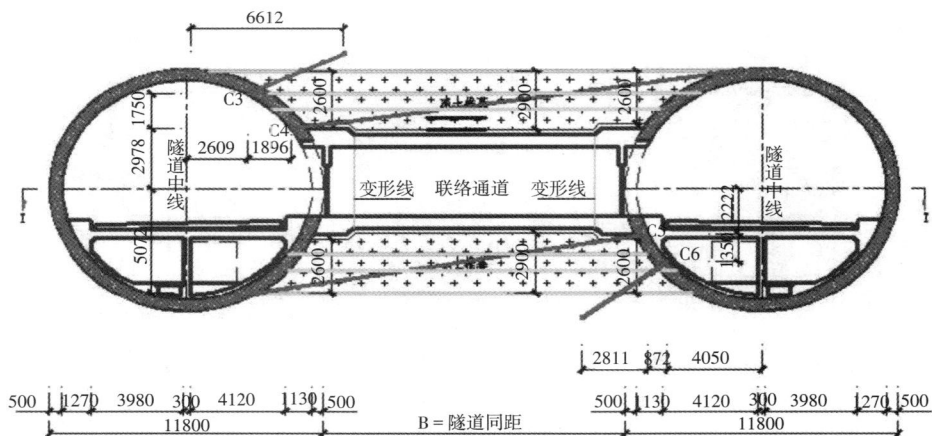

图9.38 测温孔剖面布置图

在隧道开挖前用人工制冷冻结方案硬化加固隧道周围地层，形成冻结环完成开挖砌筑的冻结施工法受到重点关注，而联络通道因其构造特殊且易受渗流影响常选取冻结法建设，基于温度场-渗流场耦合基本理论与河底盾构隧道联络通道冻结法涉及复杂的便捷条件、冰-水相变作用和温度-渗流耦合作用等问题，土层物理力学性质受温度变化而改变引起渗流场内渗流流速、方向等变化，尤其影响渗透系数的大小，而渗流场涉及地层、水流间的热量转换，流体收到压缩引起动能损失反作用于温度场，改变冻结温度与冻结帷幕有效范围。冻结区周围土层经冻结管的热传导效应，渗流改变能量传递方向与范围，进而影响温度场分布趋势，从而完成渗流场与温度场之间的渗流耦合作用，基于能量守恒原理和多孔介质对流换热原理，采用显热容法对相变进行研究，得到温度场控制公式如下：

$$Q_t = C_{eq}\frac{\partial T}{\partial t} + \rho_1 L\frac{\partial \theta_1}{\partial T} + \nabla\left(\rho_1 C_1 uT - \lambda_{eq}\nabla T\right) \tag{9.1}$$

式中： Q_t ——热源，W/m³；

C_{eq} ——等效体积显热容，J/(kg·K)；

T ——温度，K；

t ——时间，s；

ρ_1 ——流动水的密度，kg/m³；

L ——单位质量的冰水相变释放的潜热值，取值为 334 J/kg；

θ_1 ——液态水的含量，%；

C_1 ——水的比热容，J/(kg·K)；

u ——地下水渗流速度矢量，m/s；

λ_{eq} ——等效的导热系数，W/(m·K)；

∇ ——哈密顿算子。

结合达西定律推导渗流场控制方程式：

$$\nabla(\rho u) = Q_m \tag{9.2}$$

$$u = \frac{K}{\eta}\nabla p \tag{9.3}$$

式中： ρ ——水密度，kg/m³；

Q_m ——源项，W/m³；

K ——土体冻结过程的渗透率，m/d；

η ——水的黏度，kg(m·s)；

p ——孔隙水压强，Pa。

考虑冻结中存在水冰的相变作用，可修正土体渗透系数 $k(T)$ 为：

$$k(T) = k_u \times H(T) + k_1 \times \left[1 - H(T)\right] \tag{9.4}$$

式中： k_u ——未冻结时土层的渗透率，m/d；

$H(T)$ ——二维阶跃平滑函数 H 关于温度 T 的海维赛德函数；

k_1 ——冻结后土层的渗透率，取值为 10^{-25} m/d，即表示当土层下降到冻结温度时不透水。

9.4.2 隧道联络通道工程力学特性分析

运用有限元软件，建立河岸单圈冻结管联络通道及河床双圈冻结管联络通道的有限元模型，数值计算模型物理力学参数见表9.2，基于温度与渗流控制方程，假设地下水渗流过程仅考虑渗流作用对温度场的影响，且渗流流动规律符合达西定律，数值模型中单圈冻结管布置为20根，双圈冻结管布置为内侧24根外侧24根，设计冻结法施工联络通道模型规格为80 m × 30 m，数值计算模型与网格划分如图9.39所示。小应变土体硬化HSS本构模型中刚度在经典室内试验发现。将土体刚度作为小应变刚度是合理的，刚度衰减曲线特征见图9.40所示。

小应变土体硬化HSS模型-刚度退化。左边：切线模量衰减→参数输入。右边：割线模量衰减→刚度退化截断。如果小应变土体硬化模型中的小应变刚度关系小于Gurref的割线刚度，模型的弹性刚度设为定值，随后硬化的塑性说明刚度进一步衰减。

表9.2   数值计算模型物理力学参数

上至下地层	比热容/$[kJ \cdot (t \cdot K^{-1})]$	导热系数/$(kW \cdot m/K)$	密度/$(t \cdot m^{-3})$	热膨胀1/K	容重/$(kN \cdot m^{-3})$	弹性模量/MPa	泊松比	黏聚力/kPa	内摩擦角/(°)	实测渗透系数/$(m \cdot s^{-1})$	
										垂直	水平
粉质黏土	1420	0.001640	1.88	9×10^{-5}	14.9	40.0	0.312	22.4	14.8	3.14×10^{-7}	7.45×10^{-7}
细砂	850	0.002000	2.12	5×10^{-5}	19.7	98.0	0.250	0.05	28.0	9.01×10^{-7}	8.75×10^{-7}
粉质黏土	1450	0.001695	1.87	8×10^{-5}	15.7	78.0	0.270	17.0	26.0	3.01×10^{-7}	2.75×10^{-7}
黏质粉土	1500	0.001680	1.97	8×10^{-5}	15.7	78.0	0.270	17.0	26.0	3.01×10^{-7}	2.75×10^{-7}
黏土	1350	0.001540	1.81	7×10^{-5}	15.5	72.0	0.285	19.0	16.0	3.00×10^{-7}	2.00×10^{-7}
粉质黏土	1420	0.001640	1.87	8×10^{-5}	15.8	35.0	0.330	11.3	18.3	3.00×10^{-7}	7.00×10^{-7}
中砂	950	0.002500	2.25	5×10^{-5}	20.1	120.0	0.245	0.01	30.5	1.50×10^{-5}	1.43×10^{-5}
粉质黏土	1420	0.001640	1.87	8×10^{-5}	15.8	65.0	0.290	11.3	15.3	3.00×10^{-7}	7.00×10^{-7}

（a）单圈冻结管

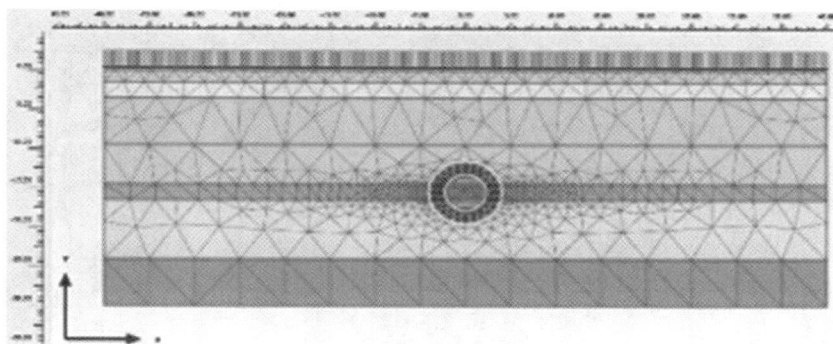

（b）双圈冻结管

图9.39　数值计算模型与网格划分

图9.40　小应变刚度衰减曲线特征

单双圈冻结管渗流分析。河西岸联络通道选用单圈管冻结方案，河床处联络通道选用双圈管冻结方案，取地下水初始流速为0.1 m/d，模拟河底砂层随水流冲刷移动，如图9.41地下水渗流矢量图中矢量变化曲线所示，单圈管冻结方案地下水最大渗流速度为0.05093 m/d，双圈管冻结方案地下水最大渗流速度为0.0754 m/d，同比增长48.0%，可知河床受地下水渗流冲刷影响更大，土层流失更严重，由图9.41（a）可知，隧洞冻结上部地层渗流矢量明显更为密集，此层土质为砂性土，可得砂性土因其高渗透性，易被水流冲走，受渗流作用更明显，同时对比西岸与河床渗流矢量，砂层越浅受地下水渗流影响效果越显著。

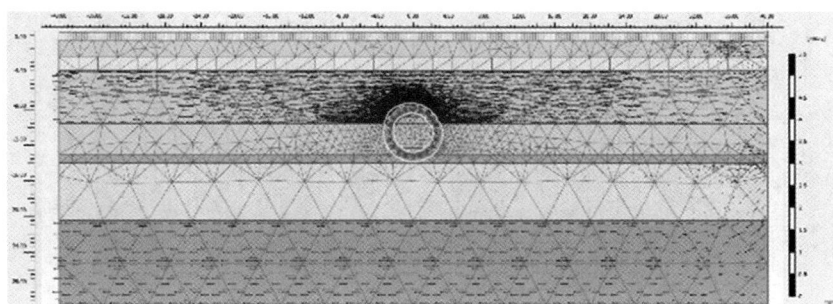

（a）单圈冻结管

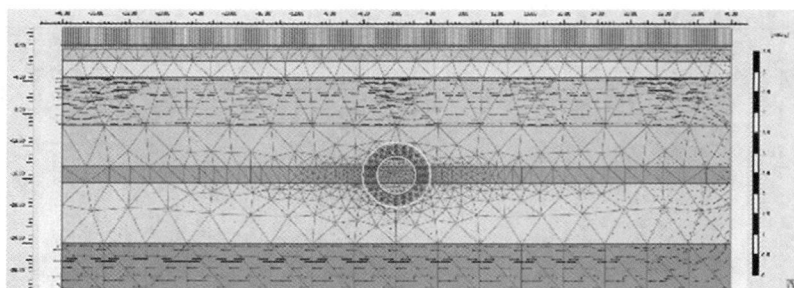

（b）双圈冻结管

图9.41　地下水渗流矢量图

单双圈冻结管温度场分析。相同地下水初始流速作用下，对比分析热力流温度场云图9.42可知，受渗流作用影响下，冻结壁的发展不均匀，单圈管局部热量有损失，当选取双圈布置时，这种热量损失趋势得到显著改善，这是因为双圈冻结管的布置使管壁的外表面与土体接触面积增大，在冻结过程中可以保证充分的热交换，在加速冻结速率的前提下直接影响土体的冻结效果。由于地下水渗流与冻结地层产生热交换的同时，热量的转移对温度的改变同样影响渗流，结合图9.41所示的地下水渗流矢量图分析，可以看出冻结管处温度最低，随着距冻结管间距的增大，温度逐渐升高，冻结管周围已经冻结，该处渗流速度几乎为0，冻结管壁隔绝了渗流影响，上游渗流经冻结区向两侧土层发展。故在需要加强冻结效果的联络通道施工中，采取双圈布置冻结是有效的加固措施。

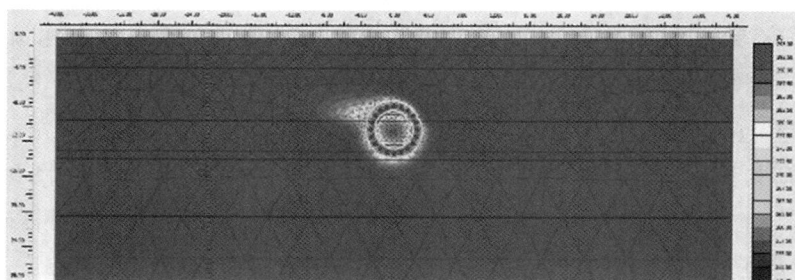

（a）单圈冻结管

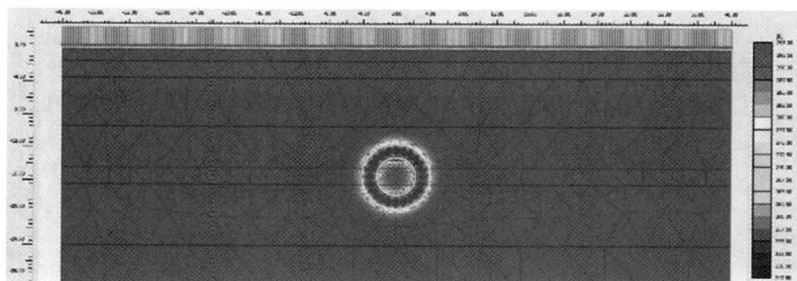

（b）双圈冻结管

图9.42　热力流温度场云图

单双圈冻结管热通量分析。如图9.43所示，为单圈冻结管和双圈冻结管方案下热力流水平流通矢量图，围绕冻结环分析，可见冻结环左右矢量密集分布，上下矢量分布稀疏于左右矢量分布，则冻结管左右热量损失更大，单圈冻结管热力流水平最大流通量低于双圈冻结管热力流水平最大流通量，可知双圈冻结管热力流水平流通优于单圈冻结管热力流水平流通，双圈冻结管热量转移的效果更优，选择多圈施工冻结效果更好，冻结速度更快。

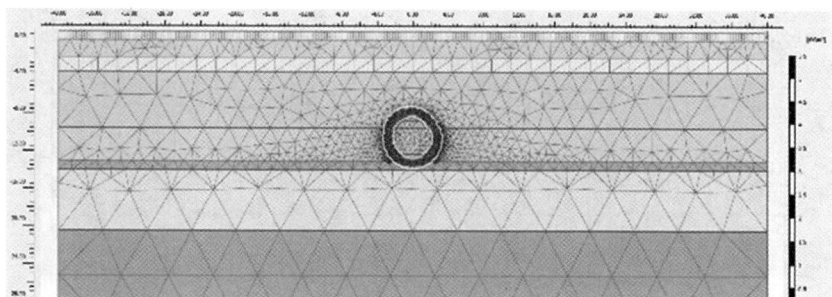

(a) 单圈冻结管

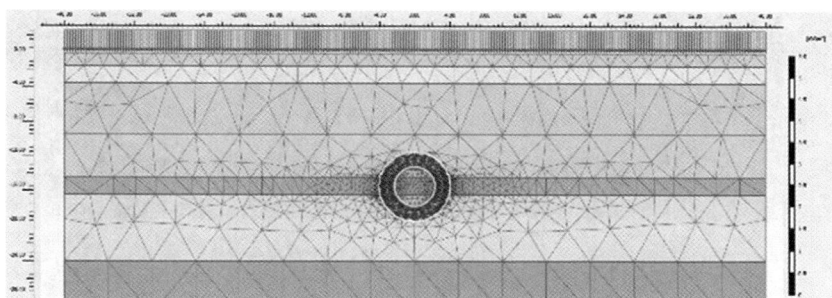

(b) 双圈冻结管

图9.43　热力流水平流通量矢量图

不同渗流速度热力流分析。如图9.44（a）所示，为地下水初始流速9.0 m/d时地下水渗流矢量图，对比图9.41（b），相应的地下水初始流速增加30倍，得出随着流速的增加，渗流矢量得到显著增强，最大渗流速度为8.274m/d，为渗流系数0.1 m/d时的110倍，最小渗流速度为0.1431 × 10⁻⁶ m/d，由于砂层高渗透性且不易结块，易被水流裹挟移动，相对应黏土层由于具有黏性，遇水或其他溶媒容易结块，被水流冲刷流动性小。基于图9.42（a）可知，上游冻结加固区的温度场受渗流影响变化最大，对比图9.44（b）和图9.42（b），地下水初始流速3.0m/d时，热力流温度场最高温度为20.3 ℃，最低温度为−23.5 ℃，冻结温度场发展变化较小，冻结帷幕外部轮廓线平整，对应地下水初始流速0.1 m/d时，热力流温度场最高温度为20.4 ℃，最低温度为−244.6 ℃，冻结帷幕上游出现发展不均匀现象，温度场向外扩张，最低温度也显著低于前者，最外侧冻结管的热量损失较大，则说明随初始地下水流速增大，通道上游受流速影响最大，下游次之，通道顶部、底部几乎不受影响，推得冻结壁交圈时间也随渗流速度的增加逐渐增长，联络通道在高水头差条件下进行冻结法施工时，冻结效果比低水头差条件下差。

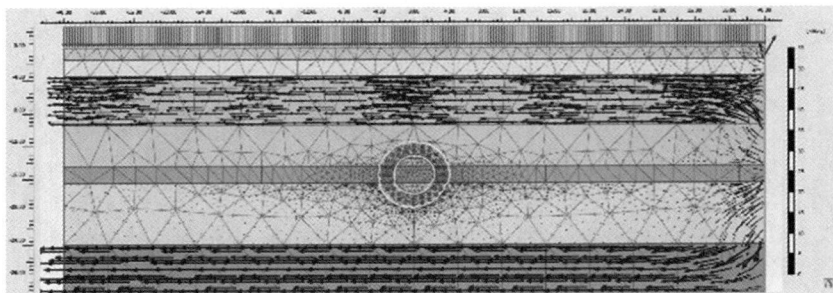

（a）地下水渗流矢量图

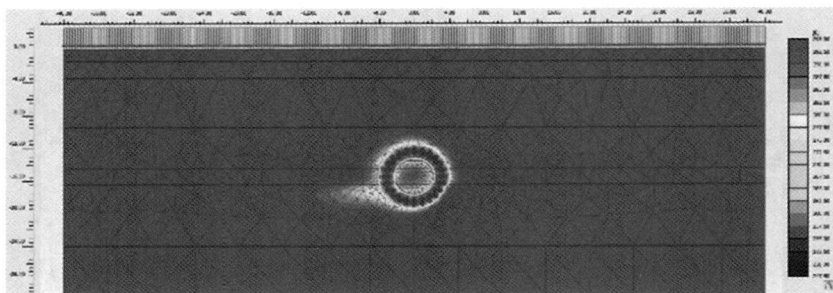

（b）热力流温度场云图

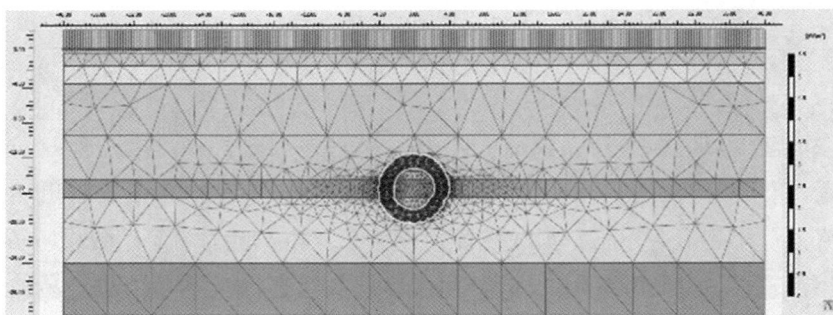

（c）热力流水平流通量矢量图

图9.44　热力流分析成果图

分析图9.44（c）地下水初始流速为3.0 m/d时的热力流水平流通量矢量图，得出其热力流水平流通量最大值为0.5053 kW/m²，最小值为0.2203 kW/m²，最大值出现位置为冻结帷幕上游，对比图9.43（b）可知，随初始流速的增加，热量交换越大，冻土帷幕所包含的有效范围就越低。

9.5　下穿河流隧道改移工程设计与力学特性分析

9.5.1　下穿河流改道工程设计

玉带河改移工程为东六环改造工程的一部分。由于东六环入地改造起点段与现状玉带河纵断冲突，南侧盾构井、京津立交匝道、救援中心与现状玉带河平面位置冲突，规划玉带河近期无法实施，为保证东六环改造实施期间玉带河流域行洪排涝安全，对现状玉带河进行改移。由于玉带河西移后无法与现状玉带河东支沟分洪口连通，因此新建联通段，连接现状玉带河东支沟。但是六环南侧盾构井至洞口段为明挖施工，施工过程中会破坏新挖的连通渠，故在六环以及救援中心实施过程中预留暗涵洞，并且新建明渠与现状玉带河东支沟连通。预留暗涵尺寸为2孔，单孔净宽为4.5 m，净高为3 m，新挖明渠的上口宽13 m。京津公路以南段，受六环主线高程及现状六环东侧超高压燃气管线影响，现状玉带河需向南穿越六环后再向北成U字形汇入现状玉带河，较原河道长度增加约560 m。设计采用暗涵加明渠的形式，穿六环处采用暗涵（尺寸为3孔6.0 m×3.0 m），其他部分采用明渠，明渠上口宽度为27 m，总长度为450 m。同时新增现状暗涵顺接段为87.0 m，见图9.45至图9.47。

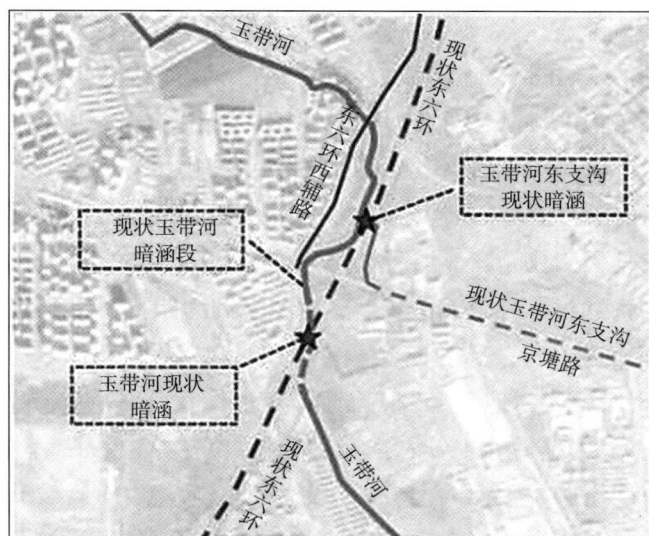

图9.45　玉带河现状情况图

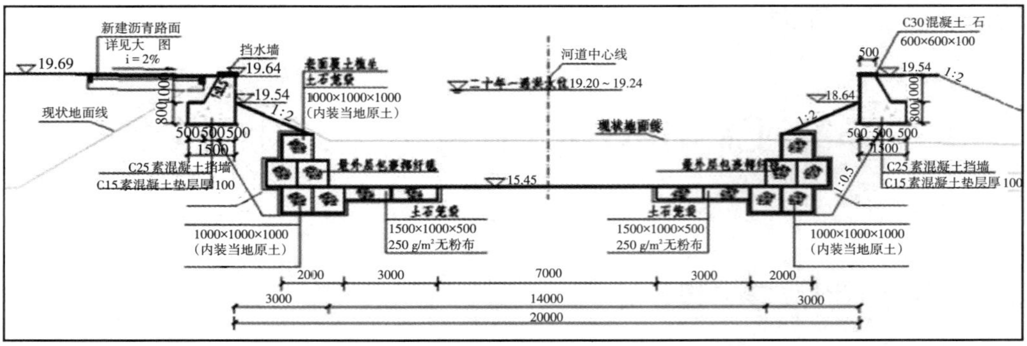

图9.47 明渠段（Y-1、Y-2、D-1）标准横断面图

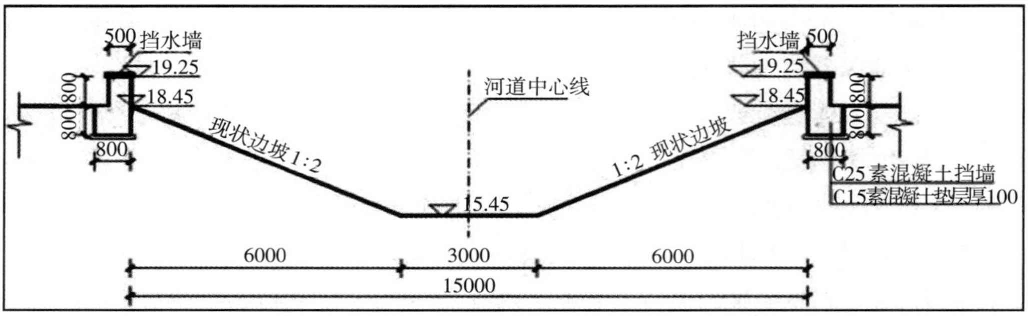

图9.47 明渠段（D-2）标准横断面图

9.5.2 下穿河流改道工程力学特性分析

玉带河（六环西侧路–京津公路）段规划河道位于下穿工程正上方，隧道开挖易产生弯沉盆引起河道开裂发生渗漏，故考虑对河道位置进行改移，现状上口宽度为20～26 m，河底宽度为13～20 m，河道纵坡为0.00017。河道两岸上口位置处构筑有混凝土挡水墙，挡水墙高约100 cm。河道边坡采用高镀锌铅丝土笼袋（内装当地原土）护砌，河道左岸挡水墙外侧存在现状巡河路，巡河路宽3.5 m，沥青材质。现状玉带河（东六环南匝道–东六环）为两孔地下涵洞，涵洞单孔净宽为5.0 m，净高为3 m。玉带河位于现状六环路处为四孔涵洞，涵洞单孔净宽为5.5 m，净高为2.8 m。现状玉带河东支沟：与现状玉带河通过六环处涵洞相连，现状涵洞为四孔，单孔净宽为2.0 m，单孔净高为4.0 m。现状玉带河东支沟自暗涵至京津公路为明渠，上口宽约13 m，深约3 m；京津公路至汇入北运河处为地下涵洞，涵洞为两孔，单孔净宽为4 m，单孔净高为2 m。玉带河临时河道改移长度为196 m，巡河路改移长度为172 m，雨水口改造1座。河道改移段河道设计上口宽为14～26 m，设计河道底宽为13～20 m，河道纵坡为0.00017。改线段起、终点设计河底高程分别与现状玉带河河底顺接，改移段河道采用与现状河道一致的护砌形式，两侧为土石笼袋护砌，土石笼袋表面覆种植土，两岸设

置高约 0.8 m 的混凝土挡水墙。改移段河道左岸需恢复巡河路，与原有巡河路顺接，长度为 172 m，路宽为 3.5 m，沥青材质。改移段河道左岸存在 1 座雨水口，对该座雨水口改建，改建雨水口管径为 0.8 m，出口为八字式，混凝土结构。研究河流改移对下穿工程的影响并对盾构工作井施工运营研究分析见图 9.48。

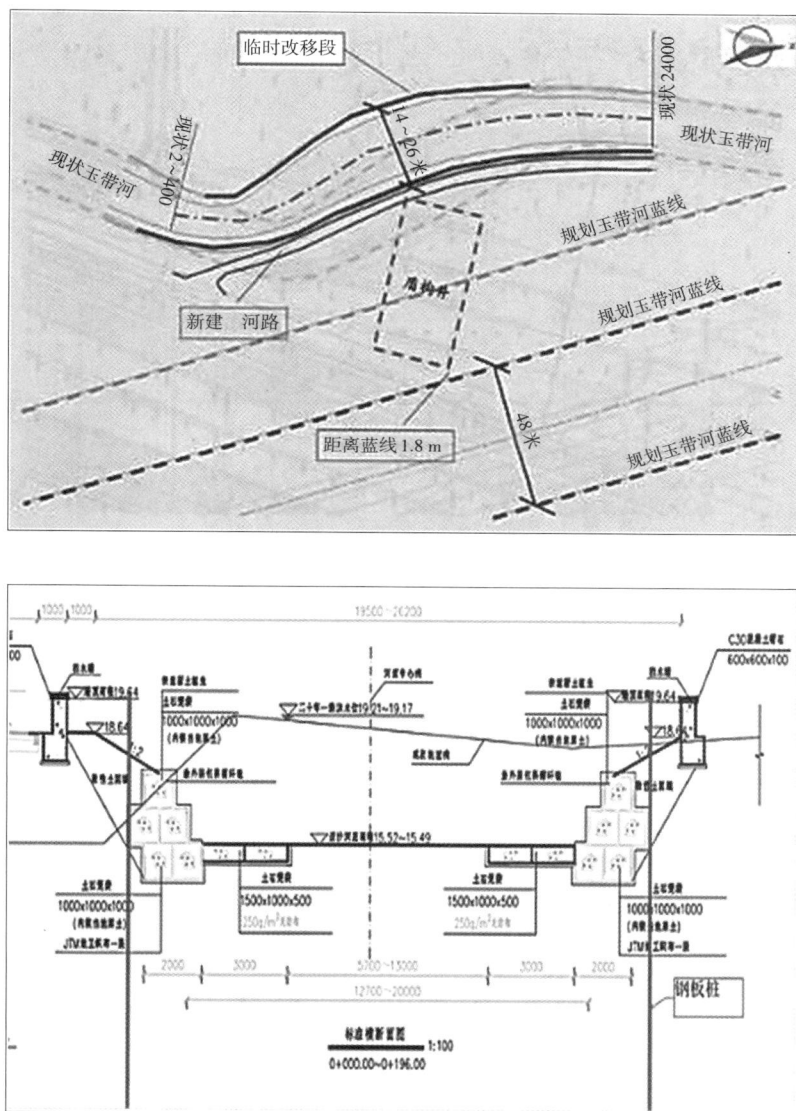

图 9.48　玉带河临时改移图

河流深 10.5 m，隧道埋深为 38 m，隧道距河底 27.5 m，盾构隧道河流改道模型与变形网格见图 9.49（a）。图 9.49（b）为位移等值线与剪应变云图，最大位移为 78.87 mm，$y = 0$ m 处地层沉降最大值为 3.565×10^{-3}，最大沉降位置在左线隧道开挖面正上方，左侧河堤下方土层沉降值发生波动；最大剪应变为 20.87×10^{-3}，最小剪应变为 0。

图 9.49（c）为主应力与相对剪应力等值线云图，其中最大主应力为 779.6 kPa，最小主应力为 −5908kPa，由于水荷载作用，河底主应力值曲线产生内凹，主应力降低；最大相对剪应力为 1.0，最小相对剪应力为 1.107×10^{-3}，河岸及隧道两侧剪应力曲线发生隆起，剪应力值增加，河水及结构施工与周围地层产生剪切作用。综上所述，河流改道对左线隧道影响不大，河流距右线隧道距离较近，受河流中水荷载的影响，隧道开挖产生沉降降低，因此在东侧河堤产生沉降差，应采取加固措施防止东侧河堤开裂。

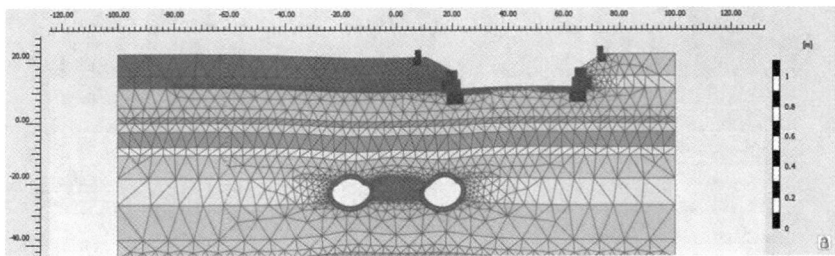

（a）玉带河临时改移位置模型图

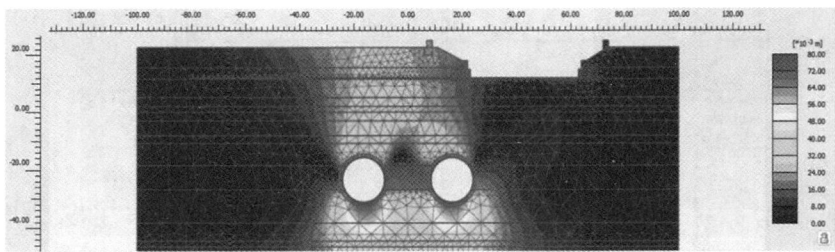

（b）位移等值线与剪应变云图

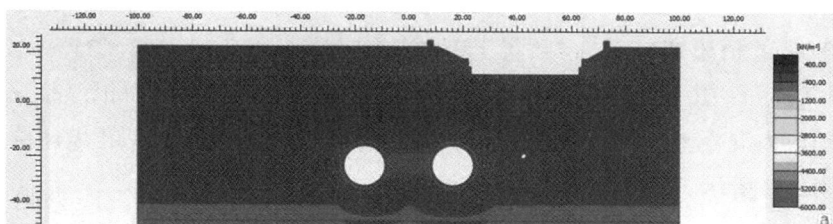

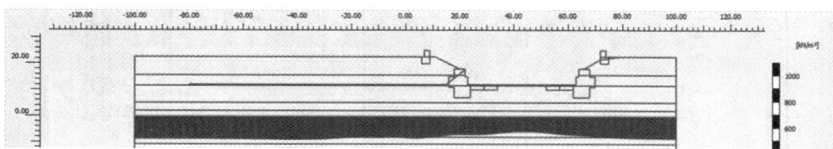

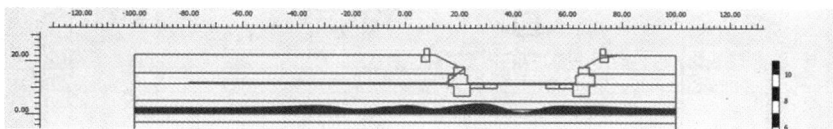

（c）主应力与相对剪应力等值线云图

图9.49　河流改道数值模型与分析

9.6 隧道下穿减河桥梁工程设计与力学特性分析

9.6.1 隧道下穿减河桥梁工程设计

运潮减河作为连接北运河、潮白河的人工河道，河底宽度80 m，平均水深约2.5 m。六环路跨河桥（三惠桥）上部预应力混凝土简支梁高度为1.4 m，简支梁间距为1.74 m；桥梁下部结构为肋条桥台、承台、桩基础，桩径$D=1.2$ m，中墩为预应力混凝土双柱式盖梁，墩柱为$D=1.2$ m圆柱，柱下设置5.4 m×5.4 m×2 m承台，承台下设置4根$D=1.2$ m钻孔灌注桩。现况六环西侧路运潮减河桥上跨通燕高速公路、运潮减河。桥梁全长550.0 m，桥梁宽35.0 m。桥梁上部的结构为（4×25 m）+（2×25 m+20 m+2×25 m）+（4×25 m+20 m）预应力混凝土T梁+（30 m+45 m+30 m）钢混凝土组合梁+（4×25）预应力混凝土T梁；下部的结构为柱式桥墩，U形桥台，钻孔灌注桩基础。如图9.50至图9.53所示。

所有桥墩均为两个圆形双柱墩，$D=1.5$ m，基础为钻孔灌注桩与承台连接，桩径$D=1.5$ m。每个承台对应4个基桩，共160个基桩。盖板梁现场浇筑C45混凝土，墩台柱浇筑C35混凝土，承台浇筑C30混凝土，基础桩浇筑C25混凝土。盾构隧道通过既有结构和构筑物前一周，获得既有结构和构筑物的标高、倾角等初始测量数据。

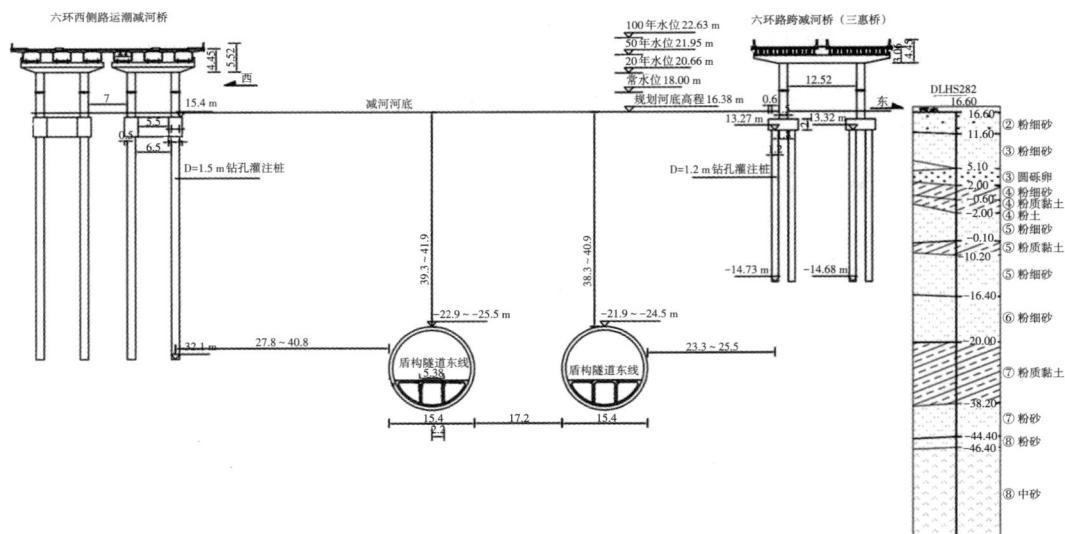

图9.50 盾构隧道与减河、减河桥、六环西侧路减河桥竖向位置关系图

（盾构隧道覆盖层厚度38.3 m）

盾构隧道下穿减河段，采用以下措施：[LⅢ]c/[RⅢ]c段衬砌，注意盾尾同步灌浆，适当提高灌浆压力和灌浆量，充分注入盾尾刷润滑油，管片预先设注浆孔，进行二次或多次注浆，注浆采用水泥、水玻璃双液浆并选用沉降快、强度早、透气性好、止水带强的注浆材料，保证充填和保温效果，最后加强河段监测测量，获取原始数据，在隧道施工过程中，进行跟踪注浆，基于下穿河流段考虑下穿隧道对河流及邻近桥墩的影响。

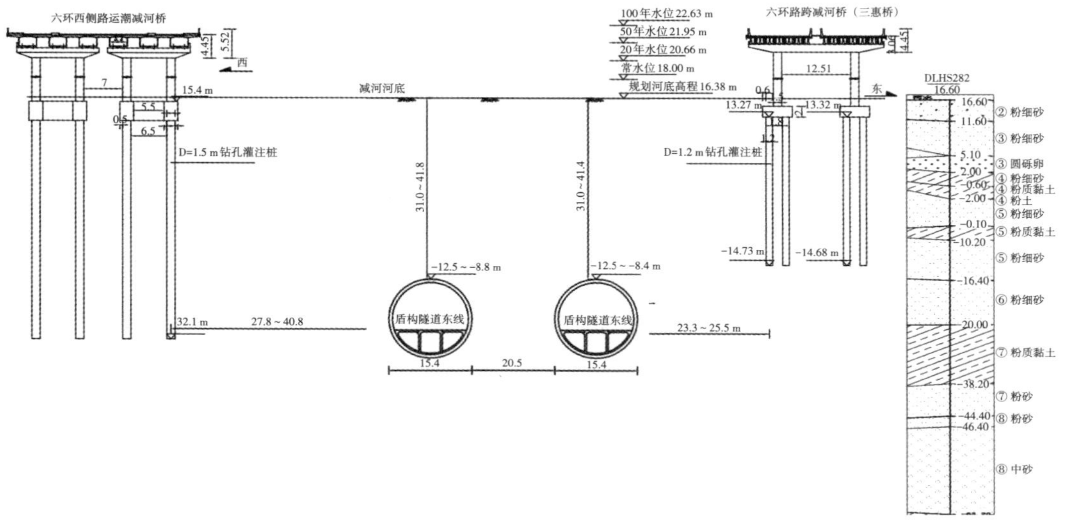

图9.51 隧道与通燕高速主路剖面位置关系图

（盾构隧道覆盖层厚度31.0 m）

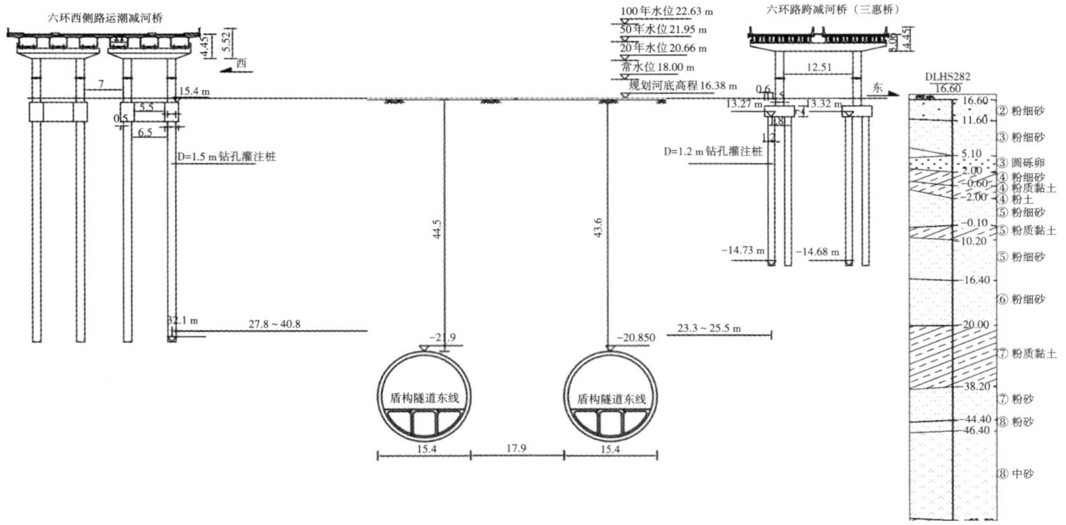

图9.52 隧道与通燕高速匝道剖面位置关系图

（盾构隧道覆盖层厚度43.6 m）

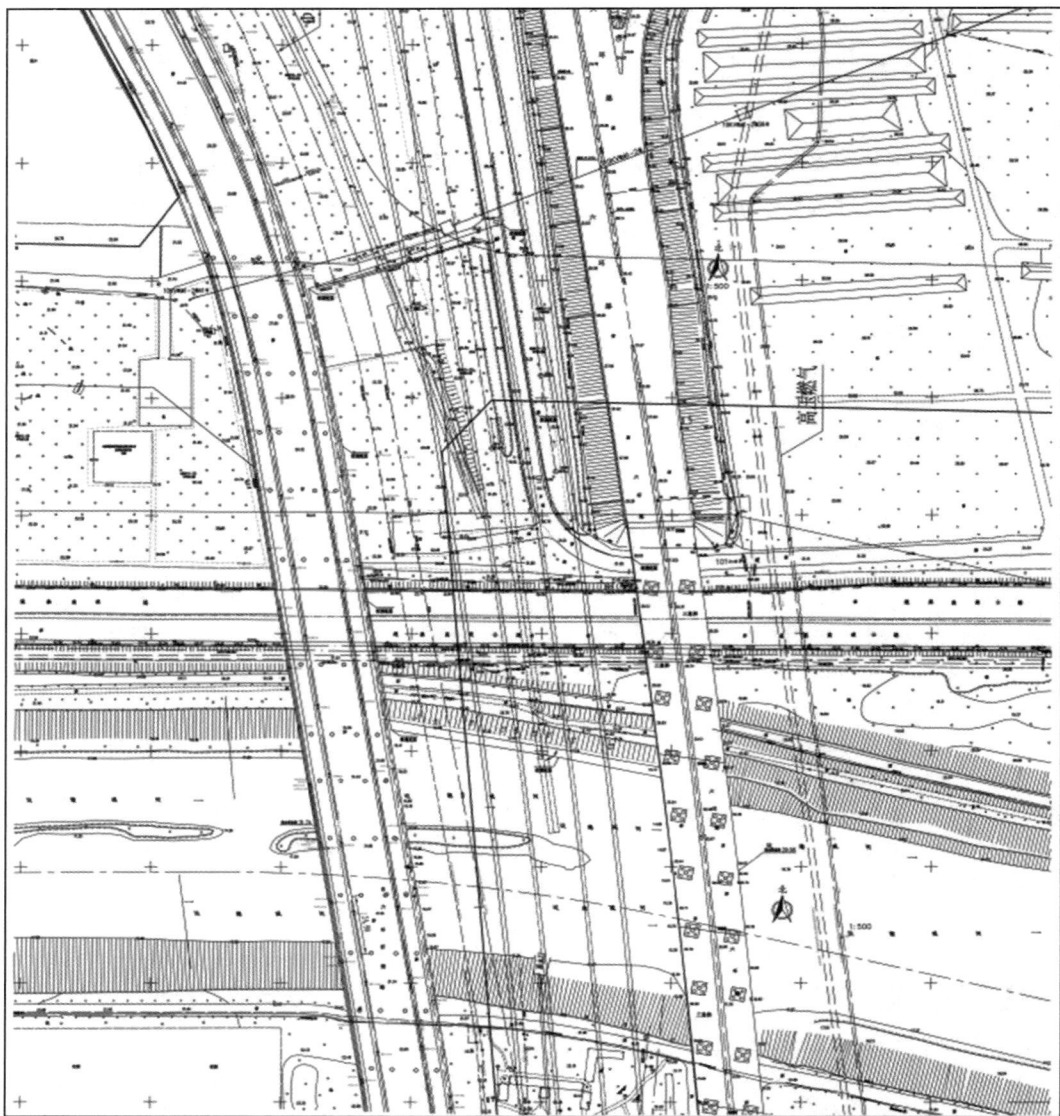

图9.53 盾构隧道下穿减河平面位置关系图

9.6.2 隧道下穿减河桥梁工程力学特性分析

考虑到减河河堤处建设有雨水管涵，研究隧道施工对既有雨水管涵影响，雨水管涵埋深7m，隧道下穿运潮减河＋桥梁工程＋雨水管涵模型（其中雨水管涵考虑加固处理对比）见图9.54（a），盾构隧道埋深53.7 m，盾构西线到六环西侧路运潮减河桥距离取38 m，盾构东线到六环路跨减河桥距离取19 m。图9.54（b）为位移等值线云图，其中未加固最大位移为90.92 mm，加固后最大位移为91.59 mm。取$y = 12$ m地层，未加固管涵下地层最大沉降为 8.618×10^{-3} mm，加固后管涵下地层最大沉降为 7.965×10^{-3} mm，加固后雨水管涵整体发生沉降，最大沉降量降低。图 9.54（c）为剪应变等值线云图，其中未加固最大剪应变为 20.56×10^{-3}，最小剪应变为 0，加固后最大剪应变为 21.50×10^{-3}，最小剪应变为 0，剪应变发生在雨水管涵衬砌结构两侧，管涵结构整体与土层发生剪切。取 $y = 12$ m 地层，未加固管涵下地层最大剪应变为 0.6851×10^{-3}，加固后管涵下地层最大剪应变为 0.5366×10^{-3}，加固后应变值降低。图 9.54（d）为主应力等值线云图，其中未加固最大主应力为 1662 kPa，最小主应力为 -6143 kPa，加固后最大主应力为 2053 kPa，最小主应力为 -6239 kPa。取 $y = 12$ m 地层，未加固管涵下地层最大主应力为 2088 kPa，加固后管涵下地层最大主应力为 2513 kPa，加固后地层的主应力增大。图 9.54（e）为相对剪应力等值线云图，其中未加固最大相对剪应力为 1.0，最小相对剪应力 0.3795×10^{-3}，加固后最大相对剪应力为 1.0，最小相对剪应力 0.3998×10^{-3}。取 $y = 12$ m 地层，未加固管涵下地层最大相对剪应力为 1.0，最小相对剪应力为 0.8841，加固后管涵下地层最大相对剪应力为 1.0，最小相对剪应力为 0.9291，加固后剪应力增大，但加固地层范围内剪应力值很小，加固后雨水管涵整体性强；通过分析可知，雨水管涵加固后，增大地层的整体沉降量，对隧道结构产生影响，但雨水管涵的沉降量减低，剪切应变变小，管涵结构的整体性增强，下穿过程中应选择隧道周围地层加固、增强注浆压力等预防措施减少隧道结构的变形。

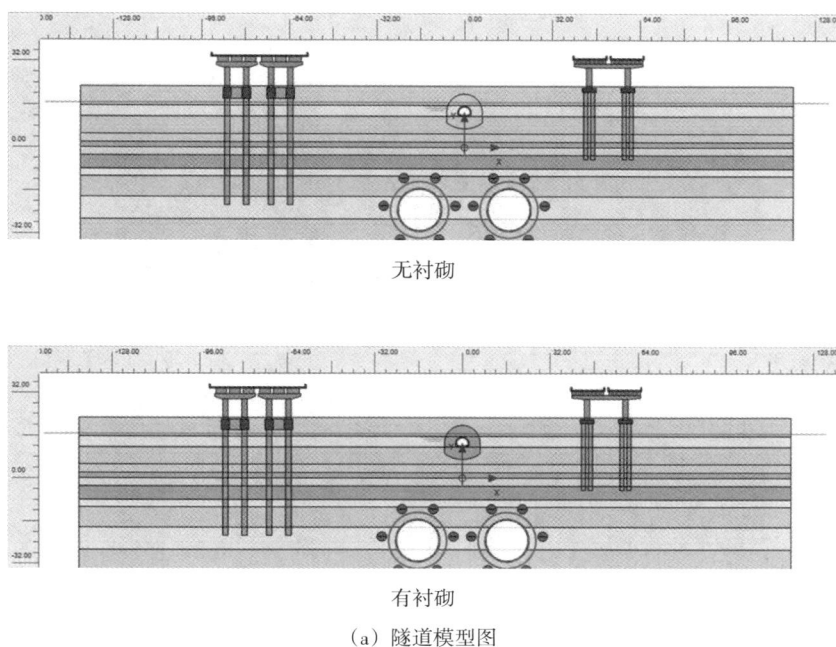

无衬砌

有衬砌

（a）隧道模型图

（b）位移等值线云图

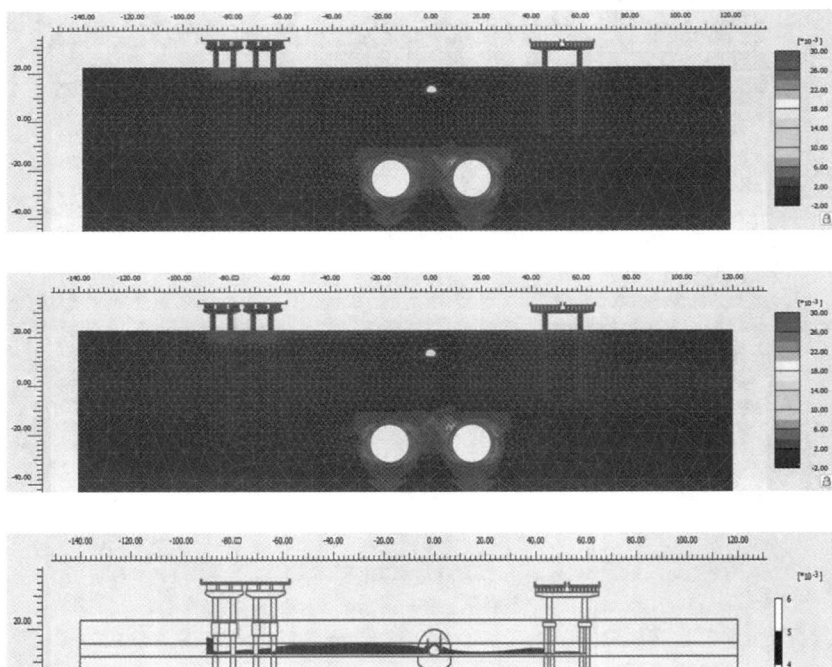

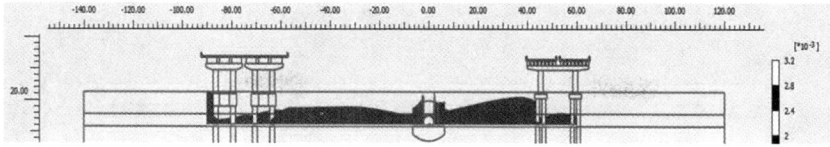

（c）剪应变等值线云图

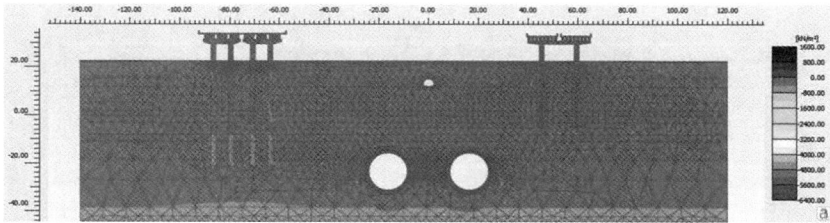

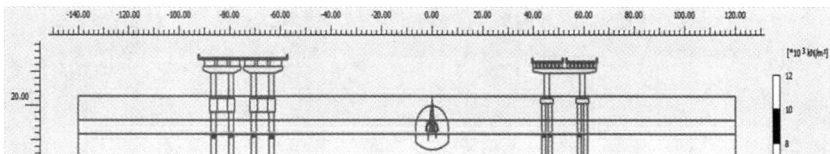

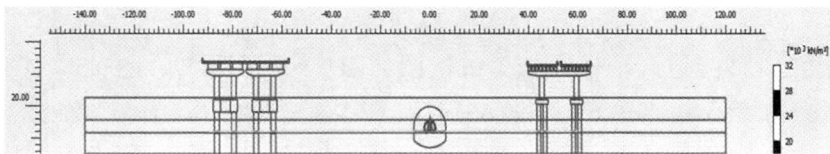

（d）主应力等值线云图

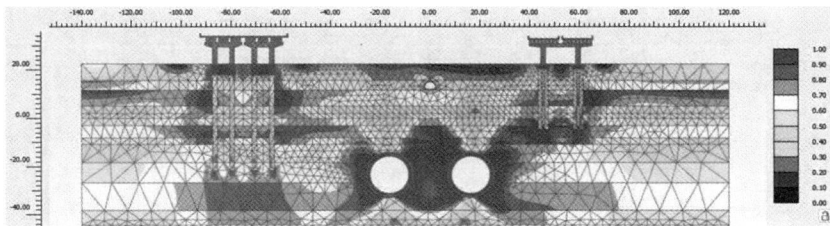

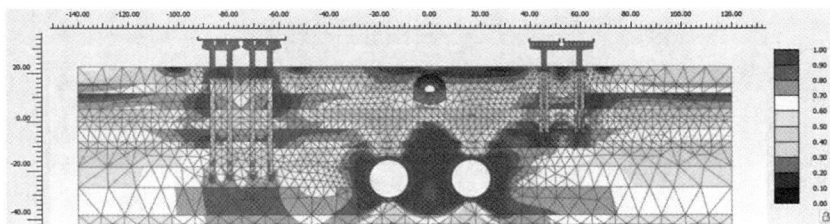

（e）相对剪应力等值线云图

图9.54　下穿既有有、无加固雨水隧洞数值模型与分析

隧道下穿运潮减河＋桥梁工程＋雨水隧洞模型（其中考虑分别对比埋深为46.4 m、53.7 m与59.0 m的3种隧道开挖情况对比）见图9.55（a）、图9.59（a）、图9.63（a）。图9.55（b）、图9.59（b）、图9.63（b）为位移等值线与剪应变云图，最大位移分别为62.23 mm、86.69 mm、75.76 mm，最大剪应变分别为10.67×10^{-3}、24.24×10^{-3}、10.50×10^{-3}，最小剪应变均为0；图9.55（c）、图9.59（c）、图9.63（c）为主应力与相对剪应力等值线云图，最大主应力分别为471.8 kPa、483.6 kPa、475.2 kPa，最小主应力分别为−6447 kPa、−6154 kPa、−7581 kPa；最大相对剪应力均为1.0，最小相对剪应分别为0.6028×10^{-3}、0.5435×10^{-3}、0.7174×10^{-3}。综上所述，隧道埋深在53.7 m时引起周围地层沉降范围最小，同时桥梁距离隧道越近，桩基受隧道开挖影响越大，实际工程中应注意控制隧道与相邻桥梁结构的距离，降低桥梁位移变化，提高隧道开挖的稳定性。

上述模型3种隧道开挖情况相关矢量图如图9.56、图9.57、图9.58、图9.60、图9.61、图9.62、图9.64、图9.65、图9.66所示，表9.3至表9.5。

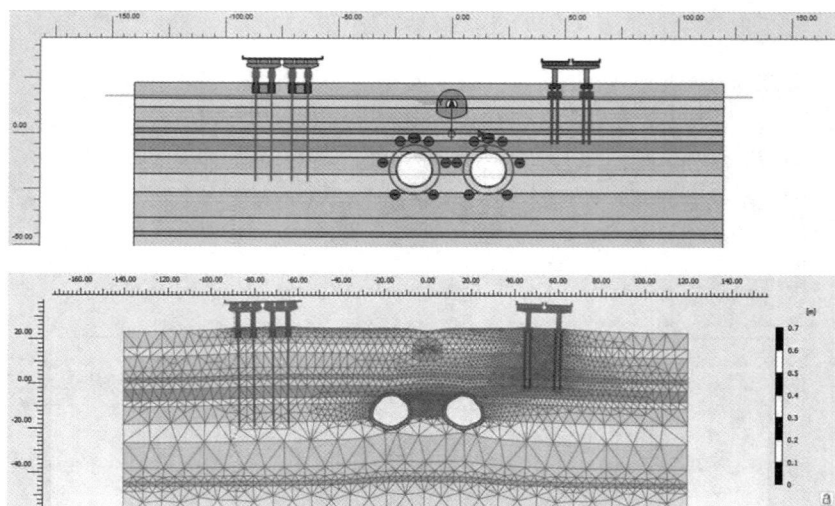

（a）隧道模型与变形网格图

（b）位移等值线与剪应变云图

（c）主应力与相对剪应力等值线云图

图9.55　埋深46.4 m下穿减河桥隧洞数值模型与分析

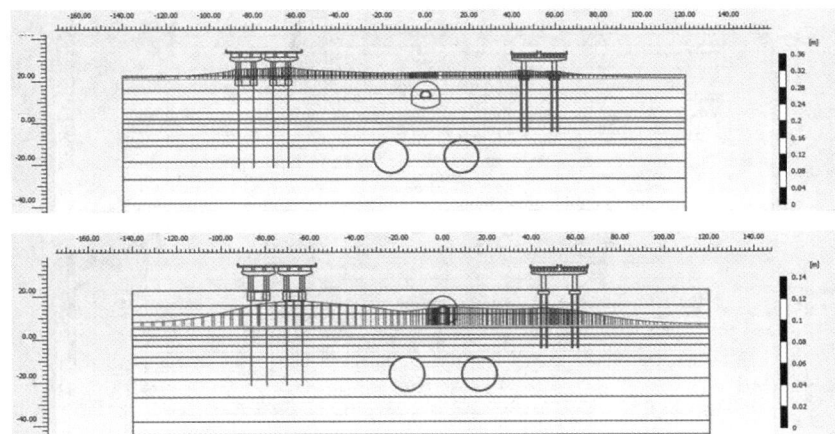

（a）西线隧道开挖

（b）东线隧道开挖

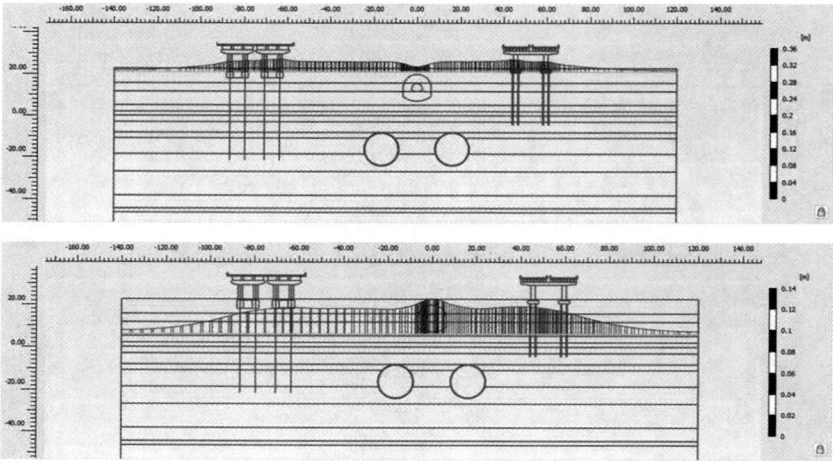

（c）雨水管线开挖

图9.56　埋深46.4m下穿减河桥隧洞竖向沉降矢量图

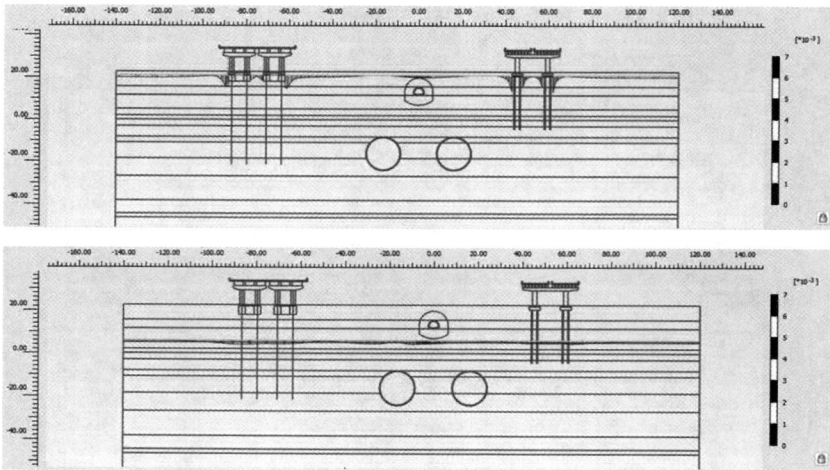

（a）西线隧道开挖

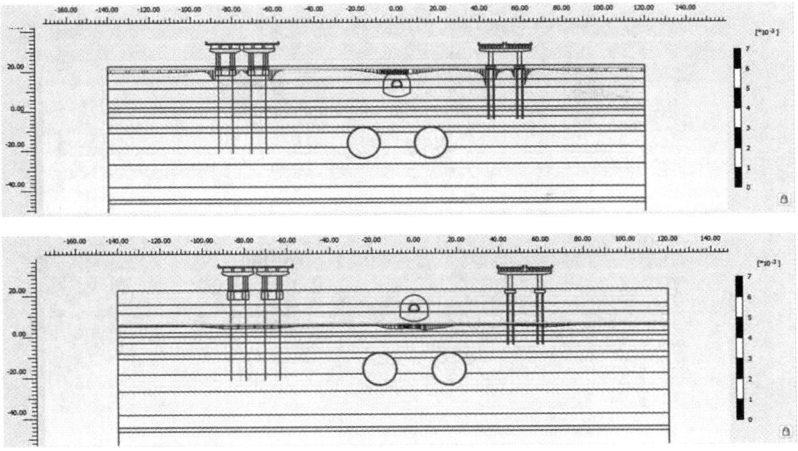

（b）东线隧道开挖

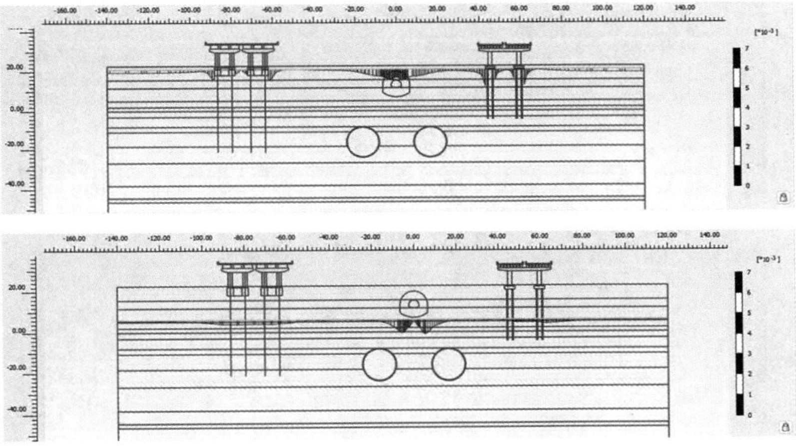

（c）雨水管线开挖

图9.57　埋深46.4 m下穿减河桥隧洞剪应变矢量图

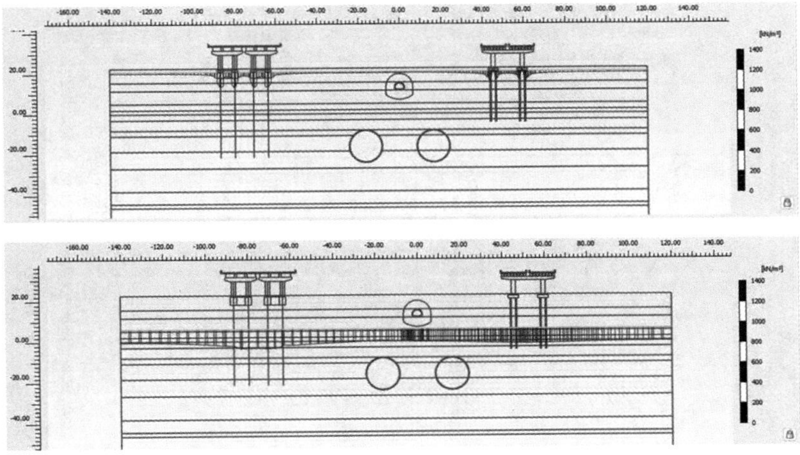

（a）西线隧道开挖

（b）东线隧道开挖

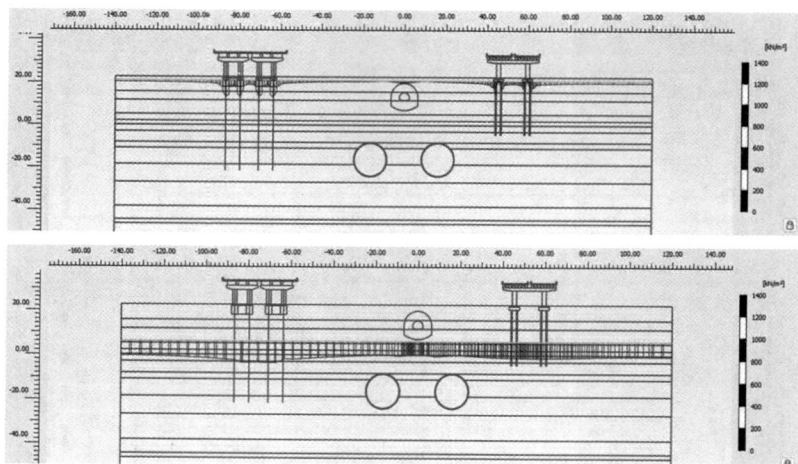

（c）雨水管线开挖

图 9.58　埋深 46.4 m 下穿减河桥隧洞主应力矢量图

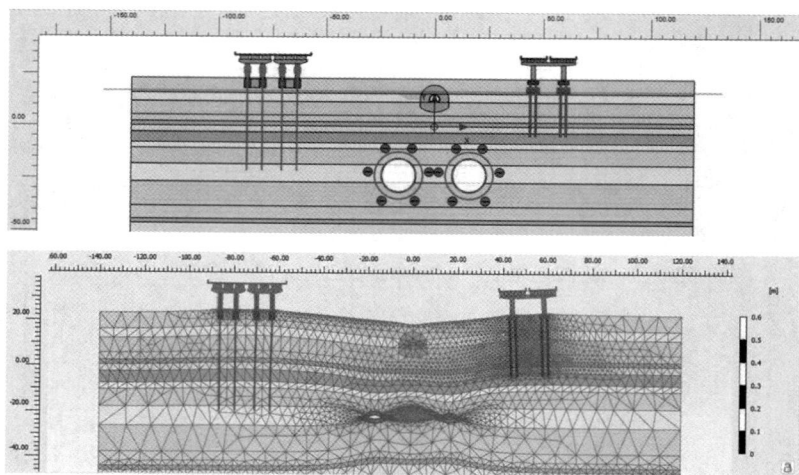

（a）隧道模型与变形网格图

（b）位移等值线与应变云图

（c）主应力与相对剪应力等值线云图

图9.59　埋深53.7m下穿减河桥隧洞数值模型与分析

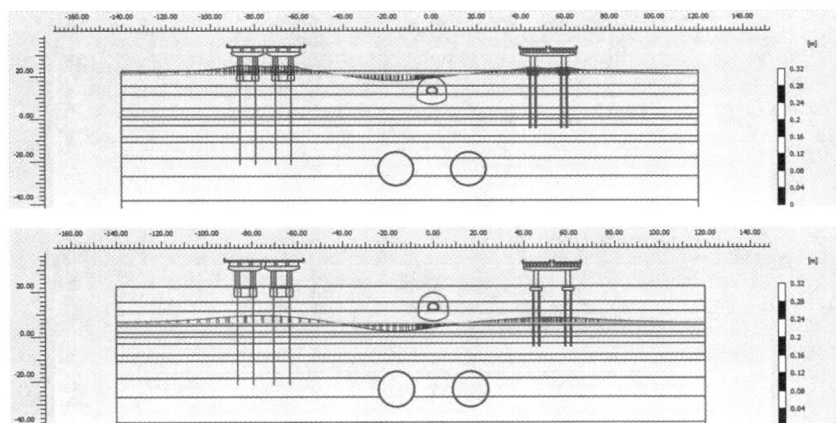

（a）西线隧道开挖

（b）东线隧道开挖

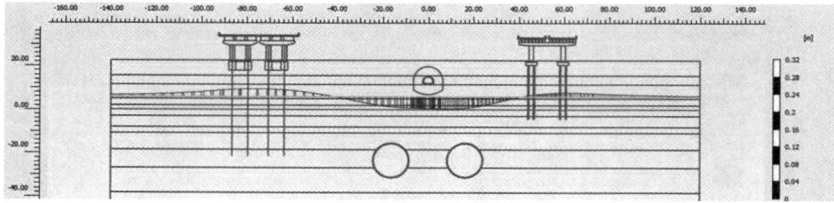

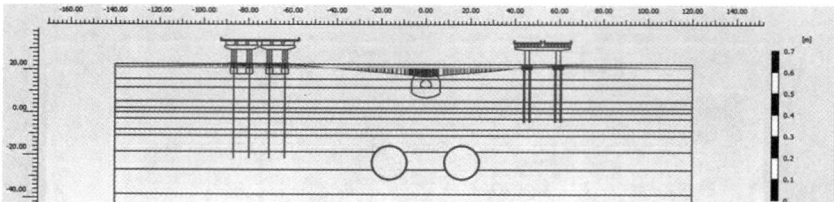

（c）雨水管线开挖

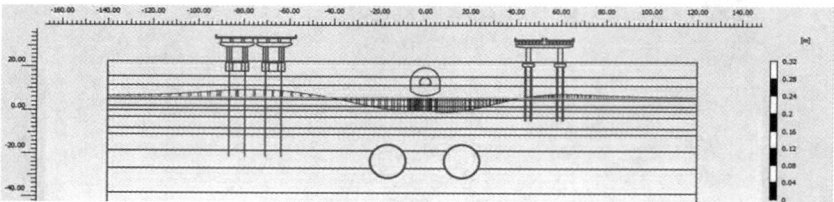

图9.60　埋深53.7m下穿减河桥隧洞竖向沉降矢量图

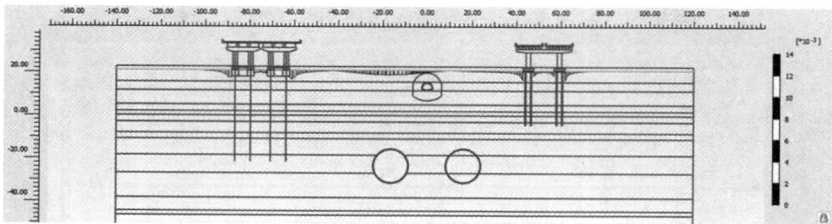

（a）西线隧道开挖

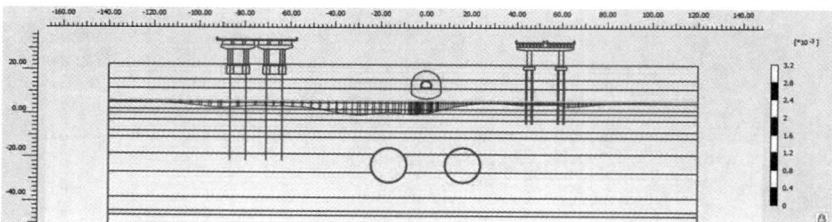

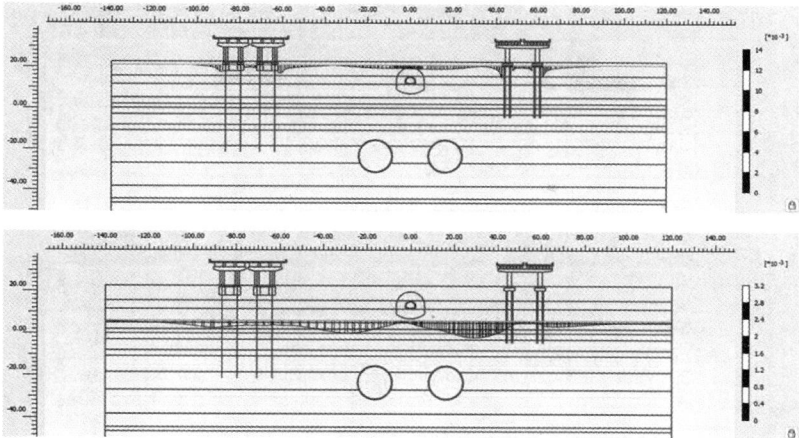

（b）东线隧道开挖

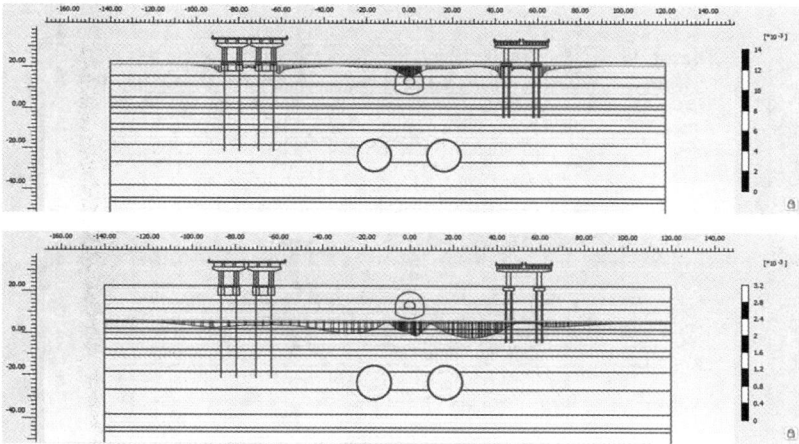

（c）雨水管线开挖

图9.61　埋深53.7 m下穿减河桥隧洞剪应变矢量图

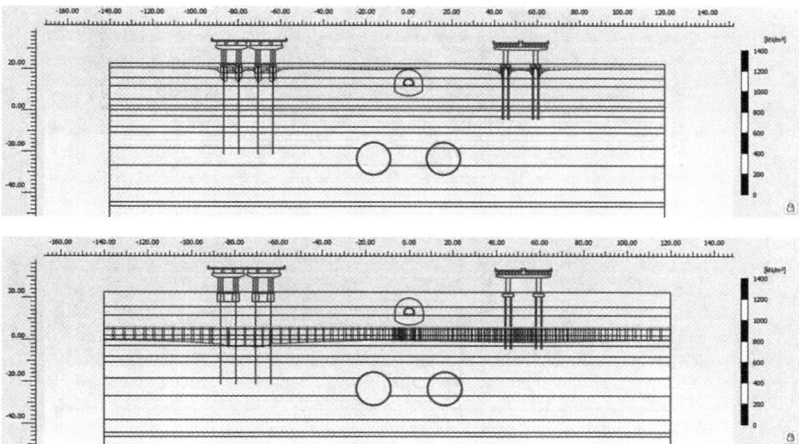

（a）西线隧道开挖

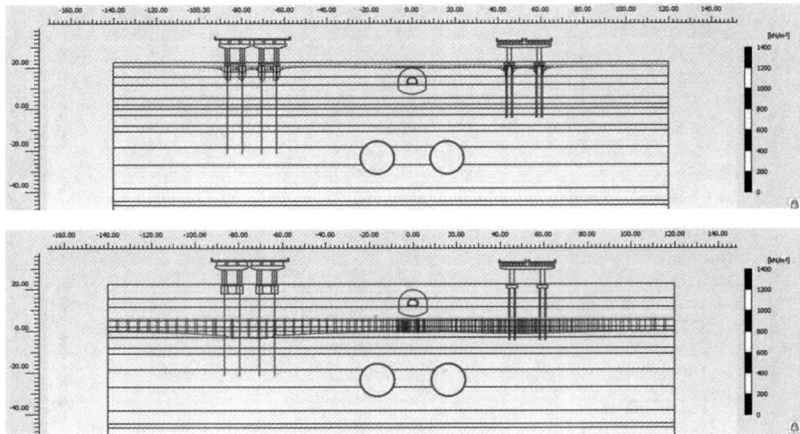

（b）东线隧道开挖

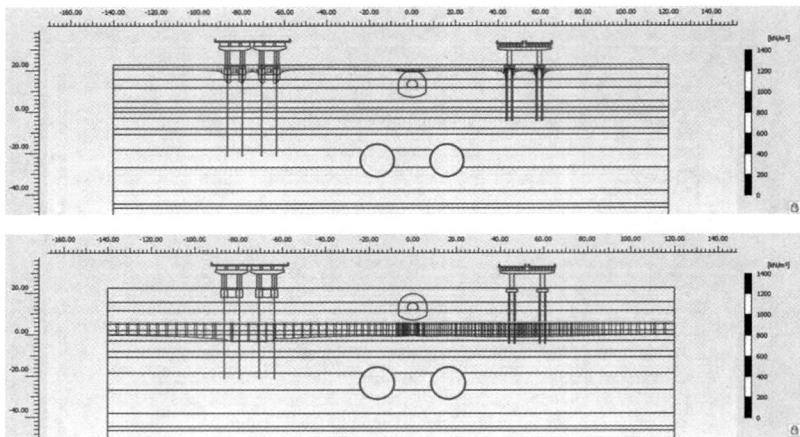

（c）雨水管线开挖

图9.62　埋深53.7 m下穿减河桥隧洞主应力矢量图

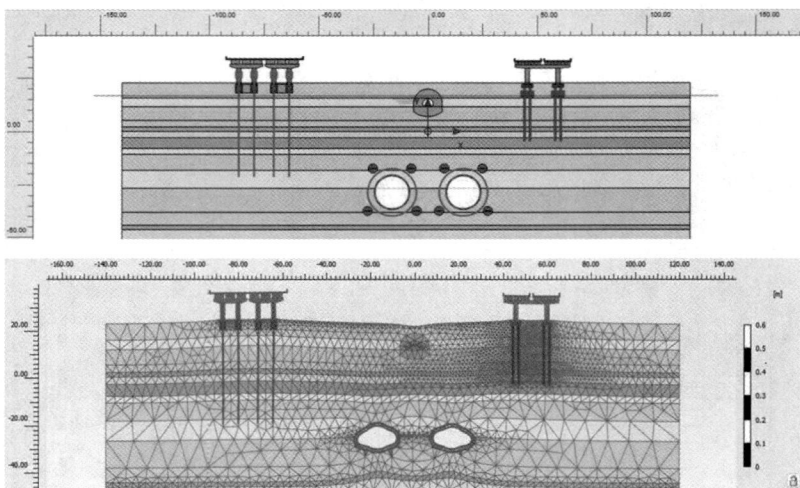

（a）隧道模型与变形网格图

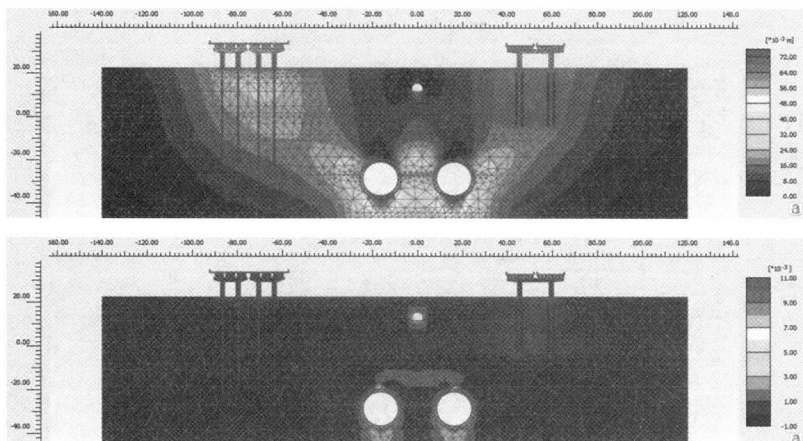

（b）位移等值线与应变云图

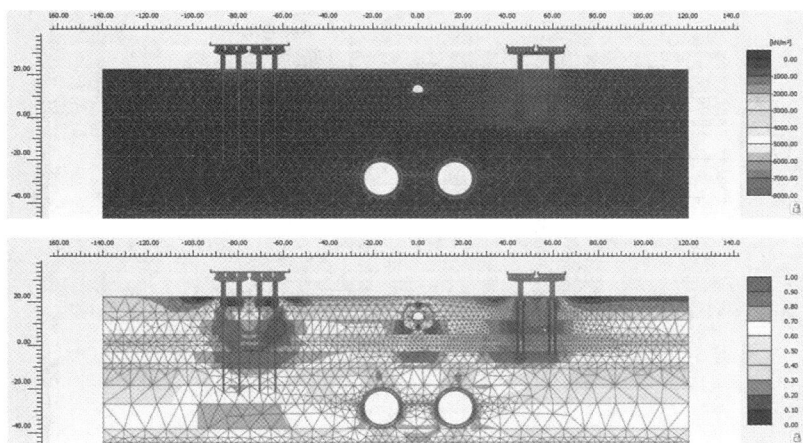

（c）主应力与相对剪应力等值线云图

图9.63　埋深59.0 m下穿减河桥隧洞剪应变矢量图

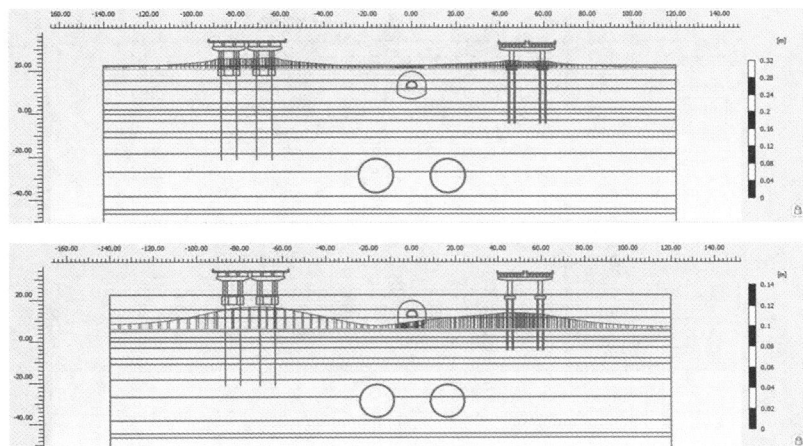

（a）西线隧道开挖

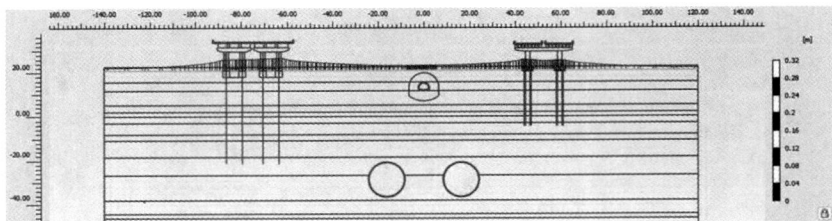

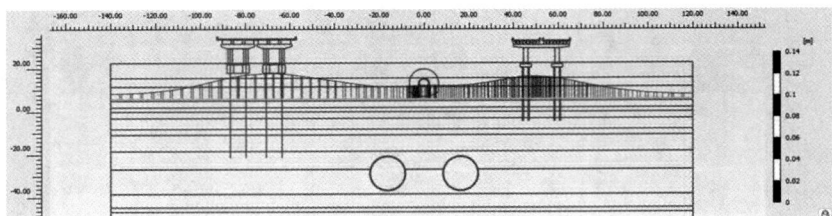

（b）东线隧道开挖

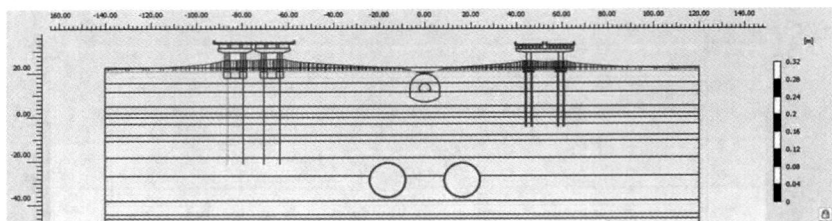

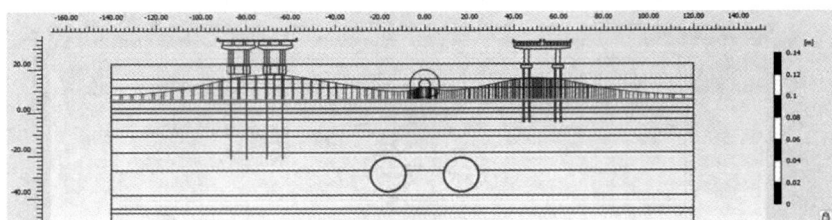

（c）雨水管线开挖

图 9.64　埋深 59.0 m 下穿减河桥隧洞竖向沉降矢量图

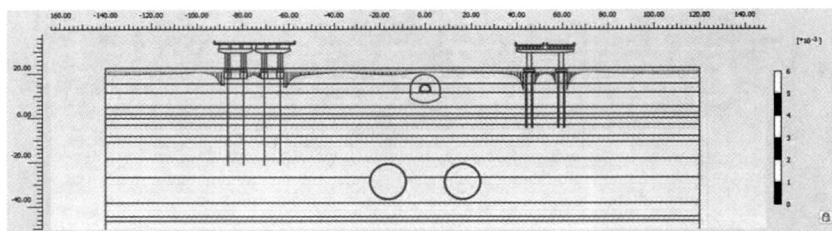

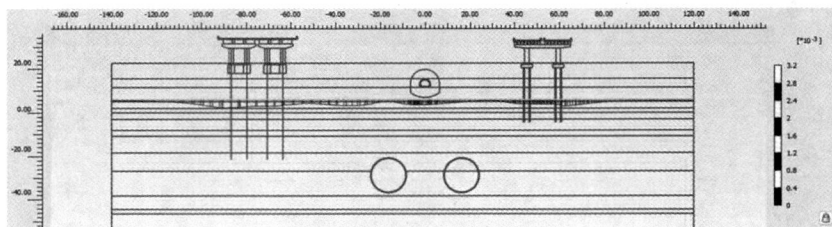

（a）西线隧道开挖

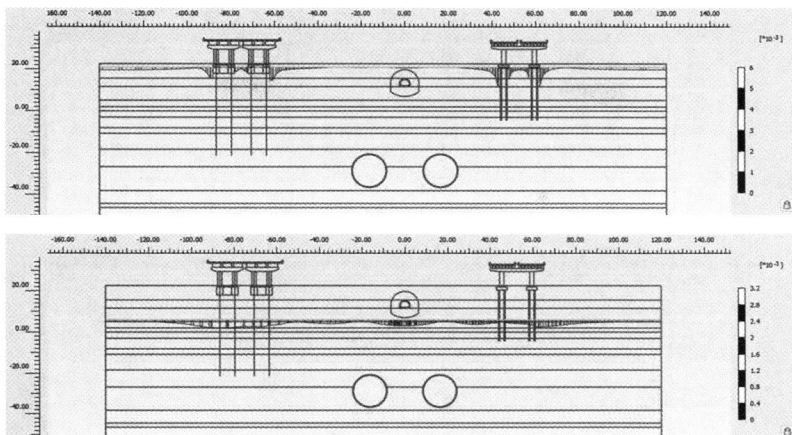

（b）东线隧道开挖

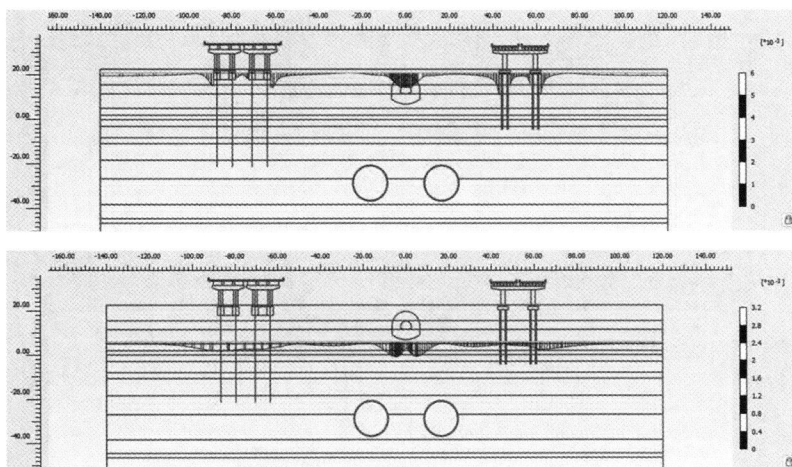

（c）雨水管线开挖

图 9.65　埋深 59.0 m 下穿减河桥隧洞剪应变矢量图

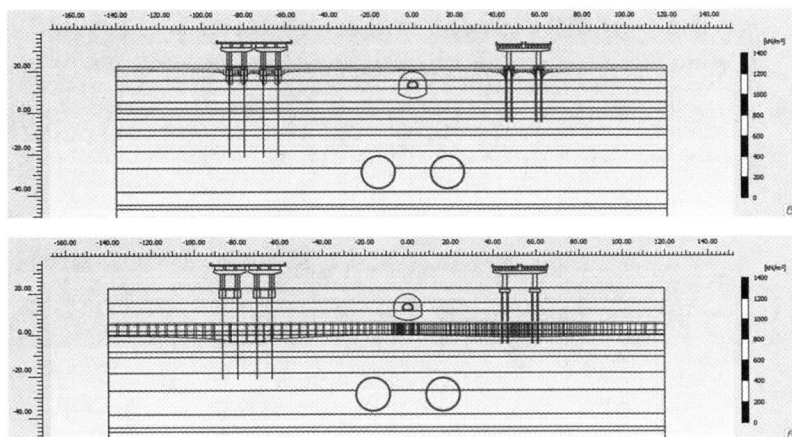

（a）西线隧道开挖

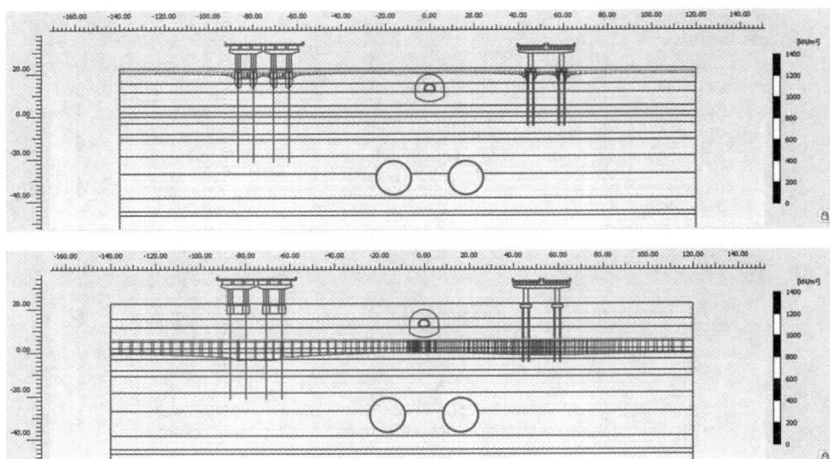

（b）东线隧道开挖

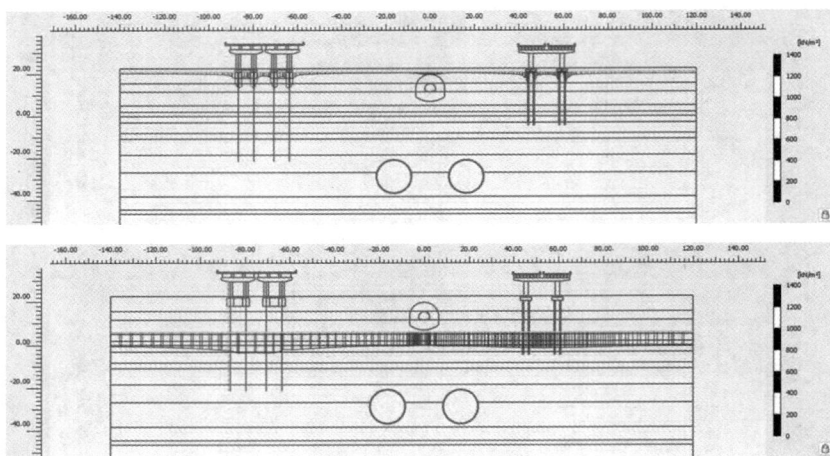

（c）雨水管线开挖

图9.66 埋深59.0 m下穿减河桥隧洞主应力矢量图

根据图9.56、图9.60和图9.64所示可见隧道埋深为53.7 m时，引起桥梁周围地层沉降最小，对桩基影响最小，由下穿减河桥涵洞剪应变矢量图与下穿减河桥涵洞地层剪应变汇总表（表9.4）可见桩基和雨水隧洞均对地面产生剪切力，主应力在地表出现应力集中，随地层深度增加，主应力矢量图趋于平缓，实际工程中隧道建议采用53.7 m埋深。

表9.3 下穿减河桥隧洞地层竖向位移汇总表

类别	施工工况	$y = 21$ m		$y = 6$ m	
竖向位移 （埋深46.4 m）	西线隧道开挖	28.29 mm	2.098 mm	33.67 mm	1.582 mm
	东线隧道开挖	30.48 mm	3.438 mm	33.67 mm	2.522 mm
	雨水隧洞开挖	30.16 mm	3.464 mm	33.53 mm	2.546 mm

表9.3（续）

类别	施工工况	$y = 21$ m		$y = 6$ m	
竖向位移 （埋深53.7 m）	西线隧道开挖	20.94 mm	−14.62 mm	17.25 mm	−18.10 mm
	东线隧道开挖	20.94 mm	−26.32 mm	17.40 mm	−28.45 mm
	雨水隧洞开挖	20.95 mm	−42.47 mm	17.30 mm	−32.66 mm
竖向位移 （埋深59.0 m）	西线隧道开挖	25.84 mm	2.937 mm	21.72 mm	2.456 mm
	东线隧道开挖	28.22 mm	4.811 mm	23.55 mm	4.065 mm
	雨水隧洞开挖	27.91 mm	−5.425 mm	23.31 mm	4.131 mm

表9.4 下穿减河桥隧洞地层剪应变汇总表

类别	施工工况	$y = 21$ m		$y = 6$ m	
剪应变 （埋深46.4 m）	西线隧道开挖	-0.5653×10^{-6}	-0.7798×10^{-3}	-0.2779×10^{-3}	-0.1901×10^{-3}
	东线隧道开挖	-0.5533×10^{-6}	-0.8651×10^{-3}	-0.0234×10^{-3}	-0.3374×10^{-3}
	雨水隧洞开挖	-0.5474×10^{-6}	-0.8737×10^{-3}	-0.0238×10^{-3}	-0.6935×10^{-3}
剪应变 （埋深53.7 m）	西线隧道开挖	-1.2060×10^{-6}	-0.9013×10^{-3}	-7.7460×10^{-3}	-0.3257×10^{-3}
	东线隧道开挖	-1.2810×10^{-6}	-1.2340×10^{-3}	-0.3981×10^{-3}	-0.3981×10^{-3}
	雨水隧洞开挖	-1.2820×10^{-6}	-1.2540×10^{-3}	-0.0247×10^{-3}	-0.4069×10^{-3}
剪应变 （埋深59.0 m）	西线隧道开挖	-0.7809×10^{-6}	-0.8308×10^{-3}	-0.0176×10^{-3}	-0.1927×10^{-3}
	东线隧道开挖	-0.5774×10^{-6}	-0.9700×10^{-3}	-0.0306×10^{-3}	-0.2056×10^{-3}
	雨水隧洞开挖	-0.5935×10^{-6}	-0.9833×10^{-3}	-0.0282×10^{-3}	-0.3486×10^{-3}

表9.5 下穿减河桥隧洞地层主应力汇总表

类别	施工工况	$y = 21$ m		$y = 6$ m	
主应力 （埋深46.4 m）	西线隧道开挖	15.82 kPa	−156.1 kPa	−115.1 kPa	−190.1 kPa
	东线隧道开挖	16.92 kPa	−159.9 kPa	−115.9 kPa	−192.8 kPa
	雨水隧洞开挖	17.20 kPa	−159.7 kPa	−118.5 kPa	−192.9 kPa
主应力 （埋深53.7 m）	西线隧道开挖	19.68 kPa	−152.1 kPa	−125.5 kPa	−188.9 kPa
	东线隧道开挖	24.67 kPa	−151.6 kPa	−123.5 kPa	−188.5 kPa
	雨水隧洞开挖	25.28 kPa	−151.5 kPa	−123.4 kPa	−188.4 kPa
主应力 （埋深59.0 m）	西线隧道开挖	17.41 kPa	−153.0 kPa	−122.0 kPa	−190.6 kPa
	东线隧道开挖	19.22 kPa	−155.0 kPa	−121.2 kPa	−191.8 kPa
	雨水隧洞开挖	19.60 kPa	−154.6 kPa	−116.8 kPa	−191.8 kPa

9.7 中间工作井隧道工程设计与力学特性分析

9.7.1 中间工作井隧道工程设计

隧道盾构施工由于盾构技术特性，施工期间无需降水，但是其始发井、检查井、接收井基坑需疏干排水。基坑疏干排水时将大量浅层地下水排出地表，在一定程度上影响浅层地下水含水层水量。

北侧工作井、后配套及共建段里程为 K13 + 836 ~ K14 + 073，全长 237 m，包含工作井 K13 + 836 ~ K13 + 863（长度 27 m）、后配套段 K13 + 863 ~ K13 + 976（长度 113 m）以及共建段 K13 + 976 ~ K14 + 073（97 m），如图 9.67 所示。工作井结构基坑尺寸约为 27.2 m（长）× 54.2 m（宽）× 31.0 m（高），基坑开挖土层主要为③④饱和粉细砂层，坑底位于⑤粉质黏土层中。工作井结构底板最大埋深为 31.0 m，位于层间潜水（三）含水层中。根据北侧盾构工作井的详勘钻孔揭示，在工作井坑底以下约 20.5 m 处存在 7 ~ 10 m 厚的⑦$_2$粉质黏土层，可作为隔水层。通过选择适当加大地墙深度，嵌入下部的隔水层实现落底式帷幕止水方案，可以减小对周边环境的影响，保护地下水资源。止水帷幕隔断浅层潜水及 5 层承压水，按照工作井坑内深井疏干进行降水设计。抽水量为 2.05 万 m³。南侧工作井主体结构主线设计里程桩号 K6 + 438.8 ~ K6 + 466.2，长 27.4 m。基坑尺寸约为 27.4 m（长）× 51.6 m（宽）× 26.2 m（高），基坑开挖土层主要为③④饱和粉细砂层，坑底位于④饱和粉细砂层中。工作井结构底板最大埋深为 26.2 m，位于层间潜水（三）含水层中。根据南侧盾构工作井的详勘钻孔揭示，在坑底以下约 15 m 处存在一层约 8.6m 厚的⑥密实粉土弱透水层，可视为相对隔水层。通过选择适当加大地墙深度，嵌入下部相对隔水层实现落底式帷幕止水方案，可以减小对地下水抽取量，保护地下水资源。止水帷幕隔断浅层潜水及⑤$_5$层承压水后坑内只需深井疏干降水，抽水量为 1.87 万 m³，图 9.68 所示。施工中需在盾构工作井外侧地表设置高效的排水措施以排出地表积水，预防地表水流进坑内，另外在基坑开挖过程中应设集水井和排水沟等疏水措施及时排出大气降水。

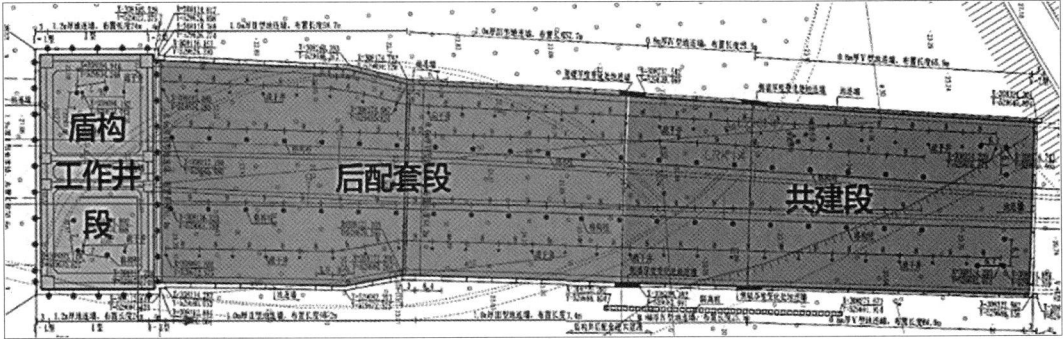

图9.67　北侧盾构工作井、后配套及共建段施工段落图

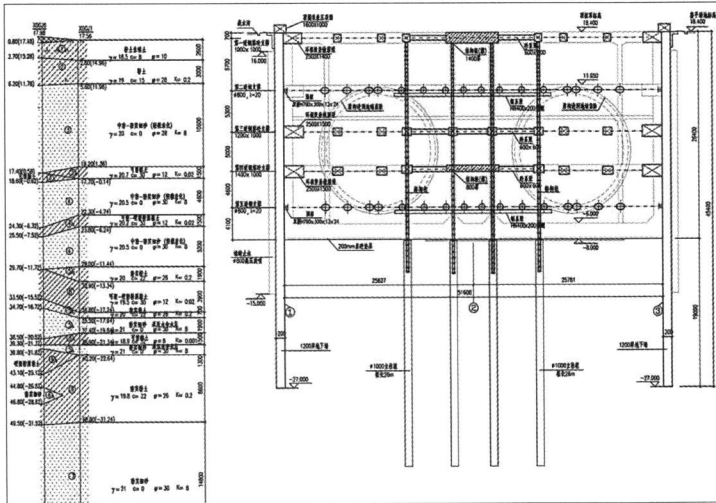

（a）南侧隧道盾构工作井

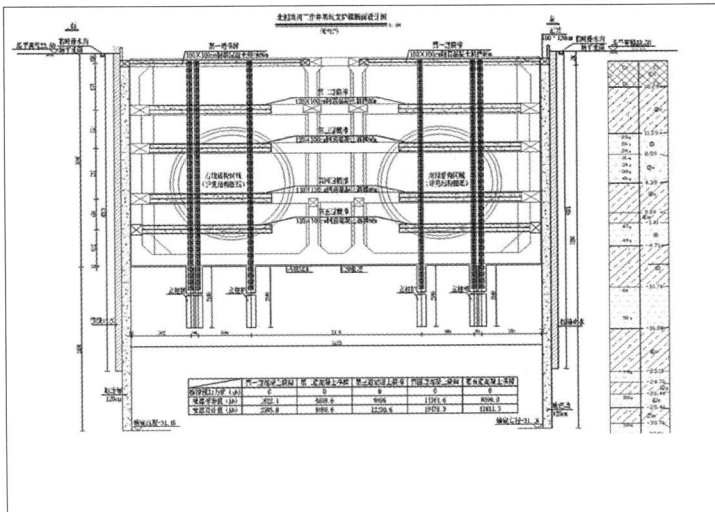

（b）北侧隧道盾构工作井

图9.68　南、北侧隧道盾构工作井基坑横剖面图

中间盾构工作井主体结构主线设计里程桩号为 K9 + 038.5 ~ K9 + 066.5，长 28 m。基坑尺寸约为 28 m（长）× 57.9 m（宽）× 42.4 m（深），具有基坑深度大、砂质地层渗透性强等特点，工作井结构底板最大埋深 42.4 m，位于承压水（四）含水层底板以下。根据中间盾构工作井的详勘钻孔揭示，在坑底以下约 10 m 范围内存在⑥₂层可塑粉质黏土（渗透系数 $k = 0.02$ m/d）及⑦₂层粉质黏土（渗透系数 $k = 0.025$ m/d），可视为相对隔水层隔断坑底以下承压水。而坑底下约 20 m 再向下范围基本全为透水性极强且含承压水的⑦⑧⑨层细砂，地墙深度需要近约 100 m 方可隔断。通过地墙插入基坑以下 30 m，以满足基坑稳定性以及抗渗流稳定性等规范要求。同时坑内设置减压井及疏干井进行降水。抽水量为 158.93 万 m³，回灌量 77.76 万 m1（见图 9.69）。

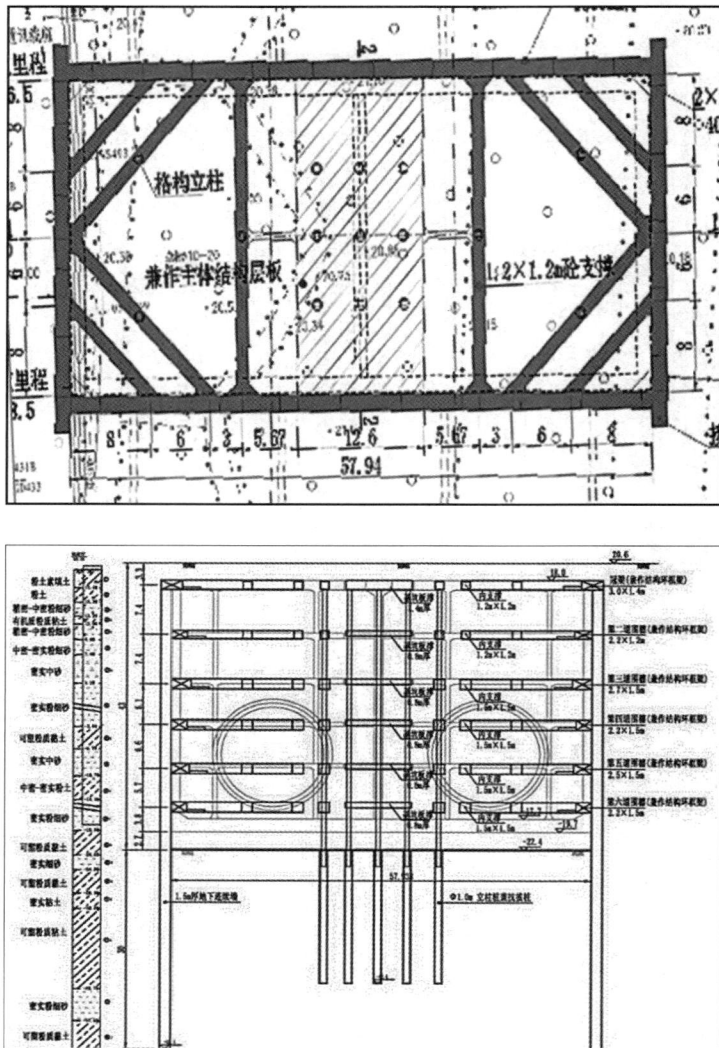

图 9.69 盾构隧道中间工作井平剖面图

9.7.2　中间工作井隧道工程力学特性分析

盾构隧道中间工作井模型（其中考虑基坑、隧道开挖对比）见图9.70（a），见图9.71（a）。图9.71（b）为位移等值线云图，其中基坑开挖完成后最大位移为153.2 mm，隧道贯通后最大位移为164.6 mm；图9.71（c）为剪应变等值线云图，其中基坑开挖完成后最大剪应变为26.95×10^{-3}，最小剪应变为0.1229×10^{-6}，隧道贯通后最大剪应变为27.02×10^{-3}，最小剪应变为0.2117×10^{-6}；图9.71（d）为主应力等值线云图，其中基坑开挖完成后最大主应力为20.6×10^{3} kPa，最小主应力为-86.56×10^{3} kPa，隧道贯通后最大主应力为22.6×10^{3} kPa，最小主应力为-85.24×10^{3} kPa；图9.71（e）为相对剪应力等值线云图，其中基坑开挖完成后最大相对剪应力为1.0，最小相对剪应力0，隧道贯通后最大相对剪应力为1.0，最小相对剪应力为0。地层变形区域随隧道开挖逐渐扩展，挤压围护结构，使得支撑发生变形，基坑底部产生隆起。

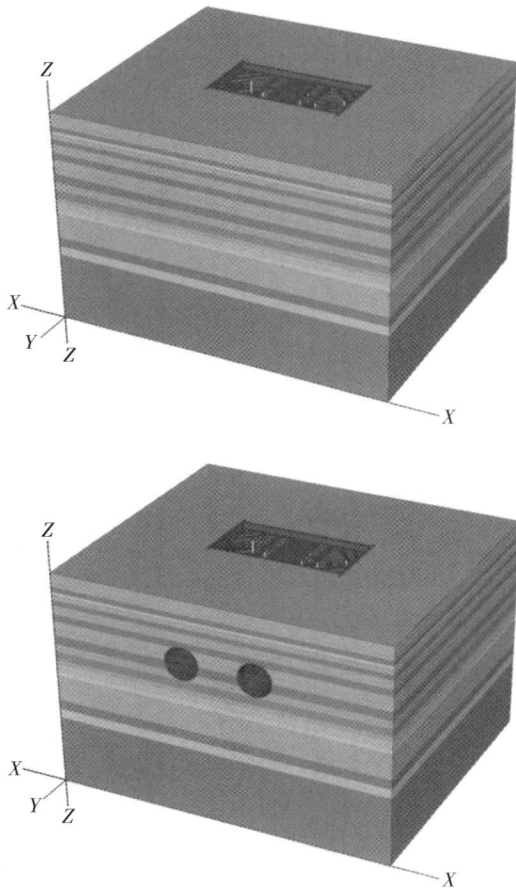

（a）盾构工作井模型图

（b）变形网格

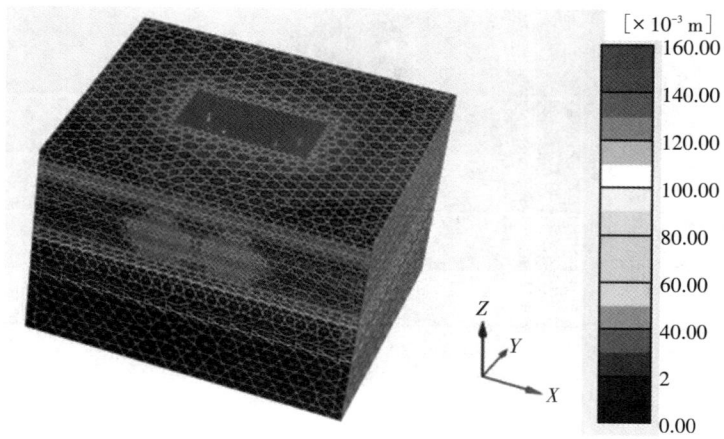

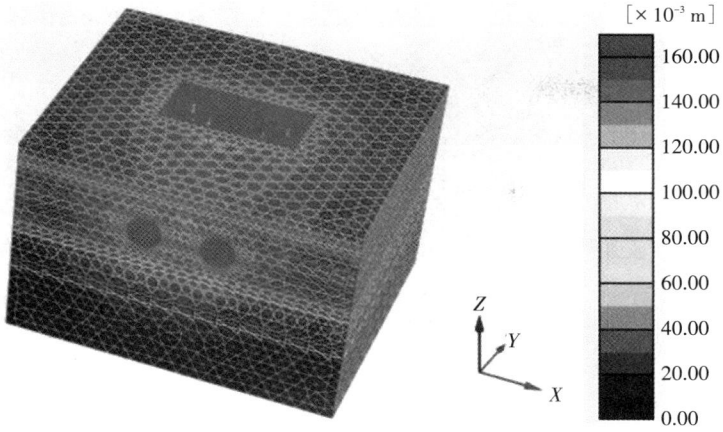

（c）总位移云图

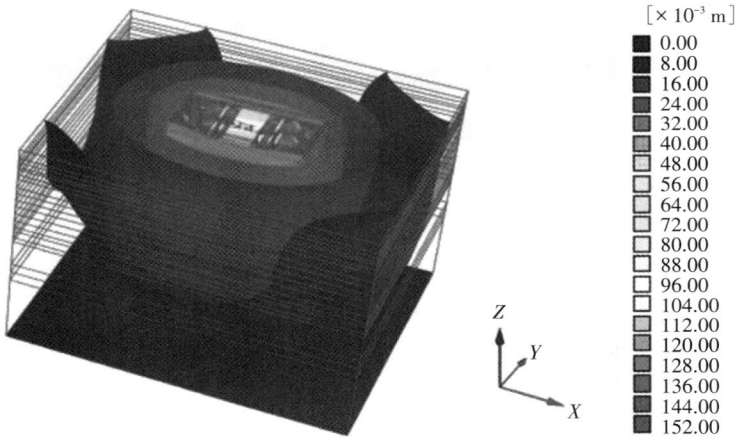

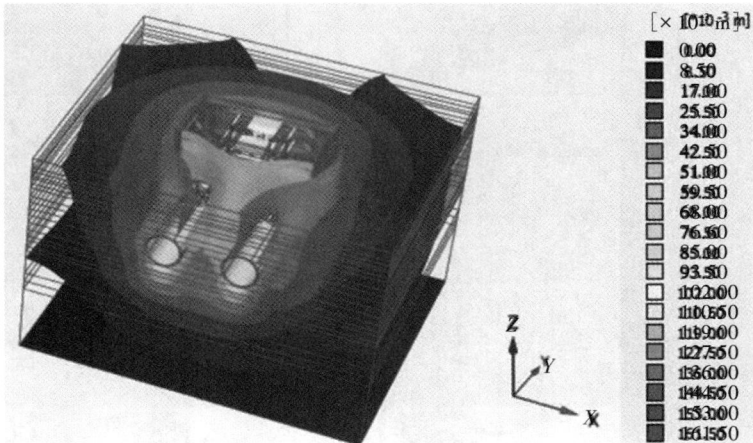

（d）总主位移变化等值面图

$$[\times 10^{-3}\,\text{m}]$$
A: 0.00
C: 20.00
E: 40.00
G: 60.00
I: 80.00
K: 100.00
M: 120.00
O: 14.00

$$[\times 10^{-3}\,\text{m}]$$
A: 0.00
C: 20.00
E: 40.00
G: 60.00
I: 80.00
K: 100.00
M: 120.00
O: 160.00

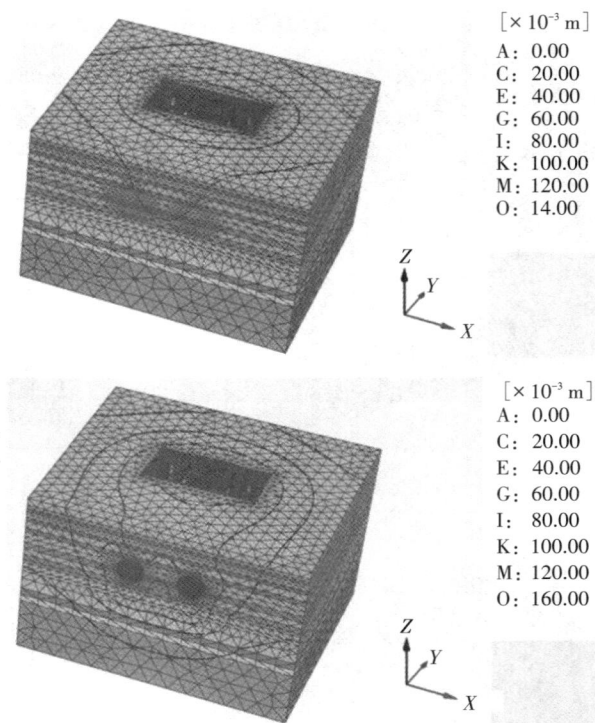

（e）总主位移变化等值线图

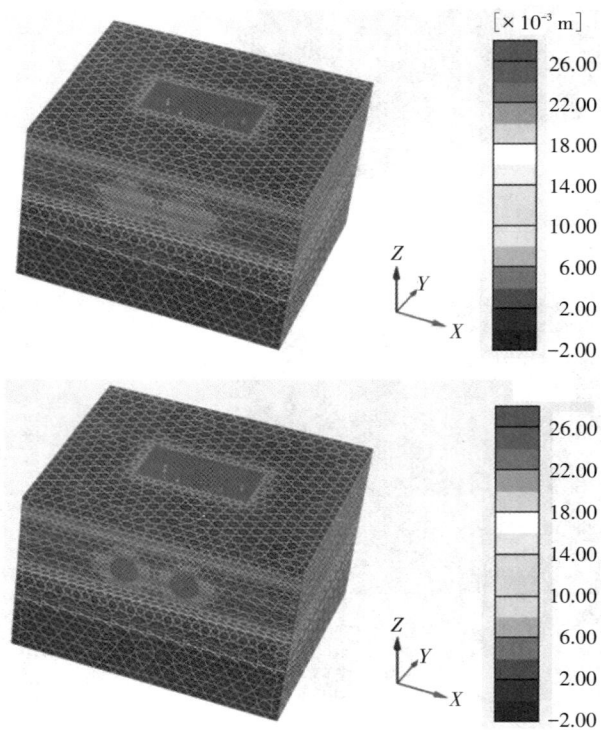

$$[\times 10^{-3}\,\text{m}]$$
26.00
22.00
18.00
14.00
10.00
6.00
2.00
-2.00

26.00
22.00
18.00
14.00
10.00
6.00
2.00
-2.00

（f）应变云图

$[\times 10^{-3} \text{ kN/m}^2]$

$[\times 10^{-3} \text{ kN/m}^2]$

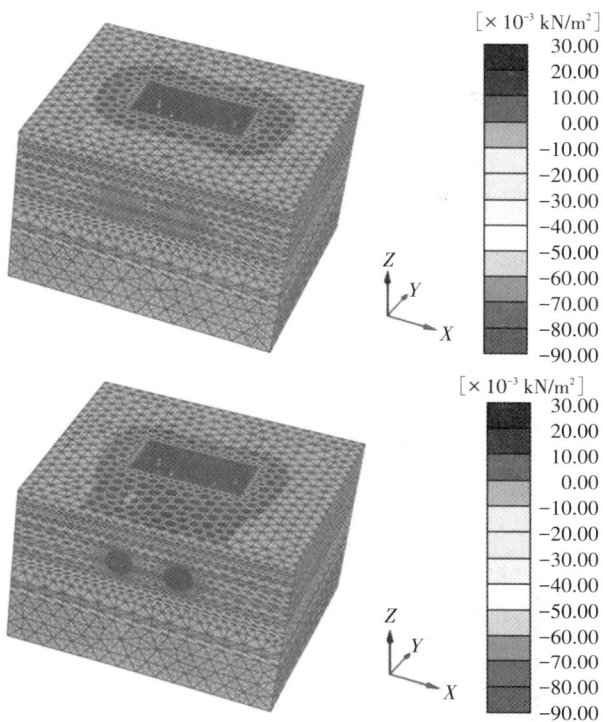

（g）主应力等值线云图

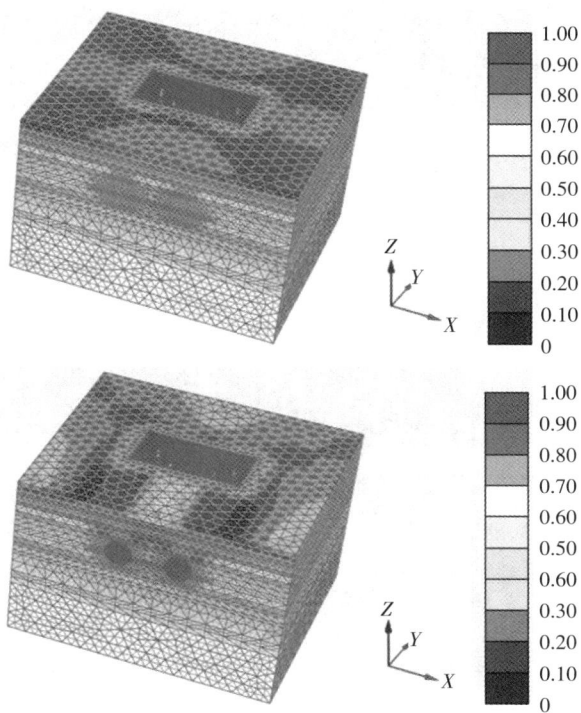

（h）相对剪应力等值线云图

图9.70 盾构中间工作井数值模型与分析

盾构隧道中间工作井模型取 $x = 91.3$ m 处剖面。图9.71（a）为其中基坑开挖完成后最大位移为153.0 mm，隧道贯通后最大位移为164.3 mm；图9.71（b）为剪应变等值线云图，其中基坑开挖完成后最大剪应变为 7.679×10^{-3}，最小剪应变为 -0.7050×10^{-6}，隧道贯通后最大剪应变为 7.848×10^{-3}，最小剪应变为 -0.6991×10^{-6}；图9.71（c）为主应力等值线云图，其中基坑开挖完成后最大主应力为1481 kPa，最小主应力为-7155 kPa，隧道贯通后最大主应力为1896 kPa，最小主应力为-7985 kPa；图9.71（d）为相对剪应力等值线云图，其中基坑开挖完成后最大相对剪应力为1.0，最小相对剪应力0.02228，隧道贯通后最大相对剪应力为1.0，最小相对剪应力为0.09228，由剖面图可知，基坑底部随开挖隆起不断增长，底部土体受剪切作用，出现应力集中，隧道距离基坑越近，受基坑影响产生变形大于远离基坑一侧，则在基坑开挖及隧道掘进过程中，应采取一定加固措施，降低底部土体隆起和盾构端头的变形，防止围护结构出现损坏。

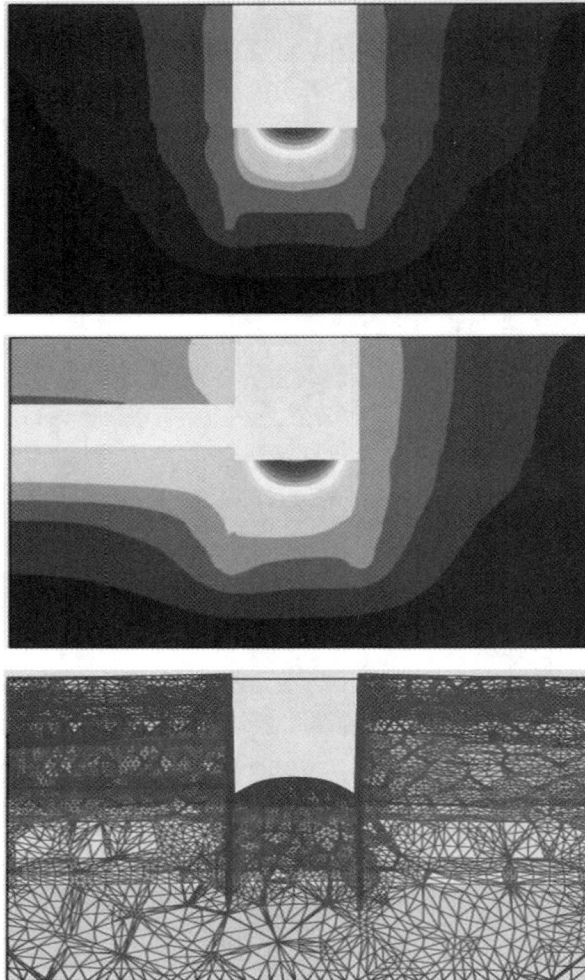

（a）东线隧道断面总位移图

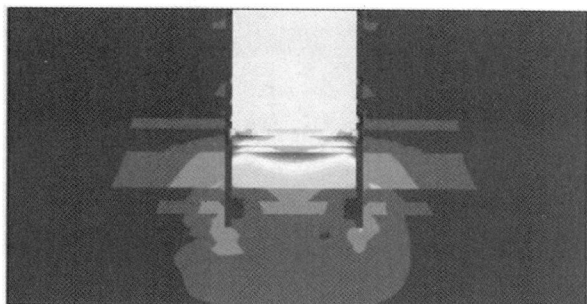

（b）东线隧道断面剪应变云图

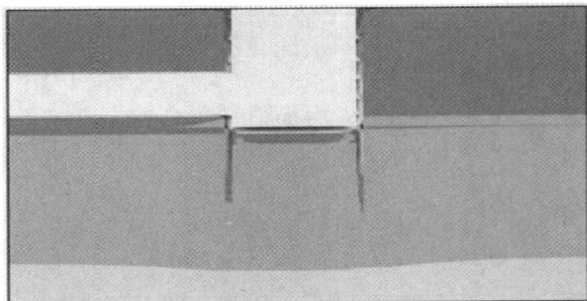

（c）东线隧道断面主应力等值线云图

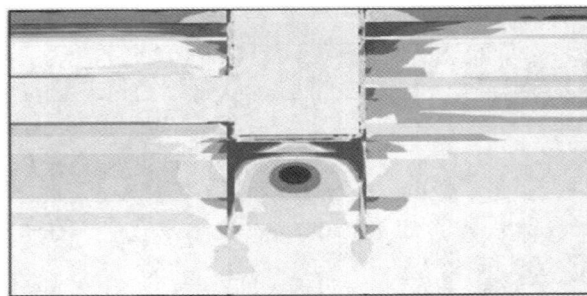

（d）东线隧道断面相对剪应力等值线云图

图9.71　x = 91.3 m断面盾构中间工作井数值模型与分析

综上所述，通过道桥隧工程的规定与设计理念，基于北京东六环连接副中心城区的交通属性，根据穿越城区的功能属性及地质条件，对东六环改造工程的设计方案进行了探讨，最终确定了下穿隧道的建设方案，在此基础上，针对下穿过程中可能出现的风险点位，得出具体的设计方案，结构自身的稳定是确保周围环境安全的前提。针对工程中众多风险点位进行风险评估，分析工程施工过程中各风险断面的稳定性，预测结构变形和应力的发展趋势，找出最危险断面，提出相应的监测方案与加固措施。主要如下。

（1）模拟路基的变形趋势，填方路基加固前后沉降分别为97.56 mm、97.97 mm，挖方路基加固前后沉降分别为32.80 mm、31.35 mm，得出路堤更宜采用桩基加固，4种方案最大沉降分别为24.18 mm、21.21 mm、21.22 mm、26.37 mm，PHC加固效果最好。

（2）盾构隧道施工中，明挖与盾构段需控制纵坡坡率，减小基坑开挖深度，控制隧道覆土厚度，充分利用盾构机以延伸盾构区间。隧道随埋深的增加变形逐渐呈拱形分布，隧道最大变形分别为117.0 mm、81.18 mm、93.64 mm，地表最大沉降分别为3.05 mm、1.20 mm、0.41 mm，开挖对地表的影响也随之减小。

（3）联络通道因处于渗透性强的砂性地层，最终选用冻结法加固、矿山法开挖完成施工。砂土层受流速影响较大，渗流速度增大3～4倍，而黏土层渗流场变化不明显，冻结法涉及土层性质将影响最终冻结效果。在相同流速作用下，河床内的渗流场所受影响更大，选用双圈冻结管方案其温度场外扩并不明显，热交换效率更高，交圈时间更短，双圈冻结管方案冻结效果更好。提高初始渗流速度，在河床和河岸同时采用双圈冻结管方案，高水头条件下冻结管产生的冻土帷幕有效厚度降低，施工时应慎重选择冻结方式。

（4）由于六环路入地改造工程与现状河流纵断冲突，盾构工作井、立交闸道和救援中心位置与现状河道位置产生冲突，需对河道整体向西改移，设计分明渠段与暗涵段保证河流联通的同时确保改造工程顺利通行。河流改道后，隧道集中在河岸东侧，受距离制约其对西侧河岸影响不大，东侧河岸产生不均匀沉降与偏移，河堤易出现开裂，为确保隧道穿越过程的安全应着重防护东岸。

（5）对比雨水隧洞加固前后的位移及应力变化，雨水管涵结构将增大隧道结构的变形和地层整体沉降量，雨水隧洞加固后会增大位移变化，故隧道下穿雨水隧洞结构时应选择防护措施减少隧道结构的变形，如加固隧道周围地层、增强注浆压力等。对比六环西侧桥与六环桥在隧道开挖过程中产生的位移，隧道埋深在53.7 m时引起桥梁周围地层竖向沉降最小，桥梁侧向位移与沉降受隧道与桩基的水平距离和隧道埋深影响。

（6）基坑开挖时，周围砂土层主动土压力的挤压作用，使得支撑向上弯曲产生变形，基坑底部和隧道端头处的竖向变形较大，因此应加强深基坑底部、端头和支撑的安全监测，实际施工中变形超过控制标准应立刻停止施工采取加固措施。

第10章　北京东六环下穿北京城市副中心站力学特性

北京城市副中心站作为首都重要的交通枢纽，配备高标准的综合服务配套设施，实现交通中转、商务办公和生活居住的高效结合，汇集了多条铁路和地下铁路干线，并预留了航站楼的建设空间，项目落成后将成为全国10大客运枢纽之一，是新的首都门户。

10.1　东六环下穿北京城市副中心站隧道建筑工程方案

北京城市副中心站位于通州区潞城镇杨坨村，由城市地下综合体及配套商业设施构成，目的是打造城市副中心区的城市交通枢纽。车站汇集了京唐城际、城际铁路联络线和京哈铁路3条铁路，以及平谷线、M6线、M101线、M104线4条地铁线路。地下车站方案是本工程设计的特色。与地上站点相比，地下空间有利于交通枢纽之间的交流，释放地上空间，提升城市功能，将城市建设空间与东六环地下通道工程相结合，实现城市交通纽带与智慧城市空间的有机结合。地铁6号线到中心城区交叉线路示意图见图10.1。

图10.1　地铁6号线副中心城区交叉线路示意图

北京城市副中心站将带动京津冀一体化协同发展，也是仅有的联系北京两大国际机场的铁路交通枢纽，是通州城市副中心与城区联系的中转站（见图10.2）。

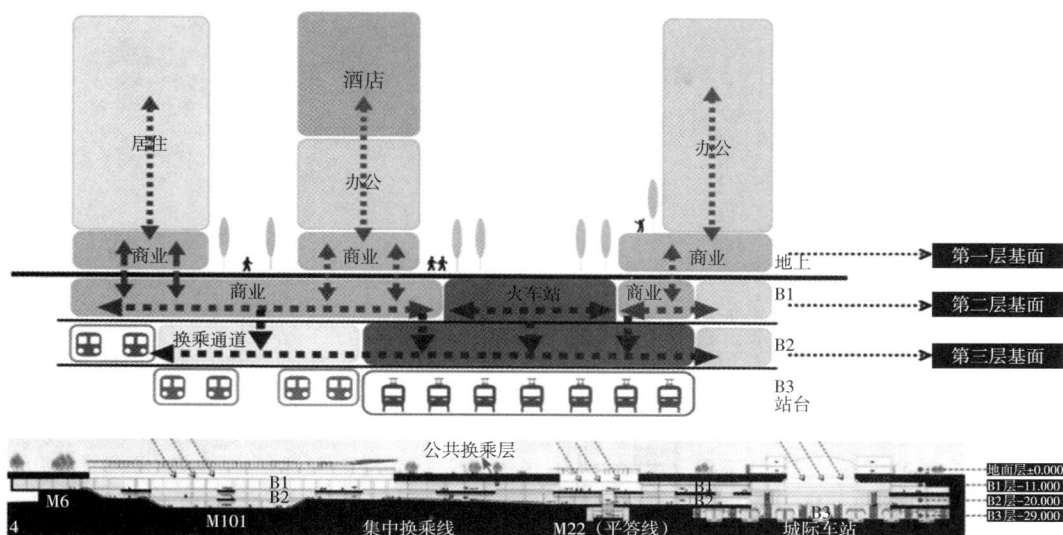

图10.2　城市基面的立体化组织布局

北京城市副中心站地下部分建设面积达128.3万 m^2，其中主车站建筑面积约为37.9万 m^2，设计有14号线8个单元。铁路月台位于地下三层，最深处距离地表32 m。建成后候车厅最多可容纳8000人，建筑面积等于北京西站、北京南站、北京站3个火车站之和，竣工后将成为国内最大的地下综合交通枢纽。城市副中心总体城市设计规划目标为：设计北运河河滩和六环改造后景观带所围绕的建筑综合体及城市绿地，通过副中心站和东六环改造工程间的延伸，在地表建设完整的城市绿地空间，形成城市一体化开放空间（见图10.3、图10.4）。

图10.3　基坑开挖俯瞰图

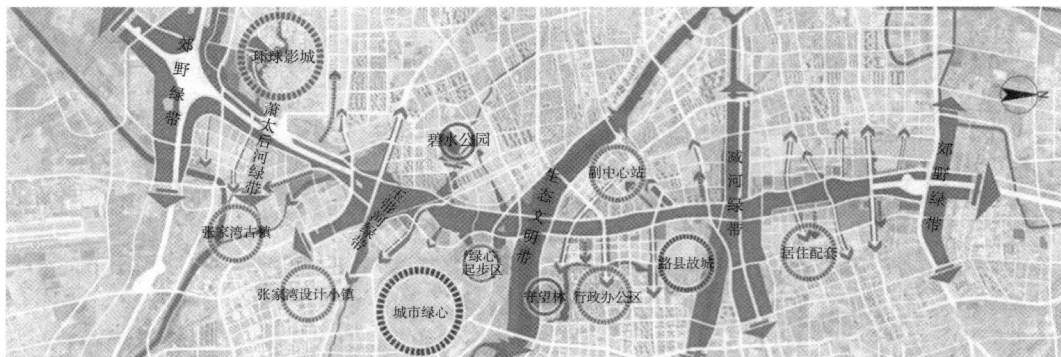

图10.4　城市副中心绿地网络图

北京城市副中心站设计时应考虑衔接交通线间设计条件的有机整合，车站西段轨道面约40 m，下穿3条地铁线路和北运河，同时考虑3条线路的预埋位置，M6线穿越北运河，轨道面埋深约15 m，置于地下二层。M101线将经过车站西段和M6线，轨道面埋深约21 m，置于地下三层。另外，北京地铁22号线（平谷线）与铁路区间并行，上跨线不与M101线西段和M6线相交。轨道面埋深约15 m，地下一层空间设有换乘通道，用于连接各铁路、地铁线路。为保证地下交通线与上盖建筑一体化建设，地下车站的车站结构柱网应与上盖结构相结合，确保自上而下结构设计合理。车站区间剖面图见图10.5。

北京地铁22号线（平谷线）是首都城市圈一条在建的重要交通线路，连接城市CBD商务区、通州城市副中心、燕郊经济开发区、平谷新城等主要城区。它是推动城市交通高效运行的重要环节。直径8.33 m的隧道掘进采用同步双浆系统和二次注浆系统等先进技术，是实现京津冀协同发展、建设京津冀区域轨道交通一体化的重大工程。目前，城市副中心站综合交通枢纽工程已全部完成桩基、平谷线围护桩、格构柱、平谷线西侧及地连墙、平谷线围护桩冠梁、盖挖逆作区顶板及B1层底板、02B基坑锚索工程、02B基坑空间土方工程、平谷线钢支撑部分工程。车站结构型式及施工工法汇总表见表10.1，地下区间结构型式及施工工法汇总表见表10.2。

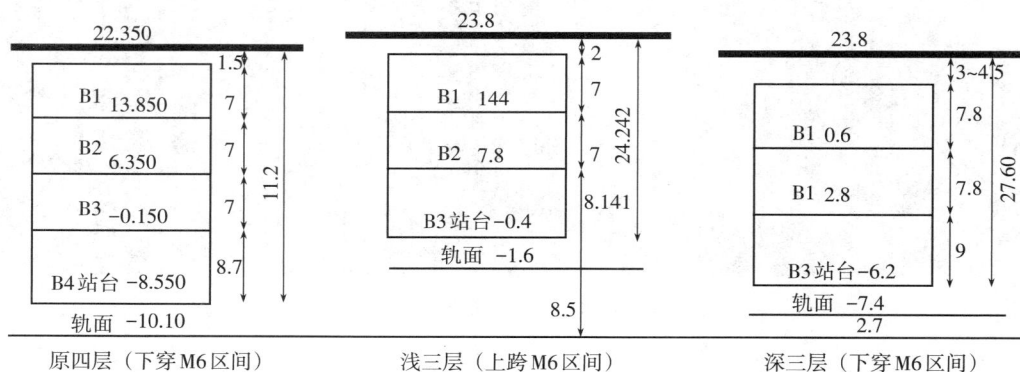

图10.5　车站区间剖面图

表10.1　地铁22号线车站结构型式及施工工法汇总表

车站名	结构型式	施工工法	支护型式	覆土厚度/m
东大桥站	五层双柱三跨/岛式	铺盖	连续墙+混凝土内支撑体系	2.0
金台夕照站	四层双柱三跨/岛式	铺盖	连续墙+混凝土内支撑体系	3.5
红庙站	双层双柱三跨/岛式	暗挖	洞桩法	12.5
慈云寺桥站	双层双柱三跨/岛式	暗挖	洞桩法	11.0
甘露园站	双层双柱三跨/岛式	暗挖	洞桩法	14.6
定福庄站	双层双柱三跨/岛式	铺盖	连续墙+钢管内支撑体系	3.0
管庄站	三层双柱三跨/侧式	明挖	连续墙+钢管内支撑体系	3.0
永顺站	三层双柱三跨/侧式	明挖	连续墙+钢管内支撑体系	3.0
北关站	三层双柱三跨/岛式	明挖	连续墙+钢管内支撑体系	4.3
运河商务区站	三层双柱三跨/岛式	明挖	连续墙+钢管内支撑体系	3.0
副中心站	三层双柱三跨/岛式	明挖	连续墙+钢管内支撑体系	3.0
政务中心站	三层双柱三跨/岛式	明挖	连续墙+钢管内支撑体系	3.0
政务中心东站	三层双柱三跨/岛式	明挖	连续墙+钢管内支撑体系	3.0
马坊站		高架		
马昌营站		高架		
平谷站	三层双柱三跨/岛式	明挖	连续墙+钢管内支撑体系	3.0

表10.2　地铁22号线地下区间结构型式及施工工法汇总表

车站区间	区间长度/m	区间结构型式	区间施工方法
起点—东大桥站	2240 m（预留）、1700 m（盾构）540 m渡线段（盾构+明挖）	双岔线明挖框架其余单线单洞隧道	折返线岔线区明挖其余盾构法
东大桥站—金台夕照站	840 m	单线单洞隧道	盾构法
金台夕照站—红庙站	1258 m	单线单洞隧道	盾构法
红庙站—慈云寺桥站	438 m	单线单洞隧道	盾构法
慈云寺桥站—甘露园站	2154 m	单线单洞隧道、矿山大断面（渡线区）	盾构法+矿山法（渡线区）
甘露园站—定福庄站	3734 m	单线单洞隧道、矿山大断面（渡线区）	盾构法+矿山法（渡线区）
定福庄站—管庄站	2869 m	单线单洞隧道、矿山大断面（渡线区）	盾构法+矿山法（渡线区）
管庄站—永顺站	3200 m	单线单洞隧道	盾构法
永顺站—北关站	1581 m（已预留195 m）	单线单洞隧道、框架结构（预留）	盾构法+明挖法
北关站—运河商务区站	1755 m	单线单洞隧道	盾构法
运河商务区站—副中心站	1505 m	单线单洞隧道	盾构法

表10.2（续）

车站区间	区间长度/m	区间结构型式	区间施工方法
副中心站—政务中心站	1396 m	单线单洞隧道	盾构法
政务中心站—政务中心东站	541 m	单线单洞隧道	盾构法
政务中心东站—北京市界	4770 m	单线单洞隧道、框架结构（渡线段）	盾构法+明挖法
入地点—平谷站	3274 m	单线单洞隧道、双线单洞矩形、U形槽	盾构法+明挖法

M101线全线长约27.8 km，地下隧道段长24.1 km，高架桥梁段长3.7 km，共有17座地下车站，平均每站间距约1.7 km，其中副中心区域包含14座车站，规划有商务园中园、五河交汇、焦王庄、新潮嘉园、澜花语岸、加华印象、武夷花园、水恋晶城、K2百合湾等站，平均每站间距1.1 km。M101线线路规划方案如图10.6所示，M101线副中心站地下二、三层平面图如图10.7所示。

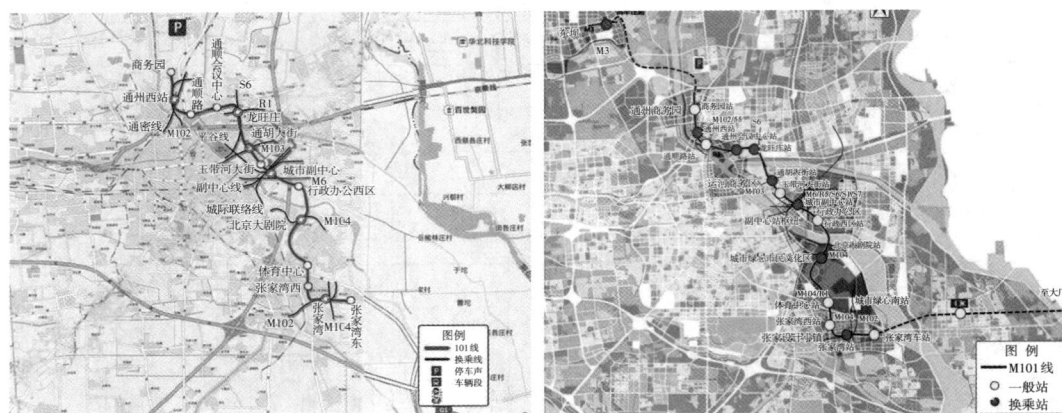

图10.6　M101线线路规划方案示意图

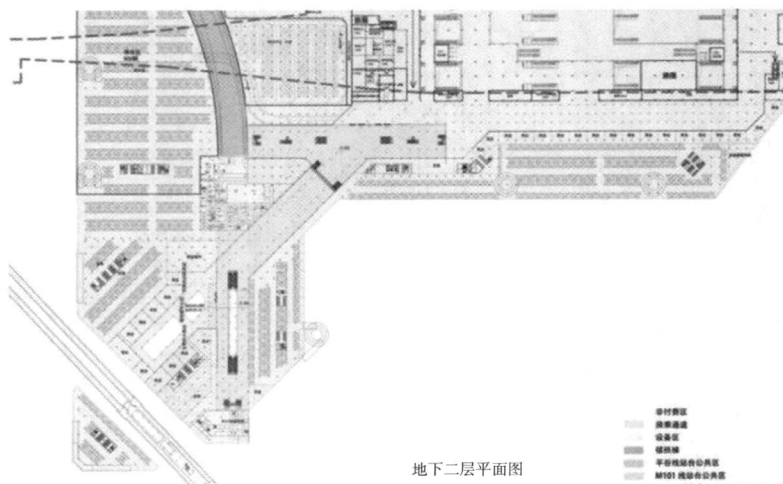

地下二层平面图

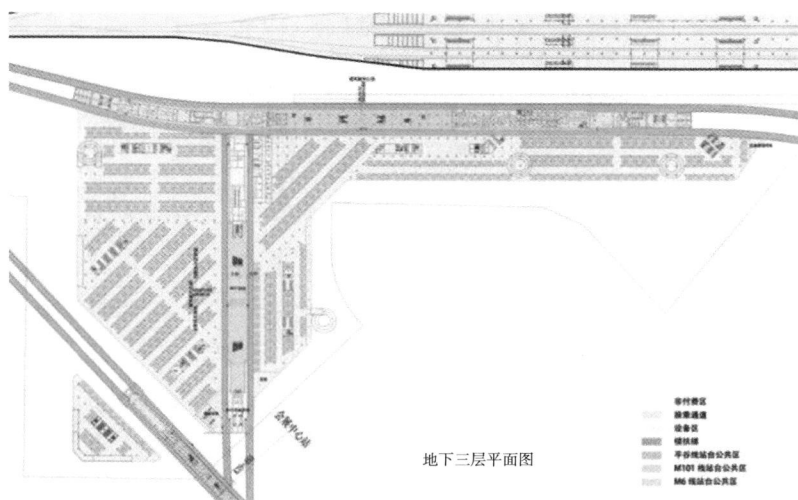

地下三层平面图

图 10.7　M101 线副中心站地下二、三层平面图

M101 线副中心站位于副中心枢纽地下 2.5 层，预留有效站台长度为 146 m，侧站台宽度为 3.75 m，站台宽度为 18 m，站台层公共区设有自动扶梯 2 组，电梯 2 台至车站公共区，供电设备室悬挂在主体外，车辆采用 3＋3 编组 A 型车，设计时速为 100 km。站厅层位于副中心站地下二层，平面划分三个区域，小里程端作为车站设备管理用房及应急通道空间，中间段为公共区，大里程端为部分设备用房。

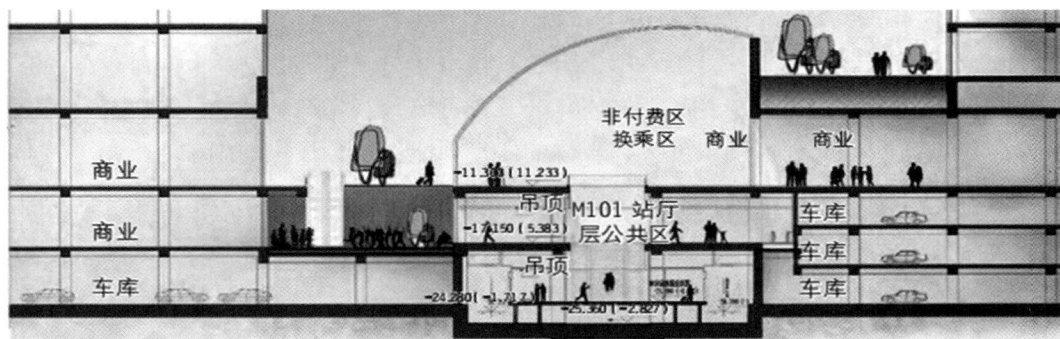

图 10.8　M101 车站穹顶剖面图

表 10.3　M101 线区间结构型式及施工工法汇总表

序号	车站区间	右线	工法	区间附属
1	起点—商务园	610 m、盾构 410 m、明挖 200 m	盾构＋明挖	无
2	商务园—通州西站	864 m、盾构 616.5 m、明挖 247.5 m	盾构＋明挖	1 座联络通道（暗挖）
3	通州西站—通顺路站	456.5 m、明挖 266.5 m、暗挖 190 m	明挖＋暗挖	无

表10.3（续）

序号	车站区间	右线	工法	区间附属
4	通顺路站—通州会议中心	1374.5 m、明挖339.5 m、暗挖35 m	盾构 + 暗挖	1座联络通道（暗挖），1座联络通道兼泵房（暗挖）
5	通州会议中心—龙旺庄站	773 m	盾构	1座联络通道（暗挖）
6	龙旺庄站—通胡大街站	1701 m	盾构	1座联络通道（暗挖），1座联络通道兼泵房（暗挖）
7	通胡大街站—玉带河大街站	831.5 m	盾构	1座联络通道兼泵房（暗挖）
8	玉带河大街站—城市副中心站	230 m	盾构	无
9	城市副中心站—行政西区站	766.5 m	盾构	1座联络通道兼泵房（暗挖）
10	行政西区站—北京大剧院站	2170 m	盾构	1座联络通道（暗挖），2座联络通道兼泵房（暗挖）
11	北京大剧院站—体育中心站	2035 m、盾构2002.5 m、明挖32.5 m	盾构 + 暗挖	1座联络通道（暗挖），2座联络通道兼泵房（暗挖）
12	体育中心站—张家湾西	618.5m、盾构583.5m、明挖35 m	盾构 + 暗挖	1座联络通道（暗挖）
13	张家湾西—张家湾	1049 m	盾构	1座联络通道兼泵房（暗挖）
14	张家湾—张家湾东	1035 m	盾构	1座联络通道兼泵房（暗挖）
15	张家湾东—终点	305 m	明挖	无

综上所述，在开放式的布局中，副中心站建在潞城遗址的历史轴线上。连接运河景观带和六环景观带，同时连接副中心各功能区域。为了实现建筑空间与绿色景观带的融合，设计需要将绿色元素带入地下空间，预留建筑空间，并通过综合体连接的交通线路辐射周边地区。城市多功能一体化，方案考虑公共交通、活动区及配套设施等因素，结合垂直空间连通性，发挥综合体的纽带功能，整合板块的副中心区域。立体交通连接，作为次中心交通枢纽聚集了大量人群，为了将人群快速分散到地下公共空间，需要建立清晰的交通连接设计，将交通线路与公共空间连接起来，完善地下综合体的运营体系。副中心站功能分区见图10.9。

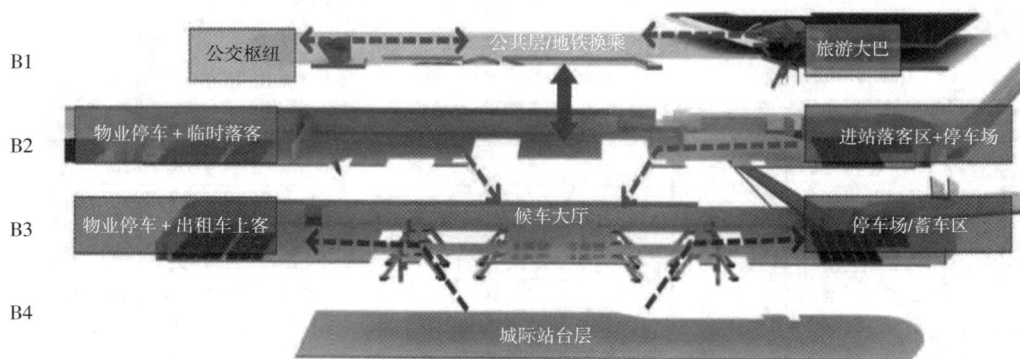

图10.9　副中心站功能分区

高效的站内流线组织，根据人们进出站和安全疏散的需要，建立有效的线路导向标志。另外，利用采光和景观对策，通过人的感观提高对方位的认知。地下空间突出地面属性，为了避免地下空间给人造成压迫感和沉闷的气氛，在设计时应考虑采光结构，同时广泛利用下沉空间，实现地上地下有机融合。副中心站剖面图见图10.10。

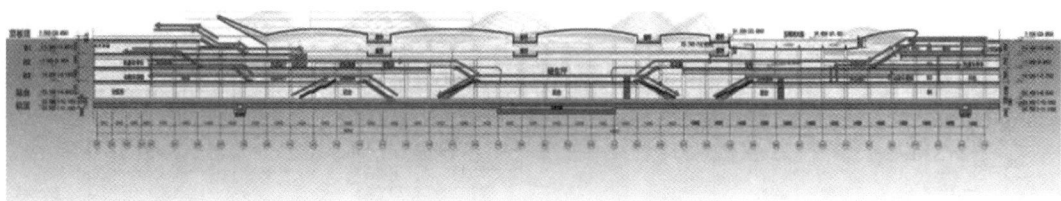

图10.10　副中心站剖面图

根据空间结构设计的合理性，提出城市交通枢纽的控制方案。在不影响地下6条线路换乘的前提下，通过铁路区间的连接和北运河至东六环绿化区域地面建筑物对历史风貌的疏散，构建建筑物—绿地—遗址相连接的智慧城市空间网络，实现以车站为核心的智慧城市互联互通。届时，这座地下城市交通枢纽将成为集绿色景观、便捷换乘、站城一体、产城融合的智能城市交通枢纽，加快推动京津冀一体化，带动区域经济发展。铁路车站B3层平面图见图10.11。

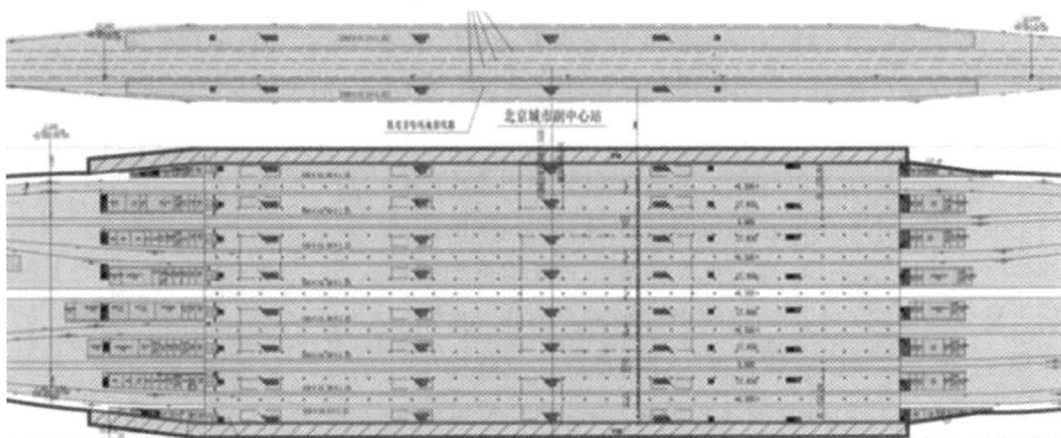

图10.11　铁路车站B3层平面图

10.2　东六环下穿北京城市副中心站隧道建筑工程建模

由于副中心交通枢纽的地上、地下建筑较多，施工存在一定难度，同时也影响到邻近建筑物的安全和高层建筑的正常使用，所涉及的东六环下穿隧道工程需考虑盾构隧道开挖本身的安全以及开挖引起的建筑物变形，这也是副中心站与东六环改造工程需要共同解决的重要问题。针对双线盾构隧道先后旁穿副中心高层建筑的背景，分析盾构隧道开挖过程中两次对周围土体的扰动，同时研究建筑物的不均匀沉降和结构偏移等问题的影响因素（见图10.12）。

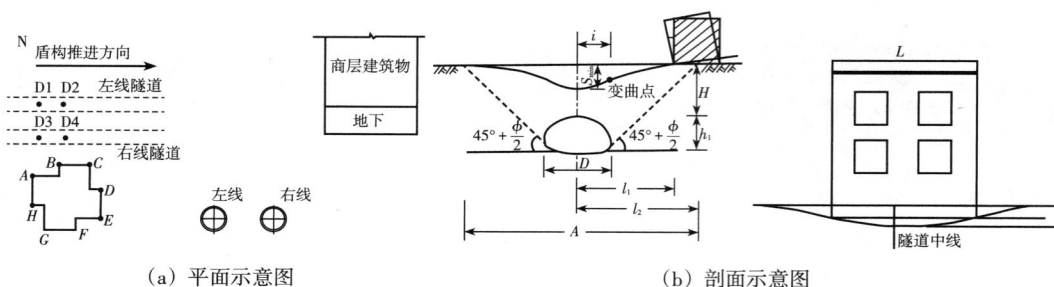

(a) 平面示意图　　　　　　　　　　　　(b) 剖面示意图

图10.12　盾构隧道与高层建筑关系示意图

　　隧道开挖过程中，土体的流塑性与土质的软弱强度相关。建筑结构受隧道开挖引起的土体变形影响主要有压缩变形和拉伸变形两种，建筑物的破坏形式复杂，且破坏形式不同于结构型式和材料强度，受土体的压缩变形影响，建筑结构常见的破坏形式有剪切破坏和拉裂破坏。建筑结构的拐角、基础、侧墙等相对薄弱处易发生挤压破碎，而混凝土的力学特性使其建筑结构更易发生拉伸破坏，并产生不同程度的裂缝破坏。隧道开挖施工过程中的地表变形会引发连锁反应导致紧邻建筑结构产生变形甚至破坏，施工前应注重施工方案的优化设计、建筑结构的安全监测以及加固防护等。

　　均匀的地层沉降对建筑物结构造成的损伤、破坏往往并不明显，而引发其损伤、破坏的主要原因为不均匀的地面沉降。不均匀的地面沉降往往会对建筑物的薄弱部位造成剪切和变形破坏。尤其是砌体和低层框架建筑物容易受到影响，不均匀沉降更加敏感。因此，选用沉降梯度β作为建筑物破坏程度的评价指标，沉降梯度引起的建筑物不均匀沉降简化见图10.13，破坏程度分类标准见表10.4。沉降梯度计算选取建筑两端沉降差异最大值与两点间距离的比值。

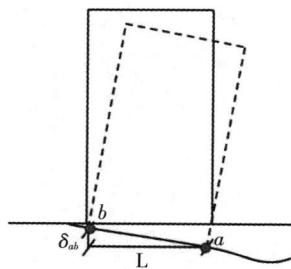

图10.13　建筑差异沉降简化图

　　沉降梯度可表示为：

$$\beta = \frac{\delta_{ab}}{L} \tag{10.1}$$

式中：β——沉降梯度；

　　　δ_{ab}——a、b点沉降差，m；

　　　L——沉降后a、b点水平距离（m）。

表10.4 建筑物不均匀沉降破坏程度划分

沉降梯度β	建筑物破坏情况	描述
1/1200~1/800	微小裂缝	微小裂缝
1/800~1/500	小破坏–表层破坏	石膏材料上出现裂缝
1/500~1/300	较小破坏	墙身出现小裂缝
1/300~1/150	中等破坏–内部破坏	墙上出现裂缝，窗和门出现功能问题
1/150~0	大破坏	承重墙和支撑梁出现明显的开口裂缝

地基破坏模式如图10.14所示。

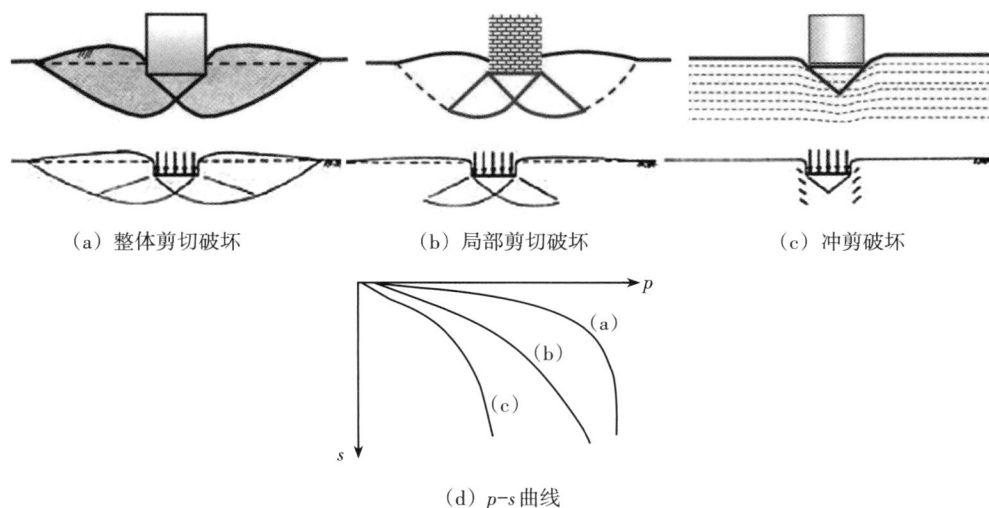

(a) 整体剪切破坏　　　　(b) 局部剪切破坏　　　　(c) 冲剪破坏

(d) p–s曲线

图10.14 地基破坏模式

图10.15、10.16为副中心站地下结构枢纽方案图和地下结构剖面图，可见副中心交通枢纽的地上、地下建筑较多，隧道施工将有一定难度，同时也影响到相邻建筑物的安全和正常使用车站的结构。东六环下穿工程需考虑盾构隧道开挖自身的安全以及开挖引起的建筑物变形和地基破坏形式（图10.17为六环入地工程与副中心站位置关系剖面图）。

图10.15 副中心站地下结构枢纽方案图

图10.16 副中心站地下结构剖面图

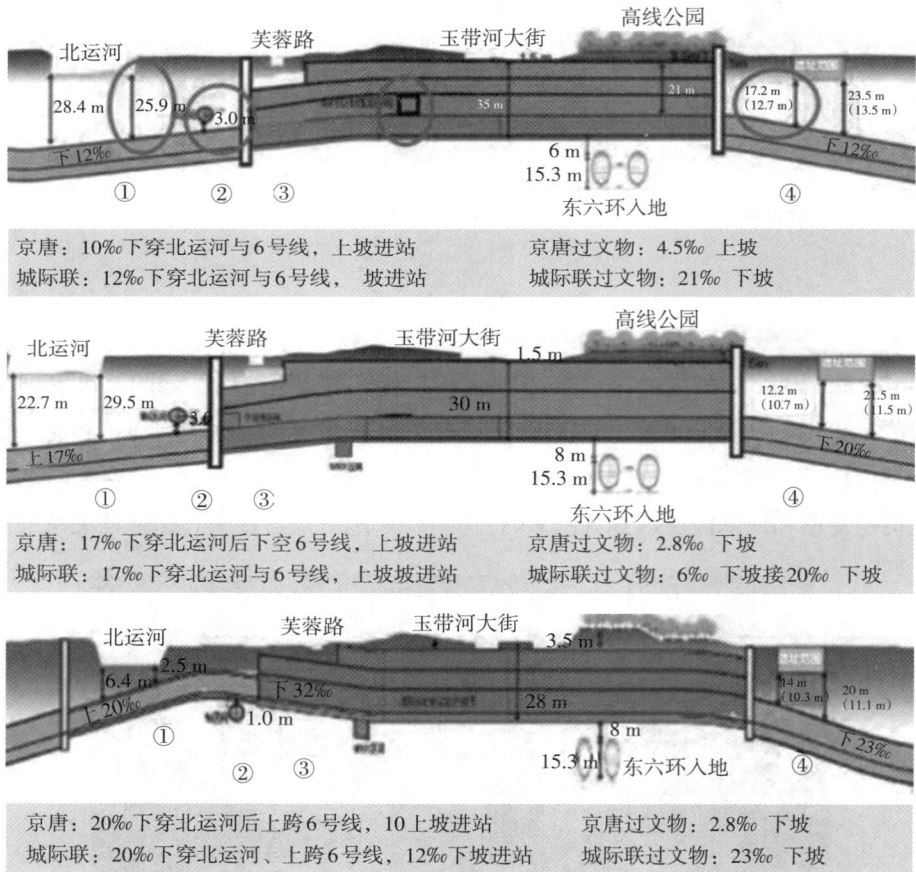

图10.17 六环入地工程与副中心站位置关系剖面图

模型基本假定为:

(1) 初始应力场只考虑自重, 土层水平且均匀分布;

（2）不考虑隧道开挖引起土体弹性模量参数的改变；

（3）土体应力应变不会随时间的变化而变化。

整体模型尺寸长 150 m，宽 300 m，高 159 m，地下车站有 27 跨，总跨度长 235 m，分地下三层和地下四层，每层高 5 m，地上建筑 2 栋，隧道顶部距离基础底板地层厚度为 22.5 m，由于模型较大，整体计算较困难，具体分三段分析，包含下穿高层建筑、地下车站和中高层建筑，均设置 4 个施工步骤：第一步为西线隧道开挖至建筑结构底部，第二步为西线隧道贯通，第三步为东线隧道开挖至建筑结构底部，第四部为东线隧道贯通。

下穿副中心站隧道施工模型图见图 10.18。A 段下穿南侧高层建筑隧道模型（见图 10.19）。尺寸长 150 m，宽 86 m，高 159 m，第一、三步开挖 38 m，第二、四步分别贯穿西线、东线隧道，地下结构取 7 跨，高层建筑地上部分为 19 层，长 75 m，宽 26 m，底层高 5 m，其余层高 3 m。

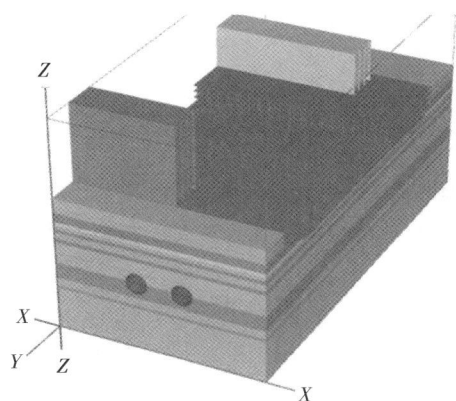

图 10.18　下穿副中心站隧道施工模型图

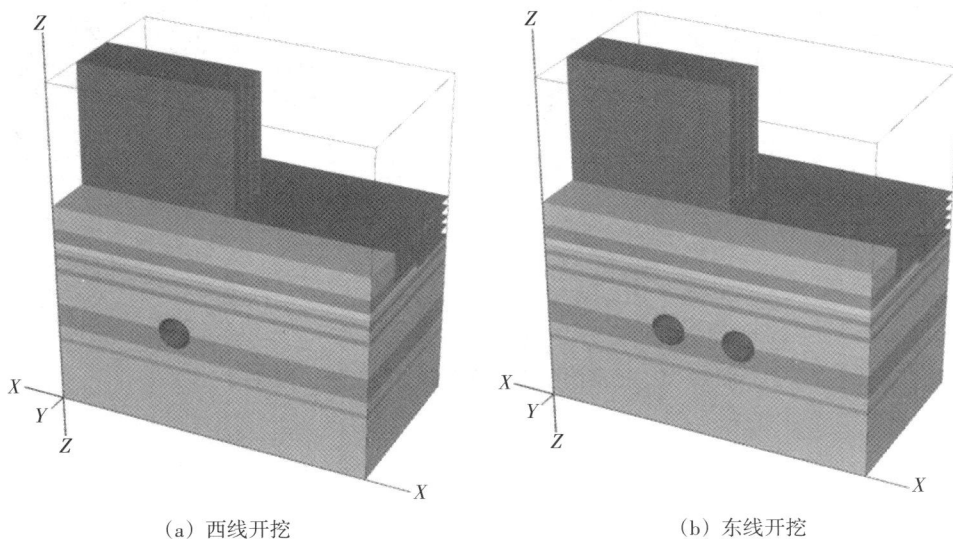

（a）西线开挖　　　　　　　　　　　　　（b）东线开挖

图 10.19　下穿副中心站南侧建筑隧道施工模型图

B段下穿地下车站隧道模型（见图10.20）。尺寸长150 m，宽96 m，高100 m，第一、三步开挖48 m，第二、四步分别贯穿西线、东线隧道，地下结构取11跨。

C段下穿北侧中高层建筑隧道模型（见图10.21）。尺寸长150 m，宽95 m，高132 m，第一、三步开挖37 m，第二、四步分别贯穿西线、东线隧道，地下结构取6跨，中高层建筑地上部分为10层，长112.5 m，宽27.3 m，底层高5 m，其余层高3 m。

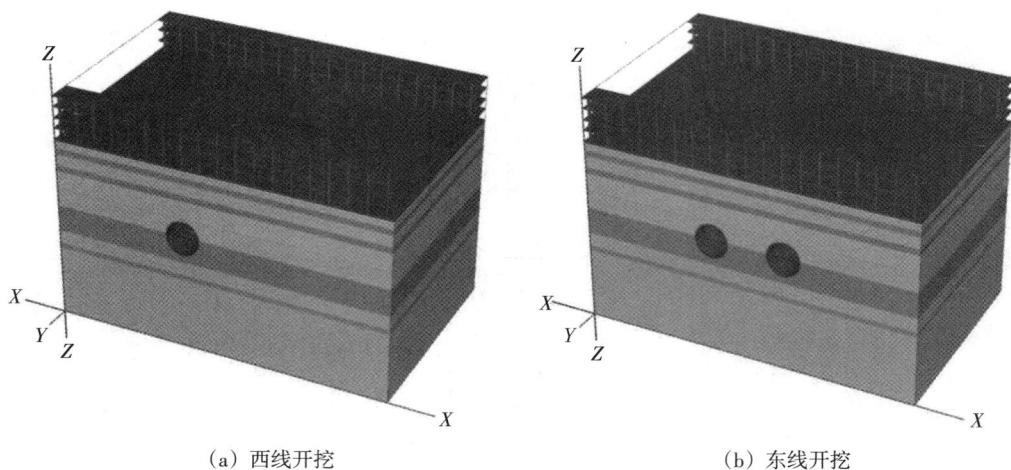

（a）西线开挖 　　　（b）东线开挖

图10.20　下穿副中心站地下车站隧道施工模型图

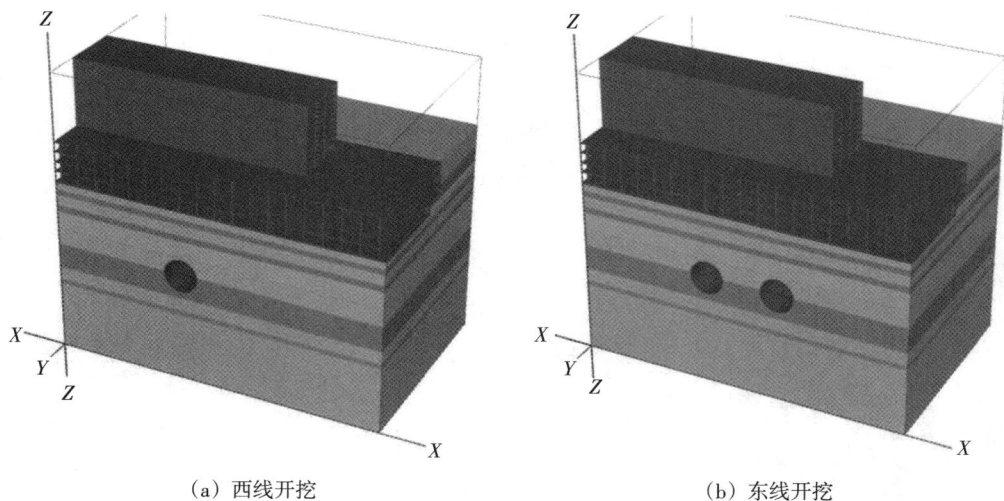

（a）西线开挖 　　　（b）东线开挖

图10.21　下穿副中心站北侧建筑隧道施工模型图

10.3　东六环下穿北京城市副中心站隧道施工力学特性分析

（1）下穿南侧高层建筑。图 10.22（a）为西线隧道开挖至副中心站下的总位移等值线云图，最大位移为 100.3 mm；图 10.22（b）西线隧道贯通的总位移等值线云图，最大位移为 98.3 mm；图 10.22（c）为东线隧道开挖至副中心站下的总位移等值线云图，最大位移为 97.07 mm；图 10.22（d）为东线隧道贯通的总位移等值线云图，最大位移为 95.31 mm.伴随隧道开挖同时承受建筑荷载，西线隧道一侧地层范围沉降显著高于东侧，建筑下部地层沉降大于周围区域，地层沉降区逐步扩大，等值线聚集于地层与结构交界处和地上建筑东侧交界处。

图 10.23（a）为西线隧道开挖至副中心站下的剪应变等值线云图，最大剪应变为 14.21×10^{-3}，最小剪应变为 0.3599×10^{-6}；图 10.23（b）为西线隧道贯通的剪应变等值线云图，最大剪应变为 6.394×10^{-3}，最小剪应变为 0.3896×10^{-6}；图 10.23（c）东线隧道开挖至副中心站下的剪应变等值线云图，最大剪应变为 13.12×10^{-3}，最小剪应变为 0.3603×10^{-6}。图 10.23（d）为东线隧道贯通的剪应变等值线云图，最大剪应变为 6.033×10^{-3}，最小剪应变为 0.3610×10^{-6}。当隧道开挖时，隧道衬砌结构周围剪应变显著大于周围地层剪应变。

图 10.24（a）为西线隧道开挖至副中心站下的主应力等值线云图，最大主应力为 2645.0 kPa，最小主应力为 -12.75×10^{3} kPa；图 10.24（b）为西线隧道贯通的主应力等值线去图，最大主应力为 2544.0 kPa，最小主应力为 -11.90×10^{3} kPa；图 10.24（c）为东线隧道开挖至副中心站下的主应力等值线云图，最大主应力为 2583 kPa，最小主应力为 -11.27×10^{3} kPa；图 10.24（d）为东线隧道贯通的主应力等值线去图，最大主应力为 2673.0 kPa，最小主应力为 -11.49×10^{3} kPa，隧道衬砌结构及高层建筑与地下结构地表边界处出现主应力集中。

图 10.25（a）为西线隧道开挖至副中心站下的相对剪应力等值线云图，最大相对剪应力为 1.0，最小相对剪应力 4.096×10^{-3}；图 10.25（b）为西线隧道贯通的相对剪应力去图，最大相对剪应力为 1.0，最小相对剪应力 3.940×10^{-3}；图 10.25（c）为东线隧道开挖至副中心站下的相对剪应力等值线云图，最大相对剪应力为 1.0，最小相对剪应力 3.645×10^{-3}；图 10.25（d）为东线隧道贯通的相对剪应力云图，图最大相对剪应力为 1.0，最小相对剪应力为 4.508×10^{-3}，得出隧道开挖受建筑荷载显著影响，车站结构与地层产生剪切作用，出现沉降差，导致隧道穿越建筑结构时隧道衬砌产生位移及应力变化，实际施工时应着重加强安全监测。

（a）西线开挖

（b）西线贯通

（c）东线开挖

（d）东线贯通

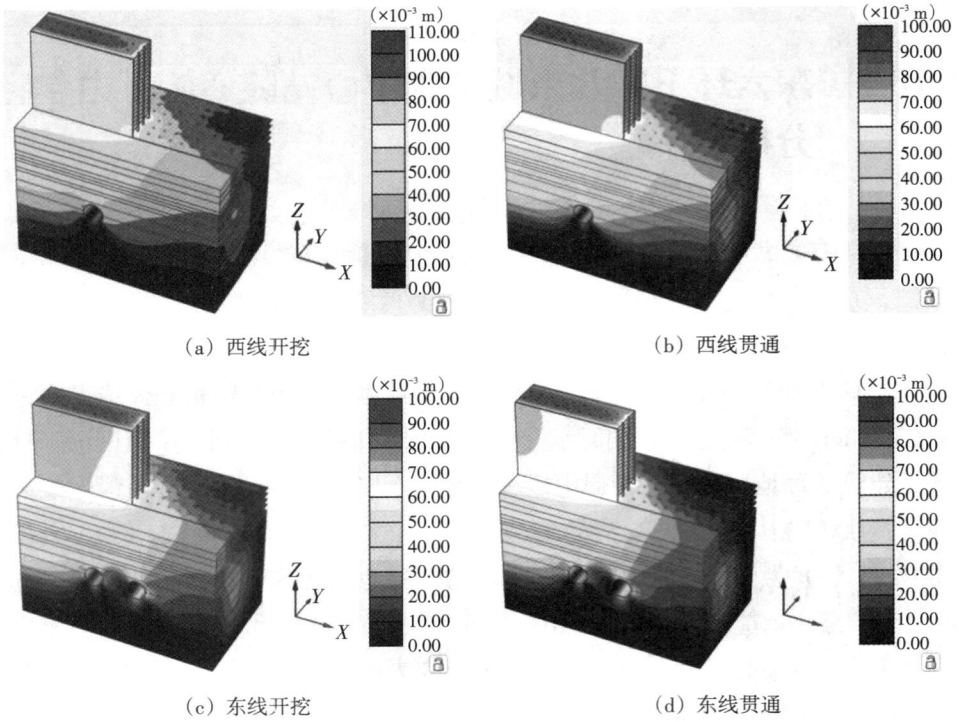

图10.22　下穿南侧高层建筑总位移等值线云图

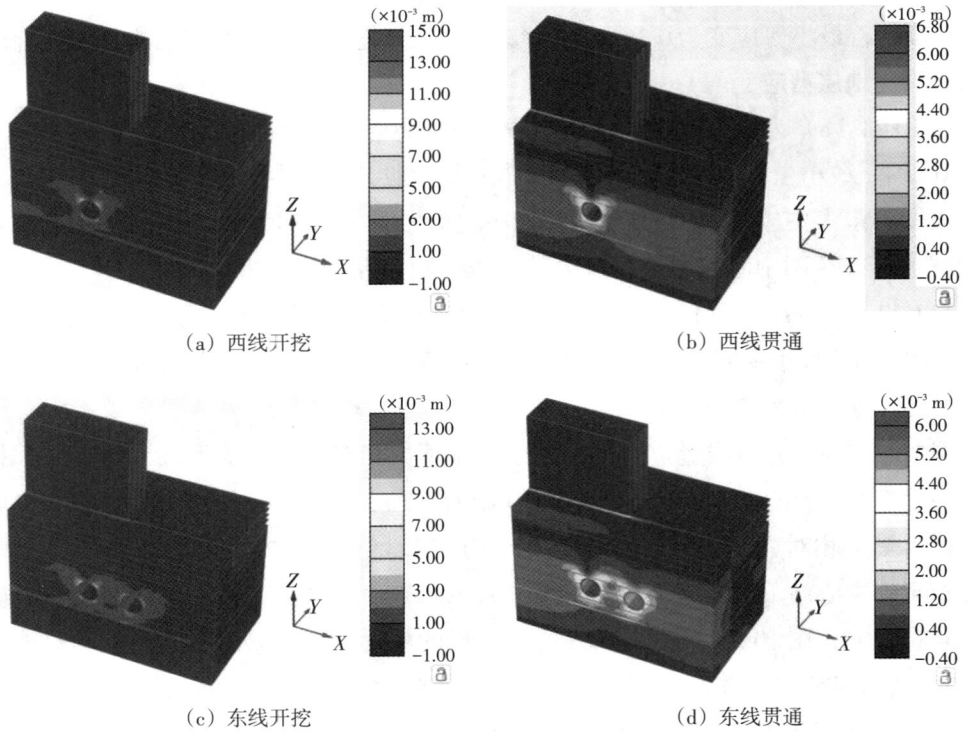

（a）西线开挖

（b）西线贯通

（c）东线开挖

（d）东线贯通

图10.23　下穿南侧高层建筑剪应变等值线云图

(×10³ kN/m²)

3.00
1.00
−1.00
−3.00
−5.00
−7.00
−9.00
−11.00
−13.00

（a）西线开挖

(×10³ kN/m²)

2.00
0.00
−2.00
−4.00
−6.00
−8.00
−10.00
−12.00

（b）西线贯通

(×10³ kN/m²)

2.00
0.00
−2.00
−4.00
−6.00
−8.00
−10.00
−12.00

（c）东线开挖

(×10³ kN/m²)

2.00
0.00
−2.00
−4.00
−6.00
−8.00
−10.00
−12.00

（d）东线贯通

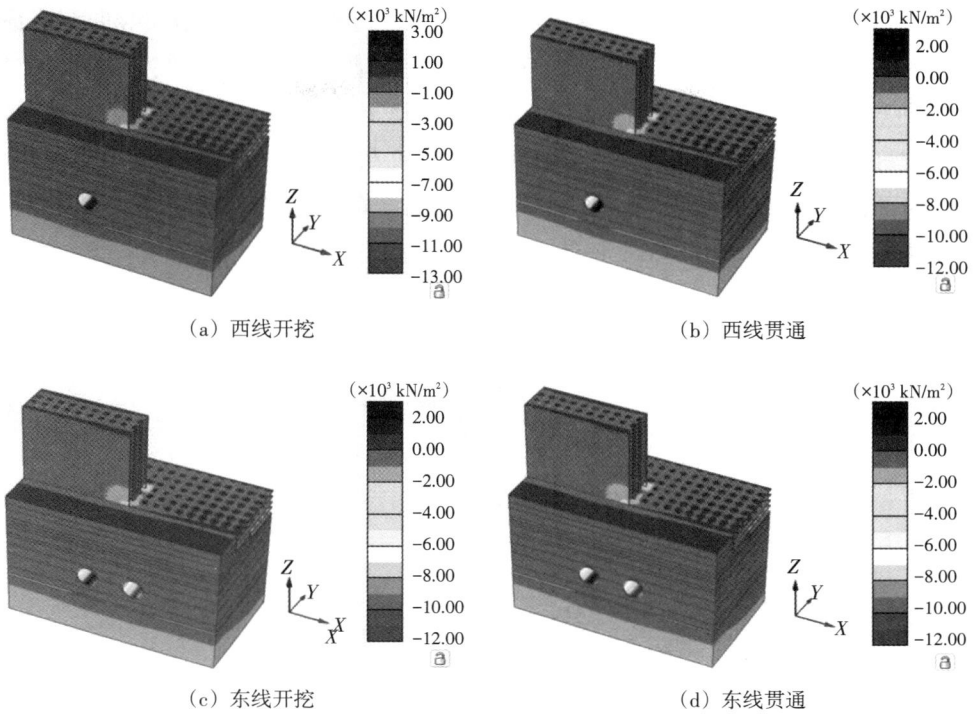

图 10.24　下穿南侧高层建筑主应力等值线云图

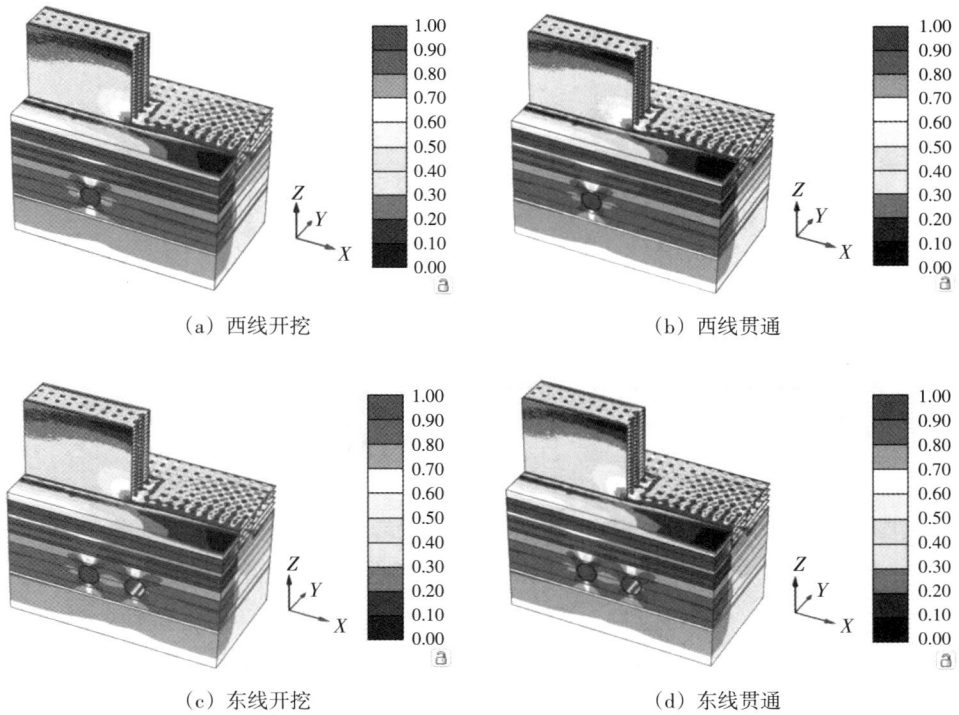

1.00
0.90
0.80
0.70
0.60
0.50
0.40
0.30
0.20
0.10
0.00

（a）西线开挖

1.00
0.90
0.80
0.70
0.60
0.50
0.40
0.30
0.20
0.10
0.00

（b）西线贯通

1.00
0.90
0.80
0.70
0.60
0.50
0.40
0.30
0.20
0.10
0.00

（c）东线开挖

1.00
0.90
0.80
0.70
0.60
0.50
0.40
0.30
0.20
0.10
0.00

（d）东线贯通

图 10.25　下穿南侧高层建筑相对剪应力等值线云图

根据图10.26所示，可见在横向上西线隧道开挖至建筑下方时地层竖向沉降最大，为65.71 mm，在 $x = 60 \sim 100$ m 区间高层建筑交界处，地层沉降值发生突变，从20.54 mm 骤增至53.63 mm，增大1.6倍。图10.27为西线隧道上部地层与东线隧道上部地层伴随隧道开挖沉降量变形曲线，因西线隧道上部建有高层建筑，故西线隧道上部地层沉降量在开挖过程中显著高于东线隧道，在 $y = 50$ m 处沉降量达到极值，$x = 58.7$ m 处西线开挖时沉降量为61.59 mm，$x = 91.3$ m 处为32.23 mm，差值达29.36 mm。

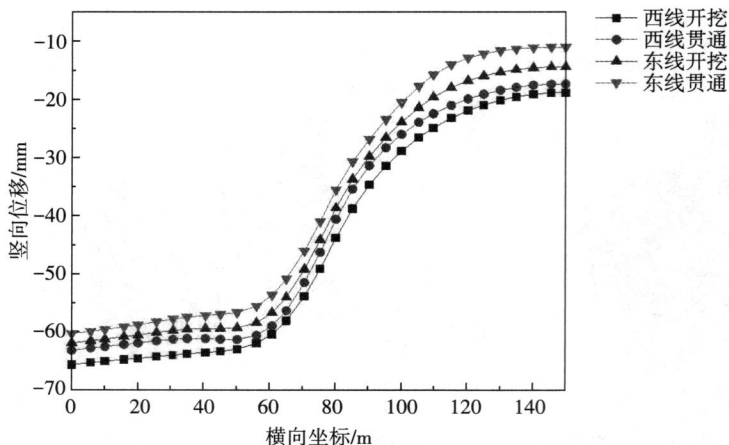

（a）Y=38 m断面地表沉降

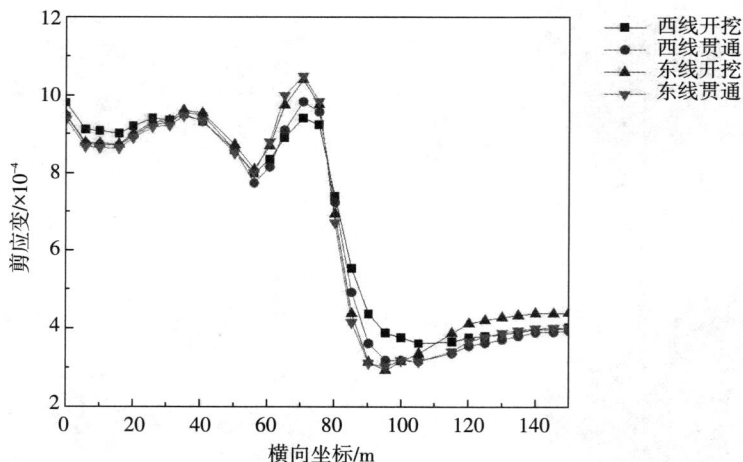

（b）Y = 38 m断面剪应变

图10.26　Y = 38 m断面阶段对比图

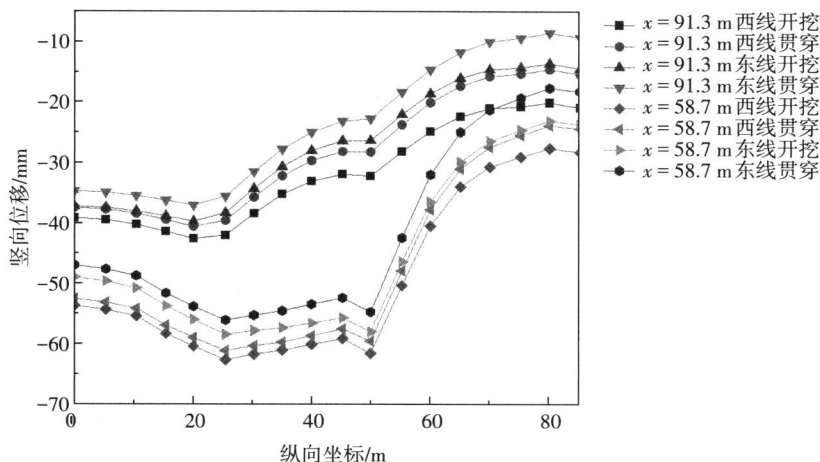

图10.27 $X = 58.7$ m、91.3 m 断面沉降曲线

（2）下穿地下车站。图10.28（a）为西线隧道开挖至副中心站下的总位移等值线云图，最大位移为34.53 mm；图10.28（b）为西线隧道贯通的总位移等值线云图，最大位移为37.45 mm；图10.28（c）为东线隧道开挖至副中心站下的总位移等值线云图，最大位移为39.15 mm；图10.28（d）为东线隧道贯通的总位移等值线云图，最大位移为40.8 mm。

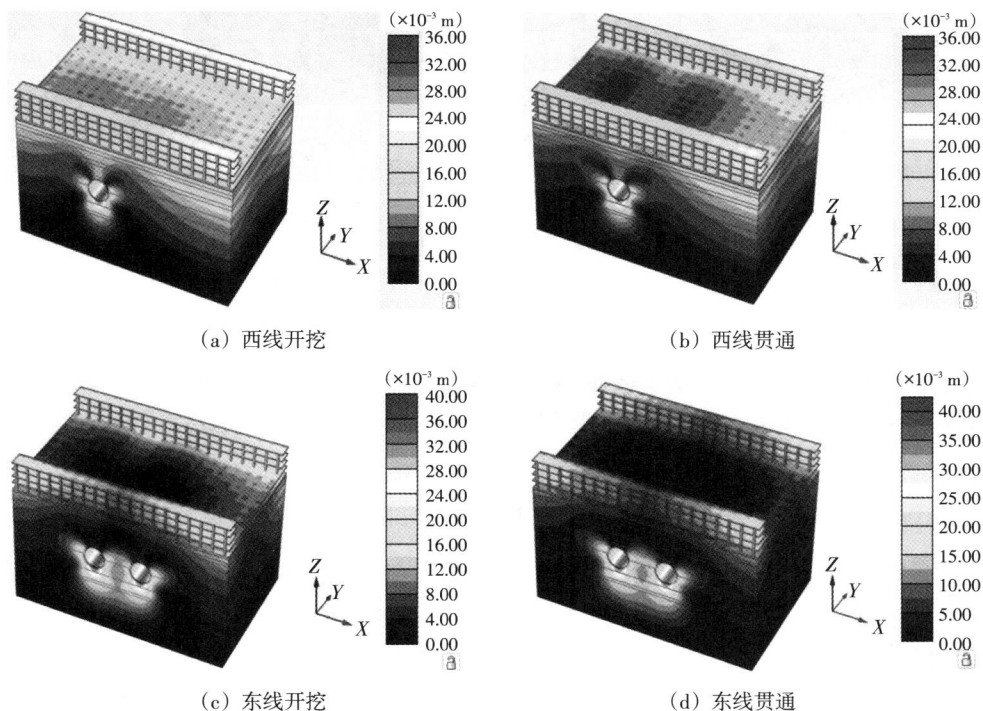

（a）西线开挖

（b）西线贯通

（c）东线开挖

（d）东线贯通

图10.28 下穿地下车站总位移等值线云图

图10.29（a）为西线隧道开挖至副中心站下的剪应变等值线云图，最大剪应变为

11.54×10^{-3}，最小剪应变为0.1258×10^{-6}；图10.29（b）为西线隧道贯通的剪应变等值线云图,最大剪应变为3.96×10–3，最小剪应变为0.2063×10^{-6}；图10.29（c）为东线隧道开挖至副中心站下的剪应变等值线云图，最大剪应变为11.49×10^{-3}，最小剪应变为0.2514×10^{-6}；图10.29（d）为东线隧道贯通的剪应变等值线云图，最大剪应变为3.93×10^{-3}，最小剪应变为0.2320×10^{-6}。

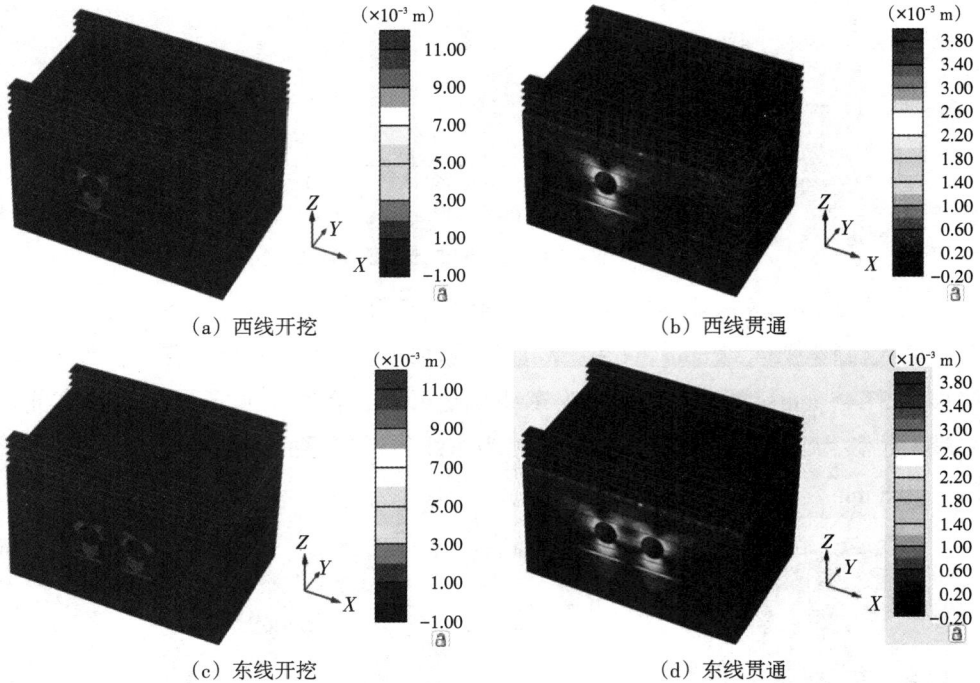

（a）西线开挖　　　　　　　　　　　　　（b）西线贯通

（c）东线开挖　　　　　　　　　　　　　（d）东线贯通

图10.29　应变云图

图10.30（a）为西线隧道开挖至副中心站下的主应力等值线云图，最大主应力为1669.0 kPa，最小主应力为–4992.0 kPa；图10.30（b）为西线隧道贯通的主应力等值线云图，最大主应力为1655.0 kPa，最小主应力为–6118.0 kPa；图10.30（c）为东线隧道开挖至副中心站下的主应力等值线云图，最大主应力为1623.0 kPa，最小主应力为–5943.0 kPa；图10.30（d）为东线隧道贯通的主应力等值线云图，最大主应力为1624.0 kPa，最小主应力为–5849.0 kPa。

图10.31（a）为西线隧道开挖至副中心站下的相对剪应力等值线云图，最大相对剪应力为1.0，最小相对剪应力2.578×10^{-3}；图10.31（b）为西线隧道贯通的相对剪应力等值线云图，最大相对剪应力为1.0，最小相对剪应力0.9079×10^{-3}；图10.31（c）为东线隧道开挖至副中心站下的相对剪应力等值线云图，最大相对剪应力为1.0，最小相对剪应力1.635×10^{-3}；图10.31（d）为东线隧道贯通的相对剪应力等值线云图，最大相对剪应力为1.0，最小相对剪应力2.233×10^{-3}。由此可见，隧道开挖过程中地下四层结构处沉降要大于车站大厅沉降，建筑荷载引起地层沉降差，同时伴随东线隧道开挖

及贯通引起周围地层产生隆起，出现应力集中显现，开挖时穿越建筑时产生的剪应变明显高于隧道贯通时剪应变，安全风险显著增加。因此，应重点监测双线隧道穿越地下车站过程中隧道上浮变形。

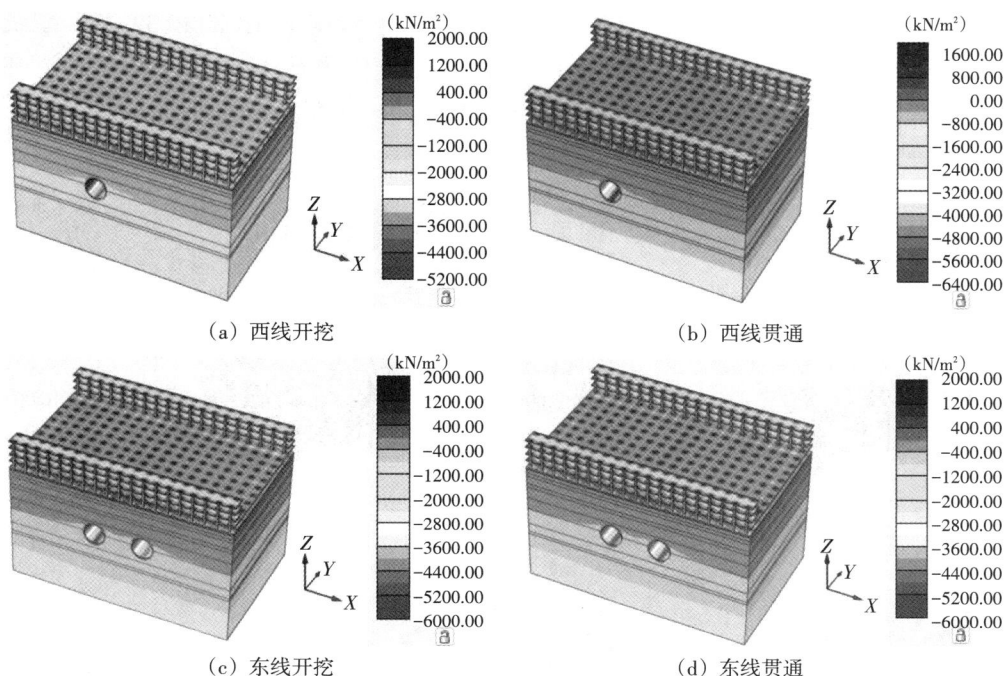

（a）西线开挖　　　　　　　　　　　　　（b）西线贯通

（c）东线开挖　　　　　　　　　　　　　（d）东线贯通

图10.30　下穿地下车站主应力等值线云图

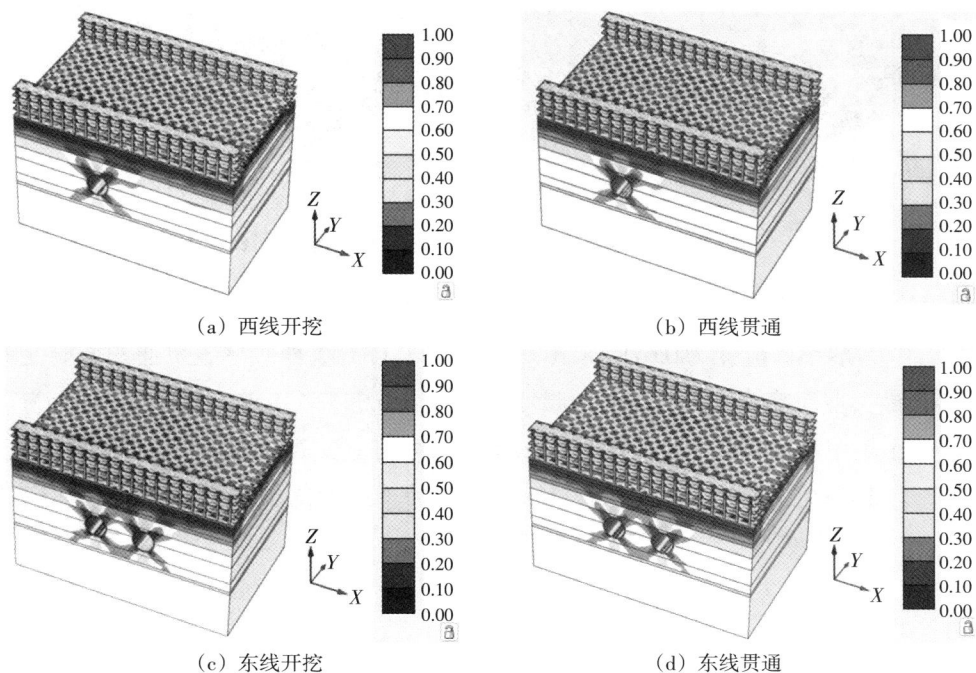

（a）西线开挖　　　　　　　　　　　　　（b）西线贯通

（c）东线开挖　　　　　　　　　　　　　（d）东线贯通

图10.31　下穿地下车站相对剪应力等值线云图

（3）下穿北侧中高层建筑。图10.32（a）为西线隧道开挖至副中心站下的总位移等值线云图，最大位移为63.40 mm；图10.32（b）西线隧道贯通的总位移等值线云图和总位移等值线图，最大位移为60.85 mm；图10.32（c）东线隧道开挖至副中心站下的总位移等值线云图和总位移等值线图，最大位移为59.68 mm；图10.32（d）东线隧道贯通的总位移等值线云图和总位移等值线图，最大位移为57.79 mm。东线隧道开挖后，地层的沉降范围显著扩大，隧道周围地层呈双曲线状并相互叠加。

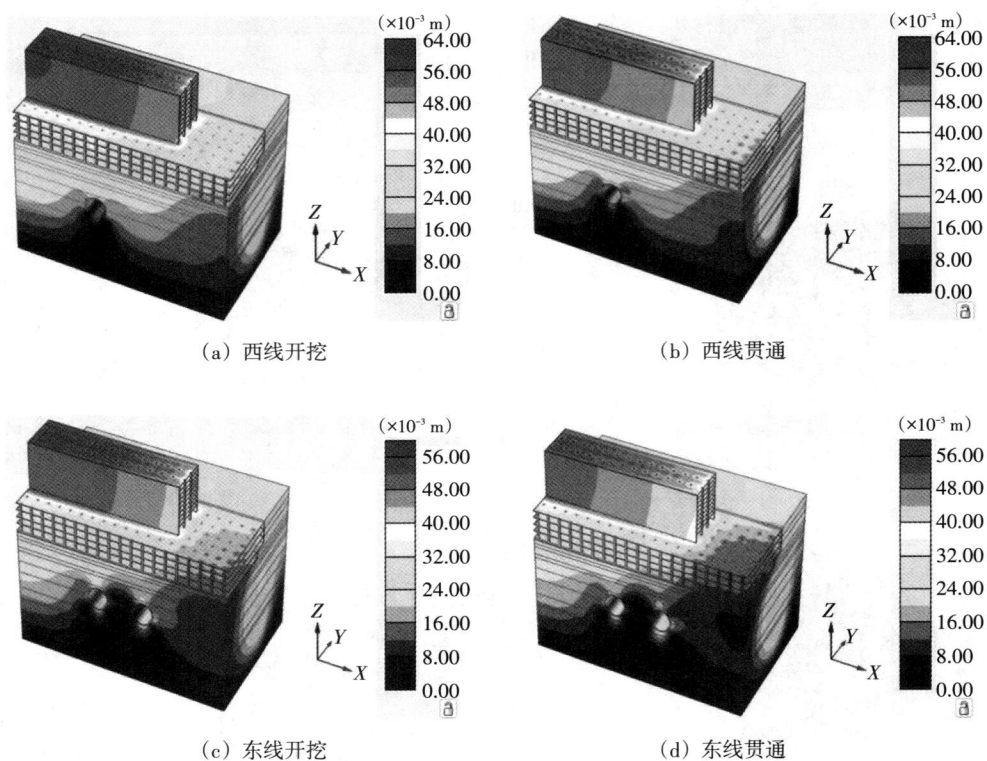

（a）西线开挖　　　　　　　　　　　　（b）西线贯通

（c）东线开挖　　　　　　　　　　　　（d）东线贯通

图10.32　下穿北侧中高层建筑总位移等值线云图

图10.33（a）为西线隧道开挖至副中心站下的剪应变等值线云图，最大剪应变为14.89×10^{-3}，最小剪应变为0.6285×10^{-6}；图10.33（b）为西线隧道贯通的剪应变等值线云图，最大剪应变为7.863×10^{-3}，最小剪应变为0.5553×10^{-6}；图10.33（c）为东线隧道开挖至副中心站下的剪应变等值线云图，最大剪应变为12.90×-10^{-3}，最小剪应变为0.5723×10^{-6}；图10.33（d）为东线隧道贯通的剪应变等值线云图，最大剪应变为7.865×10^{-3}，最小剪应变为0.3916×-10^{-6}。

（a）西线开挖

（b）西线贯通

（c）东线开挖

（d）东线贯通

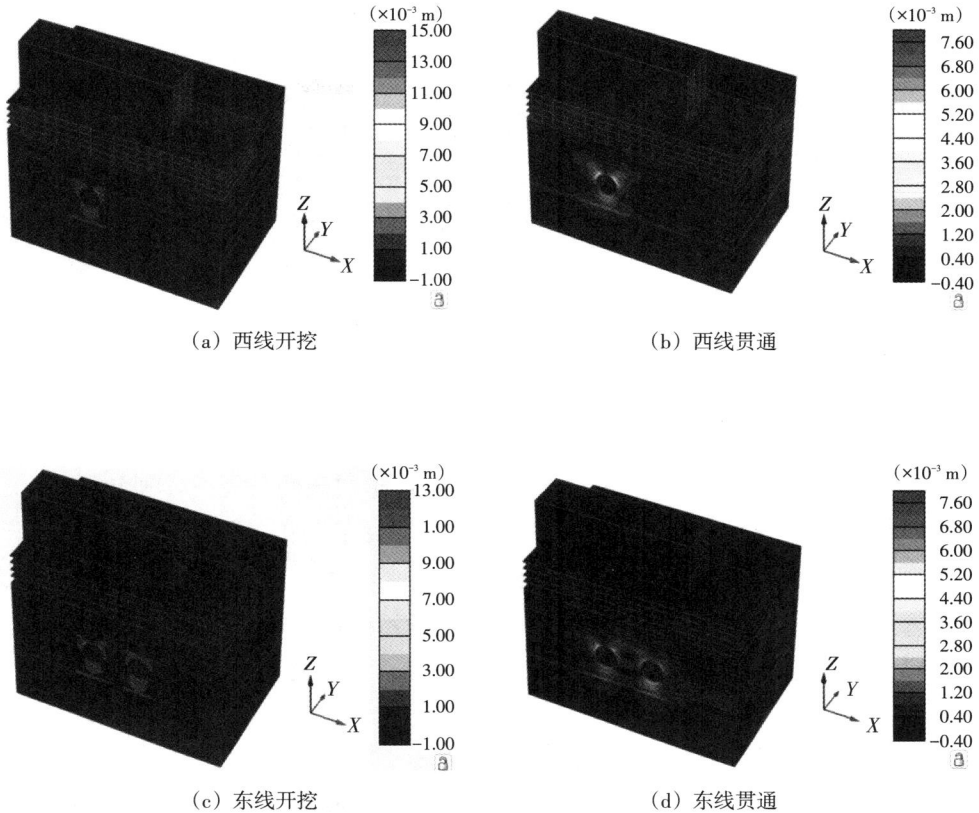

图 10.33　下穿北侧中高层建筑剪应变云图

图 10.34（a）为西线隧道开挖至副中心站下的主应力等值线云图，最大主应力为 2694.0 kPa，最小主应力为 −7230.0 kPa；图 10.34（b）为西线隧道贯通的主应力等值线云图，最大主应力为 2771.0 kPa，最小主应力为 −7739.0 kPa；图 10.34（c）为东线隧道开挖至副中心站下的主应力等值线云图，最大主应力为 2829.0 kPa，最小主应力为 −7603.0 kPa；图 10.34（d）为东线隧道贯通的主应力等值线云图，最大主应力为 2870.0 kPa，最小主应力为 −7584.0 kPa。

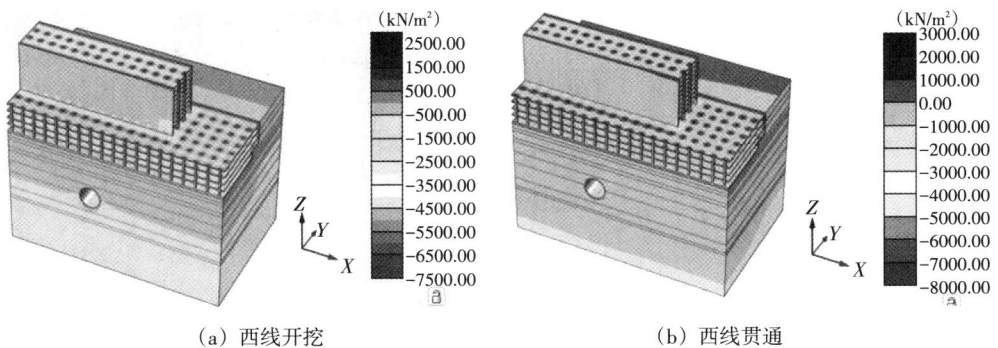

（a）西线开挖

（b）西线贯通

（c）东线开挖　　　　　　　　　　　　　（d）东线贯通

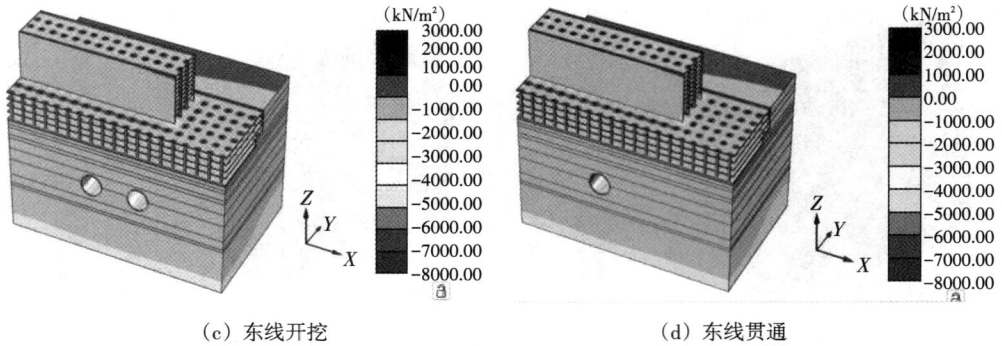

图10.34　下穿北侧中高层建筑主应力等值线云图

图10.35（a）为西线隧道开挖至副中心站下的相对剪应力等值线云图，最大相对剪应力为1.0，最小相对剪应力6.320×10^{-3}；西线隧道贯通的最大相对剪应力为1.0，最小相对剪应力4.623×10^{-3}；东线隧道开挖至副中心站下的相对剪应力等值线云图，最大相对剪应力为1.0，最小相对剪应力3.622×10^{-3}；东线隧道贯通的最大相对剪应力为1.0，最小相对剪应力6.249×10^{-3}。地层向西侧发生偏移，地层沉降呈正态分布，对比三个模型，可见隧道变形及应力变化受建筑范围与荷载影响显著。

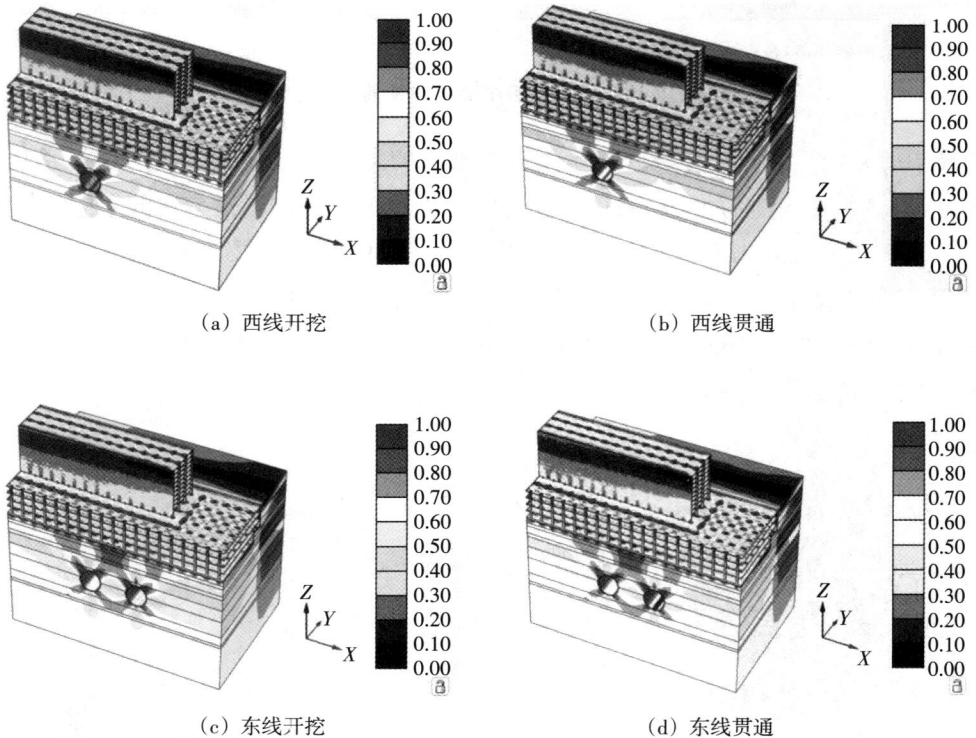

（a）西线开挖　　　　　　　　　　　　　（b）西线贯通

（c）东线开挖　　　　　　　　　　　　　（d）东线贯通

图10.35　下穿北侧中高层建筑相对剪应力等值线云图

　　根据图 10.36 所示，可见在横向上在西线隧道开挖至建筑下方时地层竖向沉降最大，为 42.39 mm，在 $x = 80 \sim 120$ m 区间中高层建筑交界处，地层沉降值发生突变从 21.94 mm 骤增至 37.17 mm。图 10.36 为西线隧道上部地层与东线隧道上部地层伴随隧道开挖沉降量变形曲线，因双线隧道上部均建有中高层建筑，故西线隧道上部地层沉降量与东线隧道上部地层沉降量差距不明显，在 $y = 20$ m 处沉降量达到极值，$x = 58.7$ m 处西线开挖时沉降量为 41.83 mm，可见地表沉降量与建筑物荷载及范围密切相关。

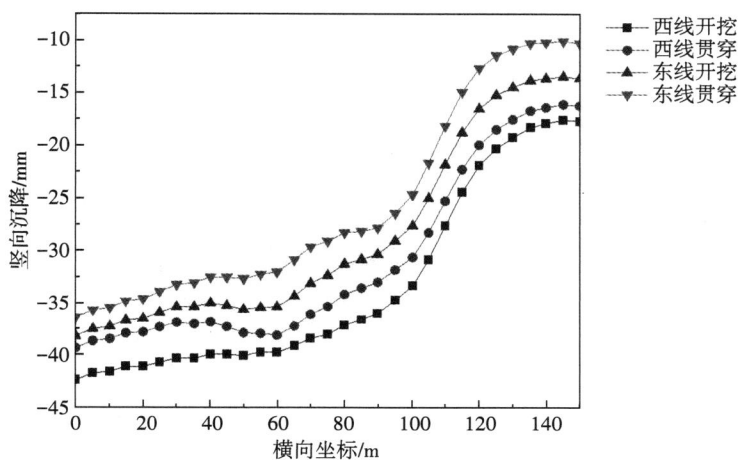

（a）$Y = 31$ m 断面地表沉降

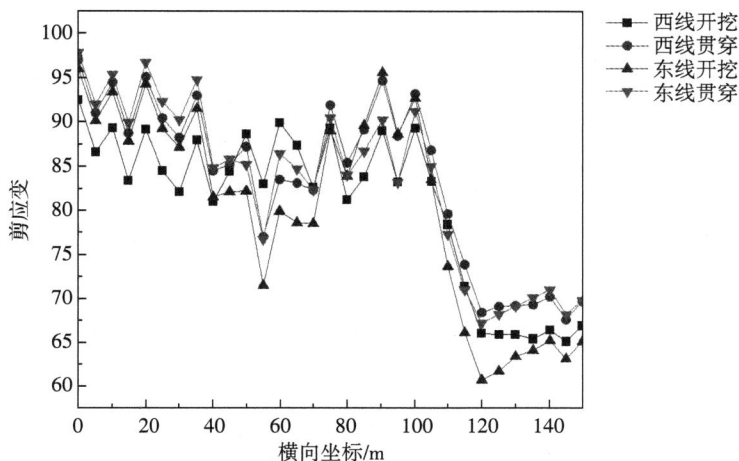

（b）$Y = 31$ m 断面剪应变

图 10.36　$Y = 31$ m 断面阶段对比图

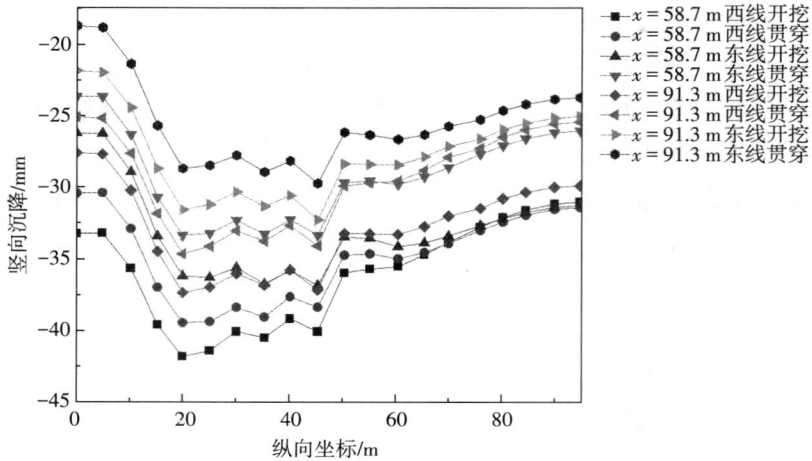

图10.37　$x = 58.7$ m、91.3 m断面沉降

10.4　东六环下穿北京城市副中心站隧道施工建筑变形分析

（1）南侧高层建筑变形。图10.38为西线隧道开挖至东线隧道贯通时副中心站建筑的总位移等值线云图，伴随隧道的开挖至贯通，地上建筑一侧产生沉降均显著高于无建筑一侧，且等值线变化集中在地上建筑与地下建筑东侧交界处，结构产生不均匀沉降并向西发生倾斜。图10.39为西线隧道开挖至东线隧道贯通时副中心站建筑的剪应变等值线云图，从开挖至全线贯通的最大剪应变分别为 1.847×10^{-3}、2.087×10^{-3}、2.258×10^{-3}、2.438×10^{-3}，受隧道开挖影响，地上建筑对地下车站结构的剪切力呈现增长的趋势。图10.40为西线隧道开挖至东线隧道贯通时副中心站建筑的主应力等值线云图。图10.41为西线隧道开挖至东线隧道贯通时副中心站建筑的相对剪应力等值线云图，在东侧建筑交界处出现应力集中区，所受剪切力最大，隧道掘进时应实时监测交界区域的位移和应力变化，适时采用一定加固措施，降低隧道开挖对建筑结构的影响。

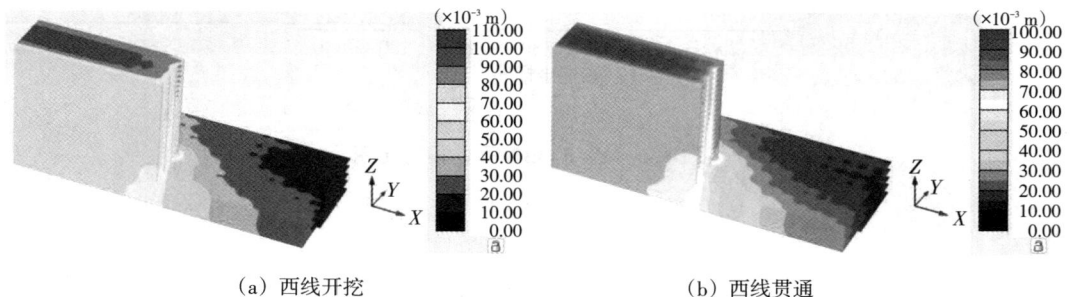

（a）西线开挖　　　　　　　　　　（b）西线贯通

（c）东线开挖　　　　　　　　　　　　　　（d）东线贯通

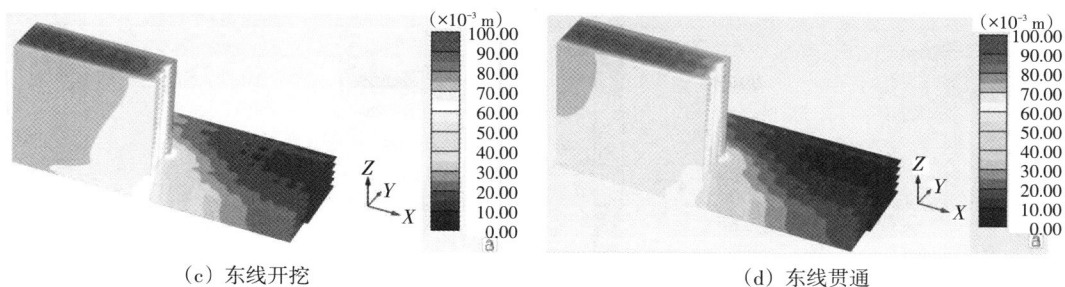

图 10.38　南侧高层建筑总位移等值线云图

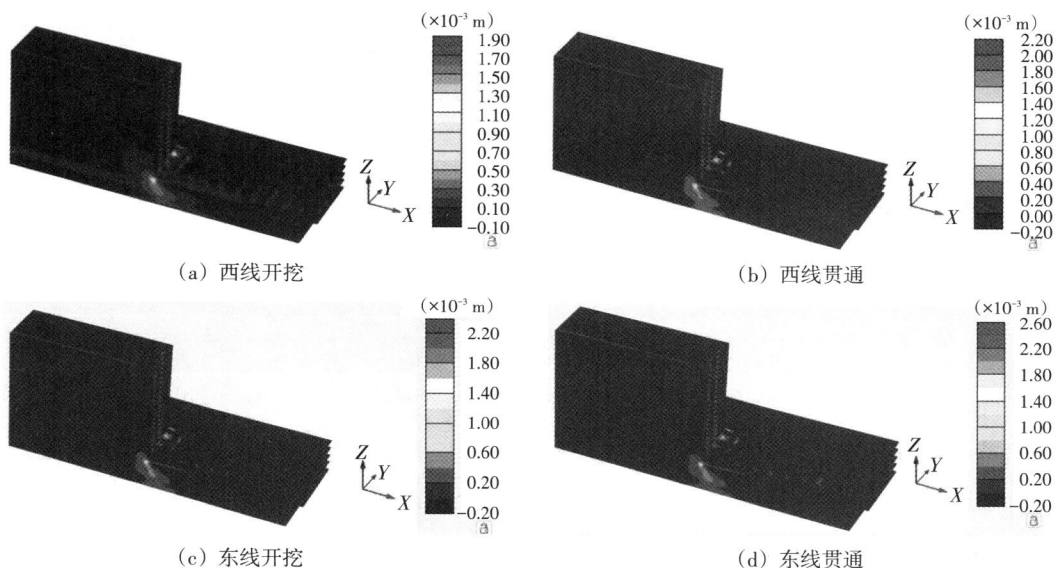

（a）西线开挖　　　　　　　　　　　　　　（b）西线贯通

（c）东线开挖　　　　　　　　　　　　　　（d）东线贯通

图 10.39　南侧高层建筑变形剪应变云图

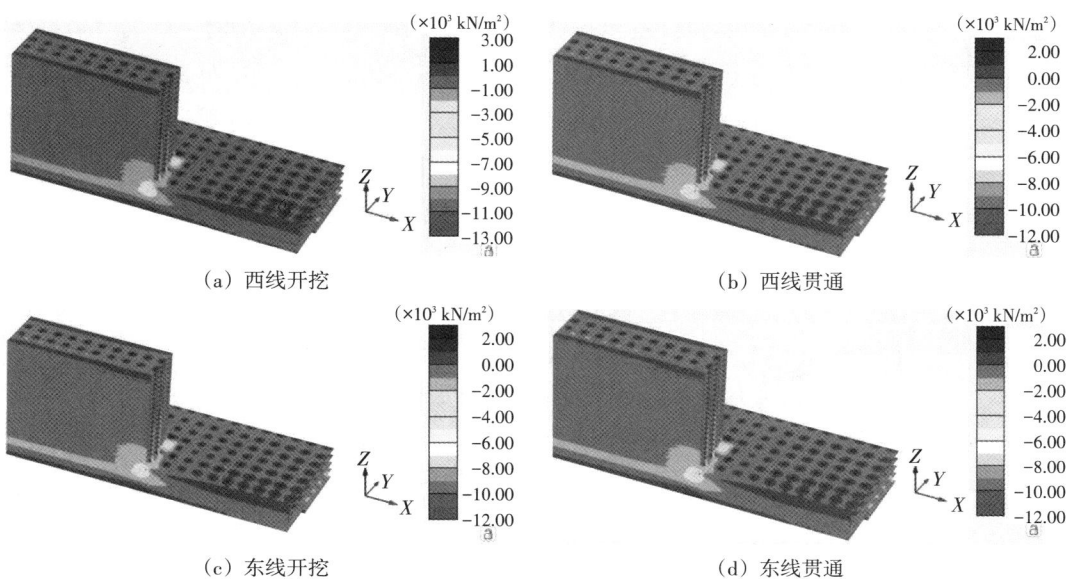

（a）西线开挖　　　　　　　　　　　　　　（b）西线贯通

（c）东线开挖　　　　　　　　　　　　　　（d）东线贯通

图 10.40　南侧高层建筑变形主应力等值线云图

(a) 西线开挖

(b) 西线贯通

(c) 东线开挖

(d) 东线贯通

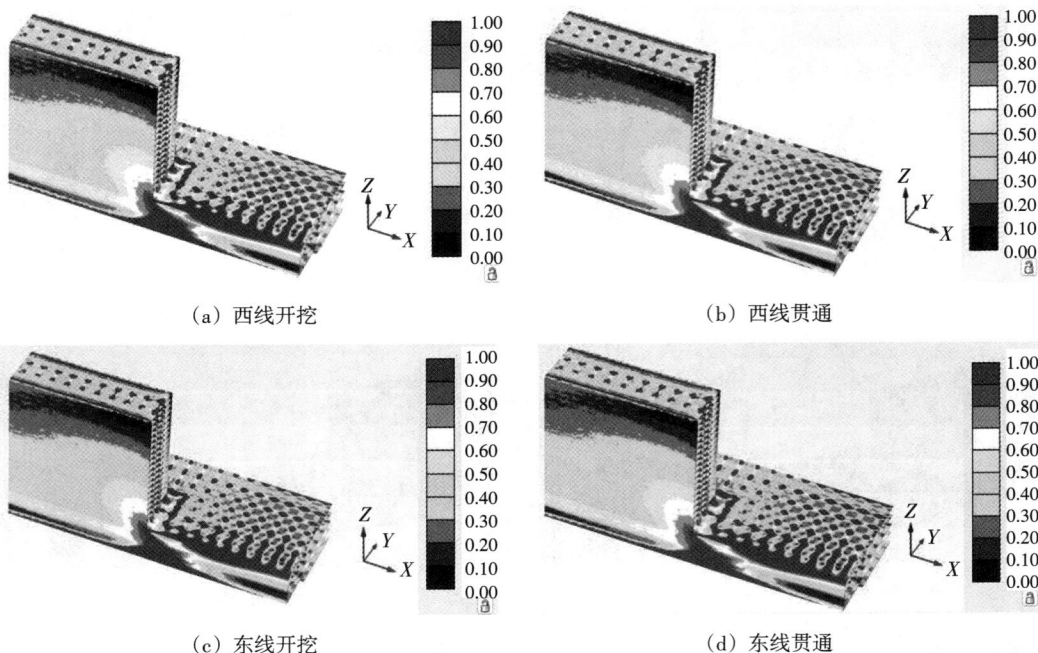

图10.41 南侧高层建筑变形相对剪应力等值线云图

（2）下穿地下车站建设变形。图10.42为西线隧道开挖至东线隧道贯通时副中心站建筑的总位移等值线云图。建筑变形量随隧道开挖至贯通逐渐减小，隧道穿越范围变形低于两侧结构变形。图10.43为西线隧道开挖至东线隧道贯通时副中心站建筑的剪应变等值线云图，从开挖至全线贯通的最大剪应变分别为 0.2752×10^{-3}、0.3928×10^{-3}、0.4513×10^{-3}、0.4809×10^{-3}，受隧道开挖影响，地上建筑对地下车站结构产生的剪应力不断增大。图10.44为西线隧道开挖至东线隧道贯通时副中心站建筑的主应力等值线云图，四个工况最大主应力分别为 1669 kPa、1655 kPa、1623 kPa、1624 kPa，最小主应力为 -2306 kPa、-2280 kPa、-2275 kPa、2289 kPa，主应力变化不明显。图10.45为西线隧道开挖至东线隧道贯通时副中心站建筑的相对剪应力等值线云图，在穿越地下车站过程中，应重点关注隧道开挖上浮作用对结构位移的影响，预防隧道开挖引起的地层上浮隆起。

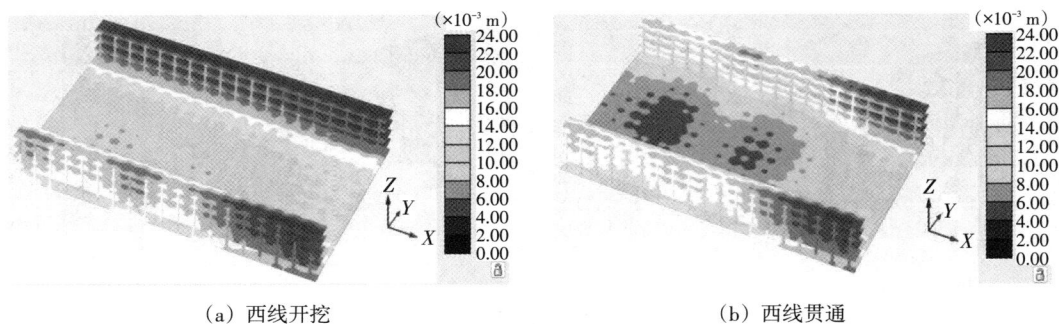

(a) 西线开挖

(b) 西线贯通

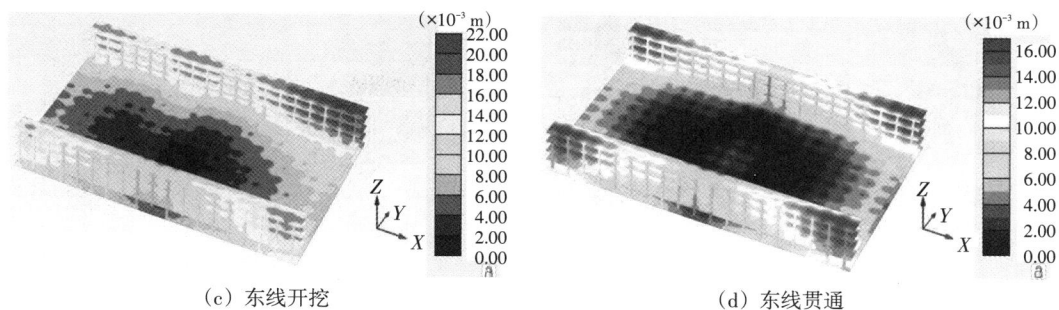

（c）东线开挖　　　　　　　　　　　　　　　（d）东线贯通

图10.42　下穿地下车站建设变形总位移等值线云图

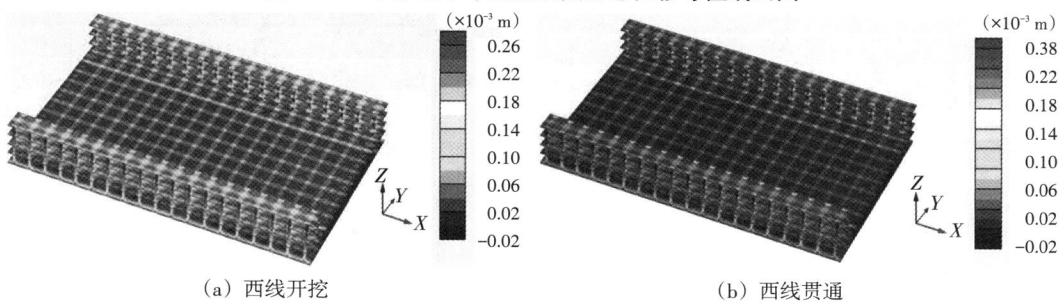

（a）西线开挖　　　　　　　　　　　　　　　（b）西线贯通

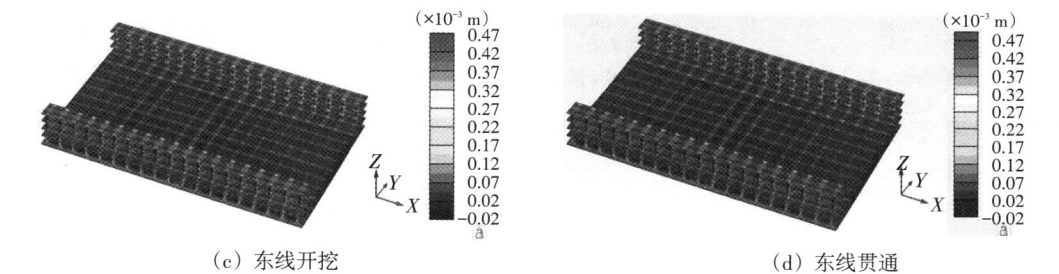

（c）东线开挖　　　　　　　　　　　　　　　（d）东线贯通

图10.43　下穿地下车站建筑变形剪应变等值线云图

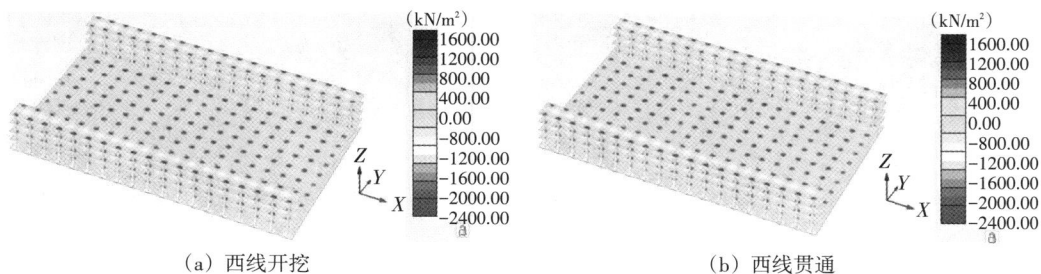

（a）西线开挖　　　　　　　　　　　　　　　（b）西线贯通

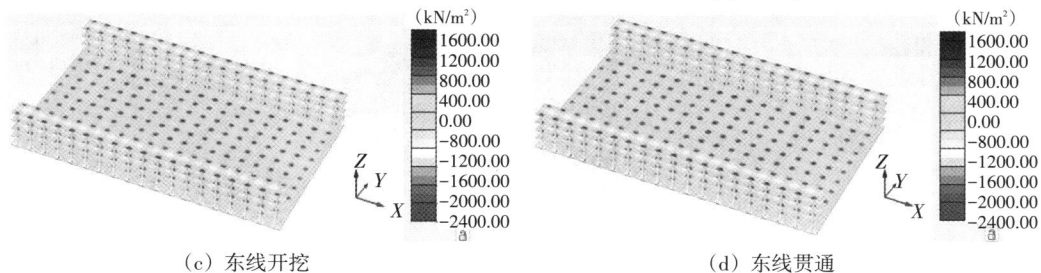

（c）东线开挖　　　　　　　　　　　　　　　（d）东线贯通

图10.44　下穿地下车站建筑变形主应力等值线云图

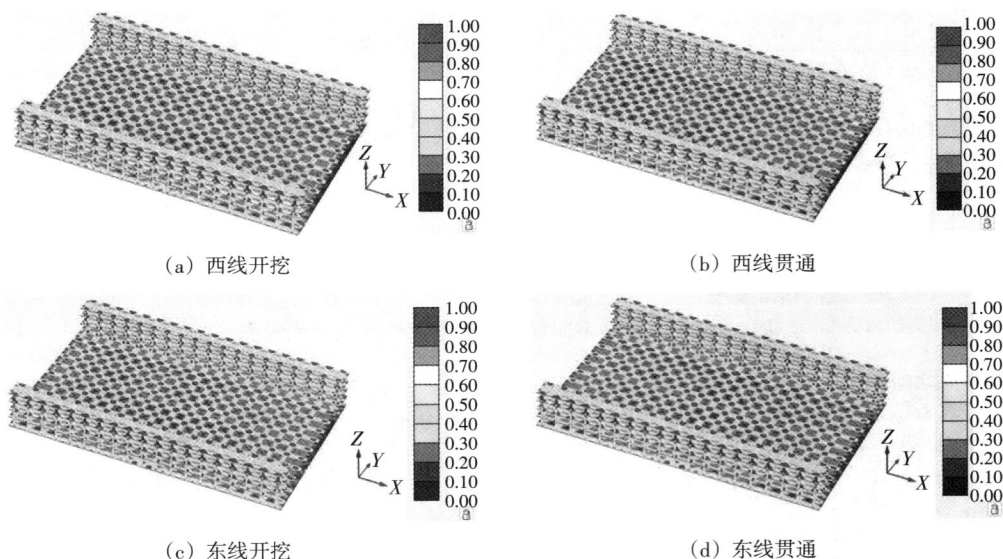

(a) 西线开挖

(b) 西线贯通

(c) 东线开挖

(d) 东线贯通

图10.45 下穿地下车站建筑变形相对剪应力等值线云图

（3）下穿北侧中高层建筑变形。图10.46为西线隧道开挖至东线隧道贯通时副中心站建筑的总位移等值线云图，结构变形最大值从63.40 mm降低至57.59 mm。图10.47为西线隧道开挖至东线隧道贯通时副中心站建筑的剪应变等值线云图，从开挖至全线贯通的最大剪应变分别为1.008×10^{-3}、1.116×10^{-3}，剪应力未出现突变。图10.48为西线隧道开挖至东线隧道贯通时副中心站建筑的主应力等值线云图。图10.49为西线隧道开挖至东线隧道贯通时副中心站建筑的相对剪应力等值线云图，应力均集中在中高层建筑交界处，应注意监测建筑结构的偏移，超过控制标准时应采取加固措施。

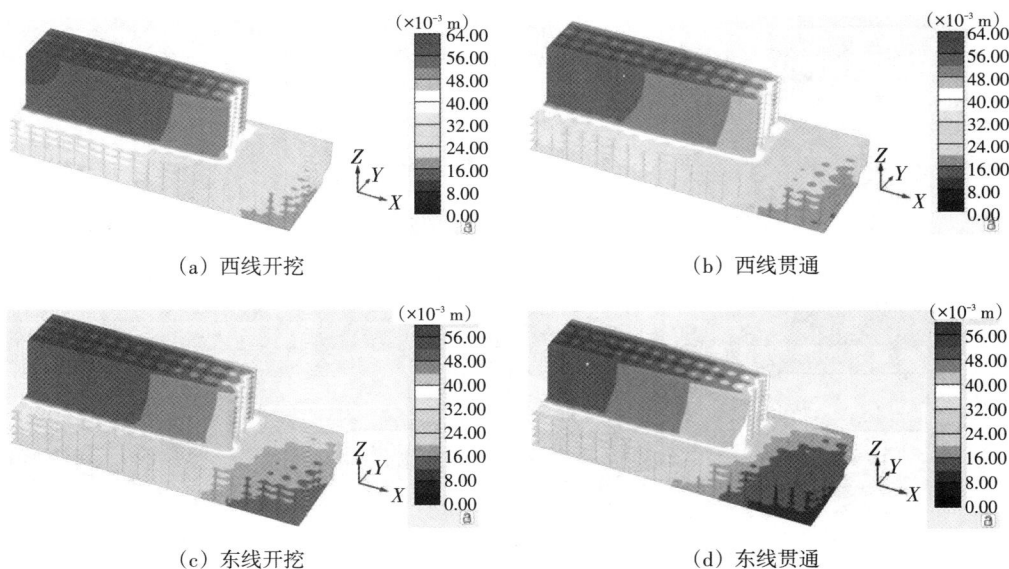

(a) 西线开挖

(b) 西线贯通

(c) 东线开挖

(d) 东线贯通

图10.46 下穿北侧中高层建筑变形总位移等值线云图

（a）西线开挖

（b）西线贯通

（c）东线开挖

（d）东线贯通

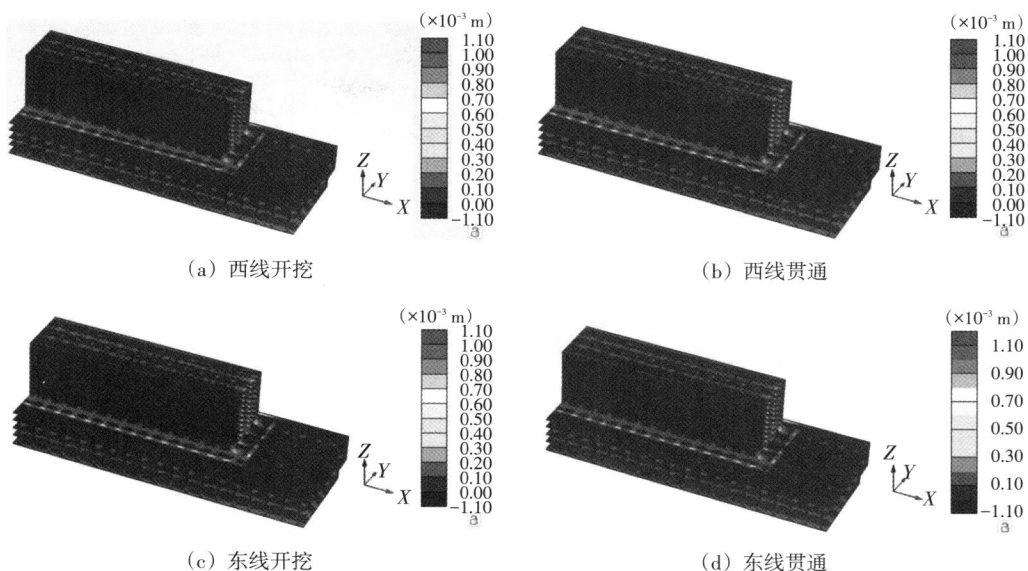

图10.47　下穿北侧中高层建筑变形剪应变等值线云图

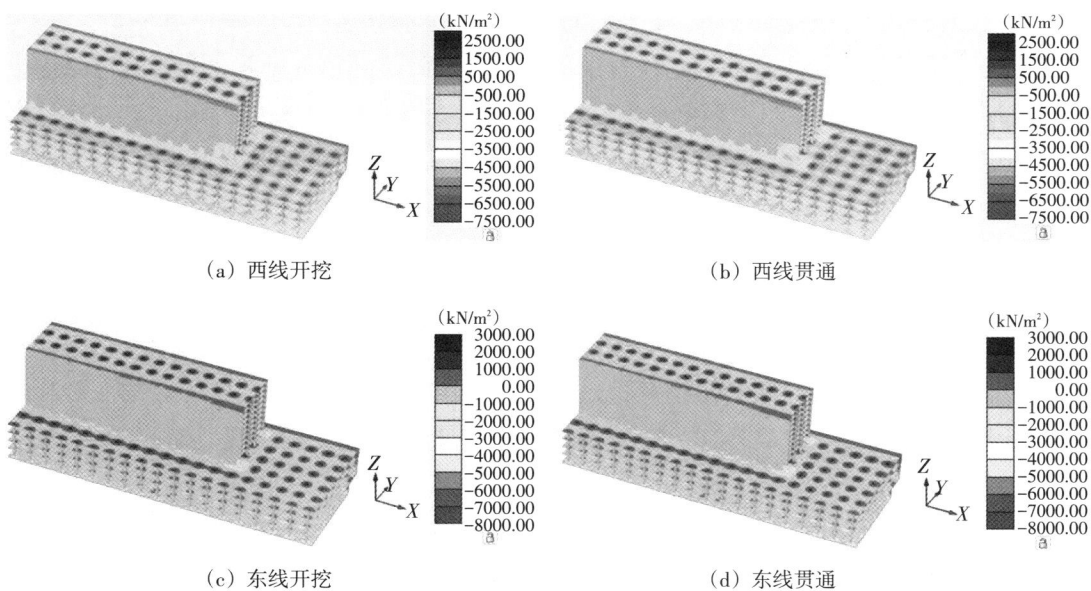

（a）西线开挖

（b）西线贯通

（c）东线开挖

（d）东线贯通

图10.48　下穿北侧中高层建筑变形主应力等值线云图

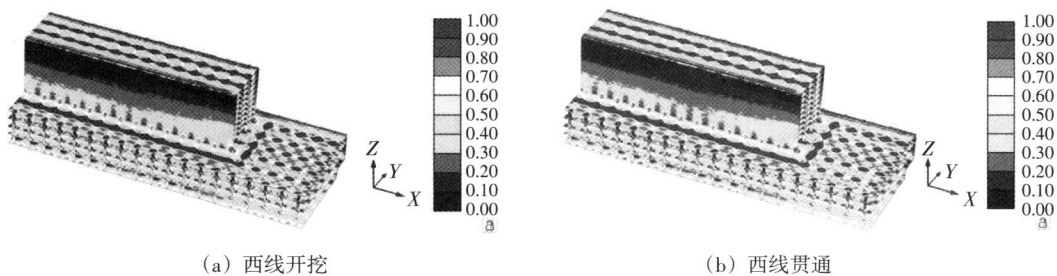

（a）西线开挖

（b）西线贯通

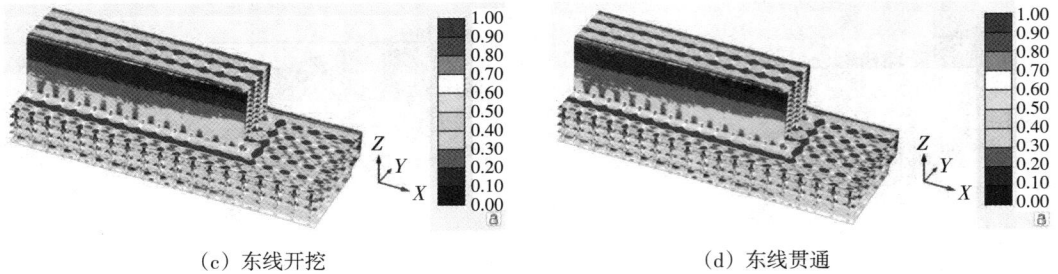

（c）东线开挖　　　　　　　　　　　　　　　　（d）东线贯通

图10.49　下穿北侧中高层建筑变形相对剪应力等值线云图

综上所述，选择隧道开挖穿越副中心车站过程存在的风险点位，运用有限元软件建立三维有限元模型，进一步分析隧道穿越副中心站时对自身力学特性和对高层建筑、地下车站结构的影响变形规律，以及隧道贯通后的结构稳定性变化，得出以下结论。

（1）副中心交通枢纽采用地下车站建设方案，与地上站台相比，便于地下交通线路之间的换乘，释放上部空间，提升城市一体化布局，与东六环下穿工程出发点一致，减少火车站占用地面空间，避免其对城市功能区的分割。

（2）隧道下穿对自身结构受建筑结构荷载及承载范围影响显著，西线隧道结构产生变形显著大于东线隧道，西侧产生的地层沉降要显著高于东侧，南侧高层建筑交界处地层沉降从20.54 mm突变至53.63 mm，北侧中高层建筑交界处的沉降差值达29.36 mm，开挖至建筑下方时隧道的稳定性要低于隧道贯通时的稳定性，位移等值线在地层与结构交界和高层建筑与地下结构交界处发生突变，开挖至建筑下方时应重点监测西线隧道的变形规律，及时施加加固措施。

（3）车站结构受高层建筑影响产生不均匀沉降和偏移，高层建筑与地下建筑交界处出现应力集中现象，盾构隧道开挖过程中，应实时监控建筑结构边界区的变形和应力变化情况，超过规定限值应立刻采取预防措施，避免车站结构出现裂缝。

参考文献

［1］ GOLPASAND M R B, DO N A, DIAS D, et al. Effect of the lateral earth pressure coefficient on settlements during mechanized tunnelling［J］. Geomechanics and Engineering, 2018,16(6):643-654.

［2］ JIN D L, YUAN D J, LI X G, et al. Analysis of the settlement of an existing tunnel induced by shield tunnelling underneath［J］. Tunnelling and Underground Space Technology, 2018,81(11):209-220.

［3］ YANG X L, WANG J M. Ground movement prediction for tunnels using simplified procedure［J］. Tunnelling and Underground Space Technology, 2011,26(3):462-471.

［4］ 姜忻良,赵志民,李园. 隧道开挖引起土层沉降槽曲线形态的分析与计算［J］. 岩土力学,2004(10):1542-1544.

［5］ 魏纲. 盾构法隧道地面沉降槽宽度系数取值的研究［J］. 工业建筑,2009,39(12):74-79.

［6］ 张忠苗,林存刚,吴世明,等. 泥水盾构施工引起的地面固结沉降实例研究［J］. 浙江大学学报(工学版),2012,46(3):431.

［7］ 陈春来,赵城丽,魏纲,等. 基于Peck公式的双线盾构引起的土体沉降预测［J］. 岩土力学,2014,35(8):2212-2218.

［8］ PECK R B. Deep excavations and tunneling in soft ground［A］// Proceedings of the 7th International Conference Soil Mechanics and Foundation Engineering［C］. Mexico: State of the Art Volume,1969:25-290.

［9］ 刘波,陶龙光,丁城刚,等. 地铁双隧道施工诱发地表沉降预测研究与应用［J］. 中国矿业大学学报,2006(3):356-361.

［10］ YIN YF, ZHU BQ, YIN ZY, et al. Three-dimensional numerical analysis of the interaction of two crossing tunnels in soft clay［J］. Underground Space,2019,4(4):310-327.

［11］ DO N A, DIAS D, ORESTE, P, et al. Three-dimensional numerical simulation of a mechanized twin tunnels in soft ground［J］. Tunnelling and Underground Space Technology,2014,42:40-51.

［12］ 喻军,龚晓南. 考虑顶管施工过程的地面沉降控制数值分析［J］. 岩石力学与工程

学报,2014,33(增刊1):2605-2610.

[13] 郝小红,郭佳. 考虑超大断面顶管施工过程的地层变形数值分析[J]. 华北水利水电大学学报(自然科学版),2017,38(6):66-71.

[14] 叶友林,路志旺. 砂砾地层浅埋盾构隧道开挖对地表变形的影响[J]. 沈阳建筑大学学报(自然科学版),2021,37(6):1064-1072.

[15] 张凯,武永新,田润泽. 并行顶管不同纵向间距下施工数值模拟分析[J]. 地下空间与工程学报,2020,16(增刊2):835-840.

[16] 卢健,姚爱军,郑轩,等. 地铁双线隧道开挖地表沉降规律及计算方法研究[J]. 岩石力学与工程学报,2019,38(增刊2):3735-3747.

[17] 宋艺. 地铁大跨暗挖隧道下穿桥隧结构变形影响分析[J]. 城市轨道交通研究,2019,22(5):133-137.

[18] 李自力,潘青,曹志勇,等. 盾构长距离下穿越河流数值模拟及施工参数优化设计研究[J]. 现代隧道技术,2020,57(增刊1):442-449.

[19] 高永涛,张鑫磊,李建旺,等. 粉质黏土地层盾构隧道下穿河流地表变形研究[J]. 矿业研究与开发,2022,42(6):79-84.

[20] MOOSAVI E, SHIRINABADI R, RAHIMI E, et al. Numerical modeling of ground movement due to twin tunnel structure of Esfahan subway, Iran [J]. Journal of Mining Science, 2018, 53(4):663-675.

[21] MICHAEL K, DIMITRIS L, IOANNIS V, et al. Development of a 3D finite element model for shield EPB tunnelling [J]. Tunnelling and Underground Space Technology, 2017, 65(1):22-34.

[22] COMODROMOS E M, PAPADOPOULOU M C, KONSTANTINIDIS G K. Numerical assessment of subsidence and adjacent building movements Induced by TBM-EPB tunneling [J]. Journal of Geotechnical and Geoenvironmental Engineering, 2014, 140(11):1-12.

[23] HASANIPANAH M, NOORIAN-BIDGOLI M, ARMAGHANI D J, et al. Feasibility of PSO-ANN model for predicting surface settlement caused by tunnelling [J]. Engineering with Computers, 2016, 32(4):1-11.

[24] RAHIM H H A A, ENIEB M, KHALIL A A, et al. Twin tunnel configuration for greater cairo metro line No. 4 [J]. Computers and Geotechnics, 2015, 68:66-77.

[25] SINA S. 3D numerical investigation of the coupled interaction behavior between mechanized twin tunnels and groundwater: a case study: Shiraz metro line 2 [J]. Tunnelling and Underground Space Technology, 2020, 102:1-18.

[26] CHEN S L. Applicability of the principle of superposition in estimating ground surface

settlement of twin-and quadruple-tube tunnels[J]. Tunnelling and Underground Space Technology,2012(28):135-149.

[27] GUO C X,GUAN X M,SHI L L,et al. The influence of earth pressure balanced shield tunnel underpassing coastal water body on stratum deformation[J]. Journal of Coastal Research,2018,83(增刊1):237-246.

[28] GIMA V M,BARRY M L. Numerical back-analyses of greenfield settlement during tunnel boring[J]. Canadian Geotechnical Journal,2013,50(2):145-152.

[29] DING Z,WEI X J,ZHANG X,et al. Analysis of the Field Monitoring Data on Soil Movements and Adjacent Building Setlement due to Shield Tunnelling[J]. Engineering Computations,2019,36(4):1219-1237.

[30] DING Z,WEI X J,WEI G. Prediction methods on tunnel-excavation induced surface settlement around adjacent building[J]. Geomechanics and Engineering,2017,12(2):185-195.

[31] 周鑫,杨建辉,刘涛. 盾构法施工对近距离侧穿桥梁桩基的影响分析[J]. 地下空间与工程学报,2022,18(2):586-595.

[32] 刘秋常,马百顺,陈守开. 盾构施工不同加固措施对临近高架桥桩基影响研究[J]. 中外公路,2018,38(1):172-176.

[33] 陈发东. 盾构隧道施工对临近桥梁桩基及周围土体影响的模拟研究[J]. 中外公路,2018,38(6):177-181.

[34] 胡锡鹏,刘拴锭,马思伟,等. 隧道施工对临近桩基影响的数值分析[J]. 城市轨道交通研究,2018,21(8):125-128.

[35] 张学钢,张丹锋,刘可,等. 隧道临近既有铁路桥桩基施工扰动影响的数值分析研究[J]. 西安建筑科技大学学报(自然科学版),2015,47(2):217-223.

[36] 刘子龙. 隧道开挖对临近桩基的影响分析[J]. 工程技术研究,2021,6(23):117-119.

[37] 项敬辉,黄思勇,熊刚. 盾构施工对临近桩基影响的数值分析[J]. 中国市政工程,2014(1):65-67.

[38] 黄钟晖,马少坤,周小兵,等. 隧道开挖对临近不同相对刚度比桩基影响研究[J]. 广西大学学报(自然科学版),2012,37(1):165-172.

[39] 李文举,武亚军,常莹. 隧道盾构施工对临近桩基影响的数值模拟[J]. 上海大学学报(自然科学版),2010,16(2):210-215.

[40] 刘夏临,张军,陈必光,等. 盾构隧道下穿城市高架桥桩基预加固方案研究[J]. 现代隧道技术,2021,58(6):218-224.

[41] 饶靖鹏,陈道政. 盾构隧道施工对既有桥梁影响及施工监测分析[J]. 合肥工业大学学报(自然科学版),2022,45(5):654-658.

[42] 尚艳亮,师文君,杜守继,等.盾构近距离下穿桥梁数值分析与监测[J].沈阳建筑大学学报(自然科学版),2018,34(2):247-256.

[43] 李兆平,汪挺,项彦勇,等.北京地铁工程邻近桥桩施工风险评估及控制对策探讨[J].岩土力学,2008,29(7):1837-1842.

[44] 陶连金,刘春晓,许有俊,等.密贴下穿地下工程研究现状及发展趋势[J].北京工业大学学报,2016,42(10):1482-1489.

[45] 孙毅.铁路隧道近接施工条件下桥桩变形控制技术研究[J].建筑机械化,2019,40(6):40-44.

[46] 刘卫晴.盾构隧道下穿既有普铁路基施工影响数值模拟分析[J].湖南交通科技,2020,46(1):110-113.

[47] 马相峰,王立川,龚伦,等.砂卵石地层双线地铁盾构下穿铁路路基变形及地层注浆加固研究[J].隧道建设(中英文),2021,41(增刊1):181-189.

[48] 张良.新建公路工程上跨铁路隧道的近接施工影响分析[J].公路,2019,64(10):304-309.

[49] 孙克国,仇文革,王中平,等.高速公路改扩建工程对高铁隧道的近接施工影响[J].山东大学学报(工学版),2015,45(5):70-76.

[50] 王晓星,张昱辉,鲁彪.机械与爆破法下路基开挖对既有临近隧道的影响[J].公路交通科技,2022,39(4):101-107.

[51] 程巧建.厦门地铁盾构区间下穿厦深高铁路基变形分析与控制技术[J].中外公路,2020,40(3):34-38.

[52] 傅立磊.超浅埋软岩大断面隧道下穿既有交通路基变形控制技术研究[D].北京:中国铁道科学研究院,2019.

[53] 罗敬炬.地铁盾构下穿既有公路隧道的变形影响及控制研究[D].广州:暨南大学,2020.

[54] 张锦,徐君翔.川藏铁路桥隧施工安全风险评价[J].安全与环境学报,2020,20(1):39-46.

[55] 娄国充.铁路隧道下穿既有路基沉降规律及控制标准研究[D].北京:北京交通大学,2012.

[56] 龚波.塘巴湖隧道下穿奎阿高速公路施工控制技术研究[D].石家庄:石家庄铁道大学,2017.

[57] 张旭,张成平,韩凯航,等.隧道下穿既有地铁车站施工结构沉降控制案例研究[J].岩土工程学报,2017,39(4):759-766.

[58] 谢大伟,陈利民.某京沪高铁软土路基PHC管桩桩网结构施工技术[J].施工技术,2011,40(8):93-95.

[59] 顾红伟,孔纲强,丁选明,等.高压旋喷桩处治已通车高速公路软基分析[J].施工技术,2014,43(7):63-66.

[60] 陈龙.公路路基拓宽工程中土工格栅参数优化研究[J].北方交通,2022(3):68-71.

[61] 陈泽松,夏元友,芮瑞,等.管桩加固软土路基的工作性状研究[J].岩石力学与工程学报,2005(增刊2):5822-5826.

[62] 何玉琼,王寿武,肖建宇,等.路桥过渡段软土地基加固沉降对比分析[J].地下空间与工程学报,2022,18(1):313-321.

[63] 谢虎.浅探铺设土工格栅技术在软土路基加固处理中的运用[J].科学技术创新,2022(15):148-151.

[64] 谭国湖.软土路基固结沉降变形规律有限元分析[J].中外公路,2011,31(5):21-23.

[65] 鲁洪强,高俊启,邹淑国,等.预应力管桩处理沿海高速公路软土路基的模拟分析[J].长安大学学报(自然科学版),2013,33(2):44-49.

[66] 崔雅峰.PHC管桩在高速公路软土路基处理中的应用[J].交通世界,2016(35):66-67.

[67] 肖文辉,李敏.PHC管桩桩网结构加固软土路基设计方法探讨[J].四川建材,2020,46(8):50-51.

[68] 夏晋华,季广辉,李中良.管桩处理软土路基挤土效应试验研究[J].施工技术,2015,44(17):56-59.

[69] 陈小庭,夏元友,芮瑞,等.管桩加固软土路基桩土应力现场试验[J].中国公路学报,2006(3):12-18.

[70] 陈泽松,芮瑞,夏元友.管桩加固软土路基桩土相对位移分析[J].公路,2005(8):280-284.

[71] 管学其.市政道路桥梁隧道软土地基处理对策分析[J].建材与装饰,2020(8):289-290.

[72] 杨东生.市政道路桥梁隧道软土地基处理对策分析[J].现代物业(中旬刊),2019(6):210.

[73] 贾曾潘,陈保国."两墙合一"条件下地铁车站深基坑变形特性[J].北京交通大学学报,2021,45(3):47-54.

[74] 李晓春.超深超大工作井叠合墙结构工作性态全过程分析[J].隧道建设,2014,34(11):1024-1030.

[75] 张嘉威.大跨度盾构工作井过境阶段侧壁力学特性研究[J].地下空间与工程学报,2022,18(1):236-244.

[76] 赵何明.地铁车站基坑开挖稳定性分析[J].路基工程,2020(3):155-160.

[77] 王江荣,梁永平,赵睿,等.地铁车站三维深基坑开挖支护结构稳定性数值模拟分

析[J].矿山测量,2018,46(6):10-14.

[78] 杨波,孙大齐,周记名.地铁车站深基坑动态施工过程变形规律与数值仿真分析[J].河北工程大学学报(自然科学版),2020,37(2):38-44.

[79] 王琳,罗志华,张晗.地铁车站深基坑开挖对临近建筑物影响的三维有限元分析[J].建筑结构,2021,51(增刊1):1928-1934.

[80] 谢乐,钱德玲,杨罡,等.合肥地区地铁车站深基坑稳定性分析[J].合肥工业大学学报(自然科学版),2019,42(11):1530-1535.

[81] 陈昆,闫澍旺,孙立强,等.开挖卸荷状态下深基坑变形特性研究[J].岩土力学,2016,37(4):1075-1082.

[82] 诸以惇,陈卫忠,田洪铭,等.考虑连续墙接头效应的软土大型盾构工作井稳定性分析[J].岩土力学,2011,32(10):2937-2943.

[83] 孙海霞,张科,陈四利,等.考虑渗流影响的深基坑开挖三维弹塑性数值模拟[J].沈阳工业大学学报,2015,37(5):588-593.

[84] 王凌,钟久强,朱碧堂.临近端头井盾构开挖引起土体沉降数值分析[J].现代隧道技术,2022,59(1):124-132.

[85] 俞建霖,夏霄,张伟,等.砂性土地基深基坑隧道工程对周边环境的影响分析[J].岩土工程学报,2014,36(增刊2):311-318.

[86] 胡建林,孙利成,崔宏环,等.基于修正摩尔库仑模型的深基坑变形数值分析[J].科学技术与工程,2021,21(18):7717-7723.

[87] 丰土根,乔广轩,刘江涛,等.悬挂式深基坑地下连续墙支护数值模拟及工程优化[J].科学技术与工程,2021,21(29):12679-12687.

[88] 潘旭东.渗流作用下冻结法施工地铁联络通道温度场发展规律与工程应用研究[D].太原:太原理工大学,2021.

[89] 郑立夫.城市轨道交通联络通道冻结壁厚度优选方法及工程应用研究[D].北京:北京科技大学,2021.

[90] 高娟,冯梅梅,高乾.地铁联络通道冻结施工的热-流-固(THM)耦合分析[J].冰川冻土,2013,35(4):904-912.

[91] 刘政.地铁隧道水平冻结施工期渗流地层冻胀规律研究[D].淮南:安徽理工大学,2020.

[92] 林亮焱,夏建中.地下水渗流对地下联络通道冻结影响的数值分析[J].浙江科技学院学报,2022,34(1):70-78.

[93] 杨凡.地下水作用下人工地层冻结法单圈冻结孔优化布置方法研究[J].煤炭技术,2022,41(3):83-86.

[94] WANG B,RONG C X,CHENG H,et al. Temporal and spatial evolution of temperature

field of single freezing pipe in large velocity infiltration configuration[J]. Cold Regions Science and Technology,2020,175：103080.

[95] PIMENTEL E,PAPAKONSTANTINOU S,ANAGNOSTOU G. Numerical interpretation of temperature distributions from three ground freezing applications in urban tunnelling [J]. Tunnelling and Underground Space Technology,2012,28:57-69.

[96] MARWAN A,ZHOU M M.,ABDELREHIM M Z,et al. Optimization of artificial ground freezing in tunnelling in the presence of seepage flow[J]. Computers and Geotechnics, 2016,75: 112-125.

[97] 黄哲峰. 富水砂层中地铁联络通道冻结法施工数值模拟[D]. 南昌:南昌大学,2019.

[98] 王乐潇. 平行渗流条件下强渗地层联络通道冻结温度场发展规律研究[D]. 福州: 福建工程学院,2022.

[99] 陈盈盈,周桂云,余长青. 渗流对人工冻结温度场影响的研究[J]. 四川水泥,2022 (3):61-63.

[100] 白天麒,叶超,李忠超,等. 渗流作用下富水砂层椭圆形冻结管冻结发展规律研究 [J]. 安全与环境工程,2022,29(4):85-92.

[101] LAO L Y,JI Z Q HUANG L L,et al. Research on the temperature field of a partially freezing sand barrier with groundwater seepage[J]. Sciences in Cold and Arid Regions,2017,9(3):280-288.

[102] HUANG S B,GUO Y L,LIU Y Z,et al. Study on the influence of water flow on temperature around freeze pipes and its distribution optimization during artificial ground freezing[J]. Applied Thermal Engineering,2018,135(1):435-445.

[103] ALZOUBI M A,SASMITO A P,MADISEH A,et al. Freezing on Demand(FoD):an energy saving technique for artificial ground freezing[J]. Energy Procedia,2019,158: 4992-4997.

[104] ZUETER A,NIE-ROUQUETTE A,ALZOUBI M A,et al. Thermal and hydraulic analysis of selective artificial ground freezing using air insulation：experiment and modeling[J]. Computers and Geotechnics,2020,120:103416.

[105] 吕福瑞. 5G通信在道路、桥梁、隧道工程施工中的应用分析[J]. 工程建设与设计, 2020(16):1-5.

[106] 卢玉韬,韩春华,曾鹏. 基于BIM的无人机桥梁检测实施方案研究[J]. 土木建筑 工程信息技术,2017,9(2):73-77.

[107] 邓铭江. 超特长隧洞TBM集群施工风险管控技术[J]. 工程,2018,4(1):244-264.

[108] 苏洁,张顶立,周正宇,等. 地铁隧道穿越既有桥梁安全风险评估及控制[J]. 岩石 力学与工程学报,2015,34(增刊1):3188-3195.

[109] 李凌宜,赵明. 山地城市暗挖隧道近距离下穿桥梁施工技术研究与应用[J]. 施工技术,2021,50(5):123-127.

[110] LEE Y J, YOO C S. Behaviour of a bored tunnel adjacent to a line of load piles[J]. Tunnelling and Underground Space Technology, 2006, 21(3):370-377.

[111] 崔卫伟. 道路、桥梁、隧道工程施工中的难点与技术应用浅析[J]. 建筑技术开发,2021,48(3):113-114.

[112] 褚英奎. 道路桥梁隧道工程施工技术[J]. 中国高新科技,2020(13):126-127.

[113] 温奇锐,刘振丘. 道路桥梁隧道工程施工中的难点和技术对策[J]. 智能城市,2021,7(8):110-111.

[114] 张建卫. 道路桥梁隧道工程施工中的难点和技术对策[J]. 低碳世界,2021,11(5):225-226.

[115] 李伟. 道路桥隧工程施工中难点及改进措施分析[J]. 工程建设与设计,2020(9):213-214+217.

[116] 袁大军,吴俊,沈翔,等. 超高水压越江海长大盾构隧道工程安全[J]. 中国公路学报,2020,33(12):26-45.

[117] 张小波. 高速公路桥梁与隧道工程施工安全总体风险评估与控制[J]. 中华建设,2020(7):138-139.

[118] 刘化超. 公路桥梁隧道存在质量问题及有效的试验检测措施[J]. 绿色环保建材,2020(2):153,155.

[119] 李灿. 公路隧道试验检测技术探讨[J]. 交通世界,2021(7):126-127.

[120] 张俊平. 基于通用性 HTTP 的道路桥梁隧道检测技术研究[J]. 交通世界,2019(7):108-109.

[121] 唐涛. 长大桥梁与隧道的测量控制研究[J]. 福建交通科技,2020(3):122-123.

[122] 魏纲,庞思远. 基于有限元模拟的双线平行盾构隧道近距离界定[J]. 市政技术,2014,32(1):76-80.

[123] 陈春来,赵城丽,魏纲,等. 基于 Peck 公式的双线盾构引起的土体沉降预测[J]. 岩土力学,2014,35(8):2212-2218.

[124] 宫亚峰,王博,魏海斌,等. 基于 Peck 公式的双线盾构隧道地表沉降规律[J]. 吉林大学学报(工学版),2018,48(5):1411-1417.

[125] 翟莘航. 深基坑施工对紧邻地铁车站的影响研究及风险分析[D]. 武汉:华中科技大学,2019.

[126] FANG Q, ZHANG D L, WONG L N Y. Environmental risk management for a cross interchange subway station construction in China[J]. Tunnelling and Underground Space Technology, 2011, 26(6):750–763.